LE ROMAN DES CHÂTEAUX DE FRANCE

L'INTÉGRALE

DU MÊME AUTEUR
CHEZ POCKET

SUITE ITALIENNE
LES BORGIA
(issus de *Suite Italienne*)
DANS LE LIT DES ROIS ET DES REINES
LA CHIMÈRE D'OR DES BORGIA

Séries :

LES ENQUÊTES D'ALDO MOROSINI

LE BOITEUX DE VARSOVIE
(4 aventures réunies en 2 volumes)

LES ÉMERAUDES DU PROPHÈTE
LA PERLE DE L'EMPEREUR
LES JOYAUX DE LA SORCIÈRE
LES LARMES DE MARIE-ANTOINETTE
LE COLLIER SACRÉ DE MONTEZUMA
L'ANNEAU D'ATLANTIDE
LA COLLECTION KLEDERMANN

LES DAMES DU MÉDITERRANÉE-EXPRESS
(en 1 volume)

LE ROMAN DES CHÂTEAUX DE FRANCE
(en 1 volume)

SECRET D'ÉTAT

LA CHAMBRE DE LA REINE
LE ROI DES HALLES
LE PRISONNIER MASQUÉ

MARIE

MARIE DES INTRIGUES
MARIE DES PASSIONS

LE SANG DES KŒNIGSMARK

AURORE
FILS DE L'AURORE

LE TEMPS DES POISONS

ON A TUÉ LA REINE
LA CHAMBRE DU ROI

LE BAL DES POIGNARDS

LA DAGUE AU LYS ROUGE
LE COUTEAU DE RAVAILLAC

LA FLORENTINE

FIORA ET LA VENGEANCE
FIORA ET L'AMOUR

LA GUERRE DES DUCHESSES

LA FILLE DU CONDAMNÉ
PRINCESSE DES VANDALES

Juliette Benzoni

Juliette Benzoni est née à Paris. Fervente lectrice d'Alexandre Dumas, elle nourrit dès l'enfance une passion pour l'Histoire. Elle commence en 1964 sa carrière de romancière avec la série des *Catherine*, traduite en plus de 20 langues, série qui la lance sur la voie d'un succès jamais démenti à ce jour. Elle a écrit, depuis, une soixantaine de romans, réunis notamment dans les séries intitulées *La Florentine*, *Les Treize Vents*, *Le Boiteux de Varsovie* et *Secret d'État*. Outre la série des *Catherine* et *La Florentine*, *Le Gerfaut* et *Marianne* ont fait l'objet d'une adaptation télévisuelle. Du Moyen Âge aux années 1930, les reconstitutions historiques de Juliette Benzoni s'appuient sur une documentation minutieuse. Vue à travers les yeux de ses héroïnes, l'Histoire, ressuscitée par leurs palpitantes aventures, bat au rythme de la passion.
Figurant au palmarès des écrivains les plus lus des Français, elle a su conquérir 50 millions de lecteurs dans plus de 20 pays.

Découvrez le site consacré à l'auteur :
www.juliette-benzoni.com

JULIETTE BENZONI

LE ROMAN DES CHÂTEAUX DE FRANCE

L'INTÉGRALE

PERRIN

MIXTE
Papier issu de sources responsables
FSC® C003309

Pocket, une marque d'Univers Poche, est un éditeur qui s'engage pour la préservation de son environnement et qui utilise du papier fabriqué à partir de bois provenant de forêts gérées de manière responsable.

ISBN : 978-2-266-23030-8

PRÉFACE

Que serait la France sans ses fiers châteaux qui constellent notre territoire d'un patrimoine historique et architectural que le monde entier nous envie et que les touristes viennent visiter en masse ? Austères ruines qui défient le temps, forteresses patinées par les siècles, manoirs et gentilhommières aristocratiques qui ont résisté à la folie des guerres et des révolutions, les châteaux français sont les vivants témoins d'un glorieux passé et, s'ouvrant toujours davantage aux visiteurs, ils ne demandent qu'à raconter leur histoire. Sillonnant la France des châteaux au gré des tournages pour la télévision de « Secrets d'histoire », j'ai pu mesurer l'incroyable richesse patrimoniale qu'ils représentent et, par-delà leur rôle essentiel de conservatoire du beau et des savoir-faire artistiques, ils rendent toute sa saveur à la grande histoire dont ils ont été, souvent, le cadre grandiose. Derrière les lambris et les stucs dorés, les plafonds à caissons, ou les épais murs de tuffeau et les voûtes peintes, il y a la vie trépidante et souvent aventureuse de hauts personnages qui ont écrit des pages du roman national.

Certes, l'histoire est devenue le parent pauvre de l'enseignement, délaissée au profit des sciences dites exactes, mais jamais l'appétence du public n'a été aussi grande pour le récit des grandes heures du passé. Les paroles de l'archiduc Otto de Habsbourg sont restées gravées dans ma mémoire : « Quand les langues se taisent, les pierres parlent encore. » Les châteaux de France sont nos meilleurs livres d'histoire. Ils maintiennent d'autant plus vivante la flamme du souvenir qu'ils sont avant tout des constructions humaines. Des êtres de chair et de sang y ont vécu, aimé, souffert, pleuré, prié, et œuvré sans relâche à leur embellissement tandis qu'ils défendaient un monde ancien, avec ses valeurs familiales et son code d'honneur qui, dit-on, serait englouti aujourd'hui. C'est aussi ce qui fait l'attrait singulier des châteaux, lieux magiques d'une mémoire préservée et réceptacles de toutes les passions humaines : la soif de pouvoir, le désir de plaire, l'art de la conquête, la course à la fortune et la domination. Avec en prime un grain de folie qui autorisait toutes les audaces et les constructions les plus démesurées. Derrière l'histoire de tous ces châteaux, il y a des bâtisseurs au destin hors du commun que Juliette Benzoni nous fait revivre avec talent. De sa plume alerte et précise, elle se glisse dans le sillage des rois, princes, seigneurs ou écrivains qui ont nourri des rêves de grandeur et de gloire, et fait construire leur château souvent pour défendre leur territoire, parfois par amour, mais toujours pour s'ancrer dans l'histoire. À chacun de ces châteaux s'attache une histoire unique, flamboyante, romanesque, et c'est ce qui explique que ces palais d'autrefois continuent d'être habités, sinon hantés. Il fallait toute la maîtrise de cette écrivaine prolifique qui a rendu à l'histoire toute sa saveur par ses milliers de romans, pour nous entraîner de Vaux-le-Vicomte à Chambord, de Lunéville à Amboise, de

Dampierre à Chenonceau, de l'Élysée à Eu et d'Uzès à Chantilly… Entrez dans la folle aventure de l'histoire, le roman vrai des châteaux de France qui s'éveillent par la magie du verbe.

Stéphane BERN

Le Roman des châteaux de France

Tome I

Il n'a rien d'un château, guère plus d'un palais en dépit de ses jardins mais, résidence du chef de l'État, il m'est apparu normal d'ouvrir cette assemblée de demeures historiques – et à histoires ! – par l'évocation des aventures tragi-comiques de ce joli bâtiment qui n'en demeura pas moins la maison du châtelain de ce beau pays que l'on nomme la France…

L'ÉLYSÉE

Folies en tout genre

Cette bâtisse trop froide n'a pas été trempée par le jeu de l'histoire. Trop peu d'événements historiques ! Trop peu d'hommes illustres !

Général de GAULLE

Inutile d'ajouter que le Général n'aimait pas l'Élysée. Il jugeait cette maison frivole et peu adaptée aux exigences du pouvoir. On sait qu'il lui eût cent fois préféré Vincennes, plus inconfortable et plus austère mais plus noble. Néanmoins, il sut s'en contenter sans songer un instant qu'il allait apporter à la demeure de tant d'êtres farfelus cette grandeur qui lui manquait mais qui n'est pas forcément transmissible.

Remontons à présent les siècles.

La construction du palais de l'Élysée, résidence parisienne et habituelle du président de la République, a eu deux causes initiales, totalement différentes et cependant liées l'une à l'autre : un mariage arrangé, véritable mésalliance, et une exigence du Régent. Le premier précédant l'autre.

Dans les toutes premières années du XVIIIe siècle,

l'aimable Louis-Henri de La Tour d'Auvergne, comte d'Évreux et colonel-général de cavalerie, se retrouve soudain d'autant plus impécunieux que son régiment représente pour lui une lourde charge. Cette grande disette d'argent tient à ce que ses parents, le duc de Bouillon et Marie-Anne Mancini, dernière des nièces du cardinal Mazarin, ont allégrement dévoré en folies de toutes sortes une fortune cependant considérable et due tout entière au cher oncle. En effet, la duchesse, ravissante mais acariâtre et débauchée, n'a jamais su garder d'argent. Pour comble de disgrâce, elle s'est laissé compromettre, avec sa sœur Olympe, comtesse de Soissons, dans la dangereuse affaire des Poisons et a dû prendre le large. C'est dire que son époux n'a pas eu la vie heureuse, d'autant que le sort l'a nanti d'un frère, homme d'Église cependant, mais que la charge de Grand Aumônier de France n'a pas guéri d'un goût prononcé pour les enfants de chœur.

Grâce à ce concours de circonstances, l'héritier d'un des plus beaux noms de France, parvenu à l'âge de trente ans, se trouve réduit aux expédients. Et c'est pour tenter de le tirer d'affaire que le comte de Toulouse, fils légitimé du roi Louis XIV et de Mme de Montespan, lui propose un beau matin un riche mariage, et même un mariage fabuleux à condition qu'il ait la sagesse d'accepter un beau-père de basse extraction. Quel beau-père ? Le financier Crozat que l'on a surnommé Crozat le Riche pour le distinguer de son frère puîné Crozat le Pauvre, lequel était déjà passablement riche.

De toute évidence, le nom dut arracher une grimace au jeune comte d'Évreux qui, cependant, n'avait pas lu Saint-Simon : « Crozat était du Languedoc, écrit le mémorialiste, où il s'était fourré chez Pennautier en fort bas étage. On a dit qu'il avait été son laquais. Il fut petit commis et parvint à devenir caissier. Il donna dans la banque, dans les armateurs et devint l'homme le plus riche de Paris. Le roi voulut qu'il fût intendant du duc de Vendôme. Il était glorieux à proportion de sa richesse. »

En fait, Crozat, qui est très habile financier, a surtout fait fortune en obtenant le privilège du commerce avec la Louisiane. Il se double d'un mécène et le bel hôtel qu'il vient de faire construire place Louis-le-Grand (notre place Vendôme) s'emplit de collections où se côtoient Titien, Tintoret, Van Dyck et autres seigneurs d'égale importance, que Catherine II rachètera par la suite.

Secrétaire du roi qui l'a fait marquis du Chastel, Crozat pourrait fournir une copie de l'image élégante du surintendant Fouquet de fastueuse mémoire. Malheureusement, il n'est pas aussi raffiné et surtout il est snob comme il n'est pas permis. Et follement désireux de se faire une place dans une société qui ne semble pas tellement pressée de l'accueillir.

L'idée de marier sa fille à un La Tour d'Auvergne, cousin du roi, lui met la tête à l'envers et lui vaut, de la part de son épouse, une scène en tout point digne de Molière. Car, fidèle au modèle de la sage Madame Jourdain, Mme Crozat, bien qu'appartenant à une excellente famille bourgeoise, n'approuve ni les prétentions nobiliaires de son époux ni les dépenses folles auxquelles il se livre pour « régaler » des gens qui ne songent qu'à profiter de sa fortune.

La scène se prolonge. Décidément, Mme Crozat n'a aucune envie de devenir la belle-mère d'un comte d'Évreux dont on clabaude un peu partout les succès féminins. Mais les lois de l'époque donnent tous pouvoirs au père de famille et, au printemps de l'an 1706, la jeune Anne-Marie Crozat, qui n'a guère plus de douze ans, épouse Henri-Louis qui en a vingt de plus.

Mariage somptueux dans le bel hôtel paternel mais mariage blanc : en échange de la dot royale qu'il reçoit, M. le comte d'Évreux n'accorde à Mlle Crozat que la joie contestable de devenir comtesse. Sa personne, estime-t-il, n'a rien à faire dans cette histoire de gros sous. Au soir de ses noces, le jeune époux salue courtoisement celle qu'il appelle son « petit lingot d'or » et s'en va passer la nuit chez sa maîtresse en titre.

On peut admettre que la mariée est un peu jeune mais l'âge est alors de peu d'importance. En outre, Anne-Marie est loin d'être laide. C'est une jolie fille brune avec des yeux noirs magnifiques et qui en grandissant va encore embellir. D'autant qu'elle a le bon esprit de cultiver aussi bien ses connaissances que sa personne dans l'espoir d'attirer enfin l'attention d'un époux qu'elle adore en silence. Résultat : à vingt ans, Anne-Marie est devenue non seulement une jolie femme mais une grande dame.

Contrairement à ce qui se produit généralement en pareil cas, le comte d'Évreux est peut-être un mari volage, un mauvais mari mais ce n'est pas un mari dépensier. Tout au contraire. Entré en possession d'une fortune inespérée, il se met en devoir de l'augmenter et, pour éviter les frais, s'est installé dans l'hôtel de son beau-père, ce qui lui évite d'entretenir une maison. En outre, il ne cesse de briguer des charges royales afin d'arrondir son magot. C'est ainsi qu'il harcèle le Régent pour obtenir de lui la capitainerie des chasses de Monceaux.

Or, Philippe d'Orléans, fin psychologue, se prend un jour à confesser la jeune comtesse d'Évreux et, à sa grande stupeur, finit par apprendre que son époux n'a jamais daigné en faire sa femme selon l'amour. Généreuse, Anne-Marie attribue ce dédain au fait qu'elle et son époux habitent toujours l'hôtel du financier et que cette cohabitation rappelle trop quotidiennement ses origines plébéiennes.

Fort de cette confidence, le Régent convoque le mari récalcitrant et lui tient à peu près ce langage : « Vous aurez votre capitainerie et je vous en porterai le brevet moi-même quand vous habiterez un hôtel vous appartenant. »

C'est un ordre déguisé. Aussitôt Évreux se met en campagne, achète au financier Law un terrain de mille deux cents toises d'une valeur de 77 090 livres situé sur l'ancien « marais des Gourdes ». Comblés, ces marais forment à présent un beau terrain situé entre le Grand Cours – futurs Champs-Élysées – et le village du Roule.

L'architecte Mollet se met au travail sur ce terrain et, à la fin de l'année 1718, l'hôtel d'Évreux est inauguré au cours d'une fête donnée dans les salons du rez-de-chaussée. Il n'est pas question de visiter le premier étage car, toujours fidèle à son avarice, le maître des lieux n'a pas jugé utile de le faire décorer. Il n'en reçoit pas moins le brevet tant désiré mais ne s'en va pas pour autant frapper à la porte de sa femme.

C'est au cours de cette fête inaugurale que la jeune Anne-Marie comprend son erreur en voyant la maîtresse en titre de son époux, la duchesse de Lesdiguières, s'efforcer de prendre ouvertement sa place. Elle sait à présent qu'elle ne sera jamais la femme de son mari et d'ailleurs elle s'aperçoit en même temps d'une étrange opportunité : elle ne le souhaite plus.

Quelques mois plus tard, après avoir demandé la

séparation de corps et de biens, Anne-Marie quittait l'hôtel d'Évreux pour rentrer chez son père où elle mourut en 1729, à peine âgée de trente-cinq ans. De son côté, le mari, usé par les débauches, apoplectique et retombé en enfance, trouva le moyen de lui survivre de nombreuses années dans le palais qu'il avait fait construire et où il entretenait un train chiche. Ce n'était plus guère qu'un déchet humain quand la mort le prit en 1753. Quelques mois plus tard, l'hôtel d'Évreux devenait la propriété de la marquise de Pompadour.

Quand elle achète l'hôtel, la marquise n'est plus favorite qu'en titre. Sa santé jointe à une certaine froideur de tempérament lui interdit l'alcôve royale mais elle demeure pour Louis XV la confidente, l'amuseuse, l'amie irremplaçable. Elle le demeurera encore plus de dix ans mais, elle le sait, sa situation de maîtresse platonique a des pieds d'argile. Le roi tient à elle, certes, mais qui peut dire si son cœur et surtout ses sens ne vont pas un jour ou l'autre l'attacher à quelque jolie femme particulièrement habile… aussi habile qu'elle l'a été elle-même ?

La Pompadour sait également qu'ils sont nombreux ceux qui, sous les lambris dorés de Versailles, la détestent et guettent sa chute. Alors, elle s'est cherché à Paris une maison agréable, une maison qui sera la sienne, achetée par elle, payée de ses deniers, arrangée selon son goût. Ce sera l'hôtel d'Évreux qui d'ailleurs gardera ce nom.

Tout de suite elle s'est mise à l'œuvre, remaniant profondément les intérieurs, décorant enfin le premier étage qui a été beaucoup négligé, attirant à elle selon son habitude les meilleurs artistes du temps afin de recevoir un jour le roi dans un cadre digne de lui et digne d'elle. En réalité elle ne séjournera pas beaucoup dans sa belle maison parisienne car Louis XV ne permet guère qu'elle s'éloigne de lui.

Alors, elle y installe son frère, le marquis de Marigny, qui est surintendant des Bâtiments du roi, et aussi son fidèle intendant à elle, Collin. C'est au marquis que Paris est redevable de l'avenue qui porte aujourd'hui son nom. C'est encore lui qui donnera leur forme définitive aux jardins du futur Élysée après l'échec du fameux potager de Mme de Pompadour. La marquise souhaitait en effet un potager aussi beau que celui du roi à Versailles mais les débuts de ses installations soulevèrent une véritable tempête chez les Parisiens : le potager barrait le Grand Cours et la popularité de la favorite n'avait rien à y gagner.

Quand meurt la marquise, le 15 avril 1764, c'est le roi qui hérite de l'hôtel mais seulement de l'hôtel : le mobilier et les collections sont dispersés au feu des enchères. De quoi faire rêver un commissaire-priseur du XXIe siècle !

Curieusement Louis XV décide que l'hôtel d'Évreux servira désormais à loger les ambassadeurs étrangers. Ce sera l'hôtel des Ambassadeurs extraordinaires. Comme le roi décide en même temps d'y empiler les meubles et objets du mobilier royal, car le garde-meuble n'est pas encore construit, aucun ambassadeur ne s'aventure dans ce fatras. Il y aurait trouvé à peu près autant de confort que dans une boutique de brocanteur.

Quand l'architecte Gabriel eut construit les deux palais à colonnades qui honorent toujours la place de la Concorde, l'hôtel des Ambassadeurs extraordinaires perd à la fois son nom et sa fonction de garde-meuble. On le vide consciencieusement. Louis XV, ne sachant plus qu'en faire alors, le vend à l'abbé Terray, son contrôleur général des Finances qui, en bon collecteur d'impôts, est extrêmement impopulaire. C'est de son nom qu'une nuit un Parisien facétieux recouvrit la plaque indiquant la rue Vide-Gousset.

Terray est aussi un homme prudent. Le joli palais planté en plein milieu de Paris lui paraît un peu trop voyant et il se hâte de le vendre sans l'avoir jamais habité. Il le vend à un financier, le richissime Nicolas Beaujon, qui le paie un million de livres et s'y installe aussitôt que possible.

Si le comte d'Évreux ne s'est intéressé qu'au rez-de-chaussée, Beaujon, lui, s'occupe surtout du premier étage et de ses appartements privés. Sous son règne, « l'hôtel Beaujon » connaît un luxe et un raffinement plus grands encore qu'au temps de Mme de Pompadour. Que l'on juge plutôt d'après ce passage du livre que Merry Bromberger consacra à l'Élysée au temps du financier : « Son lit était une corbeille de roses peintes ; un jeu de glaces le faisait s'éveiller le matin dans ses draps de linon au milieu des parterres de fleurs étendus sous ses fenêtres. Le soir, il se couchait dans une féerie : on éclairait pour enluminer ses rêves les arbres et les statues du parc de feux de Bengale couleur d'or en fusion. Sa salle de bains, tendue de mousseline à petits bouquets doublée de rose était si ravissante que Mme Vigée-Lebrun venue pour faire le portrait de Beaujon voulut absolument s'y baigner. »

Ajoutons que l'un des salons du rez-de-chaussée porte le nom évocateur de salon d'argent ! On pourrait imaginer que l'usager de tant de merveilles est quelque beau jeune homme, un rien éphèbe, quelque Narcisse passionnément épris de sa propre beauté ? Il n'en est rien. Ce serait même une tragique erreur car à cinquante-sept ans – quand il achète l'hôtel en 1775 – Beaujon est obèse, perclus de rhumatismes et ne se déplace que dans une petite voiture. Il ne voit plus très clair, n'entend plus très bien et son estomac délabré lui interdit de goûter aux fabuleux festins qu'il offre royalement à ses innombrables amis. Quant aux femmes, s'il les adore, il n'y touche plus guère mais il aime à s'en entourer comme il aime à s'entourer de fleurs.

Ainsi, le soir, laissant ses hôtes festoyer, il se retire dans sa chambre avec tout un bouquet de jolies femmes qui s'installent autour de son lit pour bavarder, rire et parfois chanter. Il les appelle ses berceuses et choisit toujours les mêmes, la favorite étant une certaine Mme de Falbaire entre les bras de laquelle d'ailleurs il s'éteindra le 20 décembre 1746, inaugurant ainsi sans le vouloir une sorte de tradition à laquelle l'un des présidents de la IIIe République sacrifiera tout aussi involontairement.

Mécène fastueux, hôte royal, Beaujon était surtout un homme simplement généreux. Deux ans avant sa mort, il avait fait construire au faubourg du Roule un grand hospice pour les indigents qui est devenu par la suite l'hôpital Beaujon.

La femme qui va lui succéder dans son palais portera devant l'histoire le nom bizarre de citoyenne Vérité.

Pourtant, quand elle achète l'hôtel Beaujon après la dispersion aux enchères des trésors accumulés par le financier, Louise-Bathilde d'Orléans, duchesse de Bourbon par son mariage, n'imagine guère qu'elle portera un jour ce nom baroque. Elle a trente-sept printemps et sait déjà que ni un grand nom ni une belle fortune ne peuvent apporter le bonheur.

Elle y croyait pourtant quand, à vingt ans, elle épousait par amour – amour payé de retour – le fils aîné du prince de Condé, le jeune duc de Bourbon. Elle a alors connu quelques mois de bonheur dans un décor que, cependant, on n'imagine guère créé pour ce tendre mot, le Palais-Bourbon, ce monument imposant et vaguement rébarbatif où s'agitent périodiquement nos députés.

Mais après la naissance d'un fils qui sera le jeune et malheureux duc d'Enghien, le fusillé des fossés de Vincennes, Louise-Bathilde a perdu tout intérêt pour son époux qui le lui fait savoir sans trop de délicatesse. Un jour, en effet, où elle s'apprête à partir pour le château de Chantilly, domaine privilégié des Condé, la jeune femme reçoit un billet aux termes peu équivoques : « Il est inutile, Madame, que vous preniez la peine de venir nous trouver car vous déplaisez autant à mon père qu'à moi-même et à toute la société. » On ne saurait être plus brutal.

Privée d'un fils qu'elle ne voit jamais, chassée de sa demeure normale, Louise-Bathilde cherche à se consoler et prend des amants : le chevalier de Coigny, le comte d'Artois qui la traite d'une manière indigne et quelques autres moins connus. Jusqu'à ce qu'elle rencontre l'amour sous les traits d'Alexandre de Roquefeuille, jeune officier de marine dont elle a une fille, Adélaïde-Victoire, qu'elle fait élever auprès d'elle en la faisant passer pour sa filleule.

Quand la duchesse réussit à acheter l'hôtel Beaujon, elle en éprouve une grande joie et se hâte de le débaptiser : ce sera désormais l'Élysée-Bourbon. Elle va y mener une vie de femme du monde dépourvue d'aventures. La mort du jeune Roquefeuille qui s'est noyé en 1785 dans la rade de Dunkerque l'a dégoûtée de l'amour et lui a laissé un véritable chagrin.

N'ayant plus d'amants, elle se trouve des passions

platoniques et se tourne vers les sciences occultes. Le magnétisme, dont le grand prêtre Mesmer attire tout Paris autour de son fameux baquet, trouve une adepte passionnée en la duchesse de Bourbon. Ensuite, elle s'engoue du Philosophe inconnu, Louis-Claude de Saint-Martin, de qui la postérité tiendrait la formule promise à un bel avenir : Liberté, Égalité, Fraternité. Avec lui, des philosophes fumeux, une voyante à moitié folle qui se fait appeler la Mère de Dieu envahissent les salons de l'Élysée et y prennent leurs habitudes jusqu'à ce qu'éclate la Révolution.

Cette Révolution, Louise-Bathilde l'approuve d'autant plus que son frère, le duc Philippe d'Orléans, en est l'un des meneurs. Et, le jour où il s'affuble du sobriquet de citoyen Égalité, sa sœur se hâte de devenir la citoyenne Vérité.

Elle n'en est pas moins obligée de s'enfuir et de gagner son château de Petit-Bourg où elle est tout de même arrêtée et conduite à la prison de la Force. Condamnée à mort, elle ne doit son salut qu'à la chute de Robespierre mais ce n'est qu'en 1797 qu'elle pourra enfin rentrer chez elle et retrouver son petit palais parisien. Et dans quel état !

Dépouillé, ravagé par les invasions populaires, l'Élysée-Bourbon aurait besoin, pour retrouver son aspect d'antan, de beaucoup plus d'argent que n'en possède sa propriétaire. Elle en loue alors le rez-de-chaussée à un couple de commerçants, les Horvyn, qui entreprennent de l'exploiter. De palais quasi royal, l'Élysée devient bal public (il convient de préciser que, durant la Révolution, il avait abrité successivement une imprimerie et une salle des ventes). Et quel bal public ! Grisettes et soldats y côtoient les merveilleuses les plus dévêtues. On y danse, on y boit, on y fait l'amour et, s'il n'y avait pas tant de courants d'air, on pourrait dire que l'Élysée est devenu simplement une maison close.

Il va falloir la lourde main de Napoléon Ier et son goût de l'ordre pour refaire une dignité à l'ancien hôtel d'Évreux. Le 6 août 1805, Joachim Murat, maréchal de France et beau-frère de l'Empereur par son mariage avec sa sœur Caroline, prend possession de… l'Élysée-Napoléon. Percier et Fontaine, les décorateurs de l'Empire, se sont mis à l'œuvre. La demeure retrouve éclat et luxe. Murat et son état-major y étalent leurs plumets et leurs bottes étincelantes. Caroline, elle, y reçoit ses amants durant les absences fréquentes de son époux. Sans trop de discrétion, il faut bien l'avouer.

Ainsi, devenue la maîtresse de Junot, gouverneur de Paris, elle se fait raccompagner par lui après le théâtre et laisse l'équipage du gouverneur stationner toute la nuit dans la cour afin que nul n'ignore où se trouve Junot et à quoi il s'occupe. Un soir, l'épouse de Junot, Laure, se voit oubliée elle aussi dans la voiture. Elle s'en vengera en compagnie de Metternich alors ambassadeur d'Autriche en France et qui, entre parenthèses, a été précédemment l'amant de Caroline.

Les turbulents Murat devenus roi et reine de Naples, Napoléon reprend le palais. Ce sera pour le donner à Joséphine au moment du divorce, mais l'impératrice répudiée ne l'habitera presque pas et ne le gardera que deux ans.

En 1815, après Waterloo, c'est le tsar Alexandre Ier qui s'installe à l'Élysée tandis que ses cosaques campent tout autour.

Intermède de jeunesse et de gaieté quasi familial, le duc de Berry et sa jeune épouse, Marie-Caroline de Naples, la duchesse Vif-Argent, viennent habiter l'Élysée. La duchesse y installe une petite cour aussi joyeuse qu'elle-même et y donne quelques bals mais, en contrepartie, y vivra un effrayant désespoir quand le coup de couteau de Louvel aura fait d'elle une trop jeune veuve. Elle n'y restera plus longtemps.

Autre possesseur fugitif : le prince Louis Napoléon quand il devient le premier président de la IIe République. Il ne restera à l'Élysée que le temps de devenir empereur et partira alors s'installer aux Tuileries.

Après Napoléon III, la République reprend ses droits et ne les cédera plus. Les présidents se succèdent sous les lambris dorés qui deviennent avec le temps un peu poussiéreux. Certains y meurent : Sadi Carnot, assassiné par Caserio, le sévère et intègre Paul Doumer assassiné par Gorgulov et, entre eux, le fameux Président-Soleil, Félix Faure, qui s'éteint entre les bras de sa maîtresse, la belle Mme Steinheil.

D'autres y apportèrent leur bonhomie, leur sagesse, leur talent d'homme d'État… ou leur insignifiance…

Avec l'épouse de Vincent Auriol, premier président de la IVe République s'ouvrit l'ère des maîtresses de maison. Mme Auriol apportait avec elle son goût très sûr, son élégance et une certaine autorité. Elle commença par débarrasser l'Élysée d'une hideuse verrière qui encombrait la moitié de la cour d'honneur et défigurait la façade, redonnant au petit palais sa grâce d'origine. L'intérieur suivit et les réceptions officielles cessèrent d'être des corvées pour devenir d'élégantes réunions mondaines. L'y aidait sa belle-fille Jacqueline, ravissante jeune femme passionnée d'aviation qu'un grave accident défigura sans réussir à abattre son courage : après plusieurs interventions chirurgicales, elle reprit les commandes et apporta à la France plusieurs trophées inscrivant le nom de Jacqueline Auriol au palmarès des grandes aviatrices.

Vinrent la Ve République et le règne du Général ! Sous les rayons de sa puissante personnalité, son épouse, née Yvonne Vendroux et devenue « tante Yvonne » pour la France entière, géra avec discrétion mais non sans fermeté la vie quotidienne de la demeure présidentielle que l'on quittait chaque semaine pour regagner la chère demeure de Colombey-les-Deux-Églises…

Georges Pompidou, normalien lettré, passionné d'art contemporain et de poésie française – il en écrivit une anthologie –, gardait bien évidentes ses racines terriennes, les joignant à son sens de l'État et à ses talents de financier qui laissaient prévoir un grand septennat, peut-être deux. Sa mort priva la France d'un grand président !

Avec Valéry Giscard d'Estaing, brillant financier, la vie à l'Élysée prit une tournure inattendue : le Président y invitait ses éboueurs à prendre leur petit déjeuner avec lui. Par ailleurs, il s'invitait de temps à autre à dîner chez un couple de Français modestes en prenant soin de se faire précéder par un traiteur de bon aloi…

Avec François Mitterrand, l'Élysée, tout en gardant son lustre présidentiel, aborda le temps des secrets. Danielle, son épouse, s'intéressait davantage aux révolutionnaires sud-américains qu'aux réceptions d'une demeure où du reste elle ne vivait pas. Un conseiller du Président, François de Grossouvre s'y suicida mais on y vit fleurir, un beau jour, la jeune Mazarine, la fille cachée du Président. Aussi bien que la maladie qu'il se refusait à révéler…

Avec Jacques Chirac, grand cœur, grande gueule – à tous les sens du terme – et vitalité garantie, le petit palais vécut à cent à l'heure… mais bénéficia des talents de maîtresse de maison qu'apportait avec elle Bernadette Chirac, parfaite épouse, femme de tête, mère déchirée… et conseiller général de Corrèze qui, tout en gardant à son mari un amour intact, sut se tailler sa propre popularité avec des œuvres caritatives aussi originales – les pièces jaunes ! – que bienvenues… Une grande Première Dame !

Tout change de nouveau avec Nicolas Sarkozy que l'on a pu voir, à peine élu, faire des efforts pathétiques pour retenir son épouse Cécilia que la fonction ne tentait absolument pas ! Divorce suivi presque aussitôt d'un remariage avec une fort jolie femme, Carla Bruni, chanteuse et ancien top-modèle. Avec elle, la guitare et le monde du spectacle sont entrés en familiers à l'Élysée mais leur éclat tapageur vient de faire silence pour l'événement le plus joli qui se soit produit sous les plafonds dorés de la République : la naissance d'une petite Giulia…

Quant à la suite… Qui vivra verra !

Le palais de l'Élysée est ouvert uniquement durant les Journées du patrimoine.

http://www.elysee.fr

AMBOISE

Les larmes des Marguerites

Moi, Marguerite, de toutes fleurs le choix
Fus jadis mise en grand jardin françois
Pour demeurer auprès des fleurs de lys.
Là, ai vu joutes, et danses, et tournois
Et maintenant, je vois et je cognois
Que ces grands biens me sont pris et faillis.

Ce n'est pas un poète illustre mais une fillette de douze ans qui écrit ces jolis vers mélancoliques au moment de quitter une demeure où elle espérait pourtant passer toute sa vie. On la chasse, ou presque, elle qui est peut-être la plus grande princesse d'Europe. Son nom ? Marguerite d'Autriche. Elle est fille de l'empereur Maximilien, petite-fille de Charles le Téméraire, le fabuleux grand-duc d'Occident, et de Marguerite d'York. Et pourtant, le jeune roi de France, Charles VIII, qu'elle aime depuis toujours et auquel on l'a autrefois fiancée – autant dire mariée pour l'époque –, auprès de qui et pour qui elle a été élevée selon la coutume royale, Charles VIII en a épousé une autre. Une autre qui exige son départ…

Tout a commencé neuf ans plus tôt, au soir du

22 juin 1483, vers cinq heures, près du pont qui enjambe la Loire. Il y a là grande assemblée de seigneurs et de dames menés par Mme Anne de France, fille aînée du roi Louis XI, et son époux Pierre de Beaujeu. Tout ce monde attend l'arrivée d'un cortège impérial escortant une voyageuse.

Attente brève. La rencontre a été bien réglée par des gens qui connaissent leur métier. Ceux de France sont à peine au coin du pont qu'apparaît une litière un peu poussiéreuse. Dedans, une minuscule Marguerite de trois ans, blonde et rose comme une vraie poupée. Quand la lourde machine s'arrête, un garçon d'une douzaine d'années qui est le Dauphin s'avance, écarte les rideaux de velours qui ferment la litière et montre à tous sa future épouse assise sagement entre ses deux gouvernantes : Mme de Ravenstein, la Flamande, et Mme de Segré, la Française. À cet instant, sur les remparts du château, les trompettes d'argent font entendre leur sonnerie. Puis ce sont les cloches de Saint-Denis et de Notre-Dame-de-Grève qui se mettent à sonner tandis que le couple juvénile, se tenant par la main, monte au milieu des acclamations vers le château où l'attend la reine Charlotte, seconde épouse de Louis XI et mère du dauphin Charles.

Le jeune prince n'est pas beau. Il a un grand nez, des lèvres trop épaisses et le dos un peu arrondi mais la petite Marguerite le trouve aimable. Le lendemain, dans la chapelle, les deux enfants sont unis par une sorte de mariage provisoire. La cour est au complet autour d'eux. Seul manque le roi. Cette union est pourtant son œuvre patiemment réalisée car elle fait rentrer dans le royaume la dot fabuleuse de Marguerite : l'Artois, la Bourgogne, le Charolais et le Mâconnais. Mais Louis XI, à l'heure où sonnent les cloches, est quasi mourant dans son château de Plessis-lez-Tours où il attend son heure dernière sous la garde de saint François de Paule.

Deux mois plus tard, il est mort. Sa fille Anne dont il avait coutume de dire qu'elle était la moins folle femme de France « car de sage il ne s'en connaissait pas » devient régente durant la minorité de son jeune frère. Autant dire qu'elle va mener toutes choses d'une main vigoureuse, à commencer par la petite troupe d'enfants royaux dont elle a la garde. En effet, outre Charles et Marguerite, celle que l'on appelle Madame la Grande élève à Amboise une orpheline pauvre, une cousine, Louise de Savoie qui, pour la toute petite reine, sera toujours une amie fidèle et sûre. Un jour, bien plus tard, après le désastre de Pavie, les deux princesses signeront ensemble la paix des Dames : Louise pour son fils François Ier, Marguerite pour son neveu Charles Quint. Et ce jour-là leur amitié, comme la tendresse que Marguerite garde au « grand verger françois » pèseront d'un certain poids dans la balance politique.

Pour l'instant, nul n'imaginerait destin à la fois si dramatique et si illustre. On vit agréablement à Amboise. Le château jadis construit par la famille du même nom et qui lui appartenait jusqu'à ce que Charles VII confisque le domaine a été, depuis longtemps déjà, attribué par Louis XI à une femme dont il ne s'occupe guère – la sienne – et à des enfants qu'il considère surtout comme des pions d'échiquier. Depuis l'arrivée de Marguerite, la vieille demeure jouit d'une atmosphère presque familiale. Une tendresse profonde et mutuelle unit le jeune roi à sa petite reine. Il lui porte des présents, des colombes aussi douces qu'elle-même et, en principe, rien ne devrait ternir ce ciel pur parce que encore enfantin.

En principe ! Mais existe-t-il des principes pour le jeu politique ? En 1491, une grave nouvelle réussit à faire trembler Madame la Grande : la jeune duchesse de Bretagne, Anne, qui va sur ses quinze ans, vient d'accorder sa main à l'empereur Maximilien, père de Marguerite. C'est à la fois une offense pour Charles VIII car, vassale, la duchesse ne saurait se marier sans le consentement du roi de France… et un danger. Cela signifie en effet l'Allemand installé aux confins du royaume, coupant la France en deux s'il lui en prend fantaisie. Il faut à tout prix empêcher le mariage et, pour cela, un seul moyen : il faut que Charles épouse Anne de Bretagne.

Courageusement, le jeune roi défend Marguerite et son bonheur mais contre une sœur aînée en qui s'incarne – et avec quel éclat ! – le principe monarchique, il n'est pas de taille. Bon gré, mal gré, il lui faut partir pour Nantes dans le dessein officiel de ramener la duchesse à une plus saine compréhension de ses devoirs.

Hélas, en fait de raison, c'est lui qui, à Nantes, perd la sienne. Tombé amoureux d'Anne, Charles oublie du même coup Marguerite, l'Artois et la Franche-Comté. Il convainc Anne de renoncer à devenir impératrice pour devenir reine de France et, le 6 décembre 1491, au château de Langeais, il l'épouse puis gagne le château de Plessis-lez-Tours pour y passer sa lune de miel. À Amboise, c'est le silence. Un silence qui ne va pas durer : un an après le mariage, Marguerite qui a espéré, contre vents et marées, contre toute probabilité, pouvoir continuer à vivre au château reçoit l'invitation à s'éloigner. C'est, en fait, un ordre à peine déguisé par les formules protocolaires : la nouvelle reine est jalouse d'elle et exige son départ.

Alors Marguerite s'en va. On l'installe d'abord au triste château de Melun, le temps d'essayer d'arranger les choses avec un Maximilien mécontent à double titre. Qui ne le serait ? On lui prend sa fiancée et on lui renvoie sa fille. Enfin, la jeune fille va retrouver la liberté : celle de rejoindre, en Flandre, sa grand-mère Marguerite d'York qui, déjà, lui prépare un autre destin. Un destin étrange et fastueux : d'abord mariée à Juan, prince des Asturies, Marguerite se retrouve veuve peu de temps après. Plus tard, on la marie au beau duc de Savoie, Emmanuel-Philibert, dont elle tombe éperdument amoureuse. C'est enfin le bonheur jusqu'à ce qu'au retour d'une chasse le duc boive un verre d'eau glacée qui le mène au tombeau. Un tombeau que Marguerite voudra à la mesure de sa douleur : immense et somptueux. Ce sera l'admirable église de Brou, près de Bourg-en-Bresse, aux blanches pierres de laquelle est confié le corps du bien-aimé ; un fabuleux cadeau fait, sans le savoir, au cher « verger françois ». Veuve à nouveau c'est en tant que gouvernante des Pays-Bas que Marguerite va écrire en grandes lettres son nom dans l'histoire avant de revenir dormir, à Brou, de son dernier sommeil.

Mais revenons en arrière et surtout à Amboise où Charles VIII a entrepris toute une série de bâtiments neufs et où il fait dessiner de grands jardins pour plaire à sa petite Bretonne. Il l'y entoure d'une cour brillante mais « de ces grands biens » lui non plus ne va guère profiter : le 7 avril 1498, se rendant en compagnie de la reine en une galerie surplombant le jeu de paume, Charles se heurte rudement le front contre le linteau de pierre d'une porte basse et trépasse à la fin du jour. D'aucuns prétendent que le résultat fatal fut obtenu, non par la porte trop basse, mais par une orange pas trop fraîche. Le secret en appartient désormais à Dieu.

Le nouveau roi, c'est le turbulent cousin d'Orléans qui devient le sage Louis XII et qui épouse la veuve de son prédécesseur après avoir répudié au moyen d'un procès crucifiant la pauvre Jeanne de France, fille de Louis XI, sainte et douce créature mais boiteuse et disgraciée. Louis délaisse Amboise, lui préférant son château de Blois, et c'est Louise de Savoie, la cousine pauvre d'autrefois, l'amie de Marguerite d'Autriche, veuve du comte d'Angoulême, qui s'y installe avec ses deux enfants François et Marguerite. Louise ne fait que reprendre d'anciennes habitudes mais, pour les deux enfants, Amboise va représenter ce paradis d'enfance que l'on ne peut oublier. Ni l'un ni l'autre ne songe à la politique, laissant à Louise ses noirs soucis. François est en effet l'héritier présomptif de Louis XII tant qu'Anne de Bretagne n'aura pas réussi à donner à la France un dauphin. Ses grossesses répétées qui finissent mal font endurer l'enfer à Louise de Savoie.

En octobre 1509, le temps des ris et des jeux s'achève pour sa fille, cette « Marguerite des Marguerites » qui est en vérité la plus accomplie des princesses. C'est le temps des larmes qui est venu et des larmes amères contre lesquelles le charme des jardins d'Amboise demeure impuissant : par ordre de la reine Anne, Marguerite doit épouser le duc d'Alençon, un cousin qui a vingt ans de plus qu'elle. Mais, en fait, l'âge ne serait qu'une gêne mineure si le cœur de la jeune fille n'était déjà pris ailleurs. Et par qui ? Le charmant, le vaillant, le superbe, le légendaire Gaston de Foix à qui d'ailleurs les « fumées et gloires d'Italie » seront bientôt fatales à la bataille de Fornoue. Et

Marguerite, qui ne sait pas encore qu'elle sera un jour reine de Navarre, pleure tandis que son frère François court les filles et les aventures en attendant que la couronne de France lui tombe sur la tête.

En 1515, année fameuse dans la mémoire des écoliers de tous les temps, c'est chose faite et la cour du roi François Ier et de la reine Claude – fille de Louis XII et duchesse de Bretagne – s'installe à Amboise. Et quelle cour ! Un magicien règle ses fêtes et imagine pour elle des merveilles : c'est tout simplement le grand Léonard de Vinci que François Ier a installé au pied du château dans le charmant manoir du Clos-Lucé où le sourire de la Joconde s'épanouira jusqu'à la mort du vieux maître.

C'est après celle de Louise de Savoie, survenue en 1531, qu'Amboise va retrouver le silence. Le roi construit Fontainebleau et, en pays de Loire, l'étourdissant Chambord pour un sourire de Mme de Châteaubriant. Puis, c'est l'heure noire entre toutes.

Alors que le frêle François II, l'époux de Marie Stuart, séjourne au château, une conspiration protestante éclate. Elle est menée officiellement par La Renaudie mais en sous-main par le prince de Condé. Le roi est en danger et la cour vit des jours d'angoisse, mais bientôt c'est la délivrance. Le mot, malheureusement, signifie massacre. Durant treize jours, du 17 au 30 mars 1560, on pend, on décapite, on écartèle à Amboise et le balcon de fer qui borde la salle des États porte ces mêmes fruits atroces que porteront quatre siècles plus tard les balcons de Tulle. La mort fauche impitoyablement les conjurés et le jeune couple royal assiste, impassible, aux pires exécutions. Quand la cour se retire, au lendemain de l'horreur, elle laisse en souvenir quatre têtes de meneurs exposées sur la place du Grand-Carroi. C'en est fini d'Amboise demeure de plaisance. Commencera bientôt le temps d'Amboise prison d'État.

Le surintendant Fouquet, arrêté à Nantes, y séjournera quelques jours sur le chemin de Vincennes et de son procès. Plus tard, ce sera Lauzun, retour de Pignerol. Par don royal, le château passe à divers propriétaires : Gaston d'Orléans, la duchesse de Berry, Choiseul, le duc de Penthièvre, mais la Révolution apporte ses ravages et quand, enfin, la duchesse d'Orléans récupère le château, il y a beaucoup à faire. Un temps, le château redevient prison pour Abd el-Kader, le vaincu d'Algérie. À présent, il est la propriété de la fondation Condé.

Horaires d'ouverture

Du 2 janvier au 31 janvier	9 h-12 h 30 et 14 h-16 h 45
Du 1er février au 28 février	9 h-12 h 30 et 13 h 30-17 h
Du 1er mars au 31 mars	9 h-17 h 30
Du 1er avril au 30 juin	9 h-18 h 30
Du 1er juillet au 31 août	9 h-19 h
Du 1er septembre au 1er novembre	9 h-18 h
Du 2 novembre au 15 novembre	9 h-17 h 30
Du 16 novembre au 31 décembre	9 h-12 h 30 et 14 h-16 h 45

Fermé le 1er janvier et le 25 décembre.

On peut aussi visiter le logis royal et la chapelle avec la tombe de Léonard de Vinci.

http://www.chateau-amboise.com

ANGERS

Le Faucon Noir

Le faucon rompt l'étreinte
Et fond au loin, rapide, orgueilleux, solitaire.

William FAULKNER

Il s'appelait Foulques, comte d'Anjou, issu de la puissante famille des Ingelger mais, autant à cause de son teint basané que de sa crinière noire, on l'a tout de suite surnommé Nerra, le Noir. C'est en effet le temps où un nom de prince s'accompagne toujours d'un sobriquet. Pour son père Geoffroy, c'était Grisegonelle en raison du manteau gris qu'il affectionnait. Pour son grand-père Foulques, c'était le Bon à cause de son courage car, le bon, cela signifie alors le brave.

Foulques n'a pas connu que les grosses tours de schiste noir et de calcaire blanc telles que l'on peut toujours les admirer. Les traces de ce qui fut sa forteresse se perdent dans les fondations du château. Mais son ombre plane, depuis tant de siècles, sur la ville, le château et même sur tout ce pays de Loire où s'érigent toujours, défiant les siècles, les donjons terribles qu'il fit, le premier, dresser entre terre et ciel : Langeais,

Loches, Montbazon, Buzançais, Montrésor, Montrichard. Moitié génie, moitié forban, le Faucon Noir fut un maître impitoyable, un conquérant, un bâtisseur mais aussi un chrétien prosterné. Pour les gens de son temps – il prend le pouvoir en 967 – il préfigure les monstres de cette Apocalypse dont les admirables images tissées sont aujourd'hui la gloire du château d'Angers. Il ne craint ni homme né de femme ni diable né de l'enfer. Devant Dieu seul il tremble et courbe l'échine. Une échine singulièrement raide.

Quand il succède à son père, il n'a que quinze ans. Mais ce siècle est le siècle des géants et Foulques va montrer qu'il entend y tenir sa belle place. En effet, un peu plus haut vers le nord, en pays franc, un autre personnage hors mesure est en train, cette année-là, de prendre le pouvoir. Il s'appelle Hugues Capet et il fonde un État destiné à faire carrière dans le monde, un État qui sera la France. Bientôt, dans quelques années, une belle Normande accouchera d'un gamin que l'on appellera Guillaume le Bâtard en attendant qu'on l'appelle Guillaume le Conquérant… d'Angleterre. Foulques, de son côté, fonde un État d'importance car l'Anjou, à son avènement, ce n'est pas grand-chose. Il fonde aussi une race peu commode : celle des Plantagenêts qui sera, pour les Capétiens, l'ennemie perpétuelle quand elle plantera ses serres sur l'Angleterre.

À peine assis sur son trône, Foulques se trouve confronté à ses deux voisins les plus puissants : Eudes, comte de Blois, Tours et Chartres, et Conan, comte de Rennes. Autant le dire tout de suite, il est impossible de suivre ici pas à pas la vie tumultueuse de Foulques. Il y faudrait un volume. Il s'agit en effet d'un règne de cinquante-trois années pleines de bruit et de fureur, d'une longévité exceptionnelle qui aura, du moins, pour le comte d'Anjou, l'avantage de lui offrir en spectacle les funérailles de ses ennemis les plus gênants. Mais revenons à la prime jeunesse.

Celui des voisins qui ouvre le feu le premier, c'est Eudes, qui tente de s'emparer d'Amboise et de Loches. Le comte de Blois pense avoir facilement raison d'un jouvenceau encore imberbe. Or, non seulement il n'a pas raison, mais il se fait battre à plate couture gardant tout juste assez de forces pour rentrer chez lui et respirer un peu. Reste Conan, le barbare breton.

Celui-là n'est peut-être pas très civilisé mais c'est un malin à qui les mésaventures d'Eudes servent d'exemple. Il préfère prendre d'abord la mesure du jeune faucon. Or, à Orléans, Hugues Capet réunit ses grands féodaux, tous ceux qui viennent d'apprendre qu'il existe à présent un roi de France et qu'il faut compter avec lui. Et d'abord lui rendre hommage.

Conan s'y rend. Foulques aussi et l'on commence par se saluer correctement. Mais, en traversant une salle que coupe une grande tapisserie, le comte d'Anjou surprend une conversation entre le Breton et un personnage dont le rôle dans l'histoire se borne au fait qu'il a écouté ses confidences. Et il entend ceci : « Dans quatre jours, dit Conan, j'accablerai mon voisin d'Anjou et serai maître d'Angers. »

Un homme prévenu en vaut deux. Homme exceptionnel, Foulques vaut la demi-douzaine. Filer discrètement d'Orléans, regagner Angers ventre à terre et mettre sa ville en défense, voilà ce qu'il faut faire et ce qu'il fait d'ailleurs sans plus tarder.

Rentré chez lui, il abat si bonne besogne que lorsque le comte de Rennes se présente avec ses gens, la surprise qu'il escomptait est pour lui. Le combat, violent, tourne vite à son désavantage car Foulques est partout à la fois. Le comte de Rennes voit tomber ses deux fils et un si grand nombre de ses hommes, massacrés avec ardeur par les Angevins, que, durant des siècles, l'une des tours du château s'appellera Ecache-Breton ou Écorche-Breton.

Momentanément tranquille pour ses frontières, Foulques s'emploie à agrandir son pré carré. Il s'en prend d'abord au comte de Poitiers, lui enlève le Bas-Poitou et les Mauges puis, se souvenant du comte de Blois – il va s'en souvenir souvent dans sa vie –, s'en va l'attaquer chez lui et prend Tours que d'ailleurs il rendra plus tard. Et puis, sur sa lancée, il décide d'en finir avec les Bretons, pénètre chez Conan et le rencontre sur la lande de Conquereuil près de Guémené-Penfao. Cette fois, il tue le comte de sa propre main puis, incapable de maîtriser sa folie meurtrière – il est sujet à des crises de fureur quasi démentielles –, il ordonne le massacre de tous les prisonniers. C'est une boucherie. Un vrai bain de sang dont Foulques va mesurer la gravité quand, le lendemain, la griserie du meurtre sera tombée.

On l'a déjà dit, il craint Dieu et sa colère. Plus encore peut-être l'enfer et ses grandes chaudières qui, en la circonstance, lui paraissent se rapprocher dangereusement. Si dangereusement même qu'il se décide à une grande pénitence, une pénitence majeure. Et le voilà parti pour Jérusalem afin d'obtenir le pardon du Seigneur. Il s'y rendra ainsi quatre fois au cours de sa vie. Quatre fois l'immense voyage dont, souvent, un seul pouvait être fatal. Pour lui ce sera le quatrième.

Revenu avec une âme qu'il croit candide, Foulques assure ses conquêtes et entreprend de réformer ses domaines. Il le fait sagement, intelligemment et, après lui, l'Anjou sera devenu un grand fief, riche et puissant, ce dont ses vassaux lui sauront quelque gré. Mais la chose ne va pas sans brutalités. Les Angevins, à quelque rang qu'ils appartiennent, doivent se mettre en tête qu'ils ont un maître et un maître impitoyable. Foulques entretient une escouade de bourreaux et ne leur ménage pas le travail. Lui-même, à l'occasion, ne dédaigne pas de mettre la main à la pâte. D'où ses nombreux repentirs toujours spectaculaires. C'est ainsi, par exemple, qu'après avoir molesté vigoureusement les moines de Saint-Martin de Tours, le Faucon Noir revient pieds nus, en chemise et pleurant à creuser les cailloux pour obtenir leur pardon.

Avec un tel homme, on conçoit que les femmes n'ont pas la part belle. Quand d'aventure il en rencontre une qui lui plaît, il s'en empare sans se soucier de ses cris ou des protestations de l'entourage. Il aurait ainsi poussé au suicide la belle Chana, fille du seigneur de Chaumont qu'il poursuivait de ses assiduités. Pourtant, il se marie et par deux fois, mais ni l'une ni l'autre de ses épouses n'aura lieu de se réjouir de son choix.

La première, c'est Adèle, fille du comte Bouchard de Vendôme. On ne sait trop la date du mariage, en revanche on sait celle de la mort de la dame qui disparaît dans un incendie en 999. D'aucuns prétendirent qu'elle ne brûla pas de son propre mouvement mais que son aimable époux, en mettant le feu à une chapelle, opta ainsi pour un veuvage rapide. Peut-être, après tout, s'agit-il seulement d'un accident ?

Hildegarde, la seconde épouse, n'a pas beaucoup plus de chance. La légende dit qu'un jour où il était, comme par hasard, de fort mauvaise humeur, le comte s'en prit à son épouse, l'accusa d'adultère, lui reprochant on ne sait trop quelles coquetteries avec on ne sait trop quel écuyer. Désolée et scandalisée car, n'étant plus de toute première jeunesse, elle avait dépassé l'âge des péchés parfumés, Hildegarde se défendit de son mieux mais apparemment sa défense n'eut pas l'heur de plaire à son seigneur. Pris d'une de ses terribles crises de rage, il empoigna sa femme et la jeta par la fenêtre.

Vu la hauteur du château perché sur son éminence dominant le Maine, chacun put penser que la pauvre femme s'était rompu le cou. Mais « les anges de Dieu veillaient. Ils transportèrent Hildegarde de l'autre côté de la rivière. Elle vint atterrir au pied d'un vieux monastère à demi ruiné bâti sur une ancienne crypte ». En fait, on ne sait trop en quel état Hildegarde se tira de l'aventure. Ce qui est certain, c'est que Foulques – émerveillement ou remords ? – se hâta de reconstruire le couvent et de le combler de ses bienfaits.

Sur la fin de sa vie, ayant eu des démêlés avec son propre fils qu'il châtie durement, Foulques part une fois encore pour la Terre sainte. À Jérusalem, ce vieillard indomptable se fait attacher à un âne et flageller par des moines. Entre les coups, il crie : « Seigneur, Seigneur, ayez pitié du traître et parjure Foulques ! » Dieu pardonna-t-il ? C'est en paix avec lui-même que le terrible comte revient vers ses terres à petites journées et non sans faire un long détour. Il ne reverra pas Angers car, le 22 mai 1040, il meurt à Metz… en passant par la Lorraine.

C'est Saint Louis qui, de 1230 à 1240, fait élever sur les restes de l'ancienne forteresse du Faucon Noir l'énorme château aux dix-sept tours noires et blanches que reflète le Maine avant de le donner à son frère Charles. L'Anjou reviendra à la Couronne à la fin des Capétiens et Jean le Bon l'offrira à son fils cadet Louis avec une couronne ducale.

Devenu Louis Ier d'Anjou, c'est lui qui fait tisser par Nicolas Bataille, lissier parisien, la fabuleuse tapisserie de l'Apocalypse qui demeurera le plus précieux trésor des ducs d'Anjou. En même temps, il complète, il aménage le château suivant le goût fastueux de l'époque. Son fils Louis II fera de même mais ne vivra pas assez longtemps pour en jouir vraiment. Angers sera alors le cadre où évoluera sa veuve exemplaire, Yolande d'Aragon, duchesse d'Anjou, celle à qui l'histoire décerne le joli titre de reine des quatre royaumes : Naples, Sicile, Aragon et Jérusalem. C'est là que Yolande fera venir le dauphin Louis, le futur Charles VII, renié par sa mère Isabeau à qui elle refusera de le rendre : « À femme pourvue d'amants point n'est besoin d'enfants. Le garde mien ! »

C'est là qu'elle l'élèvera, lui donnera sa fille en mariage. C'est là qu'elle préparera la venue de Jeanne d'Arc surgie au duché de Bar qui est terre de son fils. C'est de là enfin qu'elle soutiendra à bout de bras le royaume de France agonisant et s'efforcera de lui rendre le goût du bon combat pour la liberté.

Après elle, son fils, le fameux roi René, donne à Angers des fêtes demeurées célèbres. C'est un homme de goût, un charmant poète, auteur d'un joli livre, *Le Cœur d'amour épris*, qui partagera son temps entre ses douces terres d'Anjou et ses non moins aimables terres de Provence. Après les horreurs d'une guerre de Cent Ans, René d'Anjou inscrit enfin sur l'histoire une figure souriante car « il prenait toute joye, laissait douleur, chassait désespération. Dieu lui avait donné ce don ».

Réuni par Louis XI au domaine royal, Angers ne

devait plus connaître d'aussi douces heures. Le souvenir du Faucon Noir y régnait sans partage.

HORAIRES D'OUVERTURE

Du 2 mai au 4 septembre	9 h 30-18 h 30
Du 5 septembre au 30 avril	10 h-17 h 30

Fermé le 1er janvier, le 1er mai, les 1er et 11 novembre et le 25 décembre.

À l'intérieur du château se trouve la plus grande tapisserie médiévale connue : la tenture de l'Apocalypse.

http://angers.monuments-nationaux.fr

BAGATELLE

Des roses et...
Duthé !

Où j'ai planté des rosiers
Toujours j'ai moissonné des roses...

Amado NERVO

Il s'est d'abord appelé Babiole quand, en 1720, le maréchal d'Estrées fait construire pour sa jeune et jolie femme une petite maison en lisière du bois de Boulogne, à l'extrémité du parc du château de Madrid. Une toute petite maison en vérité : quatre pièces au rez-de-chaussée, autant à l'étage plus les mansardes. Mais elle coûte tout de même fort cher : plus de cent mille livres, sans d'ailleurs que le maréchal s'en plaigne ; la chose est toute simple : il vient de gagner beaucoup d'argent en spéculant sur le chocolat et le café, sans compter les belles sommes que lui a rapportées le système de Law. Et il est amoureux... Comment ne le serait-on pas quand on a près de trente ans de plus que sa femme ?

En revanche, il n'est pas jaloux du tout. Que sa

femme soit jolie, brillante, fêtée, et qu'on la lui envie, c'est tout ce qu'il demande et la charmante maréchale va en profiter largement.

Elle a pour amie sa plus proche voisine, Mlle de Charolais, qui habite, dans les environs immédiats, le Petit-Madrid où elle mène une vie de fête fort peu édifiante. Mlle de Charolais est la fille du duc de Bourbon et de Mlle de Nantes, elle-même fille de Louis XIV et de Mme de Montespan. C'est dire qu'elle a de qui tenir. En fait, c'est tout ce que l'on veut sauf une vertu.

Le 12 août 1721, on pend la crémaillère avec un grand souper que président le Régent et sa nouvelle maîtresse Mme d'Averne. C'est placer d'emblée la maison sous le signe de la galanterie élégante à laquelle elle restera longtemps fidèle. Ce Bagatelle qui a coûté si cher va être, pour sa maîtresse d'abord et pour certains des amis de celle-ci, une retraite charmante vouée tout entière à l'Amour et à ses plaisirs.

La maréchale d'Estrées y reçoit ses amants : le beau Marsilly, le marquis de Chauvelin, le chancelier d'Aguesseau, le président Hénault, le comte de Roussillon, sans que son époux s'en soucie le moins du monde. Quand celui-ci meurt, en 1737, ce n'est pas accablé sous le poids d'une ramure qui ne l'a jamais beaucoup gêné. Sa femme le pleure juste le temps qu'il faut, puis reprend l'aimable vie qui est la sienne, pour le plus grand bénéfice du jeune Louis XV. Le roi viendra plusieurs fois rencontrer l'une ou l'autre de ces jolies sœurs de Nesle que Mlle de Charolais avait quelque peu poussées dans son lit. En bref, les deux amies, toutes grandes dames qu'elles soient, se comportent en vulgaires entremetteuses… Il est vrai que c'est pour le roi !

Il semblerait d'ailleurs, si l'on en croit d'Argenson, que le bois de Boulogne et ses environs sont alors regardés comme une assez bonne imitation du paradis : « On dîne à Madrid chez Mademoiselle ; on soupe à La Muette ; dans l'après-midi à Bagatelle chez la maréchale d'Estrées, on passe joyeusement le temps, on y fait l'amour si l'on veut, tout est très bien réglé… »

La mort de la maréchale viendra en 1745 déranger ces plaisirs si bien réglés. Sa petite maison passera ainsi par plusieurs usagers dont une certaine Mme de Mauconseil qui, afin de ménager à Louis XV d'autres rendez-vous galants, obtiendra de lui qu'il nomme son époux gouverneur de Colmar puis de Huningue. Après quoi, reconnaissante, elle accueillera les amours du roi et de la princesse de Robecq et poussera le dévouement jusqu'à donner, en l'honneur du roi Stanislas, beau-père de Louis XV, des fêtes si somptueuses qu'elles la ruineront à peu près totalement. Les lampions et les feux de Bengale s'éteignent, les fleurs se fanent, les parfums s'évaporent, Bagatelle s'endort pendant quelques années : celles que Mme de Mauconseil y vit assez solitaire, avant de quitter ce monde en 1770. La petite maison, qui passe par trois propriétaires en quatre ans, s'abîme…

Elle se dégradera même au point qu'en 1777 on la rasera pour faire place aux élégants pavillons que nous connaissons. Un prince de vingt ans va, pour le plus grand plaisir d'une reine, se changer en magicien…

Ce prince, c'est le comte d'Artois. En 1775, il a acheté la Babiole de Mme d'Estrées mais n'en a pas fait grand-chose jusqu'à ce jour où sa belle-sœur, la reine Marie-Antoinette, le met au défi de construire un petit palais à la place de l'ancien rendez-vous galant du roi Louis XV. Et de le construire en un peu plus de deux mois : soixante-quatre jours exactement.

Quand on a vingt ans, on ne recule devant rien.

Artois relève le défi et va mettre sur l'heure au travail l'architecte Bélanger. Enjeu du pari : cent mille livres. Exactement ce que Babiole avait coûté au maréchal d'Estrées mais cette fois il s'agit de faire beaucoup mieux… Et c'est peu de chose, car le prince prévoit de dépenser six fois plus.

En fait, pour reconstruire Bagatelle avec ses « jardins, ses dépendances, ses grottes, ses eaux et ses plantations de fleurs » il en faudra douze fois plus. Neuf cents ouvriers vont travailler jour et nuit cependant que les gardes du comte d'Artois détournent au profit du chantier tous les charrois de pierres, de plâtre ou de chaux qui passent aux environs. En même temps, on rassemble les meubles, les bronzes, les porcelaines, les cristaux, les panneaux que peint Hubert Robert, les boiseries, les soieries de tenture, tout ce qui doit faire de Bagatelle le plus charmant des nids princiers. Ce sera une folie, mais combien ravissante ! Et, au jour dit, Marie-Antoinette traversera un jardin de roses si foisonnantes qu'elles semblent avoir été plantées là de toute éternité. La reine a perdu son pari mais gagne une fête mémorable au cours de laquelle, s'adonnant à sa passion pour le théâtre, elle interprète le principal rôle de *Rose et Colas* avec le maître de céans et Mme de Polignac pour lui donner la réplique. On dit que Louis XVI, trouvant la pièce ennuyeuse, la siffla, s'attirant les reproches d'une épouse en qui la comédienne se trouvait froissée. Ce qui était grave ! La jeune reine, néanmoins, se plut tant à Bagatelle qu'elle y revint plusieurs fois pour souper aux violons et aux flûtes et pour danser…

Mais Marie-Antoinette n'est qu'une visiteuse. À peine a-t-elle regagné Versailles qu'une autre souveraine pénètre dans ces jardins, dans ce petit palais qui semblent avoir été créés tout exprès pour servir de cadre à sa beauté, car elle est peut-être la plus jolie femme de Paris. Si jolie même que, par-delà les décennies écoulées, on se prend à rêver en contemplant de ses portraits : il n'est pas possible d'être plus blonde, plus nacrée, plus tendrement exquise que cette jeune femme faite visiblement pour l'amour. C'est un bouquet, un rêve, l'ombre rose de ce XVIIIe siècle spirituel, raffiné, galant et libertin. C'est Mlle Duthé, de l'Opéra, qui est pour l'heure la maîtresse attitrée du plus charmant des princes. Arrêtons-nous un instant auprès d'elle, car elle en vaut la peine !

De même qu'avant Bagatelle il y eut Babiole, il y eut d'abord Rosalie Gérard, fille d'un modeste officier et d'une encore plus modeste demoiselle de Versailles, l'un et l'autre sans fortune. Mais non sans religion. La petite fille fut ainsi confiée au couvent de Sainte-Aure où, dit-on, elle eut pour condisciple une jeune personne, plus âgée qu'elle d'ailleurs et qui, sous le nom de comtesse du Barry, était destinée à faire quelque bruit dans le monde.

Mais Rosalie ne reste pas longtemps à Sainte-Aure. On la confie assez vite à ses tantes, qui prennent en main son éducation. Ces dames, qui sont prêteuses sur gages, marchandes à la toilette… et entremetteuses, ne tardent pas à s'apercevoir de l'extraordinaire beauté de leur nièce et vont s'appliquer à lui faire découvrir les avantages et les plaisirs que l'on en peut tirer. Sans pour autant oublier de perfectionner son éducation religieuse.

Elles la perfectionneront même si bien que c'est à l'archevêque de Narbonne qu'elles vont confier le soin de son autre éducation.

Mgr Arthur-Richard Dillon, descendant des anciens

rois d'Irlande, est un prélat fastueux, président des États du Languedoc et administrateur du même Languedoc. C'est un bel homme raffiné, adorant les femmes et la chasse – toutes les chasses ! – et parfaitement à même d'apprécier à sa juste valeur le trésor qu'on lui confie. On est en 1769 et Rosalie a dix-sept ans.

Auprès de ce prince de l'Église que Marie-Antoinette déteste presque autant que le célèbre cardinal de Rohan, la petite Gérard va s'initier non seulement aux plaisirs de l'amour mais à la vie élégante et aux grâces de l'esprit. Mgr Dillon lui fait connaître les bons écrivains, les poètes, et singulièrement La Fontaine – celui des *Contes* ! – qui vont meubler cette tête charmante. Mais il ne garde pas Rosalie très longtemps. Ses plaisirs et aussi, il faut le dire, ses incessantes charités ne lui permettent pas d'entretenir une aussi jolie fille sur le pied qui lui conviendrait. Et il la présente à Mme de Saint-Étienne qui possède, sous les apparences d'un salon littéraire où se rencontrent Diderot, Marmontel et Crébillon, la plus élégante maison de rendez-vous de Paris. Les hommes d'esprit s'attardent au salon mais les grands seigneurs fréquentent assidûment les chambres et Rosalie va rencontrer ces maîtres en galanterie que sont le duc de Richelieu et le prince de Soubise.

Mais là elle ne s'éternise pas. Un noble italien, le prince Altieri, l'enlève pour une brève passion, à l'issue de laquelle le fermier général Hocquart fait son entrée. C'est lui qui donne à la belle enfant le cadre qui lui convient en même temps qu'il la fait entrer à l'Opéra où elle sera « espalier » et choriste. Là, elle abandonne définitivement son nom de Gérard pour devenir Mlle Duthé, une charmante fille dont tout le monde raffole car, à sa beauté, elle joint une grande gentillesse et même un certain esprit.

« J'ai beaucoup vu, écrira-t-elle – car elle écrira ses Mémoires ! Nous sommes nées à une époque heureuse où une jolie femme pouvait si bien employer sa vie ! J'ai amplement profité de la mienne. J'ai été folle, coquette, sensible, froide, maligne. On me disait sotte, cela ne devait pas m'étonner ; on m'accordait une beauté peu commune et on se dédommagea en lui donnant pour compagnon indispensable le manque d'esprit. »

C'est à l'Opéra qu'elle rencontre la Guimard, et la célèbre danseuse deviendra sa meilleure amie.

Le fermier général se ruine-t-il ? Mlle Duthé va choisir dès lors quelques amants qui ne sont pas toujours appelés à subvenir à ses besoins. Elle aima vraiment M. de Létorière, et le comte Potocki sut lui plaire assez pour lui inspirer une fugitive aventure. Mais voici qu'approche la consécration princière… en attendant l'apothéose.

Paris parle beaucoup de Mlle Duthé, de son charme et de ses charmes. Le duc d'Orléans la fait pressentir, non pour lui-même mais pour son fils. Ce tendre père souhaite confier les prémices de son héritier à celle qui saura le mieux les exalter. Et c'est ainsi que la jolie Rosalie, un beau soir, va déniaiser le futur Philippe Égalité qui n'est encore que le duc de Chartres. C'est la gloire !

Mais voici le comte d'Artois et, cette fois, c'est le triomphe. Le frère du roi est plus jeune que Rosalie de quelques années mais il est aussi fou d'elle que cela est possible à un cœur et à une tête aussi légers. Il l'installe somptueusement dans un magnifique hôtel de la chaussée d'Antin où elle aura la chère Guimard pour voisine, mais c'est bien souvent à Bagatelle, au milieu des merveilleux jardins, que le prince et sa belle amie se retrouvent.

Faisant allusion à l'épouse d'Artois, l'insignifiante Marie-Thérèse de Savoie qui a le nez trop long, le comte de Provence – qui a excusé sa sœur – ironise : « Mon frère fait passer le gâteau de Savoie avec du thé… »

Mais Rosalie mène grand train. On la voit à Longchamp dans un carrosse attelé de six chevaux blancs avec des harnais de maroquin bleu. Elle brille, elle éblouit mais il y a malgré tout quelques sifflets, une bagarre éclate même près de sa voiture car son luxe trop évident offusque :

« Quand on voit s'afficher un tel luxe, doit-on être surpris si tant de grandes dames se dégoûtent du métier d'honnêtes femmes », écrit la comédienne Sophie Arnould avec beaucoup plus qu'une pointe de jalousie.

Cependant, Bagatelle s'enrichit d'une nouvelle œuvre d'art : le comte d'Artois a commandé au peintre avalonnais Antoine Vestier un grand portrait de sa maîtresse. Un portrait en pied qui ne laisse aucune ombre sur l'éclat et la perfection de sa beauté. Un portrait qui va être le plus charmant ornement de la salle de bains… Mais la fin des temps heureux s'approche. Vient la Révolution et pour Artois l'émigration. Bagatelle va s'enfoncer dans le silence tandis que Rosalie Duthé part pour l'Angleterre où elle va vivre de longues années. Elle y a de nombreux amis et, fidèle à tout ce qu'elle a aimé, royaliste à sa façon, elle ne reviendra en France qu'à la Restauration, lorsque « ses princes » rentreront eux aussi…

Mais les roses se fanent. Les cheveux blonds sont devenus blancs. Certes, elle a de nouveau des rois selon son cœur mais, de ses amis d'autrefois, il en reste bien peu. Beaucoup sont morts sur l'échafaud, ou dans les combats sans espoir de la Vendée ou de l'armée de Condé. Même Bagatelle n'est plus Bagatelle…

Acheté sous le Directoire par un certain Lhéritier qui ne trouva rien de mieux que d'en faire un établissement de plaisir considéré comme une « succursale du paradis de Mahomet », il faudra attendre Napoléon, l'homme de l'ordre, pour que le petit château fasse enfin connaissance avec la respectabilité. L'Empereur le remet en état car il a l'intention d'en faire un but de promenade et de courts séjours pour les siens. Le roi de Rome viendra jouer dans ses jardins, et c'est là qu'un jour Joséphine rencontrera cet enfant qui lui a coûté sa couronne mais qu'elle ne pourra s'empêcher de trouver charmant.

L'Empire s'efface et voilà que reparaît l'ancien propriétaire, le magicien qui a jadis suscité cette œuvre d'art. En un mot le comte d'Artois. Mais si Bagatelle s'imagine que le temps des fêtes galantes va refleurir, il se trompe. Ce comte d'Artois-ci n'a vraiment plus grand-chose à voir avec le farfadet de Versailles. C'est un long monsieur grave et dévot qui est à présent l'héritier de son frère le roi Louis XVIII. Et s'il fait quelques travaux au château, c'est surtout pour en effacer les traces des folies d'autrefois : on badigeonne les peintures galantes, avant d'offrir le tout au duc de Berry, son fils, qui s'en serait peut-être fort bien accommodé, étant d'humeur folâtre.

En 1832, Bagatelle sort du domaine de la Couronne, devient anglais et subit quelques transformations. Le marquis d'Hertford, frère de lord Henry Seymour à qui le sport hippique doit beaucoup et peut-être frère naturel de sir Richard Wallace, installe des Bains chinois, des statues provenant du château de Vaux-le-Vicomte et des vases de celui de Bercy. Il fait aussi dessiner dans le parc une pelouse en terrasse où le jeune prince impérial, fils de Napoléon III, viendra prendre des leçons de cheval. C'est à Richard Wallace qu'il lègue Bagatelle. Celui-ci supprime le bâtiment des pages et fait construire ce que l'on appelle le Trianon. Sa veuve en héritera. Elle-même le laissera à son secrétaire qui, enfin, en 1904 vendra à la Ville de Paris le si joli palais. La seule débauche que connaîtra désormais Bagatelle sera celle des roses, ces roses qui toujours s'y sont senties chez elles…

Quant à Rosalie Duthé, elle avait « patienté jusqu'en 1820 », laissant une fortune évaluée à six cent mille francs, qui témoigne que la vertu n'est pas toujours la seule récompensée.

HORAIRES D'OUVERTURE

Samedis, dimanches et jours fériés	15 h-16 h 30

BALLEROY

Monsieur l'abbé...
ou madame ?

C'est une étrange chose qu'une habitude d'enfance...

Abbé de CHOISY

Célèbre jusqu'en Amérique pour la perfection de son style Louis XIII, le château de Balleroy, œuvre de jeunesse de François Mansart, est sans doute l'un des plus beaux et des plus majestueux parmi les châteaux français ; d'autant qu'il se dresse sur « de profonds fossés secs et sur un socle oblique qui l'élève presque vertigineusement... ». Il est le point d'orgue d'un admirable ensemble de pavillons, d'avenues, de terrasses et de jardins à la française décorés en « broderies de buis ». Et il n'est jusqu'au village qui ne s'élargisse en hémicycle devant lui comme pour lui rendre hommage...

C'est Jean Ier de Choisy qui, en 1600, achète le petit fief de Balleroy, alors composé de maigres pâtures, de ronces et de bruyères. Sa fortune, commencée dans le négoce des vins, prend son essor après une mémorable partie d'échecs disputée contre le marquis d'O, alors surintendant des Finances. Mais c'est son fils Jean II qui, entre 1626 et 1636, construira le château.

Conseiller d'État puis chancelier du duc d'Orléans, ce Jean II va concevoir un fils – et même deux mais l'aîné meurt assez jeune et sans enfants, ce qui fait du cadet le maître de Balleroy – destiné à faire quelque bruit dans l'histoire galante, l'histoire amusante et même l'histoire tout court de notre beau pays de France.

Tout a commencé vers l'an 1647, trois années environ après la naissance du jeune François-Timoléon. Avide de se concilier tout à fait les bonnes grâces de la reine Anne d'Autriche auprès de qui elle est fort en pied, sa mère, la comtesse de Choisy, décide d'adopter pour lui la politique suivie par la reine envers son second fils Philippe, duc d'Orléans.

En effet, redoutant pour l'avenir une dangereuse rivalité entre le futur Louis XIV et son cadet (elle est payée pour savoir combien de fois le turbulent Gaston d'Orléans a conspiré contre le roi Louis XIII), la reine mère a voulu, poussée par Mazarin, donner à Philippe des goûts moins dangereux pour la France. Elle a donc imaginé de l'habiller en fille beaucoup plus longtemps qu'il n'était d'usage et de lui donner le goût de la parure, des bijoux et de tous les raffinements de la toilette féminine.

Elle n'a que trop bien réussi. Dès son jeune âge, Philippe, qui est très beau, se passionne pour les colifichets. Cette éducation insensée amoindrit naturellement beaucoup de ses qualités viriles sans pour autant, néanmoins, lui ôter le courage. N'en déplaise à ses détracteurs, Monsieur fut un homme brave et loyal, même s'il n'avait pas beaucoup de goût pour les dames.

François de Choisy a quatre ans de moins que lui. C'est un très joli enfant et quand sa mère l'amène un jour chez la reine, habillé en fille, des diamants aux oreilles et un soupçon de maquillage sur son joli visage, il obtient un vrai succès. Bientôt, on rencontre partout les deux enfants habillés en filles, et la cour s'en amuse comme d'une plaisanterie. Mais admire sans réserve. Les deux fausses fillettes sont en effet irrésistibles de grâce, de gentillesse et d'élégance. Naturellement une grande amitié ne tarde pas à les unir. Une amitié qui va durer des années et qui vaudra au jeune François – son frère est encore de ce monde – de notables avantages dont une abbaye. Mais le jeune abbé s'est si bien habitué au costume féminin que, jusqu'à l'âge de vingt ans, il n'en a guère porté d'autre.

Sa mère tenait même tellement à lui éviter les rudesses de l'aspect masculin que, dès l'enfance, elle lui frotta chaque jour le visage d'une certaine « eau de veau mélangée à une pommade de pieds de mouton » qui possédait, paraît-il, la propriété de faire mourir le poil dans sa racine. L'abbé de Choisy n'eut donc jamais à soumettre au feu du rasoir une peau qui demeura blanche et douce.

Mais cela ne lui suffit pas. À dix-huit ans, il juge qu'il lui manque certains avantages pour ressembler tout à fait à une jeune demoiselle. Et comme c'est un garçon inventif, il se fait confectionner une « gorge à ressorts faite de deux petites vessies de cochon recouvertes de satin ». Des dentelles mousseuses dissimuleront cette mécanique à laquelle les ressorts assurent une stabilité parfaite. Et, ainsi armé, il se lance dans la vie la plus joyeuse qui soit.

La mort de sa mère le décide à ne plus vivre qu'en femme. Il hérite en effet de superbes joyaux, et pour rien au monde ne se priverait du plaisir de les exhiber. Puis, afin d'être plus libre de lui-même, il décide de faire disparaître pour un temps l'abbé de Choisy et va s'installer dans le quartier Mouffetard sous le nom de comtesse de Sancy (le nom d'un diamant célèbre lui convient tout à fait !).

On l'y voit, le dimanche, assister à la messe en jupe de brocart et coiffe de dentelle, paré comme une châsse et suivi d'un laquais qui porte son missel. On le voit aussi offrir le pain bénit, précédé d'un écuyer et suivi de trois laquais dont l'un soutient sa traîne.

Dans le quartier on apprécie beaucoup Mme de Sancy. Elle est généreuse et fait beaucoup de bien. On ne s'étonne donc pas de la voir toujours entourée d'un essaim de jolies filles dont elle est la protectrice fort attentive. Il faut noter en effet qu'en dépit de ses accoutrements, François, contrairement à son ami Philippe, est très sensible au charme des jolies femmes. Il s'y intéresse même de si près que bientôt un petit drame éclate : l'une des jeunes amies de la « bonne comtesse » se retrouve enceinte. Ce qui fait jaser. Un peu inquiet, l'abbé se hâte de doter sa belle amie et de la marier, mais le scandale prend de l'ampleur. Paris et la cour en font des gorges chaudes – qui ne sont point, elles, à ressorts – et un soir, à l'Opéra, le scandale éclate.

L'instrument de la justice divine est un affreux bigot, le duc de Montausier, auquel le fait d'avoir aidé Louis XIV à mettre Mme de Montespan dans son lit a valu le poste envié de gouverneur du Dauphin. Or, ce soir-là, c'est justement dans la loge du Dauphin et en compagnie de Monsieur que l'abbé de Choisy paraît. Il arbore une merveilleuse robe de brocart blanc à fleurs d'or dans laquelle il est… tout bonnement ravissant. Mais Montausier n'apprécie pas :

— J'avoue… madame ou mademoiselle, claironne-t-il, car je ne sais comment vous nommer, j'avoue que vous êtes belle mais en vérité n'avez-vous point honte de porter un pareil habillement et de faire la femme puisque vous êtes assez heureux pour ne pas l'être ? Allez donc vous cacher !

L'éclat est impossible à dissimuler. Montausier a une voix de sergent-major et toute la salle a pu profiter de son algarade. Malgré l'intervention de Philippe d'Orléans, François se retire dignement, puis s'éclipse de Paris. On le prétend d'abord à Bordeaux, puis on affirme qu'il dirige une troupe de théâtre dont fait partie une fort jolie créature nommée Rosalie. Mais sans preuves. Et puis, un an environ après l'affaire de l'Opéra apparaît, en pays berrichon, une certaine comtesse des Barres qui réside dans un beau manoir à quelques lieues de Bourges en compagnie d'un charmant page. On est en 1676.

Non loin de là vit, dans son antique château du Coudray-Monin, la vieille et aimable Mme du Coudray, la plus enragée marieuse qui ait jamais respiré sous le soleil. Et Mme du Coudray apprécie beaucoup Mme des Barres. D'autant plus qu'elle voit en cette jeune femme une excellente occasion de remarier son vieil ami le président Bergeret, qui doit justement venir passer quelque temps chez elle.

Ce président Bergeret est un homme d'importance car il est aussi le premier secrétaire du ministre Colbert de Croissy, et il est fort riche. À peine est-il arrivé que Mme du Coudray lui vante le charme de sa nouvelle amie et n'a de cesse de le traîner chez elle. Où se réunit belle et nombreuse société.

Hélas, Bergeret est parisien et il ne lui faut qu'un coup d'œil à la fausse comtesse pour reconnaître le très réel abbé de Choisy. Bien élevé il ne dit rien mais, la nuit venue, il se fait discrètement reconduire chez « la comtesse » qui, elle aussi, l'a reconnu. François accueille son visiteur en robe de chambre, et cette fois sous un aspect tout à fait masculin :

— J'imagine, dit-il, que vous venez me faire la morale ? Je vous attendais…

Bergeret moralise moins qu'il ne raisonne. L'abbé de Choisy est d'Église. Il est intelligent, spirituel, très cultivé. Il pourrait prétendre aux plus hautes destinées…

— Et, ajoute-t-il, puisque vous aimez tant les robes, songez qu'il n'en est pas de plus majestueuse que la simarre cardinalice…

Il prêche si bien qu'il remporte la victoire. Mieux, il emmène à Rome où s'ouvre le conclave le trop sémillant abbé qui va entrer au Vatican en tant que conclaviste du cardinal de Bouillon. Choisy y prendra le goût de la politique et des grandes affaires… et s'apercevra que sa piété est réelle.

Dès lors, il renonce aux folies de sa jeunesse, fait quelques séjours en forme de retraite dans son magnifique Balleroy et se lance dans la diplomatie. Nommé coadjuteur de l'ambassadeur envoyé au Siam par le roi, il y opère des conversions spectaculaires et en revient couvert de gloire pour se lancer dans la production littéraire. On lui doit une *histoire de l'Église*, le *Journal* d'un voyage au Siam, des œuvres religieuses d'une haute portée morale… et une amusante *histoire de la comtesse des Barres*.

Retenu à Paris par ses travaux, il vend en 1700 Balleroy à la princesse d'Harcourt qui ne le gardera que quelques mois avant de le céder à la petite-fille de Madeleine de Choisy, sœur de l'abbé, qui le léguera à la famille de La Cour. Le château sera alors érigé en marquisat.

Le second marquis de Balleroy se retrouvera exilé au château pour avoir pris parti contre Mme de Châteauroux, favorite en titre, lors de la maladie de Louis XV. Il en profitera pour fonder au pays une poterie de grès et s'occuper de ses houillères. Mais cet exil ne sera que temporaire et les Balleroy continueront à s'illustrer auprès des rois de France.

La Révolution fit saisir le château mais laissa la vie sauve à Mme d'Hervilly, fille du marquis, grâce au dévouement et à la ruse de son médecin qui la fit se rouler dans les orties et présenta le résultat aux sectionnaires en déclarant sa maladie contagieuse.

Quant à notre abbé, il devait mourir à Paris, sinon en odeur de sainteté, du moins en ayant acquis le droit à la considération et au respect de ses contemporains…

En 1971, l'homme d'affaires américain milliardaire Malcolm Forbes achète le château. Il y recevra Liz Taylor qu'il voulait épouser…

Horaires d'ouverture

Du 1er avril au 30 juin	10 h 30-12 h 30 et 14 h-18 h 30
Du 1er juillet au 31 août	10 h 30-18 h 30
Du 1er septembre au 30 septembre	10 h 30-12 h 30 et 14 h-18 h 30
Vacances de la Toussaint	10 h 30-12 h 30 et 14h-17 h 30

Le musée des Ballons et le parc :

du 1er avril au 30 septembre	10 h 30-18 h 30
Vacances de la Toussaint	10 h 30-17 h30

http://www.chateau-balleroy.com

BELLÊME

Mabile de Montgomery, la Locuste du Perche...

Et pour ce cœur instruit par une âme si noire
Des crimes éclatants ressemblent à la Gloire

G. de BREBEUF

Du château de Bellême, il ne reste qu'une porte fortifiée et une tour, mais cela devrait suffire pour évoquer les comtes, mi-forbans, mi-bâtisseurs, qui ont fait cette ville haute dont on devine qu'elle fut forte. Et surtout pour faire surgir de la nuit des temps la fleur vénéneuse par qui s'acheva le dernier rameau : Mabile !

Elle n'était pas belle et le savait, mais elle fascinait par l'éclat de deux yeux d'un vert doré, énigmatiques comme ceux d'un chat, et par l'épaisseur d'une crinière de lionne, rousse comme une flamme. En dehors de cela, sa taille courte et grasse tôt empâtée par d'énormes ripailles, sa peau tavelée et son nez trop gros détournaient les regards attirés par l'éclat apparent.

L'âme ressemble à l'enveloppe et, à quinze ans, la

jeune comtesse de Bellême, la plus riche peut-être et la plus puissante des héritières de Normandie, joint à la violence d'appétits dévastateurs et à une cruauté rare, même au XIe siècle, un goût de la fourberie, une passion du mensonge et une cupidité qui, dès son jeune âge, ont terrifié ses nourrices, ses compagnes, et jusqu'aux rudes guerriers qui gardaient les forteresses familiales.

Il faut bien avouer qu'elle a de qui tenir : son père, Guillaume Talvas, surnommé le Lièvre, est sans doute le coquin le plus redoutable que l'on puisse trouver à quelques lieues à la ronde. Pourtant, les racines étaient belles…

D'ancienne famille bretonne venue chercher fortune sur les terres normandes, Guillaume le Lièvre comptait parmi ses ancêtres quelques hommes de valeur. Yvon, le premier des comtes, esprit brillant et ingénieur en machines de guerre, avait eu la bonne fortune, le courage aussi, d'arracher des mains de Louis IV d'Outremer le jeune duc Richard Ier de Normandie. La récompense avait été à la hauteur du service rendu : le vaste et riche comté qui tenait tout le Perche et lançait même des tentacules vers la mer.

Guillaume, son fils, avait reçu l'Alençonnais. Lui aussi était un bâtisseur, mais de forteresses : Domfront, Mortagne, Alençon et bien sûr Bellême. Mais la violence était latente dans le sang des Talvas et avec la richesse vint le goût d'une puissance toujours plus grande. Bientôt, Guillaume l'Ancien compta plus d'ennemis qu'il n'avait de châteaux.

À cette époque où la Normandie était fraîchement soumise aux guerriers venus du Nord, seule comptait la force du bras armé et celle des bandes dont on pouvait s'assurer les services. Les ducs eux-mêmes avaient le plus grand mal à maintenir un semblant d'ordre.

Néanmoins, quand il entra en révolte contre le duc Robert II dit le Diable, Guillaume l'Ancien fut abattu avec la majeure partie de sa famille. De ses quatre fils ne resta que Guillaume le Lièvre, qui avait pris grand soin de se tenir loin du carnage et qui, de ce fait, recueillit l'énorme héritage.

Devenu comte de Bellême, il se crut tout permis. Qu'avait-il à craindre d'ailleurs ? Le duc Robert mort en Terre sainte ne laissait pour héritier qu'un garçon bâtard, un petit Guillaume né de ses amours avec Arlette, la fille du tanneur de Falaise[1], contre lequel tous les hauts barons se levaient et qu'il avait fallu faire passer en France pour le confier à la protection du roi.

Un beau jour, le Lièvre, marié et pourvu de trois enfants, s'éprend d'une jouvencelle, bien rentée de surcroît, et découvre du même coup que son épouse Héréburge a cessé de lui plaire. Et même qu'elle le gêne…

Au matin de Pâques 1042, la comtesse Héréburge, suivie de ses femmes et tenant par la main sa fille Mabile alors âgée de dix ans, se rend à l'église pour y entendre la messe. Elle n'a pas fait la moitié du chemin qu'une troupe armée l'assaille, disperse ses femmes et envoie la fillette rouler contre un montoir à chevaux. Quand ils en ont fini, la comtesse gît au milieu de la rue dans sa robe de fête, étranglée avec son propre voile.

L'horreur de ce crime secoue la ville mais personne n'ose rien dire. Seule Mabile affronte son père. Ses hommes ont failli la tuer ; doit-elle se préparer à mourir ? Tout dépend de sa conduite, et si elle se montre aimable avec sa nouvelle mère, tout ira bien.

1. Voir Falaise.

Mabile promet d'être aimable mais elle a bien compris la leçon. Son père vient de lui montrer comment s'y prendre pour obtenir ce que l'on désire. Et quand, deux jours après la mort d'Héréburge, Talvas épouse celle qu'il voulait, l'enfant de l'assassinée assiste, souriante, à la cérémonie. En contemplant le nouveau couple, elle se dit que, faute de beauté, elle tâchera d'obtenir la puissance et la fortune. Ce sera facile… lorsqu'elle se sera débarrassée de son père et de ses frères…

Les noces scandaleuses sont d'ailleurs marquées d'un épisode abominable. Sur ses terres, le Lièvre compte une puissante famille de grands vassaux : les Giroie, seigneurs d'Échauffour, de Montreuil l'Argillé et de toute la vallée de la Charentonne. Ces Giroie, Bretons d'origine eux aussi, ont été jadis les amis de Guillaume l'Ancien et, sur leurs fiefs, ils sont aimés autant que les Talvas sont détestés. C'est une superbe famille : quatre filles et sept fils, des géants blonds, des cavaliers puissants comme leurs gros chevaux percherons et riches aussi de toutes leurs terres acquises, par mariage ou à la pointe du glaive. Certes, ils reconnaissent les comtes de Bellême pour leurs suzerains, mais leurs terres leur appartiennent en propre, et ces terres, le Lièvre brûle maintenant de se les approprier.

Depuis quelque temps, les Giroie semblent poursuivis par le malheur. Ernaud, l'aîné, a péri, les reins brisés, en luttant à mains plates contre un de ses bûcherons. Le second, Foulques, est tombé en 1040, tué par son frère Robert en défendant leur tuteur commun, Gislebert de Brionne, que les Giroie accusaient de malversations. L'avant-dernier, Hughes, a été tué par accident au cours d'un concours de tir à l'arc. Un autre est devenu fou. Trois seulement restent : Guillaume, un homme de bien et de paix, Robert, le meurtrier sans le vouloir, et Raoul, un être rare, une âme privilégiée qui a choisi à la fois la tonsure et la médecine. Élève de la grande abbaye du Bec-Hellouin, il s'est retiré à celle de Saint-Évroult, qui doit tout à sa famille, pour y poursuivre des études vouées au soulagement de l'humanité souffrante, une préoccupation rare à l'époque. À cause de ses cheveux courts et hérissés, le peuple qui l'adore l'a surnommé « Malcouronne[1] ».

De tous ces Giroie, c'est Guillaume que Talvas déteste le plus, parce qu'il est le plus riche. Il l'a invité à son mariage et Guillaume, bonne âme, a cru qu'un refus chagrinerait cet homme sur qui pèse déjà la réprobation publique. Il a eu grand tort car, le repas de noces terminé, le Lièvre se retire avec sa nouvelle épouse… et livre Giroie à ses hommes qui le martyrisent, lui coupent les oreilles, le nez, et le châtrent avec une sauvagerie que l'on tentera par la suite d'attribuer à la folie du vin. Car le malheureux ne meurt pas de cette abomination qui a eu lieu sous les yeux même de Mabile, d'une Mabile qui y a pris un étrange plaisir.

Rentré chez lui, Guillaume Giroie cachera sa face devenue monstrueuse sous un voile épais et choisira de devenir un saint. Mais, tandis qu'il gisait sur son lit de souffrance, Robert Giroie est allé tirer son frère Raoul de son monastère. Ils ne sont plus que deux capables de porter les armes. Raoul doit aider à punir le Talvas. Il priera plus tard ! Et Raoul suit son frère, réendosse la broigne à écailles de fer, ceint la longue épée normande mais refuse le casque. Il combattra tête nue, à la grâce de Dieu.

1. Je ne saurais trop recommander le beau livre de La Varende, *Docteur Malcouronne.*

Ils rameutent leurs gens, et la poursuite commence. Devant leur colère, le Lièvre détale, traînant sa femme et sa fille, refusant le combat dont il sait qu'il ne sortira pas vivant. Il va de l'un à l'autre de ses châteaux, s'y cachant du lundi matin au mercredi soir car l'Église a institué la Trêve de Dieu qui interdit le combat les autres jours de la semaine. Mabile suit, silencieuse, murée dans ses pensées mais jouissant des sueurs paternelles quand le danger se fait pressant.

Chaque fois qu'ils trouvent l'oiseau envolé, les Giroie brûlent son gîte et reprennent la piste, plus sombres et plus acharnés que jamais... Un jour, un jeune homme vient vers eux :

— Pour prendre un Talvas il faut un autre Talvas, dit-il.

Il s'appelle Arnulf. Il est le fils du Lièvre, et les deux autres le regardent avec horreur mais acceptent son aide. Hélas, le Lièvre fuit encore mais cette fois, c'est en France qu'il va chercher refuge. Il a eu trop peur ! Son digne fils mourra d'indigestion peu après pour avoir mangé tout entier un cochon qu'il avait volé à une religieuse... Il ne reste plus comme héritiers qu'Yvon, évêque de Sées, et Mabile.

Bien souvent, celle-ci a pensé tuer son père. Elle est habile dans l'art des poisons, grâce aux leçons de certaine sorcière de Bellême dont elle a fait son obligée. Mais le temps n'est pas encore venu de rentrer en Normandie et de réclamer ses terres. Les choses, en effet, changent au pays : le Bâtard est devenu le duc Guillaume et il est rentré chez lui. En 1047, à Mézidon, il a battu ses barons révoltés et il est devenu le maître. Un maître à la poigne de fer.

Mabile pense qu'il serait temps de faire la paix avec lui car, au fond, son père n'a jamais combattu contre le duc. Et elle conseille au Lièvre d'aller à Rouen plier le genou devant le jeune vainqueur et réclamer ses biens.

Talvas suit le conseil, se rend à Rouen où il est accueilli avec une grâce inattendue. Le duc le reçoit avec bonté mais lui fait comprendre que la récupération de ses terres est soumise à une condition : le mariage de sa fille et unique héritière avec le bras droit, le plus fidèle serviteur de Guillaume, Roger de Montgomery, seigneur de Vimoutiers.

Le père et la fille acceptent avec enthousiasme : le premier parce que les terres des Montgomery, jouxtant celles des Giroie, vont permettre la prise en tenaille de ses ennemis, la seconde parce que le fiancé annoncé a tout pour lui plaire… jusqu'à une singulière habileté à manier le poison. N'est-ce pas par les soins de Montgomery que le duc a été promptement délivré de son tuteur et régent du duché, le duc Alain de Bretagne ?

Le mariage a lieu à Rouen, en grande pompe : Mabile, libérée de la tutelle paternelle, va pouvoir entreprendre la réalisation du vaste plan qu'elle s'est proposé. Son père, comme par hasard, disparaît rapidement à la suite d'un trop bon repas pris chez le jeune couple. Après quoi la nouvelle comtesse de Bellême va s'occuper des Giroie.

Ceux-ci sont mal en cour. Montgomery a réussi à se faire donner une partie de leurs terres. Guillaume l'Essorillé est parti en pèlerinage en Terre sainte, et son fils Ernauld a fui en Sicile. Raoul aussi est parti pour la Sicile, mais afin de s'y adonner à de hautes études médicales auprès de la célèbre Trotula. Reste Robert, marié à une cousine du duc dont Mabile a su se faire une intime amie. Et tout va aller bientôt selon les désirs de la terrible femme : Robert Giroie meurt un beau soir, après avoir mangé des pommes à lui présentées par sa propre épouse.

Mabile, alors, se croit assurée de la victoire. Les terres Giroie sont pratiquement sans maîtres. Il suffit de tendre la main. Et elle la tend.

Soudain reparaît Ernauld, après un tour d'Italie. Ernauld qui rapporte au duc un manteau précieux et fait sa paix. Tout est à recommencer. Mais la dame de Bellême n'est pas femme à se décourager si vite. Avec toute la grâce dont elle est capable, elle invite le jeune homme à un grand souper. Sans résultat. Prévenu, Ernauld s'est excusé.

Alors, elle essaie autre chose. Tandis que le Giroie se prépare à regagner son château d'Échauffour, on lui offre un pot de vin frais. Il refuse le vin parce qu'il n'a pas soif mais un de ses compagnons l'accepte... et meurt le soir même. Le malheur veut que ce compagnon soit le propre beau-frère de Mabile, Gislebert de Montgomery. C'est encore raté !

Mais le diable est avec l'affreuse petite femme : elle achète les services d'un domestique d'Ernauld, un certain Roger Goulafre de la Goulafrière qui, moyennant un sac d'or, se charge volontiers d'accommoder les boissons de son maître. Et Ernauld rejoint enfin ses ancêtres par la vertu des breuvages de Mabile. Il ne laisse qu'un fils et celui-ci se hâte d'aller offrir ses services au roi de France afin de mettre le plus de champ possible entre lui et sa voisine.

Le temps poursuit sa marche. Le duc Guillaume, suivi de Montgomery, s'en va conquérir l'Angleterre. Les honneurs pleuvent sur Roger et sa femme mais Mabile craint la mer et préfère demeurer sur ses terres normandes qu'elle continue d'arrondir au moyen de poudres ou de décoctions judicieusement distribuées.

Tout en mettant dans son lit ceux de ses vassaux qu'elle juge convenablement bâtis. À la grande joie, il faut bien l'avouer, d'un époux désormais terrifié par sa femme et qui ne souhaite plus guère cohabiter.

Le châtiment mettra longtemps à venir mais il viendra : le 2 décembre 1082. Ce jour-là, Mabile, fidèle à une vieille habitude, a pris son bain dans l'eau glacée d'une rivière. Dûment rafraîchie, elle rentre chez elle, s'étend sur son lit devant un grand feu, aussi nue que la main puisqu'il n'est pas d'usage de mettre quoi que ce soit pour dormir. La nuit tombe et, après un plantureux repas, la comtesse s'apprête à dormir quand la porte de sa chambre s'ouvre, livrant passage à trois hommes armés.

Mabile n'a pas le temps de crier : une seconde plus tard, sa tête vole à travers la pièce, tranchée par un maître coup d'épée. L'auteur de cet exploit est un cousin des Giroie, Hughes de Saugei, dépossédé lui aussi au profit de la dame de son château de La Motte Igé. Puis les justiciers disparaissent dans la nuit, sans même que le fils de Mabile, qui tient le château, ait paru s'apercevoir de leur intrusion. Il ne les poursuivra que quelques heures plus tard. Pour la forme. Et, bien sûr, ne trouvera personne.

Soulagé d'une épouse dont il confia la dépouille au couvent de Troarn, Roger de Montgomery poursuivra tranquillement une superbe carrière qui le mènera jusqu'à la vice-royauté d'Angleterre et au cours de laquelle, avec l'aide d'une nouvelle compagne moins belliqueuse, il fondera la branche anglaise des Montgomery….

BLAYE

Épilogue pour la grande aventure de « Petit-Pierre »...

Dieu veut peut-être que les rênes de ce peuple soient renouées par une jeune princesse...

CHATEAUBRIAND

Un jour de novembre 1832, les habitants de la petite ville de Blaye en Gironde – bien petite depuis que Vauban l'a en partie dévorée pour construire la superbe citadelle qui domine et défend l'estuaire – se bousculent devant la grille de l'hôtel de ville pour lire la proclamation que l'on vient d'y accrocher par ordre du sous-préfet :

« Habitants de Blaye, cette même citadelle qui, par vos courageux efforts, conserva la dernière son pavillon tricolore aux jours de 1814, renfermera aujourd'hui, captive et impuissante, la dernière espérance de l'absolutisme. Le règne des lois, le triomphe de l'ordre reçoivent de ce grand événement un nouveau gage de force et de durée... »

Ce beau morceau de rhétorique officielle fleurant encore le style ampoulé si fort à l'honneur sous la Révolution est apparemment destiné à exciter une sorte d'horreur sacrée chez les bourgeois et les pêcheurs de lamproies de Blaye envers le monstre terrifiant que l'on va mettre en cage derrière les gros murs de la forteresse qui fait la gloire du port girondin. Pour un peu, emporté par son sujet, le sous-préfet demanderait que l'on gare les femmes et les enfants et que l'on barricade les maisons sur le passage de « la dernière espérance de l'absolutisme »...

En fait, la future prisonnière est un petit bout de femme d'un mètre cinquante à peine, âgée de trente-quatre ans depuis le 8 de ce mois de novembre. Et, malheureusement pour la prose préfectorale, les Blayais la connaissent bien pour l'avoir acclamée lorsqu'elle est venue chez eux, quatre ans plus tôt, au cours d'un long voyage dans l'Ouest et le Sud-Ouest. Évidemment, elle n'était pas alors la dernière espérance de l'absolutisme mais une charmante princesse, Son Altesse royale Madame la duchesse de Berry, née princesse Marie-Caroline des Deux-Siciles et mère de l'héritier du trône de France, le jeune duc de Bordeaux, dit « l'enfant du miracle » parce qu'il avait vu le jour plusieurs mois après la mort de son père, poignardé par Louvel à la sortie de l'Opéra.

En dépit de ses titres imposants, les gens de Blaye ont gardé le meilleur souvenir de cette jeune femme vive, aimable et spontanée, aussi peu altesse royale que possible et qui moissonnait les cœurs avec une aisance à laquelle on n'était pas habitué.

Aujourd'hui, le décor et les circonstances ont changé. Louis-Philippe, installé par la révolution de Juillet, règne à la place de Charles X. Il est l'oncle de la duchesse mais il est aussi pour elle l'usurpateur et elle vient de faire d'héroïques efforts pour le jeter à bas de son trône. Cela fait la différence…

Mais, cette différence, elle ne l'accepte pas et elle ne l'acceptera jamais. Pour elle, le seul roi digne de régner sur ce beau pays de France, c'est son fils âgé de douze ans et que les légitimistes appellent déjà Henri V. L'enfant pour lequel, depuis sa naissance, elle a tout admis, tout accepté, tout supporté, tout tenté jusqu'à la folle mais héroïque aventure qui l'amène captive à Blaye, ce 15 novembre 1832, vaincue mais non soumise…

Quand la révolution de 1830 a chassé Charles X et sa famille des Tuileries, celle que l'on a surnommée la duchesse « Vif-Argent » les a suivis en Angleterre mais n'a pu se résoudre à y rester longtemps. Elle s'est toujours mal entendue avec sa belle-sœur, la sévère duchesse d'Angoulême, en qui ceux qui l'ont connue enfant ont bien du mal à reconnaître la fille de l'éblouissante Marie-Antoinette, et pour elle il y a mieux à faire que dire des prières et se lamenter. Marie-Caroline ne croit pas à la solidité du trône de Louis-Philippe et, le 17 juin 1831, bien décidée à lui arracher sa couronne, elle a quitté l'Angleterre avec une poignée de fidèles ; après quelques tribulations elle s'est installée en Italie, à Massa di Carrara, chez le duc de Modène. Là, elle a reçu des centaines de lettres venues de France. Les légitimistes, sachant qu'elle refuse la défaite, se sont rués sur leurs plumes. On l'appelle ! On la réclame ! On lui répète que c'est à la Vendée, toujours si fidèle, qu'il faut confier le sort du Prétendant. À la Vendée dont elle garde un si vivant souvenir…

Parmi ces lettres, certaines sont signées de Chateaubriand, d'autres du grand avocat Berryer qui l'adjure : « Hâtez-vous d'accourir ou nous ferons le soulèvement sans vous... » Et elle va accourir, persuadée que tout l'Ouest l'attend les bras ouverts et l'arme au pied. Elle se sent tous les courages. Elle n'en manque pas, cette petite femme au cœur bien placé, car une épidémie de choléra fait rage en France et elle le sait. Elle partira quand même...

Le 30 avril 1832, la duchesse de Berry déguisée en mousse débarque d'un petit bateau à Sainte-Croix près de Carry-le-Rouet, en compagnie de deux ou trois amis dont son écuyer inamovible, l'excellent comte de Mesnard. Elle pense y retrouver deux mille partisans : il n'en est venu que soixante... et encore ! Un mouvement de troupe les a égaillés comme moineaux. Cela ne décourage pas pour autant la duchesse : on ira en Vendée !

Et elle y va. À pied d'abord puis à cheval, en voiture et même à dos d'âne. Le 7 mai, elle arrive au château de Plassac près de Saintes où elle trouve un accueil chaleureux chez les Dampierre. Certaine que toute la province va se lever à sa voix, elle refuse d'écouter le baron de Villeneuve quand il essaie de lui expliquer que les choses ont peut-être changé, qu'on n'a peut-être pas tellement envie de se battre pour ce qui n'est, au fond, qu'une querelle de famille : branche aînée contre branche cadette...

Après dix jours de repos à Plassac, la duchesse pénètre enfin en Vendée et gagne Montaigu où le baron de Charette vient à sa rencontre. Charette ! Quel beau nom pour une insurrection ! Presque un drapeau !... Par des chemins détournés, Charette conduit Marie-Caroline au château de Preuillé, chez le colonel de Nacquart qui l'accueille avec respect mais non sans inquiétude. Une inquiétude qu'il ne songe pas à dissimuler :

— Nul n'attend Madame. La Vendée n'est pas prévenue et la présence de la mère d'Henri V va attirer tous les malheurs sur le pays…

C'est peu agréable à entendre mais, en ce qui concerne « la mère d'Henri V », il ne saurait en être question. Ce n'est pas une princesse qui va entrer en guerre, c'est un jeune partisan, un paysan comme les autres et avec qui les autres se battront mieux. Et, le lendemain, la duchesse apparaît vêtue d'un pantalon de coutil bleu, d'une veste noire à boutons de métal ouvrant sur un gilet jaune, d'une blouse de paysan et d'une paire de sabots. Une perruque foncée couvre sa chevelure blonde et par-dessus elle a enfoncé un bonnet de laine.

— Voilà ! dit-elle. À présent, je suis Petit-Pierre. Bien malin qui me reconnaîtra sous cette défroque.

Elle pétille de vie, elle éclate d'espérance et son enthousiasme est communicatif. Et puis jamais elle ne s'est autant amusée ! À l'aventure se mêlent son goût du théâtre et sa passion du risque. Et puis, bientôt Petit-Pierre a un compagnon : Petit-Paul, autrement dit Stylite de Kersabiec, une jeune Vendéenne un peu exaltée qui se voue corps et âme au service de Madame. Ces deux gamins vont faire une fameuse paire que rien ne rebutera : ni la fatigue, ni le mauvais temps, ni les dangers toujours présents comme dans cette chaumière cernée par les soldats de Louis-Philippe et dont Petit-Pierre sort tranquillement en vidant un bol de cidre. On couche sur la paille ou au creux d'une haie, on trinque avec les paysans. C'est une vie merveilleuse au milieu d'une poignée de braves parmi lesquels se distingue Achille Guibourg, un jeune avocat nantais qui se veut le chevalier de Petit-Pierre. On fait le coup de feu au coude à coude, on passe des nuits à la belle étoile…

Pourtant, les déceptions s'ajoutent aux déceptions. La Vendée ne se soulève pas du tout. Elle n'a plus envie de se battre. L'ordre de soulèvement qu'a promulgué la duchesse risque fort de rester lettre morte. Et Marie-Caroline ne comprend rien à ce qui lui arrive ! Là-bas, à Massa, elle recevait des centaines de lettres qui l'appelaient, la suppliaient de venir se mettre à la tête des troupes fidèles. Et voilà que les troupes fidèles n'existent pas, qu'on l'a leurrée et qu'elle s'est jetée sur ce leurre ? Mais tout cela ne peut pas être vrai ? Ce n'est pas possible ? Ces gens ne savent pas ?

Pauvre Petit-Pierre ! Pauvre brave petit soldat qui ne demandait pas mieux que de mourir pour sa cause ! Les chefs qui se sont présentés se rétractent à présent et, à Paris, le comité légitimiste prend peur. Il envoie Berryer, l'homme qui voulait que Madame se hâtât pour ne pas manquer le début du soulèvement. Il tient aujourd'hui un tout autre langage : « Le seul nom de chouans amènerait même les gens d'opinions paisibles à lutter contre les légitimistes… » Il y aura aussi une lettre de Chateaubriand…

Ce qu'il y a surtout, c'est que Paris a envoyé le maréchal de Bourmont avec des troupes et que les forces sont disproportionnées. Dans un moment de découragement, Petit-Pierre décommande le soulèvement, puis se reprend. La raison en tient tout entière dans son caractère héroïque. Elle dira : « J'aime mieux mourir sur cette noble terre que d'accepter pour moi et pour ma famille la fin des Stuarts… » Le soulèvement aura lieu dans la nuit du 3 au 4 juin.

En attendant, on mène la guérilla. On tiraille dans les

haies et dans les bosquets autour du lac de Grandlieu. Les Bleus ont l'avantage du nombre et multiplient les perquisitions. Qu'importe ! Dans la nuit du 3, le tocsin sonne pour de maigres troupes qui convergent vers Maisdon, entre Sèvre et Maine, cette Maine dans laquelle, il y a quelques jours, Marie-Caroline a failli périr noyée. Il ne faut pas un quart d'heure à Bourmont pour les disperser. La troupe de Charette se fait mettre hors de combat au hameau du Chêne et Charette ne pense plus qu'à sauver Petit-Pierre qui s'enfuit à travers la nuit avec Achille Guibourg, lequel sera pris un peu plus tard et envoyé aux prisons de Nantes.

Un seul combat, mais héroïque, au manoir de La Pénissière. Dans la nuit du 5, une soixantaine d'hommes aux ordres des quatre frères de Girardin, d'Athanase de Guinefolle et de Louis de Chevreuse, se font encercler. Ils se battent trop bien. Alors on les enfume comme des renards. On met le feu au toit. Tout brûle autour d'eux mais ils se battent toujours en chantant le *Miserere*. Quelques-uns tentent une sortie, la réussissent, mais huit d'entre eux veulent rester jusqu'au bout pour l'honneur du drapeau blanc aux fleurs de lys.

Quand ils cessent de tirer et que le silence revient, les troupes s'éloignent tandis que le manoir achève de brûler. Les défenseurs ne peuvent vivre encore dans ce brasier. Pourtant, ils sont toujours vivants et sortent enfin, roussis sur toutes les coutures pour se perdre dans la nuit et se jeter dans la première rivière.

Et Petit-Pierre dans tout cela ? Au lendemain du combat du Chêne, elle est restée cachée dans un fossé boueux jusqu'à ce que la route soit libre. Elle abandonne le combat en campagne pour ne pas provoquer d'autres morts, mais elle n'abandonne pas la lutte. Elle veut se rendre à Nantes où elle sait trouver un refuge. De là, elle correspondra avec les puissances étrangères, avec les rois qui sont ses frères ou ses cousins, elle pourra fanatiser ses fidèles, ranimer la flamme vacillante et attendre dans l'ombre le moment inéluctable où s'écroulera le trône de Louis-Philippe. A-t-on jamais vu un roi avec un parapluie pour sceptre ?

Elle quitte, non sans regrets, le costume de Petit-Pierre pour celui d'une paysanne : coiffe, tablier et sabots puis, toujours flanquée de Mlle de Kersabiec habillée de même, elle prend un panier de légumes et entre à pied dans Nantes, un jour de marché. C'est le 6 juin. Il fait beau et Marie-Caroline s'accorde de flâner un moment avant de gagner le refuge dont elle ne pourra plus sortir. Elle va même lire, tout en croquant une pomme, l'un des placards apposés sur les murs de la ville et qui donnent son signalement. Ce qui l'amuse beaucoup. Puis, elle gagne le n° 3 de la rue Haute-du-Château.

Là habitent deux vieilles filles, plus riches d'ancêtres et de noblesse – la leur remonte sans faiblir jusqu'au XIVe siècle – que d'écus : les demoiselles du Guiny. Elles sont légitimistes passionnées, vaillantes et de cœur haut placé. Barbey d'Aurevilly a décrit, dans *Le Chevalier Destouches*, des femmes de cette trempe, fidèles, courageuses et sachant se taire, par le truchement des demoiselles de Percy et de Touffedelys. Telles sont les demoiselles du Guiny, surtout l'aînée, Pauline. Aussi, quel que soit le danger que représente la présence de Madame, n'hésitent-elles pas à l'affronter. Elles ont déjà, d'ailleurs, un assez dangereux pensionnaire : Achille Guibourg, qui a été arrêté, s'est échappé du château de Nantes et a précédé la duchesse chez les demoiselles du Guiny.

Autant le dire tout de suite, il est « très attaché » à l'ex-Petit-Pierre. Attachement payé de retour ainsi que le révélera la suite de l'histoire. C'est grâce à lui que l'asile des demoiselles du Guiny a été ouvert à Marie-Caroline…

Celle-ci s'installe au troisième étage de la maison en compagnie de Mlle de Kersabiec. Leur logis est une mansarde succinctement meublée mais pourvue d'une cheminée intéressante car la plaque qui en constitue le fond bascule, dévoilant une cachette. Les repas sont pris en commun au second étage et la duchesse se trouve bien dans cette maison amie. Il y a autour d'elle Stylite et sa sœur Eulalie venue la rejoindre, le bon Mesnard… le cher Guibourg ! Elle entreprend sans tarder une énorme correspondance avec toute l'Europe, que son courage et son obstination finissent par remuer un peu.

À Paris, cependant, on s'inquiète, on s'énerve. M. Thiers vient de prendre le portefeuille de l'Intérieur et aimerait inaugurer son ministère en mettant la main sur la duchesse de Berry. Il trouvera, hélas, l'homme qu'il lui faut dans un misérable, un certain Simon Deutz, un juif converti au catholicisme. La duchesse connaît ce Deutz depuis Massa où il s'était présenté à elle comme mandataire du pape. Du pape qui n'a jamais voulu lui confier quelque message que ce fût. Mais, ignorant ce détail, Marie-Caroline a confiance en lui, et c'est cette confiance qu'il va monnayer : il demande 500 000 francs !

Thiers a tiqué. Judas était moins cher, mais qui veut la fin veut les moyens et Deutz aura son argent quand la duchesse sera prise. Deutz assure qu'il réussira et part pour Nantes en compagnie du nouveau préfet.

Le 31 octobre, il est reçu par la duchesse à laquelle

il « apporte des nouvelles du Portugal ». Une seconde audience lui est assignée pour le mardi 6 novembre. Deutz vient vers quatre heures, reste une heure et ne s'éloigne qu'après avoir constaté que la table est mise pour sept personnes et que Madame va souper ici. Ce soir-là, en effet, outre les habitués, il y a la baronne de Charette.

Vers cinq heures et demie, comme, réunis dans la chambre de Mlle Pauline, on bavarde en regardant se lever la lune, Guibourg qui est debout près de la fenêtre voit soudain luire des baïonnettes et constate que des troupes encerclent silencieusement la maison. Aussitôt, on se précipite au troisième, on ouvre la plaque de la cheminée. Mesnard et Guibourg se glissent les premiers dans la cachette, puis la duchesse et Stylite. Il est temps. La maison est envahie. On fouille partout mais on ne trouve rien. On commence à sonder les murs. Sans succès. Alors le gros de la troupe se retire, laissant des gardes dans toutes les pièces.

Deux gendarmes sont installés dans la chambre où se cachent les fugitifs. Comme la nuit est humide, ils font du feu avec des papiers, au grand affolement des captifs de la cheminée. Heureusement, le feu s'éteint. Les hommes n'ont pas cherché à l'entretenir et l'air qui passe à travers les tuiles du toit ranime les occupants de la cachette.

Hélas, au matin, ayant froid de nouveau, les gendarmes rallument le feu et cette fois ils l'entretiennent. La plaque devient brûlante. Le bas des robes commence à prendre feu et la fumée envahit l'étroit espace. Alors, Marie-Caroline se rend…

Sur son ordre, Mesnard et Guibourg ouvrent la plaque. On éteint le feu et les gendarmes éberlués voient une petite femme couverte de poussière, aux vêtements roussis, qui sort de la cheminée à quatre pattes et leur dit :

— Je suis la duchesse de Berry. Vous êtes français et militaires. Je me fie à votre honneur…

Et, sans rancune, elle leur sourit. Elle n'est même pas abattue par ces seize heures de cauchemar.

Une heure plus tard, au bras du général Dermoncourt, elle quitte la maison des demoiselles du Guiny pour les prisons du château de Nantes. Deutz a gagné son argent, qu'on lui tendra, dit-on, avec des pincettes. Il a gagné aussi la flétrissure que lui infligera Victor Hugo, indigné :

Rien ne te disait donc dans l'âme, ô misérable !
Que la proscription est toujours vénérable,
Qu'on ne bat pas le sein qui nous donna son lait,
Qu'une fille des rois dont on fut le valet
Ne se met pas en vente au fond d'un antre infâme
Et que n'étant plus reine elle était encor femme...

L'aventure de Petit-Pierre est terminée. Il va falloir, à présent, en payer le prix…

À la nuit close, ce 15 novembre, le bateau qui amène à Blaye la duchesse de Berry et ses deux derniers compagnons, Mesnard et Mlle de Kersabiec, jette l'ancre dans la Gironde. Le général Janin et son aide de camp prennent un canot pour aller chercher les prisonniers qu'accompagnent, depuis Nantes, le colonel Chousserie et son officier d'ordonnance. Un officier qui s'appelle… Petitpierre ! Le destin a de ces jeux !

Le roman cependant n'est pas terminé. Au bout de quelques mois, le général Bugeaud, qui est commis à la garde de la duchesse, constate que la taille de sa prisonnière a tendance à s'arrondir. Certes, elle n'a jamais perdu son bel appétit, mais tout de même ! Et il finit par lui faire avouer l'invraisemblable : elle est enceinte ! Mais de qui ?

La duchesse déclare qu'elle s'est mariée secrètement en Italie mais refuse de donner un nom.

Le gouvernement de Louis-Philippe pourrait étouffer le scandale, mais il n'en fait rien. Bien au contraire. Il faut donner le plus de publicité possible à cet événement qui ridiculise les Bourbons aînés. Il faut plonger dans la honte le courageux « Petit-Pierre ». Plus il y aura de boue sur sa légende et mieux cela vaudra !

Dès lors, la duchesse est surveillée plus que jamais. Le général Bugeaud couchera pratiquement devant sa porte et il assistera à l'accouchement qui a lieu le 10 mai 1833. Il s'agit d'une petite fille que l'on baptise Anne-Marie-Rosalie.

Cependant, affolés, les partisans, les amis cherchent une solution. Ils ont repris celle que Madame a proposée : elle est secrètement mariée… Et l'on cherche. Et l'on trouve : « Madame » a épousé le comte Hector Lucchesi-Pali, des princes de Castel Franco, qui lui a parfois rendu visite à Massa. Et c'est lui qui, un beau jour, vient gravement chercher « son épouse » quand, enfin, les portes de la forteresse de Blaye s'ouvrent devant celle qui n'est plus que Mme Lucchesi-Pali. Donc, à présent nullement dangereuse.

Mais personne n'est dupe. Au moment de la conception de l'enfant qui n'a pu avoir lieu qu'à Nantes, Lucchesi-Pali était en Hollande. Mais Achille Guibourg, lui, était là. Achille Guibourg qui était jeune, beau, plein de charme et qui était passionnément amoureux de la duchesse « Vif-Argent »…, de son gentil compagnon de combat.

Achille Guibourg que Marie-Caroline ne pouvait pas épouser… et qu'elle ne reverra jamais…

Aujourd'hui, la citadelle de Vauban est inscrite au patrimoine mondial de l'Unesco.

En saison, visite de la citadelle par les souterrains pour comprendre le génie de Vauban.

Pour les jours et heures de visite, se renseigner auprès de l'office du tourisme : 05 57 42 12 09.

BONNEVAL

Les aventures de Bonneval-Pacha

Ne regarde pas à la blancheur du turban
Peut-être que le savon était pris à crédit.

Proverbe turc.

Le talent de se brouiller avec tout le monde et de se créer un peu partout des affaires n'est pas donné au commun des mortels. Mais il est des êtres distingués du ciel qui, à ce jeu, s'entendent mieux que personne. Chez Claude-Alexandre de Bonneval, cadet de l'une des plus nobles et des plus puissantes maisons du Limousin, ce curieux talent confine au génie. Cela tient moins d'ailleurs à un caractère emporté et parfois violent qu'à une fabuleuse dose d'orgueil. Un orgueil qui, tout de même, trouve moyen de n'être pas insupportable tant le jeune Bonneval possède de charme.

À un physique agréable, il joint « beaucoup d'esprit orné de lectures, bien disant, éloquent avec du tour et de la grâce ». Mais, à côté de cela « fort gueux, extrêmement débauché, grand escroc et fort pillard ». Le portrait étant de Saint-Simon, chacun peut en prendre ce qu'il veut.

C'est en 1675 que Claude-Alexandre vient au monde dans cet admirable château au charme médiéval intact que les descendants d'Aymeric de Bonneval et de sa femme Sybille de Comborn, les bâtisseurs, ont su conserver tel qu'il était lors de sa construction au XIVe siècle – avec tout de même plus de confort. Il descend de ce Guillaume de Bonneval qui, en 1248, partit pour la croisade, de ce Germain de Bonneval qui fut, à la bataille de Fornoue, l'un des sept preux armés et vêtus comme le roi Charles VIII et qui se fit tuer à Pavie en défendant François Ier. Il descend des rois de Navarre et des vicomtes de Limoges. Ses ancêtres comptent parmi les premiers barons chrétiens ; ils ont acquis le droit de se dire cousins du roi et, chez eux, la bravoure est chose toute naturelle : on ne saurait concevoir un Bonneval qui ne soit la vaillance même.

Pour Claude-Alexandre, tout commence en 1685, quand il atteint ses dix ans. À un âge où l'on n'est encore qu'un petit garçon, il s'engage sur les vaisseaux du roi comme garde-marine. Je dis bien : il s'engage. Nul ne l'a poussé. Il pense seulement qu'il n'est jamais trop tôt pour se faire une réputation. Un cousinage avec M. de Tourville fait le reste et décide de sa vocation momentanée : ce Limousin sera marin !

Un marin pittoresque. Il est de ceux à qui l'on peut demander le plus pur héroïsme et le sacrifice suprême mais certainement pas de se plier à une quelconque discipline : brave jusqu'à la folie mais impossible à faire plier.

À treize ans, ce gamin se voit convoqué par le ministre Seignelay, fils du grand Colbert, qui le tance vertement et le menace de le renvoyer dans ses foyers.

Cela vaut au grand personnage une non moins verte réplique :

— On ne casse pas un homme de mon nom !

Seignelay sait jauger les gens. La riposte lui plaît. À cet enfant à l'échine raide dont les yeux bruns le défient, Seignelay sourit :

— Le roi casse le garde-marine mais le fait enseigne dc vaisseau, monsieur !

Enchanté, Claude-Alexandre retourne à la mer sans trop savoir s'il préfère se faire tuer pour un si grand roi ou devenir amiral… Hélas, quelque temps après, le nouvel enseigne, traité « comme un croquant » par un lieutenant du même vaisseau, se prend de querelle avec lui, le gifle, l'affronte en duel et le tue. C'est un exploit pour son âge mais les conséquences sont graves : il faut quitter la marine.

Il n'en éprouve guère de regrets. La discipline lui est décidément insupportable et il se sent fait pour le commandement. Mais où le trouver ?

Comme tous les Bonneval passés, présents et futurs, c'est un cavalier-né. Comme tel, il persuade son père de lui offrir un régiment alors que s'ouvre la guerre de Succession d'Espagne. Et le voilà parti. En fait, il vient de trouver sa véritable vocation car c'est à la fois un stratège et un entraîneur d'hommes. Il s'illustre si fort sous Villeroy et Catinat que sa réputation franchit les lignes de feu et s'en va résonner jusque chez l'ennemi aux oreilles du prince Eugène de Savoie-Carignan qui applaudit. Décidément le jeune capitaine pourrait se retrouver un jour maréchal de France.

Seulement, voilà ! Il a, sur la conduite du soldat en campagne, des idées bien personnelles : le pillage lui paraît chose normale ainsi que la levée de contributions arbitraires sur les populations qui ont l'honneur de l'accueillir avec ses hommes. C'est ainsi qu'ayant fort malmené les gens du Piémont il se retrouve, un beau jour, debout dans le cabinet d'un ministre.

Cette fois, il s'agit du marquis de Chamillart, installé à la Guerre par la volonté de Mme de Maintenon beaucoup plus pour son assiduité à la messe que pour ses talents militaires. Il fait preuve, en l'occurrence, d'une insigne maladresse. C'est ainsi qu'il donne, concernant notre tête chaude, des ordres féroces. On doit « retenir tout ce qu'il [Bonneval] pourra toucher [en fait de traitement] en attendant qu'on pût lui faire payer le reste ». Pour un cadet, c'est la misère à brève échéance. En outre, Chamillart, fils d'un robin de Rouen ayant fait carrière dans la magistrature et portant son marquisat tout neuf comme un trophée, n'impressionne pas Claude-Alexandre. Un échange de lettres parfaitement acides s'ensuit.

Au reçu de la dernière épître ministérielle, Bonneval voit rouge. Chamillart ne lui dit-il pas qu'il n'est pas « assez grand seigneur pour faire des présents au roi » ? Et le roi a l'air d'être d'accord sur cette prose insultante ? Il ne fait rien pour défendre la meilleure noblesse de France contre les sottises de ses fonctionnaires ? Du coup, l'offensé reprend la plume et la plonge dans son encre la plus tempétueuse :

« Si, dans le terme de trois mois, je ne reçois pas une satisfaction raisonnable sur l'affront que vous me faites, j'irai au service de l'empereur où tous les ministres sont gens de qualité et savent comment il faut traiter leurs semblables. »

Naturellement, Chamillart refuse d'obtempérer et, au mois de mars 1706, Bonneval passe à l'Autriche avec armes et bagages sans éprouver un seul instant le sentiment qu'il a peut-être tort. Les torts, s'il y en a, ne sont pas de son fait mais de celui du roi !

Malheureusement il ne part pas seul. D'autres capitaines le suivent, soit pour raisons financières, soit par déception intime ou soit encore pour avoir eu maille à partir avec le ministre.

À la cour de l'empereur Joseph Ier, Bonneval est reçu avec tous les honneurs qui lui sont dus. Le prince Eugène, autre transfuge qui sait de quoi ce diable d'homme est capable en temps de guerre, le prend en amitié et lui offre le grade de général.

Le nouveau promu se couvre de gloire en Italie, en Flandre, dans les Alpes et en Hongrie. En Bosnie, devant Petrovaradin, il reçoit au ventre une terrible blessure dont on pense un moment qu'il va mourir. Il s'en garde bien. D'ailleurs, bâti à chaux et à sable, Claude-Alexandre a l'âme chevillée au corps. Il trouve le moyen de guérir mais devra porter, sa vie durant, un bandage assujettissant sur ses entrailles une plaque d'argent.

Du coup, le voilà célèbre. On crie au miracle, même en France où, Louis XIV ayant rendu son âme à Dieu, le Régent pense qu'il vaudrait peut-être mieux récupérer un homme de cette trempe. Et par le truchement d'un autre Limousin, le cardinal Dubois, il lui fait savoir que sa condamnation pourrait être révisée s'il consentait à regagner la France.

Car, déserteur, il a bel et bien été condamné à mort par contumace. Et même exécuté en effigie en place de Grève, au grand désappointement des badauds peu friands de ces exécutions sans participation authentique.

Heureux malgré tout à l'idée de revoir son pays, Bonneval demande son congé à l'empereur – c'est à présent Charles VI – et s'en revient à Versailles voir ce que le Conseil de Régence pense de lui. Il est reçu à bras ouverts par la majorité de la cour. Seuls, quelques grincheux comme Saint-Simon lui font grise mine. Le mémorialiste a quelque peine à comprendre par quelle alchimie un déserteur doublé d'un traître peut se transformer aussi aisément en héros.

Car, bien entendu, on passe l'éponge. On rend l'enfant prodigue au château familial et à la famille qui pense avoir trouvé la panacée en proposant le mariage. L'idée peut séduire car Claude-Alexandre aime les femmes. Elles tiennent, dans sa vie, la troisième place après la table et le vin. Alors pourquoi pas un mariage ?

La fiancée choisie pour ce pandour de quarante-deux ans est de bonne noblesse, douée d'un charmant visage et d'un cœur plein de tendresse, riche de surcroît et d'une touchante jeunesse. Elle se nomme Judith de Biron. Elle est fille du lieutenant général, duc de Biron. On ne saurait donc trouver future épouse plus digne de continuer le vieux nom. En foi de quoi Claude-Alexandre consent, pour une fois, à écouter son frère aîné, le marquis de Bonneval : il accepte de se laisser marier.

C'est alors, au château, une belle fête où chacun peut voir briller de joie les yeux de la petie mariée tombée amoureuse au premier regard de son général « ventre d'argent ». La pauvre enfant croit, de bonne foi, que ce jour de joie entame une longue suite d'années heureuses, d'années d'angoisse aussi comme il convient à une femme de soldat mais adoucies et embellies par l'arrivée successive de nombreux enfants.

Hélas, dix jours exactement après la cérémonie, le nouveau marié constate que la vie conjugale ne l'intéresse pas plus que le service de la France et, sans crier gare, sans dire au revoir à personne, il boucle ses bagages, fait seller son cheval et reprend tranquillement le chemin de l'Autriche.

Dix jours de mariage quand on a espéré toute une vie ! Judith pleure toutes les larmes de son corps, refusant de croire à son malheur. Son époux est parti, bien sûr… mais il reviendra ; et puis peut-être porte-t-elle déjà en elle l'espoir d'une maternité qui le ramènera obligatoirement ? Et longtemps la jeune femme va garder l'espoir, refusant de croire que son héros ait pu, aussi brutalement, aussi vilainement il faut bien le dire, abandonner son foyer et déserter une seconde fois le pays natal qui lui avait pardonné.

Alors, elle se met à lui écrire et elle va écrire comme cela pendant des années. C'est le début d'une immense correspondance à une seule voix, d'une interminable lettre d'amour qui va durer autant que Judith. Et à laquelle, jamais, il ne répondra. Pourtant, que de gentillesse, que de tendresse pudique :

« Je suis aussi constante à me tourmenter que vous l'êtes à me négliger. Il faut se conformer à vos désirs qui sont peut-être d'aimer en gardant un parfait silence. Il fallait m'en avertir pour éviter la surprise d'un effet si singulier. »

Pauvre Judith, aveugle au point de prêter à l'absent des pensées, des délicatesses dont il est bien incapable. Et peu à peu, parce qu'elle veut y croire, elle prend l'habitude de recevoir de ses nouvelles par ceux qui en apprennent sur les champs de bataille.

Claude-Alexandre se couvre de gloire sous Belgrade et Judith exulte, heureuse d'être l'épouse d'un si grand héros. Et naturellement, elle le lui écrit, espérant une petite réponse qui ne vient pas. Alors elle écrit à nouveau :

« Je vous prie seulement de dire, une fois tous les huit jours à votre valet de chambre, que vous avez une femme qui vous aime et qui demande qu'on lui apprenne seulement que vous êtes en vie. »

Peut-on être plus touchante ? Bonneval se contente d'ordonner à son valet de donner les nouvelles que l'on réclame et, bientôt, Judith entame une sorte de dialogue à distance avec le serviteur de son mari, chacun d'eux parlant d'une troisième personne – le général – comme les fidèles parlent de Dieu.

Pour le moment, d'ailleurs, le dieu en question fait des siennes. Il y a trop longtemps sans doute qu'il est en bons termes avec le prince Eugène. Cela ne peut durer et Bonneval, bavard et sardonique, commet la faute grave de moquer les mœurs spéciales de son chef et de révéler, après boire, que jadis, à Paris, on appelait Eugène de Savoie-Carignan « Madame ». Et de souligner :

« C'était parce qu'il faisait souvent la dame pour les jeunes gens. »

On rit mais l'affaire fait scandale. Pour fuir la colère du prince et la police impériale, il ne reste à Bonneval qu'à plier bagage et à chercher refuge à Bruxelles.

Il n'y restera guère car il se met bientôt sur les bras une nouvelle affaire : cette fois elle concerne la reine d'Espagne Louise-Élisabeth d'Orléans qui aurait été surprise par son royal époux en compagnie du marquis d'Aiseau. Cette fois, le bavard n'est pas Bonneval. Au contraire, il s'indigne que l'on ose clabauder sur le compte d'une princesse de sang français, la fille de « son ami » le Régent. La coupable, c'est la marquise de Prie, épouse d'un favori du prince Eugène. Et Bonneval qui n'écrit jamais à sa femme saute sur sa plume et fulmine : « Les hommes qui font de pareils discours sont des coquins et des malheureux, les femmes sont des putains et des carognes qui mériteraient qu'on leur coupât la robe au c... puisqu'il ne convenait à personne d'attaquer la réputation d'une aussi grande princesse sortie de l'antique maison de France. »

Et, pour être bien certain que nul n'en ignore, Bonneval récite son libellé à qui veut bien l'entendre. Tout le monde n'apprécie pas. L'empereur en tout premier rang : il trouve pour le moins surprenant d'entendre un transfuge impénitent chanter ainsi la gloire de ceux qu'il a désavoués. Cela lui vaut, pour lui tout seul, un échantillon de la prose bonnevalienne daté du 30 août 1724. Notre héros y rappelle qu'il a l'honneur d'être allié au sang royal de France par les maisons de Foix et d'Albret et qu'en conséquence il entend continuer à se faire le champion de feu Monseigneur le Régent, qui fut son ami, et de sa famille.

L'empereur n'apprécie toujours pas et, poussé par le prince Eugène et par Mme de Prie, il fait arrêter l'insolent qu'il envoie réfléchir dans la forteresse d'Anvers. S'il croit le calmer, il se trompe : Bonneval écrit plus que jamais et couvre Sa Majesté de missives aux termes desquelles il laisse entendre, de façon fort transparente, que son auguste correspondant règne avec autant de bonheur sur l'Autriche que sur l'empire des imbéciles admirablement représenté par le marquis de Prie.

Excédé, Charles VI l'extrait d'Anvers pour l'envoyer en Moravie, à la forteresse de Spielberg mais, chose étrange, on le laisse y aller tout seul. Il en profite pour s'accorder quelques vacances, prend son temps pour rentrer en Autriche, va visiter certaine belle dame d'Amsterdam et, chemin faisant, s'offre la satisfaction d'une dernière lettre adressée au prince Eugène et qui assimile le grand chef à un criminel : ne laisse-t-il pas traiter indignement son meilleur général ? Et, en conclusion, il réclame réparation par les armes.

Résultat : en arrivant à Vienne il est arrêté et traduit devant un conseil de guerre qui le condamne à un an de réclusion au Spielberg.

Il purge sa peine avec d'autant plus de décontraction qu'il se fait un ami du gouverneur de la forteresse avec qui il joue aux échecs. Et qui lui raconte de belles histoires : celles de ses combats contre les Turcs pour lesquels cet homme a conservé la plus vive admiration. Aussi, une fois libéré, Bonneval pense-t-il que l'Orient pourrait lui offrir certaines joies.

Il tire sa révérence à l'Autriche, gagne Venise où il mène joyeuse vie mais en part plus vite qu'il ne le croyait pour éviter d'être repris par les Autrichiens ; le prince Eugène, qui trouve la punition trop douce, souhaite lui en faire infliger une plus grave. Et Bonneval s'en va tout droit à Constantinople offrir son épée au sultan.

Mahmoud l'accueille à bras ouverts, lui confie son artillerie, le rebaptise Ahmet pacha et l'incite vivement à se convertir à l'islam. Mais, en France, la nouvelle est accueillie avec horreur. Voltaire, pour sa part, ironise et, comme le bruit court de vagues démêlés entre le nouveau pacha et son nouveau maître, qui ont envoyé le premier réfléchir en Asie Mineure, il écrit :

« Ce qui m'étonne c'est qu'ayant été exilé en Asie Mineure il n'allât pas servir le sophi de Perse puis il aurait pu avoir le plaisir d'aller en Chine en se brouillant successivement avec tous ses ministres. »

Et Judith dans tout cela ? Eh bien ! la nouvelle de

l'apostasie de son époux est pour la comtesse un coup terrible. Elle comprend que Claude-Alexandre est définitivement perdu et elle cesse d'écrire enfin. Quatre ans plus tard, dans l'hiver 1741, elle meurt. Avec elle s'éteint cette branche de la famille Bonneval.

Chose étrange, la fin de l'interminable correspondance a frappé Ahmet pacha. Et plus encore la mort de Judith. Ce soir-là au souper, il se met à pleurer en écoutant une mélodie limousine. Alors, il prend une fois de plus la plume mais c'est pour écrire à son frère aîné. Le mal du pays le tient et le tient bien.

« Essayez de trouver une frégate napolitaine, répond le marquis, et venez à Rome. Vous y ferez votre paix avec Dieu et trouverez le repos. Ensuite, nous verrons. »

Mais il est tard. Bonneval-Pacha a soixante-douze ans, sa passion des vins – il a fait visiter à Casanova sa « bibliothèque » composée de grands crus – lui a valu toutes sortes d'incommodités. En juillet 1747, il meurt sur les rives du Bosphore où il dort de son dernier sommeil sans avoir jamais revu son pays ni la fidèle Judith. Il importe pourtant de dire qu'il fit toujours jouer son influence auprès du sultan en faveur de la France et que, de cette façon, il a peut-être mieux servi son pays qu'en y restant.

Le château de Bonneval est demeuré propriété de sa famille dont la dernière illustration est le général de Bonneval qui, jusqu'à la mort du général de Gaulle, fut son aide de camp totalement dévoué. La silhouette de cet officier qui suivait le Général comme son ombre, le protégeant de son mieux, a été longtemps familière aux Français.

HORAIRES D'OUVERTURE

Variables : consulter le calendrier sur le site internet

Un célèbre « son et lumière » est donné le premier week-end d'août.

http://www.chateaudebonneval.fr

LE BOUILH

La marquise-fermière

Je voulais savoir tout ce qui était utile pour toutes les circonstances de la vie.

Marquise de La Tour du Pin-Gouvernet

Commencer la construction d'un château en 1787, à deux ans de la Révolution et alors que certains signes avant-coureurs se manifestaient déjà, c'était faire preuve d'un bien grand courage et d'une véritable foi en l'avenir. C'est pourtant ce que décide Jean-Frédéric, marquis de La Tour du Pin-Gouvernet, quand, cette année-là, il commande Le Bouilh à l'architecte Victor Louis. Un immense château qui ne sera construit qu'à moitié car lorsque, en 1789, Louis XVI confie au marquis le ministère de la Guerre, celui-ci fait arrêter aussitôt les travaux : il ne veut pas que l'on puisse supposer que les fonds du ministère aient été utilisés pour lui-même. Ce qui lui vaudra la sincère admiration de sa belle-fille.

Mais parlons de celle-ci, parce qu'elle en vaut la

peine et parce qu'elle aimera Le Bouilh, même s'il ne comporte qu'un seul corps de logis et une aile basse !

Henriette-Lucy Dillon, appartenant à une très ancienne famille d'origine irlandaise, n'a pas eu une jeunesse heureuse. Sa mère meurt quand elle est tout juste âgée de douze ans, en 1782. Son père qui commande le régiment de Dillon est alors en Amérique où il combat avec l'amiral d'Estaing pour l'Indépendance. Elle vit chez sa grand-mère au château de Hautefontaine, près de Soissons, et le moins que l'on puisse dire est que ce n'est pas pour son bonheur, si l'on en croit le portrait qu'elle en trace : « Ma grand-mère, du caractère le plus altier, de la méchanceté la plus audacieuse, allant parfois jusqu'à la fureur… » En fait, Mme de Rothe est une femme rapace, acariâtre, méfiante et jalouse, qui ne fera jamais rien pour le bonheur de sa petite-fille, au contraire. Il y a aussi le grand-oncle, l'archevêque de Narbonne, Richard-Arthur Dillon, président des états du Languedoc, un prélat de cour, magnifique et fastueux, généreux et aimable, mais qui s'intéressera davantage à la chasse, aux femmes et aux chevaux qu'à la religion ; ce qui lui vaudra de mourir ruiné[1]. Il est le seul à montrer quelque gentillesse à la jeune Lucy qui est battue plus souvent qu'à son tour.

L'adolescente aimerait quitter cet enfer mais la seule issue est le mariage. Encore faudrait-il que la grand-mère soit d'accord… En effet, à l'un de ses retours des îles d'Amérique, où il s'est installé, son père a mentionné un jeune homme appartenant à la famille de La Tour du Pin-Gouvernet qu'il a rencontré là-bas, et qui ferait un mari possible. Mais, tout de suite,

1. Voir Bagatelle.

Mme de Rothe s'est mise en colère. Quelle folie est-ce là ? Elle connaît ce garçon qui « est chétif et disgracié et qui doit à Dieu et au diable ! » Pas question de lui donner Lucy !

Tous les ans, Mme de Rothe et sa petite-fille accompagnent Mgr Dillon qui s'en va présider les états du Languedoc et toucher ses revenus. Le voyage se fait en grand apparat, sans lequel l'archevêque ne saurait se déplacer. Lucy aime assez ces voyages qui apportent à sa vie un peu d'évasion. L'un d'eux va changer sa destinée.

En 1785, on revient de Narbonne par Bordeaux. Or, un matin, le coiffeur de Lucy, tout en arrangeant ses cheveux, lui demande une permission : celle d'aller passer la soirée dans les environs, au château du Bouilh – celui qui existait avant les bâtiments commandés par M. de la Tour du Pin – où il a servi jadis et où il conserve quelques bons amis. Il rejoindra le cortège le lendemain, devant Cubzac, au passage de la Dordogne.

Lucy accepte mais interroge l'homme sur le maître de ce château et acquiert l'assurance qu'il s'agit du père de ce jeune homme dont elle a entendu parler une fois, une seule fois, et son imagination, très vite, va l'occuper toute la soirée. Elle aimerait apercevoir ce château mais, de la route, c'est impossible. Ce qu'elle pourra voir, c'est le pays, un très beau pays et, au passage de la rivière, Lucy regrettera que sa grand-mère se soit opposée à un mariage qui lui aurait permis de vivre dans cette belle région.

Elle le regrette encore plus quand, de retour à Paris, on lui propose un brillant parti : le duc de Biron… qui a quatre-vingt-cinq ans ! Lucy, faisant preuve pour la première fois du caractère plein d'énergie qui toujours sera le sien, refuse, et on n'osera pas la forcer. Elle refusera de même plusieurs autres partis. Le seul qui lui plairait, c'est ce jeune homme qu'elle n'a seulement jamais vu mais dont quelque chose lui dit qu'il saurait la rendre heureuse… Et, soudain, le miracle s'accomplit : en novembre 1786, Mme de Rothe apprend à sa petite-fille que M. de la Tour du Pin a renouvelé sa demande pour son fils. Il est à présent maréchal de France et la reine désire ce mariage.

— Pensez-y, lui dit-elle, et décidez-vous !

— Mais, madame, répond Lucy, je suis toute décidée. Je ne demande pas mieux !

Réponse qui ne plaît pas du tout à la grand-mère qui, du coup, réitère ses objections méchantes. Lucy tient bon. Elle veut épouser « Monsieur de Gouvernet » et aucun autre.

Il lui faudra néanmoins attendre encore quelques mois avant de voir enfin cet homme dont elle rêve. Encore devra-t-elle se cacher derrière un rideau pour l'apercevoir quand il descendra de voiture « en deux sauts » le jour où il vient faire sa demande officielle et apporter l'autorisation de son père. Autorisation qu'il est allé chercher au Bouilh dont il aura fait l'aller et retour à cheval en huit jours.

« Je ne le trouvais pas laid comme on me l'avait annoncé. Sa tournure assurée, son air décidé me plurent au premier coup d'œil ! »

Le 21 mai 1787, on les marie au château de Montfermeil, près de Paris, et ce mariage décidé par des familles, cette union de deux inconnus sera la mieux assortie, la plus tendre, la plus solide qu'il y eut jamais.

Le jeune couple vit d'abord à Versailles où Lucy, logée avec son mari dans l'hôtel du ministère de la Guerre, tient la maison de son beau-père à qui elle voue une véritable affection. Mais les jours sombres sont déjà là. Lucy voit le peuple envahir Versailles en octobre 1789, manque de se faire tuer et assiste au départ de la famille royale. C'est à son époux que Louis XVI, au moment de partir, confie la fastueuse demeure qu'il ne reverra plus.

— Tâchez, lui dit-il, de me sauver mon pauvre Versailles !

Une mission impossible que M. de La Tour du Pin s'efforcera néanmoins de mener à bien. Cependant, la situation est devenue intenable au ministère dc la Guerre. Le beau-père de Lucy a démissionné, cependant que la jeune femme donne le jour à un fils… Bientôt, il faudra se cacher…

Après la mort du roi, le marquis supplie ses enfants d'aller se réfugier au Bouilh et, le 1er avril 1793, ils se mettent en route. Dans le château neuf, ils vont vivre quelques mois de tranquillité et même de bonheur. Lucy à nouveau enceinte coud et tricote, s'occupe de sa maison. Dès l'enfance, elle a tenu à apprendre tout ce que devrait savoir une bonne maîtresse de maison. Son mari dévore les livres de la bibliothèque réunie par son père. C'est presque un tête-à-tête car les serviteurs sont rares, mais on est bien… Pas pour longtemps. La Révolution s'installe à Bordeaux en la personne de Tallien. Il n'y a plus de sécurité pour quiconque. Mais auprès de Tallien, il y a sa maîtresse, l'ex-marquise de Fontenay, la belle Thérésa qui sera un jour sa femme. Grâce à elle, les La Tour du Pin vont pouvoir s'embarquer pour l'Amérique avec leurs deux enfants et un ami, M. de Chambeau.

Le 9 mars 1794, ils prennent place à bord de la *Diane* qui les conduit à Boston. C'est là qu'ils apprennent la mort sur l'échafaud de leur père. M. de La Tour du Pin, qui a comparu comme témoin au procès de la reine et l'a défendue avec une grande fermeté, a été guillotiné le 28 avril. Ce sera un grand chagrin.

Cependant, le jeune couple achète une petite ferme près d'Albany et se met en devoir de la faire prospérer. Lucy, tout de suite, a aimé l'Amérique, et c'est avec courage qu'elle se met à l'ouvrage, s'occupe de sa maison avec l'aide d'une esclave noire, soigne les bêtes, file la laine ou le chanvre et donne tous ses soins à la confection du beurre – elle a huit vaches – qu'elle va vendre au marché. Elle a adopté le costume des paysannes : « la jupe de laine bleue et noire rayée, la petite camisole en toile de coton rembrunie, le mouchoir de couleur, les cheveux séparés et relevés par un peigne… ». On est bien loin du grand habit de satin blanc brodé d'argent et des huit rangs de diamants sous lesquels, lors de sa présentation, Lucy avait fait ses révérences au roi et à la reine !…

Cette vie lui plaît. On reçoit quelques visites venues de France qui apportent des nouvelles : M. de Talleyrand, entre autres.

Mais la France ne manque guère à Lucy, devenue la meilleure des fermières. Et quand une lettre, arrivée au début de 1796, invite les La Tour du Pin à revenir pour récupérer leurs biens car ils n'ont pas été inscrits sur la liste des émigrés, Lucy ne se résigne au départ qu'avec une grande tristesse. D'autant plus grande qu'elle laisse dans la terre américaine sa petite Stéphanie, emportée par une maladie brutale. On repart tout de même, le 6 mai… et Lucy ne cessera plus de regretter sa ferme.

À l'automne, on retrouve Le Bouilh. Mais dans quel état ! Tout a été volé, pillé, saccagé : « Cette maison, je l'avais laissée bien meublée et si on n'y trouvait rien d'élégant, tout y était commode et en abondance.

Je la retrouvais absolument vide : pas une chaise pour s'asseoir, pas une table, pas un lit... » Rien ! Il faut repartir de zéro avec une fortune bien diminuée mais, une fois de plus, la fermière d'Albany se remet à l'ouvrage.

Le château va renaître, toutefois, parce que Lucy est incapable de vivre et de faire vivre les siens dans un taudis ou un désert. Sa maison redeviendra agréable à habiter. Elle en sortira quelques années plus tard pour répondre à un ordre de Napoléon Ier qui, lors du passage de la reine d'Espagne à Bordeaux, lui demandera de remplir auprès de celle-ci les fonctions de dame d'honneur. Cependant que son époux deviendra préfet de Bruxelles. Mais le cœur des La Tour du Pin est légitimiste et c'est avec joie qu'ils saluent le retour des Bourbons.

Lors du fameux Congrès de Vienne, le marquis accompagne Talleyrand au palais Kaunitz et y trouve l'occasion de mettre largement en valeur ses qualités de diplomate. Il sera, par la suite, ministre plénipotentiaire à La Haye puis ambassadeur à Turin.

Hélas, l'arrivée au pouvoir de Louis-Philippe va, une fois encore, détruire leur vie. En effet, leur dernier fils, Aymar – l'aîné Humbert a été tué en duel en 1816 – s'est attaché aux pas de la duchesse de Berry ; elle passera d'ailleurs une nuit au Bouilh. On sait la fin de l'aventure. Condamné à mort par contumace, Aymar aura juste le temps de s'enfuir vers Jersey et passera de là en Angleterre. Mais son père a pris sa défense et se voit emprisonné pour trois mois en compagnie de Lucy qui refuse de se séparer de lui.

Exilés, les La Tour du Pin quittent la France pour rejoindre leur fils. Ils s'installent à Nice, puis à Turin, puis à Lausanne. En 1835, ils vendent Le Bouilh à

M. Hubert de l'Isle. C'est à Lausanne que meurt l'époux de Lucy, en 1837. Celle-ci s'attachera ensuite aux pas de son fils et tous deux vivront surtout en Italie. Et c'est à Pise qu'enfin elle meurt, le 2 août 1853. Mais revenons au Bouilh et à son nouveau propriétaire…

La belle-fille de M. Hubert de l'Isle était d'une extrême beauté que Lamartine chanta quand la jeune femme suivit à l'île Bourbon son époux qui venait d'en être nommé gouverneur. Il lui adressa alors, avec un court poème, ces quelques lignes :

« Madame, je me plains souvent d'être poète quand on m'objecte l'imagination et le cœur comme obstacles aux choses sérieuses d'ici-bas. Mais je me félicite quand je vous vois car il n'y a qu'une imagination et un cœur poétiques capables d'admirer autant qu'elles le méritent les perfections de toute nature dont le ciel a doué en vous sa plus ravissante création… »

C'est de cette jeune femme qui fut dame d'honneur de l'impératrice Eugénie que descendent les actuels propriétaires du château du Bouilh.

HORAIRES D'OUVERTURE

Du 1er juillet au 30 septembre, visites guidées les jeudis, samedis et dimanches, de 14 h 30 à 18 h 30.

http :/chateaudubouilh.jimdo.com

BOURSAULT

La Grande Dame du champagne

Ce vin doit porter un jour
Des bons mots à la jeunesse,
Des erreurs à la sagesse,
Des feux même à la vieillesse
Et des désirs à l'amour.

BERTIN

Lorsqu'en 1818 elle achète le grand château de Boursault, distant d'Épernay d'environ neuf kilomètres, Mme Nicole Clicquot-Ponsardin songe seulement à faire plaisir à sa fille Clémentine, mais aussi, mais surtout à son gendre, le comte Louis de Chevigné qui rêve d'être châtelain et considère, non sans raison peut-être, qu'un grand nom sans une grande demeure est comme un printemps sans primevères. L'occasion est bien choisie pour faire ce cadeau royal puisque, le 15 du mois de juin, la jeune comtesse de Chevigné vient de mettre au monde un enfant.

C'est une fille, sans doute, mais dans la famille on a appris à juger les femmes à leur juste valeur et si la petite Marie-Clémentine ressemble, même un tout petit peu, à sa grand-mère, elle sera de toute évidence une personnalité hors du commun : face au monde entier, Mme Veuve Clicquot née Nicole Ponsardin porte le titre prestigieux de « Grande Dame du champagne ».

Le château ravit tout le monde, bien qu'il soit alors d'aspect plutôt sévère : une grande bâtisse médiévale dont la façade portée par une galerie à arcades est entourée de grosses tours rondes. Jusqu'à la Révolution, il a appartenu à la famille d'Anglure, puissante et vaste maison de Champagne dont les ancêtres remontent aux croisades. Elle a pour auteur Ogier d'Anglure qui suivit Philippe Auguste en Terre sainte, fut fait prisonnier et obtint du sultan Saladin la permission de revenir en France pour réunir sa rançon. En dépit des efforts des siens, il n'y parvint pas et, quand arriva le temps où la rançon aurait dû être portée, Ogier, fidèle à sa parole, retourna se constituer prisonnier sans espoir, cette fois, de revoir jamais sa famille. Mais le grand Saladin s'y connaissait en chevalerie. Il admira la loyauté de ce chevalier franc et lui rendit la liberté, en demandant seulement que son nom fût désormais accolé au patronyme des d'Anglure. À la suite de cette belle histoire tous les descendants d'Ogier se sont appelés Saladin d'Anglure. Leurs armes portent « d'or semé de grelots d'argent soutenus chacun par croissant de gueules » et leur cri de guerre est « Saladin et Damas ! »

Voilà donc dans quel nid la Grande Dame du champagne installe sa couvée mais il est temps, à présent, de revenir en arrière et de regarder vivre celle qui fut d'abord la petite Nicole Ponsardin, de bonne famille bourgeoise ayant même droit à des armoiries : une sardine nageant sous un pont.

Elle n'a jamais eu ni frère ni sœur. Son père, le

banquier Ponsardin, habitait à Reims une belle maison dans la rue Cérès et c'est là que Nicole Barbe vient au monde. Elle a douze ans quand éclate la Révolution et elle doit alors quitter l'abbaye royale de Saint-Pierre-les-Dames où elle est élevée dans les bonnes manières. La ville royale est aux mains des sans-culottes qui s'en prennent à la cathédrale, pillent le trésor et décapitent les statues.

Pour mettre son héritière à l'abri, M. Ponsardin la confie à une brave femme toute dévouée à la famille et qui est couturière. Nicole, habillée en petite fille pauvre, vivra chez elle tant que durera le cauchemar dont les siens, connus comme des gens de bien, se tireront sans mal… Et elle a depuis plusieurs années – ayant alors vingt-deux ans – regagné l'hôtel de la rue Cérès quand on décide de la marier. On décide mais elle est d'accord, car elle aime depuis longtemps François Clicquot qui possède des vignes et constitue l'un des plus beaux partis de la ville. C'est donc un vrai mariage d'amour, car Nicole est charmante, mais aussi un mariage curieux. Seule l'union civile est en usage et Nicole, à la mairie, se conforme à la coutume locale qui veut qu'une femme ajoute son nom de jeune fille à celui de son mari. Mais dès l'instant où l'on prétend faire bénir une union, surtout par un prêtre « non jureur », mieux vaut se cacher.

C'est ainsi que le mariage de Nicole et de François va se dérouler… dans une cave. Et là se produit le miracle : après la bénédiction nuptiale, le vieux prêtre qui officie remet à François un rouleau de papier jauni que lui et sa jeune femme vont dérouler avec émotion. Il a pour titre « Mémoire sur la manière de choisir des plants de vigne convenables au sol, sur la façon de les provigner, de les tailler, de mélanger les raisins, d'en faire la cueillette et de gouverner les vins. » En fait, ce n'est rien d'autre que l'un des très rares exemplaires de la manière de fabriquer le champagne selon la méthode de Dom Pérignon, le moine génial de l'abbaye d'Hautvillers.

Les jeunes époux se mettent tout de suite à la tâche et s'installent à Bouzy pour surveiller vignes et récoltes. En même temps, François, qui s'est mis à voyager pour trouver des clients, rencontre à Bâle un « petit homme tout rond, jovial et affable », M. Bohne, sans doute le meilleur voyageur de commerce d'Europe, qui met son talent au service de la maison : il vend à tout le monde, Allemands, Russes, Anglais… Mais, en 1805, c'est la double catastrophe : François, le cher François meurt d'une fièvre maligne, laissant Nicole veuve avec une petite fille. En outre, la guerre reprend avec l'Angleterre, fermant ainsi l'un des grands débouchés du champagne.

Le père Clicquot se laisse aller au désespoir et prétend, puisqu'il n'a plus d'héritier, vendre les vignes et les caves. C'est alors que Nicole montre sa vraie nature. Elle s'oppose formellement à la vente, déclare qu'elle entend honorer la mémoire de son époux en poursuivant sa tâche et, quatre mois après la mort de François, celle qu'on appellera désormais la Veuve crée sa propre maison en compagnie d'un associé. C'est la Maison Veuve Clicquot-Ponsardin, Fourneaux et Cie. Et rien ne l'abattra.

Napoléon porte la guerre à travers toute l'Europe ? Parfait ! Il sera sans le savoir et par le truchement de son armée le premier commis voyageur de la maison, sous les ordres de M. Bohne. Le Blocus continental empêche les bateaux français d'exporter le fameux champagne ? Ça s'arrangera ! Nicole, en effet, passe contrat avec des corsaires américains et son champagne va courir les mers sous la protection de la bannière étoilée. Les problèmes, bien sûr, ne manquent pas. Les commandes sont nombreuses, pressées, et peuvent nuire à la qualité du vin. En effet, il se forme dans les bouteilles un dépôt qu'il faut un certain temps pour expulser. Comment faire pour l'enlever rapidement ? Installée dans sa maison d'Ogeron, Nicole passe des nuits sans sommeil à conférer avec son maître de chai Jacob. Et, une nuit, elle trouve la solution, descend quatre à quatre à la cave : ce qu'il faut c'est percer des trous dans de longues et larges planches et y installer les bouteilles la tête en bas. Ainsi pourra-t-on faire partir le dépôt sans perdre trop du précieux vin…

Et le temps passe, l'Empire passe. Nicole a fait élever sa petite Clémentine à Paris, au couvent des Anglaises, d'où elle la tire en 1817, au grand déplaisir de la jeune fille qui s'ennuie à périr en province. « Pleure pas, Mantine, lui dit sa mère pour la consoler, je t'achèterai de l'esprit quand je te marierai… » Et elle tient parole car il se trouve justement parmi les soupirants de Clémentine un beau garçon sans aucune fortune mais plein d'esprit : le comte Louis de Chevigné, dont le père a été tué aux côtés de M. de Charette dans les guerres vendéennes.

Louis séduit la jeune fille mais, comme il a commencé par plaire à sa future belle-mère, le mariage a lieu dans la joie et les fêtes. On sait à présent comment la Veuve célébra la naissance de sa petite-fille en achetant le château de Boursault.

Louis aime beaucoup « Mère chérie » qui vit pratiquement au château mais il est un peu brouillon et, abusant de son influence, manque d'entraîner la maison dans des affaires désastreuses. Heureusement,

Nicole a désormais auprès d'elle un assistant de grande valeur qui veille au grain. M. Édouard Werlé évitera de justesse quelques catastrophes dues au génie inventif de Louis et, avec l'aide de sa patronne, finira par l'aiguiller sur un chemin sans danger : la politique. Édouard Werlé deviendra l'associé de la Veuve.

En 1848, nouveau mariage à Boursault : celui de la seconde Marie-Clémentine, fille de la première, avec le comte de Mortemart. Et, pour la circonstance, la Veuve fait des folies : à côté du vieux château médiéval, s'élève maintenant un superbe château Renaissance. Le mariage sera un triomphe où se presseront les plus grands noms de France.

La vie à Boursault est fastueuse. On y donne des fêtes, des chasses, et seul le champagne maison y a droit de cité : « Madame Clicquot, par un despotisme concevable, n'admettait que ses champagnes à sa table. Paraphrasant Louis XIV, elle aimait à répéter : le Vin c'est moi… Effectivement, il n'y avait pas une goutte de vin rouge sur la nappe », écrit Charles Monselet qui fut reçu au château.

Une des nièces de la Grande Dame a laissé un récit imagé de la vie à Boursault, vue du côté des petites filles : « Vers douze ans, à l'âge où il est encore permis de regarder sans rien dire, je me retrouve en robe de mousseline rose dans le coin de l'immense salon. Tout y était froid comme dans les appartements de Versailles. On avait l'impression d'y être perdue : dans la salle à manger de proportions gigantesques également, la cheminée, aussi haute que celle du salon servait de piédestal à une statue de Diane grandeur nature. Ma cousine Anne de Mortemart et moi – Judith d'Anglemont de Tassigny – accompagnées de notre bonne Victoire, nous nous échappions dans le parc dès le matin… »

Comme on peut le voir, les grands noms de la noblesse étaient entrés dans la famille de Nicole. Elle devait être l'aïeule d'une série de grandes dames dont la moindre ne fut pas la duchesse d'Uzès. Le sang bleu et les joyeuses bulles du champagne se mélangèrent superbement.

BRISSAC

Grands seigneurs, grandes amours...
et une dame blanche

Le chemin de l'amour est pavé de chair et de sang.
Vous qui passez par là, relevez le pan de vos robes !

HAFIZ

« C'est un château neuf à demi construit dans un château vieux à demi détruit », a dit un jour le duc de Brissac en évoquant son grand château des bords de Loire. En fait, s'il ne manque ni d'allure ni de majesté, Brissac n'en offre pas moins une image inhabituelle : celle d'une sorte de donjon que l'on aurait construit dans le plus pur style Louis XIII coincé entre des tours essentiellement médiévales. Cela donne cinq étages de hautes fenêtres, de chaînages de pierre, de frontons et de pilastres appartenant à des ordres divers. Mais ce sont cinq étages de grandeur sur lesquels a coulé l'histoire de France car cette demeure fut, de tout temps, celle de grands serviteurs du royaume, de ces serviteurs que l'on ne saurait contester.

Comme beaucoup de châteaux en pays angevin, Brissac fut à l'origine l'un de ces énormes quadrilatères de pierre comme aimait à en construire le Faucon Noir, le redoutable comte d'Anjou. Évidemment, il ne reste rien en surface de cette première forteresse sinon peut-être quelques pierres qui eurent l'honneur de voir passer le roi Philippe Auguste au jour de l'Ascension de l'an 1200.

Il faut attendre le XVe siècle pour voir monter dans le ciel angevin les grosses tours de Brissac. À cette époque – en 1434 – le roi Charles VII, enfin maître chez lui et pratiquement débarrassé des Anglais, s'est donné pour ministre un homme qui représente à lui seul la chevalerie dans ce qu'elle eut de plus achevé, Pierre de Brézé.

Pour l'avoir rencontré plus d'une fois au détour de l'histoire, j'avoue un faible pour cet homme exceptionnel, pour cette absolue réussite de la création. Rarement, en effet, on a vu autant de hautes qualités réunies en un seul homme. Pierre de Brézé fut un guerrier redoutable, un véritable preux, un ministre intelligent et avisé, un grand seigneur achevé. En outre, il portait le cœur le plus noble sous l'apparence la plus séduisante, la plus prestigieuse qui soit. C'était une assez bonne incarnation de Lancelot du Lac. Et pour que la ressemblance soit plus complète, ajoutons que Pierre de Brézé ne vécut que pour l'amour d'une femme mais que cette femme était reine d'Angleterre.

Elle est bien jeune la petite Marguerite d'Anjou, nièce de Charles VII, quand le 23 mai 1445 – il y a alors onze ans que Brézé a acheté la terre de Brissac – les cloches de Saint-Martin de Tours sonnent ses fiançailles avec le jeune roi d'Angleterre Henri VI ; mais sa beauté est déjà célèbre. Les mots sont impuissants d'ailleurs à traduire l'éblouissement de ceux qui eurent le privilège de contempler cette enfant de quinze ans qui joignait la grâce et l'élégance à un éclat exceptionnel.

Durant l'hiver qu'elle passe à la cour de son oncle de France en attendant que sonne l'heure du départ pour l'Angleterre, Marguerite moissonne les cœurs. À commencer par celui de Brézé. Celui-ci se fait son chevalier et porte ses couleurs dans les tournois. Au Conseil, il ne cesse de défendre ses intérêts de future souveraine.

De son côté, Marguerite s'est sentie émue par cette grande conquête mais, à cette époque, l'échange de sentiments ne dépassera pas le plan de l'amitié. Brézé possède un sens de l'honneur trop élevé pour donner libre cours à son amour. Or, Marguerite est fiancée ; autant dire mariée. Elle est reine, en outre, et toutes ces choses la lui rendent sacrée. Quand viendra l'heure du départ, Brézé gardera le silence mais ce silence cache une profonde douleur. On ne sait alors ce que pense la jeune reine qui, déjà, regarde un peu trop tendrement vers l'ambassadeur anglais Suffolk.

Pierre et Marguerite se reverront quinze ans plus tard quand, fugitive après la bataille de Towton qui fut la plus cruelle de la guerre des Deux-Roses – cette lutte fratricide qui portait un si doux nom ! – Marguerite vient demander aide et asile à la France.

Le royaume est celui de Louis XI mais Pierre de Brézé, qui a cinquante-quatre ans à présent, en est encore le ministre. Marguerite pour sa part a changé : elle a trente-deux ans et une bonne moitié de l'Angleterre la hait. Ce sont de ces choses qui marquent une femme. Pourtant, elle est toujours aussi belle et aussitôt Brézé retombe sous le charme. Cette fois, il voit son amour récompensé et reçoit même le précieux privilège d'accompagner sa reine en Angleterre quand, avec l'aide de Louis XI, elle reprend pied dans son royaume révolté.

Mais sa cause est maudite. En dépit de sa vaillance, Brézé réussit tout juste à sauver la reine et son fils tandis que le malheureux Henri VI, tombé dans la folie, reste aux mains de la faction d'York, les gens de la rose blanche. Puis il les ramène en France. Hélas, la reine déchue ne gardera plus longtemps auprès d'elle cet amour si fidèle. Quelques mois plus tard, en 1465, Pierre de Brézé est tué à la bataille de Montlhéry en défendant son roi. Brissac change de maître.

Le fils que Pierre de Brézé a eu de son mariage avec Jeanne du Bec-Crespin devient, au château, le héros d'une sombre histoire : marié à Charlotte de France, l'une des filles légitimées que Charles VII a eue d'Agnès Sorel, il la surprend un soir en trop tendre compagnie alors qu'il rentre inopinément au château. La réaction est immédiate : il la tue ainsi que son amant. Cette tragédie qui pèsera sur toute la jeunesse de leur fils, futur grand sénéchal de Normandie et époux de Diane de Poitiers, garde à Brissac des prolongements : on dit que certaines nuits l'ombre blanche de Charlotte erre sur les tours et le long des salles obscures.

Louis de Brézé rencontra-t-il le fantôme de sa mère ? Il est certain qu'il attendra de longues années avant de prendre femme et que la superbe Diane n'enfreindra jamais les lois du mariage tant qu'il sera en vie.

Diane ne viendra jamais à Brissac. Le château a changé de propriétaire en 1502. Les Cossé, dont les descendants en sont toujours maîtres, règnent alors sur le château.

Chambellan du roi Charles VIII, René de Cossé, qui devient Cossé-Brissac, est un homme sage et prudent. Après la Guerre folle, il obtient de son roi qu'il épargne le chef de cette révolte insensée des grands. C'est le duc Louis d'Orléans qui, devenu par la suite le roi Louis XII, saura se montrer reconnaissant.

D'ailleurs, le dévouement à la cause royale fait partie intégrante des vertus de la famille. On le verra bien après le désastre de Pavie. Quand Charles Quint aura consenti à rendre sa liberté à François Ier qu'il tenait prisonnier à Madrid en exigeant que ses fils viennent le remplacer dans sa prison, René et Charlotte de Cossé-Brissac obtiendront de partir avec les jeunes princes afin de veiller sur eux, ce qu'Henri II n'oubliera pas.

Intermède poétique : la fille de la belle Anne de Cossé-Brissac et du sire de Surgères sera cette Hélène pour qui Ronsard vieillissant soupirait :

Quand vous serez bien vieille, au soir à la chandelle,
Assise auprès du feu, dévidant et filant,
Direz, chantant mes vers, en vous émerveillant,
Ronsard me célébrait du temps que j'étais belle.

Évidemment, la poésie n'est pas monnaie courante dans une famille où l'on compte plus de grands soldats – deux maréchaux de France ! – que d'écrivains, exception faite pour le duc actuel.

Une génération plus tard, nous trouvons Charles II, futur maréchal, gouverneur de Paris pour la Ligue. Cette fois il s'agit de battre un roi en qui, bien que choisi par son prédécesseur Henri III, Cossé-Brissac refuse de voir son nouveau souverain parce qu'il est protestant. Mais lui aussi est un homme sage et il aura l'intelligence, après s'être convaincu lui-même, de convaincre ses compagnons d'ouvrir la capitale au nouveau converti, mettant ainsi fin à l'une des périodes les plus meurtrières de l'histoire de France. Après quoi, chargé d'honneurs, il se retire tranquillement sur ses terres où il a fort à faire pour remettre au goût du jour son vieux Brissac.

Il en charge l'architecte Jacques Corbineau qui se met à l'œuvre et édifie le grand corps de logis. Mais, en 1621, meurt le maréchal-duc et les travaux en resteront là. Brissac demeura tel qu'il était. Tel il est toujours.

Au XVIIIe siècle, le septième duc devient lui aussi maréchal de France à la suite de nombreux exploits mais c'est à son fils Louis-Hercule que va échoir une belle et tragique histoire d'amour, d'amour quasi royal… avec Mme du Barry.

Alors que la belle comtesse n'était encore que favorite de fraîche date, son appartement du troisième étage, au palais de Versailles, voisinait avec celui du colonel des Cent-Suisses qui n'était autre que Louis-Hercule. Du voisinage naquit une amitié. Il est étonnant de voir comment les maîtres de ce château s'entendent à susciter l'amitié avant de faire naître l'amour.

L'amitié a duré. Elle a même résisté à la disgrâce de la comtesse. En effet, celle-ci, à la mort de Louis XV, a été contrainte de se retirer d'abord à l'abbaye de Pont-aux-Dames, puis, quand elle eut donné suffisamment de gages de sagesse et de fidélité à la royauté, au petit château de Saint-Vrain où il lui fut loisible de recevoir quelques amis.

Ils étaient bien rares, alors, ceux qui se risquaient à visiter la disgraciée. Louis-Hercule fut de ceux-là. Il vint et revint à Saint-Vrain puis, quand Mme du Barry eut retrouvé son cher château de Louveciennes, il en fut un habitué assidu.

En 1780, la mort de son père en fit le huitième duc et le roi le nomma gouverneur de Paris. C'est alors qu'éclata entre les deux anciens amis une passion sans doute tardive – le duc avait vingt ans de plus que Mme du Barry – mais qui allait les accompagner jusqu'au bout de leur chemin sur la terre.

Malgré la peine extrême qu'ils se donnèrent d'abord pour cacher leur amour, ce fut bientôt un secret de Polichinelle et, peu à peu, les deux amants se cachèrent moins. La comtesse en vint même à ne plus descendre que chez son ami, rue de Grenelle, lorsqu'elle venait à Paris. Leur passion grandissait sans cesse comme si tous deux devinaient que le temps leur était compté.

Vint la tourmente révolutionnaire. En 1792, à Versailles, le duc de Brissac est assassiné par des émeutiers. On lui tranche la tête et, cette tête si fraîchement coupée, on la porte à Louveciennes, on la jette aux pieds de Mme du Barry. On sait qu'elle-même ne lui survivra que de quelques mois et finira, comme tant d'autres, sur l'échafaud.

Le château de Brissac eut fort à souffrir de la Révolution et il lui fallut attendre dans la désolation, durant de longues années, que viennent des temps meilleurs. Ils arrivèrent au milieu du XIXe siècle quand la richissime Jeanne Say, appartenant à une grande famille d'industriels du sucre, devint marquise de Brissac. Elle entreprit de restaurer le vieux château avec autant de soin que de générosité. Ses descendants ont continué l'œuvre entreprise pour que, sous le doux ciel angevin, Brissac demeure fidèle à lui-même, à son grand passé et à l'image qu'en ont gardée tous ceux qui l'ont aimé…

Horaires d'ouverture

Avril, mai, juin, septembre et octobre	10 h-12 h 15 et 14 h-18 h (fermé le mardi)
Juillet et août	10 h-18 h

De novembre à mars visite guidée à 14 h et à 16 h (fermé le mardi)

C'est le château le plus haut de France.

http://www.chateau-brissac.fr

BUSSY-RABUTIN

Les jolis portraits du comte Roger

— Savez-vous ce que c'est que rabutiner ?
— C'est, pour un Rabutin, avoir de l'esprit comme d'autres ont des bosses.

Mme de SÉVIGNÉ et Jean ORIEUX

Même si les premières pierres ont été assemblées au XVe siècle, même si des noms aussi nobles que Châtillon et Rochefort se retrouvent sur son chartrier, même s'il n'est pas le seul constructeur de ce joyau niché au creux d'un vallon de Bourgogne, Bussy-Rabutin, c'est lui et lui seul ! Entendez par là Roger de Rabutin, comte de Bussy, l'un des hommes les plus braves, les plus séduisants, les plus lettrés, les plus spirituels du Grand Siècle. L'homme qui collectionnait les superlatifs fut malheureusement aussi le plus méconnu.

Ce Bussy-là ressemble étonnamment à cet autre Bussy dont Alexandre Dumas chanta la gloire dans *La Dame de Monsoreau*. Bussy d'Amboise, Bussy-Rabutin, on leur trouve bien des points communs comme si le premier était l'aïeul du second, à cette différence près que le second maniait l'esprit mieux encore que l'épée.

À ce jeu subtil, il n'est pas le seul, dans la famille, à être habile. Une jeune et blonde cousine qui lui est proche et chère y est au moins autant que lui. Une cousine qu'il aimera d'amour et qui le lui rendra fort mal, peut-être parce qu'elle a peu de tempérament alors que lui en déborde. Une cousine qui, dans l'empire des lettres, va prendre tout le soleil en ne lui laissant, à lui, que l'ombre grise de l'exil : Marie de Rabutin-Chantal, marquise de Sévigné.

Cruellement, la postérité s'est rendue complice de la sentence de Louis XIV condamnant Bussy-Rabutin, après un séjour à la Bastille, à seize années d'ensevelissement dans son vallon bourguignon pour intempérance de plume et conduite libertine. Le château, tel qu'il existe toujours, est sorti de cet exil si l'on en croit les lignes tracées à son sujet par son jeune propriétaire :

« Dans le comté de Charolais, il se trouve un grand bois appelé forêt de Rabutin au milieu de laquelle il y a une espèce de marais où l'on voit les restes d'un vieux château. »

N'eussent été les démêlés de l'enfant terrible avec le pouvoir, le château fût peut-être resté ce qu'il était : des restes, au lieu de se changer en un chef-d'œuvre de grâce et de mesure. En revanche, Paris compterait peut-être un hôtel jumeau de Carnavalet. Mais il eût fallu pour cela que Roger ne sût pas si bien « rabutiner ».

« Savez-vous ce que c'est que rabutiner ? » écrit la jolie cousine Sévigné. « Rabutiner, lui répond l'historien Jean Orieux, c'est, pour un Rabutin, avoir de l'esprit comme d'autres ont des bosses. »

Mais il est plus que temps de faire enfin connaissance

avec cette tête chaude, ce mauvais sujet, ce libertin qui, parmi toute une série de gens de son nom, fut plus sensible aux belles-lettres que d'autres et qui, mieux que ces autres, sut les servir.

Il est né un vendredi 13, celui d'avril 1618. « C'était un mauvais sujet, nul n'en saurait douter », écrit Jean Orieux qui ajoute : « Sur son berceau, sa tante Chantal – sainte Jeanne de Chantal – crut devoir prophétiser : il serait le saint de sa race. Les saints voient des saints partout. C'est peut-être la seule bévue de cette respectable créature mais elle est monumentale. Bussy ne sera ni un saint ni un démon mais un homme de la plus ardente et de la plus riche humanité. »

Il a seize ans quand son père, qui est lieutenant du roi en Nivernais, le tire du collège pour l'envoyer au combat. Il s'y conduit à merveille car chez les Rabutin on manie l'épée aussi bien que la plume. Familier du Grand Condé, il prend part au siège de Mardyck avant de suivre le prince en Catalogne et en Picardie. Mais, durant la Fronde, il n'en reste pas moins fidèle à la cause royale et se met sous les ordres de Turenne avec lequel il se brouillera plus tard.

Voilà pour la carrière militaire. Mais, entre-temps, la vie de Bussy prend d'étranges tournants. Il collectionne les duels et les maîtresses et, s'il épouse, le 2 avril 1643, sa cousine Gabrielle de Toulongeon, juste un an avant que Marie n'épouse le marquis de Sévigné, c'est dans l'unique intention de lui faire des enfants. Il n'aura pas le temps de lui en faire beaucoup : quatre ans plus tard, Gabrielle meurt ne lui laissant que trois filles.

L'année suivante, Bussy est le héros, assez involontaire, d'un scandale. Désireux de se remarier et de se remarier richement, il écoute d'une oreille un peu trop attentive les conseils d'un certain père Clément, confesseur de Mme de Miramion, une jeune et riche veuve qui est assez belle mais surtout fort pieuse et fort prude. Ne demandant qu'à se laisser convaincre, Bussy, poussé par le père Clément – qui s'est fait remettre deux mille livres pour « aplanir les difficultés éventuelles » – enlève purement et simplement Mme de Miramion à la sortie d'une église, la jette dans le carrosse d'un ami et fouette cocher ! Il l'emmène en dépit de ses cris au château de Launay. La victime crie, pleure, proteste mais Bussy croit, de bonne foi, qu'il s'agit là d'une comédie destinée à la famille de la dame résolument hostile à ce mariage. Le père Clément le lui a certifié.

Hélas, au fil des heures, il faut bien se rendre à l'évidence : les pleurs sont sincères, les protestations sont réelles. Mme de Miramion n'a aucune envie d'épouser Bussy-Rabutin. Alors, galamment, celui-ci rend la liberté à sa prisonnière. Cela ne suffit pas pour faire taire la famille outragée et éviter la Bastille : une somme de six mille livres sera nécessaire. Une opération désastreuse pour un homme quelque peu désargenté. Il se consolera, un an plus tard, en pleine Fronde, en épousant Louise de Rouville.

Mais voici plus grave. Dix ans après l'aventure, alors que Mme de Miramion a fondé un ordre monastique et s'est changée en mère de l'Église, Bussy est gravement compromis dans ce que l'on a appelé la débauche de Roissy : durant la semaine sainte, Bussy, en compagnie du duc de Vivonne, du duc de Nevers et de quelques autres sacripants, a organisé une orgie mémorable au cours de laquelle on a chanté des cantiques obscènes, baptisé un cochon et englouti une incroyable quantité de vin. Résultat : Bussy est sommé d'aller se mettre au vert dans son château bourguignon.

En vérité, bien qu'il mette fin à une vie mondaine fort agréable, l'exil ne pèse pas trop à Bussy. Il surveille ses travaux et commence à écrire l'*histoire amoureuse des Gaules* qui relate les aventures galantes de nombreux personnages de la cour. Le tout dédié à Mme de Montglas qui est, pour l'heure, sa maîtresse très aimée.

Le manuscrit n'est pas destiné à la parution et circule discrètement sous le manteau. Hélas, une « amie » de Bussy en prend copie au passage et le fait imprimer. C'est la catastrophe car le prince de Condé, furieux de s'y retrouver en posture peu avantageuse, se hâte de faire écrire par un plumitif anonyme une *France galante* où sont racontées les amours du roi et de Mlle de La Vallière.

Cette fois, Louis XIV, que l'*histoire amoureuse des Gaules* avait amusé et qui ne voyait même aucun inconvénient à l'entrée de l'auteur à l'Académie, se fâche sérieusement et envoie le pauvre Bussy à la Bastille bien que celui-ci soit fort innocent de l'aventure. Entré le 16 avril 1655, il n'y restera que treize mois mais n'en sortira que pour prendre la route de l'exil, cet exil de seize ans que nous avons déjà évoqué.

Alors, à Bussy-Rabutin où il vit en famille, notre héros se crée un univers à son idée et, comme nous ne pourrions avoir meilleur guide, écoutons-le :

« Il y a des choses fort amusantes qu'on ne trouve point ailleurs ; par exemple, j'ai une galerie où sont les portraits de tous les rois de France de la première race depuis Hugues Capet jusqu'au roi et, sous chacun d'eux, un écriteau qui apprend tout ce qu'il faut savoir de leurs actions. D'un autre côté, ce sont les hommes d'État et de lettres. Pour égayer tout cela, on trouve en un autre endroit les maîtresses et les amies de nos rois depuis la belle Agnès, maîtresse de Charles VII. Une antichambre précède cette galerie où sont les hommes illustres de la guerre depuis le comte de Dunois. Une grande chambre est ensuite où est seulement ma famille et cet appartement est terminé par un grand salon où sont les plus belles femmes de la cour qui m'ont donné leur portrait. » Inutile d'ajouter que les belles dames en question avaient toutes une excellente raison, en forme de tendre souvenir, d'offrir leur image.

En dépit de ses aventures, la plume de Bussy ne reste pas inactive. Le comte écrit ses *Mémoires*, une *histoire abrégée de Louis le Grand*, un *Discours à mes enfants*, enfin et surtout une énorme correspondance dont la principale bénéficiaire est Mme de Sévigné avec laquelle, cependant, il reste brouillé plusieurs années pour une histoire d'argent dans laquelle la marquise n'a pas le beau rôle.

Il ne vit guère avec sa femme qui préfère Paris. Sa compagne favorite, c'est sa fille Louise, marquise de Coligny, jeune veuve pour laquelle il éprouve une profonde tendresse. Une tendresse qui lui vaut de jouer un rôle secourable dans la triste aventure conjugale de Louise avec un certain La Rivière. Celui-ci n'est en fait qu'un escroc de haut vol mais il a fait un enfant à la jeune femme et, de ce fait, elle a le plus grand mal à s'en débarrasser après un procès que malheureusement elle perdra, ayant eu « l'imprudence de contracter, malgré la volonté de son père, un mariage secret ».

Bussy, bien sûr, défend sa fille bec et ongles et le scandale de cette affaire ne l'atteindra pas. Le roi lui permettra même de revenir à la cour, en 1682. Mais le comte a soixante-quatre ans et il lui paraît bien tard, à présent, pour participer à cette vie de cour dont il a appris à connaître le côté factice. À soixante-treize ans, il fera néanmoins un dernier voyage pour admirer les splendeurs de Versailles. Trois ans plus tard, il meurt d'apoplexie à Autun.

Après sa mort, le château passe à ses deux fils, à tour de rôle, puis à l'une de ses filles, Mme de Montataire, qui le vendra à un conseiller au Parlement, Étienne Dagonneau. Après diverses fortunes, c'est finalement l'État qui, en 1929, se fait le gardien dévoué des belles images de Bussy-Rabutin.

HORAIRES D'OUVERTURE

Du 15 mai au 14 septembre	9 h 15 à 13 h et 14 h à 18 h
Du 15 septembre au 14 mai	9 h 15 à 12 h et 14 h à 17 h

Fermé le 1er janvier, le 1er mai,
les 1er et 11 novembre et le 25 décembre.

http://www.bussy-rabutin.monuments-nationaux.fr

CANDÉ

Épilogue du roman d'un roi

Vous devez me croire lorsque je vous dis que j'ai jugé impossible de continuer à assumer ma lourde responsabilité et d'accomplir comme je le voulais mon devoir de roi sans l'aide et le soutien de la femme que j'aime.

Duc de WINDSOR

« Au début de mars 1937 à 6 heures du matin, Katherine, Herman et moi partions pour Candé. L'inspecteur Evans étant depuis longtemps retourné en Grande-Bretagne, le gouvernement français avait délégué, pour assurer ma protection, deux inspecteurs de la Sûreté qui nous suivaient dans une voiture où avaient également pris place la femme de chambre de Katherine et la mienne. Nous partîmes sous une pluie battante qui ne cessa de tomber pendant tout le voyage.

« Après avoir passé la nuit à Roanne, nous arrivâmes au château le lendemain à la tombée du jour. Pour éviter les reporters qui – ainsi qu'on nous l'avait laissé prévoir – étaient déjà postés à la grille du château, nous pénétrâmes dans le domaine par le fond du parc et j'eus la première et plaisante vision de Candé, de ses épais murs gris, de ses tours élancées battues par la pluie. Mme Bedeaux nous accueillit sur le perron. Elle me frappa par sa beauté, par sa grâce et par son aisance. »

La femme qui, bien des années plus tard, écrit ces lignes ne s'appelle déjà plus Mrs. Simpson mais ne s'appelle pas encore la duchesse de Windsor. Pour quelques semaines elle a repris son nom de jeune fille : Wallis Warfield, de Baltimore, États-Unis. Mais pour le monde entier qui l'épie et la pourchasse depuis des semaines, elle demeure Mrs. Simpson, celle pour qui un roi d'Angleterre vient d'abdiquer après onze mois de règne.

Si elle vient à Candé, c'est pour s'y marier. Elle le peut à présent que son divorce – le second, hélas ! – d'avec Ernest Simpson vient d'être prononcé. Le château de Candé, appartenant à Charles Bedeaux, un industriel français, a été choisi pour toutes sortes de raisons : « Pas trop grand, suffisamment à l'écart pour décourager les curieux, situé au cœur d'un parc boisé, dans un paysage de rêve. » Mais, quand elle arrive chez eux, Mrs. Warfield n'a jamais vu les Bedeaux. Ce sont ses amis Rodgers, Herman et Katherine – qui l'accompagnent après lui avoir offert l'hospitalité de leur maison cannoise au plus fort de la tempête –, qui ont choisi Candé avec l'assentiment lointain du nouveau roi d'Angleterre.

La tempête en question a été terrible. Elle a secoué le Royaume-Uni et même l'Europe entière. Mais revenons quelques mois en arrière.

Au soir du 11 décembre 1936, le monde entier est à l'écoute de la BBC autour du peuple britannique qui vit là une crise sans précédent dans son histoire.

Quelques heures plus tôt, le roi Édouard VIII, qui a accédé au trône le 26 janvier précédent, a signé le document suivant :

« Je, Édouard VIII de Grande-Bretagne, d'Irlande et des Dominions britanniques d'au-delà les mers, empereur des Indes, déclare par la présente ma décision irrévocable de renoncer au trône pour moi et mes descendants. Et je désire qu'effet soit immédiatement donné à cet instrument d'abdication. »

Il reste à celui qui s'en va à faire ses adieux à cette Angleterre qu'il aimait et qui l'aimait et où, en principe, il ne devra plus jamais revenir. Et c'est cela que le monde attend, en écoutant la radio anglaise.

À l'heure prévue, le téléphone est suspendu partout et, venue du château de Windsor, une voix émue se fait entendre :

« Me voici, après un long silence, capable de dire moi-même quelques mots. »

Le silence, en effet, a été imposé au roi durant la longue, l'épuisante bataille qu'il a soutenue, non contre un peuple qui lui était attaché et qui, peut-être, l'eût compris, mais contre son Premier ministre, Stanley Baldwin, et contre l'archevêque de Canterbury, sans compter – et ce fut le plus déchirant – contre sa mère et ses frères. On ne lui a pas permis de s'adresser à la nation mais à présent qu'il renonce à tout, qu'il n'est plus que Son Altesse royale le duc de Windsor (à noter que la duchesse n'aura jamais droit au titre d'Altesse royale), nul ne peut plus lui contester ce droit.

Ses premières paroles sont pour reconnaître la souveraineté de son frère, le duc d'York, qui vient de lui succéder sous le nom de George VI :

« Ceci, je le dis de tout mon cœur. Tout le monde sait pourquoi je m'en vais mais tout le monde doit savoir qu'en prenant ma résolution, je n'ai pas oublié le pays que je me suis efforcé de servir pendant vingt-cinq ans comme prince et comme roi. Mais vous devez me croire lorsque je vous dis que j'ai jugé impossible de continuer à assumer ma lourde responsabilité et d'accomplir comme je le voulais mon devoir de roi sans l'aide et le soutien de la femme que j'aime. »

Ces mots tout simples ont fait sortir nombre de mouchoirs parce qu'on les sentait venus du cœur. Mais, l'émotion est combattue par la déception, la colère aussi. On n'a guère de sympathie pour Mrs. Simpson et l'on pense qu'à son âge – il a quarante-deux ans –, Édouard VIII aurait pu avoir plus de raison. Il était le prince charmant de l'Europe et on ne comptait plus les princesses, jeunes et belles, ou les jeunes Anglaises de grandes familles qui eussent fait d'excellentes reines. Or Wallis Simpson n'est pas jeune – deux ans de moins que le roi – et pas belle non plus. Mais son charme et son élégance sont extrêmes et elle restera longtemps l'une des dix femmes les plus élégantes du monde. Néanmoins, à cet âge, on pourrait douter qu'elle réussît à donner un héritier à l'Angleterre, en admettant qu'il n'y eût pas d'autres empêchements car elle n'a pas eu d'enfants de ses précédents maris.

Le prince de Galles l'a rencontrée deux ans plus tôt et très vite s'est attaché à elle. Wallis et son mari anglais – le premier était américain et se nommait Earl Spencer – firent très vite partie de la petite bande qui fréquentait chaque week-end Fort Belvedere, le château du prince où il s'adonnait avec passion aux joies simples du jardinage.

On parlait beaucoup de cette liaison mais le scandale n'a véritablement éclaté que durant l'été 1936 à propos d'une croisière en Méditerranée à laquelle participaient le nouveau roi et Mrs. Simpson, plus quelques amis mais moins Ernest Simpson. Au retour d'ailleurs partait la demande en divorce.

Tout de suite ce fut la bataille. Bataille contre la Society, contre l'Église, contre le Parlement, contre la presse, contre la famille royale, contre Wallis elle-même épouvantée par l'ouragan qui se levait. Le tout avec pour unique soutien l'amitié vigoureuse et la combativité féroce de Winston Churchill.

Mais la lutte était trop inégale, en dépit des manifestations d'affection du peuple anglais et singulièrement des suffragettes qui promenaient par les rues d'immenses pancartes aux termes desquelles ces dames intimaient à Stanley Baldwin l'ordre d'« ôter ses mains de sur le roi ». Néanmoins peut-être fût-on arrivé à un accord si le roi s'était contenté d'un mariage morganatique mais il n'en voulait pas : Wallis serait reine ou lui ne serait plus roi.

À présent, c'est chose faite. Celui qui s'en va achève son allocution :

« Et maintenant, nous avons tous un nouveau roi. Je lui souhaite de tout mon cœur, ainsi qu'à vous qui êtes son peuple, bonheur et prospérité. Dieu vous bénisse tous ! Dieu sauve le roi… »

Quelques minutes plus tard, le duc de Windsor monte en voiture et gagne Portsmouth par un temps détestable. Il est seul, sans escorte. Dans le port, un navire de guerre, le *Fury*, attend. Il appareille en direction de la France. Mais l'ex-roi ne fait que la traverser : le divorce de Wallis n'est pas encore effectif et il n'a pas le droit de rejoindre celle qu'il aime au point de lui sacrifier la plus grande couronne du monde. C'est en Autriche, au château d'Enzesfeld, près de Vienne, appartenant au baron Eugène de Rothschild, qu'il va attendre l'appel de Wallis.

Quand sonne l'heure de Candé tous deux savent que le revoir est pour bientôt. Le 4 mai, c'est chose faite : le duc arrive à Candé.

Le mariage a lieu le 3 juin suivant par un temps superbe. La mariée porte une robe de satin bleu pâle – le fameux bleu Wallis – qu'a signée le couturier Mainbocher et un chapeau assorti, œuvre de la grande modiste Caroline Reboux. Quelques amis seulement assistent à ce mariage, bien moins nombreux que la marée de journalistes qui assiège les grilles de Candé : Randolph Churchill, lord et lady Metcalfe, lady Selby, le baron et la baronne de Rothschild, George Allen et enfin Hugh Luyd Thomas. Sans compter bien sûr les Rodgers. Un prêtre anglican, le révérend R. Anderson Jardine, a bravé les foudres de son évêque pour marier son ancien roi. Quelques heures plus tard, le duc et la duchesse de Windsor partent pour l'Autriche et pour une union exemplaire qui durera trente-cinq ans, jusqu'à la mort du duc. Candé retombait au silence.

Trois mots, tout de même, du château. Il avait été construit en 1508, sur des fondations féodales, par le cardinal Guillaume Briçonnet qui, entré dans les ordres à la suite de son veuvage, atteignit les plus hautes fonctions : conseiller du roi Charles VIII, puis surintendant des Finances, il devint archevêque de Reims mais perdit son chapeau de cardinal pour avoir soutenu le roi Louis XII contre le pape Jules II. Le château appartint par la suite à la famille Brodeau puis à la famille de Fleury, aux Drake del Castillo jusqu'à ce qu'en 1927 Charles Bedeaux s'en rendît acquéreur.

Aujourd'hui, le château est la propriété du Conseil général d'Indre-et-Loire.

Horaires d'ouverture du château

D'avril à juin	10 h 30 à 12 h 30 et 13 h 30 à 18 h (fermé les lundis et mardis)
De juillet à août	10 h 30 à 19 h
Septembre	10 h 30 à 12 h 30 et 13 h 30 à 18 h (fermé les lundis et mardis)
Octobre	13 h à 17 h (fermé les lundis et mardis)

http://www.domainecande.fr

CARROUGES

Le sang de la fée

Tous les parfums de l'Arabie ne purifieraient pas cette petite main-là.

SHAKESPEARE, *Macbeth*

Y avait-il déjà un château, ou tout au moins une maison forte à cette croisée de chemins forestiers, sur cette haute crête d'où l'on domine la Normandie profonde, aux temps mérovingiens où régnaient les sanglants Clotaires ? Toujours est-il qu'une légende est née qui a traversé les siècles depuis la nuit des temps.

À cette époque donc, le maître de Carrouges – le nom, en patois, signifie carrefour –, c'est le comte Ralph, époux d'une noble et charmante femme dont le nom semble choisi pour un conte : Évelyne du Champ de la Pierre. Le couple serait pleinement heureux si un enfant lui venait mais, au bout de sept années de mariage, le berceau ancestral demeure désespérément vide.

Un jour enfin, à force de prières et d'aumônes, la comtesse annonce que le ciel s'est laissé toucher et qu'elle a des espérances.

Une pareille nouvelle, cela se célèbre. On n'y

manque pas. Une fête est donnée pour tous ceux d'alentour, amis et vassaux, pour tous ceux qui veulent venir et ils sont nombreux. Or, au cours de cette fête qui comporte une chasse comme il se doit en pays forestier, le comte Ralph disparaît. Les heures passent sans le ramener et, la nuit venue, on l'attend toujours.

En fait, il ne lui est rien arrivé de grave. Acharné à la poursuite du gibier il a fini par se perdre dans la forêt où la nuit l'a surpris. Après avoir erré longuement, il arriva dans un vallon. La lune s'était levée et faisait briller l'eau d'une fontaine auprès de laquelle se tenait une jeune femme vêtue de blanc, la plus belle dame sans doute que Ralph eût jamais vue. C'était une fée rayonnante de jeunesse et de beauté aux pieds de laquelle le comte, oubliant sa femme et l'enfant à venir, mit aussitôt son cœur et ses désirs. La fée lui sourit et l'entraîna dans une danse folle autour de la fontaine où ils finirent par tomber tous les deux mais pour d'autres ébats.

Au matin, le comte rentra chez lui où l'on était en peine. Il expliqua, ce qui était presque vrai, qu'il s'était perdu mais qu'il avait eu la chance de trouver une cabane de bûcheron. L'incident fut vite oublié mais, le soir venu, prétextant les grandes précautions que devait prendre sa dame, il la laissa dormir seule et repartit dans la nuit.

Cela dura plusieurs mois, jusqu'à ce qu'enfin la comtesse Évelyne s'aperçût que son époux n'allait pas se coucher quand il lui disait bonsoir mais enfourchait son cheval et filait dans la forêt. Un soir elle le suivit et comprit son malheur : Ralph dansait dans le clair de lune avec une créature de rêve et s'abîmait finalement avec elle dans l'eau étincelante.

Le lendemain, elle fut au rendez-vous avant lui. La

fée, assise sur la fontaine, peignait ses longs cheveux blonds. Évelyne tira alors le poignard d'or qu'elle portait à sa ceinture et frappa. Avec un grand cri sa rivale disparut dans la fontaine qui se teignit de sang tandis que la meurtrière revenait au château en toute hâte.

Au matin, on trouva près du château le cadavre du comte. Le même poignard qui avait tué la fée lui traversait la gorge. On courut, bien sûr, annoncer la terrible nouvelle à la comtesse qui dormait encore. Mais quand le jour éclaira son visage, on se rendit compte avec horreur que son front portait une large tache de sang. Une tache qui, à l'instar de celle qui souillait lady Macbeth, ne s'effacerait jamais. Plus grave encore : lorsque l'enfant qu'elle attendait vint au monde, la même tache sanglante marquait son petit front. On l'appela Karl. Il fut, pour tous, Karl le Rouge…

Si l'on quitte la légende pour l'histoire, on trouve le premier seigneur de Carrouges connu en 1150. Il se nommait Roger et afficha pour la première fois les armes des seigneurs : de gueules aux fleurs de lys d'argent. Auparavant, le fief appartenait aux ducs de Normandie et on ne sait trop qui le tenait pour eux. Mais un drame réel marque le château au XIVe siècle. Jean de Carrouges, parti avec l'amiral Jean de Vienne en direction des côtes anglaises, a laissé au logis sa belle épouse Marguerite sous bonne garde. Garde insuffisante peut-être car, à son retour, Jean trouve Marguerite en larmes. Elle a, dit-elle, été violée par un certain Le Gris, chambellan du duc d'Alençon. On devine la fureur du mari. Enquête, contre-enquête, plainte au Parlement normand. Le Gris fournit un alibi pour la nuit incriminée mais Carrouges n'y croit pas. Il demande, il exige le duel judiciaire. Le duel a lieu. Et Le Gris est tué.

Que croyez-vous qu'il arriva ? La dame de Carrouges désespérée, ravagée de remords alla s'enfermer, sa vie durant, dans la cellule d'un couvent.

Pendant la guerre de Cent Ans, Robert de Carrouges prend parti pour les Anglais, change d'avis, ce qui lui vaut la confiscation de ses terres par le roi anglais Henri VI – Jeanne d'Arc est déjà passée d'ailleurs et la Normandie n'en a plus pour longtemps à être britannique. Quoi qu'il en soit notre Carrouges participe à la défense du Mont-Saint-Michel et se fait tuer à la bataille de Verneuil.

Après lui, le fief tombe aux mains de femmes puis passe à la famille de Blosset et, enfin, à Philippe Le Veneur, seigneur de Tillières. Les Le Veneur conserveront Carrouges jusqu'en 1936.

Il faut bien dire que c'est une famille étonnante. Au point d'avoir été surnommés les Montmorency de la Normandie, bien qu'en fait ils eussent été originaires de Bretagne. Leur nom vient de ce que la charge de veneur royal était, chez eux, héréditaire. Les grandes forêts normandes devaient être pour eux terre d'élection. Et ils vont monter très haut.

Abbé du Bec puis du Mont-Saint-Michel, évêque de Lisieux puis Grand Aumônier de France, Jean Le Veneur couronnera Éléonore d'Autriche au moment de son mariage avec François Ier en 1526. Il est l'ami de Rabelais. Mieux encore : c'est lui qui, en 1532, présente Jacques Cartier, le Malouin, au roi. Et quand son protégé prend la mer pour la grande aventure du Canada, c'est en partie grâce à la générosité du cardinal Le Veneur.

À son petit-neveu, Gabriel, Machiavel dédie l'un de ses ouvrages. Il est ami de la reine Catherine de Médicis mais c'est le frère de ce Le Veneur-là qui hérite de Carrouges où il recevra la cour en 1570. C'est un homme de bien, un modéré et, durant les guerres de Religion, s'il combat comme l'exige son devoir, dès l'instant qu'il y a guerre, du moins, refuse-t-il de punir, comme on le prie de le faire, Avranches qu'il gouverne :

« Je les ai combattus assez vaillamment sur les champs de bataille pour avoir le droit de ne pas être désigné pour leur bourreau ! »

Ce héros avait épousé en 1550 Magdelaine de Pompadour dont il eut deux enfants : Jacques et Marie qui, en épousant Paul de Salm, devint l'aïeule d'un duc d'Orléans et de ce François de Lorraine qui prit le titre d'empereur d'Autriche en épousant Marie-Thérèse.

Jacques Le Veneur entreprit, au château, des travaux considérables, reprenant l'œuvre du grand cardinal Le Veneur qui, lui, fit construire le pavillon d'entrée. Le château, après lui, atteignit à peu près l'aspect qu'il a aujourd'hui et que décrit La Varende :

« Carrouges se déploie et monte de ses fossés asséchés qu'entourent des balustrades. Maison énorme et compliquée où tous les siècles ont contribué – depuis le XIIIe – en brique et pierre. Le site est austère. Il devait être tout différent au temps où, vers le sud, s'étendait un vaste étang. »

La famille se déployait en même temps que le château et l'on ne peut compter ici les alliances illustres, les grands noms qui, au cours des années, s'allièrent à la maison Le Veneur. On trouve Rohan-Chabot, Bassompierre – elle se nommait Catherine et était sœur du fameux maréchal compagnon d'Henri IV – d'Harcourt, du Gué de Bagnols, Louvois, d'Esparbès de Lussan et d'autres encore. Jamais les Le Veneur ne se mésallièrent et de décade en décade on en vient enfin à celui qui fut peut-être le plus curieux personnage de la famille : Alexis-Paul, dont la vie, étalée de 1746 à 1833, couvre près d'un siècle.

Entré jeune dans la carrière des armes, il se distingue au siège de Gibraltar puis se voit nommer député de la noblesse aux états généraux. Mais, comme beaucoup de jeunes officiers, Alexis est tourné vers les idées libérales nées de la guerre de l'Indépendance américaine. Il propose même l'abandon des privilèges dès le 20 mars 1789 et, à Carrouges, donne l'exemple en payant les études des plus méritants de ses vassaux ou en offrant des dots. C'est ainsi qu'on le voit payer la pension d'une religieuse, Marie-Françoise Goupil, dans un couvent de Paris. Marie-Françoise, qui épousera un jour Hébert, le farouche Père Duchesne, et finira comme lui sur l'échafaud.

Même après la mort du roi, Le Veneur reste fidèle à la République. Il a pour aide de camp le fils d'un de ses gardes-chasse sur son domaine de Tillières : Lazare Hoche. Et c'est Hoche qui en 1793, quand Le Veneur sera tout de même arrêté, comme Custine, comme Beauharnais, réussira à le sauver.

Sous l'Empire il est député, et Napoléon lui donne le titre de vicomte Le Veneur. Son nom est gravé sous la voûte de l'arc de Triomphe de Paris. Mais c'est à Carrouges qu'il meurt le 26 mai 1833. Il avait épousé Charlotte-Henriette de Verdelin qui, durant la Terreur, se montra l'épouse la plus dévouée et la plus aimante qui soit. Elle osa paraître à la barre de la Convention et ne recula pas devant d'humiliantes visites à Robespierre.

Tous deux laissaient de nombreux enfants qui ont gardé Carrouges jusqu'à la seconde moitié du XXe siècle.

Mais le château était trop lourd financièrement. Il fallut bien finir par accepter de le vendre à l'État.

HORAIRES D'OUVERTURE

Du 1er avril au 15 juin et du 1er au 30 septembre	10 h-12 h et 14 h-18 h
Du 16 juin au 31 août	9 h 30-12 h et 14 h-18 h 30
Du 1er octobre au 31 mars	10 h-12 h et 14 h-17 h

Fermé le 1er janvier, le 1er mai, les 1er et 11 novembre et le 25 décembre.

http://www.carrouges.monuments-nationaux.fr

CASTRIES

La vraie « duchesse de Langeais »

... une jeune femme fut passagèrement le type le plus complet de la nature à la fois supérieure et faible, grande et petite de sa caste...

H. de BALZAC

Érigé sur une butte où se presse le village, entouré de jardins qui pourraient être italiens mais où, cependant, Le Nôtre mit la main, cerné d'eaux vives qui doivent tout au gigantesque aqueduc de sept kilomètres que Riquet construisit voici trois siècles, Castries attire et renvoie le soleil sur un paysage qui aurait pu tenter Hubert Robert... La gloire l'auréole, ce château où se succédèrent des hommes de valeur, dont certains furent grands et comptent parmi les plus authentiques serviteurs de la France.

La généalogie de la famille de La Croix de Castries – prononcez castre[1] – s'établit sur pièces depuis

1. On dit Castries pour le village et Castres pour la famille. Il y a, en effet un autre Castres dans le Tarn. Voir Hauterive.

le XVe siècle et jamais aucun de ses fils ne manqua à l'honneur ni à la noble maison qui les symbolise, et pourtant…

Et pourtant, c'est une femme que nous allons évoquer d'abord et, qui plus est, une femme qui faillit au mariage, tant est puissante l'attraction qu'exerce l'amour sur la plume de l'écrivain. À plus forte raison quand cet amour a fait vibrer le cœur d'un géant des lettres. L'inspiration romanesque et la morale ne font pas toujours bon ménage mais qu'importe, après tout, s'il en sort un chef-d'œuvre ?

En 1816, Eugène-Hercule de Castries, qui sera aide de camp de Davout et général, qui est marquis mais sera duc, épouse avec le faste qui convient Henriette de Maillé, fille du duc de Maillé, dotée d'une grande beauté et surtout d'une grâce souveraine. Philarète Chasles a tracé d'elle un portrait curieux : « La figure longue et chevaleresque, le profil plus romain que grec, les cheveux rouges sur un front très élevé et très blanc, elle effaçait littéralement l'éclat des bougies… » Quoi qu'il en soit, la marquise de Castries est l'une des reines de Paris et se plaît à la société des écrivains et des artistes. Ce qui n'est aucunement le cas de son époux.

En 1819, le couple va se séparer sans jamais, pourtant, sacrifier les apparences. Mme de Castries vit une passion qui sera celle de sa vie avec le prince Victor de Metternich, fils du chancelier d'Autriche, passion partagée qui coûtera à la jeune femme sa réputation, ce qu'elle ignore superbement, et s'achève en 1829 par la mort du prince. Dès lors la marquise mène sa vie comme elle l'entend dans son magnifique hôtel de la rue de Grenelle, où elle reçoit les esprits les plus brillants de la capitale.

Cependant, l'un d'eux manque à sa collection. C'est ainsi qu'en juillet 1831 Honoré de Balzac, qui séjourne alors au petit château de Saché, en Touraine, reçoit d'elle une lettre signée d'un pseudonyme anglais. Sa correspondante inconnue lui dit apprécier fort son œuvre, tout en formulant quelques réserves sur la moralité de certains personnages. Piqué au jeu, Balzac répond et reçoit en retour une invitation, signée cette fois du nom véritable de la dame. Et le voilà rue de Grenclle, véritablement ébloui « par les frontons altiers de cette demeure patricienne ». Plus ébloui encore par la maîtresse de maison qui, à l'instar de Mme Récamier, aime à recevoir étendue sur une chaise longue. Disons-le tout de suite, ce n'est pas chez elle une attitude : Mme de Castries a été victime d'une chute de cheval qui lui a endommagé la colonne vertébrale sans pourtant rien lui ôter de sa grâce.

Autour de la jeune femme, Balzac rencontre la fine fleur du monde légitimiste : le duc de Maillé, père d'Henriette, le duc de Fitz-James son oncle, et se retrouve en train de professer, sans même s'en rendre compte, les opinions de ceux qu'il fréquente. Car, venu un soir, il va revenir tous les soirs. Sans d'ailleurs obtenir autre chose, pour apaiser sa flamme, qu'une blanche main à baiser…

Car il est véritablement subjugué et, dans l'été 1832, lorsque Mme de Castries part pour Aix-les-Bains, il n'a de cesse d'aller la rejoindre. « La transformation du romancier était grande, écrit Émile Henriot. Il était devenu fort dandy, préoccupé de sa personne et délicat sur les habits. Il avait acquis un cabriolet, s'était luxueusement installé rue Cassini, un appartement orné avec goût de meubles, de tapis chinois, d'étoffes rares, d'objets d'art et de bibelots. »

Le séjour à Aix est un moment d'enchantement. Balzac est follement amoureux, ce qui ne l'empêche pas de travailler comme un forcené de cinq heures du matin à cinq heures du soir, nourri d'un œuf et de café noir. Mais les soirées sont toutes pour l'enchanteresse avec laquelle il fait, sur le lac, de délicieuses promenades. Il semblerait même qu'au cours de l'une de ces promenades Mme de Castries se soit laissé prendre un baiser.

Elle a tort car Balzac va vouloir davantage et, à son amie Zulma Carraud, il écrit : « Je suis venu chercher peu et beaucoup. Beaucoup parce que je vois une personne gracieuse, aimable ; peu parce que je n'en serai jamais aimé. C'est le type le plus fin de la femme… mais toutes ces jolies manières ne sont-elles pas prises aux dépens de l'âme ? »

Sur ces entrefaites, Mme de Castries décide de partir pour l'Italie en compagnie du duc de Fitz-James, son oncle. Elle invite Balzac à la suivre, et le romancier, toujours à court d'argent, écrit *Le Médecin de campagne* en trois jours et trois nuits pour s'en procurer. Et les voilà partis !

Hélas, pour Balzac, le voyage s'achève à Genève. Que s'est-il passé ? En vérité, on n'en sait rien mais, plus tard, le romancier dira à Mme Hanska, avec laquelle il correspond déjà, qu'il a quitté Genève « désolé, maudissant tout, abhorrant la femme ».

Réduit aux conjectures et au roman qui va naître de cette déconvenue, on peut supposer qu'après avoir beaucoup promis, la belle marquise s'est reprise et définitivement refusée. Une page inédite et superbe retrouvée par Émile Henriot apporte de l'eau à ce moulin :

« Là est toute mon histoire horrible ! C'est celle d'un homme qui a joui pendant quelques mois de la nature entière, de tous les effets du soleil dans un riche pays et qui perd la vue… Quelques mois de délices et puis rien ! Pourquoi m'avoir donné tant de fêtes ? Pourquoi m'a-t-elle nommé pendant quelques jours son bien-aimé si elle devait me ravir ce titre, le seul dont le cœur se soucie… Elle a tout confirmé par un baiser, cette suave et sainte promesse. Un baiser ne s'essuie jamais. Quand a-t-elle menti ? Comment s'est passée cette affreuse catastrophe ? De la manière la plus simple. La veille j'étais tout pour elle, le lendemain je n'étais plus rien… »

Deux ans plus tard, Balzac exhalait son besoin de vengeance en faisant paraître *La Duchesse de Langeais* qui est, comme l'on sait, l'histoire d'une coquette qui se refuse à un homme après l'avoir enflammé… Naturellement, tout Paris reconnut sous les traits de l'héroïne celle qui était devenue duchesse de Castries. Mais celle-ci avait l'âme plus haute que son amoureux déconfit car elle ne cessa jamais de lui écrire et d'entretenir avec lui des relations amicales. Alfred de Musset et Sainte-Beuve se virent aussi sacrifiés sur l'invisible autel que Mme de Castries avait élevé dans son cœur au prince Victor de Metternich, son seul et véritable amour…

Mais laissons fuir l'ombre légère de la duchesse pour retrouver nos grands messieurs de Castries. Le fief fut acquis en 1495 par Guillaume de La Croix qui, en cette occasion, prit le titre de baron de Castries. Il était alors gouverneur de Montpellier. Son fils Jacques fit élever le château sur les ruines du vieux bâtiment médiéval mais, dès le siècle suivant, celui-ci subissait de sérieux dommages par la faute du duc de Rohan, chef des réformés. Dégâts vite réparés : René Gaspard, qui s'est distingué durant la guerre de Trente Ans, obtient l'érection de sa baronnie en marquisat. Il remet alors en état son château, fait construire le grand escalier, dessiner le parc par Le Nôtre et demande à Riquet, à qui il a fait obtenir la commande du canal du Midi, d'élever l'aqueduc dont dépend la verdure de ses jardins.

Son fils, Joseph-François, épouse la nièce de Mme de Montespan, étonnante jeune femme dont Saint-Simon a tracé le portrait vivant :

« Madame de Castries était un quart de femme, une espèce de biscuit manqué, extrêmement petite mais bien prise, et aurait passé dans un médiocre anneau : ni derrière, ni gorge, ni menton ; fort laide, l'air toujours en peine et étonné ; avec cela une physionomie qui éclatait d'esprit et qui tenait encore plus parole. Elle savait tout : histoire, philosophie, mathématiques, langues savantes et jamais il ne paraissait qu'elle sût mieux que parler français ; mais son parler avait une justesse, une énergie, une éloquence, une grâce jusque dans les choses les plus communes avec ce tour unique qui n'est propre qu'aux Mortemart. Aimable, amusante, gaie, sérieuse, toute à tous, charmante quand elle voulait plaire, plaisante naturellement avec la dernière finesse sans le vouloir être et assenant aussi les ridicules à ne jamais les oublier… Avec sa gloire, elle se croyait bien mariée par l'amitié qu'elle eut pour son mari ; elle l'étendit à tout ce qui lui appartenait et elle était aussi glorieuse pour lui que pour elle. Elle en recevait la réciproque et toutes sortes d'égards et de respects. » Quel portrait, quand on connaît la plume acerbe du mémorialiste !

Hélas, elle meurt jeune et l'époux qu'elle aimait tant se remarie avec la fille du duc de Lévis. Ils vont être les parents d'un grand soldat, l'un des plus grands serviteurs du royaume : Charles-Eugène-Gabriel de Castries qui, marié à seize ans à la petite-nièce du cardinal de Fleury, va trouver le moyen d'être le plus jeune maréchal de camp, le plus jeune lieutenant général, le plus jeune chevalier du Saint-Esprit et l'un des plus jeunes stratèges de France. Il n'a que trente-trois ans quand il remporte la victoire de Clostercamp où meurt le chevalier d'Assas, son jeune voisin dont le château s'aperçoit de la terrasse de Castries. Ministre de la Marine de Louis XVI de 1780 à 1787, il est le maître d'œuvre de la grande expédition navale commandée par l'amiral de Grasse, qui aboutira à la bataille de Yorktown et à la victoire des États-Unis sur l'Angleterre. Il donne, en outre, leurs commandements au bailli de Suffren, à La Motte-Picquet et, soutenu par le roi, il offre à la France la marine la plus forte de l'époque. Malheureusement, la Révolution détruira son œuvre en grande partie. Mais de cette œuvre restent deux éclatants témoignages : le port de Cherbourg et le Code maritime…

Après la prise de la Bastille, le maréchal choisit d'émigrer, puisque apparemment on n'avait plus besoin de lui, mais il voulut servir encore en tentant d'empêcher la publication du Manifeste de Brunswick dont on connaît les désastreux effets. Premier ministre du roi en exil, c'est en exil, au château de Wolfenbüttel, que meurt ce grand homme dont la mémoire devrait être vénérée par d'autres que les siens.

Son fils fut digne de la tradition militaire de la famille.

Le château, lui, avait beaucoup souffert de la Révolution, saccagé, vendu et partagé entre quatorze propriétaires. Ce fut l'époux de notre « duchesse de Langeais » qui réussit à rassembler le domaine et à le restaurer tout en menant à bien une belle carrière militaire. Mais il n'avait pas d'enfants et dut léguer le château et le titre à son neveu Edmond. Soulignons que la sœur de cet Edmond épousa le maréchal de Mac-Mahon… et devint de ce fait « présidente » de la République !

Autres grands soldats ? Henri, qui fut le compagnon de Charles de Foucauld, fondateur du Service historique du Maroc et le conseiller du maréchal Lyautey. Enfin, le général de Castries, grand cavalier devant l'éternel, qui assumera aux yeux du monde l'héroïque défense de Diên Biên Phu… C'est à la paix du château qu'il viendra demander de lui rendre la santé et la sérénité de l'âme.

Heureusement pour lui, le château, qui en avait encore grand besoin, avait été entièrement remis en état à partir de 1936 par un jeune ménage qui y sacrifia vingt ans de son existence : le duc et la duchesse de Castries. Lui s'attaqua aux jardins, elle à l'intérieur, et tout renaquit aussi beau que par le passé, mais plus confortable. Pendant dix ans, la jeune duchesse ne mit pas les pieds à Paris.

Mais peut-être le soin du château n'était-il pas son seul souci. S'y joignait le désir bien naturel de suivre les importants travaux historiques de son époux, une œuvre magistrale qui devait conduire le duc de Castries à l'Académie française. Lui ne vécut pas par l'épée et cependant son talent devait lui en apporter une, prestigieuse !

À sa mort en 1986, le dernier duc de Castries lègue le château à l'Académie française.

Le château est actuellement fermé pour travaux de restauration.

CHAMARANDE

Folle et cruelle Églé

Perversité de femme !... Quel plaisir, quel instinct la porte à nous tromper ?

STENDHAL, *Le Rouge et le Noir*

Bâti par François Mansart sur des jardins de Le Nôtre pour le plus discret et le plus efficace des secrétaires de Louis XIV, Pierre Mérault, le château de Chamarande – briques roses et chaînages de pierres blanches – a vécu dans le calme et la dignité jusqu'à ce qu'une très jolie femme en devînt châtelaine et transformât cette aimable demeure en antichambre de l'enfer à l'usage de son mari. Ce mari, Victor Fialin de Persigny, n'était pourtant ni un niais ni un innocent puisqu'il fut le maître d'œuvre du second Empire et l'ami le plus dévoué de l'empereur Napoléon III.

Louis Napoléon n'est encore que prince-président quand, dans la chapelle de l'Élysée, il préside au mariage de son fidèle Persigny avec l'une des plus ravissantes filles de la noblesse d'Empire : Églé Ney de La Moskowa, petite-fille du fameux maréchal Ney et du banquier Jacques Laffitte. C'est-à-dire un charmant condensé de la gloire et de la fortune des temps napoléoniens. Mais un condensé qui ne se montre guère, et c'est le moins que l'on puisse dire, à la hauteur d'une naissance qui aurait dû lui inspirer le sens de la grandeur ou tout au moins celui des convenances. Or nous sommes loin du compte.

À dix-huit ans – on est en 1852 – Églé est exquise : blonde, lumineuse avec des yeux d'un azur infini, un teint d'une incomparable fraîcheur, une silhouette adorable… et un léger zézaiement qui à son âge paraît irrésistible. En face de cette beauté, les quarante-quatre ans de Persigny ont flambé comme une allumette, d'autant que la fiancée s'est déclarée fort éprise de sa séduisante maturité.

C'est donc – chose rare dans un tel endroit – un mariage d'amour auquel l'Élysée sert de cadre. Mais, après les violons de la fête, il y a la vie quotidienne et le pauvre Persigny va s'apercevoir bientôt que, dans le genre enfant gâtée, il n'existe pas de créature plus insupportable que son Églé. Ses malheurs commencent, en effet, dès que le nouveau marié a été nommé ambassadeur de France à Londres, en 1855.

Églé qui, après un essai malheureux, vient de donner le jour à une petite fille, se comporte outre-Manche comme en pays conquis. Ne pouvant supporter de demeurer seule, elle mobilise pour son service tous les secrétaires de son époux puis se déchaîne en scènes affreuses dès que l'on fait seulement mine de lui refuser quelque chose. En outre, elle dépense sans compter, mettant parfois les finances de l'ambassade dans l'embarras. Mais surtout, et c'est le plus grave, elle compromet souvent par son attitude l'œuvre diplomatique de son mari. Quand leur présence est requise à

Windsor, Persigny recommande son âme et son ambassade à Dieu.

Bien sûr, on ne s'amuse guère chez la reine Victoria. Mais on peut imaginer sans peine l'effet produit quand, arrivant en retard à un dîner présidé par la reine, Mme de Persigny déclare en manière d'excuse qu'elle s'est attardée au zoo pour assister au repas du boa. Ou bien, cet autre malheureux soir où, découvrant sur une autre femme une toilette identique à la sienne, elle se jette sur la malheureuse et la gifle à toute volée avant de sortir à grand fracas en jurant comme un charretier. Heureusement pour Persigny, son travail et sa personne sont vivement appréciés en haut lieu, tant anglais que français.

Le comté a d'abord traité sa femme-enfant avec indulgence mais peu à peu, à mesure que passaient les années, l'inquiétude puis l'angoisse remplacèrent le sourire car, en dépit de la naissance de cinq enfants – dont elle ne s'occupe guère –, Églé ne change pas. Elle ne s'intéresse qu'à elle-même, à ses toilettes, à ses bijoux et à l'effet qu'elle produit sur les autres hommes. D'ailleurs des bruits d'adultère de plus en plus fréquents se sont élevés autour d'elle au point que Persigny a songé au divorce. Puis il y a renoncé. Pour ses enfants d'abord puis parce qu'il ne peut guérir de son amour.

Le scandale véritable éclate dans l'été 1862, au château de Chamarande qui est la résidence estivale du couple. Une grande fête, honorée de la présence de l'empereur et de l'impératrice, vient d'avoir lieu. Les chambres du château sont pleines. Il y a là lord Malmesbury, la comtesse Walewska, le ministre Pietri et beaucoup d'autres. Mais on a pu remarquer la mine maussade affichée par la comtesse Églé tout au long de la réception. Et chacun d'ailleurs en découvre sans peine la raison : le duc de Gramont-Caderousse, dont on chuchote qu'il est l'amant en titre de la dame, ne s'est pas montré. Le couple impérial est à peine parti qu'Églé monte s'enfermer dans ses appartements.

Pas pour longtemps : une heure plus tard, elle quitte le château dans sa voiture sans prévenir personne. Intrigué, Persigny interroge d'abord son secrétaire, Henri de Laire, puis la femme de chambre de la comtesse. Celle-ci finit par avouer que sa maîtresse, ayant appris dans la journée que Gramont-Caderousse la trompait avec la Mogador, une danseuse de bal public, vient de partir pour ledit bal : le Château des Fleurs, situé rue des Vignes, aux Champs-Élysées.

Pensant que dans un tel endroit un scandale peut éclater, Persigny à son tour fait atteler et, en compagnie de Laire, se rend lui aussi au Château des Fleurs. Trop tard ! Au beau milieu de la salle, Églé est en train de se disputer avec la Mogador comme le feraient deux harengères. Gramont-Caderousse s'efforce de les séparer avant le pugilat. C'est Henri de Laire qui, pour épargner l'honneur et la sensibilité de Persigny, plongera dans la fournaise pour en sortir Églé, sans trop de douceur.

Hélas, quand elle retrouve son mari c'est pour l'accabler de sa cruauté : elle a vingt-cinq ans de moins que lui et le considère comme un vieillard, malade de surcroît, et qui ne présente plus pour elle le moindre intérêt.

Le lendemain, le drame éclate, énorme en dépit des précautions prises. L'empereur s'en mêle, car il aime bien son vieux compagnon. Sur son ordre, Gramont-Caderousse devra refuser de se battre avec Persigny mais celui-ci doit rendre son portefeuille de ministre de l'Intérieur. Pour le consoler, Napoléon III le fait duc en espérant que, devenue duchesse, l'insupportable Églé se tiendra enfin tranquille.

Certes, le titre l'enchante un court instant mais, son mari n'étant plus ministre, on ne quitte guère Chamarande où elle s'ennuie ferme. Tout à coup, elle décide de faire un séjour en Angleterre. Elle a fini en effet par s'enticher de ce pays qu'elle déclare le plus agréable du monde. Elle en copie les modes, les habitudes et truffe son langage de tant de locutions anglaises, inventant ainsi le franglais sans s'en douter, que les Britanniques amusés l'ont surnommée lady Persington.

Deux mois après l'aventure du Château des Fleurs, Églé s'embarque pour Douvres, sans même laisser d'adresse, pensant qu'elle donnera de ses nouvelles quand il lui plaira.

Habitué, Persigny se résigne mais il n'en va pas de même de sa belle-mère. La princesse de La Moskowa, mère d'Églé, passait pour avoir l'esprit légèrement dérangé ; en fait elle était beaucoup moins folle que sa fille. De son père, le banquier Laffitte, elle tenait du bon sens. Elle le prouva en débarquant un beau matin à Chamarande où elle trouva son gendre entouré à la fois de ses enfants et de lettres anonymes qu'elle lut après avoir pris soin de mettre ses gants.

Le conseil qu'elle donne est énergique : il faut que Persigny fasse rentrer Églé au plus tôt en la menaçant du divorce. Ce qui fut fait : huit jours plus tard, la nouvelle duchesse réintégrait Chamarande mais pour s'y montrer plus odieuse que jamais, s'il était possible.

En 1869, Églé réussit à se faire inclure dans la suite de l'impératrice qui s'en allait en Égypte inaugurer le canal de Suez mais, si Eugénie partit avec elle, ce fut sans elle qu'elle en revint : Mme de Persigny s'était trouvé un nouvel amant…

Cela lui évita les horreurs de la guerre de 1870, et Persigny, lui, suivit en Angleterre l'empereur et l'impératrice déchus. Ses enfants l'accompagnaient. Hélas ! le climat anglais lui fut meurtrier. Quand il revint à Chamarande, en août 1871, il se savait perdu. La mort approchait et il voulut revoir celle qu'il avait tant aimée. Il lui écrivit mais elle ne répondit même pas.

Le mal cependant allait s'aggravant. À la suite d'une première attaque d'apoplexie, le chirurgien Ricord, qui soignait Persigny, lui conseilla le Midi. Le duc alors gagna Nice toujours escorté de ses enfants et du fidèle Henri de Laire qui ne l'avait jamais quitté. Malheureusement le climat chaud n'arrangea rien.

Alors Persigny attendit, attendit longtemps celle qui semblait avoir tout oublié. Ce fut un télégramme comminatoire d'Henri de Laire qui la persuada enfin de bouger. Non par tendresse mais par intérêt : ne fallait-il pas qu'elle veille à ses biens puisque son époux était mourant ? Elle traversa donc la Méditerranée mais arriva trop tard :

« Il est écrit, ma mère, que vous arriverez toujours trop tard », lui dit amèrement sa fille Marguerite.

Vexée et peu désireuse de contempler longtemps des visages en larmes, Mme de Persigny prit le premier bateau pour Alexandrie.

Horaires d'ouverture du parc

En janvier, novembre et décembre	9 h-17 h
En février, mars et octobre	9 h-18 h
En avril et mai	9 h-19 h
De juin à septembre	9 h-20 h

Ouverture du château et des fabriques uniquement pendant les périodes d'exposition.

Le parc est labellisé « Jardin remarquable ».

http://www.chamarande.essonne.fr/infos-pratiques/

CHAMBORD

L'étrange mort d'un soldat

La gloire se donne seulement à ceux qui l'ont toujours rêvée.

Charles DE GAULLE

À château fantastique, histoire fantastique. À ce rêve de pierre blanche ne pouvait correspondre que la démesure. Son bâtisseur ? Un jeune roi haut de deux mètres. Son but ? Le sourire d'une femme. François Ier, roi chasseur, roi galant et fastueux mécène, qui d'un diamant désabusé gravera un jour sur l'une de ses vitres : « Souvent femme varie, bien fol est qui s'y fie », l'a construit pour plaire à Mme de Châteaubriant, sans doute, mais aussi pour que les siècles à venir eussent quelque idée de la splendeur de sa cour et des extrêmes beautés auxquelles il était destiné à servir de cadre. Les femmes aimèrent toujours Chambord qui convenait si bien à leur éclat mais qui, pourtant, jamais n'appartint à une femme…

À l'aurore de leur commune passion, Louis XIV y mène la superbe Montespan et, pour elle, le 14 octobre 1670, Molière donne la première du *Bourgeois gentilhomme*. Tant que le fabuleux Versailles n'éclatera pas sous le ciel d'Île-de-France, le grand roi, à huit reprises, y donnera chasses et festins. Après quoi le château s'endort.

Il ouvre un œil quand le roi Louis XV y installe ses beaux-parents, le roi de Pologne Stanislas Leczinski et sa femme la reine Catherine. Mais l'humidité forestière ne vaut rien à leurs rhumatismes et moins encore les émanations des étangs voisins. Aussi la petite cour de l'ex-souverain se hâte-t-elle d'aller se mettre au sec. Chambord ne la regrettera pas : elle était trop modeste pour lui.

Il va trouver beaucoup mieux. En effet, vers la fin du mois de mai 1745, toutes les cloches de France sonnent pour la victoire de Fontenoy – « Messieurs les Anglais, tirez les premiers ! » – et Chambord devient la récompense du vainqueur. Le roi accorde à son « cousin » le maréchal de Saxe, avec le droit d'entrer en carrosse dans ses palais royaux et celui de s'asseoir en sa présence, un privilège quasi royal : celui de tenir sa garnison à Chambord et d'y garder son propre régiment tout comme un prince régnant. Ce qu'il devrait être d'ailleurs, sans sa naissance irrégulière, ce prodigieux bâtard né des amours du roi Auguste de Saxe avec la très belle Aurore de Königsmark.

Voilà un personnage à la dimension du château ! Au physique, c'est un géant qui plie un fer à cheval entre ses deux mains. Blond, l'œil bleu, le sourire arrogant, Maurice de Saxe emporte la vertu des femmes plus facilement encore que les places fortes. Princesses ou comédiennes – la grande Adrienne Lecouvreur est morte de l'avoir trop aimé – elles raffolent de ce guerrier en qui se retrouve le charme célèbre des Königsmark. Seule la charmante Mme Favart saura résister à la poursuite, assez effrayante d'ailleurs, du héros et cela pour une bien simple raison, extrêmement rare il est vrai dans ce siècle libertin : elle aime sincèrement son mari.

Donc, voilà le maréchal qui s'installe à Chambord. Et quelle arrivée spectaculaire car il mène avec lui Saxe-Volontaires, son fameux régiment de cavalerie : cinq cents uhlans polonais, allemands, valaques et même tartares, cinq cents cavaliers d'élite précédés de leur brigade colonelle, composée uniquement de Noirs gigantesques ! Tout cela monté sur des chevaux blancs, tout cela vêtu d'éclatants uniformes verts, rouges et blancs et casqué de cuivre doré à crinières blanches. Au bout des lances, les flammes blanches voltigent au vent léger et au pas cadencé des chevaux. Une inoubliable vision que les paysans de Chambord ne sont pas près d'oublier et leurs filles moins encore. Quelques mois plus tard, en effet, le curé du village commence à baptiser d'étranges bébés dont la couleur s'éloigne curieusement de la blancheur tourangelle.

Durant deux années, Chambord vit une existence digne du Roi-Soleil. Bals, fêtes, chasses et banquets se succèdent. Le maréchal est un hôte prestigieux qui aime à s'entourer de jolies femmes sans doute, mais aussi d'artistes, de philosophes et d'écrivains. Il réserve aux intellectuels de l'époque un accueil si chaud que l'on croit bon de lui offrir un fauteuil à l'Académie. L'idée le fait beaucoup rire ainsi que l'on peut s'en convaincre dans ce court billet où il donne la pleine mesure de son orthographe :

« Il veule me fera de la Cadémie ; sela m'iret comme une bage à un chas ! »

Donc pas de fauteuil ! En revanche, il y en aura mille huit cents dans le théâtre qu'il fait construire pour ses invités. Pourtant, s'il a de nombreux amis, il ne manque pas d'ennemis ainsi qu'en fait foi l'étrange épisode qui marque la fin de sa vie.

Le 26 novembre 1750, alors que le maréchal garde la chambre sur l'ordre formel de son médecin Sénac – il a un beau début de grippe – son vieux valet de chambre Mouret lui apporte une lettre qu'un courrier vient de déposer. Le malade ouvre la lettre, la lit, la relit puis, rejetant ses couvertures, il ordonne à son valet de l'habiller puis d'aller chercher son aide de camp.

Le jour se lève à peine – un jour gris et pluvieux d'automne grincheux – quand les deux hommes descendent dans le parc et se dirigent vers le mur d'enceinte. Sous les arbres, il y a deux hommes enveloppés de manteaux sombres qui attendent auprès d'une chaise de poste.

Le maréchal et son aide de camp rejoignent ces deux hommes tandis que Mouret, qui a discrètement suivi son maître, observe la scène de loin. Il voit l'un des deux hommes rejeter son manteau, se défaire de son habit tandis que le maréchal fait de même. Puis les épées sont tirées et le fer engagé.

La rencontre est brève. Quelques passes et Maurice de Saxe qui se bat assez mollement, gêné sans doute par sa fièvre et le désavantage de l'âge – il y a longtemps qu'il ne s'est battu en duel – chancelle et s'écroule dans l'herbe, atteint à la poitrine. Mouret alors accourt et, avec lui, un vieux fermier, le père Desfri, qui a vu le duel lui aussi. En arrivant, le valet entend alors son maître ordonner d'une voix faible :

« Partez, monsieur ! Partez vite ! Vous voilà satisfait et le secret vous sera gardé. »

Soutenu par Mouret et par son aide de camp puis

par son neveu, le comte de Friesen qui vient à la rescousse, le maréchal regagne sa chambre en grelottant. Sénac, qui arrive en coup de vent, n'a pas le temps de s'indigner : on exige de lui le secret absolu comme on l'a exigé de tous les spectateurs de la rencontre. Et, quatre jours plus tard, le maréchal de Saxe meurt d'une très officielle fluxion de poitrine. Avant de s'éteindre, il a murmuré, pour les seules oreilles de son médecin : « Mon ami, voici la fin d'un beau rêve. »

Le secret si fermement exigé serait tout de même parvenu aux oreilles du roi Louis XV par le truchement du comte de Grimm, l'auteur des *Contes*, ami intime du maréchal, qui se trouvait alors à Chambord. Usant de son privilège royal, le roi aurait relevé Grimm du serment que l'on avait extorqué de lui et aurait exigé la vérité mais pour se ranger ensuite à la volonté du défunt. D'autant plus que l'adversaire heureux était prince du sang : Louis-François, prince de Conti qui aurait jugé bon de venger, avec quelque retard sans doute, l'honneur de son père.

Quelques années auparavant, en effet, Maurice de Saxe était l'amant de la ravissante princesse de Conti, Louise-Élisabeth de Condé, qui le recevait secrètement durant les absences de son mari. Un mari qu'elle n'aimait pas. Une nuit, surpris pas l'arrivée inattendue du prince, de Saxe ne réussit à lui échapper qu'en sautant par la fenêtre d'une hauteur de deux étages tandis qu'une explication violente éclatait entre les deux époux.

L'affaire n'eut pas de suites, en dehors d'une sévère foulure pour l'amoureux. Conti mourut assez peu de temps après, à l'âge de trente-six ans, laissant un fils, Louis-François, que la politique allait opposer presque continuellement au maréchal de Saxe et cela pour deux raisons, l'accession au trône de Pologne qu'ils briguaient l'un et l'autre, et une raison beaucoup plus obscure : Conti et Saxe appartenaient tous deux à ce service secret dont Louis XV était le seul chef et que l'on appelait le Secret du roi.

Or, en cette année 1750, ayant retrouvé une cassette de lettres donnant la preuve des relations adultères ayant existé entre sa mère et le trop séduisant maréchal, Louis-François de Conti aurait décidé d'en finir avec son ennemi et de venir à Chambord lui demander raison.

Mais les lettres ne furent peut-être qu'un prétexte. Les avis néanmoins se partagèrent. Certains s'en tinrent à la version officielle, comme la marquise de Pompadour qui soupira, assez cruellement : « Ce pauvre Saxe est mort dans son lit comme une vieille femme. » D'autres, quoique discrètement, demeurèrent partisans de ce qui fut, sans doute, la vérité.

Quelques jours plus tard, le maréchal de Saxe, que l'on avait embaumé sur une table à gibier, quittait Chambord pour Strasbourg. Il y entra cloches sonnant, canons tonnant comme il convenait au grand soldat pour y dormir son dernier sommeil au temple Saint-Thomas, aujourd'hui église Saint-Thomas, sous le superbe mausolée que sculpta pour lui Pigalle.

Peu d'années après, Chambord reçoit un hôte encore plus inhabituel : Louis XV loge au château le mystérieux comte de Saint-Germain qui lui a demandé une vaste demeure pour y installer un laboratoire. Il y poursuit des recherches sur les teintures végétales et plus encore sur les pierres précieuses et l'or.

La chose peut paraître étrange. Quoi ? Une telle demeure pour un aventurier ? Un charlatan succédant à un héros de légende ? Encore faudrait-il savoir qui était l'aventurier, le charlatan…

Le roi Louis XV était un homme fort peu crédule mais, en revanche, fort attaché aux quartiers de noblesse. Sorti de rien et n'ayant à sa disposition que quelques tours de magie et une folle imagination, Saint-Germain n'eût pas obtenu de lui un seul instant d'audience. Mais, à une profonde connaissance de l'histoire, le comte joignait un grand talent de chimiste et professait des théories diététiques fort inhabituelles pour l'époque. En outre, il aurait confié au roi le secret de sa naissance illustre : il aurait été le fils de la reine d'Espagne Marie de Neubourg – la reine de *Ruy Blas* – et du grand amiral de Castille. En ce cas, le roi de France donnait simplement l'hospitalité à un sien cousin.

Avec ce travailleur, plus de fêtes à Chambord mais un studieux silence, que le départ de Saint-Germain ne trouble guère d'ailleurs quand, en 1760, il quitte le château pour accomplir en Hollande la mission secrète dont l'a chargé le roi. Il n'aura pas la possibilité de revenir. Et le silence se fait plus profond parce que c'est celui de l'abandon.

Plus tard, Napoléon Ier donne Chambord au maréchal Berthier qui n'y viendra que deux jours : tout juste le temps de faire graver son chiffre auprès de celui de François Ier, ce que personne jusqu'alors n'avait osé. Plus tard encore, le fils de la duchesse de Berry, titré d'abord duc de Bordeaux puis comte de Chambord, en prend possession et y séjournera parfois. Ses héritiers garderont le château jusqu'en 1930, date à laquelle l'État enfin le rachètera.

Horaires d'ouverture

Du 2 janvier au 31 mars	10 h-17 h
Du 1er avril au 30 septembre	9 h-18 h
Du 1er octobre au 31 décembre	10 h-17 h

Fermé le 1er janvier, le 4 février et le 25 décembre.

À la nuit tombée, en juillet et août, spectacle « Chambord, rêve de lumière ».

http://www.chambord.org/

LE CHAMP DE BATAILLE

Au commencement étaient les d'Harcourt

Là tout n'est qu'ordre et beauté
Luxe, calme et volupté...

Charles BAUDELAIRE

Son nom sonne comme son quarteron de trompettes, claque comme les drapeaux au vent des canons... pourtant lorsque l'on contemple sa superbe ordonnance et la splendeur de ses jardins on se demande ce qui a bien pu lui valoir un nom pareil.

C'est qu'avant de rencontrer l'enchanteur Merlin en 1992 son histoire se résume en un seul nom : Harcourt ! Mais plongeons dans la nuit des temps !

L'auteur de cette noble maison était Bernard, dit le Danois, descendu un beau matin de son drakkar en compagnie de son parent Rollon. Un gros malappris qui devenant à Saint-Clair-sur-Epte le premier duc de Normandie et tenu de s'agenouiller, pour en recevoir l'investiture devant le roi Charles III le Simple et de baiser son pied, a jugé plus amusant de lever ledit pied jusqu'à ses lèvres, le faisant dégringoler de son trône. Et de rire ! Mais passons ! Autrement dit, la maison d'Harcourt est tellement normande, ses rudes ancêtres étant à la fois marins et soldats, qu'elle a commencé par être viking. On ne s'étonnera donc pas d'y trouver, au fil des âges, quatre maréchaux de France et trois amiraux plus un nombre impressionnant d'illustrations…

Mais voici donc venu le moment d'évoquer le combat si fameux que l'on n'a pas jugé bon d'octroyer un autre nom à ce bout de terre comme il est habituel de le faire. C'est qu'il fut d'une importance capitale. Pour la Normandie d'abord, pour l'Angleterre donc, pour la France ensuite. C'est là qu'en 935, notre Bernard le Danois, féal du duc Guillaume Longue Épée comme il l'a été de son père implanté à quatre kilomètres dans un lieu-dit Harcourt, va barrer le chemin aux ambitions de Riouf, comte du Cotentin et fermement décidé à s'emparer du duché tout entier. Eût-il réussi qu'aucun de ses descendants n'aurait peut-être eu l'idée géniale d'aller s'installer de l'autre côté de la Manche… Quant aux quelques arpents où se déroula cet exploit – car Riouf l'ambitieux n'était pas un petit sire ! – ils sont restés Le Champ de Bataille, un point c'est tout !

Naturellement, lorsqu'en 1066 Guillaume le Bâtard – il est le fils du duc Robert et de la belle Arlette, la fille du pelletier de Falaise ! – s'en va conquérir l'Angleterre… et changer son sobriquet de bâtard en celui de Conquérant, il y a déjà plusieurs membres de la famille Harcourt autour de lui. Certains, après la bataille d'Hastings, se laisseront séduire par le climat anglais et donneront naissance à des lords Harcourt dont plusieurs reviendront en France avec le titre et l'apparat d'ambassadeurs. Chose étrange, des liens continueront d'exister entre la branche française et les cousins britanniques. Tendus parfois, brisés jamais !…

Au Champ de Bataille, toujours rien ou si peu.

C'est à Harcourt que s'élève la puissante forteresse dont il reste de nos jours quelques tours et un mur d'enceinte…

Quant au Champ de Bataille, le domaine se transmet par mariages aux Warwick, aux Meullant, aux Harcourt, aux La Ferté-Fresnel et aux Vieuxpont pour en arriver aux Créqui en 1651. C'est là qu'apparaît l'élément fondateur en la personne de Jean-Baptiste de Créqui, lequel a épousé en 1624 Renée de Vieuxpont.

Frondeur, ami du prince de Condé et ennemi juré de Mazarin qui gouverne durant la minorité de Louis XIV, Jean-Baptiste se voit exilé sur les terres de sa femme par ledit Mazarin avec défense d'en sortir. Que faire alors pour occuper le temps, sinon construire ? Le modeste manoir existant ne lui convenant pas, il décide d'édifier un vaste château capable de faire enrager son ennemi au cas où il s'aventurerait en Normandie. Mais Mazarin qui meurt en 1661 ne viendra jamais jusque-là et, en outre, Créqui n'ira guère plus loin que son intention. C'est son fils, le comte Alexandre de Créqui, cousin du maréchal, qui réalise le rêve paternel et fait bâtir le château actuel de 1686 à 1701 sur les plans d'un architecte demeuré inconnu. Malheureusement il n'en jouira pas longtemps car il meurt un an après… sans héritier. Il lègue donc le château à son neveu, le marquis de Mailloc, qui avait épousé Lydie d'Harcourt, sœur du deuxième duc, à la fois maréchal de France et gouverneur de Normandie. Celle-ci entretiendra de son mieux la merveille qui, à sa mort en 1750, va rejoindre les biens Harcourt. Elle non plus n'a pas eu d'enfant.

Le légataire est son neveu par alliance, Anne-François d'Harcourt, duc de Beuvron et frère du troisième duc d'Harcourt. Celui-là, lieutenant général des armées du roi, y mena un train dispendieux et, fort amateur de spectacles, fit construire le petit théâtre et habiller certaines pièces d'admirables boiseries Louis XIV.

Il eut la gloire d'y recevoir le roi Louis XVI en route pour Cherbourg où celui-ci voulait examiner les importants travaux du port. On y construisait alors une digue gigantesque dont les fondations se composaient d'énormes cônes de bois et de fer que l'on immergeait en les remplissant de pierres. Toutes choses qui passionnaient un souverain très attaché à la marine et lui permirent peut-être d'oublier un instant qu'au même moment le parlement de Paris jugeait les protagonistes de la malheureuse « affaire du collier de la reine » qui allait ébranler son trône…

Pendant la Révolution, le duc de Beuvron et sa famille durent quitter la Normandie en raison des troubles. En 1795, une bande de vandales fit irruption dans le château où elle commit les pires dégâts en pillant et saccageant les meubles, les objets d'art, les tentures, sans oublier la cave !

Mais les Harcourt-Harcourt ? me direz-vous. Où étaient-ils implantés puisque l'on ne voit ici que la branche cadette ? Assez loin ! En plein Calvados et à peu près à mi-chemin entre Caen et Condé-sur-Noireau, les ducs avaient construit un château à Thury-Harcourt d'une dimension respectable qu'un incendie détruisit complètement en 1944. N'en subsiste que le charmant « Pavillon de Fantaisie » reconstruit par le dernier duc…

Le Champ de Bataille, lui, était toujours debout. Après son dépouillement, les enfants du duc de Beuvron le vendirent au comte de Vieuxpont auquel succédèrent en 1850 M. et Mme Prieur, puis un Anglais,

M. W. Consette. En 1903, le comte d'Harcourt, descendant du duc de Beuvron, acquit ce qui restait du domaine puis le vendit à la ville de Neubourg voisine qui le transforma en hospice avant de servir de prison à la Libération puis d'être simplement abandonné.

Le duc d'Harcourt – le dixième ! – put alors le racheter grâce aux dommages de guerre versés par le ministère de la Reconstruction et celui des Beaux-Arts. Il put ainsi le remettre en état. N'était-il pas enfin devenu la demeure du chef de nom et d'armes des Harcourt ?

C'est là que le 2 juillet 1966 le duc put célébrer le « premier millénaire » devant 120 Harcourt, français et anglais, qui avaient répondu à son invitation. Ils seront accueillis, rapporte le cher Arnaud Chaffanjon, par la « jeune duchesse souriante et brune dans sa robe rose et avec tout son charme ; fille d'une Harcourt et descendante de Madame de Sévigné, elle avait tous les atouts en mains pour faire revivre les heures du Grand Siècle ».

La mort de son époux s'y opposa. Pendant vingt ans le château fut entretenu par un particulier qui créa l'actuel golf dans les bois tandis que s'y déroulaient des spectacles « Sons et Lumières » ainsi que de nombreux concours d'attelages… Jusqu'à ce qu'en 1992 le célèbre décorateur Jacques Garcia l'achète « par amour » et lui consacre sans compter son temps, son talent et sa fortune. Le résultat est fabuleux : les immenses jardins à la Le Nôtre n'ont jamais été aussi magnifiques et le château remeublé en authentique renferme à nouveau des collections d'œuvres d'art tout comme autrefois.

Un certain exotisme y parle de terres lointaines qui ne devraient pas déplaire aux ombres de ces Harcourt qui portèrent le titre prestigieux d'Amiral de France, ni à celle de Louis XVI qui y dormit une nuit et qui, au pied même de l'échafaud et les mains liées dans le dos, demandait :

« A-t-on des nouvelles de Monsieur de La Pérouse ? »

HORAIRES D'OUVERTURE DES GRANDS APPARTEMENTS

De Pâques à la Toussaint	les week-ends et jours fériés de 15 h 30 à 17 h 30
Juillet et août	tous les jours de 15 h 30 à 17 h 30

HORAIRES D'OUVERTURE DES JARDINS

De Pâques à la Toussaint	les week-ends et jours fériés de 14 h à 18 h
Mai, juin et septembre	tous les jours de 14 h à 18 h
Juillet et août	tous les jours de 10 h à 18 h

À ne pas manquer : les nouveaux jardins réalisés par Patrick Pottier.

http://www.duchampdebataille.com/

CHÂTEAUBRIANT

La belle que voilà !

L'âme est en haut ; du beau corps c'en est fait
Icy dessous
Ah ! Triste pierre auras-tu cette audace
De m'empêcher cette tant belle face
En me rendant malheureux et défait
Car tant digne œuvre en rien n'avait méfait
Qu'on l'enferma avec sa bonne grâce
Icy dessous

La musique des vers qui traverse l'esprit du roi a peu à peu chassé la prière dans laquelle il s'est abîmé durant de longues minutes, les yeux brouillés par le brasillement des cierges. Dieu, soudain, s'éloigne, repoussé par les souvenirs de l'ancien amour. De si beaux, si tendres et si ardents souvenirs ! Les irremplaçables, inoubliables souvenirs des folles amours de la jeunesse…

François Ier se relève et époussette machinalement ses genoux glacés par la pierre froide de la chapelle. Ce printemps breton est pénible. Ou bien, le roi est-il si vieux qu'il ne sait plus, l'âge venant, supporter les petites misères d'un climat différent ? Pourtant il ne parvient pas à s'écarter de ce tombeau pour retrouver les bruits de la vie et sa chaleur. Il y a ces mots fraîchement gravés sur la pierre, ces mots qui le retiennent encore : « Icy repose, dans la paix du Seigneur, Très Haute et Très Noble Dame Françoise de Foix. »

Françoise ! Dieu, ce grand artiste, a-t-il jamais créé femme plus belle, plus gracieuse, plus passionnée aussi ? Après un quart de siècle écoulé, François Ier retrouve intactes les premières impressions de ce temps béni où tout, autour de lui, n'était que jeunesse : le règne, la cour, les hommes, les femmes… la France qui s'était donnée d'un si bel élan mais surtout lui-même. Et comme ils s'étaient aimés, tous les deux !

Tout avait commencé bien peu de temps après le double coup de tonnerre de 1515 : l'avènement et, six mois plus tard, le soleil de Marignan qui a porté au pinacle un jeune géant fougueux, un roi de vingt et un ans. François aimait – avec quelle violence ! – la chasse, la guerre, les arts, l'amour. L'amour plus que tout le reste peut-être. Et il a voulu que sa cour fût un parterre de jeunes et jolies femmes :

« Une cour sans femmes est une année sans printemps ou un printemps sans roses ! » aimait-il à répéter.

Il en vint beaucoup. Pourtant, de l'avis de son ami Odet de Foix, vicomte de Lautrec, il manquait la plus belle : sa propre sœur Françoise de Foix, comtesse de Châteaubriant par mariage avec le seigneur du lieu, Jean de Laval, de haute et fière noblesse bretonne. Un mariage qui avait été mariage d'amour – Françoise pourtant n'avait alors que douze ans – et durait sans accroc depuis dix ans. Mais le roi a voulu « voir toutes ses dames » et surtout la sœur de son ami, cette belle et fière Françoise dont on lui disait qu'aucune, française ou italienne, n'approchait la beauté brune.

Il l'invita avec son époux. Méfiant, celui-ci vint seul, mais bientôt se trouva acculé par une de ces conspirations de cour où se perdent honneur et réputation. Françoise arriva. Le roi la vit et se prit pour elle d'une passion qui devait être la plus ardente de toute sa vie. Semblable à celle qu'il sut éveiller chez une femme qui se croyait jusqu'alors amoureuse de son époux. Pourtant, la résistance fut longue : trois ans. Trois ans à lutter contre lui, contre elle-même. Il fallut l'échec de François à l'élection impériale pour que Françoise se rendît d'elle-même, royale consolation. Et durant sept années, elle va régner sur son roi. Amour de chair mais aussi amour d'esprit car tous deux adoraient la poésie et jamais on ne fit à la cour si folle consommation de vers. Amour de pierre enfin : c'est pour sa belle amie, pour lui donner le cadre digne de sa beauté que le roi tira d'un marais une merveille et fit surgir Chambord au cœur d'une forêt. Autre cadre prestigieux : le camp du Drap d'or dont elle sera le plus bel ornement.

Pendant ce temps, le mari guerroie, mais comme il n'est d'expédition guerrière qui ne prenne fin, le roi, pour l'empêcher de venir à la traverse de ses amours, l'a nommé gouverneur de Bretagne, ce qui l'oblige à résider sur place. Jean de Laval ronge son frein car il n'a jamais cessé d'aimer sa femme et la jalousie le ronge. Mais que faire contre un roi ? Attendre ? Il attend…

Un jour, Mme de Châteaubriant rentre au bercail. Les heures noires sont venues avec le désastre de Pavie en 1525 : François Ier est prisonnier à Madrid et la régence est aux mains de sa mère, Louise de Savoie, qui exècre la favorite. Celle-ci n'a plus qu'à rentrer chez elle pour attendre elle aussi.

Quand le roi recouvre la liberté, quand la cour se rend à Bayonne pour l'accueillir, Françoise n'est pas là. Louise de Savoie non seulement ne l'a point fait prévenir mais encore présente à son fils une jeune fille toute rose, toute blonde, toute fraîche, tout exquise : Anne de Pisseleu, qui va l'asservir d'un regard et dont il fera bientôt une duchesse d'Étampes. Quand Mme de Châteaubriant apprend enfin son malheur, quand elle accourt, il est trop tard.

Bien sûr, durant quelque temps, le roi maintient la balance égale entre les deux rivales mais peu à peu le fléau penche vers la plus jeune. Et Françoise de se plaindre, toujours en vers :

Mais qui eût su penser pouvoir trouver au miel
Tant de mortel venin, d'amertume et de fiel ?

Elle est vaincue et elle le sait. Même Chambord est abandonné pour reconstruire un Fontainebleau éclatant. Elle part, elle rentre en Bretagne où l'accueillent son époux et un vaste chantier : auprès des ruines de la vieille forteresse féodale qui avait abrité tous les seigneurs de Châteaubriant passés – celui qui combattit à Mansourah, celui qui combattit à Saint-Aubin-du-Cormier, celui qui défendit sa fille veuve d'un Plantagenêt, tous ceux enfin qui firent que les lys de France s'inscrivaient sur leur bannière –, auprès de cette bastille grandiose qui va peu à peu devenir une superbe ruine, Jean de Laval construit, de 1532 à 1537, le palais Renaissance que l'on peut encore admirer et trace des jardins. Françoise, dont la douleur a vaincu son ressentiment, pourra y rêver aux jours si doux d'autrefois. Pour sa part, Jean espère que le temps leur permettra d'oublier tout cela.

Encore faudrait-il qu'on les laissât en paix. Mais une épreuve cruelle attend Françoise : l'insatiable – et détestable ! – duchesse d'Étampes a entendu parler des joyaux jadis offerts par le roi à Mme de Châteaubriant et, surtout, des devises d'amour qui y sont gravées et qui, selon elle, offensent sa dignité. Alors elle contraint le roi – en se voulant semblables aux hommes, les femmes ne savent pas à quelles armes elles renoncent ! – à réclamer ces joyaux. Et François consent en dépit de sa chevalerie. Un messager part pour Châteaubriant.

Raidie dans une froide colère qui la sauve momentanément du désespoir, la descendante des comtes de Foix a écouté le messager puis elle a demandé vingt-quatre heures pour s'exécuter : le temps pour le chevaucheur de se reposer.

Le lendemain, toujours aussi froide, elle a remis au messager un pesant paquet : des lingots d'or et des pierres démontées :

« Allez porter cela au roi, dit-elle, et dites-lui que puisqu'il lui a plu me révoquer ce qu'il m'avait donné si libéralement, je le lui rends et renvoie. Pour les devises, je les ai si bien empreintes et colloquées en ma pensée et les y tiens si chères que je n'ai pu permettre que personne en disposât, en jouît et en eût plaisir… que moi-même ! »

François Ier accepte la leçon et, repentant, renvoie l'or et les pierreries tout en confiant à son ami Bonnivet :

« Elle a montré en cela plus de courage et de générosité que je n'eusse pensé pouvoir provenir d'une femme. »

Un jour, las peut-être des coquetteries acides de sa favorite, l'envie lui vient de revoir ses belles amours d'antan et, avec une suite de trois mille personnes, il se rend en Bretagne, est accueilli par le couple au seuil du château neuf.

Durant quelques jours, qui vont coûter une fortune à Jean de Laval, les tendres liens de jadis vont se renouer, des liens qui avaient la saveur d'un renouveau tardif mais dont Mme d'Étampes pensa mourir de fureur, craignant par-dessus tout que la belle Françoise ne fût du voyage de retour.

Mais le roi n'emmènera plus jamais Mme de Châteaubriant. En remerciement de l'accueil, il lui offre la terre et le château de Suscinio puis repart. Ils ne se reverront plus.

Les retrouvailles tardives ont-elles réveillé la jalousie du mari ou n'est-ce qu'une légende ? On dit que, dès lors, Françoise dut vivre enfermée dans ses appartements tendus de drap noir et qu'une nuit Jean de Laval fit entrer un barbier qui ouvrit les veines de l'infidèle. Toujours est-il que Françoise de Foix, comtesse de Châteaubriant, mourut dans la nuit du 16 octobre 1537 et que la tradition prétend que chaque année, dans la nuit anniversaire, le fantôme de la plus belle dame du royaume apparaît et erre tristement, ombre blanche et désolée, dans les salles où elle attendit en vain un appel qui ne devait jamais venir…

N'ayant pas eu d'enfant, Jean de Laval légua Châteaubriant au connétable de Montmorency puis, par mariage, le château passa aux Condé. Henri II et Charles IX s'y arrêtèrent. La guerre ne l'épargna pas, mais le département de Loire-Atlantique a fait panser ses blessures avec une sollicitude digne d'éloges.

HORAIRES D'OUVERTURE DE LA COUR INTÉRIEURE

Du 1er mai au 30 septembre	7 h 30-20 h
Du 1er octobre au 30 avril	7 h 30-18 h

L'accès à la cour intérieure du château est libre et gratuit toute l'année.

Horaires d'ouverture du château

Du 1er mai au 30 septembre	11 h-18 h 30 fermé le mardi
Du 1er octobre au 30 avril (du 2 décembre au 14 mars : seulement le week-end)	14 h-17 h 30 fermé le mardi

Fermé les 24, 25 et 31 décembre et le 1er janvier.

http://www.loire-atlantique.fr/jcms/navigation/sites/chateau-de-chateaubriant-fr-eja_77026

CHÂTEAU-GAILLARD

La reine assassinée

Amour nous a conduits tous deux à la même mort.

DANTE ALIGHIERI

Un an ! Il n'a fallu qu'un an, douze petits mois à Richard Cœur de Lion, roi d'Angleterre, pour faire sortir du sol l'énorme forteresse dont les ruines gardent encore assez de puissance et de grandeur pour rester impressionnantes.

Commencé en 1195, le sourcilleux château qui barre la route de Normandie, planté comme une sentinelle sur la vallée de la Seine, s'achève au début de 1197 à la grande satisfaction de son bâtisseur qui déclare, ravi et toutes espérances dépassées : « Qu'elle est belle, ma fille de un an ! »

En fait, elle lui paraît encore plus belle quand il songe à l'effet qu'elle doit produire sur son ennemi le plus acharné – un ancien ami, comme cela se produit fréquemment ! –, le roi de France Philippe Auguste.

Et c'est vrai que le Capétien supporte mal, et même ne supporte pas du tout cette forteresse assise à sa porte et qui semble le narguer, lui, Philippe, le plus grand roi de son temps, l'homme qui veut la France au-dessus de tous autres pays. Il ne lui faudra guère de patience : deux ans plus tard, Richard n'est plus. Le roi anglais, à présent, c'est son frère, le tristement fameux prince Jean, et Philippe, qui connaît bien le personnage, ne doute pas d'en venir à bout sans trop de peine. Mais il n'est pas de ceux qui s'embarquent dans une aventure sans la préparer longuement. Après quelques travaux d'approche qui lui donneront Conches et Bernay, il met, en octobre 1203, le siège devant Château-Gaillard. Un siège qui va durer plus de quatre mois.

Quand vient l'hiver, c'est l'horreur qui commence. Le réseau est serré autour de Château-Gaillard dans l'espoir d'affamer les défenseurs (ils sont plusieurs milliers). On n'y réussit que trop bien car le roi a fait creuser autour du château un fossé et quatorze tours de siège. Toute sortie est impossible… hormis celle que décide Robert de Lascy qui commande la garnison : celle des « bouches inutiles », c'est-à-dire tous ceux qui, parce qu'ils sont trop jeunes, trop vieux ou trop faibles, sont incapables de porter les armes, de collaborer à la défense du château.

Alors une poterne s'ouvre et on chasse dans les fossés les vieillards, les femmes, les enfants, tout ce qui n'est pas combattant. Et il y en a, car les gens des villages d'alentour sont venus chercher refuge au château. Qu'importe ! On les chasse sans pitié, dans la neige et le froid. Et les assiégeants non plus n'ont pas pitié. Et ces malheureux vont mourir là, dans la boue des fossés, de froid et de misère. Certains s'entre-dévoreront.

Quand vient le mois de mars, on en est toujours au même point mais il y a, chez les Français, des gens qui s'entendent à tourner les difficultés. C'est le cas de Pierre Bogis, un sergent d'armes. Il a étudié toutes les possibilités de forcer l'entrée de Château-Gaillard et il a fini par conclure qu'il y en a une et une seule, la moins engageante : celle qui passe par les latrines. Avec une poignée de hardis compagnons il va s'introduire dans ces latrines dont l'ouverture bée sous la chapelle.

Le nauséabond stratagème réussit et, bientôt, c'est par le pont-levis que Bogis et les siens ont réussi à abaisser que les troupes françaises vont entrer dans le château et le réduire enfin à merci. Château-Gaillard n'est plus anglais. Il ne le redeviendra qu'un court moment, après Azincourt, quand le roi Henri V, cher à Shakespeare, s'en emparera.

C'est par ce même pont-levis que, certain soir pluvieux de mai 1314, un lugubre cortège pénètre dans la forteresse : deux chariots tendus de noir, environnés d'une nuée d'archers et de soldats en armes. Chacun de ces chariots contient une femme à la tête rasée, vêtue d'une robe de bure grossière. Deux femmes jeunes, belles, puissantes hier encore car l'une, au moins, était reine et l'autre devrait l'être un jour : Marguerite de Bourgogne, reine de Navarre, et sa cousine Blanche de Bourgogne, comtesse de la Marche, toutes deux belles-filles du roi de France, Philippe le Bel. Et si l'une s'efforce à une fière contenance, l'autre ne sait que pleurer et se désoler quand on la traîne jusqu'à un cachot où l'hiver s'attarde.

C'est qu'un drame effrayant vient de passer, comme une tempête, sur le trône de France, un drame qui l'eût ébranlé si celui que l'on surnommait le roi de fer ne l'avait maintenu si fermement, si impitoyablement.

Dans cette tragique histoire, il y a également une

troisième princesse abattue : c'est Jeanne de Bourgogne, la sœur de Blanche, Jeanne, comtesse de Poitiers et elle aussi belle-fille de Philippe. Mais si le crime d'adultère a été nettement prouvé pour les prisonnières de Château-Gaillard, il ne l'a pas été pour Jeanne à qui l'on ne peut reprocher que des complaisances, un ouvrage délicat d'entremetteuse. Elle l'a d'ailleurs fait entendre au roi :

« Je dis que je suis prude femme ! » a-t-elle proclamé et Philippe l'a entendue. Sa punition en sera moins rude : rasée bien sûr, elle aussi, on la conduit au même instant au château de Dourdan où sa réclusion doit être moins sévère.

Tandis qu'on l'enferme, Marguerite, la plus brave, songe que la vie a d'étranges recours. Il y a dix ans, dix ans seulement, elle épousait l'héritier de France à Vernon, petite ville peu éloignée de Château-Gaillard et qui était de l'apanage de son père. Son regard avait effleuré la forteresse sans imaginer un instant qu'un jour elle se refermerait sur elle. La vie était belle, autant qu'elle-même, en dépit du fait que son époux Louis, surnommé le Hutin, n'était guère séduisant. De son père, il n'avait ni la beauté ni le haut caractère : un brouillon, un agité, velléitaire et sans courage que Marguerite a vite dédaigné discrètement en pensant qu'un jour elle serait reine de France.

Pendant dix ans, elle et ses belles-sœurs ont véritablement régné sur la cour, sur le palais de la Cité et les divers châteaux du roi. Elles étaient jolies, élégantes, coquettes, raffinées, elles lançaient des modes que les femmes suivaient avec joie et qui affolaient les hommes. Un jour, ce qui devait arriver arriva : Marguerite s'éprit d'un des jeunes seigneurs de la suite du comte de Poitiers, Philippe d'Aulnay, depuis longtemps amoureux d'elle, et devint sa maîtresse. Les amants se retrouvaient dans la chambre haute d'une des tours de l'hôtel de Nesle, résidence parisienne du roi et de la reine de Navarre, et Marguerite donna le jour à une petite fille que l'on attribua au Hutin – mais on devait par la suite faire de grandes réserves sur sa paternité.

Encouragée par l'exemple, la jeune Blanche devint la maîtresse de Gautier d'Aulnay, frère aîné de Philippe, et les deux couples partagèrent fraternellement, sous la protection de Jeanne, les délices de la tour de Nesle. Cela aurait pu durer longtemps si une folie n'avait perdu tous ces jeunes fous : Marguerite et Blanche s'étaient laissées aller à donner à leurs doux amis certaines aumônières richement brodées que leur avait offertes leur belle-sœur Isabelle, reine d'Angleterre et fille de Philippe le Bel.

Mal mariée à Édouard II qui lui préférait les jeunes maçons et quelques beaux garçons, Isabelle, apprenant que les frères d'Aulnay arboraient ses aumônières, signant ainsi leurs relations adultères, entreprit – par jalousie féminine sans doute plus que par souci de l'honneur de la France – de se changer en Némésis.

Dénoncés à Philippe le Bel, les deux frères furent arrêtés, conduits dans les caves du château de Pontoise et torturés jusqu'à l'aveu final. Immédiatement après, les trois princesses étaient arrêtées et traduites devant un tribunal.

On sait, à présent, ce que fut la sentence pour Marguerite, Blanche et Jeanne. Elle fut pire pour les deux garçons qui furent écorchés vifs, châtrés puis décapités et pendus à un gibet par les aisselles. Pire aussi pour les serviteurs de la tour de Nesle que le Hutin fit tourmenter et exécuter avant de les jeter à la Seine, ce qui alimenta la légende tragique de la tour. Il semble, en fait, que Marguerite et Blanche, coupables d'avoir aimé, ne furent jamais les Messalines décrites par ladite légende. En attendant, elles croupissaient au fond de Château-Gaillard, réduites à un total dénuement, à une nourriture à peine mangeable, au froid, à la misère…

Quand, avant la fin de l'année 1314, Marguerite apprend la mort subite de Philippe le Bel, elle reprend espoir car, à présent, la reine de France, c'est elle ! Et elle espère bien qu'on va la tirer de sa prison. Mais, c'est compter sans la haine de son époux qui, d'ailleurs, souhaite se remarier au plus vite. Alors, une nuit, la porte du cachot s'ouvre. Un homme masqué paraît… Nul n'entendra rien : les murs sont énormes. Mais, au matin, on trouvera la reine de France étranglée.

Blanche lui survécut. Elle avait accepté la séparation d'avec son époux, et l'un des geôliers, épris d'elle, adoucissait son sort. On la tira un jour de Château-Gaillard pour la conduire à l'abbaye de Maubuisson où elle vécut et mourut sous la robe de nonne.

Quant à la « fille » de Richard Cœur de Lion, elle fut démantelée par ordre d'Henri IV mais c'est Richelieu qui fit abattre le donjon où Marguerite de Bourgogne avait rencontré la mort.

Horaires d'ouverture

Du 15 mars au 15 novembre	10 h-13 h et 14 h-18 h

Fermé les mardis
et le 1er mai.

http://lesandelys.com/chateau-gaillard/gaillard.htm

CHÂTEAUGAY

L'homme qui vendit sa main au diable

Toi l'Effroyable, l'Invisible, le Tout-Puissant, le Dieu des Dieux, le Corrupteur et le Dévastateur. Toi qui es surnommé celui qui brise tout et n'est jamais vaincu.

Rituel magique égyptien. Invocation à Seth

Quiconque se rend de Moulins à Clermont-Ferrand l'aperçoit sur sa droite aux approches de la grande ville. Châteaugay le mal nommé domine de son puissant donjon carré construit au XIVe siècle le coteau planté de vignes où il s'ancre et la grande plaine de Limagne. Par les jours ensoleillés il prend la teinte adoucie d'un géant débonnaire mais les jours gris de l'hiver et les noirs nuages de l'orage lui restituent la couleur qui lui convient, celle qu'il devait avoir certaine nuit des débuts du XVe siècle – 1423 ou 1424 –, la date est mal définie car lorsque l'on invite le diable sous son toit on ne s'en vante guère.

La scène, on peut l'imaginer par ce qu'en ont laissé les anciennes chroniques et surtout le récit du jugement de février 1427.

C'est un peu avant minuit, dans la plus haute salle du donjon. Il y a là deux hommes : l'un est un vieil astrologue en robe noire, l'autre le tout-puissant maître et seigneur du château jadis construit par son grand-père, Pierre de Giac, qui fut en 1383 chancelier du roi Charles VI. Lui aussi s'appelle Pierre mais il est d'une autre trempe. À quarante ans passés, il représente le type accompli du forban féodal sans cœur et sans scrupule. Néanmoins, il est beau, d'une beauté sombre d'ange déchu qui rencontre peu de cruelles. Avec cela souple et fourbe comme un serpent, d'une cruauté raffinée mais d'une folle bravoure. Enfin, rapace autant que fastueux, Pierre de Giac est passé maître dans l'art difficile de nager en « eaux troubles », autrement dit parmi l'entourage étrange et corrompu qui gravite autour du jeune roi Charles VII et sur lequel n'est pas encore passé l'éclair de flamme qui s'appelle Jeanne d'Arc.

Dans le royaume déchiré, à demi occupé par l'Anglais, Giac a tracé son chemin tortueux de la cour de Bourgogne où il fut un conseiller écouté jusqu'au lit d'Isabeau de Bavière dont il fut, un temps, l'amant tandis que sa femme devenait la maîtresse du duc de Bourgogne Jean sans Peur. À eux deux, ils ont conduit le duc à l'attentat de Montereau où il devait tomber sous la hache des assassins.

Pour ce mauvais service, Charles VII ne cesse de payer. Giac est son favori, son conseiller, mais le sombre Pierre veut davantage encore : d'abord gouverner en maître le royaume, ensuite devenir l'époux de la plus jolie femme de la cour, Catherine de l'Isle-Bouchard, veuve d'Hugues de Châlon et comtesse de Tonnerre. C'est ce double désir qui l'a mené, comme par la main, dans la chambre haute de son donjon pour y rencontrer Satan, puisque apparemment Dieu reste sourd à ses prières d'orgueil.

Quand il en redescend, au chant du coq, il titube comme un homme ivre et, surtout, il frotte continuellement sa main droite comme s'il cherchait à en effacer une souillure tenace. Cette main droite qu'il vient de vouer au diable – sur la demande de celui-ci, paraît-il – en échange de la protection demandée…

Et, tout de suite, cette main va entrer en action. Entre la belle comtesse de Tonnerre et Giac, un empêchement majeur : sa femme qui non seulement n'est pas d'un âge canonique mais est enceinte de plusieurs mois. Pour s'en débarrasser il dresse un plan criminel et se hâte de le mettre en pratique : sur un dressoir où sont placées des coupes, il en emplit deux de vin, un vin curieusement épais et noir. Après le souper, il en tend une à Jeanne en l'invitant à boire au succès de ses projets. Quels projets ? Eh bien, disons que ce sera… une surprise pour elle.

Pour l'encourager il porte sa propre coupe à ses lèvres mais se garde bien de boire. Jeanne de Giac boit, elle, mais elle est trop fine pour ne pas s'apercevoir que Pierre n'a pas touché à son vin. Et elle n'achève pas sa coupe, bien qu'il l'en prie, bien que, se faisant peu à peu menaçant, il l'exige. Et comme elle demande pourquoi, comprenant qu'il veut sa mort, il lui répond cyniquement qu'elle le gêne, qu'il en aime une autre. Une autre qui est jeune, belle et riche…

Après une pareille déclaration, on comprend que Jeanne refuse de boire le reste et même le renverse. Alors, décidé à tout pour obtenir cette mort, Pierre maîtrise sa femme, l'entrave avec une corde préparée à cet effet puis, la jetant sur son dos, en dépit du poids qu'elle représente, il se rend à l'écurie, selle son cheval, couche la malheureuse dessus et monte à son tour. Puis il pique des deux et, par une poterne qu'il a laissée ouverte, il s'élance dans la campagne. Jeanne, en qui le poison commence à faire son effet, hurle, torturée par le dur galop. Elle supplie son bourreau de la détacher, de penser à l'enfant qu'elle porte. Mais il ne fait que rire : des enfants il en a déjà et, s'il en veut encore, la belle Catherine saura bien les lui donner. D'ailleurs celui-là ne peut être qu'un bâtard ramassé Dieu sait où…

Et le galop infernal se poursuit à travers vignes, forêts et champs, frappant de terreur le paysan au fond de sa chaumière. Ceux qui voient passer ce cavalier noir qui, sur un cheval fou, emporte une blanche forme hurlante croient apercevoir le chasseur maudit menant jusqu'au fond de la nuit sa chasse éternelle et courent se cacher les yeux, se boucher les oreilles par crainte de la malédiction.

Pierre de Giac emporte ainsi sa victime jusqu'à ce que, sentant trembler son cheval épuisé entre ses jambes, il s'arrête. Jeanne d'ailleurs est morte. Sur la croupe de l'animal il n'y a plus qu'un cadavre souillé de sang dont le visage convulsé reflète une affreuse agonie. Il ne lui reste qu'à l'enterrer sur place grâce à la bêche qu'il a pris la précaution d'emporter et qu'il jettera ensuite à la rivière. Puis, près de cette tombe fraîche sur laquelle il a même replanté un arbuste, il se couche et s'endort. Au matin, il rentre à Châteaugay avec une histoire toute prête : sa femme, dans un de ces caprices de femmes enceintes, a voulu se rendre dans la nuit même à un couvent de Clermont pour y attendre sa délivrance. Plus tard, on dira qu'elle est morte en couches et, comme Pierre de Giac s'entend à se faire craindre, nul n'aura l'idée de chercher à connaître la vérité.

Quelques jours encore et il repart, heureux, délivré,

pour la cour de Charles VII où l'attend la dame de ses pensées. Où l'attend non seulement l'amour mais la réalisation de tous ces vœux qu'il a fait entendre dans la nuit de Châteaugay.

Deux mois plus tard, Pierre de Giac épouse Catherine de L'Isle-Bouchard. Le roi en personne assiste à la cérémonie, signe le contrat et embrasse la mariée. Dans les mois qui suivent, Pierre connaît vraiment le bonheur dans le crime et en jouit sans scrupule. De jour en jour, l'influence désastreuse qu'il a prise sur le faible souverain grandit. Favori incontesté, il règne en despote sur la petite cour de Bourges, muette de terreur. Le 3 août 1426, il est Premier chambellan et il domine en maître absolu, courbant toutes les têtes sous sa morgue insolente. Hormis une : celle de son ennemi juré, Georges de La Trémoille, qui ne vaut d'ailleurs pas plus cher que lui et qui, lui aussi, aime la belle Catherine.

La Trémoille cherche aide et protection. Il en trouve sans peine car, auprès du roi, une haute et grande dame est là, qui veille de son mieux sur le malheureux royaume et lutte de toutes ses forces contre la série des favoris. Yolande d'Aragon, duchesse d'Anjou, comtesse de Provence et reine des Quatre Royaumes, est aussi la belle-mère de Charles VII. C'est elle qui l'a recueilli, élevé quand sa mère, l'odieuse Isabeau, le proclamait bâtard…

Yolande veut la perte de Giac et le retour du connétable de Richemont, la meilleure épée de France qu'un caprice du roi a écarté. À eux trois, ils vont comploter. La reine obtient, au début de février 1427, que la cour se rende à Issoudun, tout près des terres du connétable. Dans la nuit du 7, Richemont, grâce à des intelligences intérieures, parvient à entrer dans le donjon et va, à deux pas de la chambre du roi, sortir Giac de son lit et l'enlever des bras de sa femme. Puis, comme il a fait naguère de Jeanne, on le jette ligoté sur un cheval pour le conduire à Dun-sur-Auron, chez le connétable. Là, des juges et des bourreaux l'attendent. Sous la torture, le misérable avoue tous ses crimes, sauf un : la mort de Jeanne. Mais quand la sentence de mort tombe sur lui, Giac s'effondre et supplie qu'avant de le tuer on lui accorde la grâce de lui trancher le poing droit, celui qui appartient au diable dont, à présent, il a une peur bleue.

Et cette fois, il dit tout. Un moment plus tard, le bourreau lui tranche la main puis, cousu dans un sac de cuir, Pierre de Giac est jeté à l'Auron. Sur le sac, un écriteau : « Laissez passer la justice du roi. » Charles VII, en effet, ne tentera rien pour venger la mort d'un favori dont il était peut-être las.

Après sa mort, Louis de Giac, l'un des fils de Jeanne de Naillac, reprit Châteaugay. Il n'eut pas d'enfants et ce fut sa sœur Louise qui fit entrer le château dans la famille de La Queilhe, titrée par la suite du marquisat de Châteaugay et qui devait s'illustrer jusqu'à la Révolution. Le château subit, naturellement, quelques transformations mais, presque en ruine à présent, il appartient à plusieurs propriétaires qui exploitent les vignes d'alentour.

La découverte du site est libre à l'extérieur
et dans la cour.

http://www.chateaugay.fr/index.php?page=contenu&id=60

CHINON

Des rois, un ange et quelques démons

De la part de Dieu, je te dis que tu es vrai héritier de France et fils de roi.

Jeanne d'Arc à Charles VII

Les eaux changeantes de la Vienne reflètent Chinon, ses blancheurs doucement patinées, ses maisons coiffées d'ardoises bleues, Chinon qui porte, avec une fierté de reine en exil, la couronne prestigieuse de sa forteresse à demi ruinée. Mais ruinée avec tant de majesté romantique, tant de splendeur, que l'on regrette à peine que le château ne soit plus ce qu'il était en face de ces nobles victimes du poids des siècles. Reste le poids de la gloire d'un étrange destin.

Clovis, déjà, édifia sur le coteau une première place forte, peut-être la plus puissante du royaume en gestation. Y furent ensuite les comtes de Blois, mais ce sont les comtes d'Anjou qui, en 1044, commencent à édifier les premiers murs de pierre. Ce sont des bâtisseurs, ces comtes d'Anjou. Sous leur règne, Touraine et Anjou se hérissent de donjons mais, à partir de 1154, quand

Henri Plantagenêt, le dernier, passe la Manche, c'est l'Angleterre qu'ils vont aller bâtir.

Devenu le roi Henri II, le Plantagenêt construit la plus grande partie de Chinon qui sera pour lui résidence de prédilection mais le sera sans doute moins pour Aliénor d'Aquitaine, son épouse révoltée.

« Dis-moi, Aigle à deux têtes, dis-moi, où étais-tu quand tes aiglons, volant de leur nid, osèrent lever leurs griffes contre le roi de l'Aquilon ? C'est toi, nous l'avons appris, qui les as poussés contre leur père. C'est pourquoi tu as été arrachée à ta propre terre et conduite en terre étrangère », adjure le poète.

Depuis 1173, les fils d'Henri II, soutenus par leur mère, de son duché d'Aquitaine, sont en guerre ouverte contre leur père. Le plus acharné est Richard, au cœur de lion, qui reproche au roi d'avoir séduit et souillé sa fiancée, Alix de France. La victoire peut paraître proche mais, un soir de l'hiver, au nord de Poitiers, une troupe aux ordres d'Henri rencontre quelques chevaliers poitevins qu'à tout hasard elle fait prisonniers. Parmi ces chevaliers, habillée en homme, il y a la reine rebelle. Il y a Aliénor. Et c'est à Chinon qu'on la ramène captive et où elle demeurera six mois sous étroite surveillance en attendant qu'on l'embarque pour l'Angleterre et la tour de Salisbury. Elle y restera prisonnière seize interminables années. La longue détention s'achèvera seulement à la mort du roi. Henri, le 6 juillet 1189, meurt en effet, à Chinon, seul, abandonné des siens et désespéré d'avoir vu son fils Richard allié à Philippe Auguste, le roi de France.

Une légende prétend que Richard lui-même, blessé mortellement sous les murs du château de Châlus, le 6 avril 1199, exigea de revenir mourir à Chinon. Quoi qu'il en soit, c'est à l'abbaye voisine de Fontevrault qu'il repose, comme Henri II, comme Aliénor. Peu d'années après, en 1205, Chinon, comme la Touraine, fait retour à la couronne de France.

Cent ans plus tard, un drame s'y déroule, en 1308 : le procès des Templiers. Les murs du donjon du Coudray portent encore d'étranges inscriptions qui seraient dues aux Templiers incarcérés et, singulièrement, au dernier grand maître, Jacques de Molay.

L'an 1428, Charles VII dont le royaume, envahi par l'Anglais, se rétrécit de jour en jour comme une peau de chagrin, réunit à Chinon les états généraux. Cela ne l'empêche pas de mener joyeuse vie. Les énormes murailles du Plantagenêt retentissent des bruits du bal, des pavanes, des caroles et des sarabandes. Ce qui attire au jeune roi la remarque acerbe de La Hire, l'un de ses meilleurs capitaines :

« Pardieu, Sire, je n'ai jamais ouï qu'un roi eût perdu si gaiement son royaume. »

Mais qu'importe à Charles, après tout ? Il n'est même pas sûr d'être véritablement le fils de son père, le pauvre Charles VI le Fou, à cause des incessants débordements d'Isabeau de Bavière, sa déplorable mère.

Bientôt, pourtant, il en sera certain.

Le 8 mars 1429, une jeune fille vêtue d'un costume de garçon « noir et rude » monte au château et pénètre dans la grande salle où un homme, vêtu d'habits somptueux, la regarde entrer, assis sur le trône qu'abrite un dais fleurdelisé. C'est une belle fille solide mais le clair visage doit le plus pur de sa lumière à un regard plus bleu qu'un ciel d'été. Elle marche vers le trône, en regarde l'occupant puis, soudain, se détourne. Ce n'est pas là le roi, elle en est sûre. Et, de fait, elle n'a aucune peine à trouver, perdu dans la foule des courtisans, celui qu'elle est venue voir, des marches de Lorraine, poussée par une force qui n'est pas de ce monde.

Alors, devant cet être chétif et inquiet, elle plie le genou.

« Gentil Dauphin[1], j'ai nom Jeanne la Pucelle. Et vous mande le Roi des Cieux par moi que vous serez sacré et couronné dans la ville de Reims, et serez le lieutenant du Roi des Cieux qui est le roi de la France ! »

Puis, elle l'entraîne à part et lui parle bas, un moment. On n'entendra que la dernière phrase :

« De la part de Dieu je te dis que tu es vrai héritier de France et fils de roi ! »

Elle a gagné. La prodigieuse aventure peut commencer. Bientôt, Jeanne entrera dans Orléans qui, à bout de souffle, est bien près de livrer le Val de Loire à John Talbot. Bientôt la France renaîtra.

Hélas, un an plus tard, Jeanne va vers son martyre. C'est qu'auprès du roi Charles VII il est des gens qu'elle indispose, et même qui la détestent : l'archevêque de Reims, Regnault de Chartres, et surtout le mauvais conseiller du roi, Georges de La Trémoille, l'ancien ennemi de Pierre de Giac qui vendrait le royaume pour une poignée d'or. Et Jeanne mourra sur le bûcher de Rouen.

Mais c'est à Chinon encore que, dans la nuit du 3 juin 1433, sur l'ordre du connétable de Richemont, une troupe de gentilshommes décidés à tout pour abattre La Trémoille envahit sa chambre, le larde de coups de dague sans parvenir à le tuer : l'homme est trop gras ! Alors on l'emporte vers une prison puis un exil où il ne guérira jamais tout à fait de ses blessures.

1. Elle ne le nommera roi qu'après le sacre.

Sous Louis XI, Chinon reçoit un gouverneur qui est sans doute le plus grand chroniqueur de son temps : Philippe de Commynes, l'un des hommes que le roi apprécie le plus. Mais les visites royales se feront plus rares à mesure que l'aurore de la Renaissance se lève à l'horizon.

Pourtant, le roi Louis XII vient y faire un assez long séjour tandis que l'on élève, à Blois, ce qui est aujourd'hui l'aile Louis XII du château. C'est là qu'il va recevoir, du pape Alexandre VI, une ambassade dont il attend merveilles, menée par un homme dont il se méfie : le propre fils de Sa Sainteté.

Le 18 décembre 1498, donc, le roi Louis XII, appuyé à une fenêtre du château, regarde monter vers lui un fabuleux cortège : des mules, des pages, des valets vêtus comme des princes de drap d'or et de velours cramoisi précédant trente gentilshommes habillés de drap d'or ou de drap d'argent et portant au cou de lourdes chaînes d'or. Puis une troupe de ménestrels, tambourinaires, joueurs de rebec ou de trompettes habillés comme les autres d'or et de cramoisi mais faisant rage d'instruments faits d'argent pur. Enfin, le plus beau :

« Quant audit duc (le roi l'avait fait duc de Valentinois), il était monté sur un beau et noble coursier, très richement caparaçonné, vêtu d'un pourpoint mi-partie de satin noir et de drap d'or embelli de pierres précieuses et de grosses perles. Sur son chapeau qui était à la mode française figuraient deux rangées de cinq à six rubis de la dimension d'un gros haricot. Il y avait aussi quantité de pierres précieuses sur la bordure de son chapeau entre autres une perle aussi grosse qu'une noisette tandis que même sur ses bottes, on voyait abondance de cordelières d'or bordées de perles. »

De sa fenêtre le roi, dont la cour est assez modeste, apprécie peu cette entrée de cirque mais se contente de bougonner que c'est « un peu trop pour un petit duc de Valentinois ». Quant aux gens de Chinon, ils n'apprécient pas davantage : dans les pays de Loire, cela est bien connu, on est plus sensible à la mesure de l'élégance qu'au faste écrasant d'un Espagnol parvenu.

Mais Louis XII n'a pas le choix : il lui faut faire bonne figure à ce mirliflore s'il veut obtenir la bulle d'annulation de son premier mariage avec la pauvre Jeanne de France, fille de Louis XI, sainte mais disgraciée physiquement, afin de pouvoir épouser Anne de Bretagne, veuve de son prédécesseur Charles VIII.

Il aura sa bulle mais non sans marchandage. César, autoritaire et arrogant, finira par obtenir ce qu'il est venu chercher : la main d'une princesse royale. Ce sera Charlotte d'Albret, sœur du roi de Navarre. Une idéale créature dont on dit qu'elle est « la plus belle fille de France ». Le mariage sera la première cérémonie qui essuiera les plâtres de Blois.

César, après une nuit de noces à laquelle il donnera la plus large publicité, passera un été avec sa belle épouse, lui fera une fille… et disparaîtra dans un nuage de poussière pour ne plus jamais revenir.

Pour Chinon, c'est la fin des grandes heures. Les rois n'y viendront plus qu'en passant. Louis XIII en fera don au cardinal de Richelieu dont les héritiers le conservèrent, sans l'entretenir, hélas ! jusqu'en 1789.

Le château commençait à tomber en ruine. La Révolution et l'Empire dont les déprédations ont été plus graves qu'on ne l'imagine généralement allaient hâter sa fin. Un écrivain, Prosper Mérimée, obtiendra, en 1855, les travaux de consolidation qui se sont poursuivis depuis. C'est l'honneur de la ville et de l'Association des amis du vieux Chinon, attachés passionnément à la résurrection de leur prestigieux passé.

HORAIRES D'OUVERTURE

Janvier, février, novembre et décembre	9 h 30-17 h
Mars, avril, septembre et octobre	9 h 30-18 h
Du 1er mai au 31 août	9 h 30-19 h

Fermé le 25 décembre et le 1er janvier.

La forteresse est un joyau de l'architecture militaire médiévale.

http://www.forteressechinon.fr/

CLISSON

La lionne blessée

On reconnaît le lion à sa griffe.

Lettre de Libanius

Un matin de juillet 1343, une brillante assemblée de chevaliers richement vêtus et superbement armés franchit le pont-levis de Clisson, environnée de l'éclat des trompettes et des joyeux propos de ceux qui la composent. Le seigneur du lieu, Olivier III, petit-fils de cet Olivier Ier qui a construit le château au confluent de la Moine et de la Sèvre Nantaise, se rend à Paris aux grandes fêtes que le roi Philippe VI donne en l'honneur du mariage de son second fils Philippe d'Orléans, fêtes auxquelles il a convié toute la noblesse du royaume et aussi celle de Bretagne avec laquelle la veille encore il rompait des lances qui n'avaient rien de courtois. Mais on est en trêve et le roi se pique de chevalerie.

C'est alors le temps de cette interminable guerre de Succession de Bretagne qui met aux prises Jean de Montfort, fils du frère du duc défunt et Charles de Blois, gendre du même duc. Pour l'heure présente, il semblerait que le parti français ait le dessus car le fils aîné de Philippe VI, Jean de Normandie – le futur Jean le Bon – tient Montfort prisonnier à Nantes.

Du haut d'un chemin de ronde, une femme de vingt-cinq ans, brune et très belle, regarde s'éloigner le cortège sans pouvoir se défendre d'un serrement de cœur. Auprès d'elle deux petits garçons, ses fils, Olivier, sept ans, et Jean qui n'en a que trois. C'est la dame de Clisson, Jeanne de Belleville et, en dépit des prières qu'elle ne cesse d'adresser au ciel, la peur ne la quitte pas.

Peur justifiée. À peine arrivés à Paris, les chevaliers bretons sont arrêtés, jetés au Châtelet sous le prétexte d'un rapport parvenu au roi qui aurait fait état de connivence avec le roi d'Angleterre. Le 2 août 1343, Olivier de Clisson est décapité aux Halles de Paris. Son corps est pendu au gibet de Montfaucon mais sa tête est envoyée à Nantes pour y être plantée sur la porte Sauve-Tout.

C'est là que Jeanne va revoir ce qui reste d'un époux bien-aimé : une tête aux yeux clos, exsangue, déjà défaite par la mort, sur laquelle tombe un crachin breton qui ne cesse de noyer la ville. Debout au pied du rempart, la dame de Clisson contemple longuement cette tête avec un désespoir que la haine envahit peu à peu. Comme au jour du départ, elle tient ses deux fils auprès d'elle, sous l'abri de son grand manteau. Et, à ces deux innocents, elle désigne l'affreuse relique.

« Regardez et n'oubliez pas ! Voilà ce à quoi le roi de France, par laide traîtrise, a réduit votre père. »

Et elle leur fait jurer la vengeance. Une vengeance dont elle s'occupe immédiatement. Autour d'elle, on s'assemble. Les vieilles chroniques parlent de quatre cents gentilshommes joints à ceux des vassaux qui veulent reprendre le combat. Avec eux, Jeanne marche sur Brest où le capitaine Le Gallois de la Heuze commande pour Charles de Blois. Ouvert par trahison, le château est pris d'assaut, tous ceux qui y vivent sont passés au fil de l'épée. On ne fait pas de quartier. Puis, quand plus rien ne respire dans le château ravagé, Jeanne repart avec le butin qu'elle vient de conquérir et, pendant quelques semaines, elle va poursuivre de sa fureur tous ceux qui tiennent en Bretagne le parti du roi de France.

Bientôt, cela ne lui suffit plus. D'ailleurs, le roi envoie une armée. Alors, engageant ses terres, vendant ses bijoux et tout ce qu'elle a rapporté de ses expéditions, elle achète trois vaisseaux afin de porter désormais la guerre sur la mer et, ainsi, de s'attaquer directement à Philippe VI en donnant la chasse à ses navires. En décembre 1343, le parlement de Paris lui a fait intimer l'ordre d'avoir à se présenter devant lui sous peine d'être poursuivie et amenée de force devant ses juges.

De la décision, elle ne fait que rire. Ses vaisseaux sont prêts. La réponse va être en proportion de l'offense, double à présent, qu'elle a reçue. De la côte d'Espagne à la mer du Nord, les trois navires de la Lionne de Clisson sèment la mort et la terreur tout le long des côtes de France. Sur les lourds navires marchands roulant au creux de la lame comme sur les nefs royales, sur les villages isolés de la côte comme sur les châteaux, elle fond soudain, sortant de la brume ou de la nuit comme un grand rapace, toujours vêtue de noir, toujours gantée de sang. Jamais elle ne fait merci, jamais elle n'accorde grâce. Toujours, la première, elle frappe, maniant le glaive aussi sûrement qu'un chevalier. Tuer est devenu sa seule raison de vivre.

Auprès d'elle, les deux enfants qu'elle n'a pas quittés apprennent la guerre, la mort, et ce qu'est une vengeance bien conduite. Pour les hommes qu'elle mène d'une poigne impitoyable, elle est une énigme. Jamais elle ne sourit. Jamais son regard ne s'éclaire et elle ne sait plus ce que c'est que prier.

Le ciel, lui, va se souvenir d'elle. Pendant plus d'un an, Jeanne de Clisson court les mers. Ses victimes, ses razzias ne se comptent plus. Mais les navires s'usent, les hommes aussi, et Philippe VI a passé commande de nouveaux navires au Clos des Galées en la ville de Rouen. Bientôt il dispose d'assez d'unités pour inquiéter puis pour traquer la terrible veuve. Elle perd un bateau, puis un autre. Au large de Guernesey un dernier combat désespéré vient à bout du troisième. Il faut fuir, il faut abandonner la nef qui prend l'eau de toutes parts...

À la faveur de la nuit une barque est mise à l'eau. Jeanne y embarque avec quelques hommes et ses deux fils à la grâce de Dieu. Une grâce qui va se faire attendre singulièrement. Durant six jours, six terribles et mortels jours, la barque erre sur les eaux grises de la Manche. Le temps est mauvais, et contre elle, enfermé dans le cercle de ses bras, Jeanne sent grelotter le petit Jean qui perd ses forces lentement sans que sa mère puisse rien pour lui. Au troisième jour, l'enfant meurt et, pour la première fois depuis si longtemps, les yeux de Jeanne retrouvent les larmes.

C'est une femme désespérée qui, à l'aube du septième jour, touche terre quelque part sur la côte anglaise des Cornouailles. Des pêcheurs voient apparaître une femme très belle et très pâle dont les yeux n'ont plus de reflets. Un enfant exténué et quatre hommes à bout de forces la suivent. Est-ce la fin pour elle ?

Non. Si elle est honnie en France, Jeanne est une héroïne en Angleterre. On lui fait accueil et la cour du roi Édouard III s'ouvre pour elle.

Peu à peu, les souvenirs terribles s'estompèrent et vint le temps où elle put se souvenir qu'elle était encore jeune, toujours belle. Elle aima et épousa Gauthier de Bentley.

Restait l'enfant sorti vivant de la terrible aventure. Élevé en Angleterre, Olivier de Clisson n'en retourne pas moins en Bretagne quand il se voit en âge de tirer l'épée. Là, il se brouille avec les Montfort et se trouve un hardi compagnon qui lui démontre que le roi de France n'est plus Philippe. Ce compagnon, c'est Bertrand Du Guesclin. Avec lui, Clisson apprend à devenir français.

Un jour, après lui, il recevra l'épée de connétable et régnera de nouveau sur des terres bretonnes de son château de Josselin où nous le rencontrerons.

Clisson échut à sa fille Marguerite de Penthièvre qui, malheureusement, allait tout perdre. Ayant attiré par traîtrise le duc Jean V dans un guet-apens, elle vit se dresser contre elle toute la noblesse de Bretagne. Les possessions de Clisson firent retour à la Couronne ducale.

Le duc François II en fait son séjour de prédilection. C'est lui qui édifie, dans le style élégant de l'époque, toute la partie occidentale. Il y amène sa maîtresse, la belle Antoinette de Maignelais, cousine d'Agnès Sorel dont elle était quelque peu jalouse et qui avait tenté de la supplanter dans le cœur de Charles VII. Chose impossible tant qu'a vécu la Dame de Beauté mais réalisée dès que la mort l'eut fait disparaître.

L'avènement de Louis XI a incité la dame à gagner ses terres angevines car elle était mal vue du nouveau roi. Le duc de Bretagne se trouva là juste à point pour la consoler. Solide et vigoureuse gaillarde, elle donna à son amant cinq enfants dont l'aîné fut titré sir d'Avaugour. Le tout au grand chagrin de la duchesse, Marguerite de Foix, dont le mariage avec le volage François II avait eu lieu à Clisson le 27 juin 1471. Au grand déplaisir aussi de sa tante, la bienheureuse Françoise d'Amboise. Elle n'eut de répit que lorsque la dame de Maignelais eut trouvé une remplaçante. Ce qui ne changea rien à l'existence élégante, toute de fêtes, de joutes et de plaisir, que l'on menait à Clisson.

Avec des fortunes diverses, le château traversa les siècles jusqu'à la fin du XVIIIe siècle. L'année 1793 sonna le glas de l'antique et noble demeure. Après la bataille de Torfou, les armées de Kléber y mirent le feu et le réduisirent à l'état d'une ruine imposante et romantique, mais une ruine tout de même sur laquelle se pencha, au XIXe siècle, le sculpteur lyonnais Lemot. Avec l'aide du sénateur Cacault, il sauva de la disparition les superbes vestiges sur lesquels veille, désormais, le département de la Loire-Atlantique.

HORAIRES D'OUVERTURE

De 9 h à 12 h et de 14 h à 18 h (fermé le mardi)

http://www.mairie-clisson.com/module-Contenus-viewpub-tid-2-pid-185.html

LE CLOS-LUCÉ

Léonard de Vinci et la Joconde...

Pourquoi me faire ce sourire
Qui tournerait la tête au roi ?

Victor HUGO

« Voilà le roi !... »

Le gamin essoufflé a tout juste le temps de soulever la tenture qui ferme et réchauffe l'atelier du peintre. L'instant suivant, les deux mètres de François Ier s'encadrent, tel un portrait en pied, dans le chambranle de la porte.

Le grand vieillard en robe noire, debout devant le haut chevalet en bois poli, a tout juste le temps, lui aussi, de poser ses pinceaux mais il n'a pas celui de s'incliner. Déjà le jeune roi est auprès de lui qui le serre dans ses grands bras et l'embrasse avec cette chaleur qu'il porte en lui et qu'il sait si bien communiquer à ceux qu'il aime ou qu'il admire. Et François est immensément fier d'avoir réussi à convaincre l'un des plus grands peintres de tous les temps de quitter l'Italie pour venir habiter son cher Val de Loire.

En cet automne de l'an 1516, Léonard de Vinci vient tout juste d'arriver à Amboise avec son élève favori Francesco Melzi et son serviteur Zoroastro. Lui et le roi se sont rencontrés un peu plus d'un an auparavant, juste après la victoire de Marignan qui a porté si haut le renom des armes françaises et, tout de suite, le peintre a aimé le roi. Peut-être d'abord parce que François est beau et que Léonard est sensible à toute forme de beauté, mais aussi parce qu'il a senti chez ce jeune géant couronné une volonté de grandeur et d'éclat, une générosité profonde, un charme, enfin, si puissant que les hommes y succombent presque autant que les femmes ; ce qui n'est pas peu dire. Alors, après la mort de Julien de Médicis, son dernier protecteur, le vieux peintre a pris le chemin de la France où il sait qu'on l'attend, qu'on l'espère.

À Amboise, où François Ier habite de préférence car c'est le château de sa jeunesse, le roi a donné à Léonard le petit manoir du Cloux – nous disons à présent Clos-Lucé – construit une quarantaine d'années plus tôt par un maître d'hôtel du roi Louis XI, un certain Étienne le Loup qui, à ses qualités d'homme d'intérieur joignait, dit-on, des talents plus secrets qui en faisaient un espion assez habile. Le feu roi appréciait ses services et la maison, qu'Étienne le Loup construisit grâce à lui, de brique rose et de pierre blanche, est charmante sous son haut toit d'ardoise fine.

Cette maison, François la connaît bien. Il y a joué étant enfant. Et puis, un souterrain la relie au grand château. Un souterrain qui était sans doute commode au temps d'Étienne le Loup mais dont François ne fera guère usage. Il n'a pas besoin de se cacher pour venir voir son peintre.

La visite impromptue de ce jour est la première qu'il lui rend. Le roi vient voir, en toute simplicité, comment le maître est installé. Ce n'est peut-être qu'un prétexte qui cache une curiosité plus intime : celle que lui inspirent les toiles venues d'Italie. Et tout de suite, d'ailleurs, il va les regarder, car Léonard ne les cache pas. Il y en a deux, plus belles l'une que l'autre : une Sainte-Anne avec la Vierge et l'Enfant et un Saint-Jean le Baptiste. Et le roi admire sans réserve, un peu timide même en face de tant de beauté. Peut-il exister au monde œuvres plus admirables que ces deux peintures ?

Eh bien, justement, il paraît qu'il en existe une. Et le roi, incapable de retenir sa curiosité, avoue le but profond de sa visite. Le bruit court – de qui vient-il et quels chemins a-t-il pris ? François ne le dira pas – le bruit court donc que Léonard n'a pas apporté avec lui que ces deux toiles ; mais aussi une autre, plus petite, plus secrète… un portrait de femme qu'il se refuse à montrer.

Visiblement, la question du roi ne fait pas plaisir à Léonard de Vinci. Il a un peu pâli et ses yeux se sont assombris. Pourtant, à ce roi qui l'interroge en ami, plus qu'en souverain, il va dire la vérité. Le bruit dit vrai : il possède bien par-devers lui un portrait, une œuvre déjà ancienne mais à laquelle il tient plus qu'à sa propre vie. Et comme il sait qu'on ne résiste pas à un désir de roi, il va chercher le tableau, laisse glisser la pièce de velours qui le masque et découvre l'image d'une femme brune, vêtue de noir, dont les longs cheveux sont à demi recouverts d'un voile léger et dont les belles mains reposent devant elle, posées l'une sur l'autre. Un paysage d'eau et de rochers l'enchâsse de ses lointains brumeux. En vérité, la beauté de la femme est saisissante mais plus encore le sourire à peine indiqué, mystérieux et indéchiffrable, qui adoucit ses lèvres.

Le souffle coupé, le roi s'est levé. Un long moment, il contemple la prodigieuse image dont il ne parvient pas à détacher son regard. Quand il s'y résout, c'est pour offrir au peintre d'acheter ce portrait, de le couvrir d'or s'il le faut. Il donnera trois mille… non, quatre mille écus. Mais Léonard refuse : vendre ce portrait, ce serait pour lui vendre son âme. Il n'a aimé personne autant que le modèle… Et parce que, tout de même, il sait bien quc François peut comprendre, il raconte :

La dame au sourire s'appelait Lisa Gherardini. Elle était napolitaine mais mariée à un riche Florentin, Francesco del Giocondo, qui avait fait fortune dans le commerce des cuirs et peaux. Mal mariée, bien sûr : le mari avait cinquante ans, la femme en avait vingt. C'était un rustre vaniteux alors que Lisa était de famille noble mais pauvre. Ses parents, ruinés par l'invasion française menée par le roi Charles VIII, avaient été trop heureux de donner leur fille, belle mais sans dot, à ce marchand florentin déjà deux fois veuf.

Un jour Giocondo commande à Léonard de Vinci le portrait de sa femme. Non pour l'amour de l'art mais parce qu'il était de bon ton chez les gens fortunés de Florence de se faire peindre afin de laisser leur effigie à la postérité.

Le peintre faillit refuser, imaginant que la femme du bonhomme était sotte et laide comme lui. Il se décida tout de même, lorsque son élève Giovanni Beltraffio lui confia que la dame était jeune et admirablement belle.

Mona – abréviation de madonna qui signifie madame – Lisa vint poser et Léonard ne vit plus qu'elle. Tant et si bien qu'au bout de trois ans, le portrait n'était pas achevé.

À dire vrai, Francesco del Giocondo n'était pas tellement pressé de le voir arriver chez lui : son entrée signifierait la sortie d'une belle somme d'argent. Il lui suffisait que l'on sût dans Florence que le grand

Vinci faisait le portrait de « la Gioconda ». Pourtant, il finit par trouver que le peintre en prenait à son aise et, un soir, vint annoncer à Léonard qu'il emmenait sa femme à Naples pour affaires de famille.

Le cœur navré, Léonard laissa partir Lisa, se consolant en compagnie de son cher portrait. Il attendit longtemps son retour. Jusqu'au jour où le hasard le remit en face de Giocondo dans une rue de Florence. L'homme lui apprit que Lisa était morte quelques mois plus tôt à Lagonero d'une fièvre putride. Il lui apprit aussi qu'il avait, pour sa part, l'intention de se remarier et qu'en conséquence il ne tenait pas du tout à ce que le portrait lui fût livré pour ne pas indisposer sa fiancée. Du même coup, cela le dispensait de payer… Mais ni pour or ni pour argent Léonard n'eût consenti à lui abandonner un portrait devenu plus cher que jamais à son cœur.

Telle est l'histoire que, ce soir-là, le peintre raconte à François Ier. Est-elle vraie ou cache-t-elle une autre histoire ? Le secret du sourire de la Joconde n'a jamais été réellement percé mais, après tout, pourquoi Léonard de Vinci n'aurait-il pas dit la vérité ?

Ce qui est sûr, c'est que le roi eut plus que jamais envie de s'assurer la possession du tableau. Il avait offert quatre mille écus, il entendait les payer… mais pour ne pas briser le cœur du vieux peintre, il spécifia que la Joconde n'entrerait dans les collections royales qu'à la mort de son auteur. Cette mort survint le 2 mai 1519, au Clos-Lucé. Le récit qu'en a donné Vasari d'après ce que lui avait rapporté Francesco Melzi, l'élève préféré, passe aussi pour une légende, comme si tout ce qui touchait à la vie du peintre génial, de l'ingénieur fabuleux, de l'inventeur des machines les plus extraordinaires ne pouvait inspirer que le doute.

« Le Roi qui le visitait souvent avec amitié survint.

Léonard plein de respect pour le prince se souleva de son lit et, lui racontant les accidents de sa maladie, demanda pardon à Dieu et aux hommes de ne point avoir fait pour son art tout ce qu'il aurait pu. Le Roi lui tint la tête mais comme si ce divin artiste eût senti qu'il ne pouvait espérer plus grand honneur sur cette terre, il expira entre les bras du Roi… »

Vérité ? Légende ? Quoi qu'il en soit, l'image est bien belle.

Aujourd'hui le Clos-Lucé appartient au comte Saint-Bris qui l'entretient avec un soin jaloux.

HORAIRES D'OUVERTURE

Du 1er janvier au 31 janvier	10 h-18 h
Du 1er février au 30 juin	9 h-19 h
Du 1er juillet au 31 août	9 h-20 h
Du 1er septembre au 31 octobre	9 h-19 h
Du 1er novembre au 31 décembre	9 h-18 h

Fermé le 1er janvier et le 25 décembre.

http://www.vinci-closluce.com/

COMPIÈGNE

Le chapeau de Marie-Louise et la chemise de nuit de la Castiglione

Épousez une Allemande, mon cher ! Elles sont douces, bonnes et fraîches comme des roses.

NAPOLÉON Ier

« Je suis logé à Versailles en roi, à Fontainebleau en gentilhomme, à Compiègne en paysan », dit un jour Louis XIV peu satisfait de ses logis dans un château qui n'est rien de plus qu'un pavillon de chasse et qui d'ailleurs ne représente pour lui que de mauvais souvenirs : durant les jours noirs de la Fronde, il y a séjourné quelque temps en compagnie de Mazarin.

Néanmoins, la splendeur des forêts environnantes et sa passion toute bourbonienne pour la chasse vont inciter le grand roi à effectuer quelque soixante-quinze séjours dans la vieille bâtisse datant de Charles V qui s'élève alors à la place du château actuel.

Ce château, c'est Louis XV qui en décide la reconstruction. Lui aussi aime la chasse. En revanche, il déteste les courants d'air, le style Haute Époque et tout ce qui ressemble de près ou de loin à un mâchicoulis. En foi de quoi il fait raser le château et, en 1738, charge l'architecte Gabriel, bientôt remplacé par son fils Jacques-Ange Gabriel, de lui construire une demeure qui soit à la fois digne d'un roi et de son goût à lui qui est très sûr.

Commence alors une assez étrange entreprise de reconstruction. Le roi, en effet, n'entend pas se priver de chasser pour une chose aussi insignifiante qu'un vaste chantier. On procède donc de la façon suivante : on démolit un morceau, on le reconstruit aussitôt avant de démolir un autre morceau à seule fin que le roi et une cour réduite trouvent à se loger. Ce qui n'est guère commode et fait traîner les travaux. Moyennant quoi, le château commencé en 1738 ne sera vraiment achevé qu'en 1786... et encore ! Il y manque la chapelle, l'avant-cour et les hôtels destinés aux ministres, mais Louis XVI et Marie-Antoinette peuvent y effectuer quelques agréables séjours.

À peine terminé, Compiègne tombe sous la patte des révolutionnaires qui en font un prytanée militaire. Les gamins, destinés à l'armée ou à n'importe quelle profession, n'ont jamais représenté une catégorie d'habitants bien respectueux et quand Napoléon prend possession du château, en 1806, après avoir expédié ledit prytanée à Châlons-sur-Marne, il y a un sérieux ravalement à faire. C'est l'architecte Berthault qui s'en charge et, deux ans après, Compiègne a retrouvé suffisamment d'éclat pour recevoir dignement un hôte forcé de l'Empereur : le roi d'Espagne Charles IV, son épouse et son ministre Godoy qui cumule cette fonction officielle avec celle, presque aussi officielle, d'amant de la reine. Ils n'y resteront que quelques mois.

En mars 1810, le château est en proie à l'affolement :

on repeint, on redécore, on retapisse, on arrange et on se fait du souci : Napoléon attend sa fiancée autrichienne et il a été décidé que Compiègne abriterait la première nuit de Marie-Louise après sa rencontre avec son futur époux.

L'arrivée est prévue pour le 28 mars mais, dès le 27, l'Empereur, qui ne tient plus en place, décide de se rendre en personne au-devant de la voyageuse en la seule compagnie de Murat. Au château, on ne se tourmente pas outre mesure : l'archiduchesse doit passer la nuit à Soissons ; le couple ne sera là que le lendemain.

Or, à dix heures du soir, c'est le branle-bas de combat à l'arrivée soudaine d'un page essoufflé, couvert de boue, qui est pratiquement tombé de cheval dans la cour : ils arrivent ! Et il faut se hâter de préparer l'appartement de la future impératrice. Alors tout s'anime comme d'un coup de baguette magique : des laquais en livrée verte portant des torches s'alignent sur le perron tandis que les fenêtres et les toits se peuplent comme par enchantement. Un orchestre s'installe sur la galerie extérieure, le perron se garnit de dames en robes à traîne, dont les diadèmes lancent mille feux, et d'uniformes chamarrés. Enfin, la berline impériale attelée de huit chevaux fait son entrée et s'arrête devant le tapis déroulé. Les valets de pied se précipitent, les tambours battent tandis que les révérences courbent les satins et les velours des toilettes de cour.

On peut voir Napoléon sauter à terre puis se tourner, rayonnant, vers celle qui est encore dans la voiture avec tous les soins et toutes les tendres précautions d'un amant attentif. Et chacun de constater, non sans stupeur, que l'archiduchesse est rouge comme une pivoine épanouie, que sa toilette est visiblement dérangée et que l'absurde chapeau à plumes de perroquet multicolores qu'elle porte donne dangereusement de la bande. En outre, son attitude bizarrement gênée prête à penser. Et plus d'une mauvaise langue de conclure que la berline vient de servir d'antichambre à la chambre à coucher.

Dans le château, Napoléon entraîne Marie-Louise au pas de charge vers son appartement où l'attend la duchesse de Montebello, sa dame d'honneur. Il y a là une table toute servie et le nouveau couple va y souper en la seule compagnie de la sœur de Napoléon, Caroline, reine de Naples. Après quoi on peut supposer que l'Empereur ira coucher à la chancellerie. Il n'en est rien. Napoléon – après avoir consulté pour la forme le cardinal Fesch, son oncle – pense que le mariage par procuration célébré à Vienne est tout à fait valable et lui donne tous les droits :

« Quand vous serez seule, je viendrai vous retrouver », dit-il à Marie-Louise. Et, de fait, une heure après, il s'inonde d'eau de Cologne puis, nu sous sa robe de chambre, il revient. À Sainte-Hélène, bien plus tard, il confiera à Gourgaud :

« Je vins et elle fit tout cela en riant. »

Le malheur veut que ce mariage si bien commencé ait si mal fini. Tout à l'opposé d'un autre mariage, célébré, cette fois, le 7 août 1832.

Ce jour-là, sous une pluie battante, le roi Louis-Philippe Ier marie sa fille Louise au roi des Belges Léopold Ier. Et le moins que l'on puisse dire est que ce n'est pas un mariage gai.

Léopold de Saxe-Cobourg n'est roi que depuis l'année précédente. Quand les Belges ont voulu se trouver un fondateur de dynastie, ils ont choisi celui qui leur semblait apporter les meilleures garanties de sagesse, de grandeur et de fermeté. En cela – et en certains autres détails, d'ailleurs – le choix se révèle excellent mais, d'un autre côté, Léopold est tout ce que l'on veut sauf amusant. D'abord c'est un veuf inconsolable depuis la mort en couches, après quelques mois de mariage, de sa jeune femme Charlotte, princesse héritière d'Angleterre. Quinze années écoulées n'ont pas réussi à apaiser ce chagrin.

Cela, la blonde et charmante princesse Louise le sait parfaitement. En outre, elle n'a guère envie, à dix-huit ans, d'épouser un homme qui en a vingt-trois de plus qu'elle. Mais quand la politique l'exige, que peuvent les cœurs de jeunes filles ? Louise devra se soumettre et avec elle toute sa famille qui n'a pas plus envie qu'elle de la voir partir pour Bruxelles. C'est que l'on est très unis dans cette famille d'Orléans et l'on y pratique l'affection avec autant de constance que chez de simples bourgeois.

Résultat, au jour du mariage tout le monde pleure : le roi Louis-Philippe, la reine Marie-Amélie, leurs enfants, la mariée et, si le marié ne pleure pas tout à fait, sa mine lugubre laisse supposer que les larmes ne sont pas loin. Quand vient l'heure du départ c'est encore pire si l'on en croit la reine :

« Louise pleurait et nous pleurions tous en l'embrassant. Le roi et Chartres sanglotaient à faire pitié. Il n'y avait pas jusqu'au petit Montpensier qui pleurait à chaudes larmes. »

Or, ce mariage-là va être aussi heureux qu'il a commencé tristement. Dès le 17 août, le roi Léopold écrit :

« Je suis très content de ma bonne petite reine. C'est la femme la plus douce que l'on puisse voir et de beaucoup d'esprit. »

Et Louise, dix jours plus tard, de proclamer :

« Le roi Léopold me rend fort heureuse. »

Les Belges aussi. Toute la dynastie actuelle est sortie de ce mariage trempé.

Avec Napoléon III, la gaieté va reprendre possession de Compiègne et lui donner sa période la plus brillante. Chaque année, à l'ouverture de la saison de chasse, l'empereur et l'impératrice Eugénie reçoivent, à tour de rôle, cinq « séries » d'invités appartenant à la cour, au monde de la diplomatie ou à celui des célébrités en tout genre. Les invités sont groupés en tenant compte de leurs affinités, ce qui représente une sorte de tour de force.

Un train spécial était réquisitionné pour les amener :

« Arrivée à Compiègne, écrit la princesse Pauline de Metternich, ambassadrice d'Autriche et amie personnelle de l'impératrice, la "série" dégringolait des wagons et se précipitait dans les chars à bancs attelés de cette belle poste impériale et, bride abattue, on partait vers le palais. Au perron, on était reçu par le comte Bacciochi et chacun était mené dans ses appartements après avoir reçu l'ordre d'être au salon à sept heures un quart. »

Mais, en dehors des séries de l'automne, il arrivait à Napoléon III de recevoir parfois à Compiègne sans sa femme. Ainsi certain mois de juin qui vit tomber dans ses bras la fameuse comtesse de Castiglione, d'une éblouissante beauté et qui avait été envoyée à l'empereur pour plaider auprès de lui la cause de l'Italie occupée.

Beaucoup plus tard, quand Mme de Castiglione mourut, on trouva dans ses dernières volontés cette simple phrase : « Je veux que l'on m'enterre dans la chemise de nuit de Compiègne. »

Preuve flagrante qu'il peut arriver à un agent secret de se trouver pris à son propre piège…

Horaires d'ouverture du château

De 10 h à 18 h

Fermé le mardi, le 1er janvier, le 1er mai et le 25 décembre.

Horaires d'ouverture des appartements de l'Empereur et de l'Impératrice

De 10 h à 12 h 30 et de 13 h 30 à 18 h

Fermés le mardi.

http://www.musee-chateau-compiegne.fr/

LA TOUR DE CONSTANCE

Les Camisardes

Qui jamais ne connut ce que c'est que l'amour
N'a jamais pu savoir ce que c'est que la peine...

THOMAS *(Tristan et Yseult)*

La chaleur ne cédait pas. On était aux derniers jours du mois d'août 1704 et aucun rafraîchissement de la température ne s'annonçait. La sécheresse durait depuis des mois. Même les nuits restaient lourdes et étouffantes. Et chaque soleil qui revenait ajoutait aux souffrances de la terre craquelée, des arbres gris de poussière et des hommes dont les rations d'eau avaient été impitoyablement réduites. À Aigues-Mortes, enfermée dans ses remparts et ses étangs amers, la soif faisait son apparition. Et les prisons étaient pleines...

Dans la tour de Constance, le gros donjon avancé comme une sentinelle au-devant des murailles, les captifs d'une guerre fratricide s'entassaient par étages : les hommes au premier, les femmes au second et les irréductibles tout en haut, là où la chaleur se faisait sentir le plus durement. Chacun de ces étages présentait une grande salle ronde et voûtée où les prisonniers étaient parqués comme des bêtes, les malades avec les bien-portants, attendant un hypothétique jugement que leur nombre rendait improbable ou dérisoire. Pour les hommes, les portes de la prison ne s'ouvriraient guère que sur les galères ; pour les femmes, elles ne s'ouvriraient peut-être plus jamais. Et cela parce que geôliers et captifs priaient le même Dieu d'une manière différente ! Il y avait bientôt dix ans que les guerres de Religion s'étaient rallumées en France.

Tout a commencé en 1685 quand le roi Louis XIV, mal conseillé par la dévote marquise de Maintenon, son épouse secrète, et par la toute-puissante Compagnie du Saint-Sacrement, a cru assurer son salut en révoquant l'édit de Nantes. On a réussi à persuader le roi que l'ancienne franchise jadis accordée aux protestants par son aïeul Henri IV n'avait plus de raison d'être et, de bonne foi, il a cru réunifier définitivement ses sujets dans la seule et unique religion catholique.

Beaucoup de huguenots, alors, se sont volontairement exilés, quittant la France pour Genève, pour les principautés allemandes, pour les Pays-Bas, pour l'Angleterre, voire pour l'Amérique, privant le pays d'un artisanat sans prix, d'une bourgeoisie et d'une noblesse efficaces et sages et d'une main-d'œuvre précieuse. Une saignée dont la France portera les traces durant des siècles.

Certains, pris de peur, choisirent de se soumettre, du moins en apparence, mais le feu couvait sous la cendre. Des prédicants, peu à peu, se mirent à parcourir les campagnes en secret, reprochant aux nouveaux convertis ce qu'ils appelaient leur lâcheté, tentant de les ramener à la foi de Luther et de Calvin et y réussissant le plus souvent. Mais nulle part le succès de ces hommes ne fut plus grand que dans la partie la plus sauvage du Languedoc : les Cévennes austères, touffues, difficilement pénétrables, peuplées de bergers et de petits artisans. Depuis des siècles, la vieille terre où avaient fleuri tour à tour l'arianisme et le catharisme était demeurée frémissante, prête à s'ouvrir à tous les courants de pensée capables de lui apporter au moins l'illusion de la liberté. Le grain de la Réforme y avait poussé comme du chiendent.

À l'annonce de la Révocation, le pays qui avait d'abord plié sous la tempête se réveilla : le 23 juillet 1702, au Pont-de-Monvert, l'inspecteur des paroisses, l'abbé de Langlade du Chayla, était assassiné par une bande de fanatiques semblables à beaucoup d'autres qui, aux ordres de quelques chefs hardis, avaient pris le maquis. On attaqua sans relâche les prêtres et les églises, on brûla et on pilla les villages suspects de catholicisme. Des accrochages sanglants eurent lieu, cruels de part et d'autre. Mais il faut bien dire qu'exaspérée par une telle résistance, la répression fut féroce.

Les rebelles portaient le nom de Camisards parce que, sur leurs vêtements, ils endossaient une chemise blanche qui leur servait de signe distinctif. C'est ainsi qu'ils affrontèrent les troupes commandées d'abord par le comte de Broglie, puis par le maréchal de Montrevel, enfin par le maréchal de Villars que Versailles envoya contre eux. Tout ne fut plus que haine et sauvagerie.

Plusieurs chefs menaient des Camisards mais deux surtout faisaient figure de généraux : Jean Cavalier et Pierre Laporte dit le chevalier Roland. Le premier était un ancien garçon boulanger du Mas Roux, le second un ancien tondeur de moutons du Mas Soubeyran, mais tous deux portaient des âmes de paladins. Jeunes et ardents, ils brûlaient de foi et de courage. Malheureusement, tant de vaillance allait déboucher sur un drame et sur les prisons surpeuplées d'Aigues-Mortes où, parmi d'autres, deux très jeunes femmes allaient vivre un calvaire doublé d'un affreux désespoir. Elles s'appelaient Catherine et Marthe Bringuier de Cornély. L'aînée était la femme de Rolland car, pour leur malheur à tous deux, la passion religieuse du jeune chef s'était doublée d'un grand amour…

Vers la fin du mois d'août 1703, la nouvelle courut les Cévennes qu'une grande réunion de prières se tiendrait dans la combe de Bisoux, au-dessus d'Anduze. Rolland y conviait tous les fidèles des environs. À Lassalle vivaient alors François Bringuier de Cornély, sa femme et ses dix enfants, tous huguenots ayant abjuré du bout des lèvres. À la grande fureur des deux filles aînées, Belotte et Louison, dont la foi ardente refusait de transiger et qui, peu à peu, ramenaient les leurs à la foi de jadis. Elles accueillirent avec joie la nouvelle de la réunion et décidèrent de s'y rendre, spécifiant qu'il était bien inutile d'essayer de les en empêcher.

Le père s'inclina mais refusa de laisser deux autres de ses filles, Catherine et Marthe, suivre l'exemple de leurs aînées. Elles étaient trop jeunes – l'une avait cependant vingt ans et l'autre dix-sept ! – et puis l'on signalait dans la région des troupes de miquelets[1]. Ce n'était pas prudent…

Mais il y avait des jours déjà que Catherine et Marthe rêvaient de ce chevalier Rolland que l'on disait si beau et si brave. L'idée qu'il allait venir si près d'elles les enfiévrait et quand elles eurent vu leurs sœurs quitter la maison pour se rendre à la réunion

1. Troupes régulières mais qui tiraient leur nom d'anciens brigands de Catalogne.

elles n'y tinrent plus : entraînant avec elles Marie, une vieille servante qui ne savait rien leur refuser, elles quittèrent la maison de nuit pour se rendre à la combe de Bisoux.

Elles approchaient du but quand elles tombèrent sur une petite troupe de miquelets qui s'emparèrent d'elles. Mais leurs cris et surtout ceux de la vieille Marie donnèrent l'alarme, et bientôt les soldats se retrouvèrent face à deux hommes qui tombèrent sur eux l'épée à la main. Le combat fut bref. Les nouveaux venus étaient jeunes, forts, bien entraînés. Les miquelets n'étaient que six. Les sœurs de Cornély furent vite délivrées.

Elles virent alors que le plus grand de leurs sauveurs était très brun, avec un visage régulier un peu déparé par la petite vérole. Il portait un habit rouge galonné d'or sur une veste et des culottes noires. Son compagnon, brun lui aussi et simplement vêtu de laine brune, était peut-être plus beau que lui mais il avait moins d'allure. Le premier était Rolland, le second était Maillet, son lieutenant. Et, comme dans les romans, quatre coups de foudre éclatèrent au même instant. Catherine et Rolland ne virent plus qu'eux-mêmes et il en fut de même pour Marthe et Maillet.

Rolland avait établi son camp dans la montagne aux environs de Lassalle et dès lors, bien souvent, à la nuit close, lui et Maillet descendirent jusqu'au village et jusqu'au jardin de leurs amies pour voler à cette guerre sans merci quelques instants de bonheur. D'autres fois, le rendez-vous avait lieu sur les pentes rocheuses qui dominent la Salindrenque et, après chacun d'eux, il était plus difficile de se quitter. Mais, malgré l'auréole de gloire qui entourait les rebelles, Rolland et Maillet n'osaient se présenter chez les Cornély. En dépit de leur foi, les châtelains de Lassalle n'approuveraient peut-être pas l'amour de leurs filles pour d'anciens bergers. Avant de se déclarer, il fallait d'abord gagner, mériter tant de lauriers que le refus ne puisse plus être possible. Malheureusement, pour les Camisards, les choses commençaient à tourner mal.

Exaspéré par une résistance toujours plus tenace, et par quelques revers, Montrevel passa l'hiver à faire ce qu'il appelait le « Grand Œuvre » ; plusieurs dizaines de villages des hautes Cévennes furent, par son ordre, détruits et rasés, leurs habitants déportés. D'autres virent démolir leurs fours, leurs moulins. C'était condamner les populations à la famine. La peur aussitôt s'installa.

Au début de l'année 1704, Jean Cavalier essuya une sanglante défaite aux grottes d'Euzet. Mais le roi, mécontent, rappela Montrevel et le remplaça par le maréchal de Villars qu'il chargea de pacifier le Languedoc. Celui-ci pensa que la première chose à faire était d'essayer de s'entendre avec Jean Cavalier. Il y parvint par l'intermédiaire d'un gentilhomme de la région. M. d'Aygaliers, offrit un régiment, le grade de colonel et obtint ainsi, sans trop de difficultés, que Cavalier abandonnât les combats. Mais Rolland, lui, refusa de pactiser. Plusieurs entrevues orageuses eurent lieu entre les deux hommes sans résultat : Rolland voulait regagner sa montagne et continuer la lutte et, naturellement, Maillet le suivit.

C'est alors que Catherine et Marthe décidèrent de joindre leur sort à celui des hommes qu'elles aimaient. Les jours leur semblaient trop chichement comptés à présent, elles ne voulaient plus de séparation et les deux garçons n'eurent pas le courage de refuser ce bonheur qui s'offrait si spontanément, si naturellement. Ils se retiraient alors sur le château de Castelnau, déserté par ses propriétaires et dont ils voulaient faire leur nouveau quartier général. Catherine et Marthe n'auraient qu'à les rejoindre.

Mais elles avaient l'âme trop haute pour partir sur la pointe des pieds. Catherine et Marthe déclarèrent à leurs parents qu'elles voulaient rejoindre les derniers chefs rebelles pour partager leur sort. Et François de Cornély les laissa partir : une seule condition, que le double mariage soit aussitôt célébré par un pasteur… Ce qui fut promis. Le 14 août 1704, les sœurs Cornély rejoignaient le camp des Camisards. Le soir même, dans une grotte de la montagne, à la lueur des torches, Catherine épousait Rolland, Marthe épousait Maillet.

Ce fut une cérémonie simple et touchante, en présence des derniers fidèles. La nuit était chaude et claire. Elle embaumait tous les parfums de la terre et des plantes sauvages. Restait le danger mais le bonheur était dans les cœurs… Sauf dans un seul !

Celui d'un certain Malarte en qui tous avaient confiance parce que, depuis des mois, il servait d'agent de liaison. Mais tous ignoraient aussi combien Malarte aimait l'or. Et, tandis que les deux jeunes couples regagnaient le château de Castelnau pour y vivre leur nuit de noces, Malarte, après s'être retiré discrètement des rangs des assistants et caché derrière un rocher, laissa s'écouler la foule puis prit sa course en direction d'Uzès.

Vers quatre heures du matin, tout dormait au château. Sûr de son entourage comme du pays où il se trouvait, Rolland, tout à son amour, avait négligé de poster des sentinelles, et même permis aux quatre hommes qui restaient à l'intérieur de la maison d'aller dormir pour prendre des forces en vue d'une expédition qui devait commencer le lendemain.

Personne donc ne vit les dragons du capitaine de La Coste de l'Abadie se glisser autour du château, le cerner, tandis qu'un détachement s'en allait attaquer la porte sous la protection des mousquets.

Rolland s'éveilla en sursaut au premier coup de bélier, sauta à bas du lit et, par la fenêtre, aperçut dans l'aube naissante les uniformes rouges. Il fallait tenter de fuir et surtout protéger Catherine et Marthe car, s'ils les prenaient, Dieu seul savait ce qu'en feraient les dragons !

Il alla chercher Maillet et Marthe. Grâce au ciel, il y avait, derrière le château, une petite ouverture donnant sur un ravin boisé. La lumière était encore incertaine et il devait être possible de s'enfuir par là.

Un instant plus tard, la petite troupe augmentée de la vieille Marie et de quatre autres Camisards s'élançait dans les bois. Mais il fut bientôt évident que déjà l'on était sur leur trace et Rolland prit une décision aussi sage que crucifiante : lui et les hommes attireraient les soldats sur eux. Ils savaient se battre et on ne les aurait pas facilement. Pendant ce temps, les trois femmes prendraient une direction différente et gagneraient Toiras où l'on se retrouverait plus tard.

Il y eut un instant affreux, mais déjà on apercevait à travers les arbres les uniformes rouges. Catherine s'arracha des bras de Rolland et entraîna sa sœur et Marie. Elles se coulèrent dans un fossé, dévalèrent une pente. Derrière elles, des coups de feu se faisaient entendre mais elles avaient foi dans le courage de leurs hommes. Ils sauraient sortir vainqueurs et, bientôt, ils les rejoindraient… Pourtant, en son for intérieur, une voix secrète et désespérée chuchotait à Catherine qu'elle se mentait à elle-même et que jamais elle ne reverrait vivant celui qu'elle aimait tant.

La voix avait raison. Les coups de feu, c'était Rolland qui les avait reçus. Il était mort. Peu après, Maillet et ses quatre compagnons étaient faits prisonniers malgré une défense acharnée. À leur tour les trois femmes furent prises, le 15, dans les bois de Toiras. Elles étaient à bout de forces. On les ramena à Nîmes où Catherine apprit la mort de son époux et la captivité des autres. Ils étaient déjà jugés et devaient être exécutés le lendemain.

La journée du 16 fut une horreur sans nom pour les malheureuses femmes. Encadrées de soldats, elles durent voir leurs époux et leurs compagnons traînés sur la claie dans la poussière et les ordures. Rolland était bien mort mais on l'avait sommairement embaumé pour qu'en dépit de la chaleur il fût encore reconnaissable. Mais Maillet, lui, était bien vivant et montrait un courage stupéfiant.

Il était condamné à mourir sur la roue. Il y monta en chantant et en exhortant ses compagnons condamnés au même supplice à l'imiter. Quand le bourreau leva sa barre de fer pour rompre les membres du jeune homme, Marthe poussa un grand cri et s'évanouit miséricordieusement... Mais l'épreuve subie dans la chaleur cuisante qui écrasait la ville avait été trop forte pour elle. La fièvre suivit et ce fut une malade, inconsciente, que l'on transféra avec sa sœur et Marie dans la tour de Constance où, selon toute vraisemblance, on les laisserait pourrir jusqu'à ce que la mort les prenne en pitié.

Dans la chaleur de l'été, la pauvre Marthe faillit mourir cent fois. Sa sœur et Marie ne la maintenaient en vie que par des miracles de dévouement. Elles se privaient pour elle, s'efforçaient de lui assurer les places les plus fraîches sur les dalles de pierre. Elles étaient d'ailleurs considérées comme des héroïnes par leurs compagnes de captivité. On se répétait leur histoire qui allait devenir légende. L'ombre rouge et or de Rolland était sur elles. Et puis vint enfin la pluie, et la vie à la tour de Constance fut un peu moins cruelle. On put boire tout son saoul, se laver un peu, tenter de revivre…

Mais le maréchal de Villars savait le prix des symboles dans un pays en guerre. Au mois de novembre il ordonna que les sœurs de Cornély fussent tirées de leur prison, à la seule condition qu'elles passeraient en Suisse où les leurs les précédaient.

Par un matin brumeux qui faisait lever d'étranges formes sur les étangs verdis, Catherine, Marthe encore faible et Marie quittèrent Aigues-Mortes sous la garde de l'escorte armée qui devait les conduire à la frontière. Elles s'enfoncèrent dans le brouillard et dans l'anonymat. L'histoire refermait ses portes derrière elles, car on ne sait ce qu'elles devinrent par la suite.

Mais la vieille tour, jadis construite par Saint Louis quand il avait créé le port d'Aigues-Mortes et qui devait assez vite passer de sa fonction de gardienne d'une ville à celle d'une prison d'État, allait garder captive une véritable héroïne, vénérée dans toute la région comme l'un des flambeaux du courage protestant : Marie Durand, qui, enfermée dans la tour avec sa famille alors qu'elle n'était qu'une fillette, allait y demeurer trente-sept longues années. Des années qui ne parvinrent pas à réduire sa foi, son espérance ni sa charité car, durant tout ce temps, elle ne cessa de se dépenser pour ses compagnes qu'elle exhortait et dont elle ranimait les courages lorsqu'ils faiblissaient. Sur la margelle qui borde l'orifice central de la salle, on peut lire encore, encadrés pieusement d'une ferronnerie, les quelques mots qu'elle y a gravés : « Au ciel. Résistez ! »

C'est le prince de Beauvau, lorsqu'il devint gouverneur du Languedoc en 1767, qui libéra Marie Durand et les treize compagnes qui lui restaient encore…

HORAIRES D'OUVERTURE

Du 1er mai au 31 août	10 h-19 h
Du 1er septembre au 30 avril	10 h-17 h 30 et 14 h-16 h 30
Fermé le 1er janvier, les 1er et 11 novembre et le 25 décembre.	

CROPIÈRES

La maison d'Angélique

Laquelle était la plus légère ?
Est-ce la reine Montespan ?
Est-ce Hortense avec un roman
Maintenon avec son bréviaire
Ou Fontanges avec son ruban ?

Alfred de MUSSET

C'est à peine un château. Une grosse maison montagnarde plutôt, moitié ferme et moitié manoir. Mais un admirable escalier à balustre l'honore et la magnifie. Un escalier qui sent Versailles, qui s'en souvient et que signe le goût ébloui d'une jolie femme. Autour, c'est la grâce d'un petit vallon creusé dans le plateau cantalien, la chanson d'une rivière, une solitude qui, l'hiver, doit être rude mais qui, le printemps revenu, laisse épanouir en liberté les fleurs sauvages. Elle a dû leur ressembler…

Car elle est bien belle, en ses dix-sept ans, la jeune Angélique de Scoraille de Roussille quand, à l'automne de l'an 1678, une tante chanoinesse vient la chercher dans la maison paternelle. Petit visage rond plein de fraîcheur, éclairé par de grands yeux gris, dents laiteuses, bouche ronde et rose sous une masse de cheveux insolemment dorés. Grande et souple avec cela et d'un charme naturel dont la jeune fille n'a pas conscience mais que la famille, elle, remarque et évalue.

C'est la raison pour laquelle la visite de la pieuse dame est accueillie avec des transports de joie car la nouvelle qu'elle apporte est d'une grande importance : Angélique est en passe d'entrer comme fille d'honneur chez Madame, duchesse d'Orléans et belle-sœur du roi Louis XIV.

Cette faveur si enviée, la tante chanoinesse l'a obtenue pour sa sauvageonne de nièce grâce à l'appui tout-puissant de l'abbesse de Fontevrault – Marie-Madeleine de Mortemart, sœur de la marquise de Montespan – qui ne déteste pas se faire des créatures dans les divers milieux de la cour. On imagine la joie de la famille, vite teintée d'ailleurs par de sordides considérations financières. Pour paraître à la cour, même chez les Orléans, il faut des robes, un trousseau et, chez les Scoraille, on est loin d'être riches. Néanmoins tout le monde va se cotiser pour habiller l'enfant car, cette place qu'on lui trouve, c'est la chance des siens. Sa beauté est un capital qu'il convient de faire fructifier.

Grâce à tous ces efforts réunis, Angélique, correctement chaperonnée par la tante, franchit un beau matin le seuil du Palais-Royal à Paris et s'en vient faire la révérence à Madame.

Cette Madame-là n'est plus la fragile et parfois cruelle Henriette d'Angleterre. C'est la seconde épouse de Monsieur : la princesse Palatine, solide Allemande qui jure comme un charretier et occupe ses loisirs à se bourrer de bière et de choucroute quand la nostalgie la prend de son Allemagne natale. Mais qui est pleine de bon sens, de bonté et d'une certaine joie de vivre.

Telle qu'elle est, Madame accueille la jeune provinciale avec bienveillance mais non sans se poser à elle-même des questions. Comment se fait-il que cette jeune beauté soit parrainée par la sœur de la favorite en titre, cette Montespan qu'elle déteste et qui, atteinte par la quarantaine et par un embonpoint croissant, aurait plutôt tendance à éloigner du Soleil tout ce qui pourrait lui porter ombrage ?

À la première occasion, Madame s'en ouvre à l'abbesse de Fontevrault qui lui répond sans le moindre embarras : la petite est ravissante sans doute mais elle est sotte comme un panier. Or, il n'est rien de plus utile qu'une sotte lorsque l'on sait s'en servir. C'est du moins ce que pense Mme de Montespan.

Cette fois la Palatine a compris : la Montespan préfère fournir elle-même une distraction à son royal amant que laisser ce soin dangereux à un maladroit hasard. Quelque temps plus tard, en effet, la fille d'honneur auvergnate est pratiquement enlevée à Madame : Angélique est invitée à se présenter au cercle intime de la favorite au château de Clagny, une fastueuse demeure aujourd'hui détruite qui se situait au nord de Versailles.

L'examen se révèle tout à fait favorable : la jeune fille a suffisamment d'éclat pour retenir l'attention du roi mais, en vérité, elle est presque stupide. Entre des mains aussi habiles que les siennes, songe Mme de Montespan, elle sera aussi malléable que de la pâte à pain. Et pas dangereuse le moins du monde. Ce en quoi la trop astucieuse marquise se trompe.

Angélique n'est pas sotte. Elle est éblouie, terrifiée. On l'a tirée de son manoir auvergnat pour la projeter sans autre préparation dans le plus beau palais du monde, au milieu d'une foule à la fois brillante et dangereuse. Les femmes y sont aussi hardies que les hommes et on ne ménage guère les cruautés à la « paysanne ». Il faut la poigne de fer de Mme de Montespan pour faire taire les bavards et garder un semblant de calme autour de sa protégée.

Car le plan qu'elle a conçu semble en bonne voie de réalisation. Dès la première visite à Clagny, Mlle de Scoraille a été mise en présence du roi. Elle en a reçu un tel choc qu'il lui a fallu un certain temps pour songer à faire la révérence. Un instant, elle est restée debout face à Louis XIV : cela a permis au roi de bien la voir. La faute d'étiquette l'a même fait sourire alors qu'elle eût valu à d'autres une sanction ou, à tout le moins, une parole sèche. Mais quel homme saurait se fâcher en lisant l'admiration dans les yeux d'une ravissante fille ?

L'admiration… et sans doute autre chose car, lorsqu'elle s'est relevée, écarlate, de sa révérence, Angélique a eu bien du mal à contenir les battements de son cœur. Un seul échange de regards et, comme jadis La Vallière, elle s'est retrouvée prisonnière de son propre cœur, éprise à tout jamais de son roi.

Aussi est-ce avec une joie profonde mais cachée qu'elle a quitté le Palais-Royal et ses odeurs de choucroute pour le palais de Versailles et le service de Mme de Montespan. Là, elle est sûre de voir le roi presque tous les jours.

Elle le verra bientôt de beaucoup plus près qu'elle n'aurait osé l'imaginer. Une fête de nuit à Clagny où paraît le roi, une promenade dans les jardins pour fuir les salons trop chauds sans s'apercevoir que deux hommes marchent derrière elle et bientôt Mlle de Scoraille se retrouve en face d'un petit pavillon éclairé doucement, un pavillon où le roi – c'est lui qui la suivait avec le duc de La Rochefoucauld – l'invite à entrer. Il y a là une table toute servie, une douce atmosphère. Et puis la porte qui se referme sur un couple tandis que, stoïque, La Rochefoucauld s'apprête à faire le pied de grue dehors pour écarter les importuns toute la nuit s'il le faut. Il n'est rien qu'un courtisan sachant son métier ne soit prêt à subir pour le plaisir de son roi. Et, en effet, le lendemain, il a un gros rhume et une terre de plus.

La nouvelle de la passion du roi pour Angélique de Scoraille éclata sur Versailles comme une bombe. On avait cru à un caprice, on découvrait un véritable amour. Jamais le roi n'avait fait autant de folies pour une femme. En un rien de temps, Angélique eut appartement, voiture, domestiques, toilettes, bijoux, plus la terre de Fontanges. On chuchotait même que le roi songeait à la faire duchesse. Le tout à la grande fureur de Mme de Montespan, stupéfaite de l'étrange tournure prise par son petit plan qu'elle avait cru si sage. En un rien de temps sa protection se métamorphosa en haine.

C'était au plus fort de cette terrible période où les poisons se glissaient dans toutes les grandes familles, où les devineresses, faiseuses d'anges et autres sorcières tenaient presque le haut du pavé et faisaient à Paris la pluie et le beau temps. Mme de Montespan alla-t-elle demander à la Voisin, puis, après l'arrestation de celle-ci, à la Filastre un philtre mortel pour se débarrasser de sa rivale ? L'affaire ne sera vraisemblablement jamais éclaircie.

Pourtant, à mesure que le temps passait, la faveur de Mlle de Fontanges grandissait. Se retrouvant enceinte, on la fit duchesse et l'altière Montespan dut voir sa rivale s'asseoir en sa présence sur ce fameux tabouret qu'elle n'avait jamais réussi à obtenir.

Néanmoins, la santé de la nouvelle duchesse déclinait. Elle supportait mal sa future maternité, maigrissait, perdait son éclat et, un mois environ après la mort de la Voisin sur le bûcher, elle mettait au monde un enfant mort-né.

Fut-ce du chagrin d'avoir perdu cet enfant ou d'autres souffrances, mais la duchesse de Fontanges ne se remit pas bien. Elle avait définitivement perdu son éclat, traînait un corps dont la vie semblait se retirer peu à peu. Le bruit de poison courait. Il était effarant de voir ce qu'était devenue en quelques mois la femme la plus éclatante du royaume. Mais Louis XIV n'aimait pas les malades. Il se détourna bientôt de celle qu'il disait adorer pour aller vers l'ancienne gouvernante de ses bâtards, Mme de Maintenon. Qui, pourtant, essayait de consoler l'abandonnée.

« Vous me parlez de quitter une passion comme on quitte un habit », protestait celle-ci en larmes.

Ce fut la vie qui la quitta. Après un séjour à l'abbaye de Chelles dont elle avait fait sa sœur abbesse, Mme de Fontanges se retira à Port-Royal où elle mourut le 26 juin 1681… à vingt ans.

Pour son cher Cropières qu'elle n'avait jamais oublié, elle avait envoyé de l'or, beaucoup d'or, et ordonné la construction de la terrasse, de l'escalier, d'une salle de théâtre. La famille avait reçu le royal intérêt de ses investissements. Elle-même, la fragile duchesse, avait payé cette fortune de son sang et de sa vie…

Actuellement, le château est la propriété de la famille de Chefdebien et ne se visite pas.

DAMPIERRE

Amours et conspirations

Je crois que je suis destinée à être l'objet de la folie des extravagants.

Duchesse de CHEVREUSE

Tel qu'il est actuellement – murs de briques roses, pierres blanches et ardoises bleues – le château de Dampierre n'est plus vraiment la demeure de celle qui, duchesse de Chevreuse, fut l'une des reines de la Fronde, l'amie d'élection d'Anne d'Autriche et l'un des personnages préférés d'Alexandre Dumas. Pourtant, dans ce château où s'étale avec grâce et rigueur l'art de Mansart, elle est partout présente. En portrait d'abord mais aussi sous forme d'ombre légère tant le souvenir de cette femme exceptionnelle par la beauté, l'éclat et le goût de l'intrigue demeure vivace. Mme de Chevreuse a aimé Dampierre où elle vécut vingt-deux ans après avoir quitté cette scène politique où elle s'était tant agitée. Dampierre le lui a rendu…

Née en décembre 1600, Marie-Aimée – il est de ces prénoms prédestinés – n'a pas connu sa mère, Marie de Lenoncourt, morte deux ans après sa naissance.

Une enfance, où elle est pratiquement abandonnée à son seul caprice, n'a pas été de nature à l'incliner vers la vertu car elle est d'un naturel volage et d'un tempérament qui va, dans la suite des temps, atteindre un développement des plus chaleureux.

Son père, Hercule de Rohan, duc de Montbazon, grand veneur et pair de France, gouverneur de Paris, a dû sa situation, l'une des plus en vue de la cour, son indéfectible fidélité à Henri IV – il est encore auprès de lui quand Ravaillac frappe – et au jeune roi Louis XIII. De haute stature, d'aspect imposant, fort comme plusieurs Turcs, le duc Hercule porte bien son nom. En outre, il adore les femmes et, flatté de la beauté blonde de sa fille, il la gâte outrageusement tout en lui laissant faire strictement ce qu'elle veut. Or, ce qu'elle veut, c'est plaire et être aimée. Elle le sera et au-delà même de ses espérances car, partout où elle passe, Marie de Rohan provoque des passions sans nombre :

« Je crois que je suis destinée à être l'objet de la folie des extravagants », écrit-elle au temps de son éclatante jeunesse. En fait de folies, elle va, elle aussi, en faire beaucoup car elle est habitée d'un curieux démon de l'intrigue qui lui vaudra quelques joies mais aussi beaucoup de déboires.

Le mercredi 13 septembre 1617, dans la chapelle de la reine, au Louvre, Marie épouse Honoré d'Albert de Luynes qui sera bientôt duc de Luynes. Promotion bien venue car la noblesse de l'époux est assez mince en regard de celle de l'épouse qui est des plus hautes. C'est la faveur de Louis XIII dont il est l'ami intime parce qu'il l'a aidé à se débarrasser de Concini qui fait d'Honoré un parti des plus enviables. Les Rohan-Montbazon ne s'y sont pas trompés.

En même temps qu'elle se change en Mme de Luynes, Marie devient l'amie d'Anne d'Autriche. Toutes deux ont le même âge, dix-sept ans. Mais autant l'une est paisible, passive même, autant l'autre est vive, impétueuse et d'un entrain endiablé : une « jolie friponne », selon le mot de Tallemant des Réaux.

Telle qu'elle est, Mme de Luynes s'attache à la reine faute d'avoir réussi à s'attacher le roi. Rude déception de ce côté-là. Timide et renfermé, Louis XIII lui est apparu d'abord comme fait d'une pâte facile à pétrir. Or, non seulement elle ne l'a pas séduit, mais très vite elle lui a inspiré quelque chose qui ressemble à de la méfiance. Une méfiance qui est devenue de l'aversion quand la folle Marie, entraînant la jeune reine dans une partie de glissades dans la grande galerie du Louvre, se retrouve responsable d'une dramatique fausse couche. Or, il avait fallu quatre ans pour décider le roi à faire cet enfant et il en faudra dix-neuf pour qu'il renouvelle l'expérience.

Donc Louis XIII déteste Marie qui le lui rend bien. Il n'y a guère que le cardinal de Richelieu pour occuper une place plus éminente encore dans l'échelle de ses inimitiés.

Le temps qui passe ne change rien à ces sentiments mutuels, au contraire. Veuve en 1621, Marie n'attend que quatre mois pour se remarier. Contre la volonté du roi qui pleure son ami Luynes, elle épouse le duc de Chevreuse, de la puissante maison de Guise et propriétaire de ce château de Dampierre dont la nouvelle duchesse va s'éprendre si fort. Louis XIII, qui l'a exilée après la fameuse fausse couche, est obligé, eu égard à son époux, de la rappeler. Il s'en repentira toute sa vie.

Décidée à tirer vengeance d'un souverain qu'elle

considère comme un ennemi, Mme de Chevreuse pense qu'il serait amusant d'offrir à la reine un amant… et au roi une magistrale paire de cornes.

Elle est alors la maîtresse de l'ambassadeur anglais, lord Holland, qui est l'intime ami du duc de Buckingham. Or, nul n'ignore alors – et n'ignorera dans la suite des siècles grâce à Alexandre Dumas – que Buckingham brûle pour la reine de France d'une inextinguible passion.

Chez Mme de Chevreuse qu'il a connue en Angleterre lors d'une brève ambassade de son époux, Holland, « l'un des plus beaux hommes du monde quoique efféminé », est chez lui. Il loge d'ailleurs dans l'hôtel de la rue Saint-Thomas-du-Louvre. Dans ces conditions c'est un simple jeu, pour lui et pour Marie, d'organiser des rencontres, des entrevues secrètes. C'est encore eux qui, dans un jardin d'Amiens, vont livrer Anne d'Autriche aux privautés de Buckingham.

Privautés vite interrompues par le sursaut de pudeur de la reine mais, le trop ardent amoureux reparti pour Londres, la correspondance continue par leur truchement et l'on sait comment John Felton, en assassinant Buckingham, va sauver La Rochelle et même la France d'un débarquement anglais, le duc n'ayant pu concevoir d'autre moyen d'approcher l'objet de sa passion.

Durant des années, Mme de Chevreuse poursuit sa vie d'intrigues à la fois politiques et amoureuses. Elle conspire inlassablement contre Richelieu puis, durant la Fronde dont elle sera l'une des égéries, contre Mazarin qui a pris la suite dans ses inimitiés. Outre lord Holland – le plus aimé sans doute – la duchesse aura des aventures avec le comte de Moret, bâtard royal, avec le comte de Châteauneuf et le comte de Chalais que ses intrigues mèneront à l'échafaud de Nantes, avec le duc Charles IV de Lorraine et avec le marquis de Laigues qui vengera plus ou moins tous les autres car il viendra sur le tard.

La vieillesse atteinte, Mme de Chevreuse, comme beaucoup d'anciennes coquettes, tourne à la religion. C'est dans un ancien prieuré bénédictin, à Gagny, qu'à soixante-quatorze ans elle achève sa vie tumultueuse, loin des fastes de Dampierre qui est à présent la demeure de son fils. Un fils qui n'est cependant pas celui du duc de Chevreuse.

En effet, n'ayant eu que des filles de sa seconde union, la belle duchesse a réussi ce tour de force : faire attribuer le titre de duc de Chevreuse et Dampierre au fils qu'elle a eu de Luynes. Depuis, le double titre ducal est demeuré dans la famille.

Tandis que l'intrépide duchesse s'éteint à Gagny, le 12 août 1679, on célèbre à Dampierre le mariage de sa petite-fille, Jeanne d'Albert de Luynes, qui épouse le comte de Verrue. Un vilain nom fort noble dont elle ne fera pas le meilleur usage. Mais le moins que l'on puisse dire est que Jeanne a de qui tenir. À treize ans – son âge au jour du mariage – elle est assez jolie pour laisser deviner qu'elle sera ravissante et assez enjôleuse pour que l'on comprenne qu'elle sera aussi galante que sa défunte grand-mère.

À vrai dire, dans les débuts tout au moins, ce ne sera pas tout à fait sa faute. Mariée par politique autant que par amour au jeune comte de Verrue, d'ancienne famille poitevine émigrée en Savoie et devenue l'une des premières maisons à la cour de Turin, Jeanne voit son bonheur perturbé par sa belle-famille dont le principal élément est sa belle-mère : une douairière confite dans la bigoterie qui se fournit en eaux de toilette et produits de beauté aux sacristies des églises. Ce choix lui fait répandre autour d'elle une odeur qui est peut-être celle de la sainteté mais qui, pour les narines d'autrui, n'en demeure pas moins regrettablement terrestre. Au degré inférieur, le beau-frère de la dame, l'abbé de Verrue, personnage fort mûr mais qu'un extérieur peu engageant ne met pourtant pas à l'abri des désirs impurs.

Heureusement, la cour de Turin n'est pas taillée tout entière sur le même patron. Ainsi, son prince régnant, Victor-Amédée II, n'a que dix-huit ans, est beau, aimable quoique emporté et aime à s'entourer de jolies femmes autant que de beaux esprits. La jeune comtesse de Verrue est accueillie par lui avec une faveur marquée. Victor-Amédée prend tout juste le temps d'épouser la nièce de Louis XIV et de lui consacrer quelques semaines avant de tenter de joindre la charmante Jeanne à ses nombreuses maîtresses. Celle-ci n'y consent pas, peut-être à cause du nombre.

Après mainte et mainte dérobade, elle décide même de quitter Turin « pour raisons de santé ». Avec l'accord de la belle-famille elle s'en va prendre les eaux de Bourbon-l'Archambault. Mais il lui a fallu accepter l'abbé de Verrue comme chaperon. Curieux chaperon qui s'en vient la nuit gratter à sa porte en la suppliant de lui ouvrir.

Le remède étant pire que le mal, Jeanne tente d'apitoyer sur son sort sa propre famille. Elle souhaite sincèrement retrouver son cher Dampierre mais les Luynes font la sourde oreille : Jeanne ne leur appartient plus. Alors il faut bien en appeler au prince pour être débarrassée de l'encombrant abbé. Victor-Amédée naturellement ne se fait pas prier mais fait payer son intervention et, durant plusieurs années,

Mme de Verrue va tenir le rang d'une favorite royale, couverte d'or et de présents mais qui, durant les dix années de guerre entre la Savoie et la France, se trouve fort malheureuse. Elle finit par s'enfuir avec l'aide de son frère le chevalier de Luynes et, cette fois, revoit Dampierre... où l'accueil n'est pas plus chaud qu'autrefois. Alors, elle se retire dans un couvent où elle reçoit l'annonce de la mort de son époux tué à Hondschoote. Cela la décidera à quitter le couvent.

Installée rue du Regard, elle y ouvre un salon brillant et permet qu'à plusieurs reprises l'amour vienne l'y visiter en attendant que la mort l'y prenne. Elle avait, à l'avance, rédigé elle-même son épitaphe :

Ci-gît dans une paix profonde
Cette dame de Volupté
Qui, pour plus grande sûreté,
Fit son paradis dans ce monde.

Hanté par ces ombres légères et par celle de cette très belle et rousse duchesse de Chevreuse, née Hermessinde de Narbonne-Pelet, amie de Talleyrand, et qui, dame du palais forcée de l'impératrice Joséphine, menait contre l'Empereur une opposition si féroce qu'en privé elle l'appelait tout uniment le « petit misérable » – opposition qui la fit exiler à Lyon où elle mourut –, Dampierre est toujours la propriété de la famille de Luynes qui s'efforce de lui conserver sa grâce et son éclat.

Horaires d'ouverture

Du 1er avril au 30 septembre	14 h-18 h
Dimanche et jours fériés	11 h-12 h et 14 h-18 h

Les jardins sont ouverts de 10 h 30 à 19 h.
Le parc a été dessiné par Le Nôtre.

http://www.chateau-de-dampierre.fr

ENTRECASTEAUX

Le président assassin

Le crime fait la honte et non pas l'échafaud.

Thomas CORNEILLE

Austère et arrogant mais blond comme blés mûrs, dominant de sa masse altière un étonnant jardin de buis dont on dit qu'il fut jadis dessiné par Le Nôtre pour le marquis de Grignan, gendre de Mme de Sévigné qui vécut là une période fastueuse, Entrecasteaux porte sans faiblesse une auréole de gloire et une sombre tache de sang, bien que ce sang n'ait pas coulé entre ses murs.

La gloire lui vient d'un des plus grands marins qui aient jamais servi sous le pavillon de France : Antoine-Raymond-Joseph de Bruny d'Entrecasteaux, qui naquit au château, servit sous son cousin le bailli de Suffren, s'illustra dans nombre de combats, gouverna les Mascareignes puis, devenu vice-amiral, fut envoyé par Louis XVI, le roi-géographe, à la recherche de La Pérouse dont il ne réussit pas à retrouver la trace perdue dans l'île de Vanikoro. Entrecasteaux ne revint pas vivant de cette longue expédition. Il trouva la mort, par le scorbut, au large de l'île de Java, mais son nom demeure attaché au canal qui sépare la Tasmanie de l'île Bruny et ne saurait s'effacer de la mémoire des marins.

La tache de sang incombe à son neveu Jean-Baptiste, président à mortier au parlement de Provence, à cause de qui le château vit son nom banni de France.

Tout commence à Aix-en-Provence, sur le Grand-Cours, au matin du 1er juin 1784. Il est encore tôt quand un cri terrible se fait entendre dans la maison aux fenêtres ouvertes où habitent le jeune président d'Entrecasteaux, sa femme, née Angélique de Castellane, et leurs deux filles. Et tout de suite le cri attire du monde, mais pas autant qu'il en attirerait d'habitude : la moitié de la ville, en effet, est aux casernes dans la cour desquelles un jeune officier, digne émule des frères Montgolfier, s'évertue à faire léviter un aérostat.

Dans la maison, la confusion est à son comble. On vient de relever, évanouie parmi les débris d'un plateau de petit déjeuner, la camériste de la marquise, Marie Bal. C'est elle qui a crié, et pour cause : dans son lit aux draps trempés de sang, Mme d'Entrecasteaux gît, la gorge tailladée.

Naturellement, on prévient son époux qui est à sa toilette et celui-ci manque s'évanouir devant le spectacle. Il faut le ramener dans sa chambre tandis qu'un valet court chercher la police. L'un après l'autre, les volets de la maison se ferment pour chasser le gai soleil hors de cette maison où la mort vient de frapper de si horrible façon.

Le lieutenant criminel de la province, c'est un cousin du marquis, M. Lange de Suffren (dans la noblesse de Provence tout le monde est plus ou moins cousin). C'est sans doute aussi l'homme le plus secret de tout le pays. Froid, taciturne, l'air perpétuellement absent, il cache une finesse et une perspicacité rares sous un aspect un peu endormi qui trompe son monde. Il a examiné la chambre, le lit, le cadavre avec un soin extrême. On l'a vu se baisser, flairer presque le sol, examiner les fenêtres, les rideaux et hausser les épaules quand un valet vient suggérer d'un ton timide que Madame la marquise s'est peut-être bien suicidée. On se suicide rarement en se tranchant la gorge par trois fois !...

L'interrogatoire du mari ne lui apprend pas grand-chose. Celui-ci n'a pas vu sa femme depuis la veille. Elle a passé la soirée chez une cousine qui donnait la comédie ; lui-même soupait, avec le lieutenant criminel, chez le premier président. Au retour, on a échangé quelques mots dans le salon qui sépare les deux chambres, puis chacun est rentré chez soi. Et quand Lange de Suffren, qui estime la mort aux environs de trois heures du matin, demande si le marquis n'a rien entendu, celui-ci répond qu'il a dormi comme un enfant. Il y avait pourtant de quoi entendre : la chambre a été bouleversée de fond en comble. Tous les tiroirs sont retournés, toutes les armoires vidées. Pourtant il ne manque ni un bijou ni un louis d'or. Le crime d'un domestique ? Entrecasteaux dit qu'il répond de tous mais il se trouble un peu quand Lange de Suffren lui demande s'il s'entendait parfaitement avec sa femme... en dépit des bruits qui courent sur la cour un peu trop évidente qu'il fait à la belle Sylvie de Saint-Simon.

— Ne peut-on admirer une dame sans être accusé de lui faire la cour ? Les mauvaises langues ne cesseront donc jamais de tourner ? répond le marquis avec aigreur.

Lange de Suffren n'ajoute rien. Il pourrait objecter que l'« admiration » en question défraie la chronique des salons et va peut-être plus loin qu'on ne veut bien l'admettre, et qu'il fallait à Mme d'Entrecasteaux un véritable aveuglement pour ne pas s'en apercevoir, mais il préfère ne pas insister. De même, il n'intervient pas quand le veuf lui avoue qu'il ne peut plus supporter l'atmosphère de sa maison et qu'il va se rendre chez sa tante Mme de Blondel en attendant la suite de l'enquête. Il se contente de dire qu'il ira le voir chez cette dame.

Or, Mme de Blondel n'est pas à Aix. Elle s'est rendue, comme cela lui arrive fréquemment, au château familial dont elle aime à s'occuper en l'absence du grand marin de la famille. Le futur amiral est alors gouverneur des Mascareignes. Rejoindre Mme de Blondel représente une promenade de vingt bonnes lieues mais l'époux d'Angélique pense que la campagne lui fera du bien et, après avoir envoyé prévenir chez lui qu'il rejoignait sa tante, il se hâte de prendre le chemin d'Entrecasteaux.

L'annonce du départ du « président » ne cause aucun plaisir à Lange de Suffren mais il ne souffle toujours mot. Il est occupé à interroger les domestiques. Ils sont cinq. Il y a là Marie Bal, la cameriste, une forte femme dans la cinquantaine, Auguste Raynaud, le valet de chambre du marquis, un laquais nommé Benouin, le cuisinier Viguier et Bocquillon le portier. Mais il est difficile d'en tirer quelque chose. Personne n'a rien vu, rien entendu. Il y avait cette nuit-là une petite fête aux cuisines et, avec d'autres laquais des maisons voisines, on a bu et joué aux cartes jusqu'à une heure avancée. Personne n'a rien à dire… sauf peut-être Auguste Raynaud qui, après avoir hésité, s'attarde après les autres : il y a quelque chose qui le tourmente. Ce n'est pas beaucoup sans doute mais il aimerait mieux s'en délivrer car le lieutenant criminel a une manière de poser des questions qui donne la chair de poule. Surtout quand il ajoute que si on lui cache la moindre chose on risque de se retrouver le crâne rasé en train de ramer sur une bonne galère.

Encouragé, Raynaud s'explique. Ce matin, en mettant de l'ordre dans le cabinet de toilette du marquis, il n'a pu retrouver ni l'un de ses deux rasoirs ni la chemise qu'il portait la veille. Et cela le tourmente car il est un garçon ordonné et il ne voudrait pas qu'on l'accuse d'avoir pris quoi que ce soit…

Lange de Suffren le rassure puis le renvoie. C'est alors qu'Auguste tombe sur Marie Bal qui le guettait. Pourquoi est-il resté après les autres ? Qu'avait-il à dire ?

À l'office on craint un peu Marie qui sert la marquise depuis l'enfance. Elle aussi c'est une force de la nature et, entre ses mains, le naïf, le craintif Raynaud ne pèse pas lourd : il répète ce qu'il vient de dire, en ajoutant bien que cela n'a certainement pas d'importance, qu'il doit y avoir là une coïncidence… Mais Marie Bal ne croit pas aux coïncidences. Le lendemain, quand M. Lange de Suffren revient, elle demande à être entendue. Ce que Raynaud lui a appris l'a décidée et elle a, elle, beaucoup à raconter.

Rapidement, elle retrace ce qu'ont été les premières années de mariage des Entrecasteaux : un ciel sans nuages. Le marquis était si épris de sa femme qu'il lui avait confié entièrement le soin des finances communes. Elle avait, en effet, cette énergie et cette tête claire qui faisaient un peu défaut au trop jeune et trop joli président.

Et puis, les choses se sont gâtées avec l'entrée en scène de Mme de Saint-Simon, une jeune veuve joyeuse aux dents longues. Le ménage, peu à peu, est devenu un enfer, surtout quand le marquis a voulu reprendre à sa femme la procuration qu'il lui avait donnée. Angélique estimait qu'elle avait suffisamment pleuré pour ne pas laisser, en outre, son époux les réduire à la misère, ses filles et elle, pour les beaux yeux d'une coquette avide. Les scènes succèdent aux scènes… et aussi les accidents bizarres.

Ainsi, lors de sa dernière grossesse, Mme d'Entrecasteaux a-t-elle failli se tuer en glissant, dans l'escalier, sur des noyaux de cerises qu'on y avait jetés. Ainsi, un soir, a-t-elle rejeté avec dégoût certaine limonade préparée par son époux en disant qu'elle était trop amère. Mais elle refusait toujours, courageusement, de rendre la procuration qu'on ne cessait de lui réclamer.

— L'a-t-on retrouvée ? demande Lange de Suffren.

— Bien sûr. Elle était dans un coffret que la pauvre âme cachait à la tête de son lit. Mais une fois morte, elle ne servait plus à rien.

— Seriez-vous prête à jurer que vous ne m'avez dit que la vérité ? À jurer sur les Évangiles ?

— Que je brûle toute l'éternité en enfer si j'ai dit un seul mot qui ne soit vrai…

Le silence qui s'établit alors entre le lieutenant criminel et la vieille servante pèse le poids exact de la hache du bourreau.

Cependant, Auguste Raynaud n'a pas retrouvé sa tranquillité d'esprit. Il se demande toujours s'il a bien fait de parler. Et, dans l'espoir d'être éclairci sur ce point, il décide d'aller tout raconter à son maître. Il va chez Mme de Blondel d'abord puis, apprenant qu'elle est à Entrecasteaux, il se résout à faire le voyage. Il arrive le lendemain au moment où l'on va se mettre à table. Il y a là aussi un M. de Châteauneuf qui est un ami de Mme de Blondel.

Quand Raynaud lui fait part de ses soucis, le marquis devient pourpre :

— L'imbécile ! s'écrie-t-il, et il lève la main pour frapper le valet mais Mme de Blondel s'interpose.

Il faut savoir si cet homme a encore quelque chose à dire. Et, en effet, ce n'est pas fini : Raynaud raconte que Marie Bal est restée longtemps enfermée avec M. Lange de Suffren. Et puis il y a encore un détail : une voisine qui s'était mise à sa fenêtre, au matin du crime, pour voir s'envoler le ballon, a été surprise de voir les fenêtres de Monsieur le marquis rougies par le feu intense que l'on faisait dans la cheminée. Celle-ci fumait, ce qui était un peu étrange au mois de juin.

La colère folle qui secoue son neveu et la terreur qui se lit sur son visage sont révélatrices pour Mme de Blondel. Elle comprend qu'elle a en face d'elle un coupable, mais elle veut encore espérer :

— Rentrez à Aix, lui dit-elle, et allez vous disculper auprès du lieutenant criminel. Ou bien prenez cet or et fuyez afin d'épargner à votre famille la honte de vous voir monter à l'échafaud…

Elle est vite renseignée. Entrecasteaux n'a qu'une brève hésitation. Il prend l'or, demande une voiture. Quelques instants plus tard, il quitte le château pour n'y plus revenir, tandis que Mme de Blondel s'évanouit… Il était temps : la maréchaussée arrivera une heure après. Elle se lancera à la poursuite mais cette heure d'avance suffira : l'assassin franchira à temps le pont du Var qui marque la frontière du royaume. Talonné par la peur, il courra ainsi jusqu'à Naples.

Cependant, l'horreur de son crime a secoué la France entière et déchaîné la colère du paisible Louis XVI qui demande son extradition. Prévenu à temps, le marquis s'embarquera nuitamment pour le Portugal mais il sait que, partout où il ira désormais, la justice pourra le débusquer. Il se réfugie alors dans un couvent où il ne trouvera pas la paix. Accablé de remords, il se laissera mourir et s'éteindra le 16 juin 1785, presque un an jour pour jour après l'assassinat de sa femme.

Par la suite, l'une de ses filles, Pulchérie, mariée à Gérard de Lubac, viendra vivre à Entrecasteaux qui demeurera dans la famille jusqu'à la moitié de ce siècle. Cédé ensuite à la commune qui le laissera se délabrer, il fut sauvé par un peintre écossais, Ian Mac Garvie Munn, qui lui a restitué éclat et splendeur jusqu'à son décès.

L'actuel propriétaire Alain Gayral a enrichi les collections du château tout en effectuant des restaurations minutieuses.

HORAIRES D'OUVERTURE

De Pâques au 15 juin : le dimanche et les jours fériés. Du 16 juin au 30 septembre tous les jours sauf le samedi.

Visite guidée à 16 h.

Au mois d'août, une visite supplémentaire à 11 h 30.

Pour les groupes, le château est ouvert toute l'année.

http://www.chateau-entrecasteaux.com/fr/

EU

De la veuve du Balafré à la Grande Mademoiselle

Tout entretenait la passion de Mademoiselle. Mille détails la ravissaient.

SAINT-SIMON

Aux confins de la Normandie et de la Picardie, le château d'Eu offre la silhouette noble et mélancolique de ces demeures princières faites pour accueillir la vie de cour et qui ne sont plus, derrière les vertes frondaisons de leurs parcs souvent rétrécis par les besoins urbains ou les caprices municipaux, que les fantômes du passé.

Depuis la nuit des temps, il y a eu un château à Eu. Le premier fortin qui s'y éleva eut pour constructeur ce Viking aux jambes trop longues qui s'appelait Rollon et fut le premier duc de Normandie. On l'avait surnommé Marche-à-pied parce que, étant à cheval, selon la légende, ses pieds touchaient encore la terre.

Le site lui plut comme il devait plaire successivement à tous ses descendants. Ce fut là, entre autres, que Guillaume le Conquérant, qui ne l'était pas encore, épousa Mathilde de Flandre. Celle-ci avait d'abord dédaigné d'épouser un bâtard mais changea d'avis miraculeusement, au point de devenir une tendre épouse, après avoir reçu de Guillaume la plus fabuleuse raclée jamais administrée de main d'homme. Les fêtes du mariage furent, dit-on, joyeuses et imposantes.

Ensuite, le fief passe tour à tour aux Lusignan, aux Brienne et à la famille d'Artois avant d'être dévolu en 1471 à Jean de Bourgogne, duc de Nevers, qui n'en profita guère grâce à Louis XI. À couteaux tirés alors avec le Téméraire et craignant que l'Angleterre ne vînt lui prêter main-forte, le roi jugea plus prudent de raser jusqu'aux fondations le château d'Eu.

Résultat : quand Eu tombe dans la corbeille de la ravissante Catherine de Clèves, lors de son mariage avec le prince de Porcien, le domaine n'a pas la moindre habitation à lui offrir. La jeune femme ne s'y intéressera guère jusqu'au jour où, devenue veuve, elle épouse le jeune duc de Guise, Henri le Balafré, amant passionnément aimé de la reine Margot, enfant chéri des Parisiens, fondateur de la Sainte Ligue, instigateur de la Saint-Barthélemy et trublion en tout genre.

Non seulement Guise ne dédaigne pas Eu mais il décide d'y faire construire un château à la mode du temps. Ce sera le château actuel – en partie tout au moins car on ne bâtit qu'une aile – sur les plans que lui donnent les frères Leroy, de Beauvais.

Le Balafré ne profite guère de son château neuf. Il a tout juste le temps d'essuyer les plâtres quand, le 23 décembre 1588, le roi Henri III, pour sauver son royaume menacé d'une invasion espagnole attirée par Guise, le fait exécuter au château de Blois par ses Quarante-Cinq. Sachant bien, d'ailleurs, que, ce faisant, il signe son propre arrêt de mort et que les frères du défunt feront tout pour le faire assassiner. Programme auquel ils ne manqueront pas.

Cette mort mit au désespoir la veuve du duc. Catherine de Clèves adorait un mari qui, pourtant, la trompait abondamment. Il avait, en effet, passé sa dernière nuit avec la belle marquise de Noirmoutiers, Charlotte de Sauve, et il semblerait qu'une nuit d'amour n'ait guère arrangé ses réflexes. Catherine connut-elle cette circonstance ? Peut-être pas. Et c'est au fond regrettable car elle aurait sans doute moins pleuré et moins soupiré. Elle s'installa à Eu et n'en bougea plus durant les quarante-cinq années qui lui restaient encore à vivre. Quarante-cinq années consacrées entièrement au souvenir du défunt et aux nombreuses œuvres qui sollicitaient sa charité. Entre autres, un collège, par lui fondé jadis et où il reposait pour l'éternité. Catherine fit construire, pour lui et pour elle-même, un superbe tombeau où, en 1633, elle eut enfin la satisfaction d'aller le retrouver.

En 1660, le château est en vente. C'est Mademoiselle qui l'achète. Ou, plus exactement, la Grande Mademoiselle, depuis que, durant la Fronde, elle a osé faire tirer les canons de la Bastille sur les troupes de son cousin, le jeune roi Louis XIV. Grave erreur qu'elle déplorera longtemps et qui, surtout, l'empêchera de devenir reine de France, Louis XIV ne lui ayant jamais pardonné sa canonnade.

En cette année 1660, Mademoiselle – Anne-Marie d'Orléans, duchesse de Montpensier et princesse de Dombes, s'ennuie et se sent mélancolique. Louis XIV vient d'épouser l'infante Marie-Thérèse et comme sa cousine ne sait trop que faire de son temps, ni de son argent car elle en a beaucoup, elle achète

Eu, va l'inspecter à fond dans l'été 1661 et décide de grands travaux tant à l'intérieur que dans les jardins qu'elle redessine. L'ensemble est fastueux et tout à fait digne de ce Roi-Soleil à la gloire duquel sa repentante cousine dédie toute la décoration intérieure. Car si Mademoiselle, qui a alors trente-six ans, n'est ni belle ni bien faite, c'est une femme de goût.

Elle le prouve quelques années plus tard en s'éprenant follement de l'homme le plus séduisant de la cour : l'aimable, spirituel, insolent et insupportable Antonin Nompart de Caumont, marquis de Puyguilhem et comte de Lauzun.

L'événement a lieu le 29 juillet 1669 quand, avec toute la cour, Mademoiselle assiste à la remise du bâton de commandement de la 1re compagnie des gardes du corps à ce petit homme sémillant et hardi dont toutes les femmes raffolent. Depuis ce jour, Mademoiselle sent une fièvre dont elle ne guérira plus.

Lauzun, bien sûr, est trop malin pour ne pas deviner les sentiments qu'il inspire et son plan est vite tracé : s'il parvient à se faire épouser par la cousine germaine du roi, qui est aussi la femme la plus riche de France, il atteindra des sommets vertigineux pour un homme pétri d'orgueil. Et il s'en faut de bien peu qu'il ne réussisse : Louis XIV, après de longues palabres, finit par céder aux instances de sa cousine. Lauzun est sur le point de devenir duc de Montpensier quand, poussé par Mme de Montespan et par Louvois, le roi retire son autorisation. Lauzun n'est que Lauzun et restera Lauzun.

Naturellement, l'ambitieux étouffe de fureur et, n'osant s'en prendre au roi, il s'en prend à la favorite. Le jour où Louis XIV apprend que Lauzun se répand à travers la cour et la ville en traitant sa maîtresse de « bougresse de fille publique » il se fâche, fait arrêter l'insolent et l'envoie rejoindre à la forteresse de Pignerol en Piémont le surintendant Fouquet qui s'y morfond déjà depuis plusieurs années. Lauzun va y rester dix ans. Dix ans d'angoisse et de désespoir pour la pauvre Mademoiselle qui arrose souvent de ses larmes ses jolis parterres d'Eu où elle souhaitait tant passer sa lune de miel.

Peut-être Lauzun fût-il resté éternellement à Pignerol si Mme de Montespan n'avait eu une idée : celle de faire adopter par Mademoiselle le jeune duc du Maine, l'aîné des enfants qu'elle a donnés au roi. La marquise pense ainsi faire coup double : non seulement elle assurera une fortune quasi royale à son enfant mais encore elle causera un sensible plaisir au roi qui se détache d'elle au profit de Mme de Maintenon, laquelle adore positivement le petit duc du Maine.

Mademoiselle lutte longtemps contre ceux qui veulent la dépouiller mais le chantage est bien monté. La pauvre femme a tellement envie de retrouver son bien-aimé qu'elle fait donation d'une partie de ses biens à l'enfant mais s'en réserve tout de même la jouissance jusqu'à sa mort. Et Lauzun, libéré, revient…

Hélas ! Du sémillant seigneur de jadis il reste un homme déjà âgé, aigri par la captivité et dont l'humour, souvent cruel, s'est changé en franche méchanceté. Il est, en outre, plus coureur que jamais, ayant dix années de pénitence à rattraper. Mais, toujours amoureuse, Mademoiselle ne voit ni ses cheveux gris ni ses dents absentes. Elle l'épouse dès son retour dans le plus grand secret et l'emmène, enfin, à Eu.

Elle ne tardera pas à regretter cette folie car elle découvre, un peu tard, hélas ! qu'elle a lié son sort au plus affreux mufle que la terre ait jamais porté. À

Eu, Lauzun ne cesse de récriminer, critiquant tout : l'ameublement, les jardins pourtant aussi beaux que ceux de Versailles, le service et, naturellement, son épouse plus sévèrement encore que tout le reste. Après quoi, au bout de trois semaines, il court à Paris pour y retrouver les maîtresses qui lui manquent. Mademoiselle reste seule.

À regret elle se résigne à le suivre. Elle trouve alors Lauzun installé dans son palais du Luxembourg et se comportant de façon à révolter la femme la plus aveugle et la plus sotte. Ce qu'elle n'était pas.

Finalement, lasse d'avanies répétées, elle décida de repartir pour Eu, laissant Lauzun à Paris. Le ménage était irrémédiablement brisé et, d'ailleurs, Mademoiselle finit par chasser carrément son époux, lors d'une de leurs rares rencontres où il avait osé la traiter comme une servante :

« Ne reparaissez jamais devant moi, lui dit-elle. Vous n'êtes qu'un coquin. »

Eu ne porta guère chance aux descendants de la Montespan. Son petit-fils, le comte d'Eu, y fut exilé après la conspiration de Cellamare. Le duc de Penthièvre, héritier de ce cousin, n'y vint guère qu'une fois l'an. Puis ce fut le silence désolé que la Révolution imposa à tant de nobles demeures. Sous l'Empire, la sénatorerie de Rouen jugeant le château trop onéreux à entretenir le fit en partie démolir. Il fallut attendre la Restauration pour que la duchesse douairière d'Orléans, fille de Penthièvre, pût le récupérer.

Ce fut le futur roi Louis-Philippe qui le ressuscita. Comme tous les Orléans d'alors et ceux à venir il aimait beaucoup Eu et en fit sa maison de vacances préférée. Trois ans avant de quitter le trône, il y reçut la reine Victoria qui devait garder de son séjour un charmant souvenir :

« Je vous écris de cette chère demeure, confie-t-elle au roi des Belges, Léopold Ier, son oncle, gendre de Louis-Philippe, où nous vivons au milieu d'une admirable et vraiment aimable famille, où nous nous sentons tout à fait chez nous et comme parmi les nôtres. L'accueil du cher roi et de la reine a été plein de bonté et celui de la foule vraiment flatteur. »

HORAIRES D'OUVERTURE DU MUSÉE LOUIS-PHILIPPE

Du 15 mars
au 6 novembre 10 h-12 h et 14 h-18 h

Fermé le mardi et le vendredi matin.

http://www.euchateau.fr

FALAISE

Le roman d'Arlette et de Robert le Diable

La blanchisseuse, gaie et tendre
Sourit, et dans le hameau noir,
Sa mère, au loin cesse d'entendre
Le bruit vertueux du battoir.

Victor HUGO

Du château primitif où le futur conquérant d'Angleterre poussa ses premiers cris, il ne reste que des murailles qui dominent toujours le charmant val d'Ante. Miraculeusement, alors que l'aviation alliée détruisait Falaise aux trois quarts, en août 1944, la vieille forteresse ne souffre que très peu. Le charme du site demeure entier comme demeure intact le parfum de la belle histoire d'amour d'où naquit Guillaume.

De son père le duc de Normandie Richard II, comme de sa mère la fière Judith de Bretagne, Robert, comte d'Hiesmois et frère du duc Richard III, tient un orgueil intraitable, une vaillance de paladin et un cœur farouche à souhait mais il ne doit qu'à lui-même son caractère emporté jusqu'à la brutalité et ce goût du sang qui l'amène parfois aux plus barbares cruautés ; d'où ce surnom de Robert le Diable.

En dehors de la chasse à laquelle il s'adonne avec énergie, deux passions l'habitent : les chevaux et les femmes. Il maîtrise les premiers et dompte les secondes avec la même aisance, la même autorité qui sait se faire tendresse pour les beaux étalons et les douces pouliches, mais désinvolture un peu méprisante pour les jolies filles qui l'admirent. Jamais il n'est question d'amour dans ses entreprises de séduction – rendues bien trop faciles par un physique exceptionnel. Et l'amour dédaigné lui a rendu son mépris en le laissant bien tranquille, attendant l'heure où il pourra lui faire payer ses rodomontades et ses mauvaises plaisanteries. Elle vint, cette heure, par un jour de printemps particulièrement doux et lumineux du mois d'avril 1027.

Ce soir-là, Robert, avec ses hommes et ses chiens, revient de la chasse et suit la rivière d'Ante pour rentrer au château. Un château assez différent de ce que l'on pourrait imaginer : de grosses pierres grises mal équarries sous des hourds de bois peints à ces couleurs violentes qu'affectionnaient les Vikings ; ces Vikings dont Robert porte le sang et qui ne sont pas si loin !

Soudain, comme il arrive en vue d'un lavoir, le jeune comte s'arrête. Il y a là trois jeunes filles occupées à laver du linge, ce qui ne leur enlève rien de leur gaieté naturelle. Agenouillée dans un baquet de bois, la première trempe un drap qu'elle retient à pleines mains sous l'eau verte de la rivière. La seconde étale sur l'herbe des pièces de lingerie blanches. Mais c'est la troisième que Robert regarde…

Debout sur une pierre plate, elle foule le linge de ses pieds nus. Le bliaud de laine et la chemise de toile retroussés, elle danse joyeusement sur le linge savonneux qui l'éclabousse de mouchetures blanches. Et, naturellement, elle est ravissante. Blonde comme le sont les Normandes de belle race, rose comme une églantine des haies avec dans les yeux tout le bleu d'un ciel d'été. Avec cela, solide et drue. Une belle plante, en vérité, faite pour porter un jour de beaux fruits. Et Robert, en remontant vers son château, gardera longtemps sa tête tournée vers le lavoir...

Il sait son nom, qu'il lui a demandé. Elle s'appelle Arlette et elle est la fille de Fulbert, le maître tanneur de Falaise. Ce n'est ni une serve ni une fille de peu. Son père est l'un des notables de la ville et il ne peut être question de la faire enlever nuitamment pour la violer dans quelque salle basse du château. Et puis, curieusement, Robert répugne à employer de tels moyens avec cette jolie fille qui lui a souri si doucement.

Pendant plusieurs jours, accoudé à une étroite fenêtre d'où l'on peut apercevoir la vallée, il a guetté les lavandières. Pas en vain, d'ailleurs. Tous les jours Arlette est revenue laver à la grande surprise de Dode, sa mère, étonnée de cette grande frénésie de nettoyage. Car, si Robert pense à elle, la jeune fille a été bouleversée par leur brève rencontre qui, pour elle, n'était pas la première.

Quand vint le mois de juin, Robert sut qu'il ne pouvait plus vivre sans Arlette et il envoya à Fulbert un émissaire chargé de demander qu'on lui envoyât la jeune fille. Il ne pouvait être question de mariage, et le procédé pourrait surprendre si l'on ignorait que Robert, en cela, faisait jouer l'ancien usage danois, le *more danico*, la vieille loi païenne dont avaient fait usage si longtemps les rois de la mer. Elle les autorisait à faire leur concubine d'une fille du peuple et, si la fille donnait le jour à un garçon, celui-ci pouvait devenir l'héritier de son père. En fait, hormis Robert lui-même et ses frères, tous leurs ancêtres étaient venus au monde par ce chemin pittoresque car, chez les Vikings, la bâtardise n'existait pas. Seul comptait le sang du père.

Néanmoins, la vieille coutume a perdu quelque peu de sa force et Fulbert se trouve fort empêtré de sa réponse. Il s'en va voir un sien frère qui s'est retiré en ermitage à Guibray afin d'avoir son conseil.

Le conseil de l'ermite est sage. Mieux vaut accorder au comte ce qu'il demande au grand jour que risquer, non seulement de le voir s'emparer d'Arlette par la force, mais encore de vouer toute la famille à son ressentiment. Robert peut être cruel et cela se sait. Et puis, pourquoi ne pas demander à la principale intéressée ce qu'elle en pense ?

Convoquée par son père, Arlette, après avoir protesté de son obéissance, finit par avouer qu'elle aime le comte et souhaite lui être donnée. Mais pas n'importe comment ! Pas par une nuit sans lune et enveloppée d'un manteau couleur de muraille. Elle entend que tout un chacun sache bien ceci : elle a été demandée et elle se rend, de bon vouloir. Elle exige, en outre, que l'on amène pour elle un cheval et, quand elle monte au château, elle refuse le chemin étroit de la poterne : on doit lui ouvrir la grande porte.

Amusé, impressionné aussi par cette solennité que la petite entend apporter à sa reddition, Robert souscrit à tous ses désirs. Une seule chose compte : qu'elle vienne à lui et soit heureuse de venir.

Et elle le rejoint, en effet, dans la belle robe bleue qu'elle a taillée et cousue pour ce grand événement de sa vie et, pour la première fois, Robert apprend ce qu'est l'amour quand il n'est pas simple recherche d'un plaisir brutal.

Au matin, Arlette s'éveille dans un cri de joie : elle a rêvé que, de son corps, jaillissait un arbre immense dont l'épais feuillage s'étendait au loin, sur terre et sur mer. Robert en conclut aussitôt qu'elle va lui donner un fils et refuse de la laisser repartir. De cet instant, elle s'installe au château.

Bientôt, les signes avant-coureurs d'une grossesse se manifestent. Du coup, les instincts sauvages de Robert se réveillent. Dès le début de l'été, il entre en révolte ouverte contre son frère, le duc Richard, entasse des troupes et des provisions dans Falaise, enfin déclare la guerre.

Le duc vient mettre le siège devant la ville. Pendant des jours et des jours, il la harcèle, aidé par un allié puissant dont la chaleur décuple le pouvoir : la soif. Falaise doit se rendre. Seul, le château tient encore. Mais pour combien de temps ? Robert alors fait sa soumission et se fait inviter au palais de Rouen. Non sans avoir prédit à Arlette qu'il serait sous peu duc de Normandie.

Quand il revient vers elle, il l'est en effet. Le duc a succombé aux suites d'un trop bon repas. Robert le Diable a simplement empoisonné son frère et fait enfermer son fils dans un monastère. Mais Arlette n'est plus heureuse autant qu'elle l'était.

Au début de l'année 1028, l'enfant que l'on baptise Guillaume vient au monde au château de Falaise. Et les années passent, guerrières pour Robert qui ne tient jamais en place et qui doit sans cesse ramener ses sujets à l'obéissance. Mais, peu à peu, le remords du crime de Rouen l'envahit, lui rend la vie intolérable. Au printemps 1033, après avoir désigné l'enfant

Guillaume pour son successeur, le duc Robert s'en va en Terre sainte afin d'y obtenir de Dieu son pardon. Curieux pèlerin d'ailleurs, voyageant avec un train royal qui, à Byzance, étonne le basileus lui-même : les fers des chevaux normands sont d'or et si mal fixés que les beaux percherons les perdent sans arracher un battement de cils à leurs cavaliers. À Jérusalem on jette l'or par poignées pour payer le droit d'entrer d'une foule de pèlerins pauvres. Mais Robert mourra sur le chemin du retour.

Avant de quitter Falaise où il résidait plus volontiers qu'à Rouen, il a confié les siens à Herluin de Conteville dont il savait la fidélité : « Si je ne reviens pas, tu épouseras Arlette. »

Herluin obéit. Cependant, le jeune Guillaume, renié par une partie du duché – on l'appelle Guillaume le Bâtard mais le titre lui plaît tant qu'il finit par n'en plus vouloir d'autre jusqu'à ce qu'il devienne le Conquérant – entreprend de regagner la totalité de son héritage en attendant de s'en aller conquérir l'Angleterre.

Ses successeurs eux aussi affectionnent Falaise. C'est son petit-fils, Henri Beauclerc, qui rebâtit le château tel qu'il est toujours. Henri II, Aliénor d'Aquitaine et Thomas Becket y ont séjourné. Richard Cœur de Lion en fera don à son épouse Bérengère de Navarre. Mais son frère, le prince Jean, devenu roi, y enfermera son neveu Arthur de Bretagne et l'y fera assassiner.

Pendant la guerre de Cent Ans, Falaise et son château se défendent vaillamment contre les Anglais qui finissent par en venir à bout en 1418.

Mais, à forteresse guerrière, seule convient la guerre. Pris et repris durant les guerres de Religion, le château est finalement démantelé quand tout s'apaise. Il manque même de disparaître car les gens de la ville y voient une carrière toute trouvée. Il lui faudra attendre la fin de la Seconde Guerre mondiale pour qu'enfin les Beaux-Arts décident de s'en occuper.

HORAIRES D'OUVERTURE

Ouvert tous les jours 10 h-18 h

Fermé le 1er janvier et le 25 décembre.

http://www.chateau-guillaume-leconquerant.fr/

FERNEY

Monsieur de Voltaire et sa nièce

Le paradis terrestre est où je suis...

VOLTAIRE

Lorsque Voltaire, en 1758, achète le domaine de Ferney, dans ce qui est actuellement le département de l'Ain, il a soixante-deux ans et il est brouillé avec la moitié de l'Europe : avec le roi de France, Louis XV, d'abord, qui le considère comme un agitateur dangereux et une sorte de suppôt de Satan, avec le roi de Prusse ensuite. Le Grand Frédéric, avec lequel il a cohabité plus de deux ans et qui lui montrait une sorte de dévotion, ne lui pardonne pas d'avoir plus de talent littéraire que lui et de le lui avoir fait sentir sans prendre de gants. Enfin, il est brouillé avec ces « messieurs de Genève » près desquels il s'est installé dans une charmante propriété fort justement nommée « les Délices » et qui n'ont pas compris tout l'honneur qu'il y avait, pour des calvinistes bon teint, à se faire maltraiter aussi vigoureusement que de vulgaires catholiques par un écrivain de génie pour qui toute forme de fanatisme représente l'horreur suprême.

Las de tant de disputes et aspirant à vivre enfin en paix, Voltaire achète donc Ferney, qui est un endroit charmant, et se hâte d'en écrire à son « ancien ami » Thériot : « La terre de Ferney est aussi bonne qu'elle a été négligée ; j'y bâtis un assez beau château (entendez par là qu'il l'agrandit !) ; j'ai chez moi la terre et le bois, le marbre me vient par le lac de Genève. Je me suis fait dans le plus joli pays de la terre trois domaines qui se touchent. J'ai arrondi tout d'un coup la terre de Ferney par des acquisitions utiles. Le tout monte à la valeur de dix mille livres de rente et m'en épargne plus de vingt puisque ces trois terres défrayent presque une maison où j'ai plus de trente personnes et douze chevaux à nourrir… Je vivrais très bien, comme vous, mon ancien ami, avec cent écus par mois, mais Mme Denis, l'héroïne de l'amitié, mérite des palais, des cuisiniers, des équipages, grande chère et beau feu… »

Mme Denis ! Voilà le grand mot lâché car c'est Mme Denis qui, durant des années, va régner sur le joli paradis qu'aura su créer son oncle. Elle est en effet sa nièce mais une nièce que l'on pourrait qualifier d'« à tout faire » puisqu'elle est en même temps sa ménagère et sa maîtresse. Et le moins que l'on puisse dire est qu'elle ne lui fait pas honneur, tant s'en faut.

Quand meurt, en 1749, la marquise du Châtelet, le grand amour, l'irremplaçable égérie de Voltaire[1], Marie-Louise Denis, qui est la fille de Catherine, la sœur du grand homme, a trente-sept ans. C'est une appétissante personne, trop dodue sans doute mais tellement

1. Voir Cirey.

fraîche et tellement avenante qu'il ne viendrait à l'idée de personne de lui reprocher quelques kilos superflus. Le malheur est que cette apparence cache une âme de mégère et le cœur le plus sec et le plus intéressé qui soit. Elle est veuve depuis cinq ans et seule la présence de Mme du Châtelet, qu'elle déteste d'ailleurs, l'a empêchée de se consacrer à un oncle pour lequel, en dépit de quelques amants, elle nourrit un penchant déjà ancien. Un oncle trop brillant pour ne pas attirer les cœurs féminins.

C'est dans le confortable giron de sa nièce que Voltaire va pleurer la « docte Émilie ». Il est alors très malheureux et la rusée commère s'entend comme personne à bercer un cœur meurtri, à prodiguer ces mille petits soins qui attachent un homme. Et quand il part pour Potsdam, Voltaire a déjà beaucoup de peine à quitter sa chère nièce : « J'ai très mal fait de vous quitter. Mon cœur me le dit tous les jours plus que vous ne pensez… »

Elle lui manque même tellement qu'il la supplie de venir le rejoindre en Allemagne : « Voilà le fait, ma chère enfant : le roi de Prusse me fait son chambellan, me donne un de ses ordres, vingt mille francs de pension et à vous quatre mille assurés pour toute notre vie si vous voulez tenir ma maison à Berlin comme vous la tenez à Paris. »

Mme Denis ne va hésiter que très peu. Bien sûr, il y a l'argent, mais à Paris elle ne manque de rien et peut même s'offrir quelques aventures galantes : l'une avec un musicien allemand, une autre avec un marquis génois et la troisième avec un Espagnol, le marquis de Ximenès, « grand et maigre échassier d'humeur chagrine ». Elle refuse donc et c'est seulement quand les bonnes relations entre Voltaire et Frédéric II vont tourner à l'aigre qu'elle se décidera à partir pour l'Allemagne. Encore est-ce parce que le cher oncle l'a priée de venir à sa rencontre à Francfort, à l'hôtel du Lion d'or.

Quand elle y arrive, elle retrouve Voltaire pratiquement gardé à vue par les sbires du roi de Prusse qui prétend se faire restituer certain ouvrage de « poehsie » dont il est l'auteur. Cela va donner une situation burlesque et fatigante qui durera quelques semaines mais mettra les relations de l'oncle et de la nièce sur un plan tout à fait nouveau : tous deux s'ennuient tellement qu'ils se retrouvent dans le même lit. À leur commune satisfaction, il faut bien le dire et, quand on rentre enfin en France, Mme Denis est devenue la maîtresse de Voltaire… et le restera.

Le retour au pays se borne à un retour à Colmar où Voltaire va rester une année en attendant de se trouver un port d'attache car plus personne, parmi les monarques européens, ne veut de lui. Ce sera finalement la Suisse, puis Ferney où l'imposante Mme Denis va jouer les châtelaines, recevant à ses côtés les plus hautes personnalités européennes, car si les souverains ne veulent plus recevoir le pauvre grand homme, nombre de leurs sujets font de lui le plus grand cas.

À Ferney, Voltaire fondera d'abord un haras, puis une fabrique de montres, qui connaîtra le plus grand succès : on en vend partout, même à Tunis, même à Alger. Mais aussi, l'écrivain travaillera à son œuvre. C'est de Ferney qu'en partira le plus généreux, notamment la défense du malheureux Jean Calas, injustement condamné à mort à Toulouse.

C'est à Ferney encore qu'il accueillera une jeune fille de Versonnes, un village voisin, Mlle Rouph de Varicourt, si charmante qu'après l'avoir rebaptisée

« Belle et Bonne » il en fera sa fille adoptive, à la grande fureur de Mme Denis avec laquelle interviendra une brouille de deux ans. Mais la grosse dame réussit à se faire pardonner, tant elle tient à garder l'œil sur un héritage qui est devenu des plus intéressants.

Pour le malheur de « Belle et Bonne » et pour le sien propre, Voltaire la marie à un certain marquis de Villette, propriétaire d'un grand domaine près de Beauvais. Un homme sans plus de cœur et de vraie générosité que Mme Denis avec laquelle il finit par s'acoquiner. Ce qui permettra à la tendre nièce, devenue « grosse comme un muid », de se faire désigner comme héritière, après promesse de reverser plus tard ledit héritage au ménage Villette.

Dès lors Voltaire devient un gêneur… d'autant plus gênant qu'en dépit d'une santé toujours plus délabrée il s'obstine à vivre, atteignant le bel âge de quatre-vingt-trois ans.

Avec beaucoup d'adresse, on finit par le convaincre de rentrer à Paris où d'ailleurs tout un peuple le réclame et où il a reçu l'assurance qu'il pourra vivre désormais sans être inquiété. Le 4 février 1778, il quitte Ferney qu'il ne reverra pas et s'installe chez Villette, à l'angle du quai Malaquais et de la rue de Beaune. Il va y rencontrer un triomphe sans précédent : tout Paris, la ville et la cour s'écrasent devant sa porte ; on couronne son buste à la Comédie-Française et Benjamin Franklin lui amène son petit-fils à bénir.

Les impresarios de cette pièce à grand spectacle, Mme Denis et Villette, en jouissent intensément. On oblige ce vieillard exténué à travailler, à faire des mots, à écrire et, pour qu'il suffise à la besogne, on lui fait absorber chaque jour jusqu'à dix-huit tasses de café. On lui fait aussi ingurgiter des drogues miracles, malgré les fureurs de Tronchin, son médecin, drogues qui l'amènent bientôt aux portes du tombeau.

Alors, quand on ne peut plus le produire à cette foule qui s'écrase toujours et que ses bourreaux reçoivent avec une mine radieuse, on l'enferme dans une petite chambre, presque sans soins. On n'a pas le temps ! Et c'est seul, abandonné même des serviteurs, qu'il mourra, le 30 mai…

La grosse Denis, aux appétits toujours insatisfaits, se remaria à soixante-huit ans avec un jouvenceau de soixante ans et ce ne fut, dans Paris, qu'un éclat de rire. Tous ceux qui n'avaient continué à la voir qu'en souvenir de Voltaire lui tournèrent le dos. Elle fut couverte de ridicule, bafouée, huée quand elle sortait, goûtant ainsi l'amer revers de la brillante médaille qu'elle avait cru se modeler.

Et ce fut seule et abandonnée, elle aussi, qu'elle mourut enfin, exactement comme elle avait laissé mourir l'homme à qui elle devait tout.

Quant au château, l'indigne Mme Denis s'était hâtée de le vendre à Villette qui, de son côté, le revendit à la famille de Budé, laquelle le conserva jusqu'en 1843. Mais Ferney avait beaucoup souffert de la Révolution et du manque d'entretien. À cette date, M. Claude-Marius David le racheta aux Budé puis petit à petit leur racheta aussi le mobilier, les tableaux et les objets qui avaient composé l'univers de Voltaire. Depuis 1999, Ferney est la propriété de l'État.

Du 29 mars au 30 juin et du 1er septembre au 9 novembre	10 h-13 h et 14 h-18 h (fermé le lundi)
Du 1er juillet au 31 août	10 h-18 h

Fermé le 1er mai

Pour la visite du château, le nombre de visiteurs est limité. La réservation est très fortement conseillée (04 50 40 53 21).

http://www.voltaire.monuments-nationaux.fr/

FERVAQUES

Le grand amour de la Reine des Roses…

Lorsque la passion est réellement forte
Il n'est digue ni mur que son courant n'emporte…

Émile AUGIER

Quand, en l'année 1788, la jeune Delphine de Sabran fait son apparition à Versailles, elle a tout juste quinze ans. Cependant elle remporte un succès immédiat et flatteur : d'une seule voix, la cour la plus difficile du monde la surnomme la « Reine des Roses » tant elle est belle et fraîche. On dit qu'elle a « une tête de Greuze avec la pureté d'un profil grec »…

À cela s'ajoutent un regard un peu brumeux de myope, une bouche exquise, un teint incomparable et une blondeur qui n'est ni pâle ni fade mais chaude et vivante. Aussi les prétendants mènent-ils autour de la jeune fille une ronde si serrée que la mère, inquiète de découvrir chez son enfant de trop grandes dispositions à la coquetterie, décide que la seule manière de maintenir Delphine dans le droit chemin est de la marier, et elle se hâte de se trouver un gendre.

Ce sera Armand de Custine. Il a dix-neuf ans et, dans son genre, il est aussi beau que sa fiancée. En outre galant, spirituel, brave, noble et riche. Une sorte d'oiseau rare et d'ailleurs tout de suite Delphine l'adore.

L'évêque de Laon les marie au château d'Anisy, au cours d'une fête champêtre où tous les invités sont costumés en bergers et bergères et, pour la lune de miel, on a préparé au jeune couple une ravissante chaumière. C'est le temps des délices : deux enfants viennent au monde, Gaston et Astolphe, mais déjà la grande passion des jeunes époux s'étiole. Ils ont l'un et l'autre trop de succès. Delphine s'amuse au jeu cruel de la coquetterie et se plaît à choisir tel ou tel adorateur dont elle se lasse vite, se débarrasse avec une pirouette et un éclat de rire mais, tout de même, sans jamais manquer à l'honneur.

La liste est longue et, quand la Révolution arrive, Delphine s'en aperçoit à peine : elle change d'amour plus souvent que de toilette. « Fais-moi une petite chanson sur mon amour-papillon, écrit-elle à son frère Elzéar de Sabran qui est poète… » Hélas, le chagrin va fixer pour un temps le ravissant papillon.

C'est d'abord le petit Gaston qui meurt d'une maladie infantile, puis le drame de l'arrestation du général de Custine, beau-père de Delphine, auquel la jeune femme est très attachée. Celui-ci, voyant sa patrie en danger, a oublié ses sentiments monarchiques et mis son épée au service de la République. Vainqueur à Mayence il pouvait tout espérer, mais un revers l'a fait passer instantanément dans le clan des « traîtres à la Patrie » : en remerciement de ses services, on l'a jugé et envoyé à l'échafaud, en dépit des efforts de la Reine des Roses qui, pour sauver son beau-père, a remué ciel et terre.

Au soir de l'exécution, Delphine a vu Armand revenir dans leur maison de la rue de Lille, pâle et défait. Il a tout vu ; il était au pied de l'échafaud. Pourtant, en dépit des supplications de sa femme, il refuse d'émigrer. Peut-être les larmes de la jeune femme l'emporteraient-elles si Armand, à son tour, n'était arrêté, conduit à la Force d'où sa femme tentera désespérément de le faire évader.

Peine perdue : Armand, qui a refusé de compromettre la fille du geôlier de la Force que Delphine avait gagnée, est mené lui aussi à la guillotine. Quant à Delphine, malgré une visite domiciliaire infructueuse, elle est arrêtée et menée à la prison des Carmes où elle rencontrera des dames du meilleur monde comme Mme de Beauharnais et la future Mme Tallien. Elle y rencontrera aussi le général Alexandre de Beauharnais, époux de la future Joséphine, dont elle fera son amant sans plus de façons.

Grâce à cet amour, Delphine finit par trouver la vie supportable mais Beauharnais, à son tour, est envoyé à l'échafaud, et le tour de Delphine pourrait bien ne plus être éloigné. En effet, la jeune femme a déjà subi des interrogatoires et même une perquisition menée chez elle où, pour passer le temps, elle n'a rien trouvé de mieux que de faire le portrait du sinistre Cromot, qui menait l'enquête, et de quelques-uns de ses sbires. Elle a un joli talent de portraitiste et même de caricaturiste. Talent et courage lui valent l'admiration de certains de ces hommes et surtout d'un jeune sectionnaire, un maçon nommé Gérôme.

Très vite, celui-ci tombe amoureux. Lui qui, jusqu'à présent, s'est montré un patriote convaincu, doublé d'un révolutionnaire sans pitié, il n'a plus qu'une idée : arracher à la mort la ci-devant marquise de Custine, cette femme ravissante et si jeune. Le brave garçon sent confusément que sa propre vie perdra de son sens et de son intérêt si Mme de Custine monte à l'échafaud, parce qu'il n'oubliera jamais qu'il aura contribué à faire tomber une aussi jolie tête.

Alors, pour la sauver, il use d'un stratagème comme seul l'amour peut en inspirer car, s'il est découvert, l'imprudent Gérôme précédera de peu sa bien-aimée sur les planches rouges de la guillotine.

Son titre de membre du comité de la section Vaugirard lui permet d'entrer librement dans tous les bureaux, même dans ceux de la tour de César, à la Conciergerie où Fouquier-Tinville, l'accusateur public, tient ses assises. Qui se méfierait de lui ? Or, Fouquier-Tinville entasse sur son bureau les dossiers de tous ceux qui sont promis à la mort à plus ou moins bref délai. Et l'accusateur public prend chaque jour, Gérôme ne l'ignore pas, un certain nombre de dossiers, ceux du dessus bien entendu, afin de fournir au bourreau son contingent de victimes. Alors Gérôme, chaque jour, va se rendre chez ce monstre, à l'heure où comme n'importe quel mortel il prend son repas, afin de veiller à ce que le dossier de Delphine n'occupe jamais les premières places. Pas question de le détruire, hélas, car les dossiers sont comptés journellement.

Cela dure trois mois, trois mois d'angoisses pour le pauvre Gérôme… trois mois de folies pour la Reine des Roses, incapable d'imaginer qu'un homme risque ainsi sa vie pour la sauver (de folies jusqu'à la mort de Beauharnais car ensuite la peur vient s'installer dans le cœur de la jeune femme). Heureusement, la Terreur s'achève. Le général de Beauharnais meurt le 5 thermidor ; quatre jours plus tard c'est la chute de Robespierre, la fin du cauchemar. Néanmoins, Mme de Custine restera encore deux mois aux Carmes et y fût peut-être restée plus longtemps si Nanette Mabriat, sa fidèle servante, ne s'en était mêlée. En effet, le général de Custine avait autrefois fondé, dans les Vosges, une fabrique de porcelaines dont les ouvriers n'avaient jamais eu qu'à se louer de lui et des siens. Nanette leur écrivit et, grâce à la pétition qu'ils signèrent, la jeune femme se retrouva libre de retourner rue de Lille pour y rejoindre Nanette et le petit Astolphe. Elle avait alors grand besoin de soins.

Des soins rendus possibles par les provisions et les petites sommes d'argent qu'un inconnu apportait chaque semaine. Un soir, Delphine guette son bienfaiteur et reconnaît Gérôme qui, d'ailleurs risque toujours sa vie car il est recherché et doit se cacher. On ne sait si Delphine paya, en femme sensible, cette dette de reconnaissance. On sait seulement que le jeune homme resta chez elle quelques semaines, jusqu'à ce qu'il pût s'embarquer pour l'Amérique où, en Louisiane, il réussit à amasser une assez jolie fortune. Une fortune qu'il revint mettre aux pieds de celle qu'il aimait. Hélas, elle était redevenue la marquise de Custine et, en 1803, s'était éprise follement du vicomte de Chateaubriand.

C'est à cette époque que Delphine achète, à la duchesse de Luynes, le château de Fervaques, près de Livarot, une longue demeure de briques roses et de pierres blanches flanquée de pavillons carrés qui possède déjà une histoire. Son constructeur, le maréchal de Fervaques, Guillaume de Hautemer, a, en son temps, beaucoup défrayé la chronique : c'était une sorte de reître ne craignant ni Dieu ni diable et qui, durant les guerres de Religion, s'en donna à cœur joie de piller, de brûler et de massacrer. Il s'empara de Lisieux dont il tua le gouverneur et pilla la cathédrale… On dit qu'il profana des reliques et s'empara du trésor de maintes églises… mais il était brave, eut le bon esprit de se rallier à Henri IV qui le fit gouverneur de ce même Lisieux qui, sous le joug d'un tel homme, aurait eu grand besoin de sainte Thérèse. Il fut aussi maréchal de France et l'époux d'une fort jolie femme en l'honneur de laquelle le Vert-Galant griffonna sur une cheminée du château deux vers affligeants :

La dame de Fervaques
Mérite de vives attaques…

L'intention était, apparemment, meilleure que le distique et l'on ne sait si le bouillant Henri entreprit lesdites attaques.

C'est donc cette belle demeure qui devient, en 1803, celle de la Reine des Roses. Elle n'y connut, avec le grand Chateaubriand dont les conquêtes jalonnent le début du XIXe siècle, qu'un bref bonheur. « Ce sera comme dans un conte de fées », lui écrit l'Enchanteur en 1804. Il voyagea loin, bien loin et il arriva à Fervaques. Là logeait une fée qui n'avait pas de sens commun. On la nommait princesse sans espoir parce qu'elle croyait toujours, après deux jours de silence, que ses amis étaient morts ou partis pour la Chine et qu'elle ne les reverrait jamais… »

Chateaubriand vint donc à Fervaques où il logea dans la chambre qui avait été celle d'Henri IV. Il l'avait d'ailleurs réclamée. C'était le mois d'août et une belle flambée de passion unit le roi des Lettres et la Reine des Roses… Une passion qui, comme presque toutes celles de Chateaubriand, ne vécut elle aussi que « ce que vivent les roses ». Quand, en octobre, il revient à Fervaques, le beau feu est déjà éteint. L'amant est devenu muet et n'ouvre pas la bouche, ce qui mène Delphine au désespoir : elle tente de se tuer. Heureusement elle se manque et peut ainsi continuer, durant de longues années, à souffrir sa douleur d'amour pour un homme qui avait cependant ce talent de convertir en amies fidèles ses maîtresses les plus passionnées. Fervaques le revit en 1816, en 1819 et enfin en 1823. Mais il ne s'agit plus, chez Chateaubriand, que d'amitié lointaine. Delphine, elle, continuera de brûler jusqu'à ce 13 juillet 1826 où elle s'éteindra enfin, à Bex…

Depuis 1982, le château est la propriété du KINNOR, Association musicale et d'intégration des handicapés et non-handicapés.

HORAIRES D'OUVERTURE

Visites guidées sur demande
(02 31 32 33 96)

http://chateau.le.kinnor.monsite-orange.fr/

LA GENEVRAYE

Nez-de-Cuir !

Seigneur ! Tous nous portons un masque, par orgueil ou par crainte, par pudeur ou par lâcheté.

LA VARENDE

Qui ne connaît bien ce pays, à la limite du Perche et de l'Ouche, aura peine à trouver le château. Au bord d'une route de campagne, il y aura soudain « une belle grille fleuronnée, une avenue terrible qui semble mener aux Enfers et qui devait, quand Nez-de-Cuir rentrait à quatre chevaux, singulièrement lui crisper les bras. Malheureusement la demeure a été rebâtie à une mauvaise époque. Le reliquaire ne vaut pas les reliques... » La maison, en effet, n'est pas très belle : une longue façade blanche, rectangulaire, avec un petit avant-corps sommé d'un fronton. Peu d'épaisseur... mais d'admirables écuries blanches et roses dont la sellerie s'orne d'un clocheton et qui dominent le paysage. C'est là surtout que l'on retrouve le cavalier légendaire... Car si l'homme n'est plus, s'il repose non loin, près de l'église qu'il fit construire, son ombre réveillée par l'éclatant succès du roman de Jean de La Varende demeure étrangement vivante.

« Défunt Nez-de-Cuir, écrit l'auteur à la première page, survit dans la mémoire des humbles comme un grand trouble historique. Il y a trente ans, nulle histoire paysanne de force, de guerre ou d'amour ne se passait de lui, de sa forme vigoureuse et mutilée… »

Car il a régné réellement sur ceux de son terroir, sur les hommes qui le respectaient, sur les femmes qui en rêvaient et, depuis, sur plus d'une génération de lecteurs, le cavalier au masque noir qui menait les belles et les chevaux avec une égale aisance.

Il s'appelait Achille Périer, comte de La Genevraye.

Il est né au château, le 7 août 1787, d'une famille d'ancienne noblesse, mais les bruits de la Révolution n'ont guère perturbé son enfance. On n'émigrait pas, sur cette terre normande, à moins d'appartenir à la très haute noblesse, celle qui attirait par trop les foudres du nouveau pouvoir. Cela valut à ceux qui osaient rester de conserver leurs fortunes et l'estime de leurs paysans.

Avec l'Empire, le seul danger est la conscription, mais Achille réussit à y échapper un certain temps. Et il en profite pour mener, avec passion, la vie qu'il aime, faite de grandes chevauchées, de chasses et d'aventures amoureuses. Car il est beau, ardent, follement séduisant : « … un corps épais et fin avec une musculature cachée, épanouie dans la santé générale. Un pur visage au menton fort et contondant, de belles lèvres ourlées et enfin ce profil rectiligne qu'un rien eût pu allonger en museau de renard… ». Et certes le jeune homme ne rencontre guère de cruelles…

Néanmoins, en 1809, il est obligé de faire partie de la garde d'honneur du département de l'Orne. Ce qui ne le contraint pas à partir et, en 1812, il est à vingt-cinq ans maire de La Genevraye.

C'est en 1813 que tout se gâte. La folle aventure russe a saigné à blanc la Grande Armée et, en avril, Napoléon décrète de nouvelles levées car, cette fois, la guerre va s'installer sur la terre de France. On rassemble à Versailles le 1er régiment des gardes d'honneur commandé par le comte Pully et il faut bien, s'il veut éviter des représailles à sa famille, que le comte de La Genevraye le rejoigne…

Ses qualités de meneur d'hommes et sa science équestre le font tout de suite remarquer par ses chefs et, trois semaines après son arrivée, il est maréchal des logis-chef. Il sera lieutenant six mois plus tard. Pendant la campagne de France, sa bravoure éclate à chaque combat et, après la terrible bataille de Montmirail, il est fait chevalier de la Légion d'honneur sur le champ de bataille. Mais l'heure du martyre approche pour lui.

Le 13 mars 1814, c'est l'effrayant combat pour Reims. Les Français réussissent à reprendre la ville mais paient un prix très lourd. Les gardes d'honneur chargent avec une furia quasi désespérée. On relève Achille Périer de La Genevraye à moitié mort, son visage n'est qu'une bouillie sanglante. Les médecins militaires, dans leur terrible précision, ont décrit le détail des sept blessures qui ont détruit le haut de son visage et vont le faire entrer dans la légende :

— Un coup de sabre qui a détaché la joue droite et l'a rabattue sur le menton ;

— Un coup de sabre qui a totalement emporté le nez à partir de quelques lignes de sa racine ;

— Un coup de sabre qui a enlevé une portion du sourcil droit ;

— Un coup de lance sur le sourcil gauche ;

— Deux coups de lance, l'un à la lèvre supérieure, l'autre dans le flanc gauche ;

— Un coup de sabre qui a divisé en *y* le doigt médius de la main gauche dans le tiers inférieur de sa longueur ;

— Un coup de pistolet reçu à bout portant et dont la balle pénétrant un peu au-dessus de l'angle supérieur de l'occipital a glissé entre les os et le cuir chevelu pour sortir vers la partie moyenne de la suture sagittale.

Cette effrayante énumération, retrouvée par M. Philippe Suet-Laroue, stupéfie et confond. Peut-on vivre encore lorsque l'on est dans un tel état ? La Genevraye, lui, vivra et même triomphera. De lui-même, des autres et des femmes.

Au mois d'août, on le ramène chez lui, mais il faudra de longues semaines de claustration pour que les blessures se referment, se cicatrisent et supportent le masque de cuir qu'un artisan habile va lui confectionner. De cette retraite forcée, de cette longue absence La Genevraye tirera comme un regain de vitalité. Il n'a que vingt-sept ans et il veut se prouver à lui-même qu'il est toujours vivant, bien vivant derrière le masque qui le défend et l'ennoblit encore. Il se jette à corps perdu dans de nombreuses aventures qui l'apparentent un peu à Don Juan mais un peu seulement car, chez lui, le besoin de transmettre la vie est intense. « Remercions les dieux, dira le marquis d'Avernes, que la mutilation ne soit pas héréditaire ; nous ne verrions plus que petits camards… » Mais l'amour, le grand amour le guette.

Elle s'appelle Clarisse de La Haye, née à Saint-Domingue où son père avait des intérêts. Sa mère est morte là-bas et son père est revenu en 1801, au moment de la grande révolte des Noirs, ramenant ses enfants, sa belle-sœur qu'il épousera d'ailleurs peu après et une servante noire nommée Vénus. La famille s'installe à Argentan, puis au Mans où mourra le marquis, enfin à Caen…

On ne sait où ni dans quelles circonstances Nez-de-Cuir – c'est le nom que toute la province lui a donné – rencontre Clarisse, mais on sait que tout de suite ils se sont aimés et qu'elle ne lui a pas résisté très longtemps.

Qu'il soit profondément amoureux, cela ne fait pas de doute. On possède certaines de ses lettres :

« Je pars pour le Chamblac afin de revenir plus tôt vers toi, ne me trouvant heureux qu'avec toi, sois-en bien persuadée ma chère Clarisse. Compte sur moi, aime-moi un peu, laisse-moi t'aimer à l'adoration et mon sort sera celui d'un homme heureux. À toi pour la vie, mon ange, toujours à toi, rien qu'à toi ; voilà ma devise… »

« Adieu tout ce que j'aime, ma vie, toutes mes affections comme toute ma consolation ! Partage un peu le bonheur que j'éprouve à t'assurer que la mort seule pourra me séparer de ma Clarisse. Compte sur ton Achille. Il t'aime et t'embrasse et est à toi pour la vie et veut vivre et mourir pour sa Clarisse… »

À tant s'aimer, il arrive ce qui doit arriver. Vers la fin de l'année 1818, Clarisse constate qu'elle attend un enfant. Naturellement, Mme de La Haye, qui est à la fois sa tante et sa belle-mère, fait savoir à La Genevraye qu'elle attend de lui une demande en mariage en bonne et due forme. Une demande que, d'ailleurs, elle va recevoir mais qui n'aboutira pas, en dépit de l'amour sincère et profond qu'Achille porte à Clarisse.

Plusieurs fois, déjà, il a connu ce genre de situation, mais jamais jusqu'à présent son cœur ne s'y trouvait intéressé. Il souhaite épouser celle qu'il aime et vivre auprès d'elle tout le reste de sa vie, et, cependant, il va se récuser ; et les questions viennent d'elles-mêmes…

Que craint-il au juste ? Les jours à venir, quand la flambée de passion s'éteindra pour laisser place à la tendresse quotidienne ? La peur d'une pitié dont il ne veut pas et qu'une cohabitation constante ne pourra que révéler ? Ou encore la peur de ne pas réussir à garder le vœu de fidélité ? Il aime les femmes comme il aime la chasse et les saines nourritures que son corps réclame. Et puis il y a ce masque, qui lui ajoute sans doute une auréole tant qu'il est jeune. Mais après ?

On dit que c'est du silence de la Trappe qu'il ira prendre conseil, mais il n'en reviendra que plus assuré dans son refus. Jamais il ne se mariera. Pourtant, cet enfant à naître, il le reconnaîtra hautement pour son fils et son héritier…

Le 2 juillet 1819 naît Louis-Victor-Achille Périer de La Genevraye. Clarisse viendra s'installer à Argentan, plus près de La Genevraye, mais la jeune femme est cruellement frappée par les étranges réactions de celui qu'elle aime. Et puis le goût de vivre ne l'habite plus. Le 17 janvier 1823, elle meurt, laissant l'enfant aux soins de son père.

Celui-ci tentera de reprendre la vie d'autrefois, mais sans y parvenir réellement. L'ombre de la morte est plus forte que la vivante. Pour se désennuyer il poursuit une carrière politique. Maire de La Genevraye, conseiller d'arrondissement, il sera, en 1827, conseiller général de l'Orne mais se retirera quand viendra la révolution de 1830. Ce monarchiste ne veut pas servir le fils de Philippe Égalité, le régicide.

Il se retire alors dans une solitude hautaine pour s'adonner à sa seule passion, les chevaux. Il collabore à l'installation du fameux haras du Pin et créera à Sées une grande école de dressage, tout en poursuivant, dans les écuries de La Genevraye, un élevage qui est l'un des meilleurs de cette terre vouée au cheval.

En 1852, il sera une fois encore élu conseiller général de l'Orne pour le canton du Merlerault. Mais la fin est proche et, le 30 juillet 1853, Nez-de-Cuir s'éteint, enfin apaisé, dans le château blanc qui regarde les écuries…

Trois ans plus tard, son fils, au château de Rabodanges, épouse Alice Debüs d'Holbecke dont il n'aura qu'une fille. Le château appartient à présent au comte de Gacé et n'est pas ouvert à la visite.

GROSBOIS

Un diamant nommé Sancy

Dans les grandes choses les hommes se montrent comme il convient de se montrer ; dans les petites ils se montrent comme ils sont.

CHAMFORT

S'il est des châteaux dont le destin est entièrement tissé par des femmes – Chenonceau ou Anet, par exemple – il en est d'autres sur lesquels les hommes seuls ont laissé leur empreinte, les femmes n'y jouant qu'un rôle décoratif et, au surplus, épisodique. Ainsi est Grosbois, bâti par des hommes pour des hommes et habité par des hommes dont aucun n'eut un destin indifférent car tous, sans exception, ont laissé une trace dans l'histoire de France.

Le domaine est d'abord domaine royal. Ce n'est qu'une vaste forêt où les rois viennent chasser. Un gros bois et rien de plus, à peine éclairci autour d'une très modeste halte où les chasseurs aiment à venir boire et se restaurer. Dans les temps anciens, Jean II le Bon est l'un des habitués de ce gros bois où il aime à forcer le cerf ou le sanglier.

Il faudra attendre la fin du XVIe siècle pour que le château commence à sortir de terre. Un château qui n'atteint pas, et de loin, la superficie qu'on lui voit aujourd'hui : seul le pavillon central est bâti mais, tel qu'il est, il plaît à Raoul Moreau qui, en 1580, peut planter le bouquet sur le toit.

Fidèle serviteur des rois Valois, Raoul Moreau ne profite guère de son château tout neuf. C'est son gendre qui l'habitera assidûment. Nicolas de Harlay, baron de Sancy, a, en effet, épousé la fille du bâtisseur et il est destiné à faire quelque bruit dans le monde. C'est un curieux homme, à la fois habile diplomate, financier retors, homme de guerre à ses heures, extrêmement cultivé et follement riche. Par-dessus le marché il est aussi peu scrupuleux que possible en matière de religion. C'est ainsi que, protestant d'origine, il se hâte d'abjurer pour échapper à la Saint-Barthélemy, l'agrément de prier Dieu en français lui paraissant d'un prix bien moins élevé que sa vie. Mais, le danger passé, il est revenu assez vite à ses convictions premières, circonstance dont le roi Henri III, qu'il sert avec un dévouement absolu, ne paraît pas lui tenir rigueur. De ce dévouement, il donne une preuve éclatante, au début de l'année 1589.

Le roi, depuis l'exécution du duc de Guise, lutte désespérément pour défendre le royaume attaqué de toutes parts aussi bien par les énergumènes de la Sainte Ligue que par les séides de la turbulente maison de Lorraine que mènent la sœur et le frère du Balafré. Pour balayer toute cette racaille séditieuse, Nicolas de Harlay propose d'acheter la meilleure force de frappe d'Europe : des Suisses. Quelques bons bataillons helvètes feront place nette et rendront à Henri III une France nettoyée. Malheureusement, les Suisses coûtent cher et le roi n'a plus d'argent.

Alors Harlay se dévoue : il possède un fabuleux diamant ayant appartenu jadis à Charles le Téméraire puis au roi de Portugal. Ce diamant qui porte désormais son nom, le Sancy, il va l'engager en Suisse afin d'obtenir l'arrivée de douze mille enfants des cantons.

La chose paraît simple à première vue. Elle est, en fait, très difficile car faire voyager le fabuleux diamant de Grosbois à Soleure représente une sorte d'exploit tant les routes sont peu sûres. La moindre escorte attirerait l'attention et le mieux est encore de confier la pierre à un homme seul et d'apparence modeste. Cet homme, Harlay le possède : c'est Hermann, son Suisse, un vieil homme natif justement de Soleure et qui aimerait bien y finir ses jours.

Hermann part donc, en petit équipage, celui d'un serviteur qui s'en va prendre sa retraite. Le diamant est cousu dans ses vêtements, Harlay de Sancy n'a aucune inquiétude : l'homme est fidèle, d'une honnêteté totale. Pourtant, au bout de quinze jours il ressent la première angoisse : aucune nouvelle n'est parvenue, non seulement de Suisse, mais même de Dijon et de Pontarlier où Hermann devait signaler son passage.

Du coup, le financier prend la route à son tour mais ne va pas plus loin que Dijon parce que Hermann n'est pas allé plus loin : il est mort après une très courte maladie. L'aubergiste remet d'ailleurs au maître les hardes du serviteur en lui disant qu'il l'attendait : en effet, Hermann en mourant l'a prié de le faire ensevelir sous une couche légère de terre afin que son maître puisse l'enlever pour le ramener chez lui, comme il le lui a toujours promis. C'est, pour le maître du diamant, un trait de lumière : Hermann, en effet, a avalé le Sancy afin de le protéger jusqu'au bout.

Nicolas de Harlay accomplira lui-même le reste du voyage et ramènera douze mille Suisses… mais trop tard. Le roi Henri III a été assassiné. Son successeur, c'est le roi de Navarre, son beau-frère, qui devient Henri IV mais, protestant, celui-ci a les mêmes problèmes que le défunt roi : la Sainte Ligue et les princes de Lorraine qui, du coup, transforment le combat en guerre de Religion. Il héritera des Suisses et du dévouement de Nicolas de Harlay dont il fera, une fois devenu roi de France, son surintendant des Finances. Une fois de plus, Harlay de Sancy abjure le protestantisme, tout comme Henri lui-même.

Chargé de diverses missions diplomatiques, le dévoué Nicolas, qui a fini par récupérer son fabuleux diamant, devra finalement le vendre au roi d'Angleterre Jacques Ier qui en fera don à son favori, le célèbre duc de Buckingham. Mazarin le rachètera et le fera entrer dans les joyaux de la Couronne.

C'est Charles de Valois, comte d'Auvergne puis duc d'Angoulême par voie d'héritage, qui, en 1619, achète Grosbois car Harlay de Sancy n'a pas de descendants. Fils bâtard du roi Charles IX et de Marie Touchet, né le 28 avril 1573 au château du Fayet en Dauphiné, Charles d'Angoulême a cinquante-six ans quand il acquiert le château qu'il va transformer de fond en comble. C'est lui qui fait construire les deux ailes encadrant le bâtiment d'origine. Il les fait construire d'une manière un peu spéciale car, manquant toujours d'argent, il ne trouve rien de mieux que d'envoyer ses domestiques détrousser les voyageurs qui s'aventurent aux alentours de son domaine. Cela lui permet de payer des gages toujours en retard et d'agrandir considérablement Grosbois.

Incontestablement, il n'est pas lui non plus un personnage ordinaire et une courte biographie s'impose. Destiné d'abord à l'Église, Charles est abbé de La Chaise-Dieu à douze ans, grand prieur de Malte à seize ans, mais pas pour longtemps. Peu tenté par la religion, il quitte l'ordre pour n'y plus revenir car il désire surtout faire son chemin à la cour où le roi Henri III son oncle lui réserve un excellent accueil et le couvre de bienfaits : déjà comte de Clermont et d'Auvergne, il devient baron de La Tour, comte de La Chaise-Dieu, de Lauraguais, de la Lande-Mage et de Carcassonne, le tout en une seule journée.

Comme Harlay de Sancy, il sert Henri IV fidèlement au début, devient gouverneur d'une foule de provinces puis comte d'Alès quand il épouse, à Pézenas, une fille de Montmorency qui a tout pour plaire. Mais ce n'est pas elle qu'il aime : c'est sa demi-sœur à lui, Henriette d'Entragues, qui devient la maîtresse d'Henri IV avec l'espoir de devenir un jour reine de France.

Henriette est une intrigante fieffée et Charles la soutient en tout : il ira jusqu'à conspirer quand le roi épousera Marie de Médicis. Condamné à mort, il est sauvé *in extremis* par sa tante Diane de France qui lui léguera le duché d'Angoulême. Mais il reste prisonnier à la Bastille durant quatorze années. C'est le roi Louis XIII qui l'en tire, en 1619, tout juste avant qu'il n'achète Grosbois afin de s'y remettre d'une captivité qui lui a donné le goût du grand air.

Comme on l'a vu, il se consacre avec ardeur à son domaine où le roi viendra le visiter et souvent chasser. Avec lui, Grosbois connaît enfin les délices de la vie mondaine. Le nouveau maître aime recevoir.

Il apprécie les arts. Sa femme les aime aussi et ils forment un assez bon ménage, sauf quand vient la sœur bien-aimée, Henriette, devenue marquise de Verneuil et obèse. Quand elle meurt, Charles éprouve un vif chagrin, bien plus grand que celui causé par la mort de sa femme. D'autant qu'il a toujours une ou deux maîtresses en réserve, car, en dépit de l'âge, il demeure superbe et séduisant : très grand, très brun avec des yeux sombres dont le temps n'éteindra pas le feu ardent.

Il garde tant de succès auprès des belles que, le 24 février 1644, alors qu'il va sur ses soixante et onze ans, il se remarie avec une jouvencelle de vingt et un ans. Cinquante ans de différence et le plus amoureux des deux n'est pas celui qu'on pense car la jolie Françoise de Narbonne est follement éprise de son fiancé. Soyons juste, il le lui rend bien. Pour la première fois depuis longtemps, Charles est amoureux comme un gamin, avec des impatiences, des palpitations de cœur, des émerveillements et des craintes idiotes. Qu'on en juge plutôt : pour éterniser le souvenir de ses noces, le maître de Grosbois commande au peintre Abraham Bosse d'en fixer le reflet sur les murs de la grande salle qui est aujourd'hui la salle à manger. On peut y voir les deux époux dans toute leur gloire et dans tout l'éclat d'un bal de noces. Puis, ce seront six ans de bonheur jusqu'à ce 24 septembre 1650 où Charles d'Angoulême meurt dans son hôtel parisien.

Dès le début du XVIIIe siècle, Grosbois retrouve pour maître un Harlay mais d'une autre branche que l'homme au diamant. Néanmoins tout aussi original que son cousin. Achille de Harlay, comte de Beaumont et premier président au parlement de Paris, est « un petit homme vigoureux et maigre, un visage en losange, un nez grand et aquilin, des yeux beaux, parlants, perçants, qui ne regardent qu'à la dérobée ». Homme d'esprit avec cela. Il se taille une réputation en la matière lors d'une de ses premières séances au Parlement. En effet, tandis qu'il lit un rapport, il s'aperçoit qu'une partie de ses auditeurs dort d'un profond sommeil tandis que l'autre partie discute de choses et d'autres sans prendre la peine de baisser la voix. Alors, il s'arrête net puis déclare au milieu du silence revenu :

« Si messieurs qui causent faisaient comme messieurs qui dorment, messieurs qui écoutent pourraient entendre. »

Ce n'est qu'un début. Devenu premier président en 1689, il voit venir à lui une délégation de procureurs pour lui offrir des félicitations et demander sa protection :

« Ma protection ? Les fripons ne l'auront pas. Quant aux honnêtes gens, ils n'en ont pas besoin. »

Ce n'en est pas moins un fieffé courtisan qui, pour plaire à Louis XIV, mène croisade afin que les bâtards du Grand Roi soient légitimés. Ce qu'il obtiendra sans peine avec la faveur du Soleil couronné.

Par raison plus que par inclination, il a épousé Mlle de Lamoignon dans l'unique dessein d'en obtenir au moins un fils. Mission que la digne dame remplit le plus consciencieusement possible avant de quitter ce monde. Elle ne sera pas là quand Harlay deviendra propriétaire de Grosbois. Seul, le fils tant désiré accompagne le président. Un fils désiré mais cordialement détesté. Achille l'ancien – le fils se prénomme de la même façon – traite Achille le jeune « comme un nègre ». Et durant des mois Monseigneur d'Angoulême, du haut de sa fresque, voit s'installer à chaque bout d'une longue table ces deux êtres qui ne s'adressent jamais la parole et qui, pour traiter de leurs affaires, s'envoient des billets que portent les serviteurs.

En 1731, nouveau propriétaire : le marquis de Chauvelin qui n'aime guère les femmes mais qui s'est épris follement du château.

Diplomate, puis secrétaire d'État aux Affaires étrangères, Chauvelin est un homme de cabinet mais aussi un homme de plaisir. La jalousie de son ministre, le cardinal de Fleury, le privera un temps de son beau domaine mais l'amitié du roi Louis XV dont il est le commensal habituel et le compagnon de plaisir l'y renverra pour une douzaine d'agréables années. Des années trop courtes : à Versailles, un soir de 1750 où le marquis joue aux cartes avec le roi, il lâche soudain son jeu et s'abat sur la table, mort, au grand déplaisir de Louis XV qui se montra très affecté de cette fin brutale.

Le fils de Chauvelin ayant disparu avant lui, ses filles vendirent Grosbois au fils du financier Peyrenc de Moras, un ancien perruquier devenu multimillionnaire grâce au système de Law mais qui n'en fut pas moins homme de goût – c'est à lui que nous devons le superbe hôtel Biron où s'abrite actuellement le musée Rodin.

Hélas, le jeune Peyrenc de Moras ne peut conserver Grosbois parce qu'un prince le convoite. Le comte de Provence, l'inquiétant frère de Louis XVI, désire le domaine. Il ne saurait être question de le lui refuser. Le marquis de Brunoy, dont il a convoité aussi le château aujourd'hui détruit, ne le pourra pas davantage car Monsieur sait employer bien des moyens. Il faudra une révolution et la fantastique épopée napoléonienne pour faire de ce prince antipathique et dangereux un roi Louis XVIII conscient de ses responsabilités.

La Révolution commence par chasser Monsieur de Grosbois qui est vendu comme bien national. Mais, la tourmente passée, un nouveau maître se présente : le directeur Barras, l'homme que l'on a surnommé le Roi des pourris.

Cet authentique gentilhomme – il est vicomte et neveu de l'amiral de Barras qui fut l'un des chefs de la guerre de l'Indépendance américaine – s'est jeté comme tant d'autres dans la Révolution afin d'y assouvir son ambition. Membre de la Convention côté Montagne, il a voté la mort du roi et participé à plus d'un acte terroriste alors que, jadis, il a, un temps, brigué la main d'une sœur de la fameuse comtesse de La Motte, auteur du vol du collier de la reine. Pourtant, ce sont ses efforts et ceux du conventionnel Tallien qui ont jeté bas Robespierre et mis fin à la Terreur.

Avec lui, Grosbois connaît des fêtes somptueuses. La maîtresse de Barras, l'éblouissante Mme Tallien, donne le ton mais on y remarque aussi une jolie créole, la citoyenne Beauharnais qui, un temps, a été la maîtresse du directeur et qu'il mariera, presque de force, à un jeune général corse, un certain Napoléon Bonaparte.

Le coup d'État du 18 brumaire marque la chute de Barras et, la mort dans l'âme, il lui faut vendre Grosbois, pour la moitié de sa valeur réelle au général Moreau, le rival de Bonaparte, l'un des généraux les plus en vue de l'heure, l'idole des armées d'outre-Rhin.

Moreau a, lui aussi, épousé une créole, la ravissante Eugénie Hulot, et, follement épris d'elle, il souhaite lui donner pour cadre ce château quasi royal. Tous deux vont y vivre quelques mois délicieux mais Grosbois n'a jamais supporté longtemps qu'une femme règne sur lui. Moreau, aveuglé par la haine qu'il porte à Bonaparte, se laisse entraîner insensiblement dans la conspiration royaliste du général Pichegru qui, souvent, sera l'hôte secret de Grosbois. Grâce à lui Moreau rencontre boulevard de la Madeleine, une nuit de janvier 1804, le fameux conspirateur breton Cadoudal. Les deux hommes pourraient s'entendre car ils ont en commun la bravoure et le sens de l'honneur. Mais Moreau ne peut comprendre son interlocuteur qui, d'ailleurs, a plus de pureté et de vraie noblesse que lui. Il veut bien travailler pour lui-même, pas pour les Bourbons. L'accord ne se fait pas mais Moreau est néanmoins dénoncé. Un mois plus tard il est arrêté, conduit au Temple.

En dépit du grave danger qu'il a couru, Bonaparte se montrera indulgent : Moreau sera seulement embarqué pour l'Amérique avec sa famille. Devenu empereur, Napoléon a racheté tous ses biens – dont Grosbois – à leur juste prix. Mais pas pour lui :

« Allez dire à Mme Bernadotte (Désirée Clary) que je lui donne l'hôtel de la rue d'Anjou et à Berthier que je lui donne Grosbois », déclare-t-il un jour à Fouché qui aimerait bien garder pour lui le château où il a séjourné un temps.

Quand il prend possession de Grosbois, le maréchal Berthier, bientôt prince de Wagram, n'amène pas d'épouse avec lui mais un couple, le marquis et la marquise Visconti, avec lesquels il compose un assez réjouissant ménage à trois. Les salons du château vont en entendre de belles car Angela Visconti, qui est belle mais qui a tout de même passé fleur, est douée d'un caractère impossible. Jalouse comme une tigresse et d'une folle vanité, elle enrage de n'avoir pas ses entrées aux Tuileries.

La cour, en effet, lui est fermée de par la volonté de l'Empereur. Dire que celui-ci déteste la marquise constitue un aimable euphémisme : il l'exècre positivement. Même Mme de Staël n'arrive qu'en seconde position dans l'échelle de ses phobies, et cela depuis l'entrée à Milan, en 1796, des armées du général Bonaparte.

À l'époque, la Visconti avait jeté son dévolu sur le vainqueur et le poursuivait de ses assiduités avec une telle ardeur et un tel entêtement qu'il avait fini par prier Berthier de l'en débarrasser. Le malheureux n'avait que trop bien réussi en tombant éperdument amoureux de la dame. Au grand mécontentement de Bonaparte qui n'en demandait pas tant.

Depuis, le mécontentement est devenu fureur car Berthier ne se déplace plus sans les Visconti qui se sont installés chez lui. Il faut un ordre impérial pour que le maréchal, devenu prince de Neuchâtel en attendant de devenir prince de Wagram, accepte de se donner une épouse digne de lui : la princesse Élisabeth de Bavière-Birkenfeld. Le mariage a lieu le 9 mars 1808.

On pourrait supposer que la Visconti accepte alors de s'effacer ? Même pas. Le ménage à trois restera ménage à trois, le marquis ayant fini par quitter ce monde. Les deux femmes s'entendent bien. La marquise avait d'ailleurs cessé d'être dangereuse car, devenue énorme, elle était à peu près impotente.

Grosbois abritera la dernière nuit française du petit roi de Rome en route pour Vienne avec sa mère. Berthier s'est rallié aux Bourbons mais, se sentant en fausse position, se suicida le 1er juin 1815.

En 1962, René Ballière, président de la Société d'encouragement à l'élevage du cheval français, acquiert le domaine pour y installer un centre d'entraînement pour chevaux de course.

HORAIRES D'OUVERTURE

Dimanches
et jours fériés 14 h-17 h

Fermeture annuelle du 1er décembre au 15 mars sauf pour les groupes.

Au premier étage du château a été créé un musée du Trot.

http://www.cg94.fr/boissy-saint-leger/1268-boissy-saint-leger-chateau-de-grosbois.html

HAUTEFORT

Un poète de la guerre, une guerrière de l'amour

Trompes, tambours, bannières et pennons,
Enseignes et chevaux blancs et noirs
Verront bientôt qu'il fera bon vivre :
On prendra leur bien aux usuriers
Et par chemins n'iront plus convois
De jours tranquilles, ni bourgeois sans tracas
Ni marchands qui viendront de la France
Mais sera riche qui pillera de bon cœur.

Peut-on célébrer avec plus d'enthousiasme et plus de talent les malheurs de la guerre ? L'homme qui fulmine et clame cette poésie violente, cruelle et impitoyable dans le dernier quart du XIIe siècle compte pourtant au nombre de ces doux chanteurs que l'on appelait les troubadours. Et même y tint un rôle éminent. Mais il faut le regarder de plus près.

Il n'a rien du dameret soupirant aux accords d'un luth, assis sur un carreau aux pieds de quelque châtelaine. L'amour, en vérité, ce n'est pas du tout, mais pas du tout son affaire. On peut chercher : on ne lui connaît ni douce amie ni princesse lointaine. Il n'a que faire des douceurs fades, des regards noyés, des voix murmurantes. Lui, Bertran de Born, vicomte de Hautefort, ne sait que crier dans la mêlée et, de retour sous la tente, tout fumant du combat, écrire sa joie sauvage encore toute chaude puis appeler Papiol, son chanteur, pour mieux entendre l'effet produit :

« Je vous le dis : rien n'a pour moi saveur
Ni manger, boire ou dormir
Autant que d'entendre crier : « En avant ! »
....
Et voir tomber dans les fossés
Grands et petits dans la prairie
Et voir les morts avec, dans le côté
Tronçons de lance et leurs fanions.

La vie de ce brûlot pensant, de ce boutefeu ambulant ressemble à ce qu'il écrit : guerre, guerre et encore guerre ! Il n'aime pas les dames, il n'aime que le roi d'Angleterre, son suzerain, hélas ! puisque alors les battements de cœur désordonnés d'Aliénor d'Aquitaine ont apporté l'énorme duché au Plantagenêt. Et son roi, à lui, c'est d'abord Henri II. Mais il l'aime déjà moins quand, en 1182, ledit Henri place son pays – le Périgord – sous le commandement de Richard au cœur de lion qui n'a encore aucun droit à la couronne. Car c'est à Bertran que Richard s'en prend en tout premier lieu.

Le prince a pour cela une excellente raison : Bertran a un frère Constantin qu'il déteste et auquel il conteste la possession du puissant château familial, et Constantin s'en est allé porter sa plainte à Richard. Richard, bien sûr, prend sous sa protection cet expulsé dont il espère faire un vassal reconnaissant. Apprenant cela, Bertran se hâte d'aller faire hommage à l'héritier d'Angleterre, Henri, frère aîné de Richard et son ennemi. Le choix serait bon si Henri Court-Mantel ne mourait subitement en 1183. Quelques semaines plus tard, Richard vient mettre le siège devant Hautefort, en chasse Bertran et réinstalle Constantin.

Furieux, le poète trousse quelques sirventès vengeurs et, profitant de l'inimitié qui règne entre le roi et Richard, souffle le feu et la fureur entre les deux hommes tant et si bien qu'on lui rend le château en 1185. Pas pour longtemps : l'année suivante, Constantin revient, expulse à nouveau son frère et, pour faire bonne mesure, ravage totalement Hautefort.

Malheureusement pour lui, il n'est pas poète. Devenu roi, Richard Cœur de Lion acceptera l'hommage de Bertran et appréciera sa muse ardente qui répond si bien à ses goûts personnels. D'autant que, cette fois, Bertran restera fidèle. À la mort du roi il pensera que nul n'est plus digne d'être chanté par lui… sinon peut-être Dieu. Il se retire alors à l'abbaye de Dalon où il mourra en 1215, âgé de soixante-quinze ans, laissant environ quarante-cinq poèmes épiques. Il avait tout de même trouvé le temps de se marier par devoir. Ce furent les descendants de sa fille Marguerite qui héritèrent de Hautefort puis, par mariage, la famille de Gontaut.

Il faut attendre le XVIIe siècle pour que le château, après avoir connu diverses constructions, trouve son aspect actuel, celui d'un superbe échantillon de son siècle dont l'harmonie corrige la sévérité. Le bâtisseur, c'est Jacques-François de Hautefort, et l'œuvre se poursuit entre 1640 et 1680.

La demeure toute neuve va abriter pendant quelque temps l'exil d'une des plus belles jeunes femmes de l'époque. Elle s'appelle Marie, elle est la sœur de Jacques-François. Elle est aussi dame d'atour de la reine Anne d'Autriche, femme de Louis XIII, à laquelle elle voue un attachement absolu. En cette beauté se retrouvent l'orgueil et l'ardeur guerrière du lointain ancêtre Bertran. Sa hauteur ne cède que devant la reine.

Devant la reine et pas devant le roi ? Eh bien non ! Et cela pour la meilleure des raisons : Louis XIII le chaste, le secret, l'homme qui préfère à sa blonde épouse ses amis et ses chevaux, est tombé amoureux d'elle, de la plus imprévisible façon. Peut-être à cause de cet éclat hautain et triomphant qu'elle avait et qui était fort loin des grâces plus mièvres des autres dames. Saint-Simon, dont le père était alors le confident du roi, a écrit assez longuement sur Mlle de Hautefort, rapportant même les paroles prononcées un jour par Louis XIII lorsque son confident le poussait à faire de la jeune fille sa maîtresse.

« Il est vrai que je suis amoureux d'elle, que je le sens, que je la cherche, que je parle d'elle volontiers et que j'y pense encore davantage ; il est vrai encore que tout cela se fait en moi malgré moi parce que je suis un homme et que j'ai cette faiblesse ; mais plus ma qualité de roi ne peut donner plus de facilité à me satisfaire qu'à un autre, plus je dois être en garde contre le péché et le scandale. Je pardonne pour cette fois à votre jeunesse ; mais qu'il ne vous arrive jamais de me tenir un pareil discours si vous voulez que je continue à vous aimer. »

Nobles et belles paroles sans doute, traduisant bien cette étrange résistance qui exaspérait tant la belle Hautefort. Pour parvenir à ses fins, elle ne cessait de provoquer le roi. Et un jour où, entrant chez la reine, il a vu celle-ci remettre un petit billet à sa fille d'honneur, il demande qu'on le lui donne. Mlle de Hautefort glisse alors le billet dans son décolleté, bien en vue entre ses seins et, en riant, met le roi au défi de venir l'y prendre. On dit que Louis XIII rougit très fort puis tourna les talons et s'enfuit comme s'il avait vu le diable. Peu de temps après d'ailleurs, un amour beaucoup plus pur pour Mlle de La Fayette le sauvait des pièges de la belle Marie. Celle-ci entreprit de conspirer contre Richelieu, ce qui lui valut un premier exil à Hautefort. Elle revint à la cour après la mort de Louis XIII et, fidèle à ses habitudes, manigança contre Mazarin. Elle ne savait pas que les choses avaient changé et qu'Anne d'Autriche aimait autant ce cardinal-là qu'elle avait détesté l'autre. Marie fut de nouveau exilée. Deux ans plus tard, elle épousait le maréchal de Schomberg, duc d'Halluin.

La Révolution passée, un autre guerrier, le baron de Damas, devint propriétaire de Hautefort par son mariage avec Charlotte du même nom. Il fut de ces soldats qui servirent la France avant de servir un régime et, après avoir combattu sous la Révolution et l'Empire, servit fidèlement la Restauration qu'il suivit même jusqu'en son exil en devenant gouverneur du duc de Bordeaux. Chateaubriand le détestait.

En 1929, le baron de Bastard faisait l'acquisition de Hautefort, alors bien abîmé, et entreprenait une restauration exemplaire. Une entreprise qui dura des années et dont il ne vit pas la fin. Il n'était plus, au jour où l'on célébra, avec éclat, la fin des travaux. Peu de temps après, un incendie réduisait à néant toutes ces années d'effort. Néanmoins, grâce à une souscription, la baronne de Bastard a réussi, avec une rare ténacité, à remettre encore une fois l'écrasant Hautefort en état.

Horaires d'ouverture

Mars	14 h-18 h (week-ends et jours fériés)
Du 1er avril au 30 mai	10 h-12 h 30 et 14 h-18 h 30
Du 1er juin au 30 août	9 h 30-19 h
Septembre	10 h-18 h
Octobre	14 h-18 h
Du 1er au 11 novembre	14 h-18 h (week-ends et jours fériés)

Un spectacle nocturne a lieu tous les mercredis des mois de juillet et août à 21 h.

http://www.chateau-hautefort.com/

CHÂTEAU D'IF

L'enfant né de la mer...

Homme libre, toujours tu chériras la mer...

Charles BAUDELAIRE

Par un jour venteux du mois de décembre 1598, une jeune lavandière de Marseille s'installe dans le petit bateau qui va la mener au château d'If où elle doit livrer le linge de la garnison. Elle commet là une grosse imprudence car le ciel est gris, le temps menace. En outre elle est enceinte autant qu'on saurait l'être, et beaucoup trop près de son terme pour courir ainsi les aventures. Mais elle possède l'insouciant courage de la jeunesse et pense qu'en tout état de cause la mer et le ciel lui laisseront bien le temps de gagner la forteresse des vagues. D'ailleurs, le marin qui l'accompagne se fait fort de la mener à bon port : en bon Marseillais, il s'estime le roi des navigateurs. Ce en quoi il fait preuve d'un optimisme un peu outré. Il devrait savoir que la Méditerranée est, de toutes les mers, la plus imprévisible.

La première partie du voyage se passe bien. Mais, alors que l'on est tout juste à mi-chemin, voilà que la tempête se lève. Et quelle tempête ! rageuse, brutale, éprouvante !… Sous le petit bateau emporté par un vent violent, la houle se creuse, les vagues se forment, secouant d'importance nos deux imprudents.

Elle les secoue même tant et si bien que la pauvre lavandière accouche d'un gros garçon avant même que la barque ait atteint le château d'If.

C'est alors une forteresse chargée de défendre les abords de Marseille. Soixante-quatorze ans plus tôt, alors que la ville venait d'être assiégée par les troupes de Charles Quint commandées par le connétable de Bourbon, le roi François Ier se résolut à faire abattre un joli pavillon servant de rendez-vous de chasse qui ornait la plus petite des trois îles étalées devant le port : Pomègues, Ratonneau et If. À l'époque, en effet, ces îles couvertes de végétation étaient très giboyeuses. Mais le roi, pensant qu'un fort château serait de plus grande utilité qu'un pavillon de chasse, en posa la première pierre le 20 décembre 1524 et déposa sous cette pierre un flacon d'huile, une bouteille de vin et un coffret dans lequel se trouvaient une poignée de blé et une plaque de cuivre commémorant l'événement.

François Ier revint visiter son château aux trois tours blanches, le 8 octobre 1533, quand il descendit à Marseille pour y attendre la galère qui portait la nièce du pape, sa future belle-fille Catherine de Médicis. Mais revenons à notre lavandière et à l'enfant qu'elle venait de mettre au monde d'une façon si originale.

Le château est alors gouverné par Paul de Fortia de Pilles, issu d'une puissante famille de viguiers de Marseille qui en conserveront le gouvernement jusqu'en 1771 ; là se trouvait leur tombeau.

Naturellement, Paul de Fortia est le premier à qui l'on annonce la nouvelle et il se fait apporter l'enfant tandis que l'on prodigue à la mère les soins nécessaires. C'est un bel enfant et le gouverneur décide de lui donner son prénom comme nom de famille, d'être son parrain et de veiller sur son enfance. La légende chuchote que la jolie lavandière n'était pas tout à fait une inconnue pour le gouverneur.

Quoi qu'il en soit, voilà le petit Paul installé dans l'île-forteresse où il passera les douze premières années de son existence, non sans effectuer de fréquents voyages à Marseille. Et, un jour qu'il erre sur le Vieux-Port, il va tout droit se présenter au patron d'une petite tartane en lui proposant de l'embarquer. Voilà douze ans qu'il contemple la mer et, à présent, son envie de naviguer est devenue insupportable. Il veut être marin.

Le bonhomme refuse : il n'embarque pas n'importe qui. Paul n'insiste pas mais, la nuit venue, il monte à bord clandestinement et le lendemain, alors que Marseille est déjà loin, le patron s'aperçoit qu'il a un mousse sur lequel il ne comptait pas. Du coup, il le garde et il va même le garder quatre ans, jusqu'à ce qu'à La Ciotat sa tartane se retrouve bord à bord avec une galère de Malte. Les moines-marins ! Voilà des maîtres, et Paul n'hésite pas à leur offrir des services qui, cette fois, sont acceptés sans hésitation : quatre années de mer ont fait de lui en dépit de sa jeunesse un gaillard appréciable. Et une force de caractère ! Un vieux sergent avec lequel il se prend de querelle dans une rue de La Valette l'apprend à ses dépens : Paul le provoque en duel, et l'étend raide mort.

C'est une grave affaire, et voilà notre tête chaude en grand danger d'être pendue… si quelqu'un ne s'en mêlait. Paul de Fortia, son parrain, l'ancien gouverneur du château d'If, est à Malte ; il plaide sa cause et obtient que l'on se contente d'embarquer Paul sur un brigantin qui s'en va chasser le Barbaresque sur les côtes grecques. Il va y faire merveille : le capitaine de son navire étant tombé dans le combat, l'équipage le choisit pour lui succéder : il a tout juste vingt ans.

Dès lors, les îles grecques vont retentir de ses exploits : basé dans une tour de Mitylène qui porte toujours le nom de tour du Capitan Paulo, il mène la vie dure aux Barbaresques, réussissant même avec son seul bateau à leur capturer une galère et à en faire couler une seconde alors qu'elles étaient cinq en face de lui. Un tel exploit assure sa renommée et, alors que les Barbaresques mettent sa tête à prix, se promettant bien, s'il leur tombe sous la griffe, de le faire tirer à quatre galères, à Malte il est reçu en héros. En 1637, le petit bâtard du château d'If, l'enfant né de la mer, devient chevalier servant de l'ordre de Malte. Il est désormais le chevalier Paul, et le grand maître Jean de Lascaris-Castellar le recommande au cardinal de Richelieu qui se cherche des capitaines. C'est une fantastique carrière qui commence.

D'abord capitaine d'un vaisseau de seize canons, le *Neptune* dont le précédent commandant était Abraham Duquesne, le chevalier Paul va faire respecter son pavillon, sur toutes les mers où il aura à le promener. Il ira même jusqu'à couler, en pleine paix, un vaisseau anglais de trente-cinq canons qui lui a refusé le salut. Mais quel résultat ! En 1650, Paul, que le roi a anobli, est chef d'escadre. Mazarin fera du fils de la jolie lavandière le lieutenant général des armées navales du Levant. Il pourrait mener grand train. Pourtant, ce qu'il préfère, c'est partir seul sur la mer, comme autrefois, avec son navire et rien de plus car, au fond, c'est un loup solitaire. Et la mer lui apportera l'amour.

On sait peu de chose d'elle sinon qu'elle était espagnole, de noble famille, qu'elle avait vingt ans alors qu'il en avait près de soixante, qu'elle était à bord d'un galion capturé par Paul et qu'au lieu de la renvoyer à sa famille, il la garda pour lui. On sait encore qu'il la cacha dans la petite maison qu'il s'était fait construire dans une pinède près de Toulon et qu'à certains qui lui reprochaient ce que l'on croyait être une capture, il répondit : « C'est qu'elle ne veut pas partir. Demandez-le-lui… »

Elle partit pourtant, mais ce fut la mort qui l'emporta après quelques trop courtes années de bonheur. Le chevalier Paul s'en trouva meurtri pour toujours. Il reprendra la mer, se battra encore mais avec le désespoir au cœur, jusqu'à ce mois d'octobre 1667 où, épuisé par tant de combats, tant de blessures, il reviendra mourir à Toulon tout seul et sans bruit, demandant seulement qu'on lui accorde, à lui amiral du Levant, l'honneur d'être enterré dans une fosse commune… aux côtés de ses marins.

Après cette superbe et fulgurante histoire, il est difficile de revenir au château d'If où elle a commencé de façon si romanesque. Au château d'If qui était devenu prison d'État. Une prison où passèrent des personnages extraordinaires comme le mystérieux Masque de Fer, Mirabeau et Philippe Égalité, le prince régicide qui avait voté à la Convention la mort de son cousin Louis XVI. Gens qui furent de bien réels prisonniers, avec tout ce que cela implique de désespoir et de souffrance. Mais il appartenait à Alexandre Dumas d'assurer pour jamais et devant le monde entier la renommée du château d'If.

Pour les innombrables lecteurs du *Comte de Monte-Cristo*, la vieille forteresse marseillaise est avant tout la prison d'Edmond Dantès. Au point que, cette prison, on la montre toujours, ainsi que celle de l'abbé Faria, comme s'ils avaient existé l'un et l'autre.

Vers la fin du siècle dernier, le gardien chargé de faire visiter le château d'If se nommait Grosson. C'était un guide comme on n'en trouve plus, plein de faconde et d'imagination méridionales. C'est ainsi qu'un jour, il eut à faire visiter le château à Alexandre Dumas lui-même qui avait eu envie de revoir le théâtre de ses exploits littéraires et qui, bien sûr, ne se fit pas connaître.

— Vous voyez ce trou, dit Grosson. C'est l'abbé Faria qui l'a creusé avec une arête de poisson. Monsieur Alexandre Dumas l'a raconté dans son célèbre roman *Monte-Cristo*.

— Ah, dit Dumas. Ce monsieur sait donc beaucoup de choses ? Vous le connaissez peut-être ?

— Je crois bien, fait l'autre avec assurance. C'est l'un de mes meilleurs amis…

— Il vous en sait gré…

Et, dans la main du gardien ébahi, le romancier glissa deux louis d'or…

HORAIRES D'OUVERTURE

Du 30 mars au 12 mai	10 h-17 h
Du 13 mai au 15 septembre	10 h-18 h
Du 16 septembre au 29 mars	10 h 30-17 h (fermé le lundi)

Fermé le 1er janvier et le 25 décembre.

http://www.if.monuments-nationaux.fr/

JEAN D'HEURS

Le roman d'une maréchale d'Empire

Deux étions et n'avions qu'un cœur.

François VILLON

Quand, en 1809, le maréchal Oudinot reçoit de Napoléon Ier, après la bataille de Wagram où il s'est conduit en héros, le titre de duc de Reggio, il se prend à penser que sa maison de Bar-le-Duc est peut-être un peu trop modeste pour contenir un si haut personnage et qu'en tout état de cause il lui faut un château. Ne serait-ce que pour y installer, outre la duchesse sa femme et ses enfants, son écurie de dix-huit chevaux, l'étalon que lui a offert le tsar et enfin son souvenir préféré : le canon qu'en 1800 il a pris à l'ennemi, sur le Mincio, et auquel il a naturellement donné ce nom.

Son choix tombe sur une ancienne abbaye de prémontrés située à trois lieues de Bar, vieille de plusieurs siècles mais que divers incendies et autant de reconstructions ont fini par transformer en une superbe bâtisse du XVIIIe siècle implantée auprès d'un cloître et d'une église fort abîmés. Seul, il faut bien le dire, le palais abbatial est en bon état. Aussi est-ce d'un cœur tranquille que le maréchal fait abattre l'église et une partie du cloître pour installer ses écuries. L'histoire ne dit pas si, pour obtenir ce résultat, il se servit du canon.

Le décor étant ainsi planté, revenons une année en arrière, et arrêtons-nous dans le jardin du couvent Notre-Dame de Bar-le-Duc par un beau jour de l'été 1808 au moment où deux jeunes filles, deux pensionnaires du couvent arrivées en fin d'études et sur le point de rentrer dans leurs familles, sont en train de se faire leurs adieux. L'une s'appelle Eugénie de Coussy, l'autre Pauline de Montendre. Elles ont toutes deux le même âge – dix-sept ans – et toutes deux éprouvent cette tristesse que l'on ressent en se séparant d'une compagne que les années écoulées ont faite très proche.

Bien sûr, on se promet de s'écrire souvent, de ne pas se perdre de vue, de se tenir au courant des événements à venir mais cela ne les satisfait pas pleinement. En effet, si Eugénie reste à Bar où elle va s'installer chez sa sœur Mme de La Guérivière, Pauline rejoint sa mère à Paris. C'est donc une vraie séparation qui les désole. Alors Pauline de Montendre a une idée : quand l'une des deux se mariera, elle enverra à l'autre un petit anneau d'or. Un petit anneau tout simple : les détails viendront après.

Mais justement ces détails intéressent Eugénie qui renchérit sur l'idée de son amie : si le fiancé est chevalier de la Légion d'honneur (car bien sûr ces jeunes filles ne rêvent que des soldats de Napoléon), on mettra une étoile à l'anneau. On en mettra deux si l'élu est baron, trois s'il est comte. Et si c'est un duc ? dit Pauline. La suggestion soulève de grands éclats de rire. À idée folle, réponse folle :

« Eh bien, dit Eugénie, l'anneau portera de petits diamants mais je serais bien étonnée si l'une de nous deux avait à faire cette dépense. »

Or, au mois de janvier 1812, Pauline de Montendre reçoit un écrin de velours blanc renfermant un anneau serti de petits diamants. Et, en effet, quelques jours plus tôt, Eugénie a épousé le maréchal Oudinot, duc de Reggio, dans la cathédrale de Bar-le-Duc réchauffée par des centaines de cierges. Elle a tout juste vingt ans, il en a quarante-quatre, il est veuf avec six enfants mais ce n'en est pas moins un très authentique mariage d'amour. Que s'était-il donc passé ?

Rien que de fort simple au fond, encore que de très romantique. Mme de La Guérivière, sœur d'Eugénie de Coussy, était très liée avec la maréchale Oudinot et elle fut l'une des premières à visiter Jean d'Heurs en compagnie de sa jeune sœur. Avec d'ailleurs une idée derrière la tête : marier Eugénie avec le jeune Victor Oudinot qui était son aîné de un an et qui était un très charmant garçon, tout à fait capable de séduire une jeune fille.

La maréchale, née Françoise Derlin, était une aimable femme d'une quarantaine d'années, belle encore mais de santé précaire. Elle approuva tout de suite le projet de son amie : Eugénie, grande fille blonde aux magnifiques yeux noirs, pleine de grâce et de distinction, avait tout pour plaire. Le jeune Victor était, pour sa part, totalement d'accord. Rien n'aurait dû en conséquence s'opposer au mariage. Sauf Eugénie elle-même… Eugénie qui trouvait Victor bien gentil mais n'hésitait pas à le trouver fade en comparaison de son père.

Le premier contact a eu lieu par le truchement du portrait du maréchal qui trônait dans le grand salon.

Non que le héros fût beau. Il était même plutôt laid mais Eugénie avait été séduite par le visage énergique, les yeux sombres et l'épaisse crinière de cheveux noirs. À la rigueur, on pouvait penser que le peintre avait flatté son modèle mais bientôt Eugénie se trouve confrontée à la réalité : Oudinot est venu se remettre chez lui d'une grave blessure reçue sous Dantzig. Et elle n'est pas déçue, loin de là : le Bayard de la Grande Armée lui paraît même encore meilleur que son portrait.

Eugénie comprend très vite ce qui lui arrive et, comme elle est honnête, comme la maréchale l'a toujours reçue avec bonté, elle trouve le courage de cesser toute visite à Jean d'Heurs. À la stupeur de Mme de La Guérivière qui finit par conclure, faute d'information plus précise, que son aristocrate de sœur trouve les Oudinot de naissance trop modeste pour elle.

Or, à l'automne 1810, la maréchale Oudinot meurt à la suite d'une courte maladie, loin de son époux qui se trouve alors en Hollande. C'est seulement l'année suivante que celui-ci peut revenir s'agenouiller sur sa tombe… mais presque immédiatement après il se rend à Bar, chez Mme de La Guérivière. Car si Eugénie est amoureuse d'Oudinot, celui-ci rêve d'elle depuis pas mal de temps. Quelques mois plus tard, l'accord se fait entre eux à la grande stupeur de la sœur aînée.

Le voyage de noces est bref. Le maréchal doit se rendre à Berlin pour y prendre le commandement du 2e corps de la Grande Armée. Eugénie l'accompagne, fière et heureuse. Avec orgueil elle voit son époux entrer dans Berlin à la tête de ses quarante mille hommes et défiler dans Unter den Linden. Mais ensuite il faut regagner la France et la regagner seule : l'Empereur prépare la campagne de Russie.

À Jean d'Heurs où elle est désormais maîtresse,

Eugénie occupe ses loisirs à écrire de longues lettres pour l'absent et à monter sa maison sur un pied réellement ducal. Sa vie y est paisible entre sa mère, son oncle le baron de Coussy et ses beaux-enfants... jusqu'à ce qu'elle apprenne par *Le Moniteur* que son époux est grièvement blessé au fin fond de la Pologne. Alors, n'écoutant que son amour, Eugénie, accompagnée de son seul oncle, se lance sur les routes pour rejoindre le cher Nicolas, priant continuellement pour avoir la joie de l'embrasser une dernière fois.

C'est une folle, une incroyable équipée qui porte Eugénie à la hauteur des héroïnes de roman. Elle réussit non seulement à retrouver son Nicolas encore vivant mais à le ramener à travers les invraisemblables dangers et le drame que fut la retraite de la Grande Armée. Et c'est triomphalement qu'elle rentre avec lui dans leur château. Hélas, c'en est fini de l'héroïsme pour l'un comme pour l'autre. Poussé par sa femme, Oudinot se retourne contre Napoléon. Il fait partie de ceux qui l'obligent à signer son abdication et reste chez lui tandis que le canon tonne à Waterloo... Il en sera récompensé : jusqu'à sa mort, en 1847, il demeurera grand chancelier de la Légion d'honneur et gouverneur des Invalides. Jusqu'à sa mort aussi, il conservera l'amour d'une épouse qui lui a donné quatre enfants.

Pour sa part, Eugénie devient, par la grâce de Louis XVIII, dame d'honneur de la jeune duchesse de Berry. Une dame d'honneur singulièrement dévouée car, lorsque les mauvais jours seront venus pour la folle duchesse, Mme Oudinot demandera la faveur de la rejoindre dans sa prison de Blaye.

Mais c'est à elle que le château doit d'avoir connu nombre d'heures pompeuses car elle avait réussi à en faire un séjour à la fois somptueux et fort agréable. C'est ainsi que, durant la Restauration et la monarchie de Juillet, Mme la duchesse de Reggio allait y recevoir le duc de Berry en septembre 1814 – la fête donnée alors fut mémorable –, le comte d'Artois, futur Charles X la même année, son second fils le duc d'Angoulême en 1818, la duchesse de Berry naturellement en 1825, la duchesse d'Angoulême, fille de Louis XVI et de Marie-Antoinette, en 1828, puis en 1834 les ducs d'Orléans et de Nemours, fils de Louis-Philippe.

Après la mort d'Eugénie survenue en 1868, le château passe à M. Léon Ratier, cousin des frères Goncourt, qui va lui donner ses lettres de noblesse littéraires. C'est en effet à Jean d'Heurs qu'Edmond de Goncourt écrit son roman *Chéri* – ne pas confondre avec celui de Colette – et que les deux frères accumulent des notes pour leur fameux *Journal*.

HORAIRES D'OUVERTURE

Du 1er juillet au 20 août	visites guidées

JOSSELIN

Olivier de Clisson, connétable de France

Roi ne puis, prince ne daigne, Rohan suis.

Devise de la maison de Rohan

Plus beau, plus noble, plus imposant ne se saurait trouver sur cette terre bretonne, si riche cependant en monuments précieux et superbes demeures, que ce hautain château dans son armure de pierres. Il symbolise à lui seul tout un monde féodal et semble résonner encore du vacarme des bombardes et des cris de victoire. Il impose sa loi, il domine le paysage, si paisible cependant et qui peut-être a oublié ; mais lui se souvient. Elles ont vu tant de choses, les hautes tours qui se reflètent immuablement dans la petite rivière d'Oust. Un nom qui va mal à ce tranquille chemin d'eau car il ressemble à un cri de guerre…

Si le château se souvient si bien, c'est peut-être parce que, depuis des siècles, il appartient au même maître : le chef de nom de la puissante famille de Rohan, plus noble que certains rois et dont les branches s'étendent sur l'Europe.

Celui qui, le premier, fonde une place forte sur l'éperon de schiste où s'élevait jadis un poste de guet romain, se nomme Guethenoc, vicomte de Porhoët, mais il a un fils qui se nomme Josselin. Voilà le nom du repaire neuf tout trouvé. Un repaire devenu maison forte qui va connaître bien des vicissitudes jusqu'à l'an 1370 où il entre dans la possession d'Olivier de Clisson, connétable de France.

Au nombre de ces vicissitudes, Eudes II de Porhoët, qui ayant épousé Berthe de Bretagne, fille du duc Conan III, prétendit à la couronne ducale en dépit de tout droit. Cela donna une guerre au cours de laquelle le premier Josselin fut rasé, et quand le fils aîné d'Eudes, Josselin II, en hérita, il ne représentait plus guère qu'un imposant monceau de ruines. L'héritier s'en arrangea sans envier son frère Alain qui avait reçu, lui, la vicomté de Rohan : c'était tout simple, Josselin renaissait déjà de ses cendres.

Par alliances et héritages, il passa successivement aux seigneurs de Fougères, aux Lusignan, aux Valois de France et aux ducs d'Alençon. Mais, au cours de ces années, une page de gloire allait s'y inscrire quand Jean de Beaumanoir en devint capitaine pour Charles de Blois, duc de Bretagne.

Le 26 mars 1351, Jean de Beaumanoir quittait Josselin à la tête de trente chevaliers. Ils se sont confessés et ont ouï messe car, du combat vers lequel ils se dirigent, peu doivent revenir. On est alors en pleine guerre de Succession de Bretagne quand s'opposent Charles de Blois, époux de Jeanne de Penthièvre, sœur du défunt duc Jean III, et Jean de Montfort, demi-frère de ce même Jean III. Montfort a l'aide des Anglais, et c'est un Anglais, Richard Bemborough, que Beaumanoir va rencontrer dans la lande de Mi-Voie entre Josselin et Ploërmel, en un lieu dit la Croix-Helléan Bemborough, qui, de son côté, amène trente chevaliers anglais.

Le combat fut terrible. Au deuxième assaut, Bemborough fut tué mais les Anglais continuèrent la lutte. Il fallut l'exploit fabuleux de Guillaume de Montauban mettant à mal, à lui seul, sept chevaliers anglais pour décider du sort d'un combat demeuré fameux sous le nom de combat des Trente Beaumanoir. Lui était toujours vivant mais comme, blessé, il se plaignait d'une soif ardente, un chevalier français, Geoffroi du Bois, lui a lancé le fameux : « Bois ton sang, Beaumanoir ! »

La guerre terminée en 1364 par la mort de Charles de Blois, Jean de Beaumanoir ne lui survécut guère. Mais il avait pour ami un grand seigneur breton de la région de Nantes, Olivier de Clisson, dont le père a été jadis exécuté stupidement et même criminellement par le roi de France Philippe VI, et que l'on avait élevé en Angleterre[1]. Revenu en Bretagne, Clisson a rejoint le parti français. Compagnon d'armes de Bertrand Du Guesclin, il s'y couvre de gloire et une chaude amitié le lie à Beaumanoir. Après la mort de celui-ci, il épouse même sa veuve, Marguerite de Rohan. Cela ne lui suffit pas. Il veut aussi Josselin dont les ducs d'Alençon ne prennent aucun soin mais dont lui sait la valeur stratégique.

Pour l'obtenir, il offre une fortune : une forêt, une baronnie normande et une rente sur les riches foires de Champagne. Il l'obtient et, dès lors – nous sommes en 1370 –, il en décide la reconstruction totale. C'est une superbe forteresse qui va s'élever au bord de

1. Voir Clisson.

l'Oust : neuf tours – dont il ne reste que trois – vont la garder, la rendre inexpugnable. Plus un énorme donjon dont il ne subsiste rien.

Devenu connétable de France en 1380, Olivier de Clisson fait alors table rase des droits suzerains du duc de Bretagne. Il s'engage par écrit à ne jamais remettre le château qu'au seul roi de France car seul compte pour lui le serment qu'il fit au jour où lui fut remise la grande épée aux fleurs de lys d'or. Naturellement, le duc Jean IV n'apprécie pas et, en 1387, il joue à Clisson un bien mauvais tour.

La scène se passe à Vannes où Clisson possède une demeure seigneuriale. Un jour, le duc Jean invite Clisson et trois autres seigneurs qui lui sont proches à visiter le château de l'Hermine qu'il vient de faire élever dans sa bonne ville. Sans défiance, Clisson se rend à l'invitation mais, comme il monte l'escalier qui mène aux chemins de ronde, il est arrêté, enchaîné et jeté en prison en grand danger d'être enfermé dans un sac et noyé. En fait, Jean IV n'assouvit pas qu'une seule vengeance. Il est persuadé que le connétable est l'amant de sa seconde femme, la belle Jeanne Holland.

Clisson se tire de justesse de ce mauvais pas grâce à l'amitié d'un serviteur du duc, le sire de Bazvalan, mais il doit payer une rançon de « cent mille florins d'or et de dix places fortes ». Que ne ferait-on pour recouvrer sa liberté ? Clisson signe le traité exorbitant puis, une fois libre, se hâte de reprendre une à une les places qu'il a dû abandonner. Mais, entre lui et le duc, la guerre n'est pas finie.

Jean IV va tenter de faire assassiner Clisson à Paris, près de son hôtel – aujourd'hui l'hôtel des Archives de France – par son homme de main Jean de Craon. Puis, en 1393, c'est devant Josselin qu'il vient mettre le siège avant de se réconcilier enfin avec son ennemi et même, une fois persuadé du fait qu'il est bien l'homme le plus noble qui soit, de lui confier en mourant la tutelle de ses trois fils.

À Josselin, alors, se situe une scène qui trace le portrait définitif du connétable. Au jour où un messager lui a fait connaître la mort du duc et ses dispositions testamentaires, Clisson est encore couché. C'est le petit matin. Pourtant l'une de ses filles, Marguerite de Penthièvre, vient prendre son lit d'assaut, ou presque. C'est une furie déchaînée qui revendique pour ses fils les anciens droits des Penthièvre. Et comme Clisson n'a pas l'air de comprendre, elle précise sa pensée : la seule chose à faire est de « faire périr les enfants de Bretagne et mettre les siens en leur place ».

Alors une colère folle s'empare de l'ancienne victime de Jean IV. Sautant à bas de son lit, il saisit un épieu avec l'intention d'en assener quelques coups sur la tête de sa fille qui s'enfuit. Il la poursuit jusque dans l'escalier. Elle tombe et s'y brise la jambe, ce qui lui vaudra, sa vie durant, le surnom de Margot la Boiteuse. On ne laissait jamais à cette époque perdre la moindre circonstance. Cependant, son père ira lui-même faire sacrer à Rennes un enfant de douze ans qui deviendra le duc Jean V.

Dès lors, Clisson va surtout habiter Josselin. Il y fera construire la charmante église Notre-Dame-du-Roncier. Il y perdra sa femme, ce qui lui sera cruel, et enfin, le 23 avril 1403, il y mourra. Le château va passer définitivement aux Rohan par Béatrice, seconde fille du connétable mariée à Alain VIII de Rohan.

En 1440, le duc Jean V, dont nous venons de voir le sacre, séjourne à Josselin quand y vient Gilles de Rais, l'homme qui servit de modèle à Barbe-Bleue. Gilles qui avait malmené un trésorier du duc venait se disculper. Il n'y parvint pas mais son procès qui s'ouvrit peu après et qui devait le mener au bûcher a mis en lumière la façon dont, à Josselin, il passa ses nuits :

L'acte d'accusation, en son article XIX, précise que « … les susdits Gilles de Rais et François Prelati, dans un certain pré près du château et de la ville de Josselin, du côté des faubourgs attenant audit château et à ladite ville, évoquèrent les malins esprits et firent là d'autres superstitions » et que « le même accusé fit tuer plusieurs enfants à lui procurés et qu'il connut et exerça avec eux le vice et le péché de sodomie… ».

La forteresse fut démantelée en 1488 sur l'ordre du duc François II pour punir Jean II de Rohan qui avait pris le parti d'Henri IV. Le Béarnais avait d'ailleurs le soutien total de ces hauts seigneurs devenus ducs et pairs, princes de Léon depuis 1572. Privé de ses défenses, Jean II se consola en faisant construire l'admirable logis qui élève sur la cour d'honneur ses hautes fenêtres fleuronnées.

Le donjon, lui, fut victime de Richelieu qui supportait mal les tours féodales. On dit que le Cardinal, rencontrant au Louvre le duc de Rohan, lui lança : « Je viens, monsieur, de jeter une bonne boule dans votre jeu de quilles. »

Le château souffrit les deux siècles suivants mais il est à porter au crédit de la charmante et folle duchesse de Berry d'avoir, en 1824, conseillé sa restauration. Ce que se sont appliqués à faire tous les ducs de Rohan jusqu'à nos jours.

Horaires d'ouverture

Du 5 avril au 13 juillet	14 h-18 h
Du 14 juillet au 31 août	11 h-18 h
Du 1er septembre au 30 septembre	14 h-18 h
Du 1er octobre au 31 octobre	14 h-17 h 30 (les week-ends)

http://www.chateaujosselin.fr/

LIMOËLAN

L'homme à la machine infernale

Il est donc des remords ? Ô fureur ! Ô justice !

VOLTAIRE

C'est la veille de Noël de l'an 1800. Le souvenir des temps affreux de la Terreur commence à s'estomper. Bonaparte, Premier consul, a ramené l'ordre, et la religion reparaît timidement. Bien timidement en vérité, car les messes ne sont toujours pas autorisées. Quand on en célèbre une, c'est toujours chez des particuliers. Encore est-ce avec beaucoup de discrétion et de précautions. Mais, des précautions, Mlle Adélaïde de Cicé n'en a jamais beaucoup pris…

À cinquante et un ans, elle a traversé la Révolution sans paraître s'en apercevoir. Sainte fille, cœur pur s'il en est, elle a continué en pleine Terreur à visiter les malades, à secourir les pauvres, à recueillir même chez elle une communauté de religieuses pourchassées et à répandre sur tous une inépuisable charité. Elle n'a même pas consenti à supprimer la particule de son nom ou à dissimuler le fait qu'elle est la sœur de deux évêques. Et le plus fort c'est qu'on l'aime, qu'on la respecte dans toutes les classes d'une société bouleversée et que l'imprudent qui eût osé la dénoncer n'aurait sans doute pas vécu très vieux.

Rien d'étonnant en conséquence à ce qu'elle fasse célébrer, chaque année, à Noël une messe de minuit dans sa maison de la rue Cassette à Paris. D'autant que le célébrant, le père de Clorivière, est un vieil ami.

Mais ce soir, en dehors du prêtre, il n'y a que des femmes dans le salon où la cérémonie se prépare : Mlle de Cicé, bien sûr, les religieuses qu'elle a recueillies, les trois dames de Limoëlan qui sont ses parentes et une jeune fille, Anne-Marie de D…, dont le nom n'a jamais été révélé. Elle habite Versailles comme les dames de Limoëlan et est fiancée à leur fils et frère. Et Anne-Marie s'inquiète parce que ce fiancé, Joseph, se fait attendre…

C'est un grand garçon de trente-deux ans, assez beau en dépit d'une vue un peu basse qui l'oblige à porter des lunettes, et il ne manque pas de charme. Alors que les dames de Limoëlan n'ont jamais quitté la France, il est tout récemment rentré d'émigration et les femmes qui l'aiment s'inquiètent quand il est seulement un peu en retard. À plus forte raison quand il s'attarde ainsi au cœur de la nuit. Anne-Marie comme les autres, car elle est attachée à son fiancé et il ne s'agit pas entre eux d'une union de convenances. En vérité, c'est un amour tout neuf et la jeune fille ne connaît pas très bien celui à qui elle a promis sa main.

Elle sait cependant qu'il appartient à une ancienne famille bretonne et qu'il est le neveu du père de Clorivière. Son nom entier est Joseph-Pierre Picot de Limoëlan de Clorivière. Il est né à Nantes le 4 novembre 1768 mais il a passé toute sa jeunesse dans le beau château construit par son père en 1779 et qui, respecté ou à peu près par la tourmente révolutionnaire, s'élève non loin de Jugon et de Broons où naquit le grand connétable Du Guesclin. Un château où elle espère bien aller vivre un jour, elle aussi. On le lui a si souvent décrit !

C'est, au bout d'une allée de chêne, une belle demeure dressée au centre de vastes tapis verts. Elle a beaucoup d'allure, avec son avant-corps surmonté d'un toit en dôme et la noble terrasse par laquelle on descend aux jardins. Un endroit où il doit faire bon vivre en dépit du fait que, durant presque toute la Révolution, le château a été déserté. C'est que la mort y est déjà passée : compromis dans la conspiration du marquis de la Rouërie, le bâtisseur, Alain-Michel de Limoëlan, a été guillotiné à Paris le 18 juin 1793[1].

Cette mort a rendu Joseph furieux. Il a servi dans l'armée de Condé mais, rentré en France, il s'est jeté dans la Chouannerie, a mené avec passion la guerre d'embuscades à travers les chemins creux et les forêts de la campagne bretonne. Durant des années, il a vécu une vie errante, jusqu'au jour où il lui est apparu qu'il était impossible de renverser cette république qu'il détestait. Alors il a abandonné les armes et, apparemment soumis, a rejoint à Versailles les femmes de sa famille…

Quand la messe prend fin, le chevalier de Limoëlan n'est toujours pas là. De chapelle, le salon redevient salon et Mlle de Cicé fait circuler quelques friandises quand, soudain, on entend un pas rapide. Sans se faire annoncer, Limoëlan fait irruption dans la pièce. Il est pâle, hagard même, et ses vêtements sont couverts

1. Voir La Rouërie.

de poussière mais il ne prend même pas le temps de saluer les dames : c'est le père de Clorivière qu'il vient chercher, c'est le prêtre. On a besoin de lui d'urgence. Clorivière suit son neveu sans poser de questions, sans autres commentaires, laissant les femmes dans la plus grande inquiétude. Et il y a quoi.

Il y a peu d'heures, Bonaparte, sa femme Joséphine et sa belle-fille Hortense qui devaient se rendre à l'Opéra de la rue de la Loi (rue de Richelieu) ont échappé de justesse à un attentat. Leur voiture venait tout juste de quitter les Tuileries quand, dans la rue Saint-Nicaise proche et qu'elle allait emprunter, un tonneau de poudre placé sur une charrette a explosé.

Heureusement pour le Premier consul et les siens, leur voiture était passée, mais il y a une douzaine de morts et la colère gronde dans les alentours du palais. En effet, la charrette avait été achetée pour la circonstance par les conjurés ainsi que le cheval qui la traînait et, attitude affreuse, l'un de ces hommes a prié une fillette de quatorze ans de tenir l'animal pendant quelques instants. Enfant, charrette et cheval, tout a été déchiqueté par l'explosion en même temps qu'une dizaine de personnes qui fêtaient Noël dans un cabaret voisin. Des passants et un cavalier de l'escorte ont été blessés. À présent, la police de Fouché est sur les dents. Le ministre est en effet persuadé que le complot est l'œuvre des royalistes. Il ne se trompe pas…

Cependant, Anne-Marie est rentrée à Versailles, au matin, avec ses amies, mais elle n'a pas revu son fiancé. Et c'est avec stupeur, avec horreur aussi que, trois semaines plus tard, elle apprend les nouvelles : Mlle de Cicé et les dames de Limoëlan ont été arrêtées. On sait à présent, en effet, qui étaient les hommes de la machine infernale : Limoëlan d'abord, le chef, son domestique Carbon et un ancien officier de marine, Robinault de Saint-Régent, ses anciens compagnons de Chouannerie. C'est pour Carbon que le chevalier est venu chercher le père de Clorivière. L'homme a été gravement blessé. On l'a ramené ensuite chez Mlle de Cicé où la petite communauté l'a soigné. Mais il a commis l'imprudence de sortir. Il a été reconnu, arrêté le 18 janvier, et il a tout avoué...

Au prix d'un réel danger car il est recherché lui aussi, le père de Clorivière, devinant le désarroi d'Anne-Marie, réussit, un soir, à lui rendre visite. Et là il raconte tout, s'efforçant d'adoucir autant que faire se peut la terrible vérité : oui Limoëlan est bien l'âme du complot fomenté contre le Premier consul, oui il appartient toujours à la Chouannerie secrète, oui des innocents sont morts. Pourtant, au dernier moment, il ne se décidait pas à donner le signal de mettre le feu à la mèche. Ce retard a sauvé Bonaparte. Saint-Régent, qui était chargé d'allumer à l'aide de sa pipe, l'a fait un peu au jugé. Lui aussi a été arrêté. Quant au chevalier, il a disparu...

Seul le père de Clorivière sait où il est mais, même à cette fiancée douloureuse, il ne le dira pas. Fouché fouille partout, arrête tout ce qui bouge, tout ce qui paraît suspect. Il va même jusqu'à promettre la vie sauve à Limoëlan s'il se rend. Mais le chevalier ne tombera pas dans ce piège. Il connaît trop bien les ruses du policier. Quant à Anne-Marie, elle devra se contenter d'une affirmation : celui qu'elle aime est bien caché et il est indemne.

Le 1er avril suivant, Carbon et Saint-Régent sont condamnés à mort puis exécutés tandis que tous ceux que l'on a arrêtés sont relâchés. Fouché est certain à présent que les trois hommes ont agi seuls.

Mlle de Cicé et les dames de Limoëlan peuvent rentrer chez elles.

Cependant, au fond des souterrains en ruine de l'église Saint-Laurent où son oncle l'a caché et dont il ne sort que la nuit, et rarement, le chevalier a entendu la rumeur de la double exécution. Il s'affole, veut partir, quitter ces souterrains sinistres où les remords l'assiègent. C'est encore le père de Clorivière qui se charge de lui faire quitter Paris. Déguisé en chiffonnier, dans une mauvaise charrette, le fugitif parvient à gagner la Bretagne et à rejoindre son château de Limoëlan où sa mère et ses sœurs sont revenues. L'une de celles-ci, Marie-Thérèse, vient d'épouser un gentilhomme, M. de Chappedelaine, qui a hérité une fortune d'un oncle en Amérique.

Au château, le chevalier va habiter une pièce du rez-de-chaussée pourvue d'une bibliothèque tournante derrière laquelle se trouve un grand placard. Il peut s'y retirer quand la police vient perquisitionner, ce qui est encore fréquent car Fouché ne renonce pas à mettre la main sur celui qui est maintenant condamné à mort.

Un matin, à l'aube, une nouvelle descente se produit. Policiers et soldats visitent le château, escortés par Mme de Chappedelaine qui cache de son mieux son angoisse. En effet, Limoëlan a refusé, cette fois, de gagner son refuge derrière la bibliothèque : « Aujourd'hui, a-t-il dit, le destin va s'accomplir. Je serai arrêté si telle est la volonté de Dieu… »

On arrive devant la porte de sa chambre. On va entrer mais, soudain, Mme de Chappedelaine ouvre une fenêtre et s'écrie : « Regardez donc, messieurs, le magnifique lever de soleil sur Broons !… » Ce n'est qu'une diversion mais elle suffit à détourner l'attention.

La porte ne sera pas ouverte et les gens de police repartiront sans leur gibier…

Quelque temps après, les Chappedelaine font savoir leur désir de rejoindre l'Amérique où les attend leur héritage et la jeune femme supplie son frère de les suivre. Mais le chevalier refuse de partir sans la jeune fille qu'il aime et dont, depuis de longs mois, il est sans nouvelles. Rien ne le presse plus en effet car on vient d'apprendre que la police a découvert un cadavre correspondant à peu près à son signalement. Induit en erreur pour une fois, Fouché le croit mort. C'est une chance à saisir : il faut partir pour que le ministre en soit bien persuadé. Mais Limoëlan s'entête. Pas sans Anne-Marie !

Mme de Chappedelaine fait alors parvenir au père de Clorivière une lettre pour le frère de la jeune fille. Une lettre dans laquelle Limoëlan apprend à sa fiancée qu'il souhaite partir pour Baltimore et lui demande de venir le rejoindre afin de partir avec lui. Il l'attend. Mais, ce qui vient, c'est seulement une lettre qui dit : « Je vous ai aimé et n'ai jamais aimé personne d'autre que vous. Je vous aime toujours mais j'ai fait un vœu qui me sépare à jamais de vous. Vous vivez, vous êtes sain et sauf. Dieu m'a écoutée. Qu'Il en soit loué. Quant à moi, au fond du couvent où je suis entrée, je L'en remercierai toute ma vie… »

Le couvent ? Quel couvent ? Le plus dur de tous : le Carmel. Non seulement Anne-Marie entend rester fidèle au vœu qu'elle a fait d'entrer en religion si Limoëlan s'en tirait, mais encore elle pense que quelqu'un doit expier ce sang, tout ce sang innocent qui a été répandu par la faute de trois fanatiques. À plus forte raison de leur chef.

Écrasé de chagrin, Limoëlan partira pour l'Amérique avec les Chappedelaine, déguisé en domestique. À Baltimore, il essaiera de vivre comme tout un chacun mais il ne le pourra pas. Le souvenir d'Anne-Marie et les remords l'assaillent sans lui laisser de répit. Il ne peut plus oublier. Alors, un soir, il vient frapper à la porte des sulpiciens de Sainte-Marie où il se fait inscrire sous le nom de Clorivière.

Quand il mourra, à la Visitation de Georgetown, le 29 septembre 1826, il laissera la réputation d'un homme austère, d'une grande bonté et d'une profonde miséricorde. Mais la paix, nul ne sait s'il réussit à la retrouver avant sa dernière heure…

Passé par héritage aux Chappedelaine, le château de Limoëlan appartient actuellement à M. de Launay et ne se visite pas.

LOCHES

Les prisonniers du roi

De notre mal personne ne s'en rie
Mais priez Dieu que tous nous veuille absoudre.

François VILLON

Le terme de château, appliqué à Loches, constitue un euphémisme car il s'agit là d'une des plus formidables forteresses françaises : deux kilomètres de hautes murailles ponctuées de tours, enserrant un gigantesque donjon carré, protégeant un charmant logis royal aux élégantes fenêtres duquel se devine encore le visage de Jeanne, la vierge guerrière et le sourire d'Agnès, la favorite royale. Et puis une collégiale sous le vocable de saint Ours qui a détrôné Notre-Dame, Dieu sait pourquoi. Enfin un quartier de ville qui fut jadis celui des fonctionnaires de la Couronne et qui est aujourd'hui la ville haute. Mais c'est vers le donjon que le regard se tourne et s'accroche, vers ce géant de pierre qui domine de sa masse abrupte aussi bien la vallée que le reste du fort château. Auprès de lui, la grosse Tour Ronde et le Martelet disparaissent, insignifiants.

À château exceptionnel, constructeur exceptionnel. Le donjon est l'œuvre de Foulques Nerra, le Faucon Noir d'Angers qui en son temps couvrit l'Anjou de bruit et de fureur, de forteresses imprenables, de l'écho de ses beuveries, de ses cruautés folles et de ses repentirs spectaculaires. Quand il ne parcourt pas des kilomètres, une selle sur le dos, pour expier ses innombrables forfaits, Foulques part en pèlerinage. Et pas à côté : à Jérusalem ! Et par trois fois ! Il est vrai qu'à chaque retour il faisait pire qu'avant ! Pourtant, ce formidable rapace n'en a pas moins gardé une place de choix dans la mémoire de ses lointains descendants : ceux de notre siècle. Une place faite d'horreur et d'admiration : les plus solides.

Au XIIe siècle, Richard Cœur de Lion, qui n'a jamais pu voir un château sans l'assiéger, en vient à bout, avec tout de même un peu d'aide intérieure, mais en 1205 son contemporain et ex-ami Philippe Auguste s'empare de Loches et le fait définitivement entrer dans le domaine royal. Ce qui va permettre à ses successeurs de s'en servir… comme prison d'État.

Le plus célèbre des prisonniers de Loches est, très certainement, le cardinal Balue. Depuis des décennies le sort affreux de ce noble vieillard contraint de vivre accroupi dans un monstrueux instrument de supplice a fait pleurer dans les chaumières et il est peut-être bon de remettre les choses en place. D'abord la cage.

C'en était bien une mais en bois avec des ferrures solides. Huit pieds de large (2,50 m), autant de long et autant de haut, ce n'était certes pas une cellule agréable mais en général on n'y séjournait pas très longtemps. Balue fut l'exception : onze ans de captivité. Mais si l'on y regarde d'un peu près, cette sévère punition était amplement méritée.

En effet, couvert d'honneurs, de biens terrestres et de dignités ecclésiastiques par la grâce de Louis XI, ce fils de meunier poitevin, qui devait une partie de son ascension à l'usage constant de la trahison et de la délation, finit par trahir le roi au profit de son pire ennemi, le duc de Bourgogne, Charles le Téméraire. Une correspondance plus qu'explicite ayant été saisie, Balue ne dut le salut de sa tête qu'au chapeau de cardinal qui était posé dessus. Mais il eut droit à la « cage de fer » devant laquelle le roi vint de temps à autre bavarder avec lui.

Il n'en mourut pas. Louis XI finit par le relâcher à la prière du pape Sixte IV qui, en dehors de la construction de la chapelle Sixtine, n'a pas rendu tellement de services à l'Église. Et Balue vint finir confortablement ses jours dans un palais romain.

Jamais le roi Louis XI, dans son extrême sagesse, ne se laissa gagner par les « fumées et gloires d'Italie » qui allaient causer tant de mal à ses successeurs mais il entretenait dans la péninsule des relations amicales avec les principaux princes : Laurent le Magnifique à Florence, les Sforza à Milan. C'est ainsi que deux des fils de Francesco Sforza, duc de Milan, l'héritier Galéas et son frère Ludovic visiteront la France.

Quand il venait chasser dans la forêt de Loches, le jeune Ludovic, voyant s'ériger au loin la silhouette formidable de la forteresse, n'imaginait certes pas qu'elle abriterait ses derniers jours. Il était à l'époque dévoré d'ambition, comme tous les cadets princiers, et ne songeait guère qu'à la gloire… et aux femmes dont il raffolait.

Quatrième fils du duc et cinquième de ses sept enfants, Ludovic avait toujours été le préféré de sa mère, Bianca-Maria Visconti. La duchesse aimait son esprit souple, sa culture, sa passion des arts et de la beauté sous toutes ses formes. Elle était fière aussi de sa prestance, de son visage brun aux yeux vifs, aux traits accusés, au grand nez busqué. C'était le peuple qui l'avait surnommé le More, un peu à cause de son teint basané, beaucoup à cause de ses armes qui représentaient un mûrier (*moro* en italien). Mais elle n'imaginait certainement pas la puissance de l'ambition qui dévorait son fils.

À peine son père mort et son frère aîné monté sur le trône ducal, Ludovic commence à tisser sa toile. Galéas est un prince raffiné et somptueux mais arrogant et d'une folle cruauté. Sa mère le gêne. Elle disparaît et l'on parle de poison à mots couverts. De ce jour Ludovic jure la perte de son frère. C'est lui pourtant qui vient, en France, chercher Bona de Savoie, la fiancée qu'on lui destine et qui est sœur de la reine de France. Mais il la juge vite : une sotte qu'il sera facile d'éliminer quand le temps en sera venu.

À Milan, le peuple est excédé des cruautés de Galéas. Au lendemain de Noël 1476, il est assassiné. C'est son fils, Jean-Galéas, qui monte sur le trône : il n'a que huit ans. Dès lors l'astre de Ludovic va monter : il commence par éliminer un vieux chancelier gênant, se débarrasse de Bona en la jetant dans les bras d'un sculpteur qu'elle voulut suivre en exil, ce qui lui valut d'être enfermée jusqu'à la fin de ses jours. Ludovic devient régent pour un neveu qu'il finira par empoisonner.

Or, le jeune duc et lui-même s'étaient mariés avec les deux sœurs : Isabelle d'Este avait épousé Jean-Galéas et la jeune Béatrice était devenue l'épouse de l'oncle. À la mort de son jeune époux, Isabelle ne supporta pas de voir monter sur le trône – et avec quel éclat ! – celui qu'elle considérait à juste titre comme un assassin. Elle s'en va porter sa plainte aux pieds du roi Charles VIII de France qui, depuis quelque temps, foule le sol italien en marche sur Rome. Elle n'en obtient rien : le roi de France tenait à garder de bonnes relations avec le fastueux duc de Milan dont la cour était peut-être la plus brillante d'Europe grâce au génie qui en réglait les fêtes et y bâtissait des merveilles : Léonard de Vinci.

Mais, Charles VIII mort, son cousin Louis XII reprenait le chemin de l'Italie avec, cette fois, pour objectif Milan. Sa mère était en effet une Visconti et fille du dernier duc de ce nom chassé par les Sforza. La bataille de Novare devait être fatale à Ludovic le More. Son armée débandée, il tenta de fuir en Suisse, fut reconnu et livré à Louis XII qui l'envoya en prison en France.

D'abord au château de Lys-Saint-Georges en Berry où il devait rester quatre ans, puis à Loches où, dans le Martelet, on l'enferma. Sa prison, plus longue que large, avec une voûte basse, avait assez la forme d'un coffret éclairé par une étroite fenêtre creusée dans le mur énorme. Ludovic y resta deux ans, occupant son temps à peindre les murs de sa prison à l'aide de couleurs et de pinceaux qu'on lui avait accordés. On peut encore y voir, peints de sa main, ses armes – le fameux mûrier –, un casque et aussi une sorte de signature « Celuy qui n'est pas contan… ».

Il l'était si peu qu'il tenta de fuir, caché dans une charrette de foin, mais, sans complicité et sans aide, il fut trahi par son aspect et son accent italien prononcé, et repris. Il en fut presque soulagé car il avait de moins en moins envie de vivre, surtout depuis la mort de Béatrice, la jeune femme qu'il avait profondément aimée.

En 1506, apprenant que la santé de son prisonnier s'était délabrée, Louis XII lui rendit la liberté. Mais le superbe duc de Milan n'était plus qu'un vieillard rongé par la maladie. Lorsque s'ouvrirent devant lui les lourdes portes de sa prison et qu'il vit s'étendre sous le grand soleil, la campagne lochoise, l'air libre, la joie fut trop forte pour son organisme usé : il s'écroula… mort !

Un autre prisonnier célèbre allait connaître, plus tard, les délices de Loches : le comte de Saint-Vallier, père de Diane de Poitiers, compromis dans le complot du connétable de Bourbon contre François Ier. On sait comment celle qui était devenue Mme de Brézé obtint, non pas seule mais avec son mari, la grâce d'un père turbulent. Grâce qu'on ne lui fit payer que d'un sourire, contrairement à la légende lancée par Victor Hugo qui, Dieu sait pourquoi, n'aimait pas François Ier !

La Révolution se cassa les dents sur les vieilles pierres. L'Empire s'en servit de nouveau comme prison. Notre siècle a fait de Loches ce qu'il ne cessera plus d'être : un superbe et très émouvant témoin des siècles passés.

Horaires d'ouverture

Du 1er avril
au 30 septembre 9 h-19 h

Du 1er octobre
au 31 mars 9 h 30-17 h

Fermé le 25 décembre et le 1er janvier.

Le château abrite le tombeau d'Agnès Sorel, favorite de Charles VII.

http://www.chateau-loches.fr/

LOUVECIENNES

La comtesse du Barry

La Beauté ne se discute pas ; elle règne de droit divin.

Oscar WILDE

Le 2 septembre 1771, Mme du Barry, favorite comblée d'un Louis XV déjà vieillissant, pend la crémaillère de sa nouvelle maison de Louveciennes. Un fabuleux souper, que président côte à côte la maîtresse de céans et son royal amant, réunit tout ce que la cour compte de grand dans une demeure exquise mais que l'on peut alors juger d'avant-garde car elle est l'une des toutes premières expressions de ce qui va être le style Louis XVI.

Ledoux est l'architecte de la merveille, Fajou le sculpteur, Gouthière le bronzier et Vien le peintre décorateur. Mais à force de vouloir innover, Mme du Barry a fait une bêtise, commis une faute de goût comme n'en aurait pas commis la Pompadour car elle a préféré Vien à Fragonard. Peut-être l'élu s'est-il montré plus souple, plus aimablement courtisan que l'enfant terrible de la peinture de l'époque ?

Quoi qu'il en soit, la belle comtesse inaugure sa maison en compagnie d'une foule d'amis où les femmes n'ont pas la majorité. Elle goûte là le plus doux triomphe de sa jeune vie. Un triomphe qui est l'aboutissement de deux années d'efforts, de plans et de plâtras.

C'est, en effet, en 1769 que le roi lui a donné Louveciennes « pour en jouir sa vie durant ». Ce n'était alors qu'une demeure assez simple, bâtie au siècle précédent pour Arnold de Ville, constructeur de la machine de Marly. En un siècle, elle était passée par plusieurs mains : Mlle de Clermont, la comtesse de Toulouse, son fils, le très pieux et très généreux duc de Penthièvre ; enfin le fils de celui-ci, le prince de Lamballe, époux de la fidèle amie de la reine Marie-Antoinette, qui devait y mourir trop jeune dans d'affreuses conditions.

Cet événement ayant eu lieu le 6 mai 1768, c'est-à-dire quelques mois avant que Mme du Barry ne devienne propriétaire de Louveciennes, celle-ci s'était hâtée d'en effacer les traces. L'architecte Gabriel reçut l'ordre de remettre la maison en état et de tout redécorer mais, ayant constaté qu'à la réflexion elle était un peu petite pour une vie de cour, même aux champs, la favorite décida de faire construire par Ledoux le fameux pavillon qui ne devait comporter que des pièces de réception.

Pendant trois ans, Louveciennes va être, pour le roi et pour la jolie Jeanne, le lieu de toutes les délices mais de délices singulièrement bourgeoises et qui n'avaient pas grand-chose à voir avec celles de Sodome et Gomorrhe : la comtesse y menait la vie d'une jeune femme élégante aux champs, le roi celle d'un gentilhomme qui aimait à préparer lui-même son café.

Le 10 mai 1774, tout cela s'effondre : Louis XV meurt de la petite vérole dans une atmosphère d'horreur qui, cependant, n'a pas fait reculer la frivole du Barry : avec un dévouement de sœur de charité, elle a soigné le roi. Il n'empêche qu'elle ne doit pas être là à l'heure du dernier soupir. Elle doit quitter Versailles. Mais pas pour Louveciennes…

À celle devant laquelle, hier encore, s'inclinait la cour la plus brillante d'Europe, on assigne un couvent comme résidence : celui de Pont-aux-Dames où son arrivée cause quelque agitation. Pensez donc ! Une maîtresse royale dont tout un chacun sait parfaitement qu'elle ne sort pas de la cuisse de Jupiter et qu'elle a mené une vie de fille galante avant de séduire Louis XV, une pareille créature chez des moniales vouées à la pureté et à la contemplation !

Or, à la stupeur générale, la « scandaleuse du Barry » se montre sous les aspects d'une jeune femme, très belle sans doute, mais douce et bonne, d'une exquise politesse et qui se plie aux règles de la vie monastique avec un étonnant mélange de gentillesse, de soumission et d'humilité. Résultat : en quelques semaines, tout le couvent en raffole et l'abbesse l'autorise à faire venir ses animaux familiers, une ou deux servantes, quelques meubles. Pont-aux-Dames devient alors pour elle une retraite douce, un peu triste sans doute mais où le chagrin réel que lui a causé la mort du roi s'apaise lentement.

Au bout d'un an, c'est l'abbesse elle-même qui encourage Jeanne à écrire à Louis XVI pour lui demander la permission de quitter le couvent et de reprendre une vie normale. Elle n'a que trente-deux ans et se sent peu faite pour la vie conventuelle. On lui accorde cette permission à la condition expresse qu'elle ne s'approchera pas de la cour ou de Paris à moins de dix lieues. Donc, pas question de rentrer à Louveciennes.

Grâce à l'argent que lui a rapporté la vente de sa maison de Versailles, Mme du Barry achète le château de Saint-Vrain, belle demeure du Hurepoix où elle ne tarde pas à s'ennuyer à périr en dépit de quelques amis qui, courageusement, viennent l'y visiter. Ce qu'elle désire le plus vivement, c'est retrouver sa jolie maison de Louveciennes et les doux souvenirs qu'elle renferme.

En 1776, elle se décide à écrire au ministre Maurepas pour demander, bien timidement, cette permission. Et, joie sans mélange, elle l'obtient :

« Votre douceur, la réserve que vous avez gardée dans la disgrâce vous ont donné le droit à une auguste indulgence. Vous pouvez demeurer à Louveciennes et être libre d'aller à Paris », répond Maurepas. Dix minutes après le reçu de cette lettre, les femmes de chambre sont en train de faire les bagages…

En retrouvant sa maison, ses meubles précieux, ses collections de tableaux et son luxe raffiné, Mme du Barry a l'impression de revivre. Pourtant, elle sait que les choses ne seront plus jamais ce qu'elles étaient et choisit, les premiers temps, de vivre presque solitaire, enfermée avec ses souvenirs. Mais elle a laissé trop d'amis pour que cette solitude dure longtemps. Bientôt, tous sont revenus, auxquels se joindront d'augustes visiteurs, avides de rencontrer une femme auréolée d'une telle légende. En tout premier, l'empereur Joseph II, frère de Marie-Antoinette, qui vient à Louveciennes, se promène un moment avec Mme du Barry et lui déclare galamment que « la beauté sera toujours reine ». Le roi de Suède viendra lui aussi parmi d'autres étrangers.

L'un d'eux, lord Henry Seymour, qui habite Port-Marly, s'éprend d'elle et lui voue une passion telle que Jeanne se laisse prendre à cette chaleur. Pendant deux ans elle vit, avec lui, une aventure dont l'ardeur porte en elle-même sa propre fin. L'élégant fondateur du Jockey Club est jaloux, exclusif, cruel même. Il souhaite pour Jeanne une vie de femme de harem et, tout naturellement, la rupture survient. D'autant que la comtesse avait retrouvé un ancien ami qui allait être le grand, le véritable amour de sa vie : le duc de Brissac, gouverneur de Paris et colonel des Cent-Suisses. Il a vingt ans de plus qu'elle mais il possède tout le charme et l'élégance que peut avoir un homme, joints à un caractère si chevaleresque et noble qu'il lui a valu le surnom de « paladin d'un autre âge ». Bientôt, cet amour est le secret de Polichinelle en dépit du mal extrême que se donnent les deux amants pour le garder secret.

Les débuts de la Révolution ne les troublent pas. Ils comptent des amis parmi les réformateurs mais cela n'empêche pas Mme du Barry d'accueillir dans sa maison les gardes du corps blessés pendant l'attaque de Versailles et d'écrire à la reine une lettre brûlante de loyalisme :

« Louveciennes est à vous, Madame. N'est-ce pas votre bienveillance et votre bonté qui me l'ont rendu ? J'ai trop de reconnaissance pour l'oublier jamais. »

Les mauvais jours cependant approchent… Un soir de janvier 1791, alors que la comtesse est à Paris, son château est cambriolé par trois malfaiteurs dont l'un est un ancien valet. On a surtout volé ses somptueux joyaux. Louis XV s'était montré, en effet, plus que généreux, et seule la mort du roi devait empêcher Mme du Barry de devenir propriétaire du fabuleux collier qui allait faire tant de mal à Marie-Antoinette. Le dommage est d'autant plus irréparable que le joaillier Rouin, homme fort honnête mais d'une rare maladresse, juge intelligent de donner à une gazette la description exacte du trésor envolé.

Aussitôt, c'est un tollé général. Les feuilles révolutionnaires se déchaînent contre l'ancienne favorite. Jeanne passe alors en Angleterre, non pour émigrer mais parce que l'on y a signalé certains bijoux qui pourraient être les siens. Elle exécutera ainsi plusieurs voyages outre-Manche et, comme elle ne retrouvera jamais ses joyaux, on suppose qu'elle s'était faite agent royaliste.

La Révolution, à présent, marche à grands pas. Le duc de Brissac, qui s'était rendu en Anjou pour tenter de calmer les esprits, est arrêté, ramené à Orléans puis à la prison de l'Abbaye où il sera massacré. On portera sa tête à Louveciennes où elle sera jetée pratiquement sur les genoux de la comtesse. En novembre 1792, à nouveau, celle-ci part pour l'Angleterre, y passe cinq mois… puis revient, en dépit des objurgations de ses amis. Mais elle ne peut vivre loin de sa chère maison de Louveciennes et elle ne se rend pas compte de la haine qui grandit autour d'elle. Ses serviteurs la trahissent et singulièrement Zamore, le négrillon qu'elle a élevé et qui est devenu un farouche sans-culotte.

Le 22 septembre 1793, Mme du Barry est arrêtée, conduite à la prison de Sainte-Pélagie, puis, de là, à la Conciergerie qu'elle ne quitte que pour la mort. Une mort singulièrement faible comparée à celle de centaines d'autres victimes. Le 8 décembre, par un froid glacial, elle est conduite à l'échafaud, place de la Révolution.

Là, elle pleure, elle se débat, elle crie tandis qu'on la pousse sur la planche fatale :

« Encore un petit moment, monsieur le bourreau ! »

C'était fini. La jolie maison qu'elle ne se résignait pas à quitter connut elle aussi des déboires jusqu'à ce que le parfumeur François Coty la reconstruise et lui rende son exact décor de jadis.

Actuellement, c'est toujours une propriété privée qui n'est pas ouverte à la visite.

LUNÉVILLE

Les belles amies du roi Stanislas

Il était un roi d'Yvetot,
Peu connu dans l'histoire ;
Se levant tard, se couchant tôt,
Dormant fort bien sans gloire...

BÉRANGER

Dès l'an 1737, date à laquelle Stanislas Leczinski, ex-roi de Pologne, beau-père du roi Louis XV et tout nouveau duc de Lorraine, s'installe à Lunéville, il ne se trouve guère en Europe d'endroit plus agréable à vivre que ce château-palais de construction récente d'ailleurs : c'est entre 1703 et 1720 que le précédent duc de Lorraine Léopold Ier l'a fait construire par Boffrand pour éviter d'être importuné à Nancy par la présence des troupes françaises durant la guerre de Succession d'Espagne.

Stanislas, qui est un souverain de mœurs fort douces et fort aimables sinon tout à fait patriarcales, a su créer dans son nouveau domaine un art de vivre copié quelque peu sur celui usité dans le sublime Versailles tout au moins pour l'élégance et le bon goût. Car pour le reste l'atmosphère est très différente à Lunéville : on ne s'y ennuie jamais alors que l'ennui est le pain quotidien dans le château du Grand Roi.

Chacun, dans l'aimable demeure lorraine, vit à sa fantaisie sans se soucier d'interdits et de contraintes auxquels personne n'aurait l'idée de songer, et le bon Stanislas moins encore que quiconque.

Quand, en 1748, il atteint l'âge de soixante ans, il a bon pied, bon œil, bon appétit à table comme au lit. Encore que, sur ce dernier plan, les excès de l'une fussent parfois néfastes aux accomplissements harmonieux de l'autre. Ce qui ne tire jamais à conséquence.

Sur le cœur de l'ex-roi comme sur sa petite cour règne une fort jolie femme : la marquise de Boufflers, veuve pleine de grâce dont la mère, la princesse de Beauvau-Craon, a été la maîtresse du constructeur de Lunéville. Catherine de Boufflers s'y sent donc tout à fait chez elle. Âgée alors de trente-quatre ans mais en paraissant facilement dix de moins tant elle a de fraîcheur, elle est douée d'un tempérament qui va de pair avec sa jeunesse. De ce fait, certaines mauvaises langues n'ont pas hésité à lui décerner le titre poétique, sans doute, bien que légèrement acerbe, de dame de Volupté.

Telle qu'elle est, cependant, la marquise aime la gaieté, le monde, les jeux étincelants de l'esprit et s'entend à rassembler autour d'elle la fine fleur des cerveaux les mieux ornés. Avec, bien sûr, l'approbation enthousiaste de Stanislas. C'est ainsi qu'Helvétius est des familiers de la cour, conjointement avec Maupertuis et le président Hénault qui se déclarent les chevaliers servants de la marquise. Il y a aussi l'aimable Devau, receveur des finances de Lunéville qui, pour ses amis, répond au surnom affectueux de Panpan et qui s'occupe davantage de sonnets galants et de bouts-rimés que de la poursuite des contribuables lorrains. Ce dont on ne manque pas de lui être reconnaissant dans la région.

Naturellement, sous un maître aussi débonnaire, la Lorraine est devenue une terre de refuge pour tous ceux qui, en France ou ailleurs, peuvent avoir maille à partir avec les pouvoirs constitués ou avec l'Église. Et, en vérité, s'il y a bien là un certain La Galaizière qui occupe le poste de chancelier et qui est chargé par Versailles de diriger effectivement le duché, il n'a pas résisté longtemps au charme du Mme de Boufflers et lui mange littéralement dans la main. Aussi le roi-duc y trouve-t-il son compte et ferme-t-il les yeux sur les incartades de sa belle amie.

C'est ainsi qu'un soir, alors qu'il présente ses tendres hommages à sa chère marquise, il s'est trouvé tout à coup dans l'impossibilité de poursuivre son… discours. Sans s'émouvoir pour autant, Stanislas s'est levé, a enfilé sa robe de chambre et a quitté les lieux en déclarant aimablement :

« Bonne nuit, madame ! Mon chancelier vous dira le reste. »

Outre les nouveaux amants, Mme de Boufflers aime aussi les nouveaux visages, surtout lorsqu'ils appartiennent à d'illustres personnages. Un beau jour, l'idée lui vient d'appeler à Lunéville l'homme qui est à lui tout seul la bête noire de Versailles et des jésuites : l'aimable, féroce, spirituel et redoutable M. de Voltaire.

L'invitation atteint le grand homme au château de Cirey, en Bourgogne, où il vit quasi maritalement avec la marquise du Châtelet. Avec aussi l'approbation tacite de M. du Châtelet qui a le bon goût, étant officier du roi, de passer le plus clair de son temps aux armées.

Naturellement, l'invitation vise aussi Mme du Châtelet et c'est dans l'enthousiasme que l'on procède à la confection des bagages à destination de Lunéville.

Bien qu'il eût été élu deux ans plus tôt à l'Académie, Voltaire est alors mal en cour et aussi mal dans sa peau. Il est détesté de la marquise de Pompadour ainsi que de la reine Marie, fille de Stanislas Leczinski. Fort pieuse et même dévote, celle-ci ne cache pas l'horreur que lui inspirent les sarcasmes et les ricanements dont le génial philosophe couvre la religion. Cela fait deux ennemies de poids, aussi un séjour chez le père de la souveraine est-il plus que bienvenu : on ne pourra plus dire que le philosophe est mal avec la reine quand il régnera à Lunéville.

Quelques jours plus tard, Voltaire et sa chère Émilie – qui est sans doute l'une des femmes les plus savantes de son temps –, descendent de carrosse, accueillis à bras ouverts par Stanislas et Mme de Boufflers qui les installent dans le plus bel appartement du château. Voltaire tout au moins : sa compagne devra se contenter de celui du dessus.

« Vraiment, on ne peut être meilleur homme que ce roi ! » soupire le grand homme tandis que la chère Émilie s'active à le débarrasser de tous les châles, petites laines et fourrures dont, se croyant toujours en danger de mort, il ne cesse de s'emmailloter. « Mais j'ai bien peur de ne pas profiter longtemps de son hospitalité. Je me sens bien bas. »

Ayant dit, il se couche, prend l'attitude d'un gisant de cathédrale et ferme les yeux en déclarant qu'il attend son dernier soupir. Mais il les rouvre bien vite pour découvrir les multiples attentions dont le roi Stanislas le couvre. Et vingt-quatre heures après cette étrange arrivée, l'ex-agonisant frais comme une laitue, sanglé, poudré, rasé, s'en va prendre allégrement sa part des plaisirs du château. Il y conquiert tout le monde sans le moindre effort et bientôt on ne voit plus le roi sans Voltaire ni Voltaire sans le roi. C'est l'Olympe.

Du côté des femmes, les relations baignent dans la suavité. On s'appelle Catherine et Émilie et l'on ne se quitte plus que le temps de s'adresser des petites lettres charmantes et des vers encore plus charmants que Voltaire, en toute impartialité, imperturbable et discret, écrit à tour de rôle pour les deux femmes.

Tout va donc pour le mieux dans le meilleur des mondes possibles quand, un beau matin, l'amour fait son entrée dans la Thébaïde lunévilloise. À vrai dire, il ne s'éloigne jamais beaucoup car, si Mme de Boufflers est une femme délicieuse, la vertu n'est pas son souci principal. Ainsi, après avoir eu des bontés pour La Galaizière, a-t-elle découvert le charme discret d'un jeune officier qui se trouve doublé d'un poète et même d'un philosophe : Jean-François de Saint-Lambert.

Mais, au moment de l'arrivée de Voltaire, ce nouvel amour tiédit déjà au profit d'un autre : le séduisant Adhémar de Marsannes qui fait à la belle marquise une cour assidue. Furieux de se voir ainsi évincé, Saint-Lambert décide de payer l'inconstante de même monnaie et tourne ses batteries vers Mme du Châtelet. Assez timidement pour commencer, bien sûr, car il se sent en terrain inconnu.

Or, à sa grande surprise car il n'est point fat, l'amie de Voltaire se montre sensible à ses discrètes avances et y répond avec un enthousiasme tout à fait inattendu. Il faut dire qu'à l'âge de quarante ans, la fière Émilie commençait à sentir bouillonner en elle un trésor d'amour inemployé depuis que le « divin » Voltaire l'accablait sous le flot de ses tisanes, le poids de ses pilules et les tempêtes de ses soupirs d'agonie. Qu'un garçon jeune, beau et spirituel s'enflamme pour elle représente donc pour Mme du Châtelet une aubaine succulente.

Ah, qu'il est doux, cette année-là, le printemps de Lunéville ! Pour certaines tout au moins car le malheureux Saint-Lambert échoue complètement dans son entreprise pour rendre Mme de Boufflers jalouse. Il faut dire qu'il s'y prend très mal. Est-ce que l'idée ne lui vient pas d'aller se jeter aux genoux de son ancienne maîtresse pour lui avouer, avec des larmes dans la voix, qu'il a « trahi son amour » en compagnie de Mme du Châtelet ? La belle marquise qui connaît son code du maniement des hommes sur le bout du doigt, lui joue alors le tour affreux de le réconforter, de le féliciter de son bon goût et de l'engager le plus sérieusement du monde à continuer. Saint-Lambert sortira de cette entrevue le cœur navré.

Sur ces entrefaites, la compagnie se sépare pour un temps : le roi Stanislas doit se rendre à Versailles dans l'été. On se quitte donc en se promettant bien de se trouver à l'automne pour les chasses de Commercy.

Hélas, Commercy aura moins de charmes que Lunéville. Quand on s'y rejoint, Voltaire apprend l'infidélité de sa chère Émilie et s'en montre effroyablement affecté. C'est un drame qui se joue alors, ou plutôt une tragi-comédie bien réglée au cours de laquelle le grand homme se hâte d'entrer en agonie, chasse son amie de sa chambre, lui interdit de reparaître devant ses regards mourants et refuse les lettres qu'elle ne cesse de lui écrire. Mme du Châtelet parvient tout de même à forcer cette porte si bien défendue et, au cours d'une scène relevant du meilleur théâtre de boulevard, réussit à faire avaler à Voltaire que c'est uniquement avec le corps – cette guenille ! – qu'elle l'a trompé mais que son amour, son cœur, son esprit, sa tendresse sont toujours et pour jamais sa propriété exclusive.

Elle fait tant et si bien que Voltaire finit par tomber dans les bras de Saint-Lambert en proclamant que tout est oublié. L'agréable vie d'antan peut reprendre et l'on ne s'en fait pas faute. Tout irait donc pour le mieux dans le meilleur des châteaux si les tête-à-tête de Saint-Lambert et d'Émilie ne s'étaient mis soudain à porter leur fruit. Mme du Châtelet est enceinte, ce dont Voltaire pense d'abord mourir d'horreur.

Cet effroi ne durera pas et quand, dans la nuit du 3 au 4 septembre 1749, Émilie donne le jour à une petite fille qui malheureusement ne vivra pas, Voltaire en éprouve un véritable chagrin.

Hélas, une peine plus cruelle lui est réservée. Quatre jours après la naissance de l'enfant, la mère mourait à Lunéville d'une fièvre puerpérale. Désespéré et furieux, Voltaire lance alors à Saint-Lambert :

« Eh, mon Dieu, monsieur ! De quoi vous avisiez-vous de lui faire un enfant ? »

Peu de temps après, il quitte Lunéville pour la Prusse où le réclame le Grand Frédéric.

À la mort de Stanislas Leczinski, le château cesse de vivre et ne ressuscite qu'en 1801, où il abrite les pourparlers de la paix de Lunéville mais, dans la suite des temps, la municipalité a jugé plus intéressant d'en faire un musée.

Horaires d'ouverture

À la suite du violent incendie qui a détruit le cœur historique du château en janvier 2003, les espaces restaurés sont au fur et à mesure ouverts à la visite depuis 2010.

Renseignements disponibles sur le site Internet du château ou par téléphone au 03 83 76 31 51.

http://www.chateaudeslumieres.com

MALESHERBES

La maison des favorites royales

Les plus grandes faveurs d'une femme ne peuvent payer le plus petit abaissement d'un homme.

SCHILLER

Situé entre Étampes et Fontainebleau, dans cette jolie vallée de l'Essonne qui est l'un des charmes de l'Île-de-France, le château de Malesherbes dresse ses murs blancs à encadrements de briques roses, ses grosses tours rondes, sa chapelle, son imposante Grange-aux-Dîmes et les élégants bâtiments des communs au milieu d'un très beau parc où abondent platanes et peupliers.

On devine sans peine que ceux qui vécurent là furent riches et puissants mais rien n'indique, tant le site respire la paix, que ce superbe domaine est chargé d'une histoire un peu trouble car, au cours des siècles, les femmes y ont joué un grand rôle. Un rôle qui n'était guère celui de la fidélité conjugale ni même de la fidélité tout court, car il est arrivé à ces dames de souffler le feu et la tempête et d'entraîner leurs hommes sur le dangereux chemin des conspirations. En fait, parmi celles qui l'ont habité, Malesherbes ne compte pas moins de trois favorites royales. Un record !

Vers le milieu du XIVe siècle, au temps où l'endroit s'appelle Soisy, son seigneur se nomme Girard de Montaigu, secrétaire du roi Charles V, trésorier de ses chartes et maître des comptes. Cette haute situation, il la doit peut-être à ses propres mérites mais plus sûrement au service signalé qu'il eut l'honneur de rendre à son maître. En effet, au temps où le roi n'était encore que dauphin et où son père, le roi Jean le Bon, s'efforçait de faire croire qu'il s'ennuyait en ses agréables prisons anglaises, les chroniqueurs rapportent que « le Dauphin tenait alors auprès de lui au Louvre une jeune fille nommée la Cassinelle. Son père Guillaume Cassinel faisait partie du Conseil du Roi… ».

On sait peu de chose de Biette Cassinel, sinon qu'elle était d'origine italienne, son père descendant d'un de ces riches changeurs lombards qui, au temps du roi Philippe le Bel, tenaient le haut du pavé. Son père, comme on vient de le voir, était appelé par le souverain en ses conseils et son frère, Ferry, occupa la haute charge d'archevêque de Reims. Mais, si riche et considérée que soit une famille, il vient un moment où elle se trouve affrontée à une situation délicate : par exemple lorsqu'une jeune fille qui vit ouvertement auprès de son souverain annonce tout à coup qu'elle attend un enfant.

Il ne pouvait être question de laisser Biette livrée aux mauvaises langues. À peine la grossesse commencée, on la marie. L'heureux élu volontaire sera Girard de Montaigu. Biette deviendra châtelaine de Soisy et, lorsque l'enfant naîtra, Girard se hâtera de le reconnaître, bien que chacun sût parfaitement qu'il était fils de roi. Circonstance qui ne laissera pas de lui être d'une grande utilité dans l'existence : vidame de Lannoy, seigneur de Montaigu-en-Laye, de Marcoussis et de Soisy, Jean de Montaigu fut d'abord secrétaire de son père Charles V puis de son demi-frère Charles VI qui portera sa fortune au pinacle. Surintendant des Finances, Montaigu était en 1398 grand maître de France ; il avait épousé Jacqueline de La Grange, fille d'Étienne, président au parlement de Paris, qui ne devait pas lui donner moins de neuf enfants.

Riche, puissant, orgueilleux en proportion, Jean de Montaigu reçut souvent le roi Charles VI dans son domaine des bords de l'Essonne. Mais il y reçut surtout celui qui était son ami le plus cher : le duc Louis d'Orléans, ennemi irréductible du duc de Bourgogne Jean sans Peur.

Quand Louis est assassiné, en 1407, par le Bourguignon, Montaigu ne renie pas ses amitiés. Au contraire : il sera l'un des premiers protagonistes de la fameuse querelle des Armagnacs et des Bourguignons, mais il n'y participera pas longtemps. Accusé de sorcellerie et de malversations par le duc de Bourgogne et le roi de Navarre, il est arrêté le 7 octobre 1409, enfermé au Châtelet et mis à la torture. Condamné à mort, il était, le 17 du même mois, mené aux Halles, où l'on avait dressé un grand échafaud couvert de drap noir, pour y être décapité. Sa tête, fichée sur une lance, resta exposée aux Halles cependant que son corps était pendu à Montfaucon. Sa famille alla reprendre l'un après l'autre ces macabres débris et les inhuma en grande pompe au prieuré de Marcoussis. Trois ans plus tard, Montaigu était réhabilité. C'est à lui, au temps de sa splendeur, que l'on doit le bronze dont est composé le gros bourdon de Notre-Dame… L'une de ses filles épousa le grand fauconnier de France, Jean de Graville, et lui transmit le château qui nous intéresse. Leur fils, l'amiral de Graville, réédifia complètement Malesherbes. Les grosses tours rondes représentent ce qui reste de son ouvrage.

Par sa fille Anne, une poétesse de quelque valeur, le château passe aux Balzac d'Entragues. Le fils d'Anne, François, va marcher sur les traces de Girard de Montaigu en épousant, en 1578, la belle Marie Touchet qui avait été la maîtresse très aimée du roi Charles IX. Seule différence : au moment du mariage, le roi est mort depuis quatre ans et l'enfant qu'il a donné à Marie, dûment reconnu, porte le nom de Charles d'Angoulême. Il n'en sera pas moins élevé à Malesherbes avec les autres enfants du couple ou à Orléans dont François de Balzac d'Entragues est gouverneur.

Rapace comme il n'est pas permis, François, qui s'entend comme personne à faire valoir les services qu'il rend à ses maîtres, même quand ces services seront d'un ordre très particulier, est un curieux homme. Veuf en premières noces de Jacqueline de Rohan, c'est auprès d'elle qu'il se fera enterrer, dans le superbe tombeau que l'on peut toujours voir à Malesherbes. Un tombeau assez étrange en ce sens que le gisant de François est couché sur le côté et tourne carrément le dos à celui de sa compagne, tout simplement parce qu'elle lui a été infidèle ! Une façon comme une autre de marquer sa réprobation envers une femme qu'il a cependant choisie pour être sa compagne d'éternité. Peut-être parce qu'il l'aimait véritablement. Peut-être aussi par snobisme : une Rohan appartenait à une famille autrement relevée qu'une simple Marie Touchet.

C'est pourtant elle la plus intéressante de la famille,

et c'est à elle que nous allons nous arrêter un moment. Marie, de naissance, est une simple bourgeoise. Son père, Jean Touchet, était lieutenant au présidial d'Orléans et sa mère se nommait Marie Mathy. Quand elle rencontre Charles IX, elle a dix-sept ans, il en a seize et, tout de suite, c'est le coup de foudre.

Le jeune roi, accompagné de sa mère Catherine de Médicis et de toute la cour, vient, durant près de deux années, d'accomplir un immense voyage à travers la France afin de connaître mieux tous ces gens qui la composent. Quand l'énorme cortège s'arrête à Orléans, en 1566, c'est la fin du voyage. Mais les notables n'en reçoivent pas moins leur jeune souverain avec faste et donnent, entre autres fêtes, un grand bal dans les salons du somptueux hôtel Groslot. C'est à ce bal que Charles rencontre Marie, et il ne cache pas son éblouissement. Il est vrai que la jeune fille a tout ce qu'il faut pour séduire : blonde, rose, fraîche, ravissante, elle a un air de douceur et une timidité qui lui ouvrent tous les cœurs. Et celui de Charles résiste d'autant moins que cette belle enfant va enfin lui faire oublier l'amour malheureux qu'il porte, depuis des années, à sa belle-sœur Marie Stuart, repartie, après la mort de François II, pour ses montagnes écossaises.

Toute la nuit Charles a dansé avec Marie et avec Marie seule. Il a bavardé longuement avec elle à l'écart de tous. Personne n'oserait s'interposer : le roi est vif, voire violent et emporté. Quand il exprime le désir d'emmener Marie à Paris avec le titre illusoire de demoiselle d'honneur de sa sœur Margot, personne ne souffle mot : ni la reine Catherine trop heureuse de voir enfin effacé le souvenir encombrant de Marie Stuart, ni les parents de la jeune fille, immensément flattés de l'honneur qui leur est fait.

À Paris, Marie ne fera pas grand service au Louvre. Charles, qui n'a aucune envie de la voir mêlée aux autres suivantes de sa sœur et qui craint pour elle les méchancetés de cour, l'installe avec sa nourrice dans une jolie maison à façade sculptée pourvue d'un beau jardin et sise dans la rue du Monceau-Saint-Gervais toute proche de la rue Saint-Antoine. C'est une maison commode parce que assez proche du Louvre mais surtout située sur le chemin de Vincennes où le jeune roi, passionné de chasse, se rend fréquemment. Ce sera pour lui, son jardin secret, le lieu paisible et doux où il pourra oublier les pièges d'un règne difficile. Là, auprès de Marie, à laquelle il a donné pour devise l'anagramme de son nom « Je charme tout », Charles sera un jeune homme comme les autres, tendre et plein d'amour, et non plus le jeune fauve couronné qui fait trembler son entourage.

Après la nuit tragique de la Saint-Barthélemy au cours de laquelle Marie Touchet manque d'être tuée, Charles lui fait quitter sa petite maison qu'il juge peu sûre à présent, et la jeune femme vivra le plus souvent dans l'entourage de son amant. C'est au château du Fayet, en Dauphiné, que, le 28 avril 1573, elle donne le jour à un fils. Le roi n'a plus qu'une année à vivre, et le bonheur de Marie va s'achever dans les larmes d'un regret sincère.

Ce pourrait être la fin pour elle mais Catherine de Médicis et Diane de France, la sœur bâtarde mais légitimée de Charles IX, l'ont prise sous leur protection. Ce sont elles qui vont la pousser à accepter la demande de François de Balzac d'Entragues. Un bon mariage que plusieurs enfants enrichiront. Mais, parmi ceux-là, il y a une fille destinée à faire dans le monde un chemin aussi bruyant que néfaste…

Des années passent sur Malesherbes. Pas trop paisibles, car l'époux de Marie n'est pas homme à rester tranquille. Ligueur acharné, il mène la vie dure aux forces royales jusqu'à ce qu'enfin Henri IV oblige tout ce monde à se tenir tranquille. Ce qui incite le seigneur d'Entragues à faire savoir qu'il souhaite rentrer en grâce. Et c'est pourquoi, par un beau soir du mois de juin 1599, le roi chevauche en direction de Malesherbes à la tête d'une troupe solidement armée.

Il est d'humeur morose, le Béarnais toujours si joyeux, car deux mois plus tôt il a perdu la dame de ses pensées et de ses amours, la belle Gabrielle d'Estrées, sa favorite dont il avait fait une duchesse de Beaufort et dont il était sur le point de faire une reine de France. Au grand scandale de ses sujets.

Gabrielle ne sera jamais reine, mais le chagrin est encore vif et le roi ne permet guère qu'on l'en distraie tandis qu'il chemine en direction d'Orléans. Cependant la nuit est proche et Henri sort enfin de son mutisme pour appeler auprès de lui son chambellan de la clef secrète, Fouquet de Varenne, et lui demander où il a disposé l'étape du soir. Ce sera à Malesherbes. Et le roi de s'étonner. Quoi, chez cet Entragues trop remuant, cet ancien ligueur ?… Tout de suite, on l'apaise : l'ancien ligueur se veut désormais le plus fidèle sujet de son roi. D'ailleurs sa demeure est belle, sa femme en dépit de l'âge garde de la grâce et ses filles comptent sûrement parmi les plus jolies de France…

La phrase, lancée sans en avoir l'air, porte tout de même. Si jolies que cela ? Déjà l'œil bleu d'Henri retrouve un peu de lumière. Quoi de mieux qu'un joli minois pour apaiser les regrets ? C'est décidément une bonne idée que de s'arrêter à Malesherbes. Encore que cette idée-là ne plaise pas du tout à Sully, l'ami fidèle, le ministre, qui n'aimait pas la belle Gabrielle et n'a aucune envie de voir une autre aventurière graviter autour de son maître. En outre, il déteste les Entragues et, à mesure que l'on approche, cette idée de s'arrêter à Malesherbes lui sourit de moins en moins. Mais, déjà, on est arrivé…

C'est d'abord François de Balzac d'Entragues qui s'en vient saluer le roi. Son fils l'accompagne et aussi un garçon brun, très grand, hautain, avec un regard sauvage : celui qui n'est encore que le jeune comte d'Auvergne, qui sera plus tard duc d'Angoulême, le fils de Marie Touchet et de Charles IX[1]. Ce bâtard de France ne laisse ignorer à personne son sang royal et sa révérence s'en ressent. Le roi cependant ne s'offusque pas : là-bas, plus près du château, trois femmes l'attendent qui déjà plongent dans leurs amples robes presque jusqu'à l'agenouillement : l'ancienne favorite royale, qui est encore belle, et ses deux filles : Marie et Henriette. Mais le roi ne verra que cette dernière…

Blonde, fine, souple, elle a les plus beaux yeux bleus du monde et le plus beau sourire. Et puis elle a vingt ans. Elle est belle et fraîche, et Henri croit voir devant lui la déesse même du printemps. Fini les larmes ! Chacun peut constater qu'en entrant au château, Sa Majesté a retrouvé le sourire.

Le lendemain, au départ de Malesherbes, Sully note que le panache blanc a reparu au chapeau de son roi, qu'il a retroussé sa moustache et beaucoup soupiré en prenant congé des dames. Aussi la mine du ministre s'assombrit-elle à mesure que s'éclaire celle de son maître. Les airs penchés que prend Henri ne présagent rien de bon pour le ministre. Et, en effet, le soir

1. Voir Grosbois.

même, à l'étape Henri IV dépêche MM. de Castelnau et du Lude avec mission de retourner à Malesherbes et d'en ramener la famille d'Entragues tout entière. Ce soir-là, le comte d'Auvergne dira à Henriette : « Ma sœur, vous avez là une chance d'être reine de France. Tâchez de vous en souvenir !... »

Elle ne s'en souviendra que trop ! Dès cet instant, le roi va se retrouver prisonnier non seulement d'une passion violente mais encore d'une femme qui saura en jouer pour la seule satisfaction de ses intérêts. Avec l'aide, bien sûr, de sa famille désormais dévouée à ses ordres. Tout l'arsenal d'une coquetterie savante et perfide fut mis en œuvre. Henriette faisait mine de se laisser attendrir puis se refusait plus fermement qu'auparavant, alléguant que ses parents craignaient pour leur honneur le sentiment qui l'entraînait vers le roi. Celui-ci ne savait plus à quel saint ou plutôt à quel démon se vouer.

Quand on put penser qu'il était « à point », la belle Henriette l'invita à la rejoindre à Malesherbes, et là, elle fit connaître les « conditions » posées par les siens à sa reddition : cent mille écus d'or, une terre, un titre de marquise et, pour couronner le tout, une promesse de mariage écrite... Ce dernier article hérisse Henri. Il accepte le reste mais pour la promesse de mariage, il allègue qu'il ne peut courir le risque d'un mariage stérile. Et l'on en vient à un compromis : la promesse de mariage sera valable si Henriette est enceinte dans les six mois et si, dans l'année 1600, elle donne un garçon à la Couronne.

Sully note dans ses *Mémoires* que, le roi lui ayant montré le papier fatal, il s'en empara et le déchira :

— Es-tu fou ? s'écria Henri.

— Oui, répondit Sully, mais je ne suis pas le seul en France.

Alors, sans rien ajouter, le roi monte dans son cabinet, écrit une seconde promesse toute pareille à la première, repasse devant son ministre comme s'il ne le voyait pas, demande ses chevaux et se précipite à Malesherbes où il s'enferme avec sa bien-aimée durant trois jours entiers. Il s'agissait de mettre sans attendre l'enfant en chantier.

Pour s'assurer plus sûrement la faveur du ciel, Henriette, devenue marquise de Verneuil, s'en va offrir à Notre-Dame de Cléry, qui avait été le pèlerinage préféré de Louis XI, un enfant d'argent dont on dit que les moines furent fort encombrés et qu'ils firent fondre plus tard pour en tirer une croix. Mais il était écrit que Mlle d'Entragues ne coifferait jamais la couronne de France. Alors qu'enceinte elle espérait bien la tenir déjà, un violent orage fut cause de la venue prématurée d'un garçon mort-né… Sully d'ailleurs préparait déjà le mariage de son roi avec Marie de Médicis.

Hélas, une fois marié, Henri ne se séparera pas d'une femme qui devait lui donner trois enfants sans jamais cesser pour autant de conspirer avec les siens contre la vie du roi. Celui-ci pardonne deux fois mais finit par exiler les d'Entragues à Malesherbes. Henriette cependant reste puissante. Pas assez à son gré : elle finit par s'entendre avec la reine Marie, le duc d'Épernon et l'Espagne : le résultat de ce rapprochement fut le coup de couteau de Ravaillac…

Après tant de noirs complots, Malesherbes avait grand besoin d'air pur. En 1719, le domaine était acheté par le chancelier de Lamoignon mais ce fut son fils, Guillaume, qui allait lui apporter son plus beau titre de gloire.

Ayant choisi de porter le nom d'une terre qu'il aimait infiniment, M. de Malesherbes, avocat, conseiller au Parlement, président de la Cour des aides et plusieurs fois ministre, fut sans doute l'un des hommes les plus intègres et les plus nobles de tout le XVIIIe siècle. Après avoir été l'un des meilleurs serviteurs de Louis XVI, Malesherbes, qui s'était retiré sur ses terres après son dernier mandat, et bien qu'âgé de soixante-douze ans, réclama et obtint le redoutable honneur de défendre son roi quand il fut traduit devant la Convention pour y être jugé. Il assuma cette défense avec un courage et une noblesse qui ne devaient pas lui porter bonheur. La Terreur sut le retrouver et lui faire payer son dévouement : arrêté dans son parc avec toute sa famille en 1794, il fut jeté en prison et guillotiné en même temps que les siens le 22 avril sur la place du Trône-Renversé, notre actuelle place de la Nation.

Le château conserve de nombreux souvenirs de cet homme de bien : sa bibliothèque, ses travaux sur le droit, la jurisprudence, le statut des juifs et des protestants, la liberté de la presse, la botanique dont il était féru. Mais, à Malesherbes, le souvenir d'un autre écrivain vient le rejoindre.

Au moment de l'arrestation de Malesherbes, on emmena avec lui sa fille, Mme de Rosambo, et ses petits-enfants (dont Louise Le Pelletier de Rosambo, future mère d'Alexis de Tocqueville), M. et Mme de Chateaubriand, frère et belle-sœur du grand écrivain. Mais on laissa les deux petits garçons du jeune couple : Louis et Christian âgés respectivement de six et huit ans, que l'on cacha dans une jolie maison qui existe toujours dans le parc, près de la Grange-aux-Dîmes.

Ces deux enfants étaient confiés à la garde d'une gouvernante dont la principale occupation était la tapisserie. Pour ce faire elle disposait d'une énorme pelote de laine qu'elle reconstituait à mesure qu'elle l'usait, allant même jusqu'à défaire son ouvrage la nuit dans la grande tradition de Pénélope. On finit par comprendre pourquoi quand, la Révolution terminée, cette brave femme se décida à dévider sa pelote, libérant ainsi les bijoux de famille qu'elle y avait tenus cachés.

Les deux orphelins étant ses neveux, on dit que Chateaubriand vint souvent à Malesherbes où il aimait à écrire dans la maison qui leur avait servi d'abri…

HORAIRES D'OUVERTURE

Du 7 juillet au 22 août 10 h-16 h
Du 15 septembre au 19 septembre

Fermé le samedi, le dimanche et les jours fériés.

Ouvert pour les Journées du patrimoine

http://www.ville-malesherbes.fr/index.php?option=com_content&view=article&id=87 : le-chateau-de-malesherbes&catid=18 : les-lieux-a-visiter&Itemid=59

MAREUIL-EN-BRIE

Les amours de la jeune captive

Pour moi Palès encore a des asiles verts,
Les amours des baisers, les Muses des concerts ;
Je ne veux pas mourir encore.

André CHÉNIER

La première quinzaine du mois de mars 1794 s'achève. Dans toute la France, la Terreur fait rage. À Paris, sur la place du Trône-Renversé, la guillotine dévore quotidiennement des fournées terrifiantes de victimes. Soixante, soixante-dix ou même quatre-vingts têtes roulent chaque jour, libérant une marée sanglante entre les beaux pavillons jumeaux naguère construits par l'architecte Ledoux. La folie des hommes, la haine du semblable atteignent des sommets difficiles à égaler. Et pourtant, au milieu de cette horreur, il se trouve encore des gens qui s'arrangent pour être heureux. Et le plus étonnant est qu'ils appartiennent à l'aristocratie et même que leur sang compte parmi les plus bleus.

À une trentaine de lieues de Paris, aux confins de la Brie et de la Champagne, les murs élégants du château de Mareuil, propriété par mariage de la famille de Coigny, abritent deux amants qui semblent décidés à oublier tout ce qui n'est pas leur commune passion. Ils sont tellement absorbés l'un par l'autre qu'ils ont tout oublié du monde extérieur. Ils ne voient rien. Ils n'entendent rien. Ils sont ailleurs.

Il est vrai qu'elle a vingt ans, qu'il en a vingt-cinq et que la nature s'est montrée tellement généreuse avec eux que c'en est presque un scandale. Ils ont tout : beauté, esprit, jeunesse, noblesse et suffisamment de fortune pour ne pas se soucier du lendemain. Elle, c'est Aimée de Franquetot de Coigny, duchesse de Fleury, ex-duchesse plutôt, car elle vient de profiter des lois nouvelles pour divorcer. Elle est petite mais faite au moule avec de magnifiques cheveux châtain doré, des yeux de velours sombre presque trop grands pour son visage. Elle possède en outre un sourire irrésistible et une fabuleuse confiance en elle-même. Il est vrai que depuis son mariage, quatre ans plus tôt, avec le duc de Fleury, sa beauté a émerveillé la ville et ce qu'il restait de cour. Elle en a beaucoup usé aussi : à peine mariée, elle trompait son duc avec le très séduisant duc de Lauzun dont on disait qu'il avait été l'amant de Marie-Antoinette, partageant d'ailleurs cette réputation avec l'oncle de la folle duchesse, l'irrésistible Henri de Coigny.

Son compagnon, à Mareuil-en-Brie, c'est le comte Casimir de Montrond, grand garçon un peu rousseau, bien bâti et pourvu d'yeux d'azur candides tout à fait à leur place dans un teint rose de bébé. Mais c'est loin d'en être un. C'est même un bourreau des cœurs. Spirituel, insouciant, insolent, celui que les femmes appellent « le beau Montrond » et son ami Talleyrand « l'Enfant Jésus de l'enfer », a fait plus de conquêtes que Don Juan.

L'amour d'Aimée et de Casimir est né à Londres où tous deux s'étaient réfugiés – mais séparément – après les massacres de septembre 1792. Jusque-là ils se connaissaient à peine. En revanche, Montrond connaissait bien le duc de Fleury qui était son chef au régiment de Mestre-de-Camp-Général et surtout son compagnon de jeu le plus habituel.

Les Fleury avaient effectué auparavant un voyage en Italie où Aimée s'était efforcée d'oublier son cher Lauzun, passé au service de la Révolution et devenu tout uniment le général Biron. Elle avait trouvé quelques consolations avec l'ambassadeur anglais, lord Malmesbury. C'était lui qui avait conseillé l'Angleterre. Sur le chemin, Aimée en avait profité pour revoir Lauzun et demander la séparation de biens mais le bain de sang de septembre l'avait épouvantée et elle s'était hâtée de rejoindre Londres avec quelques amis. Peu de temps après, elle devenait avec enthousiasme la maîtresse de Montrond.

Londres ne leur plut guère, ni la manière de vivre des Anglais. Ils avaient du mal à respirer loin de la France et, en janvier 1793, alors que la tête de Louis XVI tombait, ils réintégrèrent Paris. Où tout de même les allées et venues de cette inconsciente duchesse finirent par éveiller l'intérêt de la police.

Le 16 mars, Aimée était arrêtée et conduite devant l'officier de police Descoings chargé de l'interroger. Et là, il faut bien avouer que la folle Aimée s'en tira avec l'habileté d'un vieux diplomate. Mais non, elle n'avait pas émigré ! Elle avait quitté Paris après septembre, simplement pour la province. Où était-elle ? Mais dans la maison de Mareuil-en-Brie qu'elle tenait de sa mère. Quant à son ci-devant mari elle s'intéressait si peu à ce qu'il devenait qu'elle demandait le divorce sur l'heure. Elle ajouta qu'elle avait régulièrement payé ses impôts fonciers pour Mareuil et même fait un « don patriotique ».

En foi de quoi on la relâcha et même on la divorça. Elle prit avec empressement le chemin de Mareuil où Montrond l'avait précédée et l'attendait impatiemment. Tous deux se hâtèrent d'y oublier leurs angoisses dans les délices des amours illégitimes.

De temps en temps tout de même, on se disputait et Montrond en profitait pour aller prendre le vent à Paris et s'efforcer de renseigner son ami Talleyrand, encore à Londres. Mais il revenait bien vite goûter le charme des réconciliations. Ce jour-là pourtant, 3 mars 1794, il était trop préoccupé, à son retour, pour songer aux joies de l'amour. Il venait d'apprendre qu'un nouveau délégué avait été nommé pour la région de Champagne qui allait être passée au peigne fin. Très certainement le château de Mareuil serait l'un de ses points de mire. Et dans ce cas, il vaudrait peut-être mieux s'éloigner.

On décide alors de partir ensemble pour les Pays-Bas d'où Montrond pourrait peut-être rejoindre l'armée de Condé. Aussitôt dit, aussitôt fait : on prépare les bagages, on réunit les objets précieux et on les cache dans les poches cousues sous les jupes d'Aimée et de sa femme de chambre anglaise. Au petit jour, on monte en voiture et on s'élance sur la route.

On fait tout juste deux lieues avant que l'on se retrouve arrêtés. Tout le monde dans la région connaissait Aimée, encore plus reconnaissable à cause de sa grande voiture et de sa montagne de bagages. Mais comme on ne savait trop qu'en faire, on l'envoya à Paris où, le 15 mars, elle faisait son entrée à la prison Saint-Lazare. La gloire la plus pure l'y attendait sans qu'elle s'en doutât le moins du monde.

Pourquoi ? Parce que, à Saint-Lazare où se trouve parquée la fine fleur de l'aristocratie, il y a un petit homme d'une trentaine d'années, pas très beau : le teint cireux, le cheveu rare. Mais il a un regard étonnant, à la fois profond, grave et lumineux comme en possèdent ceux qui ont le pouvoir d'apercevoir les choses cachées. Il est timide aussi et, alors que la société s'efforce de vivre ses dernières heures dans la joie et la folie, il aime à se retirer à l'écart pour griffonner sur des feuilles de papier. Parfois aussi, son regard suit Aimée durant de longues minutes. Naturellement, la jeune femme a remarqué cet homme pas comme les autres.

On lui a dit son nom : André de Chénier. On lui dit aussi qu'il est poète. Cela l'amuse un moment. Un soir, il lui remet un rouleau de papier. Elle n'y jette qu'un coup d'œil distrait car le poème est apparu comme trop grave à son esprit futile :

L'épi naissant mûrit, de la faux respecté ;
Sans crainte du pressoir, le pampre tout l'été
Boit les doux présents de l'aurore ;
Et moi, comme lui belle, et jeune comme lui,
Quoi que l'heure présente ait de trouble et d'ennui,
Je ne veux pas mourir encore.

Incapable de comprendre que *La Jeune Captive* va la porter à la postérité, Aimée de Coigny oublie le poème dans un coin, donnant à peine une larme au poète qui, le lendemain, monte à l'échafaud.

Elle y échappe, épouse Montrond pour se lancer avec lui dans les folies du Directoire. Ils retrouvent aussi Mareuil qui n'avait pas été confisqué. Mais c'est l'un des rares biens qui restent à la jeune femme. Et la vie que le couple entend mener coûte cher. Un beau jour, Mme de Montrond vend le château que les ancêtres de sa mère, les Roissy, avaient construit au XVIIe siècle. Elle s'en débarrasse presque, contre une belle somme d'argent et sans plus de regret que d'une robe usagée.

Chose étrange, l'abandon de Mareuil marque le déclin du ménage. Ce que n'ont pu faire les séparations, la prison et même l'ombre de la mort, le mariage, ses facilités et la ronde insensée des plaisirs en viennent à bout quand disparaît de l'horizon des Montrond ce domaine qui avait vu l'enfance d'Aimée et le plus doux, le plus ardent de son amour. Casimir s'éprend de l'une des reines du Directoire, la créole Fortunée Hamelin. Aimée juge alors une telle conduite incompatible avec sa dignité à elle et demande le divorce, une fois encore.

Sans trop de peine d'ailleurs : elle s'est éprise d'un chanteur, Mailla-Garat, bellâtre aussi dépourvu d'âme qu'elle-même et qu'elle dispute farouchement à la marquise de Condorcet. Le triste personnage consomme la ruine déjà si bien commencée de la jeune captive qui meurt à Paris, le 17 janvier 1820… dans les bras de Montrond accouru pour l'aider à franchir le difficile passage. On dit qu'il évoqua pour elle, alors, le jardin de Mareuil.

Le château, après avoir connu quelques vicissitudes, appartient actuellement à la famille de Vibraye et ne se visite pas.

MEUNG-SUR-LOIRE

Le sourire de Bertrade, les larmes de Villon...

Mais où sont les neiges d'antan ?...

François VILLON

Le grand Alexandre Dumas n'a eu besoin que de quelques pages pour immortaliser la petite ville de Meung-sur-Loire et la faire connaître aux quatre coins du monde. Qui ne connaît l'histoire ? Sous le règne du roi Louis XIII, un jeune Gascon venu du bout de la France fait son entrée dans Meung en curieux équipage : « Car notre jeune homme avait une monture et cette monture était même si remarquable qu'elle fut remarquée ; c'était un bidet du Béarn âgé de douze à quatorze ans, jaune de robe, sans crins à la queue. L'apparition dudit bidet à Meung où il était entré, il y avait un quart d'heure à peu près par la porte de Beaugency, produisit une sensation dont la défaveur rejaillit jusqu'à son cavalier... »

Le jeune homme s'appelle d'Artagnan, le passage cité se trouve à la seconde page des *Trois Mousque-*

taires, peut-être le plus célèbre de tous les romans, et Meung se trouve ainsi être la ville par laquelle d'Artagnan est entré dans l'histoire et dans la mémoire des lecteurs du monde entier. Il ne lui reste plus qu'à rejoindre Athos, Porthos et Aramis pour chevaucher et ferrailler avec eux jusqu'à la fin des temps. Mais, fort heureusement pour elle, l'aimable cité des bords de la Loire n'avait pas attendu Alexandre Dumas pour faire, d'elle-même, son entrée dans l'histoire de France.

Son origine remonte à l'époque gallo-romaine où elle porte le nom de Magdunum qui signifie « ville sur un lieu élevé ». Et comme tous les lieux élevés, elle est couronnée d'un poste de garde que l'on peut décorer du nom de château. Un premier château qui ne résistera pas aux Vandales. Les ruines tenteront par la suite un saint homme, Liphard, qui y installera une sorte de monastère. C'est là qu'il mourra, c'est là qu'on l'enterrera et, autour de son tombeau, va s'édifier une ville défendue par une forteresse monastique qui aura elle aussi des malheurs, par le fait des Normands. On en sera quitte pour reconstruire une fois la terrible vague passée. Et, en l'an 1090, le modeste château de Meung est le théâtre d'une grande scène d'amour en forme de prologue à une nouvelle guerre de Troie.

À cette époque, la dynastie capétienne, fraîchement née, a pour représentant un souverain d'un type nettement exotique : le roi Philippe Ier. Fils d'Henri Ier et d'une princesse russe, Anne de Kiev (la seule Russe qui eût jamais régné sur la France), il tient de sa mère, une affolante sirène blonde venue du fond des steppes avec un train digne des *Mille et Une Nuits*, une extrême beauté, un tempérament volcanique et ce prénom de Philippe au parfum byzantin et parfaitement inusité en France. Sans oublier, bien entendu, le charme slave. Un charme qui plonge dans la mélancolie nombre de femmes du royaume. Au nombre desquelles se trouve la très belle comtesse d'Anjou, Bertrade de Montfort.

Bertrade, en dépit de sa beauté, est mal mariée. Son époux, Foulques d'Anjou, est tout ce que l'on veut sauf un homme agréable. D'ailleurs, ses sujets, qui s'y connaissent, l'ont surnommé le Réchin, autrement dit le grognon. Et, avec lui, ce totem serait plutôt un euphémisme. En effet, coupable d'avoir trucidé son propre frère, le Réchin a déjà usé trois épouses : Hildegarde de Beaugency, morte d'une raclée un peu trop copieuse, Hennengarde de Bourbon et Arengarde de Castillon qui sont encore en vie mais méditent, au fond de deux bons couvents, sur les inconvénients que l'on éprouve lorsque l'on cesse de plaire. Or, Bertrade est fière et refuse l'idée d'être un jour privée de sa couronne par un caprice masculin, et cela en dépit de sa beauté et du fils qu'elle a eu l'habileté de donner à son époux. En outre, elle a entendu vanter le charme du roi de France et elle pense que cet homme-là lui conviendrait beaucoup mieux. Aussi, sans balancer davantage, lui écrit-elle une lettre qui pourrait se résumer ainsi : « Je suis mal mariée et malheureuse en amour car, sans vous avoir jamais vu, je vous aime et j'ai juré de n'appartenir à un autre homme que vous. »

Ce sont de ces mots qui frappent l'imagination quand on est amateur de jolies femmes, même quand on est marié. Car Philippe aussi est marié. À l'âge de quinze ans – il en a alors trente-sept – on l'a marié à une Hollandaise ronde et rose, Berthe de Hollande, qui, avec les années et les maternités, est devenue obèse et couperosée : c'est dire que le sentiment de ce que l'on doit à une épouse ne l'encombre pas. Et Philippe d'annoncer son intention de rendre à son « féal comte d'Anjou » une visite d'amitié.

Quand il arrive à Tours où le rendez-vous est fixé, c'est le double coup de foudre. Dès le premier instant, le géant blond s'assure le cœur de la brune et ardente comtesse qui, de son côté, déchaîne chez le roi une de ces passions dévorantes comme on n'en rencontre pas deux dans la vie... Et l'on assure que, dès le lendemain, Bertrade déclare à Philippe qu'elle est prête à se laisser enlever. Ce à quoi le roi répond : « Quand vous voudrez ! » Et cela ne va pas traîner. Moyennant bien sûr une honnête dose de dissimulation et d'hypocrisie.

En effet, tandis que, dans l'église Saint-Jean, Philippe inaugure les fonts baptismaux en jurant à son hôte une éternelle amitié, Bertrade prépare discrètement ses bagages. Puis, la visite terminée, le roi prend courtoisement congé des Angevins pour regagner sa ville royale d'Orléans, où il tient sa cour. Bertrade le regarde partir le sourire aux lèvres : elle sait bien qu'elle le reverra avant peu. Et, en effet, le lendemain, prétextant une visite pieuse à un moutier des environs, la belle comtesse se dirige vers un certain pont du Beuvron où Philippe a dû laisser une troupe destinée à simuler un enlèvement. Qui réussit en tout point, et c'est triomphalement que l'on ramène Bertrade à Meung où l'attend Philippe. C'est là qu'ils vont vivre leur première nuit d'amour, une nuit d'amour dont on prétend qu'elle fut fabuleuse...

La nuit de Meung marque le début d'une passion qui jamais ne se démentira et que rien ne pourra abattre, ni la guerre que déchaîne aussitôt le Ménélas grincheux de cette nouvelle Hélène, ni les foudres de l'Église maniées par le pape Urbain II qui ira jusqu'à frapper le royaume d'interdit, ni les menées plus ou moins sourdes de Louis et de Constance, les enfants laissés par Berthe de Hollande. Seule la mort séparera Philippe de Bertrade. C'est lui qui part le premier et Bertrade, tandis que son beau-fils devient le roi Louis VI, s'en va finir sa vie et attendre que la mort la réunisse à son amour dans le couvent des Hautes-Bruyères.

En 1101, ce même Louis VI, surnommé le Gros, s'en vient mettre le siège devant le château de Meung dont le maître, Lionet, s'est révolté contre son suzerain l'évêque d'Orléans. Lionet et ses hommes se réfugient dans le donjon auquel le roi ordonne que l'on mette le feu. Pour échapper aux flammes, les enfermés sautent du haut de la tour… pour venir s'empaler sur les lances que l'on a plantées en terre afin de les recevoir…

Le château, cependant, devient au fil des années une puissante forteresse. D'abord habité par la famille de Meung dont le dernier représentant, Jean, sera le célèbre coauteur du *Roman de la Rose*, il devient résidence d'été des évêques d'Orléans. Leur prison favorite aussi car souterrains, basses-fosses et oubliettes y sont impressionnants. Toutes choses dont l'Anglais envahisseur découvrira la valeur. En 1361, c'est Hughes de Calverly, le fameux capitaine anglais, qui occupe le château avec ses Anglo-Navarrais, puis, dans les débuts du XVe siècle, Français et Anglais se succèdent à Meung selon que ville et château sont pris ou repris. Et c'est avec quelque surprise que, parmi ses occupants, on découvre qu'un certain sire de Gaule en a proprement chassé l'ennemi en 1418…

Malheureusement, en 1425, le comte de Salisbury reprend ce qu'il considère comme son dû et s'installe à

Meung après en avoir fait pendre les défenseurs. Il n'y restera pas longtemps car, déjà, la bataille pour Orléans fait rage et il en est l'une des chevilles ouvrières. Mais le destin l'y attend : « Regardant la bataille d'une fenêtre du fort (des Tourelles) enlevé, un boulet de canon le frappa à la tête. Il fut transporté blessé au château de Meung et mourut le 27 octobre 1428 puis fut enterré dans le parc. De la fenêtre de sa chambre, au château, il pouvait voir la basilique de Cléry qu'il avait pillée quelques semaines auparavant… » Ce fut le fameux Talbot qui le remplaça…

Moins d'un an plus tard, Jeanne d'Arc nettoiera Meung de ses occupants anglais, qui jamais ne reviendront. Les évêques d'Orléans vont pouvoir jouir à nouveau de l'agrément de leur beau château. De même, leurs prisonniers – tel le boiteux Orgemont qui y mourra – pourront constater que les cachots n'ont rien perdu de leur dramatique efficacité.

Ce sera le triste privilège de François Villon en 1461…

Le poète a dû fuir Paris à la suite du cambriolage du collège de Navarre auquel il a participé, et il a gagné la campagne où il vit de rapines et de petit brigandage. Il n'en fallait pas plus pour tomber sous la patte des sergents de l'évêque d'Orléans, Thibaut d'Aussigny. Une patte singulièrement lourde qui mène le malheureux dans la basse-fosse de Meung que l'on peut encore voir de nos jours. Une fosse percée, en son centre, d'un puits profond… C'est là que Villon écrit la fameuse *Épître à mes amis* :

Ayez pitié, ayez pitié de moi,
À tout le moins, s'il vous plaît, mes amis !
En fosse gis, non pas sous houx ne mai,

En cet exil auquel je suis transmis
Par fortune comme Dieu l'a permis.
Fille aimant jeunes gens et nouveaux
Danseurs, sauteurs, faisant les pieds de veaux,
Vifs comme dards, aigus comme aiguillon,
Gousiers tintant clair comme cascaveaux,
Le laisserez là, le pauvre Villon ?...

Le roi Louis XI, dont il chantait l'avènement, l'en tira, en piètre état car les bourreaux de l'évêque l'avaient un peu malmené. Mais c'était la liberté que le moineau de Paris retrouvait et, même escortée par la misère, cette liberté était sans prix…

Le château de Meung demeura en la possession des évêques jusqu'à la Révolution avec des fortunes diverses. Ainsi, au XVIIIe siècle, la demeure féodale avait reculé devant un joli château tel qu'en savait concevoir l'époque… un château aux murs roses.

Sous la houlette du nouveau propriétaire, Xavier Lelevé, de grands travaux de restauration furent entrepris pour embellir le château et ses 131 pièces. Vingt pièces sont aujourd'hui entièrement meublées et ouvertes à la visite.

Horaires d'ouverture

Du 1er mars au 30 avril : jours et horaires variables	
Du 1er mai au 31 mai	14 h-18 h (Fermé le lundi)
Du 1er juin au 30 août	10 h-19 h (Fermé le lundi)
Du 1er septembre au 31 octobre	14 h-18 h (Fermé le lundi)
Décembre	14 h-18 h (les week-ends)

Fermé le lundi.

http://www.chateau-de-meung.com/

MONTARGIS

Renée de France, duchesse de Ferrare

La foi qui n'agit point, est-ce une foi sincère ?

RACINE

Le cortège qui pénètre dans Montargis, le 14 janvier 1560, a fait sortir toute la ville dans les rues en dépit du froid et de la neige. C'est à la fois service commandé et curiosité car il s'agit d'accueillir la châtelaine de la ville, Madame Renée de France, fille du roi Louis XII et d'Anne de Bretagne, veuve depuis le 3 octobre précédent d'Hercule d'Este, duc de Ferrare en terre d'Italie. Une châtelaine qu'à vrai dire on ne connaît pas du tout, car il y a trente-deux ans qu'elle a quitté la France pour suivre son époux au-delà des Alpes.

Évidemment, ce n'est plus une jeune femme. Elle a atteint la cinquantaine mais elle garde, en dépit d'un maintien assez sévère, de la grâce et du charme. Elle a de très beaux yeux, bien fendus, et son deuil est fastueux car elle a toujours aimé l'élégance et la splendeur des atours, comme il sied à une femme qui a été élevée à la cour du roi François Ier dont elle était la belle-sœur.

L'accueil de Montargis se montre donc suffisamment enthousiaste pour être payé de quelques sourires et d'aimables paroles. En revanche, l'aspect du château où l'on monte après la remise des clefs de la ville n'a rien de bien souriant. Madame Renée le trouve « fort déchu et démoli ». On dirait que personne n'y a touché depuis les rudes sièges subis pendant la guerre de Cent Ans, et le premier soin de la nouvelle venue sera d'ordonner de grands travaux que l'on va entamer sur-le-champ tandis qu'elle s'installe du mieux qu'elle peut. Grâce au ciel il y a dans ses chariots suffisamment de meubles et de tentures pour donner quelque confort même à un vieux château glacial. Au moins, le froid abolit l'odeur des tanneries qui s'alignent en bas, le long du ruisseau du Puiseaux. Et puis, pour la première fois depuis longtemps, Renée se sent chez elle, vraiment chez elle. Elle y serait aussi à Chartres dont elle est duchesse ou à Gisors dont elle est comtesse, mais c'est Montargis qu'elle a aimé jadis, au temps de sa jeunesse, et c'est là qu'elle veut vivre. Et il faudra bien que le vieux château des Courtenay s'arrange pour lui être un logis agréable… Il est si doux de revenir vivre non loin de la Loire !

Elle était heureuse, cependant, quand, en septembre 1528, elle quitta la France avec l'époux qu'on lui avait choisi, cet Hercule d'Este de vingt ans qui était un brillant cavalier, aimable, cultivé et beau garçon, ce qui ne gâtait rien. Il avait tout de suite plu à Renée qui était un peu lasse des nombreux fiancés – dont l'empereur Charles Quint – qu'on lui avait déjà proposés. Hercule parlait avec passion de son pays, de son père, le vieux duc Alphonse, veuf de la belle Lucrèce Borgia, de sa sœur, la brillante duchesse de Mantoue, du soleil italien et de la splendeur de ses palais. Renée écoutait, rêvait…

Orpheline de bonne heure – elle avait trois ans à la mort de sa mère, cinq à celle de son père – elle a été élevée royalement mais sévèrement par Louise de Savoie, la mère de François Ier, et elle a cherché très tôt dans l'étude, et singulièrement dans celle de la théologie qui l'approchait de Dieu, de quoi apaiser un cœur qui ne demandait qu'à aimer. La question religieuse est alors à l'ordre du jour. Les livres de Luther commencent à pénétrer en France et Renée, guidée par son précepteur Lefèvre d'Étaples, s'y est intéressée sans pour autant se détourner de l'Église. Simplement, elle a trouvé dans la nouvelle doctrine des éléments qui lui plaisent…

Mais quand elle suit son époux sur la route qui mène à Lyon, aux Alpes, que l'on franchira au Mont-Cenis, et à Ferrare, la sage Renée n'est rien d'autre qu'une jeune femme en voyage de noces. Elle attend des merveilles et elle les aura, mais le premier abord va lui être pénible. La plaine du Pô est sinistre en décembre et, si la ville de Ferrare est une belle ville, le château des Este avec ses douves et ses tours carrées paraît bien rébarbatif à une jeune femme de dix-huit ans qui a quitté le Val de Loire dans tous les ors d'une fin d'été…

Néanmoins l'intérieur est fastueux et l'accueil du duc Alphonse particulièrement chaleureux. C'est encore un bel homme qui adore les femmes, les fêtes et, pour sa petite belle-fille, il en a ordonné qui dureront un mois. Il souhaite lui plaire et autour de la nouvelle venue ce ne sont que plaisirs divers, comédies, bals, banquets. L'Arioste jouera à cette occasion sa première comédie. Les Este possèdent au plus haut point le goût du luxe et de la vie fastueuse… On entoure la sage Renée, on l'adule, on l'entraîne dans un véritable tourbillon de joie…

« Pourtant, Renée souffrait de solitude au milieu de tous ces Italiens et avait la nostalgie de la France lointaine… », écrit l'abbé Mathieu qui a consacré à Renée de France une minutieuse étude. D'abord, elle n'entend pas l'italien et, en fait, elle ne l'apprendra jamais. Grave erreur pour une jeune épouse qui souhaiterait jouer un rôle politique auprès d'un mari qui se montre sans doute amoureux mais qui aime un peu trop la chasse. Chez Renée, on trouve une sorte de méfiance envers son entourage. Il est vrai qu'à la cour brille de tous ses feux la belle Laura Dianti, la maîtresse du duc Alphonse, et cette situation choque les idées peut-être un peu austères de la jeune femme…

Néanmoins, les premières années de mariage se passent assez bien, en dépit de quelques nuages conjugaux provoqués par les réticences de Renée qui ne veut ni s'italianiser – car elle entend rester française envers et contre tout – ni se séparer de son entourage français, en particulier de Mme de Soubise qui a été sa gouvernante, possède sur elle une grande influence, et qu'Hercule déteste… Mais les enfants arrangent bien les choses et Renée en donnera cinq à son époux.

En 1534, meurt le duc Alphonse, et Renée, aux côtés d'Hercule, devient duchesse régnante mais, en perdant son beau-père, elle a perdu son meilleur appui et les difficultés vont commencer pour elle.

Désespérant de détacher son époux de l'empereur et du pape envers lesquels la situation géographique et politique de Ferrare l'oblige à de nombreuses concessions,

Renée attire sans cesse de nouveaux Français à sa cour, et en particulier ceux qui sont obligés, pour une question de religion, de quitter leur pays. Parmi eux, le poète Clément Marot, qui sent le fagot, fait trop parler de lui en poursuivant de ses assiduités les demoiselles de la duchesse, et surtout crible d'épigrammes désobligeantes le pape et les cardinaux. Ce qui rend la position d'Hercule, vassal de Rome, plus ou moins délicate.

Les difficultés atteignent leur paroxysme quand, en 1536, Renée accueille auprès d'elle Calvin et en fait son directeur de conscience. C'est malheureusement à ce moment-là que surgit l'affaire du « petit chantre » : le vendredi saint, au moment de l'adoration de la Croix, un jeune chantre de la maison de la duchesse nommé Jehannet sort soudain de l'église en proférant des injures et des blasphèmes. Il est arrêté le soir même et une véritable guerre commence entre Hercule et sa femme pour la libération ou non du garçon… qui finira par s'évader.

Cette affaire sonne le glas des Français. Mme de Soubise, son gendre et sa fille, M. et Mme de Pons, partiront successivement. Quant à la duchesse, elle ira « se reposer » au lointain château de Consandolo.

Elle en reviendra mais, aussi obstinée que le fut sa Bretonne de mère, elle continuera à attirer les protestants à Ferrare, au point que le pape Jules III finit par intervenir en demandant à Hercule d'agir sur sa femme. La duchesse, en effet, ne se confesse plus, ne va plus à la messe et à Ferrare le scandale est à son comble. D'autant que des années ont passé dans cette lutte incessante.

En 1554, le duc Hercule demande au roi Henri II de lui envoyer « un convertisseur habile et énergique » et celui-ci ne lui envoie rien de moins que le grand inquisiteur Mathieu Ory qui s'en vient chapitrer la duchesse. Celle-ci paraît céder d'abord, mais Calvin veille de loin et envoie du renfort. Dès lors, Ory perd son temps…

Hercule en vient aux mesures sévères : sa femme est enfermée chez elle, privée de ses filles et, finalement, chose inouïe, se retrouve, elle, fille de Louis XII, devant un tribunal de l'Inquisition comme une vulgaire hérétique.

Elle risque gros : rien de moins que le bûcher. Ses juges cependant se contentent de la condamner, le 6 septembre 1555, à la prison perpétuelle et à la confiscation de ses biens. Cette fois c'est dans une véritable geôle qu'elle est enfermée… Et puis, une semaine plus tard, coup de théâtre : la duchesse se repent, elle abjure ses erreurs. Le 21 septembre, elle fait savoir qu'elle désire entendre la messe et, le dimanche suivant, elle communie. Ory a disparu en direction de la France. Le cauchemar est fini.

Que s'est-il passé ? Lassitude ? Désir de retrouver une position tout de même plus agréable que celle de prisonnière ? Regain des tendres souvenirs d'autrefois ? Toujours est-il que le couple ducal se reforme et que tout redevient comme par le passé. Renée, désormais, ne déviera plus du droit chemin… En apparence tout au moins.

Quand son mari meurt, elle décide de rentrer en France où sa fille Anne est mariée au duc de Guise. Son fils Alphonse, qui devient duc, la déteste et est farouchement opposé aux protestants. Il n'hésiterait pas à s'en prendre à sa mère. Et Renée quitte Ferrare sans regrets, pensant qu'en France elle pourra peut-être venir en aide à ceux qu'elle nomme tout bas ses frères.

C'est ce qu'elle va faire à Montargis, en dépit du fait que les mesures de rigueur s'y sont multipliées envers les huguenots. Mais Renée tient à ses idées. En 1562, une émeute éclate dans la ville. Malgré l'interdiction de la duchesse, un groupe de bourgeois en armes occupe l'église pour empêcher les protestants d'y entrer. De là, le tumulte gagne toute la ville. On assiège les réformés chez eux, jusqu'à ce que la duchesse envoie ses gentilshommes les dégager et les ramener au château qui devient un véritable refuge.

Le duc de Guise dépêche alors l'un de ses capitaines pour l'assiéger et nettoyer « la nichée de huguenots », mais Renée se défend énergiquement : « Avisez ce que vous entreprenez, crie-t-elle du haut d'une tour, car il n'y a homme en ce royaume qui me puisse commander que le roi et si vous en venez là je me mettrai la première sur la brèche pour essayer si vous serez si audacieux que de tuer la fille du roi !... » Le siège sera levé d'autant plus vite que Guise vient d'être assassiné par Poltrot de Méré en forêt d'Orléans. Renée va pouvoir entreprendre, à travers la France, un grand voyage pour venir en aide aux protestants malheureux. Elle est la générosité même et sème l'or sans compter.

De retour à Montargis après une visite à son ami l'amiral de Coligny, elle essaie de réconcilier dans son fief catholiques et protestants, fonde au château une petite école pour les enfants des réfugiés... et manque une fois de plus de se retrouver devant un tribunal d'Église. Mais le roi de Navarre épouse Marguerite de Valois, et il semblerait que la paix doive s'établir. Renée se rend aux noces à Paris... et n'échappe que grâce à la protection royale au massacre de la Saint-Barthélemy...

C'est la mort dans l'âme qu'elle rentre à Montargis.

La sienne d'ailleurs n'est plus loin. À la suite d'un accès de fièvre, elle traînera, dolente, jusqu'en juin 1575 : le mercredi 15, à trois heures du matin, elle s'éteint dans le château qu'elle a fait refaire avec un soin extrême… et qui malheureusement sera en partie détruit en 1810.

Suivant sa volonté, son corps, porté par six pauvres, sera inhumé sous les dalles d'une chapelle qui ne servait plus au culte catholique, sans aucun signe qui laisse supposer qu'à cet endroit repose la princesse la plus courageuse, la plus généreuse… et la plus entêtée de cette époque troublée.

HORAIRES D'OUVERTURE

Les visites guidées se font sur demande auprès de l'Office de Tourisme de Montargis (02 38 98 00 87).

http://www.chateaudemontargis.org/

MONTE-CRISTO

Alexandre Dumas ou la générosité

> *Tout écrivain, tout peintre gêné peut venir s'installer à Monte-Cristo. Là vit en permanence un peuple de pirates que l'amphitryon ne connaît même pas.*
>
> André MAUROIS

Chaque année, au mois de juin et depuis bientôt quinze ans, une centaine d'écrivains s'assemblent dans le parc de la demeure la plus étonnante des environs de Paris pour y affirmer leur tendresse au souvenir de celui qui fut le bon géant des lettres, de l'homme qui aimait le plus la vie et qui savait le mieux s'en faire aimer : Alexandre Dumas, le père foisonnant des *Trois Mousquetaires*, de *Joseph Balsamo*, de *La Reine Margot*, de *La Dame de Monsoreau*, du *Comte de Monte-Cristo* et de tant d'autres merveilles qui ont ouvert à tant d'enfants et d'adultes le chemin de l'histoire.

Ils sont là, ces écrivains, bravant le vent, la pluie ou le trop grand soleil parce que, en 1970, des promoteurs séduits par le site décidaient de racheter la folle maison de M. Dumas pour y installer des immeubles. Alors, l'historien Alain Decaux a protesté. Employant presse et télévision, rassemblant autour de lui une poignée de fidèles, s'assurant trois dévouements exceptionnels, ceux de Mme Christiane Neave, de M. Georges Poisson, historien lui aussi, et de Mme Madeleine Amiot-Péan, il a levé l'étendard de la révolte, mobilisé l'opinion et finalement gagné la partie : Monte-Cristo ne sera pas détruit, Monte-Cristo continuera d'ériger au milieu de ses grands arbres ses tourelles pseudo-Renaissance coiffées de coupoles et de lanternes afin que tous ceux qui aiment Alexandre Dumas puissent y venir chercher la trace de leurs rêves de jeunesse.

Qu'est-ce d'ailleurs que Monte-Cristo sinon un rêve ? Celui d'un merveilleux conteur qui, en 1844, cherchait un coin tranquille pour y achever *Les Trois Mousquetaires*. Dumas et son fils, Alexandre le jeune, habitaient alors Saint-Germain-en-Laye où le père avait affermé le théâtre. « Il y faisait venir, raconte André Maurois qui est peut-être le meilleur chantre de Dumas, la Comédie-Française, logeait et nourrissait les comédiens, garantissait la recette et perdait à ce jeu une fortune. Mais sa cour, son harem et sa ménagerie grouillaient joyeusement autour de lui et le chemin de fer de Paris à Saint-Germain voyait ses recettes monter. Pour observer de près le grand homme, le public affluait. »

Essayez donc de travailler dans de telles conditions, même si l'encens est, de tous les parfums, le plus agréable à respirer ! Un jour, sur la route de Port-Marly, Alexandre Dumas s'arrête dans une maison de paysans et admire le panorama. On a de là-haut une vue admirable sur la vallée de la Seine. Pourquoi ne pas s'y installer ? L'inspiration – en admettant que besoin en soit – serait encore meilleure dans un cadre pareil. Sans doute… mais il n'y a rien que des arbres. Qu'importe ? Il suffit d'en abattre quelques-uns, de construire.

Aussitôt dit, aussitôt fait. Dumas achète le terrain qui lui plaît tant et y amène un architecte qui s'appelle tout uniment Durand :

— Vous allez, lui dit-il, tracer ici même un parc anglais au milieu duquel je veux un château Renaissance, en face d'un pavillon gothique entouré d'eau. Il y a des sources : vous en ferez des cascades.

— Mais, Monsieur Dumas, le sol est un fond de glaise ; vos bâtiments vont glisser.

— Monsieur Durand, vous creuserez jusqu'au tuf. Vous ferez deux hauteurs d'étages et d'arcades.

— Cela coûtera quelques centaines de mille francs.

— Je l'espère bien ! dit Dumas avec un sourire radieux.

Et tout se déroule comme il l'a prévu. Le château commence à sortir de terre et, dans le parc, sur la hauteur, on construit un minuscule château gothique auquel le maître donnera le nom de château d'If : ce sera son cabinet de travail.

Pendant ce temps, Dumas s'occupe de sa décoration intérieure. C'est ainsi qu'un jour à Tunis, alors qu'il visite le palais du bey, il remarque deux ouvriers occupés à reproduire, dans le palais, l'une des salles de l'Alhambra de Grenade. Leur travail est une merveille de minutie qui frappe notre écrivain : c'est exactement ce genre de décor qu'il faut pour sa chambre mauresque. L'Orient ! Qu'y a-t-il de plus beau que l'Orient quand on a de l'imagination ? Et il engage sur l'heure les deux Arabes au tarif de 7 francs par jour. Dès le lendemain, il les embarque sur le *Véloce* et vogue la galère en direction de Port-Marly *via* Marseille !

Durant des années, le père et le fils vont creuser leurs précieux nids d'abeilles dans les murs de Monte-Cristo, à la grande joie de M. *Doumasse*.

Enfin, le 25 juillet 1848, tout est achevé et Alexandre Dumas pend la crémaillère au milieu d'une véritable foule. Les invités sont au moins six cents. On a dressé pour eux des tables dans le jardin. On y a mis aussi de grands brûle-parfum d'où s'élèvent des fumées odorantes. Mais écoutons toujours André Maurois :

« Dumas, radieux, circule parmi ses convives. Son habit étincelle de croix et de plaques, son gilet, rutilant, est barré par une lourde chaîne d'or massif. Il embrasse les jolies femmes et raconte, toute la nuit, de merveilleuses histoires. Il n'a jamais été aussi heureux. »

Pourtant, il y a pour lui une ombre au tableau : le règne du roi Louis-Philippe s'est achevé depuis février. Le roi-citoyen que Dumas aimait beaucoup depuis qu'au Palais-Royal il était son bibliothécaire alors que le roi n'était que duc d'Orléans, le roi-citoyen donc a pris le chemin de l'exil. Bien sûr, c'est un autre ami qui va prendre sa place : le prince Louis Napoléon revenu d'Angleterre au moment où les Orléans s'y rendaient. Mais Dumas n'a jamais été de ceux qui oublient ceux qu'ils aiment au moment où tout s'écroule autour d'eux.

Pour le moment, tout de même, c'est la joie qui l'emporte. Le grand enfant au cœur d'or s'est offert le beau jouet dont il rêvait, mais comme, justement, il a un cœur d'or, il entend en faire profiter tous ceux qu'il aime, et même les autres. À Monte-Cristo, il tient table ouverte, encore que pour lui-même il soit assez frugal, et chez lui on mange plus que bien. Le maître se passionne pour la cuisine. Il estime que « s'il est bien difficile d'écrire, il est cent fois plus difficile de savoir bien dîner ! » Et jamais ses invités n'auront à se plaindre de lui. Il est fréquent même qu'il prenne en main les casseroles et nous avons de sa façon un *Grand Dictionnaire de cuisine* qui est bien le monument le plus agréable qui soit. On y retrouve tout Dumas, avec son goût de la bonne chère sans doute mais aussi sa passion de l'histoire et des histoires. Un régal peu commun.

Monte-Cristo ne désemplit pas : « Tout écrivain, tout peintre gêné peut venir s'installer à Monte-Cristo. Là, vit en permanence un peuple de pirates que l'amphitryon ne connaît même pas. Ces gens-là coûtent plusieurs centaines de mille francs l'an. Et puis, il y a les femmes. »

Les femmes, bien sûr, Dumas les a toujours aimées et toujours gâtées. Mais il y a aussi les bêtes. Le château et le parc servent d'abri à une vraie ménagerie. Il y a cinq chiens dont l'un, Pritchard, est resté célèbre, un vautour nommé Jugurtha, trois singes, un perroquet bleu et rouge nommé Bouvat, un chat appelé Mysouff, un faisan doré répondant au nom de Lucullus, un coq baptisé César plus un paon et sa paonne, des poules et des pintades… plus tous les chiens errants qui veulent bien franchir le seuil de cet ami de toute la Création.

« Ce ne sont pas les bêtes qui me ruineront ! » disait Dumas quand son domestique le priait de mettre un frein à l'invasion.

Les bêtes sans doute pas, mais les pique-assiettes très certainement. Et aussi la mauvaise chance. La révolution de 1848 a tari les recettes du Théâtre-Historique, source de grands revenus.

Et puis Dumas doit faire face au procès que lui

intente sa femme Ida Ferrier. La dame réclame le remboursement de sa dot plus une pension. Alors, en 1850, deux ans, deux ans seulement après la folle inauguration, les créanciers du bon Dumas s'emparent de Monte-Cristo qui est aussitôt mis en vente. C'en est fini du beau rêve de l'écrivain trop généreux. Plus tard, il reviendra à Monte-Cristo en compagnie de trois amis qui devront partager les frais, des frais bien modestes : un peu de nourriture, de la chandelle, etc. Personne n'a d'argent et Dumas moins encore que les autres en dépit d'un labeur forcené.

Par la suite, le château passera de main en main, des mains sans grand intérêt. Il sera même, un temps, pensionnat de jeunes filles auxquelles sans doute on ne faisait pas lire l'œuvre du constructeur. De toute façon, Monte-Cristo s'en allait lentement vers sa ruine.

Sauvé *in extremis* en 1970, ainsi qu'on l'a déjà dit, ses travaux de restauration ont représenté, durant des années, le gros tracas de l'Association des amis d'Alexandre Dumas. Et puis le miracle est arrivé en la personne de S. M. Hassan II, roi du Maroc, qui a fait restaurer le château de fond en comble, restituant ainsi à la France un monument historique et à l'ombre du bon géant son beau rêve intact.

HORAIRES D'OUVERTURE

Du 1er avril au 1er novembre	10 h-12 h 30 et 14 h-18 h (fermé le lundi)
Samedis, dimanches et jours fériés	10 h-18 h
Du 2 novembre au 31 mars	14 h-17 h (seulement le dimanche)

Fermeture du 17 décembre au 7 janvier
et le jour de la nuit de Monte-Cristo

http://www.chateau-monte-cristo.com/

MONTSÉGUR-SUR-LAUZON

Un amour d'outre-tombe

Hélas ! Comment serais-je charmante et belle ?
Ma joue est pâle et la terre est ma demeure...

Ancienne ballade danoise...

Quelques pans de murailles, une ancienne chapelle que la municipalité restaure avec soin, c'est tout ce qu'il reste d'un château où s'est déroulée, jadis, l'une des plus étranges, des plus dramatiques aventures vécues par un homme. Une de ces aventures qui frappent au point de changer une destinée...

Un jour de juillet 1745, le jeune baron de Clansayes qui a réuni dans son manoir proche de Saint-Paul-Trois-Châteaux une bande d'amis de son âge leur propose une excursion qu'il espère agréable. Il fait un temps superbe, la campagne embaume la lavande et le romarin et l'idée d'une promenade est accueillie avec plaisir. Le but proposé est le vieux château de Montségur-sur-Lauzon, une antique forteresse en partie ruinée mais suffisamment imposante et, surtout, pourvue d'une réputation assez sinistre pour être intéressante. On dit, en effet, que le château, déserté par ses propriétaires depuis une trentaine d'années, est hanté et, du plus loin qu'ils aperçoivent sa sombre silhouette dressée au bord d'un champ en pente raide menant à un ravin abrupt, les gens du pays se signent et ôtent leur bonnet comme devant un enterrement. Signe de respect, dit-on, envers les âmes de tous ceux qui sont passés là de vie à trépas…

En effet, Montségur appartenait jadis au terrible baron des Adrets, le célèbre et redoutable chef protestant qui, au temps des guerres de Religion, s'entendait si bien à exterminer ses ennemis prisonniers de la manière qui pouvait leur être la plus désagréable. Comme le catholique Blaise de Montluc, le baron maniait la torture en virtuose et savait accompagner une mort d'une éternité de souffrances. Son ombre, à ce que l'on disait, planait toujours, par les nuits sans lune, sur son ancien repaire.

Naturellement, les vieilles histoires n'impressionnaient pas la jeune bande qui s'embarquait si joyeusement pour le château, mais ajoutaient au plaisir qu'elle anticipait. On allait chasser le fantôme entre amis ! Et les deux plus ardents à cette battue d'un nouveau genre étaient le vicomte Henri de Rabastens, un jeune Gascon de vingt-deux ans, et son ami Beaumont. Ils se promettaient bien d'exorciser les pires légendes.

Encore meublé en partie, le château a un gardien, un vieil homme laissé là par la propriétaire, la comtesse de Pracomtal qui entend que sa maison ne soit point trop à l'abandon, même si elle ne l'habite pas… Mais, en fait, l'intérieur présente peu d'intérêt : il y a surtout beaucoup de poussière et la jeune bande, un brin déçue, parcourt les cours noircies, les chemins de ronde, les salles désertes. Soudain, dans le champ en pente au bord duquel s'élève le château, quelqu'un avise une croix de pierre. Enfin quelque chose d'intéressant !

On se précipite, on se penche. Gravés dans la pierre il y a un nom, une date : « Lucie de Pracomtal, 25 juin 1715... » Alors, on appelle le vieux gardien, on l'interroge. Et il raconte...

Trente ans plus tôt, presque jour pour jour, il y avait fête dans le château encore bien vivant. La fille de la comtesse de Pracomtal, Lucie, qui avait dix-huit ans, épousait le jeune vicomte de Quinsonas qui en avait vingt-cinq. Tous deux étaient jeunes, beaux, riches, tous deux s'aimaient – ce qui était rare ! – et tout le monde autour d'eux était heureux, ou tout au moins joyeux... jusqu'à ce petit incident qui, à la fin du festin, jeta un froid.

En effet, au moment du dessert, la nouvelle vicomtesse de Quinsonas, en voulant séparer une amande double pour en offrir la moitié à son époux, brisa du même coup l'anneau de mariage tout neuf qui ornait son annulaire depuis si peu de temps. Elle pâlit, voyant dans ce petit accident un mauvais présage en dépit du tendre réconfort prodigué par son époux et de ses plaisanteries sur la hâte qu'elle avait mise à se « démarier » elle-même. Bientôt, d'ailleurs, le sourire lui revint et l'on sortit de table pour d'autres plaisirs.

En attendant le grand bal du soir quelqu'un proposa une partie de « cligne-musette » (cache-cache), en disant qu'un vieux château est réellement l'endroit rêvé pour ce jeu si amusant. La proposition fut accueillie avec enthousiasme. C'est le marié qui « s'y colla » le premier. Mais, avant de se laisser bander les yeux, il alla embrasser sa femme :

— Vous ne saurez jamais vous cacher assez bien, mon cœur. Je vous aime trop pour ne pas aller vers vous immédiatement, même si je gardais les yeux bandés…

Et l'on se dispersa. La partie dura longtemps. Le château retentit de cris, de rires, d'appels, de portes qui claquaient et de galopades. Mais quand la compagnie, hors d'haleine, se retrouva dans la grande salle, il fallut bien se rendre à l'évidence : Lucie manquait à l'appel.

Pendant des heures, on la chercha, criant son nom, fouillant partout. Les invités, les gardes, les serviteurs, les paysans qui dansaient dans la cour, tout le monde s'y mit. Rien ! On pensa alors aux ravins. On y descendit avec des cordes, des lanternes car la nuit était venue.

On pensa même à des bohémiens qui avaient campé près du château jusqu'à la fin de l'après-midi et, songeant que peut-être ils avaient enlevé la jeune femme à cause de ses joyaux, on se lança sur leurs traces mais, naturellement, ils étaient innocents. Sans rancune devant le désespoir de Mme de Pracomtal, une vieille bohémienne lui prédit : « Tu reverras ta fille un jour mais je ne peux te dire ni quand ni comment… »

Faible consolation ! Peu à peu, avec le temps, l'espoir de retrouver Lucie vivante s'estompa. On pensa qu'elle avait quitté le château, était tombée dans quelque ravin trop profond, ou qu'elle avait été victime d'une bête sauvage. Le deuil s'installa et aussi la légende d'une dame blanche qui, la nuit, errait en pleurant. Incapable de supporter plus longtemps cette demeure où sa fille avait disparu si tragiquement, Mme de Pracomtal la ferma, la quitta, se contentant d'y laisser le gardien, et elle alla s'établir à Valence où elle consacra son temps à Dieu et aux bonnes œuvres…

Ce récit tragique, fait par un témoin oculaire, a considérablement ralenti la gaieté des jeunes visiteurs. Afin de la retrouver ils vont s'installer au pied des vieilles murailles pour déjeuner sur l'herbe. Henri de Rabastens a préféré s'isoler. Il n'a pas faim. L'histoire qu'il vient d'entendre l'a bouleversé. Assis sur un muret de pierres sèches, il rêve en caressant distraitement le gros chat gris qui est l'habituel compagnon du vieux gardien et qui semble l'avoir pris en amitié. Ses pensées sont ailleurs : elles suivent une forme blanche, un visage rayonnant et blond sous un voile de dentelle. Il n'en distingue pas les traits. Il sait seulement que cette Lucie disparue si mystérieusement l'attire… Son ami Beaumont qui le rejoint lui déclare tout net qu'il a bien l'air d'être en train de tomber amoureux d'une ombre… Pour lui, l'affaire est claire : Lucie n'aimait pas Quinsonas autant qu'on l'a dit et elle a profité du jeu pour filer avec celui dont elle était vraiment amoureuse. Mais Rabastens refuse une explication qui ternit l'image rayonnante dont il est si étrangement habité. Il proteste même quand quelqu'un propose, comme jadis, une partie de cligne-musette mais, pour ne pas faire figure de rabat-joie, il finit par rejoindre les autres.

Bientôt, il se prend au jeu, un jeu qui, pour lui, est une façon comme une autre de se lancer à la poursuite de l'ombre blanche qui le hante. De couloirs en salles vides, il parvient dans une pièce basse et voûtée sur laquelle ouvre un corridor obscur. Il hésite à s'y engager car on n'y voit rien, quand il entend des pas derrière lui. Pour ne pas être découvert, il entre dans le couloir obscur, s'appuie contre la muraille pour être encore moins visible quand, soudain, il sent que le mur cède sous son dos.

Pensant avoir affaire à quelque porte mal fermée, il entre et rabat sur lui un panneau qui lui paraît habillé de bois et se referme aussi silencieusement qu'il s'est ouvert. Henri n'y voit rien. L'obscurité est complète, l'endroit sent le renfermé. Et, comme il a entendu décroître les pas de celui qui l'a fait se cacher, il cherche à sortir ; mais ne trouve sous ses mains ni serrure, ni loquet, ni verrou : rien que des planches lisses… C'est un garçon courageux mais le cœur lui bat tout de même un peu vite. Il s'est laissé bêtement enfermer dans un placard. À présent, il s'agit d'en sortir…

À force de tâtonner, il finit par sentir que quelque chose bouge sous sa main. Alors, il appuie, mais c'est derrière lui que le mur s'ouvre, laissant filtrer un jour gris et faible. Rabastens se précipite et se trouve au seuil d'une pièce basse dans laquelle on descend par quatre marches.

Il ne voit pas grand-chose d'abord, sinon une espèce de cave à peine éclairée par un étroit soupirail armé de barreaux et ouvert à la hauteur de la voûte. Puis, ses yeux s'accoutumant, il distingue deux fauteuils à haut dossier, une table. Mais l'un de ces fauteuils est occupé : il aperçoit l'ampleur d'une robe claire, une silhouette de femme, et pense d'abord que l'une de ses compagnes a trouvé avant lui cette cachette. Mais quand il s'approche il constate que ce qu'il a devant lui c'est le cadavre, littéralement momifié, d'une femme en robe de mariée…

Malgré son courage, le jeune homme sent ses cheveux se dresser sur sa tête. Il comprend qu'il a résolu le mystère et qu'il a devant lui cette Lucie de Pracomtal dont il rêve depuis des heures. À présent, c'est la terreur qui l'envahit : si personne n'a pu retrouver la jeune femme, personne ne le retrouvera lui non plus. Et il pense qu'il va lui falloir mourir ici, comme elle, en face d'elle, dans ce fauteuil vide qui semble l'inviter…

Affolé, il réussit à se hisser jusqu'au soupirail en s'aidant des barreaux, ce que la pauvre Lucie n'a certainement jamais pu faire. Mais il ne voit que de grosses pierres écroulées et mêlées de broussailles. Alors il appelle, il crie, il hurle jusqu'à en être enroué. Et les heures passent, et la nuit vient et aucun bruit ne parvient jusqu'au malheureux. Il est perdu au cœur des pierres sans qu'aucun espoir puisse lui rester. Et il ose à peine, à présent, regarder sa lugubre compagne, celle à qui va l'unir le plus abominable des hyménées. Pourtant, au fond de sa peur, il trouve encore le courage de plaindre la pauvre enfant qui en plein bonheur, s'est vue condamnée à une épouvantable, une interminable agonie. Comment son époux n'a-t-il pas démoli ce château pierre à pierre pour la retrouver ?

Soudain, dans le caveau, quelque chose bouge, quelque chose apparaît : c'est le chat du gardien qui vient de se glisser par le soupirail et qui semble habitué à venir ici. Alors, une idée vient à Rabastens. Après avoir ôté sa cravate, il saisit l'animal et la noue solidement autour de lui en dépit de ses protestations. Puis il le reporte au soupirail et le lance au-dehors. C'est une chance bien faible sans doute, mais c'est une chance tout de même. Peut-être que là-haut, on le cherche encore ?

En effet, Clansaye et Beaumont, incapables d'abandonner leurs recherches, sont encore au château. On a simplement fait repartir les dames pour Clansaye… Le retour du chat rend l'espoir à tout le monde et les recherches reprennent avec plus d'ardeur encore. Surveillé de très près, l'animal finit par conduire Beaumont jusqu'à une étroite cour intérieure, sorte de puits où s'entassent des pierres… On découvre le soupirail par lequel on fera passer un peu de vin et de nourriture puis, à la pioche, on va élargir la minuscule ouverture. Rabastens est sauvé. Mais, en deux jours, ses cheveux sont devenus blancs.

Prévenue, Mme de Pracomtal vint de Valence pour reconnaître le corps de sa fille qu'elle eut le courage de « revoir », comme l'avait prédit la bohémienne.

Quant à Henri de Rabastens, son tragique tête-à-tête avec Lucie devait le tourner vers Dieu. Il entra en religion et, sa vie durant, pria dit-on pour l'âme de celle qu'il avait aimée durant quelques heures…

MONTSOREAU

Les deux dames de Montsoreau

Une adorable créature, vêtue d'une longue robe de laine blanche comme celle que portent les anges, avec des cheveux blonds tombant sur ses épaules.

Alexandre DUMAS

Dumas n'en a célébré qu'une : celle qu'il appelait Diane de Méridor. Pourtant, il y en eut une autre : celle que personne ne connaît parce que le maître du roman historique n'en a jamais parlé ; une autre qui n'en eut pas moins une existence digne d'inspirer un roman, bien que cette existence eût été courte. Celle-là se nommait Colette et vivait environ un siècle avant la célèbre dame.

C'est son père, Jean de Chambes, qui, en 1440, donne à ce château un peu sévère, dressé au bord de Loire comme une sentinelle armée, son aspect actuel. Riche et puissante, la famille de Jean de Chambes ne possède pas la seigneurie depuis fort longtemps. Le premier château, dont l'origine remontait au Xe siècle, avait eu comme possesseurs successifs les familles de Montbazon, de Craon et de Chabot qui n'en firent guère plus qu'un poste militaire commandant le fleuve dans les eaux duquel trempaient ses murailles.

La Loire, en effet, a longtemps servi de douves au château et la route qui passe devant a été reprise tardivement sur le fleuve.

Outre des fils qui le continueront, Jean de Chambes a deux filles, très belles toutes deux mais l'aînée, surtout, Colette, est ravissante. On la marie très jeune à Louis d'Amboise, vicomte de Thouars. Elle ne l'aime guère ; d'autant moins qu'un jour un jeune prince, passant le long de la Loire, s'est arrêté à Montsoreau pour admirer le château neuf. Il se nomme Charles, duc de Guyenne. Il est jeune, il n'est pas laid et il est le frère cadet du roi Louis XI. Un frère aussi fou et aussi turbulent que le roi est calme, secret et réfléchi.

Colette s'en éprend d'autant plus vite que le prince, tout de suite, s'est déclaré son prisonnier. Et, pour lui, elle va bafouer le mariage au point de donner, à son amant, deux filles dont l'une, Jeanne, sera religieuse et l'autre, Anne, mariée à un seigneur de Ruffec. Il est facile de comprendre qu'un époux s'accommode mal d'une telle situation. Louis d'Amboise finit par se fâcher et, dans le courant de l'année 1469, Colette doit s'enfuir pour éviter sa juste colère.

D'autant que son influence sur le prince n'est pas des meilleures. Elle tient la tête d'un des deux partis qui se partagent cette influence mais qui se rencontrent tout de même pour persuader Charles qu'il ferait un bien meilleur roi que son frère. Ce sont choses que l'on aime à entendre lorsque l'on est content de soi, et le duc de Guyenne, peu à peu, va glisser dans la haute trahison. Il entretient d'amicales relations avec l'ennemi juré du roi, Charles le Téméraire, duc de Bourgogne, dont il va même jusqu'à briguer la main de la fille unique, Marie.

Ce mariage-là, s'il emporte les suffrages du parti que mène le vicomte d'Aydie, fait enrager Colette et ceux qui la suivent. La jeune femme craint trop cette princesse fabuleusement riche qui réduirait son influence à rien. Et quand elle doit s'enfuir c'est naturellement auprès du prince, au château de Saint-Sever, près de Mont-de-Marsan dans les Landes, qu'elle accourt, satisfaite au fond d'avoir un bon prétexte pour ne plus le quitter.

Elle connaît bien son amant ; tant qu'elle sera auprès de lui, il n'osera pas conclure avec la Bourgogne. D'ailleurs, quelques mois plus tard, une bonne nouvelle lui arrive : elle est veuve. Louis d'Amboise est mort le 28 février 1470. Du coup la dame de Montsoreau s'accroche à son titre de vicomtesse de Thouars qu'elle portera jusqu'à sa mort. Une mort qui est moins éloignée qu'elle ne le croit mais, en attendant, elle obtient du prince d'entrer en possession d'une partie des biens de son époux défunt. Elle n'en jouira guère : au début du mois de décembre 1471 elle tombe malade et c'est alors que se place une légende qui a donné naissance à une énigme, aujourd'hui résolue.

Charles et son amie, festoyant chez l'abbé de Saint-Jean d'Angély, auraient partagé une pêche, empoisonnée par ordre de Louis XI. Le 14 décembre, Colette meurt à Saint-Sever. Huit mois plus tard, c'est le duc de Guyenne qui meurt à son tour, à Bordeaux, le 12 mai 1472. Et il ne se trouve plus qu'une seule voix pour proclamer qu'il meurt de la fameuse pêche empoisonnée.

Or, outre les difficultés qu'il pouvait y avoir, au XVe siècle, à se procurer une pêche en décembre, il semblerait que la jolie Colette ait été atteinte d'une maladie vénérienne qu'elle partagea avec son amant. Plus fragile, elle y succomba plus vite. Elle avait vingt-trois ans et ne devait jamais revoir les rives de la Loire.

Un siècle plus tard, les Chambes sont toujours maîtres de Montsoreau. Ils sont deux frères : Jean et Charles qui, tous deux, se sont épris d'une belle jeune femme, Françoise de Méridor, veuve depuis peu, en cette année 1574, du baron de Lucé. Comme il se doit, Françoise, qui était dame d'honneur de la reine mère Catherine de Médicis, a quitté la cour pour retourner vivre chez son père un veuvage sans joie. La demeure de la famille était le château de La Freslonière où la mère de Françoise, Anne de Matignon, huguenote intransigeante, faisait régner un ordre austère, fort peu comparable à la cour de France.

La chance d'en échapper se présente avec Jean de Chambes. Il faut d'ailleurs que celui-ci soit fort épris car il est connu dans la région comme grand massacreur de huguenots et, en épousant Françoise, il se donne une belle-mère protestante. Il n'aura guère le temps de se poser un cas de conscience : alors que le mariage va être célébré, il meurt assassiné dans des circonstances demeurées mystérieuses.

Sans se décourager, Françoise accepte alors son jeune frère Charles, garçon plutôt timide et doux, grand amateur de livres et de chasse. Le ménage coule, à Montsoreau l'hiver, au manoir de la Coutancière l'été, des jours paisibles jusqu'à ce qu'en avril 1578 le duc François d'Anjou, frère du roi Henri III, vînt passer quelques jours sur ses terres en compagnie de sa mère. Les choses vont mal entre les deux frères et François a jugé bon de prendre du recul et de s'assurer de la fidélité de ses vassaux. Avec lui est arrivé son favori,

Louis de Clermont, seigneur de Bussy d'Amboise qu'il a fait gouverneur d'Anjou.

Un beau chercheur de noise
Est le seigneur d'Amboise,
Tendre et fidèle aussi
Est le brave Bussy.

Les vers sont de la reine Margot dont Bussy est alors l'amant mais nombreuses sont les femmes qu'il a rendues à moitié folles. C'est qu'avec d'énormes défauts – il est loin d'être le héros romantique vu par Dumas – Bussy est beau, charmant, follement brave : la meilleure lame de France… après peut-être le roi Henri III qui était à l'épée un véritable champion.

À la réception au château d'Angers, les Montsoreau sont invités. La reine Catherine est heureuse de revoir son ancienne suivante, et Bussy, pour sa part, trouve que cette Françoise est bien belle. Mais son époux et elle ne se quittent pas, même à la chasse.

Cela donne une idée à Bussy. Le roi a besoin d'un grand veneur. Pourquoi ne prendrait-il pas Montsoreau qui est d'assez grande maison pour occuper le poste et qui est un véritable Nemrod ? Il en parle au duc d'Anjou qui obtient sans trop de peine la charge pour son fidèle ami.

Un an plus tard, Bussy est de retour en Anjou, presque en disgrâce. C'est l'été et, comme il s'ennuie dans son château des Ponts-de-Cé, il songe à rendre visite à Françoise qu'il n'a pas oubliée, loin de là. Il se rend à Montsoreau mais elle n'y est pas. Il faut aller à la Coutancière et c'est là qu'il la retrouve.

Françoise est souvent seule, Charles étant retenu à

la cour par sa charge. Elle trouve plaisir aux visites de Bussy et finalement tombe dans ses bras.

Montsoreau n'en aurait peut-être jamais rêvé si Bussy, cédant à une assez vilaine vanité masculine, n'avait écrit à son ami de Thou le billet suivant :

« J'ai tendu des rêts à la biche du grand veneur et je la tiens dans mes filets. »

Ravi de l'histoire, M. de Thou montre la lettre au roi. Henri III apprécie beaucoup son grand veneur et garde une dent à Bussy qui fut autrefois de ses amis. La vengeance est là et il ne s'en prive pas : il prévient Montsoreau.

Fou de rage, celui-ci galope chez lui et fait sentir à sa femme le poids de sa colère. Puis il dicte ses volontés : elle va donner rendez-vous à son amant pour la nuit suivante qui est celle du 19 août. Françoise obéit et accueille Bussy comme si de rien n'était. Mais Montsoreau est là aussi, avec douze hommes.

Ce fut l'un des duels les plus épiques de l'histoire. Seul contre tous, Bussy trouva moyen de tuer quatre adversaires et d'en mettre trois hors de combat avant de tomber, assommé par un pommeau d'épée.

La belle Françoise ne reparut pas à la cour où on lui reprochait d'avoir trahi, non son mari, mais son amant qu'elle avait laissé tuer. Elle n'en reprit pas moins la vie commune avec Charles et vécut avec lui une vie désormais sans histoire… en compagnie de six enfants qu'elle lui donna en signe de repentance.

Après être passé dans d'autres mains, le château abrite actuellement le musée des Goums et des souvenirs de la pacification du Maroc. Il appartient au département de Maine-et-Loire.

Horaires d'ouverture

Du 1er mars au 30 avril	14 h-18 h
Du 1er mai au 30 septembre	10 h-19 h
Du 1er octobre au 16 novembre	14 h-18 h

http://www.chateau-montsoreau.com/

NANTES

La mort de Gilles de Rais

Il faut prier car c'est l'heure du Prince du Monde.

Paul CLAUDEL, *Ténèbres*

Le 15 septembre 1440, une forte troupe de soldats du duc de Bretagne se présente à la barbacane du château de Machecoul à une dizaine de lieues de Nantes. À leur tête le capitaine d'armes Jean Labbé, assisté du notaire Robin Guillaumet agissant au nom de Mgr Jean de Malestroit, évêque-chancelier de Bretagne. C'est un déploiement de forces impressionnant car il s'agit d'arrêter l'un des plus hauts seigneurs du royaume : Gilles, seigneur de Rais et d'une foule d'autres fiefs, maréchal de France, ancien compagnon de Jeanne d'Arc, sur lequel pèse une terrible accusation de crimes multiples accompagnés de sodomie.

Contrairement à ce que l'on pourrait craindre, Gilles se laisse arrêter sans tenter le moindre effort pour se défendre. Il est las, peut-être, du monde de ténèbres et d'horreur dans lequel il vit depuis bientôt neuf ans…

depuis que Jeanne est montée sur le bûcher de Rouen. Privé de l'ange, il s'est tourné vers le diable.

On le ramène à Nantes et on l'enferme dans la tour du Bouffay, l'une des plus fortes du château. Le procès qui s'ouvre peu après découvre un monde d'horreur : quelque trois cents petits garçons ont été égorgés dans les différents châteaux de Gilles : à Champtocé, à Tiffauges, à Machecoul, à Bourgneuf, après avoir servi aux plaisirs contre nature du monstre. Les derniers de ces enfants ont, de plus, été sacrifiés au cours d'évocations diaboliques.

Les juges, peu sensibles pourtant à cette rude époque, voient défiler devant eux la navrante cohorte des parents des petites victimes que la peur ne bâillonne plus. Tout est découvert, des orgies nocturnes, des affreuses débauches dans lesquelles l'homme s'est vautré avec délices. Avec lui seront jugés ses complices, des serviteurs trop zélés et surtout un certain Italien, du nom de François Prelati, son mauvais génie qui, durant des mois, l'a berné en prétendant avoir un commerce régulier avec Satan.

Devant les juges, Gilles de Rais tout d'abord a nié, opposant son orgueil, son mépris, son grand nom à ses accusateurs. Mais soudain, c'est le coup de théâtre : on vient de l'excommunier et, devant ce qu'il pense être le prélude de la damnation éternelle, il « craque ». Son revirement est éclatant, démesuré comme tout ce qui lui est propre. Il avoue tous ses crimes et, au milieu d'un torrent de larmes, il implore le pardon de ceux qui ont eu à souffrir de lui. Et ce repentir est si sincère, si visiblement venu des profondeurs secrètes de l'âme, qu'au jour de sa mort ceux qui prieront pour lui avec le plus de ferveur seront ceux-là mêmes dont il a tué les enfants.

Le 26 octobre, Gilles de Rais et deux de ses complices sont tirés du château et conduits au supplice sur la place du Bouffay. Une immense procession à laquelle participe même sa femme, Catherine de Thouars, vêtue de blanc – elle n'a pas connu beaucoup de bonheur avec Gilles et vit séparée de lui depuis plusieurs années –, mène les condamnés vers le lieu du supplice. Gilles de Rais, très droit, les yeux au ciel, marche à la mort en chantant des cantiques. Quelques minutes encore et on lui passe la corde au cou puis on allume le bûcher dressé sous la potence.

Le corps sera retiré du brasier avant d'être consumé et remis à la famille qui l'enterre dans l'une des églises de Nantes : Notre-Dame-du-Mont-Carmel. À l'emplacement du bûcher, Marie de Rais, fille de Gilles, fit élever quelques années plus tard un monument expiatoire que les Nantais appelaient le monument de Barbe-Bleue.

Des salles où se déroula le procès, il ne reste rien. Vingt-six ans plus tard, le duc François II de Bretagne décidait de faire reconstruire son château et faisait élever par Mathelin Rodier – qui est aussi l'architecte de la cathédrale – le superbe logis que l'on peut encore admirer aujourd'hui. Le duc François y épousait, en 1471, Marguerite de Foix qui devait lui donner son unique enfant : cette petite duchesse Anne qui est apparue jusqu'à nos jours comme le symbole même de la Bretagne.

Duchesse en titre, Anne le devient en 1488 à la mort de son père : elle a alors douze ans. Mais elle ne manque pas de prétendants : entre autres son cousin Alain d'Albret et surtout l'empereur d'Allemagne Maximilien à qui on la fiance en 1491. Mais le mariage prévu inquiète le jeune roi Charles VIII de France et plus encore sa sœur qui fut régente. Anne de Beaujeu[1] conseille à son frère d'épouser lui-même la jeune duchesse et c'est ce qui se produira le 16 décembre suivant au château de Langeais.

Anne demeurait souveraine et, après la mort de Charles, elle revint à Nantes. Pas pour longtemps : en 1499, dans la chapelle aujourd'hui détruite, Anne épouse le successeur de son mari, Louis XII, et devient reine de France pour la seconde fois. Mais avec elle s'éteint la réalité de la souveraineté de la Bretagne rattachée désormais à la France.

Par quatre fois, François Ier, époux de Claude de France, fille et héritière d'Anne de Bretagne, séjourne à Nantes en 1518, 1520, 1522 et, enfin, en 1532 où le rattachement de la Bretagne à la France est solennellement proclamé au château de Nantes.

Le château désormais servira surtout quand les rois viendront en Bretagne mais, à partir de 1592, quand les travaux de défense ordonnés par le duc de Mercœur, gouverneur de Bretagne, s'achèvent, le château va tourner de plus en plus à la prison d'État. Vit-on jamais plus belles et plus solides murailles ? Lorsque Henri IV, l'ancien adversaire du duc de Mercœur, vint à Nantes, après la réconciliation des Ponts-de-Cé, il ne cacha pas son admiration :

« Ventre-saint-gris ! s'écria-t-il, ces ducs de Bretagne n'étaient pas de petits compagnons ! »

C'est à Nantes, d'ailleurs, qu'il promulgue le fameux édit réconciliateur que la sottise de Louis XIV, poussé par Mme de Maintenon, révoquera un jour, privant ainsi la France d'une part non négligeable de sa population et assurant définitivement la réputation de l'horlogerie suisse.

1. Voir Amboise.

Si superbes que soient les murs, on peut tout de même s'en évader. Témoin le cardinal de Retz, le trublion de la Fronde, que l'on y enferma en 1654. Prison assez douce si l'on en croit les *Mémoires* du joyeux cardinal :

« Tout le monde me voyait. On me cherchait même tous les divertissements possibles ; j'avais presque tous les soirs la comédie. Toutes les dames s'y trouvaient. Elles y soupaient souvent. »

Pourtant, il n'est si bonne prison qui ne se quitte si l'on en a la possibilité. Le 8 août 1654, en plein jour – il est cinq heures de l'après-midi –, deux des domestiques du cardinal, Rousseau et Vacherot, descendent leur maître le long de la muraille au moyen d'une corde, d'une sangle et d'un bâton passé entre les jambes. Ce faisant, d'autres sont chargés d'amuser les sentinelles. Mais ils n'auront guère de peine à se donner grâce à certain dominicain qui choisit de se noyer dans les douves au moment où Monseigneur effectue sa descente. Sautant alors à cheval, le cardinal pique des deux mais il est mauvais cavalier et le cheval qu'on lui a trouvé en réclame justement un bon. Il se cabre et Retz, vidant les étriers, s'en va donner de l'épaule contre l'angle d'une porte cochère. La douleur est violente mais il ne faut pas s'attarder. Et il racontera plus tard qu'au cours de cette première chevauchée il a dû se tirer les cheveux pour s'empêcher de perdre connaissance.

En septembre 1661, Louis XIV réunit à Nantes les états de Bretagne. Le roi a convoqué son surintendant des Finances, Fouquet le Magnifique, dont il n'a pas encore digéré la fête fabuleuse qu'il lui offrit au château de Vaux-le-Vicomte. Au sortir d'un entretien avec le roi qui réside au château, Fouquet est arrêté par d'Artagnan, capitaine-lieutenant des Mousquetaires, enfermé dans un carrosse et ramené au château de Vincennes où il attendra que s'ouvre son procès.

Autres prisonniers, les nobles bretons convaincus d'avoir conspiré contre le Régent avec le prince de Cellamare, ambassadeur d'Espagne. L'arrêt a été rendu le 26 mars 1720 et porte que « les sieurs de Guer de Pontcallec, de Montlouis, de Talhouët et du Couedic, prisonniers es prison du chasteau de ceste ville de Nantes, atteints et convaincus de crimes de lèse-majesté et de félonie sont condamnés d'avoir la teste tranchée sur un échafaud qui sera dressé à cet effet dans la place publique de ceste ville de Nantes ». La place publique en question c'est cette même place du Bouffay qui vit mourir Gilles de Rais. Les quatre gentilshommes bretons ne sont pas, eux, des assassins. Ils sont seulement des braves gens qui ont cru rendre à la Bretagne ses droits et libertés. Ils appartenaient à la meilleure noblesse du pays et surent mourir dignement.

Les prisons de Nantes verront d'autres prisonniers, bien sûr, mais le dernier qu'il faut évoquer ici est une femme singulièrement attachante : elle se nomme Marie-Caroline, elle est duchesse de Berry et elle a tenté d'arracher le trône de France à son oncle le roi Louis-Philippe au bénéfice de son fils, le petit duc de Bordeaux. Cachée à quelques pas du château dans la maison des demoiselles du Guiny, la duchesse a été trahie par un certain Simon Deutz, un misérable à qui l'on tendra son salaire avec des pincettes. Elle eût peut-être échappé si un gendarme n'avait eu l'idée de faire du feu dans une cheminée derrière laquelle elle se tenait cachée avec trois amis. Il fallut se livrer… ou brûler.

Restauré en 1881, le château a été cédé par l'État à la ville de Nantes qui y abrite plusieurs musées.

HORAIRES D'OUVERTURE

Cour et remparts (en accès libre) :

Tous les jours de 10 h à 19 h
(9 h-20 h en juillet et août)
(9 h-23 h le samedi)

Intérieurs du château, musée et exposition :

Tous les jours de 10 h à 18 h, sauf le lundi
(10 h-19 h en juillet et août)

Fermé le 1er janvier, le 1er mai, le
1er novembre
et le 25 décembre.

http://www.chateau-nantes.fr/

NÉRAC

Un roi, une reine et une coquette

Il y a des femmes dont l'infidélité est le seul lien qui les attache encore à leur mari.

Sacha GUITRY

Vers la fin de l'année 1578, la reine mère, Catherine de Médicis, se prend à penser qu'il serait peut-être bon, pour la paix des familles et le bien du royaume, de tenter un rapprochement entre sa fille Marguerite – plus connue sous le nom de Margot – et son gendre Henri de Navarre, chef des protestants et plus connu sous les sobriquets du Béarnais ou du Vert-Galant. Ces deux-là sont mariés depuis bientôt six ans et n'ont pratiquement jamais vécu ensemble. Il est vrai que la Saint-Barthélemy, en se déchaînant quelques jours après leurs noces, n'était pas faite pour arranger les choses, mais à présent elles sont en plus mauvais état encore : retranché dans sa Navarre, Henri est en guerre ouverte contre son beau-frère, le roi Henri III. Pour une raison fort légitime d'ailleurs : on ne lui a jamais payé la dot de sa femme.

Catherine décide donc de ramener Marguerite à son époux et, dans cette intention, entreprend le voyage de Nérac où le Béarnais tient le plus volontiers sa cour. C'est que le château des bords de la Baïse est sans doute, avec ses jardins et ses allées nombreuses, le plus charmant qui soit. Une autre Marguerite jadis – Marguerite d'Angoulême, sœur de François Ier – en avait fait sa résidence préférée après son mariage avec le roi de Navarre. Et Jeanne d'Albret elle-même, la sévère Jeanne, mère d'Henri, était sensible à la grâce de cette jolie demeure. On peut supposer que Margot s'y plaira.

Mais comme Catherine connaît son gendre sur le bout du doigt, elle prend la précaution d'entourer la reine de Navarre de quelques-unes des plus jolies filles de son fameux Escadron volant. Et le stratagème réussit. Non seulement Henri accueille sa femme avec un plaisir apparent mais il reçoit sa « bonne mère » avec toute la courtoisie désirable et se hâte d'oublier la politique pour se lancer à l'assaut des jolis jupons parisiens.

Il fait tour à tour la cour à la belle Victoria de Ayala que l'on appelle plus simplement Dayelle, à Mlle Le Rebours et, finalement, il arrête son choix sur une adolescente de quinze ans qui a le visage d'un ange blond et dans les yeux tous les démons de la sensualité : Françoise de Montmorency-Fosseux, plus communément surnommée la Fosseuse.

Entre la petite Fosseuse et le roi de vingt-quatre ans, une tendre intimité s'établit. Un brin hypocrite d'ailleurs : Henri appelle Fosseuse sa « fille » et la traite comme un bébé. Il la fait asseoir sur ses genoux pour la gaver de friandises tout en palpant sournoisement les rondeurs prometteuses de la belle enfant.

Ce badinage galant fait sourire Margot. N'ayant jamais aimé son mari, elle n'est pas jalouse. En outre, elle s'est très vite rendu compte que le jeune et beau vicomte de Turenne la regardait d'une façon peu respectueuse sans doute mais fort intéressante. Et Margot à son tour se met à trouver du charme à ce Nérac tant redouté.

Chacun des époux ainsi pourvu, les choses pourraient continuer longtemps sur le mode idyllique si Henri III ne s'avisait d'envoyer en renfort son plus jeune frère, François, duc d'Anjou, pour conclure définitivement la paix avec Navarre. Malheureusement François aime à courir le jupon lui aussi et ne trouve rien de mieux que de faire la cour à Fosseuse. Laquelle sachant les égards que l'on doit à un prince du sang lui a peut-être un peu trop souri pour la tranquillité d'Henri de Navarre. Lequel s'est plaint à sa femme des entreprises de son frère. Margot n'a d'abord fait que rire mais les coquetteries de Fosseuse ayant communiqué aux fêtes de la Noël 1580 une atmosphère assez électrique, elle a consenti à « parler » à François.

Elle l'a fait avec toute la diplomatie dont elle est capable car elle n'a aucune envie de voir un frère qu'elle aime quitter Nérac en claquant les portes, ni même quitter Nérac tout simplement. Non à cause des pourparlers diplomatiques mais parce que, au nombre des gentilshommes de François, se trouve un certain baron de Champvallon qui lui plaît fort.

Elle réussit parfaitement dans son entreprise et, grâce à elle, on tire les rois fort joyeusement. Henri a la fève, l'offre à la jeune Fosseuse qui l'en remercie d'une voix mouillée tandis que le duc d'Anjou tourne ses batteries vers une autre jolie fille et que Margot danse éperdument avec Champvallon sous l'œil jaloux de Turenne.

Hélas, les meilleures choses ont une fin. François d'Anjou reprend enfin la route de Paris emmenant Champvallon, ce qui cause quelque peine à Margot mais aucune à Turenne. Le jeune homme va d'ailleurs avoir la satisfaction de pouvoir soutenir sa reine dans les moments difficiles qui l'attendent.

Un beau soir, Mme de Duras, qui dirige les filles d'honneur, vient annoncer le plus calmement du monde que Fosseuse est enceinte de plusieurs mois. Et tout aussi calmement que la jeune personne n'en montre aucun remords et qu'elle espère bien donner le jour à un fils, ce qui pourrait lui permettre de faire répudier Margot. La favorite miniature s'est rappelé opportunément qu'elle est une Montmorency, donc de grande race.

Margot va devoir se battre. Contre Henri d'abord qui vient la mine pateline lui confier que sa « fille » Fosseuse a des… ballonnements d'estomac et qu'elle aurait besoin des Eaux-Chaudes, où la reine serait bien bonne de l'accompagner. Margot qui, elle, a besoin de Bagnères, envoie aimablement promener son époux. Les Eaux-Chaudes ne servent d'ailleurs strictement à rien, bien entendu. Quand tout le monde se retrouve à Nérac en juillet il est évident, même pour les plus myopes, que les ballonnements sont plus apparents que jamais.

Compatissante, la reine propose alors à Fosseuse de l'emmener passer un mois ou deux dans un château écarté, au Mas d'Agenais, par exemple. Mais Fosseuse refuse. Elle est très bien à Nérac. Elle nie même être enceinte jusqu'au jour où Henri vient supplier sa femme de mettre l'imprudente dans un appartement écarté loin de la curiosité des filles d'honneur. Margot y consent et bientôt Fosseuse accouche d'une petite fille qui meurt aussitôt tandis qu'Henri chasse dans les environs. Quand il revient c'est pour traduire à sa femme les plaintes de sa maîtresse : celle-ci est mécontente de l'appartement qu'on lui a donné. Pour sa réputation il vaudrait mieux l'installer chez la reine elle-même.

Indignée, Margot refuse et, durant plusieurs mois, elle va devoir subir la guerre que lui impose une fille sournoise qui lui rend les plus mauvais services auprès de son époux. L'insolence de Fosseuse atteint de tels sommets que Margot finit par demander conseil à sa mère. Catherine répond aussitôt : « Revenez et prenez avec vous cette Fosseuse. Navarre suivra. »

Non, Navarre ne suivra pas. Il craint trop l'hospitalité de sa belle-mère. Revenue au Louvre avec la joie que l'on devine, Margot sera enfin débarrassée de la Fosseuse que Catherine renverra à sa mère. Henri pleurera bien un peu mais se consolera bientôt avec la belle comtesse de Guiche, Diane, qui s'est choisi pour prénom Corisande.

Malheureusement pour Margot, il lui faudra revenir à Nérac quand son frère Henri III l'aura ignominieusement chassée de Paris. Cette fois, le château n'aura plus de charme pour elle. Écoutons le récit de Michel de La Huguerye :

« Le roi et la reine arrivèrent et furent tous deux seuls se promenant en la galerie du château jusqu'au soir où je vis la princesse fondre en larmes incessamment, de telle sorte que lorsqu'ils furent à table où je les voulus voir je ne vis jamais visage plus lavé de larmes ni yeux plus rougis de pleurs. Et me fit cette princesse grande pitié la voyant assise près du roi son mari qui se faisait entretenir de je ne sais quels discours vains par ses gentilshommes qui étaient à l'entour sans que ni lui ni nul autre quelconque parlât à cette princesse. »

Margot est pratiquement prisonnière à Nérac, et une prisonnière en danger. La favorite en titre, l'altière Corisande, essaie tout simplement de la faire empoisonner pour coiffer sa couronne. C'est une des servantes qui meurt à sa place d'un mauvais bouillon. On ne sait comment l'affaire se serait achevée si, le 10 juin 1584, François d'Anjou ne mourait brusquement. À présent le seul héritier de France c'est Henri de Navarre et Margot comprend qu'elle va être encore plus en danger que par le passé. Alors elle s'enfuit et gagne Agen qui lui appartient. Jamais elle ne reverra Nérac. Sa vie, passant par de folles aventures, est à présent ailleurs.

Le château de Nérac mourra bientôt de cette couronne de France. Devenu Henri IV, le maître qui l'aimait tant n'y reviendra plus.

La Révolution le détruira en partie et on le privera de ses jardins. Il est à présent le musée de la ville, un musée un peu mélancolique où l'on ne peut s'empêcher d'évoquer les vertugadins brodés de la reine Margot et de ses fugitives rivales.

Horaires d'ouverture

Du 1er octobre au 31 mars	14 h-18 h (fermé les lundis et vendredis)
Du 1er avril au 30 septembre	10 h-18 h

Fermé le 25 décembre et le 1er janvier.

http://www.nerac.fr/chateau-henri-iv.html

NOHANT

Les amis de George Sand

> *Laissez-moi fuir la menteuse et criminelle illusion du bonheur ! Donnez-moi du travail, de la fatigue, de la douleur et de l'enthousiasme.*
>
> George SAND

Au mois de juin 1876, Gustave Flaubert écrivait à son ami, l'écrivain russe Tourgueniev : « Pauvre chère grande femme ! J'ai pleuré à son enterrement, comme un veau. » Flaubert revenait tout juste de Nohant où il avait vu porter en terre, tout au fond du parc et près du cimetière, celle qu'il appelait George comme tous les habitués de Nohant et comme toute la France : Aurore Dupin de Francueil, baronne Dudevant devenue, par la grâce de sa plume, George Sand.

Elle s'est éteinte le 8 juin, dans sa belle chambre bleue refaite à neuf depuis quelques mois : « Je me suis tapissée en bleu tendre parsemé de médaillons blancs où dansent de petits personnages mythologiques. Il me semble que les tons fades et les sujets rococos sont bien appropriés à l'état d'anémie et que je n'aurai là que des idées douces et belles », écrit-elle alors. La belle chambre est désormais vide mais demeurera à jamais intacte.

Aurore avait quatre ans quand, en 1808, après la mort accidentelle de son père, officier de l'armée impériale, elle est venue s'installer à Nohant chez sa grand-mère Mme Dupin de Francueil. C'est d'elle que l'enfant tient ce prénom d'Aurore qui est à lui seul toute une histoire. Et quelle histoire puisque Mme Dupin le tenait elle-même de sa grand-mère, Aurore de Königsmark, maîtresse favorite du roi Auguste II de Pologne. Le trait d'union entre ces grandeurs septentrionales et la paisible châtelaine de Nohant, c'est le maréchal de Saxe, en toute simplicité.

Mme Dupin était la fille quelque peu bâtarde du héros de Fontenoy et d'une charmante comédienne, Marie Rinteau, dite Marie de Verrières. Et il est à supposer que la dernière Aurore doit la plus grande partie de son caractère fantasque à cet aïeul qui a empli l'Europe de ses victoires et de ses amours tumultueuses. Quant au talent littéraire, elle ne le doit sans doute qu'à elle-même, le maréchal n'ayant jamais pu venir à bout de l'orthographe. Ses lettres sont à l'avant-garde de la poésie lettriste[1].

Mariée à un fermier général, Mme Dupin est devenue propriétaire de Nohant pendant la Révolution. La maison datait d'une trentaine d'années et avait été construite par un gouverneur de Vierzon, M. Pétron de Serennes. Mme Dupin a trouvé là un refuge contre les fureurs révolutionnaires et une bien agréable façon d'oublier, en arrangeant la maison selon son goût qui était parfait, qu'un certain art de vivre avait quitté la

1. Voir Chambord.

France. Sa petite-fille, élevée dans la tendresse et avec une liberté rare à l'époque, va y puiser, avec l'amour de la campagne berrichonne et de ses paysans, le plus chaud et le plus tendre de son talent.

De 1817 à 1820, il faut bien, hélas ! quitter le cher Nohant. Grand-mère Dupin estime que sa petite-fille a tout de même besoin de recevoir une éducation moins agreste et plus conforme à une demoiselle de la bonne société. Elle choisit le couvent des augustines anglaises où la fillette s'ennuie ferme. Quand elle en sort comme on sort de prison, il lui reste bien peu de temps pour profiter de sa grand-mère. Mme Dupin meurt en 1821. En 1822, Aurore épouse le fils d'un baron d'Empire, Casimir Dudevant, avec lequel elle est loin d'être heureuse mais qui lui fait deux enfants, Maurice et Solange.

La naissance de cette dernière sonne le glas du ménage qui d'ailleurs agonisait depuis un moment. Aurore rompt les ponts et Casimir lui intente un long procès que la jeune femme gagnera au bout de huit ans. Mais, à cette époque, il y a beau temps qu'elle est « libérée ». Son installation chez Jules Sandeau a été déterminante. L'écrivain et Aurore se connaissent depuis longtemps mais, en 1831, c'est chez lui que la jeune femme se réfugie au plus fort de sa bagarre avec Dudevant. Il en fait sa maîtresse et, surtout, il lui fait prendre conscience de son talent littéraire.

L'aventure ne dure guère : juste le temps d'écrire ensemble *Rose et Blanche* signé Jules Sand. Aurore va garder la moitié du nom, et quand, en 1832, elle donne *Indiana*, elle est devenue George Sand et elle a quitté Sandeau pour d'autres amours.

Fidèle à son atavisme, elle va collectionner les amants comme autrefois Marie de Verrières et comme

Maurice de Saxe collectionnait les maîtresses. Un soir de juin 1833, c'est Alfred de Musset qui entre dans la vie de « George ». La scène se passe au Palais-Royal, dans le célèbre restaurant des Frères Provençaux où le jeune Musset est en train de souper en compagnie de Victor Hugo. À la table voisine, deux personnages prennent place : l'un est Sainte-Beuve et l'autre un jeune homme sanglé dans une redingote prune et des pantalons gris clair. Une haute cravate de satin noir sur une chemise finement plissée, un chapeau haut de forme cavalièrement planté sur une masse de cheveux noirs enfermée dans une résille, une badine au bout des doigts, un cigare aux lèvres. En vérité Aurore, car c'est elle, pourrait passer pour un garçon, n'était peut-être certain moelleux dans les formes. Mais tel est le personnage de George Sand.

Quelques jours plus tôt, elle a refusé à Sainte-Beuve le plaisir de se laisser présenter Musset qu'elle trouve « trop dandy ». Cette fois, elle accepte et même elle invite le poète à lui rendre visite. Victor Hugo a souri et l'on se prend à rêver en imaginant cette table autour de laquelle le romantisme tout entier est réuni. Il n'y manque que la musique mais elle ne tardera guère, et la peinture qui viendra à son tour car Delacroix, un jour, sera des visiteurs de Nohant. Dans les premiers jours de juillet, Musset écrit :

« Mon cher George, j'ai quelque chose de bête et de ridicule à vous dire. Je vous l'écris sottement au lieu de vous l'avoir dit, je ne sais pourquoi, en rentrant de cette promenade. Je suis amoureux de vous. Je le suis depuis le premier jour où j'ai été chez vous. »

Amour tout de suite payé de retour mais amour incroyablement juvénile. Les deux amants ne cessent de faire des farces et s'amusent comme des collégiens. Leur fantaisie les conduit bientôt à Venise, à l'hôtel Danieli où, en arrivant, George prend froid et tombe malade. Un séduisant Italien la soigne : le docteur Pagello. Trop séduisant. Tandis qu'Alfred se conduit en touriste, George prend plaisir à la compagnie de son médecin et quand, à son tour, le poète tombe malade, il est soigné, veillé non plus par sa maîtresse mais par un couple d'amants.

Quand il s'en aperçoit, c'est le drame : cris, pleurs, menaces et finalement départ désespéré pour Paris où George le suit bientôt traînant après elle Pagello un peu désorienté.

Un invraisemblable ménage à trois s'organise mais qui ne dure guère. L'amour de Musset s'est changé en haine et Pagello brûle de revoir ses lagunes. On se sépare. George va s'enfermer à Nohant pour reprendre ses esprits dans le calme de la campagne berrichonne. La page Musset est tournée. Une autre va bientôt s'ouvrir.

C'est chez la comtesse Marliani, rue Taitbout, qu'un soir de l'hiver 1837 George rencontre Frédéric Chopin qui est la coqueluche de Paris. Vingt-quatre ans, petit, fluet, mince avec un nez arrogant d'oiseau de proie et des yeux sombres de biche aux abois, il a un visage pâle qu'encadrent de longs cheveux plats. Chopin trouve George antipathique mais, en regagnant son Nohant – elle n'est que de passage à Paris –, George, qui vient d'achever *Mauprat* et qui prépare *Le Compagnon du Tour de France*, emporte avec elle l'image du pianiste de Varsovie. Il éveille en elle le désir normal d'une jeune femme mais aussi l'instinct maternel, et son plus récent amant, le socialiste Pierre Leroux, commence à disparaître dans un léger brouillard.

Pour conquérir Chopin, George devra faire appel à toutes ses armes. Deux fois, trois fois, dix fois elle revient à Paris et finit par remporter la victoire. La liaison du pianiste et de la romancière commence en 1838 par le désastreux séjour aux Baléares où George entraîne Chopin. En effet, le jeune homme tousse énormément et, pour le soigner, George pense, comme tous ceux de son époque, qu'il lui faut le soleil, la chaleur.

Majorque n'arrange rien et moins encore le séjour à la Chartreuse de Valdemosa, pleine de courants d'air et humide comme il n'est pas permis. Chopin tombe si malade que George comprend enfin qu'il faut rentrer en France si elle ne veut pas enterrer son ami sur place.

Pour George, la France, cela signifie Nohant et tout ce que cela comporte : la splendeur de la campagne berrichonne, le frais printemps, l'air pur, la saine nourriture, bien meilleure que les ratatouilles espagnoles. Et, de fait, à Nohant, Chopin se porte mieux : sa poitrine si tragiquement creuse se regonfle un peu, son dos se redresse, il tousse moins. Pendant sept ans, le scénario se reproduit : à Paris, l'hiver, le musicien brûle ses forces dans la vie mondaine qu'il aime et, chaque été, Nohant le remet d'aplomb.

La vie y est aimable. On y voit Delacroix, Pauline Viardot, sœur de la Malibran, qui chante presque aussi bien qu'elle. Il y a Théophile Gautier. On fait du théâtre ; on s'amuse. George écrit éperdument, passionnément, mais peu à peu les choses se gâtent entre Chopin et la maîtresse de céans. La romancière est revenue à ses idées socialistes et certaine rudesse de langage, certaine grossièreté hérissent Chopin. Il lui en veut d'avoir dû se brouiller, au cours d'une dispute de femmes, avec son ami Franz Liszt qui venait, lui aussi, avec son amie Marie d'Agoult. Chopin s'éloigne, revient, repart.

« Il voulait toujours Nohant et ne supportait jamais Nohant », disait George, lucide. En fait, la santé insolente de George irritait celui qu'elle appelait, sans trop de délicatesse, son « cher cadavre ». En 1847, c'est la rupture. Deux ans après, le 17 octobre 1849, Chopin meurt à Paris. George à présent est une femme mûre. Elle est devenue « la bonne dame de Nohant ». Celle qui va y écrire le meilleur de ses œuvres.

Horaires d'ouverture

Du 1er avril au 30 avril	10 h-12 h 30 et 14 h-18 h
Du 2 mai au 30 juin	9 h 30-12 h et 14 h-18 h 30
Du 1er juillet au 31 août	9 h 30-13 h et 14 h-18 h 30
Du 1er septembre au 30 septembre	10 h-12 h 30 et 14 h-18 h
Du 1er octobre au 31 mars	10 h-12 h 30 et 14 h-17 h

Fermé le 1er janvier, le 1er mai, les 1er et 11 novembre et le 25 décembre.

http://www.maison-george-sand.monuments-nationaux.fr/

LES NOUETTES

La maison des petites filles modèles

Je suis jusqu'au cou dansles Mémoires d'un âne. Je crois souvent lire ma propre histoire.

Louis VEUILLOT

Il est étrange de constater comme l'empreinte d'un écrivain – et particulièrement d'une femme – suffit à faire disparaître de la mémoire des hommes toutes les autres personnes qui ont habité sa demeure. C'est le cas du château des Rochers avec la marquise de Sévigné, le cas de Nohant avec George Sand, le cas enfin du château des Nouettes avec la comtesse de Ségur.

Il n'était pourtant pas sans mérite le brave général Lefebvre-Desnouettes qui imprima son nom au château qu'il fit construire. Écuyer de l'empereur Napoléon Ier dont il fut aide de camp au temps de Bonaparte, comte et brillant soldat, il fit une belle carrière militaire en dépit du fait qu'on l'avait donné, comme aide de camp, à l'aimable mais incapable Jérôme Bonaparte quand celui-ci devint roi de Westphalie. Prisonnier en Angleterre, Lefebvre réussit à s'évader. Toute sa vie, sa fidélité à l'Empereur fut totale et lui valut la proscription après Waterloo. Il décida alors de s'exiler de lui-même en Amérique et s'embarqua non sans regretter sa chère Normandie et son joli château qu'il ne devait jamais revoir. En effet, monté, en 1822, à bord de l'*Albion* qui le ramenait en France la joie au cœur, il trouva la mort sur les côtes d'Irlande dans le naufrage du bateau.

Mais, depuis deux ans déjà, le petit château ne lui appartenait plus. Il était devenu la propriété de la jeune comtesse Eugène de Ségur. Un nom bien de chez nous recouvrant une petite personne dont le nom de jeune fille eût sans doute glacé le sang – à moins qu'il ne l'ait fait bouillir – du brave Lefebvre-Desnouettes : elle s'appelait Sophie Rostopchine et elle était la fille de l'homme qui avait incendié Moscou devant la Grande Armée.

Gouverneur général de la ville, le général-comte Théodore Rostopchine parlait parfaitement le français, aimait bien la France mais abhorrait l'empereur des Français. Aussi, après la terrible bataille de Borodino qui ouvrit le chemin de sa cité sainte, le général-gouverneur jugea que seul un holocauste exemplaire pouvait purifier sa patrie. Il brûla non seulement Moscou mais aussi son propre palais après avoir envoyé sa famille s'installer à la campagne dans son domaine de Woronovo.

La guerre finie, le général s'aperçoit qu'il a des rhumatismes et entreprend de les soigner dans diverses villes d'eaux européennes. Il en profite pour revenir à Paris dont il a gardé un souvenir enchanté du temps où les cosaques campaient sur les Champs-Élysées et où son tsar occupait l'Élysée.

Ce nouveau séjour dans une capitale qu'il appelle, avec un rien de gourmandise, « la Maîtresse de l'Europe » ne le déçoit pas. Il s'y trouve même si bien qu'il s'installe dans un bel hôtel de l'avenue Gabriel et fait venir femme et enfants.

La femme, née Catherine Pratassov, est belle, hautaine et fort noble mais elle élève ses enfants comme s'il s'agissait de repris de justice. Elle pense que c'est une bonne chose pour leur assouplir le caractère et ne ménage – entre deux prises de tabac car elle prise comme un vieux troupier – ni punitions ni brimades. En revanche, les manières de la petite bande sont irréprochables et aussi sa culture à laquelle le père, fin lettré, tient la main.

À dix-huit ans, Sophie est une jolie fille brune avec un petit visage en forme de cœur et de beaux yeux verts légèrement étirés vers les tempes. Elle et sa sœur aînée Nathalie rencontrent un vif succès dans les salons du Paris de la Restauration. Et c'est chez Mme Swetchine, une amie de sa mère, que Sophie voit s'incliner devant elle un grand et beau garçon fort séduisant, fort aimable… et pas très riche, Eugène de Ségur.

Mais la fortune n'a vraiment aucune importance pour le fastueux Rostopchine et, les deux jeunes gens s'étant épris l'un de l'autre, on les marie tout simplement au mois de juin 1819.

Les premiers temps du mariage sont délicieux. Pourtant, la vie de Paris ne convient guère à Sophie qui regrette toujours son cher Woronovo. Elle désire ardemment une maison de campagne et brûle d'envie de posséder certain petit château normand qu'elle a un jour aperçu en rendant visite à une amie.

Le miracle s'accomplit : le 1er janvier 1820, Théodore Rostopchine qui aime beaucoup sa petite fille lui met entre les mains, en entrant chez elle, une enveloppe contenant 100 000 francs : « Voilà tes étrennes, Sophalette ! » lui dit-il.

C'est tout juste le prix du château des Nouettes et la jeune femme qui va bientôt mettre au monde son premier fils, Gaston, ne cache pas sa joie. Elle adore déjà cette grande maison claire dont les seize portes-fenêtres ouvrent si largement sur la verdure de la campagne normande. Au cours de ses huit grossesses, elle va y faire des séjours de plus en plus longs car, aimable et généreuse, elle entretient les meilleurs rapports avec ses nombreux voisins comme avec les gens du village et les indigents qui chantent sa gloire.

À partir de 1835, la comtesse ne sort plus des Nouettes pendant une longue période de treize années : la naissance de sa dernière fille, Olga, a beaucoup ébranlé sa santé. Elle a de violentes migraines qui l'obligent à rester étendue sur une chaise longue.

« Ces jours-là, raconte Olga de Ségur, les Nouettes devenaient une succursale de la Trappe pour le silence, notre bien-aimée malade ne pouvant supporter aucun bruit. »

Mais, de migraines en réceptions, les enfants grandissent. L'aîné, Gaston, entre dans les ordres et part pour Rome où, à l'ambassade du Vatican, il se lie d'amitié avec le baron Paul de Malaret que, naturellement, il ramènera aux Nouettes. Et, en 1848, Paul épouse Nathalie de Ségur, future dame d'honneur de l'impératrice Eugénie – elle figure sur le célèbre tableau de Winterhalter – et future mère des petites filles modèles, Camille et Madeleine de Malaret.

À cinquante-sept ans, Mme de Ségur, sept fois grand-mère, se déclare infiniment heureuse. Elle adore ses petits-enfants : trois Malaret, un Pitray, une Fresneau et deux Ségur. Et elle en est adorée car elle sait leur raconter de merveilleuses histoires quand ils viennent se rassembler autour de sa chaise longue. Mais si le cœur de Bonne-Maman est vaste, il ne peut se défendre d'une toute petite préférence pour Camille et Madeleine.

Or, en 1855, c'est la catastrophe : le baron de Malaret est nommé secrétaire à l'ambassade de Londres. Il doit partir et emmener sa famille. Autant dire au bout du monde ! Pour leur part, les petites sont si désolées que leur grand-mère leur fait une promesse : elle leur racontera ses histoires par écrit.

C'est ainsi que, peu à peu, s'accumulent les récits qui deviendront un jour *Les Nouveaux Contes de fées* et que les petites Malaret rapporteront aux Nouettes dans leurs bagages. Or, à cette époque, le château reçoit l'écrivain Louis Veuillot qu'une chaude amitié lie à la comtesse.

Il dirige alors le journal *L'Univers* et a entendu parler, par Mme de Malaret, du manuscrit que composent à présent les histoires reçues par ses filles. Il demande à le lire :

« Comment, dit la comtesse, vous tenez à connaître mes compositions nigaudes ? »

Bien sûr qu'il y tient. Après avoir passé une nuit entière à sa lecture, il repart le lendemain pour Paris avec le manuscrit sous le bras. Cela représente une petite victoire car il lui a fallu vaincre les réticences de son amie qui ne se voit guère en femme de lettres. Pour cela, Veuillot lui a fait entendre qu'il serait criminel de priver des centaines de petits enfants de ses charmantes histoires. Et, en février 1857, *Les Nouveaux Contes de fées* paraissent avec un tel succès que les éditions Hachette proposent aussitôt à l'auteur un contrat pour toute sa production.

Il n'est plus possible de reculer et la comtesse de Ségur s'y met pour de bon. Coup sur coup paraissent *Les Malheurs de Sophie*, passablement autobiographiques, *Les Petites Filles modèles, Les Vacances, Le Général Dourakine, Les Mémoires d'un âne* à propos desquels Louis Veuillot écrit à son amie : « Je suis jusqu'au cou dans *Les Mémoires d'un âne*. Je crois souvent lire ma propre histoire. J'y trouve bien des choses que j'ai pensées et un certain mépris pour l'espèce humaine qui me revient fort en ce moment. »

La comtesse est, en effet, devenue un véritable écrivain. Chacun de ses petits romans constitue une sorte d'étude sur une société et un monde rural qu'elle connaît bien et qu'elle aime mais, sous sa plume, certains portraits n'en sont pas moins impitoyables.

Pour surveiller les éditions de ses livres, elle reprend l'habitude de passer les hivers à Paris, dans son hôtel de la rue de Varenne. Mais, après la mort, en 1853, d'un époux un peu volage sans doute mais toujours tendrement aimé, elle délaisse l'hôtel pour un appartement plus petit, situé au 91 rue de Grenelle et qu'elle appelle en riant sa garçonnière.

En douze ans, la comtesse de Ségur écrit vingt-quatre livres mais elle travaille trop : en 1869, elle souffre d'une congestion cérébrale qui la mène aux portes du tombeau. Cependant, elle sait toujours se battre contre la maladie et résiste encore cinq longues années. C'est seulement le 9 février 1874 qu'elle meurt à Paris après deux mois d'une cruelle agonie, veillée par son fils, Mgr de Ségur, devenu aveugle mais approchant d'autant plus la sainteté.

C'est auprès de ce fils qu'elle repose, non en Normandie mais en Bretagne, dans le petit cimetière de

Pluneret en Morbihan. Sa tombe est une simple dalle de granit qui porte quatre mots : « Dieu et mes enfants. »

Quant au château des Nouettes qui demeura encore de longues années dans la famille, il a cessé d'être une demeure particulière mais n'en reste pas moins fidèle au but profond que lui avait assigné la comtesse de Ségur : le bien-être des enfants. C'est à présent une maison de santé, un préventorium pour les petits, qui n'est pas ouvert à la visite.

OFFÉMONT

Les poisons de la Brinvilliers

Ainsi que les vertus, les crimes enchaînés
Sont toujours, ou souvent, l'un par l'autre traînés.

ROTROU

Vers le temps de Pentecôte de l'année 1668, le conseiller d'État Dreux d'Aubray, maître des requêtes et lieutenant civil de la ville, prévôté et vicomté de Paris, décide de quitter son hôtel parisien de la rue du Bouloi pour sa terre d'Offémont dans le Noyonnais. Il aime ce beau domaine et surtout le château qu'il a acheté quelque vingt ans plus tôt, séduit par la beauté des bâtiments et refusant de tenir compte de la réputation fâcheuse qui s'y attache. Offémont, en effet, a été le domaine d'élection de cet Henri de Montmorency qui fut gouverneur du Languedoc et décapité à Toulouse par ordre du cardinal de Richelieu pour avoir trahi la cause de son roi.

Le lieutenant civil ne croit pas aux fantômes et il est secrètement flatté, lui dont la noblesse est de robe et plutôt récente, de posséder un château dont les anciens propriétaires appartenaient à la plus haute noblesse du royaume. Mais, ce printemps-là, il s'y rend avec plus d'empressement encore que d'habitude. Il compte en effet sur le bon air des grands arbres pour rétablir une santé qui, naguère encore sans problèmes, se détériore étrangement depuis le dernier hiver. M. d'Aubray a pris froid, sans doute, mais ce petit rhume, soigné cependant par les moyens habituels, s'est soudainement compliqué de brûlures et de nausées qui se sont poursuivies alors même que le rhume n'était plus qu'un souvenir.

Naturellement, M. d'Aubray emmène avec lui la majeure partie de sa maison et singulièrement certain valet nommé Gascon qui lui a été chaleureusement recommandé par sa fille aînée Marie-Madeleine, marquise de Brinvilliers, et qui en effet s'est révélé le meilleur et le plus dévoué des serviteurs. Peut-il en être autrement d'ailleurs puisque l'homme vient d'une fille dont le conseiller est fier et qu'il aime tout particulièrement ? Une fille pleine de tendresse et d'attentions. N'a-t-elle pas promis de venir prochainement rejoindre son père à Offémont afin de veiller elle-même sur cette santé qui l'inquiète ? Et c'est avec un vif sentiment de joie et de soulagement que M. d'Aubray s'en va à Offémont.

Comment pourrait-il deviner que son adorable fille le fait empoisonner doucement, petite dose par petite dose, et que le dévoué serviteur a été tout justement introduit par elle dans la maison paternelle pour y faire la vilaine besogne ? Elle est si douce, si expansive, si charmante, si frêle et si jolie cette Marie-Madeleine qui, à trente-cinq ans, n'en paraît guère plus de vingt et dont les grands yeux bleus semblent refléter toute l'innocence, toute la luminosité d'un ciel d'été ! En fait cette enveloppe exquise dissimule un féroce appétit de jouissance, un orgueil intransigeant et une sensibilité à fleur de peau qui réagit impulsivement aux orages de passions profondément dissimulées. L'une de ces passions est la sensualité. L'autre est l'argent.

Marie-Madeleine avait vingt ans quand, le 20 décembre 1651, elle a épousé Antoine Gobelin, maître de camp au régiment d'Auvergne, fort riche du fait de son appartenance à la famille de tapissiers à laquelle nous devons la manufacture des Gobelins. Antoine possède un bel hôtel à Paris, rue Neuve-Saint-Paul (actuelle rue Charles-V), des terres à Sains et à Morainvilliers, plus un fief, celui de Brinvilliers en Picardie, qu'en 1660 le roi érigera en marquisat. Mais, avant d'en arriver là, les jeunes années de Marie-Madeleine ont été singulièrement orageuses si l'on en croit certaines confessions manuscrites : déflorée à l'âge de sept ans, elle aurait eu avec ses deux frères, Antoine et François, des relations incestueuses.

Le mariage aurait pu avoir une influence salutaire sur cette étrange jeune femme si le mari avait été à la hauteur de la tâche car l'un comme l'autre y ont trouvé plaisir et contentement. Mais Antoine, s'il ne manque pas de charme, est aussi volage que complaisant et l'arrivée des enfants n'arrangera rien. Marie-Madeleine qui en eut sept d'hommes différents ne fut jamais une bonne mère.

Sa passion de l'or contentée à la fois par un mariage riche et par les quelque cent mille livres de dot consentis par Dreux d'Aubray, la jeune femme songe à contenter son autre passion. Pratiquement abandonnée à elle-même par son époux, elle rencontre alors l'homme qui va l'engager résolument dans le terrible chemin du crime : Jean-Baptiste Gaudin de Sainte-Croix, capitaine au régiment de Tracy. C'est un fort beau gentilhomme, aimable et spirituel, insolent comme un page mais qui dissimule sous une parfaite éducation une âme corrompue sans recours.

« Il parlait divinement de Dieu auquel il ne croyait pas. Il paraissait avoir part aux bonnes actions et il était de tous les crimes », écrira plus tard l'un de ses contemporains qui le connaissait bien. Et c'est cet homme-là que le nouveau marquis de Brinvilliers vient présenter un soir à sa jeune femme.

Tout de suite c'est la passion telle que l'entend Marie-Madeleine. C'est-à-dire que, loin de cacher ses amours, elle les étale sur la place publique avec une liberté qui ne semble pas incommoder son époux mais qui scandalise son père en dépit de la grande indulgence qu'il lui témoigne. Aussi, désireux de mettre la jeune femme à l'abri d'un amour si néfaste, Dreux d'Aubray tente de la détacher de Sainte-Croix. N'y étant pas parvenu, il n'a aucune peine à obtenir une lettre de cachet et le beau Sainte-Croix, arrêté le 19 mars 1663, s'en va réfléchir à la Bastille sur les inconvénients qu'il y a à séduire la fille d'un haut magistrat. Inutile de préciser qu'il jure dès lors à Dreux d'Aubray une haine inexpiable.

En fait, il n'est pas demeuré bien longtemps dans la vieille forteresse de la porte Saint-Antoine : tout juste un mois et demi. Malheureusement il n'a employé que trop bien ces six semaines car il a fait la connaissance d'un prisonnier italien, un certain Eggidio Exili, jadis amené en France par Christine de Suède, et qui a la redoutable réputation d'être un « artiste en poisons ».

Sorti de la Bastille peu de temps après Sainte-Croix, Exili est venu s'installer chez son ami, dans le logis qu'il occupe dans l'impasse des Marchands-de-Chevaux, près de la place Maubert.

Tous deux y montent un laboratoire puis suivent les cours que donne alors, au jardin du roi, un apothicaire suisse de grande réputation, Christophe Glaser. Celui-ci est un chimiste de valeur qui a découvert le chlorure d'arsenic, le sulfate de potassium et le nitrate d'argent fondu. Les deux amis tirent naturellement un grand profit de ces leçons auxquelles assistent également des dames de la bonne société parmi lesquelles brille la jeune marquise de Brinvilliers.

Celle-ci ne mène pas, tant s'en faut, une vie exemplaire. Sa passion pour Sainte-Croix n'est pas exclusive et elle ne refuse pas les amants de rencontre. En outre, jouant un jeu d'enfer, elle fréquente les tripots à la mode et y perd tout ce qu'elle veut. Comme, en outre, Sainte-Croix et son laboratoire lui coûtent fort cher, elle en est bientôt réduite aux expédients.

Sainte-Croix voit alors poindre à son horloge l'heure exquise de la vengeance et entreprend d'endoctriner sa maîtresse : si elle veut redevenir riche et mener librement la vie qu'elle aime, il n'y a pas trente-six solutions : il faut qu'elle puisse hériter de son père.

Marie-Madeleine y souscrit sans hésiter. Sainte-Croix, c'est plus, c'est mieux qu'un amant. C'est le démon familier de sa petite âme trouble, son miroir fidèle. Bientôt, ils sont unis l'un à l'autre par une chaîne de cadavres car, bien entendu, il ne saurait être question d'attaquer Dreux d'Aubray avec des armes inefficaces.

On essaie d'abord la « recette de Glaser » mise au point par Exili sur des animaux. Les résultats sont satisfaisants mais il faut s'assurer que le corps humain réagit aussi bien au poison. On se tourne alors vers les malades de l'Hôtel-Dieu, pauvres gens que la jolie marquise va visiter avec des gâteaux, des confitures et surtout son doux sourire. Tout ce monde trépasse à plus ou moins bref délai mais le plus souvent sans avoir eu le temps de dire un *miserere*.

Rassurés alors sur la valeur de leur poison, les deux amants décident qu'il est temps d'attaquer le gros gibier. Et Gascon fait son entrée dans l'hôtel de la rue du Bouloi. Le processus de mort est en marche.

Contrairement à ce qu'elle a promis, Mme de Brinvilliers ne fait qu'une courte apparition à Offémont au temps de Pentecôte. Elle veut seulement s'assurer que les choses sont en bonne marche. Non qu'elle n'aime pas le château où elle a vécu tant d'heures charmantes avant et depuis son mariage mais elle ne tient pas à être là au moment fatal. Pourtant, elle revient en toute hâte début septembre quand elle apprend que les nouvelles sont alarmantes et que M. d'Aubray réclame sa fille.

Donnant tous les signes de l'affolement et du désespoir, Mme de Brinvilliers vient se poser, tel l'ange de l'apaisement, au chevet de son père qu'elle accable de sa tendresse. Mais elle n'hésite pas à lui assener le coup de grâce en mêlant une dose plus forte à un bouillon de viande.

Cette fois, elle a fait ce qu'il fallait. Ramené d'urgence à Paris pour y voir – enfin ! – son médecin, Dreux d'Aubray y meurt le 10 septembre âgé de soixante-six ans.

Sa fille le pleure abondamment mais la grosse somme d'argent dont elle hérite apaise bientôt ses larmes. Pas pour longtemps d'ailleurs. Car elle s'avise bientôt que la présence de ses deux frères a beaucoup écorné ledit héritage. Mais maintenant elle connaît le moyen de guérir ce genre de plaie. Et les deux frères disparaissent l'un après l'autre.

Leur mort ancre chez leur sœur le goût de ce moyen si simple et si efficace quand il s'agit de faire place nette. Et Briancourt, précepteur des jeunes Brinvilliers, manque d'un cheveu d'en faire les frais. La chance le sauve et aussi le goût que Marie-Madeleine a pris pour sa personne : elle en fait son amant pour lui lier à la fois les mains et la langue. Après quoi la nouvelle Locuste tourne ses batteries vers de prochains objectifs qui sont sa sœur et sa belle-sœur. C'est alors Sainte-Croix qui lui fait défaut.

Le démon familier commence à avoir peur de sa créature et, quand la marquise entreprend d'empoisonner son époux, Sainte-Croix s'épouvante. Il sait bien, en effet, pour quelle raison Marie-Madeleine veut la mort de son mari. C'est uniquement afin de pouvoir devenir plus tard Mme de Sainte-Croix. Dès lors, « ne voulant pas d'une femme aussi méchante », Sainte-Croix va tout faire pour sauver le mari menacé qui demeure son seul rempart contre un sort qu'il ne juge pas du tout enviable. C'est ainsi qu'il désempoisonne Brinvilliers à mesure que sa femme l'empoisonne.

Son cœur ne résistera pas à pareille tension. Le mari se porte bien mais, le 31 juillet 1672, l'amant meurt. Comme il était couvert de dettes, les gens de robe viennent mettre les scellés chez lui. C'est ainsi que l'on découvre certaine cassette remplie de fioles et de lettres. Une autre lettre s'y trouve, en forme de testament, et qui attribue la propriété de la cassette à Mme de Brinvilliers. Une cassette que depuis deux ans, par prudence, Sainte-Croix refusait de rendre. Mais, quand les gens du roi se présentent à l'hôtel

Brinvilliers, ils trouvent l'oiseau envolé : depuis deux jours la marquise s'est enfuie en Angleterre.

De là, elle gagnera les Flandres et l'abri d'un couvent. Mais le fameux policier Desgrez saura l'y retrouver, et, lui jouant la comédie de l'amour, la débusquer.

Le 16 juillet 1676, la marquise de Brinvilliers, condamnée à être décapitée puis brûlée, mourait en place de Grève.

Quant au château d'Offémont, plusieurs familles, heureusement sans histoires, s'y sont succédé durant le XVIIIe et le XIXe siècle. Mais depuis plus de cent ans, il est la propriété des comtes Pillet-Will qui en prennent un soin extrême.

Malheureusement, le château n'est pas ouvert à la visite.

OIRON

Les amours de Pascal

J'ai découvert que tout le malheur des hommes vient d'une seule chose, qui est de ne savoir pas demeurer au repos dans une chambre.

Blaise PASCAL

Perdu dans l'immensité de la plaine de Moncontour, le château d'Oiron appartient à peine à la frise somptueuse des châteaux de la Loire dont il est le plus mal connu, le mal aimé peut-être, bien qu'il eût été l'un des principaux foyers de la Renaissance en Haut-Poitou.

Au XVIe siècle, alors que le règne de François Ier est à son début, la terre d'Oiron est acquise par la famille Gouffier, l'une des plus anciennes de la région – elle remonte au XIe siècle. Mais la première grande illustration lui vient de celui qui, sur la fin de sa vie, va construire Oiron : Artus Gouffier de Boisy, chambellan de Louis XII, bailli du Vermandois, auquel, en 1503, on confie l'éducation du jeune François d'Angoulême qui, douze ans plus tard, deviendra le roi François.

De cet instant, les honneurs et les biens pleuvent sur Artus et ses fils à qui le roi est fort attaché. Pour sa part, le père est gouverneur du Dauphiné, grand maître de France, comte d'Étampes et de Caravaz puis devient duc de Roannez avant de recevoir finalement, alors que la mort s'approche de lui, le titre de cousin du roi. À un tel homme il faut une belle demeure et Oiron sort de terre.

Le fils, Claude, grand écuyer de France, ce qui lui vaut le titre de M. le Grand, marquis de Boisy, comte de Maulévrier, duc de Roannez et comte de Caravaz est fabuleusement riche. Marié deux fois à Jacqueline de La Trémoille puis à Françoise de Bretagne (des comtes de Penthièvre), c'est lui qui va imprimer sur Oiron, dont sa mère Hélène de Hangest a poursuivi les travaux, la marque superbe qu'on lui voit encore, surtout dans la grande galerie ornée d'immenses fresques dans le goût de l'école de Fontainebleau. Le mobilier du château est si riche, les tapisseries si dorées, le train de maison si fastueux que Claude Gouffier devient, non seulement pour la région qui l'entoure mais encore au-delà de la Loire, le synonyme de Crésus. Le comte de Caravaz est aussi riche en or qu'en terres et, quand il écrira ses fameux *Contes*, Charles Perrault en entendra encore l'écho : le Chat botté sera au service du marquis de Carabas.

De cette étincelante famille il faut encore citer au moins le troisième personnage qui pourrait tenir le rôle du Saint-Esprit, le jeune frère d'Artus, Guillaume. Compagnon de jeunesse de François Ier avec lequel il a été élevé, Guillaume voit la pluie de faveurs tomber sur lui plus drue encore que sur les autres car il est et demeure l'ami favori. Il est amiral en France, seigneur de Bonnivet (le château malheureusement n'existe plus) et de Crèvecœur, gouverneur du Dauphin et du Dauphiné, ambassadeur de France et enfin commandant en chef de l'armée d'Italie en 1523 : un commandant en chef qui, malheureusement, n'est pas à la hauteur de sa tâche. Tête folle, pleine de vaillance pourtant, Bonnivet causera le désastre de Pavie mais il aura assez d'intelligence pour s'en rendre compte. Voyant la catastrophe qui va coûter sa liberté au maître qu'il aime, il cherchera une mort qui ne se fera pas prier.

Le petit-fils du « marquis de Carabas », Louis Gouffier, ajoute à Oiron une aile Louis XIII. Il est, lui aussi, duc de Roannez mais c'est son fils, Artus III, qui va retrouver la gloire par une porte tout à fait inattendue : les amours de sa sœur Charlotte avec Blaise Pascal.

Dans l'été 1652, un trio de personnages se promène jour après jour, longuement, sous les ombrages du parc immense et sur les bords de la Dive. Parfois l'on se rend à la superbe église collégiale, proche du château, jadis construite par Claude et qui est, en quelque sorte, le Saint-Denis des Gouffier : leurs tombeaux s'y érigent, dignes d'eux. Ce trio est composé du duc de Roannez, de sa sœur et de leur ami Blaise Pascal.

Il y a quatre ans que l'on se connaît : depuis que le père de Blaise, Étienne, qui a été président de la Cour des aides de Clermont-Ferrand puis intendant de la généralité de Rouen, est venu s'installer à Paris à l'angle de la rue du Cloître-Saint-Merri. Tout près de là s'élève l'hôtel de Boisy où vit la marquise du même nom, femme d'esprit et de tenue simple qui veille à l'éducation de ses deux enfants, Artus et Charlotte. Blaise Pascal a lui aussi une sœur, ravissante d'ailleurs, Jacqueline, et bientôt une vive amitié s'établit entre les quatre jeunes gens. C'est à la paroisse Saint-Médard qu'on s'est d'abord rencontré et le lien s'est tissé entre les garçons : Artus, comme Blaise, est passionné de recherches scientifiques et principalement de physique, et le jeune Pascal sert de maître à son ami. En échange, les jeunes Boisy initient Blaise à la vie mondaine : il assiste à la réception de Mazarin, à Poitiers, par Louis XIV et Anne d'Autriche dont Charlotte, qui a seize ans, est demoiselle d'honneur. Il assiste également à la représentation que donne Molière de *La Jalousie du Barbouillé*.

Puisqu'il est à Poitiers, c'est dire qu'il est aussi à Oiron où il fera plusieurs séjours. C'est vraisemblablement en cet été 1652 qu'il avoue son amour à Charlotte. Un amour qui lui ressemble : impérieux, intransigeant mais qui subjugue la jeune fille et auquel son frère ne s'oppose pas. Sa déclaration lui ressemble :

« L'homme cherche le plus souvent dans l'égalité de la condition, à cause que la liberté et que l'occasion de se manifester s'y rencontrent plus aisément. Néanmoins, l'on va quelquefois bien au-dessus et l'on sent le feu s'agrandir quoique l'on n'ose pas le dire à celle qui l'a causé. »

Il faudra pourtant se séparer. Si Artus est volontiers d'accord, la famille ne l'est pas. Pascal doit s'éloigner. Son accident de voiture et la nuit d'extase qu'il vit peu après le jettent à Port-Royal. Il va y attirer Charlotte car leur amour n'est pas de chair. Il est austère, ce qui n'exclut pas une profonde tendresse. Tous deux sont passionnés pour Dieu et la vie religieuse.

Charlotte ne restera pas à Port-Royal. Une intervention de Louis XIV l'en tire. Qu'à cela ne tienne, elle se coupe les cheveux et décide de vivre retirée du monde et cela jusqu'après la mort de Blaise, en 1663. Elle aura été fidèle à son amour durant dix-neuf ans… Restée seule, plus encore que si elle eût été veuve, elle se laissera marier au duc de La Feuillade le 9 avril 1667.

Son frère Artus qui, à son tour, gagne Port-Royal, vend son duché de Roannez à son beau-frère pour la somme de 400 000 livres. La Feuillade est désormais le maître d'Oiron.

Lui aussi apporte sa touche au château. Il érige une chapelle qu'il relie au moyen d'une galerie à arcades. Il redessine les jardins. Auprès de lui Charlotte s'ennuie. L'homme est trop loin d'elle. C'est un militaire, un homme de guerre dans toute l'acception du terme avec, en plus, un goût prononcé pour les bâtiments glorieux. Paris lui doit tout de même quelque chose. En 1681, le duc de La Feuillade – donnons-lui son nom : François d'Aubusson, duc de La Feuillade en succession du duché de Roannez, colonel des gardes-françaises, maréchal de France et vice-roi de Sicile (Charlotte n'a pas épousé n'importe qui !) – voulant laisser à la postérité un monument fastueux et représentatif de sa dévotion à son roi fit sculpter à ses frais une superbe statue de Louis XIV.

L'objet réalisé, il fallut trouver un endroit où l'installer et pour cela il fallait une belle place. Le Roi-Soleil ne se voyait pas à un coin de rue. Du coup, il achète au maréchal de La Ferté Senneterre son hôtel parisien plus quelques maisons voisines. Emportée par l'exemple, la Ville de Paris achète l'hôtel d'Émery. On rase le tout… et la place des Victoires prend sa forme qui sera définitive.

Mais au milieu de tout cela, Charlotte n'oublie ni Dieu ni son frère qui le sert dévotement sous les rigueurs de Port-Royal ni surtout le souvenir du seul homme qu'elle ait jamais aimé. Elle est si loin de la terre que l'on se demande comment elle a pu donner naissance à des enfants.

Son fils, le « plus solide malhonnête homme qui ait paru de longtemps », selon l'impitoyable Saint-Simon, revend le domaine à Mme de Montespan pour une somme rondelette dont Louis XIV paiera une partie. La favorite, alors, n'est plus la favorite. On est en 1691 et Louis XIV a épousé morganatiquement l'ancienne gouvernante de ses bâtards. La superbe Athénaïs, atteinte par un puissant réveil de sa foi d'enfant, s'est retirée pour consacrer en grande partie à Dieu le temps qu'il lui reste à vivre. Elle achète Oiron pour le duc d'Antin, le seul enfant qu'elle ait eu de Montespan, et c'est là qu'elle se retire le plus souvent, en alternance avec le couvent de la rue Saint-Jacques.

Retraite fastueuse : les appartements qu'elle installe, dorés et somptueux, espéreront longtemps la visite de Louis XIV dont le grand portrait règne sur toutes ces splendeurs. Le roi ne viendra jamais, bien entendu.

Retraite bienfaisante aussi car, auprès du château, se dresse une maison de vieillards entretenue par la marquise qui s'y rend tous les jours. Retraite quasi royale peut-être enfin pour cette Mortemart dont le nom est l'un des plus hauts de France. Elle y entretient une cour de femmes et de jeunes filles qui doivent veiller sur son sommeil. Car Mme de Montespan ne supporte ni la solitude ni l'obscurité. Elle dort entourée de ses femmes au milieu d'une forêt de chandelles que l'on ne doit pas laisser éteindre. De même, quand elle s'éveille, elle veut trouver ses gardiennes bavardant ou mangeant. Ses gardiennes ? Contre quoi ? La nuit ? Les cauchemars… ou le souvenir de certaines heures atroces vécues en compagnie de la Voisin ?

Peut-être seulement le cri d'un enfant égorgé durant une messe noire…

HORAIRES D'OUVERTURE

Du 1er octobre au 31 mai	10 h 30-17 h 30
Du 1er juin au 30 septembre	10 h 30-18 h 30

Fermé le 1er janvier, le 1er mai, les 1er et 11 novembre et le 25 décembre.

http://www.oiron.fr/

PAU

Les grands Béarnais

J'ai plus durement péché que Sodome
Et j'ai failli plus que Gomorrhe.

Gaston PHŒBUS

Ils sont deux. Deux hommes aux dimensions exceptionnelles qui ont marqué de leurs personnalités différentes et de leur art de vivre, encore plus dissemblable, la vieille forteresse féodale construite au fond des temps par la puissante famille de Moncade. Une forteresse dont il ne reste guère qu'une tour.

Le plus proche de nous se nommait Henri de Navarre avant de devenir le roi Henri IV de France. Mais près de trois siècles plus tôt le ciel de Béarn abritait un homme presque aussi grand que celui qui fut un si grand roi. Plus spectaculaire surtout.

Il se nommait Gaston, comte de Foix et d'une foule d'autres seigneuries. Il était beau, fastueux, superbe et son épaisse chevelure dorée le faisait comparer au soleil lui-même. Et, comme il avait assez d'orgueil pour accepter sans rire la comparaison, il en vint à ajouter lui-même le sobriquet à son nom. Il fut et signa : Gaston Phœbus.

Plus orgueilleux même que Louis XIV qui n'eut jamais, grâce à Dieu, l'idée saugrenue de signer Louis-Soleil, Gaston III de Foix, de Béarn et autres lieux avait de lui-même une très haute idée entretenue d'ailleurs par la véritable fascination qu'il exerça, sa vie durant, sur ses contemporains, hommes ou femmes. Surtout femmes car il ne connut guère de cruelles et on lui sait au moins deux bâtards.

Les débuts furent inquiétants. « En sa jeunesse, écrit le chroniqueur Michel de Bernis, il fut plein d'une mauvaise mollesse et très instable mais peu à peu, grâce aux admonestations de sa mère, Madame Aliénor (de Comminges), il se corrigea et commença à faire preuve de vertu et de noblesse. » En fait, c'était une sorte de jeune fauve, adonné dès la puberté à tous les démons de la luxure et de la violence. Pourtant, il avait reçu une formation intellectuelle exceptionnelle pour son époque. Il parlait avec une égale aisance la langue d'oc, le français et le latin. Il fut poète, composa des chansons et laissa au moins deux ouvrages : *Phébus des déduiz de la chasse des bestes sauvaiges et des oyseaux de proye* et le *Livre des Oraisons* où il a fait, sur le tard, sa propre autocritique, attribuant à la grâce divine sa transformation en un prince éclairé et sage… de temps en temps tout au moins.

Marié, à vingt ans, à Agnès de Navarre qui en avait quatorze – fille de Philippe d'Évreux, roi de Navarre, et de Jeanne de France –, le 4 août 1349 dans la chapelle du Temple à Paris, il n'accordera à sa jeune femme que trois mois de bonheur, les trois mois de lune de miel qu'ils passèrent ensemble au château de Conflans. Puis, la peste noire ravageant alors la France (la mère de la jeune femme venait d'en mourir), Gaston ramena Agnès en Béarn et l'installa au château de Moncade, en attendant que la dot lui soit payée rubis sur l'ongle.

Malheureusement pour la pauvre enfant, ladite dot ne devait jamais l'être intégralement. Ses parents étant morts à peu de distance, la Navarre trouva un nouveau maître en son frère Charles, devenu le roi Charles II, mais auquel l'histoire a attribué un sobriquet transparent : Charles le Mauvais. Naturellement cet aimable personnage qui était avare autant que mauvais ne jugea jamais utile d'envoyer à son beau-frère l'or qu'il attendait. Le blond Phœbus finit par réexpédier Agnès en Navarre où elle fut reçue avec tous les honneurs dus à son rang et bien qu'elle eût donné à son époux un fils, Gaston.

Un fils qu'il n'aima jamais, lui préférant ses bâtards et singulièrement Yvain de Lescar qui était son favori et dont il fit son capitaine des gardes. Ulcéré, le jeune Gaston complota-t-il la mort d'un père qui le méprisait ou bien tenta-t-il simplement de lui faire avaler un philtre d'amour pour le ramener à sa mère ? Toujours est-il que Phœbus tua son fils de sa propre main.

Mais revenons-en à Pau. Gaston Phœbus fit construire une bonne partie du château actuel bien qu'il n'y résidât que très irrégulièrement, préférant pour l'usage de tous les jours son château d'Orthez. Pau avait une destination plus ostentatoire et il devait servir, somme toute, à sa propre gloire. Il confia les travaux, qui commencèrent vers 1370, à un grand architecte, Sicard de Lordat, qui allait construire la plupart de ses châteaux. Le résultat fut conforme à ce qu'il en attendait.

« Ce chastel est, pour le dit des gens, le plus bel du monde fait de main d'homme », écrit un voyageur.

Phœbus y tint sa cour dans les grandes occasions, amenant alors avec lui ses piqueurs, ses chiens et tout l'éclat d'une cour qui était à l'époque l'une des plus riches d'Europe.

Le crime commis sur son propre fils ne devait pas lui porter bonheur. Le roi Charles VI a refusé que Phœbus fasse d'Yvain de Lescar son héritier. Il fallut bien s'en tenir à une branche collatérale, celle de Foix-Castelbon. Isabelle, héritière de cette noble maison, apporta le fastueux héritage, y compris Pau, à son époux Archambaud de Grailly.

La lignée des Foix-Grailly continua, pour ses fils, le double prénom de Gaston et de Phœbus mais ce fut Gaston IV qui, ayant épousé Éléonore de Navarre, prit le titre de prince de Navarre en attendant que son petit-fils, François Phœbus, prenne le titre de roi de Navarre. Un titre qui allait faire de Pau, désormais, une résidence royale.

Rois et reines de Navarre prirent à tâche de conserver Pau et de l'embellir, même ceux qui, telle Marguerite d'Angoulême sœur de François Ier, lui préférèrent le petit Nérac. Mais l'heure de gloire allait sonner pour le château le 1er décembre 1553.

Henri d'Albret, époux de Marguerite, était un homme d'un autre âge. Un rude seigneur s'il en fut. Il avait décidé que sa fille, Jeanne d'Albret, héritière de Navarre et mariée à Antoine de Bourbon, ne pourrait accoucher qu'à Pau. En conséquence de quoi il la fit revenir à marche forcée depuis Compiègne où elle se trouvait alors. Puis, quand les douleurs de l'enfantement commencèrent, Jeanne s'entendit ordonner de chanter afin que l'enfant qui allait naître ne fût « ni rechigné ni pleureur ». Car, bien entendu, dans l'esprit du roi de Navarre il ne pouvait s'agir que d'un garçon.

En fille obéissante, Jeanne – qui tenait de son père un caractère bien trempé – se mit non seulement à chanter mais à composer ce qu'elle chantait : un hymne à Notre-Dame-du-Bout-du-Pont, une chapelle qui se trouvait en face du château. Et le « miracle » eut lieu : un solide garçon vint au jour en braillant vigoureusement, ce qui combla de joie le grand-père.

Incontinent, celui-ci s'empara du bébé, lui frotta les lèvres d'une gousse d'ail, conformément à la tradition, puis lui fit boire une goutte de vin de Jurançon en affirmant : « Tu seras un vrai Béarnais. » Puis il consentit enfin à le remettre aux dames qui le couchèrent dans un berceau fait d'une grande écaille de tortue.

Ce fut encore le terrible grand-père qui exigea que son petit-fils fût élevé comme un vrai paysan ; pieds nus et tête nue. Le jeune Henri n'avait que deux ans lorsque mourut l'aïeul mais Jeanne d'Albret ne vit aucun inconvénient à ce que l'on continuât ce genre d'éducation. Le résultat fut ce que l'on sait : Henri IV fut l'un des plus vigoureux et des plus durs à la peine de tous nos rois. Il avait toutes les qualités qui font les conquérants, ce qui est bien, mais surtout les bons rois, ce qui est mieux.

Le mariage d'Henri, en 1572, avec la ravissante et folle reine Margot fit connaître à Pau, lorsque le couple vint enfin s'y installer, les joies et les fêtes chères à la cour des Valois. Même si ce n'était que par intermittence car, semblable à cette autre Marguerite venue de France, Margot préférait Nérac et les allées ombreuses où il était si agréable de se promener avec quelque beau cavalier.

Malheureusement pour le château, l'accession d'Henri au trône de France allait marquer son déclin. La couronne de Navarre perdait de son éclat auprès de celle de France et Henri IV ne se souvint de Pau que pour y faire prendre meubles et tapisseries destinés au Louvre. Le château tomba dans l'oubli. Des rois, tout au moins, puisqu'il fut la résidence des gouverneurs quand Béarn et Navarre furent unis définitivement à la France. Et s'il reçut quelques visites royales, ce fut uniquement lorsqu'un Bourbon ou un autre souhaitait visiter la chambre où Henri IV avait poussé son premier cri.

La Révolution fit du château une caserne et si Napoléon songea à faire effectuer une restauration (était-ce pour faire plaisir à la mémoire de son « oncle Louis XVI » ?) il n'en eut pas le temps. C'est l'honneur de Louis-Philippe d'avoir restauré le château, même s'il y mit parfois un enthousiasme et une exubérance qui frisaient l'exagération. Néanmoins il sut dévaliser le Garde-Meuble royal de ses plus belles tapisseries au profit de ce château qui, décidément, lui tenait à cœur.

Napoléon III puis la République – le château appartient à l'État – ont fait de leur mieux pour conserver à la France ce beau témoin de sa grandeur.

Horaires d'ouverture du musée

Du 15 juin au 15 septembre	9 h 30-12 h 30 et 13 h 30-18 h 45
Du 16 septembre au 14 juin	9 h 30-11 h 45 et 14 h-17 h

Fermé le 1er janvier, le 1er mai et le 25 décembre.

Horaires d'ouverture du domaine
et de ses jardins

Du 15 septembre au 14 juin	8 h 30-18 h 30
Du 15 juin au 14 sepembre	8 h 30-19 h 30

http://www.musee-chateau-pau.fr/

POLIGNAC

Les exploits d'un La Fayette médiéval

Le mariage est une des plus importantes actions de la vie mais c'est peut-être celle de toutes où l'on examine le moins les convenances.

BOCCACE

En ce mois de janvier 1467, le seigneur Guillaume-Armand de Polignac se prenait à trouver la vie morose. L'hiver est rude en Haute-Loire et la neige montait le long des murs de son gros château, puissante citadelle érigée sur une falaise de basalte au-dessus de la route du Puy-en-Velay. Des troncs entiers brûlaient dans les cheminées sans parvenir à réchauffer réellement le triste seigneur.

À cette humeur lugubre deux causes : la goutte d'abord qui l'empêche de bouger son pied gauche sans de cruels élancements et ensuite le fait que le seigneur Guillaume-Armand est au plus mal avec son suzerain suprême, le roi Louis, onzième du nom : un personnage avec lequel il n'est pas bon de plaisanter.

À vrai dire, le seigneur de Polignac n'a pas plaisanté :

il s'est seulement rebellé quand, avec le duc de Bourbon dont il est aussi vassal, il a adhéré à cette fameuse ligue du Bien public soutenue par le duc de Bourgogne. Or, à la bataille de Montlhéry, le jeune roi, payant de sa personne avec un beau courage, a ramené ladite ligue à la raison et, depuis, les hauts seigneurs discutent. Mais Guillaume-Armand, en ce qui le concerne, a jugé qu'il serait certainement plus prudent de regagner ses montagnes vellaves sur la pointe des pieds et en essayant de se faire aussi petit que possible – ce qui n'était guère facile vu son tour de taille – laissant ainsi au roi tout le loisir de statuer sur son cas. S'il prenait fantaisie à Louis XI de réclamer la grosse tête de Polignac, du moins aurait-il quelque peine à venir la prendre derrière les grands murs noirs de sa forteresse.

C'était ce que notre sire se disait pour se rassurer et certes il avait pleine confiance dans ses grosses tours et ses bonnes murailles mais il n'en scrutait pas moins l'horizon matin et soir pour voir si quelque armée ne s'y montrait pas. Heureux père de huit enfants plus un en préparation, Guillaume-Armand se trouvait un peu jeune pour faire un mort.

Et voilà que, vers le milieu du jour, les guetteurs signalent une troupe armée. Une troupe ? Quel genre de troupe ? Cinquante hommes environ… Voit-on les bannières ? On en voit deux : l'une sans danger qui signale le jeune Gilbert de La Fayette, un voisin, mais l'autre… l'autre c'est la bannière de France et celui devant qui on la porte, c'est Berry, le héraut d'armes, favori de Louis XI.

Tout de suite, c'est l'affolement. Que faire ? Mettre le château en défense ? La Fayette n'a jamais eu de mauvaises intentions. Quant au héraut… eh bien ! mon

Dieu, il n'amène pas une armée. La comtesse Amédée, femme de Guillaume-Armand, appelée en consultation (elle est de grande race elle aussi, c'est une Saluces), est d'avis qu'il faut recevoir. Son seigneur et maître se récrie : il est bien trop malade ! Que dame Amédée reçoive, elle, mais qu'elle fasse entendre que le seigneur des lieux est à l'agonie.

Dame Amédée fait bien remarquer que sa grossesse est fort avancée, un peu trop visible pour les convenances. Raison de plus : on ne l'en traitera qu'avec plus d'égards. Et Guillaume-Armand se calfeutre dans sa chambre tandis que sa femme s'en va en soupirant donner des ordres pour l'accueil et le souper. Quand on est Polignac, c'est-à-dire d'une lignée qui remonte à la nuit des temps, on se doit de déployer un certain faste. Et dame Amédée le déploie.

Le festin est superbe. Selon la coutume du temps, la comtesse partage son plat avec messire Berry tandis que le jeune Gilbert de La Fayette est admis à l'honneur de partager celui d'Ysabeau, la fille aînée de la maison. Une jouvencelle de quinze ans dont les fleurs promettent des fruits savoureux. De son côté, Ysabeau pense à part elle que Gilbert est un bien beau garçon mais elle se garde de le lui laisser voir, se contentant, avec lui, d'un aimable « fleuretage ».

Tout se passe à merveille et dame Amédée reprend pleine confiance quand, à la fin du repas, ses hôtes la remercient chaleureusement de son accueil… et lui réclament les clefs du château. Au cas où elle serait tentée de refuser, il est bon qu'elle sache que la troupe royale garde à présent toutes les issues. C'est la catastrophe !

Tandis que la jeune Ysabeau lui saute pratiquement au visage comme un chat en colère, La Fayette s'explique : il n'a nullement l'intention de garder Polignac. Simplement, il entend en extraire messire Guillaume-Armand qu'il doit conduire à Clermont auprès du grand maître de France, messire Antoine de Chabannes. Colère ni pleurs n'entament en rien sa détermination. Que le seigneur soit malade, tant pis pour lui. Il voyagera en litière au lieu de faire la route à cheval et devra s'estimer satisfait.

Force est à Polignac d'obéir. On l'installe dans une litière, bien emballé dans les fourrures, et fouette cocher ! On l'emporte.

Dans son cahotant véhicule qui lui fait endurer mille morts, Guillaume-Armand n'en mène pas large. Il est au plus mal avec Chabannes dont il a refusé la fille pour son fils aîné. Et sans parler du roi lui-même ! Sûrement, c'est l'échafaud qui l'attend !...

Or, comme on arrive à Issoire, La Fayette, qui joue le rôle du gardien-chef, décide soudain de faire une pause. Il fait réveiller les consuls de la ville, leur confie son prisonnier avec toutes sortes de recommandations puis, à bride abattue, reprend la route de Polignac, après avoir informé Guillaume-Armand qu'il s'en allait épouser sa fille !

Quand Gilbert arrive à destination, son retour inattendu répand presque la terreur dans la demeure où règnent déjà le deuil mais aussi une certaine agitation car, à peine la litière avait-elle disparu, que dame Amédée commençait à sentir les douleurs. Et quand La Fayette arrive, elle est tout bonnement en train d'accoucher.

On devine dans quelle disposition d'esprit la jeune Ysabeau accueille l'insolent qui vient l'arracher de la chambre de sa mère avec la prétention d'en faire sa femme sur l'heure. À nouveau, elle crie, elle hurle, elle se débat mais, à nouveau, il lui faut baisser les armes. On la traîne à la chapelle où l'attend le chapelain de la maison plus mort que vif. Furieux aussi et, dans sa colère, il trouve le courage de refuser ce mariage forcé.

Il ne veut pas les unir ? Qu'à cela ne tienne : La Fayette va passer toute la maisonnée au fil de l'épée.

Que répondre à pareil argument ? Le chapelain bénit. Ysabeau pleure mais prononce le « oui » fatal, terrifiée d'avance à la pensée des heures à venir. Mais, décidément, les atrocités ne sont pas pour ce soir. Avec une soudaine gentillesse, Gilbert la remet à ses femmes, prend congé, remonte à cheval et repart, laissant la nouvelle dame de La Fayette légèrement ahurie.

À Issoire, Gilbert recouvre la charge de son prisonnier-beau-père et, cette fois, l'emmène à Clermont, noble ville, mais dans laquelle le gros seigneur croit entrevoir sa dernière étape terrestre.

Pourtant, aucun gibet n'est encore dressé et même Antoine de Chabannes reçoit assez bien son ancien ami. Entendons par là qu'il lui fait comprendre que, personnellement, il n'est pas tellement pressé de lui faire sauter la tête. Encouragé par ce semblant de bienveillance, Guillaume-Armand supplie que l'on veuille bien faire prévenir son jeune frère, le seigneur de Chalençon, qui a l'oreille du roi. C'est le meilleur avocat qu'il puisse espérer.

On va envoyer chercher Chalençon mais, en attendant, on mettra le sire de Polignac dans une bonne prison, point trop inconfortable mais solide tout de même. On l'y nourrira assez sobrement pour que son accès de goutte disparaisse.

Ce qu'il ignore, c'est que Chabannes lui-même avait reçu à l'origine commission d'arrêter son ancien ami.

Mais le grand maître n'était guère tenté par la corvée. Il espérait toujours arriver à conclure le fameux mariage qui lui tenait fort à cœur. Aussi avait-il trouvé plus simple d'envoyer le jeune La Fayette. Qui d'ailleurs ne s'était pas fait prier.

On a vu comment quelques heures passées en compagnie de la jolie Ysabeau lui avaient donné à penser et comment, en faisant les affaires de son grand maître, il avait fait les siennes par la même occasion.

En fait, Chabannes et lui s'étaient donné bien du mal sans se douter le moins du monde que leurs vues personnelles entraient tout à fait dans celles du roi. L'arrestation de Polignac n'avait, dans l'esprit de Louis XI, d'autre but réel qu'obliger le gros seigneur à donner son fils à la fille de Chabannes. Le mariage de La Fayette n'était sans doute pas prévu mais ne pouvait en rien contrister le roi. Le seigneur de Chalençon n'eut donc à jouer qu'un rôle facile. Il enfonça seulement les portes que l'on tenait largement ouvertes devant lui.

La conclusion eut lieu le 14 avril suivant, dans la cathédrale du Puy où Jacqueline de Chabannes épousa Claude de Polignac tandis que l'on bénissait de nouveau, et de façon fort orthodoxe, cette fois, le mariage d'Ysabeau et de Gilbert. Une Ysabeau qui n'en voulait plus du tout à son bourreau. Elle le lui prouva en lui donnant seize enfants.

Quant au château, abandonné peu après, il devint la ruine superbe que l'on peut encore contempler lorsque l'on se rend d'Ambert au Puy.

Horaires d'ouverture

Du 1er mars au 30 avril	13 h 30-17 h 30
Du 1er mai au 30 juin	10 h-12 h et 13 h 30-18 h
Du 1er juillet au 31 août	10 h-18 h 30
Du 1er septembre au 30 septembre	10 h-12 h et 13 h 30-18 h
Du 1er octobre au 11 novembre	13 h 30-17 h 30

PONTCHARTRAIN

La Païva

Ma jeunesse ne fut qu'un ténébreux orage
Traversé çà et là par de brillants soleils.

Charles BAUDELAIRE

En 1857, un jeune aristocrate prussien, immensément riche et cousin de Bismarck, achète pour la somme de deux millions la terre et le château de Pontchartrain, noble et superbe demeure construite jadis pour un chancelier de Louis XIV au milieu d'un parc, aussi superbe, dessiné par Le Nôtre. Mais ce jeune nabab n'achète pas pour lui. Pontchartrain, c'est le cadeau d'anniversaire qu'il destine à sa maîtresse.

Cette maîtresse, c'est la marquise de Païva, l'une des plus belles femmes que compte le Paris éblouissant du second Empire. L'une des moins respectables aussi car, en un mot comme en cent, celle que l'on appelle tout uniment la Païva n'est rien d'autre qu'une courtisane qui a fabuleusement réussi. Mais qu'importe au comte Guido Henckel von Donnersmarck ? Cette femme – qui a cependant dix ans de plus que lui –, il en est fou et il dépense pour elle des sommes fabuleuses. Rien ne saurait être trop beau pour la Païva.

Ainsi, le petit hôtel qu'elle occupe alors place Saint-Georges, en face de la maison de M. Thiers, lui paraissant indigne de sa divine, le jeune comte prussien a acheté aussi un terrain situé à l'actuel numéro 25 des Champs-Élysées et entreprend la construction d'un superbe hôtel destiné à faire une sévère concurrence à celui, tout voisin, de l'ambassadrice de Belgique, la comtesse Le Hon[1]. En fait, Pontchartrain est destiné à distraire la belle durant les travaux de construction et à lui assurer une maison des champs pas trop éloignée.

Aussitôt, Mme de Païva se met à l'œuvre : elle fait construire des serres, exige de ses jardiniers des fleurs et des fruits en toute saison, plante des arbres, en abat d'autres et change le tracé des allées pour se ménager des points de vue. Un personnel nombreux a pris possession de Pontchartrain mais un personnel qui n'apprécie pas tellement la nouvelle dame du château. En dépit de sa fortune, on la dit avare et, de toute façon, elle ne présente aucun point commun avec le marquis d'Osmond, précédent propriétaire du château.

Mais, au fait, cette Païva, qui est-elle ? Simplement la fille d'un fripier juif des bas quartiers de Moscou où elle est née en 1819. Elle s'appelait alors Thérèse, Pauline, Blanche Lachmann. Naturellement, elle est belle, d'une beauté un peu sauvage où se retrouvent quelques traces du type mongol. À seize ans, Thérèse a pleinement conscience de sa beauté et prend une grande décision : elle qui n'a rien, qui n'a jamais possédé une robe neuve, elle se jure avoir à elle tout

1. Celui-là est occupé par Artcurial.

ce qu'il est possible à une femme d'obtenir : argent, bijoux, toilettes, maisons, domestiques, voitures, etc.

Un jour, un homme entre dans la boutique du père Lachmann qui vend aussi des fournitures pour tailleurs : c'est un Français échoué Dieu sait comment à Moscou. Peut-être un ancien soldat de Napoléon qui n'a pas eu le courage de « faire » la Bérézina. De métier, c'est un tailleur. Il s'appelle Villoing. Il tombe naturellement amoureux fou de Thérèse et l'épouse avec la bénédiction de la famille.

Son commerce marche assez bien et c'est la raison qui a décidé Thérèse. Mais Villoing n'a rien de beau et il ne représente pour la jeune femme qu'un moyen de quitter le ghetto. Un jour, passe un étranger, séduisant et bien vêtu, qui lui fait la cour, s'indigne de voir une telle beauté s'étioler dans un cadre aussi peu digne d'elle, et l'enlève. Thérèse quitte sans remords son époux et même l'enfant qu'elle a mis au monde pour suivre son séducteur, sans oublier toutefois d'emporter la caisse du ménage.

Cela se passe en 1838 et, pendant trois années, la trace de la belle Thérèse se perd. On sait vaguement que le couple s'est dirigé sur Odessa puis sur Constantinople où, selon la future marquise, elle aurait été « surveillante dans un harem ». Celui du sultan naturellement dont elle s'évade un jour. Autres étapes : Sofia, Bucarest, Belgrade, Vienne et enfin Ems, célèbre ville d'eaux allemande, près de Coblence, où elle va rencontrer le pianiste et compositeur Henri Hertz. C'est par lui que Thérèse va enfin pénétrer dans les salons parisiens et dans cette vie large et brillante dont elle rêve toujours.

À son crédit, il faut porter les efforts qu'elle va faire pour y tenir sa place. Intelligente, elle a « l'instinct de toutes les élégances, l'intuition de l'art en ce qu'il a de plus raffiné ». C'est du moins ce que soupire l'un de ses admirateurs et Dieu sait si elle en a. Une chose est certaine : elle fait tout pour se cultiver.

À Paris, elle passe pour Mme Hertz et, bientôt, son salon est l'un des mieux fréquentés de la capitale : on y rencontre Liszt, Wagner, Théophile Gautier, Arsène Houssaye, Prosper Mérimée. Mais, en fait, le mariage n'a pas eu lieu et, le jour où Hertz s'en va jouer aux Tuileries pour le roi Louis-Philippe, il lui faut laisser Thérèse dans la voiture. Néanmoins, une fille leur est née, Henriette, qui a été dûment reconnue par son père.

Hélas, la fortune de Hertz fond rapidement dans les mains insatiables de Thérèse et, un beau jour, c'est la rupture. Le scénario de Moscou se renouvelle et la jeune femme abandonne sa fille d'un cœur aussi insouciant qu'elle a abandonné jadis son fils. Mais elle n'oublie pas d'emporter ses bijoux.

La période qui suit est cruelle. Thérèse mène une vie de misère dorée et passe d'un amant à l'autre. Théophile Gautier l'aide à sortir de ce mauvais pas et, grâce à lui, elle gagne Londres où cette fois un amant riche, lord Stanley, va la remettre à flot. Ensuite, ce sera un jeune comte russe qu'elle suivra en Russie pour adoucir sa fin car il est phtisique. Après sa mort, elle rapporte de fabuleux bijoux qui vont la relancer au firmament des nuits parisiennes.

Installée rue Rossini, elle ne compte plus ses admirateurs mais parmi eux elle choisit toujours les plus généreux. Il y en a un, tout de même, pour qui elle va faire une exception bien qu'il n'ait pas d'argent : un Portugais, le marquis Albino Francesco de Païva. Celui-là est assez fou pour vouloir l'épouser. Un titre de marquise ? Quel rêve ! Et Thérèse l'épouse.

La chance qui ne la quitte plus l'a bien servie : le pauvre tailleur Villoing est revenu mourir à Paris en 1849. Et, le 5 juin 1855, dans la chapelle des frères des Écoles chrétiennes à Passy, la petite juive de Moscou devient marquise de Païva. Elle ne va d'ailleurs pas s'encombrer longtemps du mari : quelques semaines de cohabitation nocturne puis, nanti d'une belle somme d'argent, Païva sera prié d'accepter de se retirer. Naturellement, il ne saurait être question de divorce et Thérèse demeure marquise comme devant. La place est désormais libre pour l'entrée en scène d'Henckel von Donnersmarck.

C'est le consul de Prusse, Bamberg, qui le présente à Mme de Païva et tout de suite c'est le coup de foudre. Partagé, quand Thérèse apprend que le jeune homme n'arrive pas à dépenser de fabuleux revenus. Comment résister à l'envie de l'aider dans une si agréable tâche ? On sait à présent que Thérèse sut à merveille s'en acquitter, sans d'ailleurs réussir à tarir le pactole.

Dans l'hôtel de Paris comme à Pontchartrain, le couple mène une vie fastueuse. On se presse aux dîners somptueux qu'il donne mais, à Pontchartrain, il y a des espions derrière les arbres pour empêcher que l'on ne cueille fleur ou fruit.

La guerre de 1870 chasse le couple. Lui va se battre, elle l'attendra à Breslau jusqu'à ce que, nommé gouverneur d'Alsace-Lorraine, il prie Thérèse de le rejoindre à Strasbourg. À présent, il veut l'épouser. Et il y arrive… grâce à l'annulation du mariage Païva en cour de Rome. On croit rêver mais cette réalité-là dépasse la fiction et, le 28 octobre 1871, l'ex-marquise devient comtesse de Donnersmarck dans l'église de la Rédemption, la tête ceinte du fabuleux diadème de diamants qu'Hortense Schneider portait dans *La Grande-Duchesse de Gérolstein.*

Mais, à mesure que le temps passe, les Donnesmarck deviennent indésirables à Paris. Il faut vendre Pontchartrain, l'hôtel des Champs-Élysées et se retirer en Allemagne. C'est là que meurt, le 12 janvier 1884, la comtesse Henckel von Donnersmarck, la veille du jour où l'empereur d'Allemagne élevait son époux à la dignité de prince !

Cette couronne fermée est sans doute la seule chose que Thérèse Lachmann ait jamais manquée.

Quelques mots tout de même du château et de la terre. Celle-ci avait été acquise en 1610 par Paul Phélypeaux, conseiller du roi, mais c'est son petit-fils, Louis, lequel d'ailleurs prit le nom de Pontchartrain, qui devait faire du château ce qu'il est demeuré à travers le temps, grâce en partie, il faut bien le dire, à la Païva. M. de Pontchartrain était, selon Saint-Simon, « un petit homme maigre avec une physionomie d'où sortaient sans cesse des étincelles de feu et d'esprit ». Cet homme étincelant ne mourut pas moins de chagrin, après la mort de sa femme, sous les nobles lambris du château.

Son fils Jérôme, honoré d'une haine féroce par le même Saint-Simon, en hérita. Secrétaire d'État à la Marine puis à la Maison du roi, il était réellement exécré par le mémorialiste qui raconte, à sa façon, le second mariage de son ennemi : « Ayant perdu sa première femme qui mourut à force de vertu, il se remaria malgré sa figure hideuse et dégoûtante. Je fus à la noce comme on va à la potence. » Finalement ce fut la mauvaise langue qui gagna et Pontchartrain fut exilé sur ses terres par le Régent.

Le château passa à son fils, plus connu sous le

nom de Maurepas et qui sera de toutes les intrigues, que ce soit à la cour de Louis XV ou à celle de Louis XVI dont il fut ministre. Pas pour le bien de la France, hélas ! Il mourut en 1781, salué par ce seul commentaire : « On perdit plus qu'il ne valait. » L'ère des femmes commençait pour le château avec la duchesse de Brissac qui en hérita.

C'est toujours une propriété privée qui n'est pas ouverte à la visite.

LA ROCHE-COURBON

Le roman d'une jeune fille riche

Tout le devoir ne vaut pas une faute qui s'est commise par tendresse...

Mme de La Sablière

Pierre Loti l'aimait, qui l'avait surnommé « le château de la Belle au bois dormant ».

« Je m'en suis allé courir toute la terre mais le château fermé et ses chênaies profondes hantaient mon imagination toujours ; entre mes longs voyages, je revenais comme un pèlerin ramené pieusement par le souvenir, me disant chaque fois que rien des lointains pays n'était plus reposant ni plus beau que ce coin si ignoré de notre Saintonge... »

Tout près de Saint-Porchaire, au milieu d'une admirable forêt de chênes verts, La Roche-Courbon, serti dans ses jardins d'eaux bleues et de vertes broderies, est l'une de ces demeures qui évoquent des rêves que leur contemplation nourrit. Forteresse médiévale, la main d'une femme, Jeanne de Gombaud de Briaigne, dame de Courbon, l'a ornée de grâce en ouvrant des fenêtres dans ses tours, en les reliant d'une élégante galerie à arcades en anses de panier, en dessinant le jardin sur lequel descend noblement un large escalier de pierre qui évoque l'Italie mais ne déparerait pas un palais français et qui, un jour de 1661, vit passer le Grand Condé traînant après lui des rumeurs de batailles et les folies de la Fronde.

Château pour un conte de fées qu'aurait aimé Charles Perrault, l'amour cependant ne lui fut guère favorable dès l'instant où il voulut sortir des sentiers battus de cette monotonie conjugale qui assure les belles lignées et qui, durant plusieurs siècles, fut le lot de ces seigneurs aux noms terribles : les Frondebœuf, les Guerres, les Latour. Ils le possédèrent tant qu'il fut armure de pierre et n'avaient pas beaucoup de temps pour les soupirs.

La monotonie se fait dignité avec les Courbon grâce auxquels La Roche va ouvrir ses murailles à la lumière et à l'air pur. Mais guère à l'amour heureux…

Il y eut d'abord Eutrope-Alexandre de Courbon. Homme de mer, il épouse en 1660 Françoise Colbert du Terron, fille de l'intendant de la généralité de La Rochelle, qui peut faciliter une grande carrière… Mais l'existence de femme de marin demande de grands renoncements, une longue patience et beaucoup de sagesse. Françoise n'en possédait guère. Dix ans après son mariage, elle s'éprend d'un neveu de Turenne, le chevalier de Bouillon, et devient sa maîtresse. Quand on revient d'un long voyage, ce sont de ces choses qui ne font pas plaisir : Courbon, à peine sur la terre ferme, apprend son infortune, provoque le chevalier et le tue en duel.

Étant donné les alliances de Françoise et le nom du

défunt, l'affaire fait un bruit énorme. Mme de Courbon pleure et crie qu'elle ne veut plus vivre avec un pareil sauvage. Elle obtient gain de cause : son mariage sera même rompu par l'Église, ce qui lui permettra d'épouser peu après un noble romain, le prince Carpegna. Eutrope-Alexandre se consolera en épousant Marie d'Angennes, laquelle lui donnera plusieurs enfants dont un fils, Louis, qui est le héros d'un véritable drame où s'éteindra le vieux nom des Courbon. Un drame qui, cependant, commence dans la gaieté d'une escapade d'écolière.

Le samedi 22 octobre 1737, la supérieure de l'aristocratique couvent de Notre-Dame-de-Consolation, rue du Cherche-Midi à Paris, reçoit un mot de Mme Peyrenc de Moras, veuve de l'un des plus puissants financiers d'Europe et mère d'une de ses élèves, lui demandant de bien vouloir autoriser sa fille Anne-Marie à la rejoindre, le lendemain dimanche, dans son château de Livry. Elle enverra une voiture.

Aucune raison de refuser et, le lendemain, la jeune Anne-Marie, quinze ans, et sa gouvernante Mlle Gorry, montent dans la voiture qui les attend. Mlle Gorry s'étonne bien un peu que la voiture en question soit une chaise de poste et non l'un des carrosses de la maison, mais elle sait Mme de Moras sujette aux lubies et ne juge pas utile de s'appesantir sur la question.

Où les choses commencent à l'inquiéter, c'est quand elle s'aperçoit que le chemin suivi n'est pas la route habituelle ; l'inquiétude devient panique lorsque l'attelage s'arrête pour relayer au relais de poste d'Étrépagny. Où les emmène-t-on ? Sûrement, c'est un enlèvement ! Qui a osé ?

— C'est moi, lui répond calmement son élève. Je me suis enlevée moi-même !

Naturellement, la gouvernante pousse les hauts cris, s'agite, veut descendre… jusqu'au moment où Anne-Marie lui met sous le nez une paire de pistolets dont, assure-t-elle, on ne manquera pas de se servir si Mlle Gorry ne se décide pas à se tenir tranquille. Et de s'expliquer.

Environ un mois plus tôt, Mme de Moras a fait savoir à sa fille qu'elle changeait ses projets touchant son mariage projeté depuis deux ans avec Louis de Courbon. Le parti, qui lui semblait naguère tout à fait séant, a cessé de lui plaire, et Anne-Marie n'y doit plus songer. M. de Courbon n'est plus admis au château de Livry ni dans le bel hôtel de la rue de Varenne qu'Abraham Peyrenc de Moras avait fait construire pour sa famille[1]. Encore moins au parloir de Notre-Dame-de-Consolation où il avait pris la douce habitude de venir visiter celle qu'il pouvait considérer à juste titre comme sa fiancée. Celle-ci devra se préparer à épouser le riche et peu attrayant comte de Crèvecœur…

Anne-Marie s'est rebellée. Elle aime M. de Courbon, qui, elle en est persuadée, l'aime aussi, et elle refuse absolument d'en épouser un autre. D'ailleurs, pourquoi ce revirement ?

Cela, Mme de Moras ne l'explique pas, car c'est un peu délicat. M. de Courbon a cessé de lui plaire parce qu'il est le cousin du marquis de La Mothe-Houdancourt qui était son amant, mais qui vient de rompre. Plus question de garder le moindre lien avec la famille de cet homme. La superbe dot d'Anne-Marie ira à un autre.

Voyant que ses pleurs et ses supplications laissent sa mère indifférente, la jeune fille feint de se sou-

1. Aujourd'hui musée Rodin.

mettre mais, sous une apparence frêle et charmante, elle cache l'intraitable volonté de son père, cet Abraham Peyrenc, ancien garçon perruquier qui, à force de travail et d'intelligence, s'est élevé aux sommets de la fortune. Elle s'est juré d'épouser celui qu'elle aime ; lui s'est incliné sans protester, en galant homme qui ne saurait contrarier une femme. Il a fait ses adieux à sa « fiancée » et s'est retiré en Saintonge, dans son château de La Roche-Courbon. C'est donc là qu'Anne-Marie a décidé de le rejoindre. Avec l'aide de l'ancien secrétaire de son père et d'un valet, elle a monté de toutes pièces son départ pour le bonheur.

Pendant des heures et des heures, la voiture roule, emportant la pauvre Gorry complètement effondrée. Son élève, toujours aussi calme, s'est contentée de lui dire qu'elle écrirait à sa mère une fois parvenue à destination. En fait elle écrira avant car, après avoir couru des lieues et des lieues, on s'arrêtera tout de même à Poitiers pour refaire toilette et prendre un peu de repos. Anne-Marie en profite pour écrire.

Après avoir expliqué les raisons qui l'attachent à Louis de Courbon, elle plaide sa cause avec une clarté et une éloquence bien au-dessus de son âge, et termine ainsi :

« Je vais donc, je vous le dis en tremblant, trouver M. de Courbon, lui apprendre mes sentiments et lui offrir à la fois mon cœur, ma main et ma fortune. Ayez, Maman, je vous en conjure quelque indulgence pour une fille qui vous manque pour la première fois et qui ne vous eût jamais manqué s'il n'eût été question de la chose la plus intéressante de sa vie. J'aime, voilà le crime qui vous offense mais ne regardez pas mon attachement comme un sentiment fragile. Il y a dix-huit mois que je l'éprouve en silence… »

C'est dans l'après-midi du 30 octobre que la chaise de poste s'engage dans l'allée de tilleuls qui mène au château et franchit la porte des Lions avant de traverser, sur un petit pont, les anciens fossés. Le grand corps de logis flanqué de grosses tours rondes sourit au soleil d'automne de toutes ses fenêtres et Anne-Marie pense sans doute, alors, qu'il doit être facile d'être heureux dans une si belle demeure.

L'accueil que lui réserve Louis de Courbon douche un peu son enthousiasme. Jamais on ne vit homme aussi surpris, ni aussi inquiet. Ce n'est pas, tant s'en faut, un gamin écervelé, mais un homme dans la force de l'âge, il a près de vingt ans de plus qu'Anne-Marie. Et il se demande sincèrement comment Mme de Moras va prendre la fugue de sa fille.

Mais Anne-Marie, qui avoue ingénument son amour, plaide sa cause avec tant d'ardeur et tant de spontanéité que, petit à petit, M. de Courbon se laisse gagner par cette passion qui habite la jeune fille. Ce qui lui arrive là est fou, insensé… merveilleux ! Et il va se laisser emporter par le torrent. Néanmoins, tout de suite, il écrit à la mère :

« Mon étonnement est infini, Madame, en voyant paraître ici Mademoiselle votre fille conduite par sa gouvernante mais ma surprise a bien augmenté quand elle m'apprit que vous ignoriez sa venue. J'ai cru ne devoir pas perdre un moment pour vous informer de cet événement. Vous connaissez ma probité et mon attachement à votre maison. Je me ferai un plaisir de vous en donner des preuves quelque parti que vous preniez. Voilà tout ce que je sais car j'ignore si je suis bien aisé ou fâché, si je rêve ou si je veille… »

En attendant, il épouse. La nuit suivante, le curé du village voisin bénit le mariage et, durant une semaine, les époux vont vivre dans leur ravissant domaine une vraie lune de miel. Interrompue, malheureusement, par l'arrivée des oncles d'Anne-Marie : Peyrenc de Saint-Cyr et Fargès de Polésy qui viennent, sans trop de précautions oratoires, rechercher leur nièce. La vue de l'acte de mariage ne calme pas leur colère. Ils se laissent aller à de grossières injures touchant la mentalité « intéressée » de Courbon, et celui-ci les met proprement à la porte. Hélas, ils vont revenir avec tout un escadron de la maréchaussée ! Mme de Moras a obtenu un ordre royal.

Sanglotante, Anne-Marie est emportée de force. On va la conduire au couvent de Gergy, près de Chalon-sur-Saône, c'est-à-dire bien loin de la Saintonge. Quant à Louis de Courbon, il va devoir fuir pour ne pas être arrêté.

Il se réfugie à Turin chez l'ambassadeur de France, M. de Sennecterre, qui est son cousin. Mais les ordres de Versailles le poursuivent et il devra quitter l'ambassade, se cacher dans la ville où il mourra peu après, de froid et de misère…

Cependant, la justice s'est abattue sans discernement sur des innocents. Tandis que Louis de Courbon est condamné par contumance à avoir la tête tranchée, le curé qui l'a marié est banni à perpétuité et la pauvre Mlle Gorry est fouettée publiquement et marquée au fer rouge. La vengeance de la mère outragée ne cesse de frapper et sa fortune la rend bien puissante. Néanmoins, elle n'en profitera guère car la mort la prend le 11 février 1738…

En apprenant tant de catastrophes, Anne-Marie tombe malade. Une fièvre cérébrale la mène aux portes du tombeau mais elle lui échappera… pour contracter la petite vérole. Apitoyés, ses frères la ramèneront au couvent de Port-Royal où, peu à peu, elle reprendra assez de goût à la vie pour accepter d'épouser, douze ans après le drame, le comte de Merle, ambassadeur de France au Portugal.

Le château de La Roche-Courbon passa à l'une des sœurs de Louis qui épousa La Mothe-Houdancourt mais qui s'en désintéressa au point de le vendre à M. MacNamara, un Breton d'origine irlandaise qui le légua à sa fille.

Comme beaucoup de ses pareils, le beau château passa par différentes mains plus ou moins indifférentes et qui ne savaient plus comprendre son âme et pas davantage sa beauté qui se dégrada. Il fallut le coup de cœur de Pierre Loti, ses cris d'alarme, pour qu'il retrouve enfin, en M. Chénereau, le mécène généreux qui allait se vouer à sa sauvegarde. Une œuvre magistrale que perpétuent aujourd'hui sa petite-fille Christine Selert Badois et son mari avec la même élégance et le même soin.

Horaires d'ouverture du château

Du 1er mai au 30 septembre — 10 h-19 h

Du 1er octobre au 19 mars — 10 h-12 h et 14 h-17 h

Du 20 mars au 30 avril — 10 h-12 h et 14 h-18 h)

Visite guidée tous les jours, sauf le jeudi.

Horaires d'ouverture du jardin, du parc et des grottes

Tous les jours — 10 h-12 h et 14 h-19 h (17 h 30 en hiver)

Fermé le 1er janvier, le 25 décembre, le dimanche matin en hiver et en semaine en janvier.

Les jardins ont obtenu le label « Jardins remarquables ».

http://www.larochecourbon.fr/

LES ROCHERS

Les retraits de Mme de Sévigné

Je reviens encore à vous, ma bonne, pour vous dire que si vous avez envie de savoir en détail ce que c'est qu'un printemps, il faut venir à moi.

MME DE SÉVIGNÉ

Du XIIe au XVe siècle, la terre des Rochers en pays de Vitré appartient à la famille de Mathefelon mais, après ces trois siècles d'existence, celle-ci tomba en quenouille. C'est-à-dire que l'élément mâle lui fit cruellement défaut.

Il resta tout juste une fille, Anne, que l'on maria au baron de Sévigné, lequel, dès le jour du mariage, en 1410, entreprit de construire sur les antiques fondations de ses beaux-parents le joli château que l'on peut toujours admirer, moins, il est vrai, les quelques remaniements – hautes fenêtres à petits carreaux et élégantes lucarnes – qu'allait lui ajouter au XVIIe siècle sa plus célèbre propriétaire, la seule d'ailleurs qui ait retenu sur sa charmante personne les feux de l'histoire. Mais peut-être les autres n'avaient-ils pas grand-chose pour les attirer.

En 1644, les Sévigné, qui de barons sont devenus marquis, sont représentés par un séduisant rejeton : Henri, âgé de vingt ans, très peu fortuné mais d'une folle bravoure et galant comme on ne fut jamais. Et comme, chez lui, le charme égale la galanterie, les aventures du jeune homme ne se comptent plus.

À première vue, Henri n'a guère à offrir à une jeune femme en dehors de sa personne. Sinon l'un des plus anciens et des plus beaux noms de Bretagne et son château des Rochers qui commence à avoir besoin d'une sérieuse restauration. Tel qu'il est, cependant, il attire l'attention de l'abbé Philippe de Coulanges, oncle et tuteur d'une jeune et riche héritière : Marie de Rabutin-Chantal, alors âgée de dix-huit ans et qui, outre sa fortune, est pourvue de tout ce que l'homme le plus difficile pouvait exiger d'une femme : esprit et beauté. Car elle est vraiment charmante avec ses cheveux dorés, son teint de fleur, son joli visage espiègle et ses grands yeux de la couleur exacte des fleurs de lin : un véritable rêve.

Pourtant, ce rêve appartient à cette étrange catégorie de gens pour qui l'horloge de l'amour sonne toujours trop tôt ou trop tard et dont le cœur bat généralement à contre-temps : ils aiment qui ne les aime pas ou pas encore et, quand ils ont enfin réussi à conquérir l'être aimé, ils cessent presque automatiquement d'éprouver pour lui le moindre sentiment. La future Mme de Sévigné va ainsi passer son existence tout entière sans jamais réussir à connaître les joies de l'amour partagé.

Quand elle rencontre Henri de Sévigné, celui-ci est séduit, tout de suite, par l'éclat et la vivacité spirituelle de cette belle enfant qui compte déjà parmi les Précieuses.

Elle lui plaît tellement qu'une semaine plus tard il demande sa main et entame une cour enthousiaste… qui tombe à plat. Le cœur de Marie n'est pas libre : il appartient à son cousin Roger de Rabutin-Chantal, superbe garçon insolent comme un page et doué d'un esprit d'enfer qui en fait l'une des langues les plus acérées du royaume. Or Roger, s'il aime bien Marie, s'il aime bavarder avec elle ou lui écrire, a bien d'autres chats à fouetter que de s'engager dans le mariage avec une cousine qu'il connaît depuis toujours. Il changera plus tard[1]. Un peu vexé de se voir reçu avec aussi peu d'emballement, Sévigné, en attendant le mariage qui doit avoir lieu en mai, retourne à la vie dissipée qu'il affectionne. Résultat, quelques jours avant la cérémonie, une nouvelle dramatique arrive à l'hôtel de Coulanges : Henri a été grièvement blessé en duel.

En effet, depuis la mort du cardinal de Richelieu et du roi Louis XIII l'année précédente, la jeunesse turbulente de Paris a repris ses vieilles habitudes : on ferraille à tout bout de champ. Henri de Sévigné autant et même plus que les autres. Or, la nouvelle du danger qui le menace produit sur sa fiancée un effet curieux : elle se met à l'aimer, tremble de le perdre et ne cesse de prier pour lui. Dieu l'écoute sans doute car, trois mois plus tard, l'évêque de Senlis unit les deux jeunes gens dans l'église Saint-Gervais pour le meilleur et pour le pire. Et le lendemain, le couple part pour le château des Rochers.

En dépit de l'attachement qu'elle porte à Paris, la nouvelle marquise est séduite par sa nouvelle maison. Elle pense qu'ici elle sera heureuse et qu'Henri, qu'elle aime à présent, le sera aussi.

1. Voir Bussy-Rabutin.

Ce ne sera pas le cas. Henri est déçu car, s'il a bien touché la dot promise par l'abbé de Coulanges, il sait qu'il devra s'en contenter quelque temps. Prudent, en effet, l'abbé excipant qu'elle n'a pas atteint la majorité légale, n'a pas remis à Marie la fortune de ses parents. Les revenus de Sévigné étant fort maigres, il faudra bien se contenter de la campagne qui l'ennuie à périr.

Sa jeune épouse l'ennuie à peine un peu moins et, quand elle met au monde une petite fille, il ne cache pas sa déception.

« C'est un héritier qu'il me faut. Que voulez-vous que je fasse d'une fille ? »

Marie a ravalé ses larmes en serrant un peu plus contre elle le bébé sur lequel, désormais, elle va reporter toute la tendresse inemployée de son cœur. L'enfant d'ailleurs est ravissante et lui fait grand honneur.

Mais Henri ne tient plus en place. Sa femme a atteint sa majorité à ce moment et elle est entrée en pleine possession de sa fortune. Aussi, à peine relevée de ses couches, Marie se voit-elle entassée dans une voiture avec sa fille et tous les biens du ménage pour regagner Paris à toute bride. Enfin, Henri va pouvoir retrouver l'air de la capitale, ses compagnons de beuverie, les dames galantes et les bagarres à coups d'épée ! Il est content mais Marie a les yeux pleins de larmes en regardant disparaître les Rochers qu'elle a peu à peu arrangés à son goût et où elle a connu un bonheur tout personnel.

Néanmoins, elle trouve plaisir à s'installer dans une belle maison de la rue des Lions-Saint-Paul, à retrouver ses amis, sa famille et surtout le cher oncle Coulanges qu'elle appelle « le bien bon ». Elle se fait d'autres amis et bientôt un cercle agréable se forme autour de cette jolie femme cultivée, un peu précieuse sans doute mais douée d'un esprit particulièrement vif qui fait de sa conversation un véritable régal.

Dans ce cercle, Henri n'a guère de place mais il est vrai que, la plupart du temps, il se souvient à peine qu'il est marié. Sinon pour répandre à travers les salons le bruit que sa femme n'a pas plus de tempérament qu'un iceberg et pour dilapider sa fortune. La naissance du fils tant désiré, en 1648, ne l'arrête pas et il continue ses folies.

Quand le bruit lui vient que son époux s'est épris de la belle Ninon de Lenclos, Marie s'inquiète : les appétits de Ninon sont de ceux qui dévorent les plus belles fortunes. Henri est capable de ruiner femme et enfants pour elle. Cette fois, Marie se fâche.

« Trompez-moi si cela vous chante, monsieur, puisque aussi bien il y a beau temps que je suis au fait de vos sentiments pour moi mais ne ruinez pas nos enfants pour une gourgandine ! »

Furieux, Sévigné s'en va porter ses plaintes chez le cousin de Marie, ce fameux Roger de Rabutin qu'elle aimait jadis et qui, à présent, l'aimerait volontiers si seulement elle voulait le lui permettre. Rabutin jette pratiquement Sévigné à la porte puis écrit à Marie une lettre enflammée :

« S'il faut qu'il [Sévigné] vous échappe, aimez-moi, ma cousine et je vous aiderai à vous venger de lui en vous aimant toute ma vie. »

Le malheur veut que, par la faute d'un valet étourdi, la lettre arrive tout droit dans les mains du mari qui, du coup, retourne chez Rabutin, le provoque en duel. Mais celui-ci n'accepte pas : il est sans doute l'un des meilleurs duellistes du royaume et n'aurait aucune peine à faire de Marie une jolie veuve, ce qu'il ne veut pas pour ne pas la faire pleurer. Il traite Sévigné en gamin insupportable et se moque de lui.

De plus en plus furieux, celui-ci décide alors que l'air de Paris ne vaut rien à Marie : le lendemain, il embarque femme et enfants pour les Rochers, les y installe puis les plante là avec défense formelle de revenir à Paris sans sa permission. Il ne les reverra jamais.

En février 1651, un messager de l'abbé de Coulanges vient aux Rochers apprendre à la marquise la triste nouvelle : son époux s'est battu en duel avec le chevalier d'Albret à propos d'une certaine Mme de Condran et il a été tué.

Marie pleure, fait prendre le deuil à sa maison mais ne quitte pas pour autant les Rochers où elle va vivre encore deux années, faisant redessiner son jardin par Le Nôtre, entretenant avec tous ses amis, surtout son cousin, une alerte correspondance et passant de longues heures avec son amie la duchesse de Chaulnes, femme du gouverneur de Bretagne.

Paris pourtant la reprendra, surtout quand elle s'installera à l'hôtel de Carnavalet. Mais, en attendant, elle reviendra plusieurs fois dans son petit château breton.

« Les bois sont toujours beaux, écrit-elle en 1675 à sa fille devenue Mme de Grignan, le vert en est cent fois plus beau que celui de Livry. Je ne sais si c'est la qualité des arbres ou la fraîcheur des pluies ; il n'y a pas de comparaison, tout est encore aujourd'hui du même vert du mois de mai. Les feuilles qui tombent sont feuilles mortes mais celles qui tiennent ; vous n'avez jamais observé cette beauté. »

Henri reposait dans la chapelle de la Visitation, rue Saint-Antoine à Paris et, au moment de sa mort, Marie exprima le vœu d'être enterrée auprès de lui quand le temps en serait venu. C'est pourtant bien loin de lui, bien loin aussi des chers Rochers qu'elle repose. En 1696, elle meurt de la variole, chez sa fille, dans l'aimable château de Grignan brûlé par le soleil du Midi. C'est dans sa chapelle que cette Bretonne d'adoption dort de son dernier sommeil.

La propriété appartient encore aux lointains descendants des Sévigné, la famille Hay des Nétumières.

HORAIRES D'OUVERTURE

Du 4 avril au 30 juin	10 h-12 h et 14 h-17 h 30
Du 1er juillet au 30 septembre	10 h-18 h
Du 1er octobre au 31 mars	10 h-12 h et 14 h-17 h 30 (fermé le mardi)

Férmé le 1er janvier, le dimanche de Pâques, le 1er novembre et le 25 décembre.

ROYAUMONT

Le roi maçon

Travailler c'est prier...

Devise des bénédictins

C'est en l'an de grâce 1228 que le jeune roi Louis IX – il n'a encore que treize ans – décide la construction d'une grande abbaye sur le lieu-dit Cuimont, à peu de distance du château royal d'Asnières-sur-Oise où il aime à séjourner. En fait, la décision ne vient pas de lui seul. Ce faisant, il exécute l'une des dernières volontés de son père, le roi Louis VIII le Lion, mort, après seulement trois années de règne, d'une maladie contractée durant le siège d'Avignon. Mais il y met beaucoup d'empressement. « Il s'émerveille de voir poser la première pierre », écrit Paul Guth qui ajoute : « Rien ne proclame mieux la gloire d'un roi de la terre que des pierres posées avec art les unes sur les autres à la gloire du roi des Cieux... »

Cet émerveillement ne sera pas sans lendemain. Le jeune Louis s'intéresse de près à ce qu'il considère très vite comme son œuvre. Mais il commence par changer le nom du lieu qui ne lui plaît pas. Cuimont, en vérité, cela ne parle pas beaucoup à l'imagination. Et puis, après tout, cette abbaye qui est en train de naître avec son cloître et son palais abbatial, il lui arrivera d'être séjour royal. Et Louis trouve le nom qui convient : « lequel nous avons décrété devoir être à l'avenir appelé Royaumont… » C'est aussi simple que cela… Le roi fait à la chère abbaye naissante de fréquentes visites. Écoutons Joinville :

« Comme l'on faisait un mur en l'abbaye de Royaumont, le bon roi Saint Louis venait souvent dans cette abbaye ouïr la messe (les cisterciens qui devaient l'occuper la construisaient naturellement eux-mêmes, avec l'aide de maîtres d'œuvre) et pour visiter le lieu. Et comme les moines sortaient, selon la coutume de leur ordre de Cîteaux, après l'heure tierce, au labour et à porter les pierres et le mortier au lieu où l'on faisait ledit mur, le bon roi prenait la civière et la portait chargée de pierre, et allait devant et un moine portait derrière. Et ainsi, en même temps le bon roi faisait porter la civière par ses frères Monsieur Robert, Monseigneur Alphonse et Monseigneur Charles… Et pour ce que ses frères voulaient aucune fois parler et crier et jouer, le bon roi leur disait : "Les moines tiennent cet endroit le silence et aussi le devons-nous tenir." Et comme les frères du roi se voulaient reposer, il leur disait : "Les moines ne se reposent pas, ni vous ne devez pas reposer…" »

Quelle image et quel souvenir ! Imagine-t-on Louis XIV retroussant ses manches au service d'une abbaye et obligeant le délicat Monsieur son frère à pousser la brouette ? Les murs de Royaumont, dans leur beauté pure, ont conservé quelque chose de cette ferveur encore enfantine et pourtant royale, de cette humilité en face de la maison de Dieu.

La dédicace a lieu le 19 octobre 1235 et, bien sûr, Louis IX y assiste, avec sa jeune et charmante femme Marguerite de Provence… avec aussi Madame sa Mère, Blanche de Castille qui s'efforce depuis le mariage d'empêcher le jeune couple royal de se livrer aux joies légitimes de l'amour. Ce jour-là, apparemment, elle ne trouve rien à dire.

Bien souvent, par la suite, Saint Louis visitera Royaumont. Par le confesseur de la reine Marguerite on sait quel y était son comportement. Ainsi, quand il assistait au chapitre, il s'asseyait par terre en signe d'humilité ; il portait lui-même sa pitance à l'un des moines qui vivait à l'écart parce qu'il était lépreux. C'est dans l'église de l'abbaye qu'il tint à faire reposer les trois enfants qu'il perdit : Jean, Louis et Blanche…

La mort de Saint Louis fait entrer Royaumont dans un demi-silence. Ses descendants y viennent de temps en temps. Philippe le Bel n'y viendra que rarement : il préfère Maubuisson, près de Pontoise.

Et puis, la guerre de Cent Ans passe. Les Anglais n'épargnent guère l'abbaye royale et les déprédations y sont nombreuses. Les rançons exigées ruinent le trésor. Enfin, les moines se clairsèment. Il faudra attendre Richelieu pour que Royaumont retrouve un certain éclat.

Louis XIII séjourne souvent à Chantilly qu'il a confisqué aux Montmorency après la mort du dernier duc, décapité à Toulouse sur la place des Terreaux pour avoir conspiré avec Gaston d'Orléans, frère du roi. Le cardinal-duc, lui, préfère Royaumont, plus conforme à ses goûts, mais l'état des bâtiments l'inquiète. Il fait ordonner certains travaux puis décide d'y réunir les abbés des grandes abbayes cisterciennes de France ; Cîteaux, Clairvaux, Pontigny et Morimond. Ce n'est pas pour les féliciter : l'ordre, si haut jadis, est en pleine décadence. Bon gré, mal gré, il faut bien en passer par où veut le tout-puissant cardinal et élaborer un plan de réforme.

Hélas, Richelieu à peine disparu, on se hâte de l'oublier. Pour Royaumont, c'est l'époque sans gloire des abbés commendataires, c'est-à-dire non assignés à résidence. Leur résidence, la plupart du temps, c'est la cour…

Mazarin, pourtant, qui sera abbé de Royaumont parmi bien d'autres prébendes, viendra assez souvent. Il a le sens de la splendeur. C'est un artiste, et l'endroit est d'une grande beauté. Après lui on peut défiler la liste des abbés commendataires : le prince Alphonse de Lorraine, qui n'a que six ans – c'est son père qui administre à sa place – puis le petit-fils de celui-ci, François-Armand de Lorraine, évêque de Bayeux. D'autres évêques ensuite : Mgr Phélypeaux de Pontchartrain, Mgr de Fleury. Puis, en 1781, enfin, un abbé. Et celui-là mérite qu'on s'y arrête, car il va transformer l'aspect général et ajouter à l'abbaye, en assez mauvais état, le superbe palais abbatial.

Il s'appelle Henri-Éléonore le Cornu de Balivière, aumônier ordinaire du roi Louis XVI et déjà commendataire de l'abbaye de Bonneval. C'est un homme de cour, un homme de goût d'ailleurs, un de ces abbés de cour tout à fait charmants. Ainsi, il est peut-être l'aumônier du roi, mais c'est à Trianon qu'il exerce le plus souvent son ministère et surtout chez les meilleurs amis de Marie-Antoinette, les fameux Polignac pour les péchés desquels il montre une indulgence déplorable.

Tout ce monde, quand reviennent les beaux jours, vient volontiers visiter Royaumont où la vieille abbaye conserve de la noblesse et du charme. Honneur insigne, les souverains en voyage se rendent même chez l'abbé de Balivière qui verra venir ainsi le comte et la comtesse de Nord (le futur Paul Ier de Russie et sa femme) et le comte de Haga (Gustave III de Suède). Des incognitos transparents, bien entendu.

Toutes ces grandeurs montent à la tête de notre abbé qui, du coup, n'imaginant pas un instant que la révolution n'est plus loin, décide de construire une demeure digne de lui-même et de ses illustres visiteurs. C'est un élève de Ledoux, l'architecte Louis Le Masson, en service du comte de Provence, que l'on charge de l'ouvrage. C'est un adepte fervent du style palladien et bientôt dans le parc de Royaumont s'élève un palais-villa à l'italienne qui n'a pas grand-chose à envier aux superbes demeures qui jalonnent le cours de la Brenta.

Malheureusement pour Balivière, les premiers grondements de la Révolution se font entendre. Les Polignac émigrent et l'abbé part avec eux pour Vienne. Il y mourra sans avoir jamais vu son beau palais terminé. Mais, à Royaumont, il restait des moines. Il n'y en avait plus beaucoup, évidemment : ils ne sont plus que dix quand, en 1790, on les expulse. L'abbaye va être vendue au titre de bien national.

Celui qui l'achète en 1791 est un noble décavé, un ancien voisin qui possédait, non loin de là, le château de Viarmes.

Avant la tourmente, le marquis de Travanet, mestre de camp des dragons, possédait une belle fortune et avait épousé une charmante femme en la personne de Mlle de Bombelles. Cette jeune femme faisait partie de la petite cour de Madame Élisabeth, la plus jeune sœur du roi Louis XVI, et en était un peu l'âme. Elle avait un assez joli talent poétique et on lui doit une charmante chanson composée à propos de la tendre aventure d'un jeune jardinier de la princesse :

Pauvre Jacques, quand j'étais près de toi
Je ne sentais pas ma misère,
Mais à présent que tu vis loin de moi,
Je manque de tout sur la terre...

Hélas, Travanet aimait les filles d'opéra et le jeu. Il finit par faire un si grand usage des unes et perdre tant d'argent par l'autre que sa femme le quitta. Mme de Travanet émigra, tandis qu'il restait là.

Ayant acheté Royaumont avec les débris de sa fortune, le marquis entreprit d'installer des ateliers de tissage dans l'abbaye, mais habita le palais. Après lui, ce fut un industriel belge, Van der Mersch. Celui-ci morcela le domaine. L'abbaye retrouva des religieuses, le palais un acquéreur : M. Jules Goüin. C'était un homme généreux et ayant du goût. En 1905, au moment de la loi sur les Congrégations, il racheta l'abbaye, en fort mauvais état cette fois.

Ses descendants l'ont superbement restaurée et organisée pour une vie culturelle intense. Royaumont est actuellement l'un des grands centres de l'art et de l'écriture en France.

Le palais abbatial fut cédé au baron et à la baronne Fould-Springer puis à leur fille, la baronne Élie de Rothschild, qui lui ont rendu un éclat exceptionnel et en ont fait la plus belle demeure des environs de Chantilly.

Malheureusement aujourd'hui, les collections à l'intérieur du palais furent dispersées par une vente chez Christie's en septembre 2011.

SAUVETERRE-DE-BÉARN

Le jugement de Dieu

> *La trahison s'assied à nos banquets, elle brille dans nos coupes, elle porte la barbe de nos conseillers, elle affecte le sourire de nos courtisans et la gaieté maligne de nos bouffons.*
>
> Walter SCOTT

Le château n'est plus que ruines comme l'enceinte fortifiée, comme le puissant donjon de Monréal qui domine le gave traversé d'un pont à demi détruit mais le paysage est sans doute l'un des plus beaux de France car la vue sur les Pyrénées est admirable.

Il y eut toujours là un grand appareil guerrier et cela depuis qu'en l'an 1080 Centulle IV de Béarn, en lui donnant une charte de franchise, en fit un lieu d'asile et justifia son nom : Sauveterre, terre de salut, terre de sauveté. Ce qui n'empêche pas les comtes de Béarn d'y posséder, cent ans plus tard, un fort château où ils tiennent cour brillante.

Plus brillante ne se vit jamais sans doute que cette assemblée réunie un beau jour de printemps

– en 1169 – pour les noces de Gaston, vicomte de Béarn, et de Sancie de Navarre.

La capitale de Béarn c'est alors Morlaas mais Sauveterre est la cité aimée de Gaston et il entend qu'elle partage son bonheur. Car il s'agit là d'un mariage d'amour. Le couple est jeune – elle n'a que quinze ans – et bien assorti mais la foule n'a d'yeux que pour la petite mariée, si timide, si rougissante dès qu'elle lève les yeux vers Gaston, superbe gaillard rompu dès l'enfance aux courses en montagne, à la rude chasse à l'ours qui est sa passion. Auprès de lui, elle a l'air d'un bibelot.

Elle l'aime pourtant, depuis le jour où elle l'a vu venir à Pampelune, à la cour de son frère le roi Sanche IV de Navarre. Ce fut l'une de ces illuminations inattendues comme il en arrive parfois aux âmes pures car, jusqu'à l'arrivée de Gaston de Béarn, Sancie se croyait bien destinée à Dieu. Elle pensait, de bonne foi, que Dieu l'appelait au fond de quelque couvent pour la préserver des violences du monde. Mais, auprès d'un homme comme Gaston, comment ne pas trouver de charme à la vie du siècle ? Comment ne pas se sentir en pleine sécurité ? Et le mariage a lieu dans le bel apparat qui convient à si hauts seigneurs. Dans la chambre haute du château, Sancie va, la nuit venue, connaître un vrai bonheur.

Tragiquement court, le bonheur, hélas ! Vers la fin de l'automne, un soir où le vent de neige souffle fort sur les chemins de ronde, on rapporte à Sancie son époux blessé à mort. L'ours qu'il a voulu attaquer seul s'est trop bien défendu et Gaston, la poitrine écrasée, n'a plus guère que le souffle – et encore bien léger ! – quand on le porte dans son lit. Il est impossible de déguiser l'affreuse vérité à Sancie. On le voudrait pourtant car elle est enceinte et à quelques semaines de son terme mais la catastrophe est trop brutale. Et puis, elle est fille de bonne race, faite pour le règne et ce genre d'accident n'est pas tellement rare.

Sancie s'évanouit à la nouvelle puis pleure, pleure indéfiniment, ne consentant à se calmer enfin que lorsqu'on lui explique, bien doucement, qu'à présent elle se doit toute à l'enfant qui va naître puisqu'il est l'héritier.

La naissance s'annonce un mois plus tard, par une nuit de janvier si froide que l'énorme feu allumé dans la chambre par les servantes ne parvient même pas à réchauffer les murs où l'eau suinte sous les tentures. Des cuisines on monte sans arrêt des chaudrons d'eau bouillante qui arrive presque tiède. Les servantes s'activent autour du lit où la jeune femme gémit sans arrêt torturée dans son corps plus qu'il n'est normal. Auprès d'elle, le mire du château lui tient la main mais sa mine sombre n'a rien de rassurant : l'enfant met beaucoup trop de temps à venir !

En effet, il va mettre deux jours et deux nuits et quand enfin il apparaît, mire et servantes se signent, épouvantés : c'est un véritable monstre, une créature qui semble vomie par l'enfer. Mais qui n'a que le souffle et qui meurt presque aussitôt, au grand soulagement de tous. On s'interroge, bien sûr : comment deux êtres aussi beaux ont-ils pu donner le jour à cette horreur ? Et le mire d'exiger des servantes un serment : celui du silence. Pour tous, l'enfant est mort en naissant, un point c'est tout. Et toutes de promettre, bien sûr.

Mais il est des langues que rien ne peut arrêter. L'une des femmes se confie à son époux qui parle à son frère qui parle à sa femme. Et bientôt le secret est su de tous. Alors, à nouveau, on s'interroge. Quelqu'un dit qu'un certain mendiant contrefait et que l'on dit sorcier a jeté un sort à la jeune dame au jour de ses noces parce que, avant de lui faire aumône, elle avait eu un mouvement de recul.

Ceux qui disent cela ce sont les bien intentionnés, les braves gens. Mais il y a les autres, les amateurs de sensations fortes et de diableries et ceux-là sont les plus nombreux. On dit que la jeune comtesse a dû tromper son époux, qu'elle s'est donnée au diable, qu'elle a tenté de se faire avorter. On dit qu'elle a tué l'enfant de ses propres mains. Et la calomnie de grandir, et de s'enfler, et d'envahir tout le pays, toute la montagne jusqu'aux cimes du mont Balaïtous, jusqu'en Navarre.

Jour après jour le peuple s'assemble, vient battre les murailles du château que les hommes d'armes ne quittent plus. La garde est renforcée car Sancie est bel et bien assiégée. Les cris de mort et de haine montent incessamment, réclamant le bûcher pour l'épouse coupable.

Le danger devient si grand que le sénéchal de Sauveterre envoie prévenir le roi de Navarre. En tant que frère et suzerain, c'est à lui qu'il appartient de juger. Et il accourt, pour comprendre que l'on n'a rien exagéré : le mal est grand. Si l'on ne veut pas massacrer toute la ville il faut ou bien livrer Sancie ou bien la laver de tout soupçon au vu et au su de tous. Alors, il en appelle à Dieu !

Ses hérauts courent le pays : la comtesse Sancie a accepté de se soumettre publiquement au jugement de Dieu. Elle subira l'ordalie par l'eau. Si l'arrêt céleste la lave de toute accusation elle sera rétablie dans tous ses droits seigneuriaux et ceux qui ont osé l'accuser subiront le châtiment des calomniateurs. L'arrêt est sans appel.

Comme par enchantement la ville se calme mais la peur fait son apparition. Le roi a de fortes troupes et sa réputation d'homme impitoyable n'est plus à faire. Et c'est moitié dans la fièvre, moitié dans l'angoisse que l'on attend l'aurore du jour de la vérité.

Le jour se lève. Sancie, escortée de ses femmes qui pleurent, environnée d'hommes d'armes est menée vers la rivière. Il y a là, près du pont, un pavillon de soie rouge dressé pour le roi de Navarre. Sanche IV s'y tient assis sur un trône, couronne en tête, sceptre en main. À l'apparition de sa jeune sœur, il ne sourcille même pas.

Sancie s'approche, s'agenouille, baise la terre devant son frère puis gagne un petit oratoire portatif que l'on a installé pour y faire une longue prière. Sur la prairie, au bord du gave, toute la chevalerie du pays est là et l'autre rive est noire de monde.

Sancie, sa prière achevée, ôte ses joyaux, son manteau et sa robe fourrés, sa guimpe de lin, son voile de tête, enfin ses chaussures. Elle ne garde sur elle qu'une longue chemise de lin blanc et chacun peut la voir frissonner sous le vent glacé. Mais aucune rumeur de pitié dans cette foule qui attend.

Ensuite elle va jurer sur les reliques des saints qu'elle est pure de tout péché, innocente surtout des crimes dont on l'accuse. Puis, on la remet aux prêtres qui, en procession, la conduisent vers le pont au milieu duquel des bourreaux attendent avec des cordes. C'est pieds nus, un cierge de cire vierge à la main pesant plusieurs livres qu'elle doit faire le chemin tandis que, des deux rives, s'élèvent des chants funèbres.

Quand elle rejoint les bourreaux qui vont la ligoter

étroitement, tous, sauf le roi, se mettent à genoux. On lui lie les mains, on lui entrave les jambes, on lui rend tout mouvement impossible. Puis les bourreaux la soulèvent. Un instant sa forme blanche apparaît au-dessus du parapet de pierres grises. Un instant seulement puis on la lance dans le vide.

Le corps mince disparaît dans le bouillonnement du gave. L'eau grise et glaciale s'est refermée. Sur les rives, des soldats veillent. Le temps qui s'écoule paraît interminable et les mains du roi se sont crispées sur son sceptre.

Puis, tout à coup, il y a un immense cri : la forme blanche vient d'apparaître en surface, doucement balancée par le flot qui à cet endroit se calme et la mène vers la rive, vers une étroite grève qui se trouve « à trois portées de flèches ». Dieu a jugé !

Déjà les femmes de Sancie courent sur la prairie. Deux d'entre elles pénètrent dans l'eau, ramènent leur maîtresse qu'elles délient, frictionnent, enveloppent de couvertures, couvrent de fourrures avant de la rapporter au château tandis que Sanche fait traîner devant lui les accusateurs les plus acharnés. Pour eux, c'est l'heure du châtiment.

Sancie aura peine à se remettre de son bain glacé mais elle y parviendra. Non pour gagner le couvent qu'elle souhaitait tant avant sa terrible aventure mais pour servir à nouveau la politique de son frère. Elle devra se marier encore, à García Ordóñez, comte de Nájera, auprès de qui elle vivra une existence sans autre drame.

À Sauveterre, le vieux pont porte toujours le nom de pont de la Légende. Mais cette légende-là, comme beaucoup de ses pareilles, est avant tout de l'histoire.

SAVERNE

Les protagonistes de l'affaire du Collier

L'aventurier, comme l'artiste, n'appartient à aucune classe. Il s'accommode aussi bien du sans gêne d'un rustre que de l'étiquette des cours.

Somerset MAUGHAM

Résidence d'été, depuis le XIIIe siècle, des princes-évêques de Strasbourg, le château de Saverne a connu toutes sortes d'avatars. Passant successivement de l'état de château fort à celui de manoir Renaissance, il parvint enfin, dans la seconde moitié du XVIIe siècle, à une légère ressemblance avec ce Versailles qui attirait si fort les regards et les désirs de tous les princes d'Europe.

Agrandi et embelli par le cardinal de Fürstenberg, il fut achevé vers les années 1720 sous la houlette – peut-être vaudrait-il mieux dire la crosse ? – du cardinal Armand-Gaston de Rohan qui le dota d'un magnifique parc et d'une décoration intérieure véritablement princière due tout entière à l'habileté de

Robert de Cotte. Cette superbe installation permit au cardinal de recevoir sans rougir et même avec une hospitalité quasi royale la princesse polonaise Marie Leczinska que, dans sa cathédrale de Strasbourg, il venait d'unir par procuration au roi Louis XV.

La jeune princesse, qui était d'une extrême pauvreté et vivait chichement avec ses parents jusqu'à ce que le choix royal tombe sur elle, admira beaucoup le palais mais s'intéressa surtout aux pauvres de Saverne qu'elle réclama avec une douce insistance. Le cardinal Armand-Gaston n'en tira pas moins une gloire extrême d'avoir été le premier à recevoir la nouvelle reine de France.

Près de cinquante années plus tard, il y a toujours un cardinal de Rohan à Saverne mais ce n'est naturellement plus le même. Il s'agit cette fois de son neveu, le cardinal Louis-René qui, en tant que son coadjuteur, avait eu, en 1770, le privilège de recevoir, en lieu et place du vieillard, l'archiduchesse Marie-Antoinette qui s'en venait épouser le futur Louis XVI.

Autant le cardinal Armand-Gaston a été un prélat de l'ancienne école, autant le neveu se veut moderne et, à tout prendre, aussi peu ecclésiastique que possible. Bel homme, peu dévot mais très mondain, cultivé, intelligent – Voltaire qui l'a connu s'est vigoureusement inscrit en faux contre la légende qui fait de lui une sorte de benêt doublé d'un attardé mental –, fin diplomate, il aime avec passion la chasse, les arts, les lettres et plus encore les jolies femmes. Très généreux d'ailleurs il n'en cache pas moins, sous un fort grand air, une faiblesse de caractère qui le mènera à sa perte lors de la fameuse affaire du collier de la reine.

Ambassadeur de France en Autriche, en 1772, il

n'y a guère réussi. L'impératrice Marie-Thérèse n'appréciait pas ce prélat-ambassadeur dont les mœurs frivoles et le goût du monde choquaient sa piété austère. Les lettres qu'elle écrivait à ce sujet à sa fille Marie-Antoinette, devenue dauphine de France, s'en ressentaient. Il n'y était question que de « ce mauvais sujet », de ce « panier percé », de cet « esprit incorrigible » et, peu à peu dans l'esprit de la jeune princesse, l'image aimable du jeune prélat qui l'avait gracieusement accueillie à Strasbourg s'est brouillée et ternie jusqu'à devenir parfaitement haïssable. Une lettre, vraie ou fausse, lue chez Mme du Barry et dans laquelle l'ambassadeur tournait l'impératrice en ridicule à propos du second partage de la Pologne, finit par faire de Marie-Antoinette l'ennemie irréductible du cardinal. C'est pis encore lorsqu'elle est devenue reine. À ce moment, Louis-René est rappelé en France et, même s'il reçoit le titre de Grand Aumônier de France, il n'en demeure pas moins dans une demi-disgrâce qu'il supporte mal. En effet, il aime avec passion celle qui le déteste et cela depuis le jour de Strasbourg.

Il vit donc le plus souvent à Strasbourg et surtout à Saverne. Hélas ! dans la nuit du 8 septembre 1779, un énorme incendie éclate qui ravage une grande partie du château : le prince-évêque doit fuir ses appartements en chemise de nuit. Mais, dès le lendemain, ou presque, il décide la reconstruction. Et même un nouvel agrandissement. Un jeune architecte de vingt-cinq ans, Salins de Montfort, est chargé de l'ouvrage.

Comme la partie la plus ancienne a pu être sauvée, le cardinal séjourne souvent à Saverne durant la belle saison pour profiter du site, surveiller ses travaux – qui lui coûtent une fortune – et recevoir ses amis.

Au nombre de ceux-ci la marquise de Boulainvilliers,

femme de l'ancien prévôt de Paris. Fille d'un richissime financier, la marquise qui est déjà âgée souffre de graves douleurs rhumatismales, et elle est venue, en ce début d'été 1781, consulter à Strasbourg l'homme dont on parle le plus dans toute l'Europe : le mage, le guérisseur Cagliostro dont on vante les cures miraculeuses. Cagliostro qui a guéri le cardinal de Rohan d'un asthme tenace et qui depuis se voit au nombre de ses familiers.

Or, quelques années plus tôt, Mme de Boulainvilliers avait recueilli, sur le bord d'une route, une petite mendiante, très jolie, très fine qui se disait descendante du roi Henri II et qui l'était vraiment. Jeanne de Saint-Remy de Valois tenait effectivement, par son ancêtre Henri de Saint-Remy, fils bâtard de Henri II et de Nicole de Savigny, au sang royal de France et ne perdait pas une occasion de s'en faire gloire.

Mariée en 1780 à un gendarme de la compagnie des Bourguignons, Nicolas de La Motte, la nouvelle « comtesse de La Motte-Valois » – elle s'était titrée elle-même – était une intrigante-née mais elle plaisait aux hommes envers lesquels, d'ailleurs, elle se montrait peu farouche. C'est ainsi que, peu de temps après son mariage, elle était devenue la maîtresse d'un camarade d'enfance de son époux, un certain Rétaux de Villette qui semblait posséder tous les talents. Au nombre de ceux-ci, un talent d'écrivain certain et une facilité pour le dessin qui promettait une belle carrière de faussaire.

Le « comte » n'étant pas d'un naturel jaloux, c'est un fort agréable ménage à trois qui, en ce même début d'été 1781, prend le chemin de Strasbourg. Non pour y faire du tourisme mais bien pour y retrouver l'excellente Mme de Boulainvilliers dont on espère une aide financière. Car de plus impécunieux que le trio ne se peut rencontrer.

Heureuse de revoir sa protégée qu'elle a perdue de vue depuis pas mal de temps, la marquise accueille du même coup les deux hommes qui l'escortent et présente le tout au cardinal de Rohan dont l'accueil est des plus flatteurs.

Jeanne est en effet trop jolie pour ne pas éveiller l'intérêt de l'impénitent chasseur de femmes qu'est le cardinal. Elle a beaucoup de grâce aussi et laisse deviner un tempérament agréable. Enfin, il y a ce nom prestigieux de Valois qu'elle étale sans vergogne sous le nez du malheureux disgracié : quand elle parle de la reine, elle dit tout uniment « ma cousine » et c'est là une formule magique. C'est ainsi qu'un soir de l'été 1781 se sont trouvés réunis dans ce qui restait de Saverne ceux qui allaient, quatre ans plus tard, ébranler le trône de France, souiller l'honneur d'une reine, envoyer un prince de l'Église à la Bastille sous l'inculpation de vol et de lèse-majesté et déchaîner ce qui a peut-être été le plus affreux scandale de l'histoire de France.

Que Mme de La Motte ait eu « des bontés » pour le cardinal ne fait aucun doute mais, surtout, la fine mouche eut tôt fait de percer à jour le secret de cet homme qu'elle croyait fabuleusement riche – et qui, sous une façade somptueuse, ne l'était plus guère. Ce ne fut pas difficile : il suffit de prier Rohan, Grand Aumônier de France, d'ouvrir devant elle les portes de Versailles. Il fallut bien qu'il avouât son impuissance et racontât sa triste histoire dans laquelle Jeanne eut vite fait de découvrir la vérité. Dès lors le crédule amoureux était tout entier dans sa main.

On sait comment, après avoir fait croire au cardinal

qu'elle était reçue dans l'intimité de la reine, avoir organisé dans le parc de Versailles une rencontre avec un sosie de Marie-Antoinette et avoir couvert le malheureux de fausses lettres de la reine écrites, depuis A jusqu'à Z, par l'industrieux Rétaux de Villette, Jeanne finit par lui faire acheter, toujours pour la reine, le somptueux collier de diamants que Louis XV n'avait pas eu le temps d'offrir à Mme du Barry.

Le résultat est tout aussi connu : le 15 août 1785, dans la galerie des Glaces à Versailles, le Grand Aumônier de France, qui, revêtu de ses habits pontificaux, s'apprêtait à célébrer la messe de l'Assomption, était arrêté par le capitaine des gardes du corps et conduit à la Bastille comme un simple filou. Le cardinal ne devait jamais revoir Saverne.

De la Bastille il dut gagner son abbaye de La Chaise-Dieu pour y subir l'exil que lui imposait le roi, mais la Révolution le chassa plus loin encore : outre-Rhin, à Ettenheim où il mourut et où son tombeau s'érige dans une église aux murs roses.

La Révolution respecta le château qui avait retrouvé son aspect primitif. Ce fut l'Empire qui le voua au désastre dans les meilleures intentions du monde : Napoléon en avait fait don à la Légion d'honneur qui s'en soucia peu et le laissa mettre à sac.

Ce fut Napoléon III qui, finalement, restaura Saverne. Qui d'ailleurs n'en avait pas fini avec les tribulations car les guerres franco-allemandes le reconvertirent en caserne. Il lui fallut attendre qu'une municipalité intelligente lui restitue une grandeur et des fonctions dignes d'un passé, malgré tout, prestigieux.

Horaires d'ouverture

Du 2 janvier au 15 juin et du 16 septembre au 23 décembre	14 h-18 h (fermé le mardi). Les samedis et dimanches de 10 h à 12 h et de 14 h à 18 h
Du 15 juin au 15 septembre	10 h-12 h et 14 h-18 h (fermé le mardi)

SCEAUX

La conspiration d'une « poupée de sang »

Les princes ?
Heureux qui ne les connaît guère,
Plus heureux qui n'en a que faire...

VOITURE

Une femme a été l'âme de ce château qui fut l'un des plus somptueux de la couronne parisienne, une femme dont il a été la demeure, la gloire et le refuge, une femme dont les folies ont porté son renom jusqu'aux frontières de l'Europe : Anne-Bénédicte de Bourbon-Condé, duchesse du Maine, à la fois cousine et belle-fille, par voie illégitime, du roi Louis XIV, l'une des créatures les plus brillantes et les plus fantasques de son temps. L'une des plus dangereuses aussi peut-être…

Quand, le 19 mars 1692, elle épouse le jeune duc du Maine, Anne-Bénédicte a seize ans mais elle en paraît douze. Elle et ses trois sœurs – les petites-filles du Grand Condé – sont de taille si minuscule qu'elles sont tout juste un peu plus que naines et que la duchesse de Bourbon, leur belle-sœur, les a surnommées les « poupées de sang ». Charmantes au demeurant dans leur petitesse, elles pourraient servir de modèle à des statuettes de Saxe…

Le mariage est l'œuvre de Mme de Maintenon qui a toujours eu, pour le duc du Maine, un « faible de nourrice ». C'est elle, en effet, qui a recueilli à sa naissance et élevé cet enfant, l'aîné des bâtards du Roi-Soleil et de l'éblouissante Montespan. Elle lui porte une tendresse qui ne se dément jamais. Peut-être parce que, né de parents si prestigieux, le jeune garçon n'est qu'un infirme, malingre et pied-bot. Et, en dépit de la mauvaise volonté du roi, Mme de Maintenon a tenu à ce que, dûment légitimé, il eût un mariage qui lui fît prendre un rang définitif parmi les princes du sang, même et surtout si ce mariage ne risque pas de donner la moindre descendance. C'est donc elle qui a fait choix de la troisième des demoiselles de Condé – lesquelles avaient un peu tendance à sécher sur pied – avec l'arrière-pensée de trouver en elle une jeune femme aussi reconnaissante que facile à manœuvrer. Elle ne tardera pas à déchanter.

À peine mariée, la minuscule duchesse jette le masque et se montre telle qu'elle est : une jeune créature impétueuse, entreprenante et fermement décidée à vivre selon ses goûts et non selon les modes d'une cour dévote qui n'a plus rien à voir avec celle des jeunes années de Louis XIV. Et qu'elle juge la plus ennuyeuse du monde !

Malgré tout, le mariage offre les couleurs d'un mariage d'amour : « Elle est jolie, aimable, gaie, spirituelle, concède Mme de Maintenon du bout des lèvres, et par-dessus tout cela aime fort son mari qui, de son côté, l'aime passionnément et la gâtera plutôt que de lui faire la moindre peine… » Autrement dit :

le duc du Maine n'a et n'aura jamais rien à refuser à sa femme et, pour lui, ses désirs seront des ordres.

Or, le premier désir sera de s'éloigner au plus tôt de l'ennuyeuse cour de Versailles. On s'installe d'abord à Clagny, superbe demeure édifiée jadis par Mansart pour Mme de Montespan et dont le duc du Maine a hérité. C'est un château quasi royal où il serait possible de mener une vie agréable… s'il n'était regrettablement voisin de Versailles. Néanmoins, le couple s'en accommodera durant quelques années, non sans que la petite duchesse soupirât beaucoup.

Mais, dans l'été 1699, le jeune couple accepte l'invitation que lui adresse M. de Malézieu, ancien précepteur du duc, à séjourner, pendant que la cour sera à Fontainebleau, dans l'agréable demeure qu'il possède à Châtenay. C'est au cours de ce séjour qu'Anne-Bénédicte va découvrir Sceaux qui est tout proche…

Bâti sur un coteau qui domine la Bièvre, le château a été construit par Colbert puis parachevé par le marquis de Seignelay son fils. Avec ses vastes bâtiments, œuvre de Perrault, ses pavillons, ses parterres, ses charmilles, ses quinconces, ses bassins et ses canaux, ses jets d'eau et ses cascades, c'est à la fois un splendide domaine et un endroit plein de charme. Un charme auquel la duchesse ne résiste pas. Et, le 20 décembre de la même année, le duc du Maine achète Sceaux pour plaire à une épouse qu'il entendait combler de toutes les manières. Anne-Bénédicte va s'en faire un royaume où seuls les arts, les lettres, la gaieté, la danse et la poésie auront droit de cité. Mais à la condition de participer activement à la vie en ses murs.

Les muses n'y sont pas invitées à se reposer mais bien à produire sans cesse des louanges à l'adresse de la divinité des lieux, et le maître de cérémonies, c'est ce même Malézieu qui a fait découvrir le château. Celui-là est infatigable et, bien qu'il surnomme Sceaux « les galères du bel esprit », il ne cesse d'imaginer des plaisirs nouveaux.

Le théâtre surtout plaisait à la duchesse. Elle adorait jouer la comédie et, douée d'une excellente mémoire, elle apprit par cœur les principaux rôles du répertoire. C'est ainsi qu'on put la voir jouer Athalie, Pénélope, Célimène et combien d'autres, ce qui vu sa taille réduite devait être assez pittoresque. Néanmoins, seule la cour trouvait le courage de se moquer des efforts de la duchesse pour atteindre à la célébrité théâtrale.

Elle ne souffrait pas de sa petite taille. Elle avait choisi pour emblème une abeille avec cette devise qui est tout un programme : « *Piccola si, ma fa pur grave le ferite* » (Petite oui, mais ses blessures n'en sont que plus graves). Elle devait fonder un ordre de chevalerie fantaisiste, l'ordre de la Mouche à Miel, dont elle était naturellement le grand maître. Pendant ce temps, le duc qui n'aimait ni l'agitation ni le bruit se retirait dans une petite tour restant de l'ancienne enceinte où il passait ses jours et ses nuits à dessiner, fort bien d'ailleurs, des plans pour ses jardiniers.

Le temps des plaisirs va bientôt faire place à celui des complots. En effet, pendant que l'on s'amuse à Sceaux, la mort frappe à Versailles. Elle emporte successivement le Grand Dauphin, fils de Louis XIV, puis son petit-fils, le duc de Bourgogne, et deux des fils de ce dernier. Il ne reste plus pour succéder au grand roi qu'un petit enfant – qui sera un jour Louis XV – dont la santé n'est pas des meilleures. Alors, craignant par-dessus tout que la couronne ne revienne à son neveu d'Orléans qu'il n'aime pas, Louis XIV signe un acte dangereux : il élève deux de ses légitimés, le duc du Maine et le comte de Toulouse, au rang de princes du sang avec toutes possibilités d'accéder au trône de France.

On imagine la joie à Sceaux ! Notre duchesse se voit déjà reine et en profite pour donner encore plus d'éclat à sa cour. Les fêtes de nuit qu'elle donne en 1714 et 1715 resteront fameuses dans les annales du faste de l'époque. Mais elles prennent fin d'une manière brutale, le 1er septembre 1715, quand meurt le grand roi. Madame du Maine croit alors voir se lever pour elle la glorieuse aurore qui éclairera le chemin de Reims et du sacre, car il ne fait de doute pour personne que l'enfant-roi n'a guère de chances de vivre. Malheureusement pour elle, Philippe d'Orléans est fort loin d'être un imbécile. Dès le lendemain du décès, il fait casser le testament de Louis XIV, s'empare de la régence au nom du petit Louis XV, enlève au duc du Maine le commandement des troupes de la Maison royale et lui délègue l'éducation du jeune souverain. Bientôt, il n'est plus question de suivre une autre loi que celle du Régent.

Fureur de la duchesse, qui cependant garde quelque espoir dans la débilité du petit roi. Qu'Orléans le veuille ou non, s'il venait à mourir, c'est toujours le duc du Maine qui serait l'héritier du trône. Il suffit peut-être d'attendre et, forte de cet espoir, Mme du Maine se consacre de plus belle à son cher domaine de Sceaux qu'elle ne cesse d'embellir. Justement, elle y accueille alors un jeune écrivain plein de talent qui se nomme Arouet – mais s'appellera un jour Voltaire – et qui, lorsqu'il ne séjourne pas à la Bastille à cause du côté tendancieux de ses écrits, s'installe comme la gloire majeure de la maison.

En 1718, un nouveau coup de tonnerre vient ébranler

la sérénité de la duchesse : le Régent fait déchoir le duc du Maine de sa qualité toute neuve de prince du sang. Plus question pour lui de viser le trône. La voie en est désormais libre pour les ambitions des Orléans et l'on ne tarde pas à déclarer à Sceaux que le Régent maltraite le jeune roi, et même menace de l'empoisonner. On se donne bonne conscience comme l'on peut car, sachant la partie perdue pour son époux, la duchesse du Maine regarde à présent du côté du roi d'Espagne. Philippe V est, comme chacun le sait, l'ex-duc d'Anjou, petit-fils de Louis XIV. Et un petit-fils qui, poussé par son épouse Élisabeth Farnèse et par son ministre le cardinal Alberoni, un Italien retors et machiavélique, tourne depuis quelque temps déjà ses espérances vers Versailles. L'idée d'unir la France et l'Espagne sous une même couronne le séduit tout à fait. Et cette idée va trouver à Sceaux un écho on ne peut plus favorable.

L'ambassadeur d'Espagne auprès du Régent est alors un grand seigneur d'une soixantaine d'années, quelque peu libertin et menant un train fastueux. Fort séduisant au demeurant : le prince de Cellamare. Né et élevé à Naples, il a été page de Philippe IV et officier de la chambre sous Charles II. Alberoni n'a aucune peine à le gagner au projet extravagant qu'il caresse : s'emparer du Régent à la faveur d'une fête, l'envoyer sous bonne garde à Tarragone, réunir les états généraux, proclamer le duc du Maine régent et, après la mort certaine du jeune roi, installer Philippe V sur son trône encore chaud… On irait même, en toute simplicité, jusqu'à le proclamer Empereur d'Occident…

Cellamare installe son quartier général à Sceaux puis délègue à la cour… son valet de chambre affublé du titre fantaisiste et hongrois de prince de Listhnay. On croit rêver mais dans les débuts le plan fonctionne. Le faux prince transmet à son maître des informations qui sont remises à un jeune abbé, Portocarrero, lequel ne cesse de faire la navette entre Sceaux et Madrid où Alberoni l'attend toujours avec impatience.

Comme Cellamare ne manque pas d'argent, un véritable parti espagnol se forme autour de la duchesse du Maine. Il y a l'indispensable Malézieu et la secrétaire de la duchesse, un bel esprit nommé Rose de Launay, mais il y a aussi le duc de Richelieu, le prince de Dombes, des jésuites et même un groupe de gentilshommes bretons. La haine grandit autour du Régent.

Heureusement pour celui-ci, il a auprès de lui, en la personne de son ancien précepteur, l'abbé Dubois, un ministre plus roué encore que peut l'être Alberoni. Et surtout un ministre qui entretient une police fort bien faite et fort active. En outre, il faut bien l'avouer, les conspirateurs sont d'une rare étourderie et d'une grande maladresse.

Grâce à la vigilance d'un modeste expéditionnaire de la Bibliothèque royale nommé Buvat à qui le faux prince hongrois confiait, Dieu sait pourquoi, sa correspondance, et aux indiscrétions, après boire, d'un jeune secrétaire de l'ambassade d'Espagne qui n'a rien trouvé de mieux que de clamer ses secrets dans la maison close de la Fillon – qui va se dépêcher de prévenir la police ! – le complot est découvert.

Le 9 décembre, à midi, un peloton de mousquetaires noirs occupe l'ambassade d'Espagne et y garde à vue le prince de Cellamare tandis qu'une compagnie de dragons se lance sur la trace de l'abbé de Portocarrero qu'elle n'aura aucune peine à retrouver près d'Angoulême, réfléchissant aux trahisons du sort au milieu des débris de sa voiture brisée. Cependant, à Paris, la traque des suspects se poursuit. Tous les conspirateurs sont arrêtés. Restent les propriétaires de Sceaux.

M. de Favancourt, brigadier aux mousquetaires gris, accompagné de M. de La Billardière, lieutenant aux gardes, se présente au château et, avec toutes les formes requises de la politesse, arrête tranquillement le duc du Maine. On le conduit à la forteresse de Doullens. Quant à la duchesse, elle a filé par un souterrain…

Elle n'ira pas loin. M. d'Ancenis, capitaine des gardes, la retrouve rue Saint-Honoré, chez une amie et, en dépit de la bordée d'injures et de la crise de fureur dont elle l'abreuve, s'assure de sa petite personne et la conduit, en se fermant soigneusement les oreilles, au fort de Chambay près de Dijon. Tous les autres prennent le chemin de la Bastille. À l'exception de Cellamare qui sera seulement reconduit à la frontière et auquel Dubois fera la galanterie de l'accompagner en personne jusqu'à Tours. Évidemment, un an plus tard, la guerre éclatera entre la France et l'Espagne…

À Paris, on pourrait s'attendre à ce que des têtes tombent. Mais le Régent n'est ni cruel, ni vindicatif, ni même rancunier. Tout s'achèvera le mieux du monde avec une sorte d'amnistie. À jamais guérie de la politique, la duchesse du Maine se retrouve à Sceaux et reprend le cours de sa vie agréable. Le cher Malézieu y ramène les ris et les grâces. Voltaire, qui s'y cacha deux mois, s'y présente tout seul puis y revient avec Mme du Châtelet. Rose de Launay, devenue baronne de Staal après avoir séduit le gouverneur de la Bastille où elle était enfermée, reprend sa place auprès d'une maîtresse dont elle a tracé un extraordinaire portrait :

« Madame la duchesse du Maine n'a encore rien acquis par l'expérience : c'est un enfant de beaucoup d'esprit. Elle en a les défauts et les agréments… Elle manifestait de la hauteur sans fierté, le goût de la dépense sans générosité, de la religion sans piété, une grande opinion d'elle-même sans mépris pour les autres, beaucoup de connaissances sans beaucoup de savoir et tous les empressements de l'amitié sans en avoir les sentiments… »

Les années coulent. Le 18 mai 1736, meurt le duc du Maine. Il était atteint d'un cancer de la face, une sorte de lupus immonde qui lui dévorait le visage mais qui ne fit pas reculer la duchesse : elle le soigna elle-même, jusqu'au bout, avec un dévouement admirable. Elle-même devait mourir le 23 janvier 1757, « d'un rhume qu'elle n'avait pu cracher… »

Du superbe domaine qu'elle a tant aimé, il ne reste hélas que le pavillon de l'Aurore, une partie du parc et la très belle orangerie où chaque été sont donnés de brillants concerts. Entretenus avec un soin pieux, les bâtiments renferment le très beau et très intéressant musée de l'Île-de-France…

HORAIRES D'OUVERTURE

Tous les jours	10 h-13 h et 14 h-17 h en hiver, 10 h-13 h et 14 h-18 h en été

Fermé le mardi et certains jours fériés.

http://domaine-de-sceaux.hauts-de-seine.net/

TOURLAVILLE

Les amants maudits

> *Amour nous a conduits tous deux à la même mort.*
>
> DANTE ALIGHIERI

Dans son cadre de verdure, le château de Tourlaville est sans doute l'un des plus beaux témoins de la Renaissance en Normandie. Il a toute la grâce de ce XVIe siècle qui l'a vu construire mais personne ne l'habite, sinon la plus touchante, la plus dramatique des histoires d'amour. La ville de Cherbourg qui occupe parfois ses salons pour des manifestations culturelles ne permet plus qu'on le visite. Mais, autrefois, lorsque le guide introduisait quelques visiteurs dans certaine jolie pièce octogonale, certaine chambre bleue prise dans l'une des tours et peinte comme un missel, il baissait instinctivement la voix, comme s'il craignait de déranger un fragile fantôme : « Nous voici maintenant dans la chambre de Marguerite. Ici, elle et Julien se sont aimés. »

Ils s'appelaient en effet Julien et Marguerite de Ravalet, de bon lignage normand. L'un de leurs ancêtres avait combattu aux côtés de Jeanne d'Arc à Orléans, à Patay. Leurs parents, Jean de Ravalet et Marguerite de La Vigne, son épouse, ne manquaient pas de biens, entre autres ce château de Tourlaville que leur grand-père, Jacques de Ravalet, fit construire sur une terre à lui donnée par la duchesse de Nevers, Marguerite d'Estouteville.

Julien est né en 1582, sa sœur quatre ans plus tard, noyés tous deux dans une famille de quatre garçons et trois filles mais, alors que les cinq autres enfants Ravalet se contentaient d'être solidement bâtis, Julien et Marguerite, qui se ressemblaient, étaient d'une exceptionnelle beauté. Blonds tous les deux, de cette blondeur normande qui restitue les crinières de lin de leurs ancêtres vikings, ils avaient les mêmes traits fins et purs, les mêmes yeux très bleus, la même élégance. Mais ce qui était grâce exquise chez l'adolescente se teintait d'une virilité affirmée chez son frère.

Et c'est peut-être à cause de cette ressemblance, de cette trop proche fraternité qu'ils s'étaient voués, dès le plus jeune âge, une tendresse exclusive et tenace à laquelle les parents ne prêtèrent guère d'attention, sinon pour s'en attendrir et en sourire un peu. Il ne venait à l'idée d'aucun d'entre eux d'imaginer qu'avec les années cet amour pourrait devenir moins pur. Mais quels parents pourraient jamais avoir pareille idée ?

Les années passent. Quand Julien atteint ses douze ans, son père décide de l'envoyer au collège de Coutances pour y faire les études préliminaires à l'état ecclésiastique, le seul qui convînt à son rang de cadet. Julien se sent peu de goût pour l'église et l'idée de quitter son horizon familial le désespère. Quant à Marguerite, son désespoir est si violent que l'on craint un instant pour sa raison. Peu à peu, pourtant, Marguerite se calme et comprend que se rendre malade ne sert à rien. Qu'il vaut mieux attendre, paisiblement, le retour du frère trop aimé.

Ce beau jour, elle l'attend quatre ans. Qu'elle emploie d'ailleurs intelligemment à sa propre éducation. Marguerite apprend le chant, la danse, la musique ainsi que l'art de diriger une grande maison. Elle prend aussi grand soin d'elle-même et, sa beauté s'affirmant chaque jour davantage, les Ravalet commencent à envisager pour elle un grand établissement. C'est alors que Julien revient. C'est la joie. Une joie sans mesure.

Au même moment un ami de longue date de Jean de Ravalet séjourne au château. C'est un prêtre sage et déjà âgé. D'origine italienne il se nomme Antoine Fusi et a professé longtemps à Paris au collège de Navarre. On apprécie beaucoup chez les Ravalet son intelligence et sa bonté et il vient souvent.

Naturellement, il connaît la tendresse qui unit les deux enfants mais il est tout de même frappé par l'accueil quasi délirant que Marguerite réserve à son frère. Il remarque aussi qu'à table ils ne se quittent pas des yeux et qu'ils ne perdent jamais une occasion de rester seuls ensemble, par exemple pour de longues promenades à cheval.

C'est lui qui va découvrir la nature exacte du sentiment qui unit Julien à Marguerite grâce à un petit valet, jeune paysan fort innocent que l'on affecte à son service quand il est au château.

Un soir, après le souper, Antoine Fusi envoie le jeune garçon porter à Julien un livre que celui-ci souhaite lire. Or, au bout d'un moment, le petit valet revient rouge et agité… et tenant toujours le livre.

Antoine Fusi s'étonne. Julien n'était-il pas chez lui ? Si, il était là. Alors pourquoi rapporter le livre ? Est-ce qu'il n'en veut plus ? C'est d'abord le silence puis, après beaucoup de questions, le petit valet finit par raconter qu'il n'a pas osé entrer dans la chambre de Julien parce qu'il n'y était pas seul. Marguerite était là et, devant les précisions que donne le petit valet sur ce qu'il vient de voir, Antoine Fusi se demande un moment s'il n'est pas en train de devenir fou ou si le gamin n'est pas le plus fieffé menteur qu'il ait jamais rencontré. Mais non ! Le gamin précise, insiste. Si le maître ne le croit pas, qu'il aille donc voir par lui-même.

La chose paraît si grave à Fusi qu'il commence par interdire sévèrement à son jeune émissaire d'ouvrir seulement la bouche sur ce qu'il a vu et cela sous peine d'une sévère punition. Puis, après avoir longuement réfléchi, il décide de prévenir les parents afin qu'ils prennent les mesures nécessaires. Peut-être le mal pourrait-il encore être enrayé : Julien et Marguerite sont si jeunes. Elle a quinze ans, il en a dix-neuf. Tout peut s'arranger sans doute.

Naturellement, les parents sont atterrés. Jean de Ravalet parle d'étrangler purement et simplement les coupables mais Madeleine pleure et supplie. Et Antoine Fusi l'aide. C'est lui qui donne le conseil qui paraît le plus valable.

Il faut, dit-il, séparer au plus tôt ces deux enfants. Lui-même devant repartir pour Paris, il emmènera Julien qui finira ses études au collège de Navarre, sous sa protection spéciale. Quant à Marguerite, il faut la marier. Naturellement avec un garçon assez jeune et assez séduisant pour lui faire oublier très vite son frère… et leurs enfantillages. Avant un an, tout le monde aura oublié cette histoire.

On se rallie à cette politique sage. Antoine Fusi et

Julien quittent peu après Tourlaville sous une pluie battante et le prêtre s'efforce de ne pas voir que son jeune compagnon a les yeux rouges de larmes, qu'il se retourne sans cesse pour apercevoir encore les toits du château où reste Marguerite. Marguerite qu'il n'a même pas eu le droit d'embrasser une dernière fois.

Pendant ce temps, enfermée chez elle, Marguerite pleure et crie qu'elle ne se mariera jamais ! Protestations bien vaines : à cette époque, un père a tous les droits sur sa fille et, dès l'instant qu'il ordonne, elle doit obéir. Or, Jean de Ravalet a juré que sa fille coupable serait mariée avant trois mois.

Malheureusement, pressé d'en finir avec une affaire pénible et de donner un maître à la rebelle, Jean de Ravalet choisit son futur gendre sans le moindre discernement et de façon si désastreuse qu'on en vient à penser que, faisant fi des recommandations d'Antoine Fusi, Ravalet a cherché, en la mariant, à punir sa fille. Il n'y réussit que trop bien. Le prétendu est riche mais c'est bien son seul avantage.

Receveur des tailles de la ville de Valognes, Jean Lefebvre de Hautpitois est âgé de quarante-cinq ans, ce qui est la vieillesse à l'époque. Il est pourvu, en outre, d'un physique peut-être très convenable pour un percepteur mais certainement pas pour un fiancé. Surtout pour le fiancé d'une fille aussi jeune et aussi belle que Marguerite. Il est, en effet, franchement laid : front dégarni, longue silhouette voûtée, teint jaune trahissant un foie en mauvais état et un estomac qui ne vaut guère mieux. Marguerite va devoir épouser cet épouvantail qui est aussi ladre qu'il est laid.

On peut penser que la grâce de sa future épouse attendrirait Hautpitois, qu'il se ferait tendre et paternel. Hélas, après boire, Ravalet a fait part à son gendre de ce qu'il considère comme la honte de la famille et lui a soigneusement expliqué que Marguerite devrait être tenue serrée. Résultat : à peine la nouvelle épousée est-elle entrée dans l'austère maison de Valognes où gîte son époux que sa vie se change en une sorte d'enfer domestique. Hautpitois est d'une avarice sordide et d'une jalousie maniaque. Non seulement il enferme Marguerite mais, par-dessus le marché, il la soumet à l'espionnage incessant de ses domestiques. En outre, et en dépit de la grosse dot payée par Ravalet, il ne lui octroie que le strict nécessaire. Marguerite manque de linge, de vêtements, de feu et de chandelle.

La naissance d'une petite fille qui vient au bout d'un an de mariage n'arrange rien car le mari voulait un fils et il rend naturellement sa femme responsable de ce qu'il considère comme un échec. À peine remise de ses couches, Marguerite doit faire face à une recrudescence de jalousie qui lui vaut de mauvais traitements. L'aimable époux l'injurie et la bat.

Battue, insultée, méprisée, honnie dans sa propre maison où les servantes, sûres de plaire au maître, la dédaignent impunément et font de sa vie quotidienne un enfer, Marguerite va cependant tout endurer et demeurer encore une année entière à Valognes. Mais quand Hautpitois met un comble à sa méchanceté en la séparant de sa petite fille sous l'ignoble prétexte que son contact pourrait pervertir l'enfant, la jeune femme perd tout courage pour en supporter davantage. Ce n'est pas bien loin, Tourlaville. Et là, il y a les bras et le cœur d'une mère, il y a le souvenir de Julien.

Une nuit, grâce à l'aide d'une petite servante qui l'a prise en pitié et s'est attachée à elle, Marguerite réussit à s'enfuir, emmenant avec elle la jeune fille qui, au logis, ne serait plus en sûreté. Toutes deux sur le même cheval, elles galopent éperdument jusqu'à la demeure des Ravalet. Marguerite ignore que Julien, ses études terminées, vient tout juste de revenir pour un bref séjour avant d'entrer définitivement dans les ordres.

Tout de suite, on se retrouve en plein drame. Les sentiments des deux jeunes gens sont toujours les mêmes. Affolés en face de ce qu'ils considèrent comme une malédiction, les Ravalet font l'impossible pour convaincre Marguerite de rentrer chez son époux. Julien s'y oppose avec violence et il faut l'enfermer pour l'empêcher de courir embrocher proprement le mari indigne. D'ailleurs Hautpitois envoie une lettre, violente et agressive s'il en fut : l'affreux personnage y accuse formellement sa femme de relations incestueuses et annonce qu'il va déposer une plainte en ce sens auprès du tribunal royal.

Cette fois, Julien et Marguerite prennent peur. Ils savent qu'ils sont perdus si le mari, qui a tous les droits, parvient à leur mettre la main dessus. Alors, par une nuit de brouillard où l'on n'y voit pas à dix pas, ils s'enfuient, emmenant avec eux Marion, la petite servante dévouée.

S'ils étaient sages, ils se sépareraient pour chercher refuge, l'un dans le clergé qui l'attend, l'autre dans quelque bon couvent où elle serait inattaquable. Mais ils n'ont plus la force de résister à leur amour et, de cet instant, ils vont vivre ensemble, comme mari et femme. D'abord à Fougères où, dans une auberge à l'ombre des tours féodales du château, ils vivent six mois d'un bonheur qu'ils n'arrivent pas à se reprocher… mais qui, hélas ! ne va pas tarder à porter un fruit.

Cette découverte les affole d'autant qu'ils apprennent que Hautpitois a déposé une plainte auprès du lieutenant criminel du royaume et que la maréchaussée est à leurs trousses. Bientôt, leurs traces sont relevées et, s'ils ne sont pas arrêtés à Fougères, c'est uniquement grâce à Marion : l'un des sbires lancés à leurs trousses a fait, après boire, quelques confidences à une jolie fille de rencontre... une jolie fille qui n'est autre que la jeune servante.

Aussitôt Julien et Marguerite quittent Fougères discrètement. Mais pour aller où ? Cette fois, ce sera Paris. Avec quelque raison, Julien pense qu'il sera plus facile de se cacher dans la grande ville qu'en rase campagne. C'est ainsi que, le 17 septembre 1603, au soir, juste avant la fermeture des portes, le jeune couple arrive à Paris, exténué et affamé car on n'a guère osé s'arrêter dans les auberges.

Marguerite, dont la grossesse est avancée, est recrue de fatigue et de peur. Elle laisse Julien l'installer dans une confortable hostellerie de la rue Saint-Denis, l'auberge de Saint-Leu, tandis qu'il s'en va loger, lui-même, rue Tirechape à l'auberge du Petit Panier. Une prudence tardive les a incités, en effet, à reprendre leur qualité de frère et sœur et à se séparer. Peine perdue !

Pour un avare, Hautpitois a répandu l'or avec une grande abondance et ses espions ont fait de la bonne besogne. En fait, ils ont suivi les fugitifs à la trace et, ayant tenu leur employeur scrupuleusement au courant, celui-ci a débarqué dans la capitale presque en même temps que les deux coupables. Ceux-ci n'auront même pas le temps de tracer le moindre plan. Au matin du troisième jour, un groupe de quatre soldats conduits par un sergent et par Hautpitois vient les arrêter pour les conduire au Grand Châtelet.

À peine a-t-il appris la nouvelle qu'Antoine Fusi est accouru à la prison. Non sans un affreux serrement de cœur, il est descendu dans des geôles si humides que l'eau y suinte et il a fait de son mieux pour réconforter les jeunes prisonniers. Avec Julien la tâche a été facile : le jeune homme est résigné à n'importe quel sort mais il se tourmente beaucoup pour Marguerite, arrivée presque à son terme et affaiblie par les privations. Ensemble, ils ont mis au point un système de défense. D'abord nier, avec acharnement, le crime d'inceste. Quant à l'enlèvement, Julien s'en tient à une unique version : il a seulement voulu soustraire sa sœur à un époux tortionnaire.

Malheureusement, il reste à expliquer la prochaine maternité de la jeune femme et ce n'est guère facile. Bien sûr, pour sauver son frère, Marguerite va jusqu'à prétendre s'être donnée à un modeste tailleur de Tourlaville, nommé Robert Agnès, qui l'aimait depuis toujours. Mais quand le malheureux parut devant les juges, la vue de son ahurissement souleva les rires. La cause fut entendue immédiatement et le tailleur renvoyé à ses ciseaux.

Les coupables refusant d'avouer, on songea, naturellement à leur appliquer la torture mais l'état de Marguerite l'interdisait. On attendit donc la naissance de l'enfant – un garçon qui fut aussitôt confié à un couvent –, puis l'on reprit l'instruction. Or, Marguerite et Julien souhaitaient presque être torturés car, dans la folie de leur amour exalté, ils pensaient être capables d'endurer une éternité de souffrance sans avouer et, en ce cas, il n'aurait pas été possible de les condamner.

Hautpitois devina-t-il cette étrange disposition ou bien, enfin, un peu de pitié se glissa-t-elle dans son âme ? Toujours est-il qu'il usa de sa qualité de plaignant pour demander qu'on leur épargnât le chevalet. Il se faisait fort d'ailleurs d'amener une foule de témoins et se montrait certain d'emporter une sentence de mort.

Ce qui se passa exactement. Les « témoins » du mari furent accablants et, le 1er décembre, le président Molé condamnait Julien et Marguerite de Ravalet à avoir la tête tranchée.

Une seule chose, désormais, pouvait encore sauver les malheureux enfants : la grâce royale. Le roi Henri IV était bon et de cœur généreux. Il pouvait se laisser toucher par la pitié.

Tard dans la soirée, Jean de Ravalet, dévoré par le remords d'avoir, par un stupide mariage, mené Marguerite à sa perte, et Antoine Fusi obtinrent audience et vinrent se jeter aux pieds du roi, réclamant seulement la vie :

« La Bastille pour lui, un couvent pour elle, sire, et cela leur vie durant mais pas la hache ! Pas le bourreau ! »

Navré de voir pleurer cet homme âgé, brisé de douleur, Henri IV hésita. Peut-être allait-il faire grâce mais la reine entra sans se faire annoncer à cause de certaine bonne habitude qu'elle avait d'écouter aux portes. Malheureusement pour les jeunes Ravalet, la reine, c'était Marie de Médicis qui fut sans doute la plus bornée et l'une des plus détestables parmi les reines de France. Son étroitesse d'esprit n'avait d'égale que sa sécheresse de cœur et, malheureusement, Henri IV ne savait pas dire non à une femme, même à la sienne. La grâce fut refusée.

Le lendemain 2 décembre, par un froid vif, Julien et Marguerite, qu'Antoine Fusi en larmes avait obtenu permission d'escorter jusqu'au bout, furent menés en place de Grève. Pour ces derniers jours, on les avait vêtus avec élégance et leur beauté éclatait à l'étonnement de tous. Julien avait un pourpoint de drap gris brodé d'or sur des chausses de satin noir. Un court manteau gris était fixé à son épaule par une agrafe précieuse. Marguerite avait une robe de satin gris moucheté d'or avec un col et des manchettes de dentelle. Des mules de velours noir chaussaient ses petits pieds.

Ils marchèrent à la mort en se tenant par la main, comme s'ils allaient à un bal et, autour d'eux, les femmes pleuraient, les hommes se découvraient.

La première, Marguerite monta sur l'échafaud, relevant sa longue jupe d'un joli geste et refusant poliment la main que lui tendait le bourreau. Elle se signa, s'agenouilla, écarta elle-même ses boucles blondes et posa le cou sur le billot. D'un geste paternel, Antoine Fusi avait saisi Julien dans ses bras et lui cachait le visage contre son épaule mais on eut à peine le temps de voir luire la lourde hache.

Les aides s'empressèrent alors de faire place à l'autre condamné. Mais, en écartant le corps de Marguerite, l'un d'eux, trop ému peut-être, releva la jupe de la jeune femme laissant voir ses jambes gainées de soie rouge. La foule gronda. Le bourreau bondit.

À toute volée, il gifla le maladroit puis il le força à s'agenouiller devant le corps décapité en signe de repentir. La foule, calmée, approuva. Quelques instants plus tard, Julien avait, lui aussi, cessé de vivre. Les corps furent remis à Antoine Fusi qui, avec l'aide d'un jeune étranger, un Espagnol de bonne maison touché par la beauté de ces deux malheureux, les enterra dans le petit cimetière de l'église Saint-Jean-en-Grève, une église aujourd'hui disparue ainsi que la dalle sur laquelle on avait gravé :

« Ci-gisent le frère et la sœur. Passant, ne t'informe

pas de la cause de leur mort. Passe et prie Dieu pour leur âme. »

Le parking de la rue Lobau, derrière l'Hôtel de Ville, occupe la place de cette église, de ce cimetière. Qui, en y garant sa voiture, donnera une pensée à Julien et Marguerite de Ravalet ?

HORAIRES D'OUVERTURE

Janvier	8 h 30-17 h
Février	8 h 30-18 h
Mars	8 h-18 h 30
Avril	8 h-19 h
Mai-Août	8 h-20 h
Septembre	8 h-19 h
Octobre	8 h-18 h 30
Novembre-Décembre	9 h 30-17 h

Seul le parc, labellisé « Jardin remarquable », est ouvert à la visite. Il est agrémenté d'une serre à rotonde, l'une des plus spectaculaires d'Europe.

TRÉCESSON

La mariée assassinée

Noir est ton cheval, noire ta cape
Noire ta face, noir toi-même,
Oui, tout noir.

Chant gaélique attribué à Merlin

C'est peut-être le plus joli château de Bretagne et c'est, à coup sûr, le plus romantique. Au fond d'un vallon forestier, l'un de ces brumeux vallons de l'antique Brocéliande toujours hantée par les ombres légères de l'enchanteur Merlin et de la fée Viviane, Trécesson campe ses schistes mauves et ses poivrières d'ardoise bleue au bord d'un étang silencieux qui prolonge et magnifie ses douves. Le lieu est solitaire et empreint d'une étrange poésie qui s'exalte quand vient la nuit dans le cri des grenouilles et l'appel angoissé des engoulevents. C'est l'heure où le passé revient, où les fantômes reprennent vie.

Le plus touchant de ces fantômes est sans doute celui d'une jeune fille inconnue qui subit là un sort abominable. Si atroce même que le mystère est peut-être né de cette horreur même. Comment oser revendiquer pareil forfait ?

Quoi qu'il en soit, l'histoire se situe vers la fin du XVIIIe siècle, aux vigiles de Noël. Un braconnier de Campénéac, le petit bourg voisin, est venu, de nuit, tendre des pièges aux abords du château dont il peut supposer que le maître, le comte de Châteaugiron, est absent.

L'homme connaît bien le château et ses abords, l'étang surtout où les bêtes vont boire. Il commence à poser des pièges quand un bruit l'arrête, l'oreille aux aguets. Aucun doute, une voiture approche à l'allure réduite qu'impose le mauvais chemin.

Peu soucieux d'être surpris, le braconnier avise un grand arbre, l'escalade et s'arrête le plus haut qu'il peut, comptant sur la nuit et l'entrelacement des branches pour le cacher. Il y est à peine installé que deux hommes masqués apparaissent, menant en bride les chevaux d'une voiture à caisse sombre. Les hommes marchent avec précaution mais l'obscurité totale qui règne au château les rassure vite.

Ils mènent la voiture un peu au-delà de l'étang, allument une torche, sortent pelles et pioches et commencent à creuser un trou juste sous l'arbre où le braconnier guette, partagé entre la peur et une curiosité où se mêle peut-être une agréable attente : pour que ces gens viennent creuser un trou en pleine nuit dans cet endroit retiré, il faut que ce soit pour y cacher quelque chose de bien précieux… et de vaste car le trou s'agrandit. On va sans doute y mettre un gros coffre.

Quand le trou, qui est plus long que large, leur paraît assez grand, les deux hommes masqués s'arrêtent, boivent un grand coup à une gourde que porte l'un d'eux, puis vont ouvrir la portière du carrosse.

À la vue de ce qu'ils en sortent, le braconnier a besoin de toute sa force pour ne pas crier ou se laisser choir car il s'agit d'une jeune fille, bâillonnée qui s'efforce désespérément de se débattre. La lumière de la torche permet de voir qu'elle est aussi belle que terrifiée et, surtout, qu'elle porte une somptueuse toilette de mariée à laquelle rien ne manque, ni le voile de dentelle ni le bouquet. Aucun bijou pourtant.

Ce qui suit est aussi rapide qu'atroce. En dépit de sa résistance, la jeune fille est jetée dans la fosse boueuse.

« Voilà votre lit nuptial, ma sœur, dit l'un des deux hommes, j'espère qu'il vous conviendra. »

En dérisoire linceul, on rabat son voile sur elle puis on se met en devoir de combler la fosse. C'est vite fait et, plus vite encore, les deux misérables font tourner leur voiture, remontent dedans et disparaissent.

Ils ont à peine quitté les lieux que le braconnier est à bas de son arbre. Il n'a rien qui lui permette d'ouvrir la fosse mais il pense qu'au château, même si le maître est absent, il y a des serviteurs. Et il court, il appelle, il réclame du secours. Il ne songe plus à sa propre sécurité car un braconnier risque toujours une sévère punition.

Il parvient à attirer du monde, à commencer par le comte de Châteaugiron qui n'est pas encore parti pour Rennes. Il raconte ce qu'il a vu. On s'empresse. On ouvre la tombe et l'on en tire la malheureuse dans l'état qu'on imagine. Mais son cœur bat encore. Alors on l'emmène au château, on la soigne. En vain. Quelques minutes plus tard, l'inconnue expire pour de bon. Elle sera enterrée dans la petite chapelle du château où, selon la légende, on pouvait, jusqu'à la Révolution, voir son voile et son bouquet exposés.

Selon la légende, en effet. Car l'actuelle propriétaire du château, la comtesse de Prunelé, m'a dit avoir fait fouiller le sol de sa chapelle pour retrouver trace de la jeune victime. En vain. Faut-il supposer que la mariée retrouva le souffle de vie qui lui manqua officiellement et que, pour la soustraire à la vengeance de frères dénaturés, on choisit de laisser croire à sa mort ? C'est ce que, personnellement, j'ai fait dans l'un de mes romans dont la mariée de Trécesson est le personnage féminin central[1].

Mais l'inconnue n'est pas le seul fantôme qui ait choisi de hanter Trécesson. Il y existe une chambre, une très belle chambre qu'il n'était guère de mise d'offrir à un ami de passage. L'imprudent qui s'y installait à certaine date risquait d'avoir les nerfs soumis à rude épreuve. En effet, au cœur de la nuit, il pouvait voir des valets apporter une table pour un souper. Deux gentilshommes venaient y prendre place, dînaient puis se mettaient à jouer aux cartes. La partie tournait mal. Après les cartes, les épées étaient tirées et l'un des deux gentilshommes s'écroulait, mortellement frappé.

Légende aussi, cette curieuse histoire ? Un Anglais s'inscrirait en faux. Un Breton aussi et, après tout, les choses qui échappent à l'entendement humain sont infiniment plus nombreuses que nous ne pouvons l'imaginer.

Après les histoires de Trécesson, l'histoire. Le château semble avoir été bâti sous sa forme actuelle – restaurée au cours des siècles et rendue plus agréable à vivre – entre 1370 et 1380 par le chambellan du duc

1. *Le Gerfaut des brumes.*

Jean IV de Bretagne, et son épouse Olive de Quelen. Mais, bien avant cette date, les Trécesson, qui portaient « de gueules à trois chevrons d'hermine » avec la fière devise « Plutôt rompre que plier », possédaient là une maison forte puisque le premier « machtyern de Treb-Wisson » Rywalt, y habitait en 883. Cette puissante race bretonne s'éteignit en 1440 ou plutôt tomba en quenouille. Restait une fille, Jeanne, qui épousa Éon de Carné, lequel prit à son tour le nom et les armes de Trécesson.

Et les lignées continuent, issues de ce couple : nobles seigneurs, grandes dames comme cette Marie-Jeanne qui, à la mort de ses parents, fut recueillie par sa tante, la marquise du Plessis-Bellière, amie intime du surintendant Fouquet, et porta, en Piémont, le vieux sang de ses pères après avoir été assez liée avec le cardinal Mazarin. Devenue demoiselle d'honneur de la duchesse de Savoie et la maîtresse de son fils, Marie-Jeanne finit par épouser le comte de Cavour, s'inscrivant ainsi dans les ancêtres de l'illustre homme d'État italien.

Puis, en 1754, la lignée s'achève à nouveau par une femme, Agathe, qui épouse à Rennes, le 14 octobre, René-Joseph Le Prestre, comte de Châteaugiron et marquis d'Espinay. Celui qui, en principe, recueillit la mystérieuse mariée.

Vint la Révolution. Le comte de Châteaugiron émigre en 1790 mais sa femme et ses filles demeurent. Elles seront arrêtées à Évreux en gagnant Paris où on les emprisonne le 28 décembre 1793. Grâce à leur fils et frère, aide de camp de Marceau, elles seront relâchées peu après mais, dès cette époque, le joli château ne leur appartient plus. L'émigré l'a vendu en février 1793 à Nicolas Bourelle de Sivry et elles ne le reverront plus.

La mort du jeune général Marceau empêchera Sophie, la sœur de son ami, de devenir l'épouse du héros républicain. Finalement Sophie épousera un secrétaire d'ambassade, M. Dodun.

Le nouveau propriétaire, Nicolas de Sivry, était un homme de finances. Payeur général des armées républicaines à Brest puis à l'armée d'Italie il devint trésorier général du département d'Ille-et-Vilaine.

Ce fut lui qui accueillit et cacha à Trécesson le député girondin Jacques Defermon ; ancien président de l'Assemblée nationale qui devait être, plus tard, ministre et comte de l'Empire. Ainsi en allait-il chez ces hommes qui, ayant choisi la République en conscience, refusaient de sanctionner les excès où l'entraînaient de sanglants arrivistes.

Aux Sivry enfin, succédera leur petite-fille, Alice de Perrien de Crenan, qui épousera d'abord le baron de Montesquieu puis le comte Antoine de Prunelé en 1917. Ce fut lui qui acheva la restauration extérieure du château et effectua la restauration intérieure pour la plus grande joie de ses descendants qui entretiennent Trécesson avec un soin pieux.

HORAIRES D'OUVERTURE

Le château est ouvert seulement une partie de l'été jusqu'au 15 août, de 11 h 30 à 12 h 30 et de 14 h 30 à 19 h 30.
Office du tourisme de Ploërmel 02 97 74 02 70

UZÈS

Les amazones

Adieu, ville d'Uzès, ville de bonne chère
Où vivraient vingt traiteurs, où mourrait un libraire.

Ainsi Jean Racine prend-il congé d'Uzès où chez son oncle, le chanoine Sconin, il a vécu un peu plus d'une année et écrit *La Thébaïde*. Il a aimé Uzès, frontière de charme entre Provence et Languedoc, joyau serti de vignes et de garrigues où poussent la réglisse et la marjolaine. Il a aimé aussi la divine cuisine avec ses parfums d'ail et d'herbes fines. Mais l'esprit de Paris et l'air feutré des ruelles élégantes lui ont manqué et, somme toute, c'est sans regret qu'il laisse Uzès à son sommeil.

Un sommeil qu'elle n'a pas volé d'ailleurs car c'est l'une des cités de France qui ont eu le plus à souffrir à travers les âges. Tour à tour ravagée par les Arabes, les Albigeois et les protestants, elle demeurera huguenote quand l'évêque Jean de Saint-Gelais se convertit à la religion réformée avec tout son chapitre. La cathédrale elle-même n'y résistera pas : elle sera démolie de fond en comble en 1560, en même temps que le palais épiscopal et le cloître des chanoines : grave péché envers l'art.

En fait, la cathédrale y est habituée : c'est la troisième fois que cela lui arrive. Le roi de France est moins patient : il supporte mal de voir le premier duché de France aux mains des protestants, évêque et seigneur en tête. À cette époque, le seigneur Antoine de Crussol, commandant pour le roi en Provence, Dauphiné et Languedoc, n'est encore que vicomte d'Uzès. Il va voir ses convictions se volatiliser devant la coalition d'une femme pleine de charme et du roi Charles IX.

Elle n'est tout de même pas de première jeunesse cette Louise de Clermont-Tallard, comtesse de Tonnerre dont il s'éprend vers l'an 1555. Elle a cinquante et un ans. Elle est veuve en premières noces de François du Bellay, prince d'Yvetot (cousin de Joachim !) et elle a été la gouvernante des enfants de Catherine de Médicis qui l'appelle « commère », et lui voue une solide amitié avant de lui confier les destinées de l'Escadron volant, cette troupe de jolies filles triées sur le volet dont Catherine a fait son arme la plus sûre. Les décisions qui décrètent les évolutions parfumées de la belle Rouet, de Mme de Sauves, de Mlle de Limeuil et de quelques autres sont toujours prises d'un commun accord par la reine mère et son amie qui prend une part entière à ses plus périlleuses négociations politiques.

Louise de Clermont-Tallard a près de quinze ans de plus que la reine mère, pourtant sa beauté et son charme sont intacts si l'on en croit Ronsard qui, en 1563, alors qu'elle approche de la soixantaine, lui dédie ces vers :

Ainsi de tous vous êtes estimée
De cette cour l'ornement le plus beau.

C'est exactement ce que pense Antoine de Crussol quand, en 1556 il lui demande de devenir vicomtesse d'Uzès. Il n'est pas jeune lui non plus mais, entre ces deux êtres d'âge mûr, c'est un grand amour qui naît. Fervente catholique, la nouvelle mariée voudrait bien chanter la messe dans la même langue que son époux mais elle aime Antoine, et son habileté diplomatique en souffre. Il lui faut de l'aide. Elle la trouvera auprès du roi. Charles IX aime beaucoup celle qui fut sa gouvernante (c'est même l'un des rares sujets sur lesquels il se trouve d'accord avec sa sœur Margot et son frère le futur Henri III). Il fait souvent appel à sa tête politique ainsi que l'atteste le billet qu'il écrit en 1561 dans un style un peu particulier :

« Ma vieille lanterne [entendons par là qu'elle était source de lumières] j'eusse eu aujourd'hui bon besoin de votre secours pour recevoir un ambassadeur qui m'est venu des pays étrangers. »

Voulant lui faire plaisir, il trouve l'arme absolue : qu'Antoine devienne catholique et il sera duc. C'est chose faite en 1562 : Uzès devient le premier duché de France et la chère Louise devient duchesse.

En fait, à Uzès, c'est seulement le château qui porte le titre. Il est, il restera le duché. En l'honneur de ce beau titre, Antoine et Louise feront élever par Philibert Delorme la superbe façade Renaissance que l'on peut encore admirer aujourd'hui. Sa grâce ressort pleinement sur le cadre féodal que lui font la tour Bermonde construite au XIIe siècle par Bermond d'Uzès, la tour du Roi et la tour de l'Horloge qui appartenait jadis à l'évêque.

Les époux, qui bien sûr n'auront pas d'enfants – le titre ira au frère d'Antoine –, coulèrent dans leur palais neuf et quelques années heureuses. C'est de là que la duchesse Louise entretint, vers 1577, une correspondance amoureuse quelque peu égrillarde mais passablement ironique avec son ancien élève Henri III. Mais, quand son époux mourut, Mme d'Uzès trouva cruel le soleil du Languedoc. Elle regagna sa Bourgogne et son cher comté de Tonnerre où elle s'éteignit finalement en 1596, sous le règne de cet Henri IV auquel, au temps joyeux de l'Escadron volant, elle avait procuré plus d'une jolie maîtresse. On dit qu'elle était encore belle bien qu'elle eût quatre-vingt-douze ans.

Les exigences de Louis XIV, qui tenait à garder sa noblesse à portée de main, vidèrent Uzès presque continuellement jusque vers le milieu du XVIIIe siècle. Ce fut en 1734 qu'un duc vint à nouveau s'y installer.

Celui-là a les meilleures raisons du monde de fuir la cour. Gravement blessé à la bataille de Parme, Charles-Emmanuel de Crussol d'Uzès est resté contrefait. Il n'aime guère se montrer à Versailles mais il va s'enfermer dans son Languedoc ancestral, et ce n'est certes pas pour s'y morfondre et pleurer sa silhouette disparue. Il y mène, au contraire, fort joyeuse vie, attire chez lui tout le pays environnant, et même, veuf d'Émilie de La Rochefoucauld, il se remarie : il épouse la plus jolie de ses sujettes, Mlle de Gueydan, dont il est fort amoureux. Elle sera à ses côtés quand il recevra Mehmet pacha, ambassadeur de Constantinople, auquel il donnera une fête demeurée dans les archives et dans les mémoires d'Uzès. En digne fils du siècle des Lumières, Charles-Emmanuel se veut philosophe et y réussit assez bien pour entretenir avec Voltaire une importante correspondance.

La Révolution chassa son fils qui émigra en Russie où il devint aide de camp du tsar Paul Ier. Le duché vendu comme bien national fut promis à la pioche des démolisseurs. Mais le sieur Olivier qui l'a acheté va s'y casser les dents. Les pioches dont il espérait tant se révèlent inopérantes contre une bâtisse dont les fondations remontent à Jules César. Obligé d'y renoncer et dépité en proportion, il finit par le vendre à une association de la ville qui le transforme en école.

Les dommages ne seront pas grands et, à la Restauration, le fils de l'émigré, qui deviendra grand maître de la Maison du roi, pourra récupérer son bien. Depuis, le rayonnement d'Uzès est demeuré constant. Mais il allait appartenir à une femme étonnante de faire retentir son nom aux quatre coins de l'Europe, et cela pendant de longues années.

Quand, en 1867, Marie-Clémentine de Rochechouart-Mortemart épouse Emmanuel de Crussol duc d'Uzès, le mariage peut passer pour un événement mondain, sans plus. Le marié a vingt-sept ans, la mariée en a vingt. On sait qu'elle possède la beauté et l'esprit célèbre des Mortemart qui ont fait la fortune de Mme de Montespan, qu'elle aime avec passion les chevaux, les chiens et la chasse mais c'est à peu près tout.

Onze années plus tard, la voilà veuve : le duc meurt en 1878. C'est alors que l'on découvre un étonnant personnage. Notre époque sans respect dirait « un phénomène ».

C'est que Mme d'Uzès est une véritable amazone dans tous les sens du terme. Elle se lance d'abord dans la politique aux côtés du général Boulanger dont elle finance la campagne électorale, dans l'espoir que ce général cocardier et beau garçon, qui sait si bien s'attirer l'amour des foules, restaurera la monarchie. Hélas, Boulanger n'est justement qu'un beau garçon sans trop de cervelle. Il se comporte comme un sous-lieutenant amoureux et finit par se suicider sur la tombe de sa maîtresse, Mme de Bonnemain.

La duchesse d'Uzès a perdu son grand homme. Qu'à cela ne tienne, elle s'occupera des femmes ! Tout en menant une vie intense d'écrivain et de sculpteur – ses œuvres sont signées Manuela –, elle combat pour leurs droits politiques et mettra parfois sa fortune au service de causes généreuses. C'est ainsi qu'elle assure l'éducation de la fille de l'anarchiste Vaillant et que de nombreuses misères seront soulagées par sa générosité. La guerre de 1914 fit d'elle une infirmière.

Mais sa grande passion, c'était la chasse à courre. Maître d'équipage, lieutenant de louveterie, elle attirait dans son château de La Celle-les-Bordes tout ce que l'Europe comptait de veneurs illustres. Son équipage, le Rallye-Bonnelles, était le premier de France. Jusqu'à un âge avancé – elle montait encore à quatre-vingt-cinq ans – elle mena hommes et chevaux à un train positivement infernal qui en surprenait plus d'un.

Elle fut aussi la première femme détentrice du permis de conduire qu'elle obtint en 1897. Elle fut certainement aussi la première à décrocher une contravention pour excès de vitesse. L'événement eut lieu dans le bois de Boulogne alors que la duchesse roulait… à treize à l'heure.

Le château d'Uzès conserve d'elle de fort beaux portraits et aussi quelques-unes de ses œuvres. Il conserve également son souvenir comme celui d'une femme au courage exceptionnel. Plus heureux que beaucoup de ses semblables, le duché est toujours la propriété de la famille de Crussol-d'Uzès et les touristes prennent chaque année davantage le chemin de cette jolie cité dont les vieux hôtels se dorent au soleil et racontent une histoire séculaire.

Horaires d'ouverture

Du 1er septembre au 30 juin	10 h-12 h et 14 h-18 h
Du 1er juillet au 31 août	10 h-12 h 30 et 14 h-18 h 30

Fermé le 25 décembre.

http://www.duche-uzes.fr

VAUX-LE-VICOMTE

D'une fête mortelle à un duc meurtrier

Vous dont il a rendu la demeure si belle
Nymphes qui lui devez vos plus charmants appas
Si le long de vos bords, Louis porte ses pas
Tâchez de l'adoucir, fléchissez son courage.

Jean de La Fontaine

Quand, en 1641, Nicolas Fouquet, alors âgé de vingt-six ans et conseiller au Parlement, achète la vicomté de Vaux – un domaine de quelque six mille hectares ! – personne ne songe à s'en étonner. La terre et le titre qui s'y attache marquent le point ultime, le couronnement d'une puissante fortune familiale. À cette époque, Fouquet vient tout juste d'hériter de son père, ex-armateur nantais, conseiller d'État, maître des requêtes et ancien ambassadeur en Suisse. En outre, coseigneur de l'île d'Orléans et de Beaupré, en pays canadien, car il était de ceux qui croyaient à l'avenir de l'immense terre d'outre-Atlantique.

Vaux représente un excellent investissement pour un si bel héritage et le jeune Nicolas espère bien, quand le temps en sera venu, en faire le symbole d'une réussite qu'il veut éclatante. Il est déjà l'un des jeunes magistrats les plus en vue, tant par sa position que par son charme. Peu d'hommes en effet ont été aussi séduisants.

Cette ascension prend un tour définitif le jour où Fouquet devient l'ami du cardinal Mazarin. Le ministre a vite fait de démêler les qualités d'homme d'affaires du jeune magistrat. L'énorme fortune de l'un et de l'autre va sortir de cette association et, dès lors, tous les espoirs sont permis à Nicolas Fouquet.

D'abord munitionnaire des armées, il devient ministre d'État en 1653, puis surintendant des Finances, de compte à demi avec Servien dans la même année. Il le sera seul six ans plus tard. En même temps, comme son père, il s'intéresse de près au commerce avec l'autre côté de l'Atlantique et commence à donner une grande extension aux échanges avec les Îles. Enfin, son mariage avec Marie-Madeleine de Castille lui a apporté une dot non négligeable.

Ainsi assuré de sa fortune, Nicolas Fouquet entreprend d'en ériger, à Vaux, le superbe symbole et, en 1656, la construction du château qui causera sa perte commence. Construction accélérée si l'on considère le fait qu'elle ne durera que trois ans.

Pour étendre au soleil la splendeur de Vaux, Fouquet achète et fait raser trois villages. Pendant des mois, des milliers d'ouvriers (dix-huit mille) vont tailler la forêt, discipliner la nature, domestiquer les eaux qu'emprisonne un extraordinaire système hydraulique. Les jardins sont dessinés par un jeune inconnu, Le Nôtre. Quant au château – on pourrait même dire le palais –, deux autres inconnus l'ont en charge, l'architecte Le Vau et le peintre Le Brun qui s'occupe des intérieurs. Les plafonds de ce dernier glorifient l'écureuil, emblème de Fouquet, et son insolente devise *Quo non ascendet ?* (Jusqu'où ne monterai-je pas ?)

Continuellement, Fouquet accourt de son domaine de Saint-Mandé pour surveiller les travaux de ce qu'il appelle modestement sa « maison des champs ». Il y amène parfois sa femme mais plus souvent peut-être ses belles amies, la marquise de Sévigné et Mlle de Scudéry et, surtout, sa maîtresse préférée, la marquise du Plessis-Bellière.

Le château terminé, on y donne quelques fêtes. En l'honneur de Mazarin qui est en route pour l'Espagne où il va négocier le mariage du roi, du roi d'Angleterre et de quelques autres. Mais en 1661, Mazarin meurt. Fouquet, dont les espoirs se tournent à présent vers le poste de Premier ministre, ignore qu'au cours d'un ultime entretien avec le jeune roi Louis XIV, le cardinal l'a non seulement abandonné mais qu'il a recommandé au roi son intendant, un homme précieux entre tous qui se nomme Colbert… et qui déteste farouchement Fouquet. Le surintendant va s'apercevoir assez vite d'un net refroidissement mais il ne comprend pas encore à quel point son insolente fortune fait scandale. On parle surtout des merveilles de Vaux et, en août 1661, le roi manifeste l'intention d'y faire visite.

La sagesse voudrait sans doute que Fouquet mît une sourdine à son luxe. Or, au contraire, il en rajoute. Pour la réception royale il fait réunir tous ses trésors : les six mille assiettes et les cinq cents plats d'argent massif et, pour la table du roi, les cinq cents assiettes et les innombrables coupes, hanaps et surtouts d'or pur. Il réunit sa cour d'écrivains et de poètes. Tous inconnus jusque-là : Molière, La Fontaine, Lulli… Partout, par brassées, les fleurs les plus rares sont remplacées à peine fanées. Un théâtre tout neuf, construit dans les jardins, des jeux d'eaux.

Hélas, tout cela n'arrache même pas un sourire au jeune roi. Au contraire, sa mine paraît s'assombrir à mesure que la fête se déroule. C'est qu'au fond de sa mémoire se lèvent les images, beaucoup moins brillantes, de ses propres demeures : le vieux Louvre humide et décrépit, pauvre de meubles. Les Tuileries inhabitées, le désert inhospitalier du château de Saint-Germain où, au temps de la Fronde, il a dû s'enfuir pour échapper à Paris, révolté, et coucher sur la paille. S'y joignent les souvenirs de draps percés, de costumes trop courts, d'une misère royale mal couverte par le manteau fleurdelisé, une misère grâce à laquelle Mazarin pouvait édifier sa fortune, à l'ombre de laquelle s'édifiait celle de Fouquet.

Mais Mazarin, mourant, a institué le roi son héritier, mettant ainsi sa famille à l'abri tandis qu'à Vaux, en face d'une prodigalité qui écrase sa propre obscurité, en face de ce palais rayonnant qui minimise ses résidences, la colère du jeune roi monte peu à peu. Il sait, il veut bâtir un nouveau siècle, il veut que son règne soit grand. Il n'accepte pas l'ombre humiliante dans laquelle Fouquet le rejette. On lui a trop dit que les caisses de l'État sont vides pour qu'il admette une telle fortune chez un serviteur. Le sentiment n'est peut-être pas très beau, il n'en est pas moins humain.

En outre, voulant se faire bien voir, Fouquet a fait des « offres de service » à la jeune Louise de La Vallière pour laquelle il semble que le roi ait un penchant très vif. C'est la goutte d'eau qui fait déborder un vase déjà plein.

Louis XIV ne couchera qu'une nuit dans la chambre somptueuse préparée pour lui. Il repart le lendemain sans un mot de remerciement. Trois semaines plus tard, à Nantes où il a rejoint le roi pour assister aux états de Bretagne – il a acheté et fait fortifier Belle-Isle pour son usage –, Fouquet est arrêté par un capitaine de mousquetaires fort illustre, d'Artagnan. Une voiture fermée l'emmène sur-le-champ à Angers.

Le procès qui s'ouvrit à l'Arsenal, le 4 mars 1662, sous la présidence de Lamoignon, devait durer jusqu'au 20 décembre 1664. Il fut l'un des plus houleux et des plus curieux de l'histoire. Il était peut-être difficile de s'y retrouver dans les comptes un peu embrouillés de Fouquet mais il est certain que la haine y eut sa large place et qu'en toute justice le surintendant n'avait pas trouvé sa fortune dans les seules caisses de l'État. Mazarin s'était servi beaucoup plus que lui.

La sentence n'en fut pas moins sévère : la prison à vie dans la forteresse de Pignerol en Piémont où d'Artagnan conduisit un prisonnier qu'il n'avait pratiquement jamais quitté. La famille fut dépouillée. Les scellés furent mis à Vaux et l'on aimerait, pour la beauté de l'histoire, que le roi ne se soit pas attribué une large part des dépouilles du vaincu. Heureusement, on ne toucha pas à la fortune de Mme Fouquet et, quelques années plus tard, elle put racheter Vaux. Mais, après la mort de son fils, elle le vendit au maréchal de Villars qui l'acheta sans même l'avoir vu et fut un peu affolé de son acquisition.

« La mariée est trop belle, déclara-t-il, et elle coûte cher. Trop de cascades et de fontaines ! »

Néanmoins il allait, pour sa jeune et jolie femme, remeubler le château vide et y installer de grands tableaux représentant ses victoires. Peut-être pour impressionner cette jeune épouse qui le trompait abondamment. Le roi Louis XV vint un jour à Vaux mais ne fit pas arrêter le maréchal trois semaines plus tard. En 1763, l'héritier du héros vendait Vaux à César-Gabriel de Choiseul-Praslin, alors ministre de la Marine, qui, après la disgrâce de son cousin Choiseul, allait y vivre son propre exil.

C'est l'un de ses descendants, le duc Théobald, qui, sous Louis-Philippe – le château avait de justesse échappé aux démolisseurs de la Terreur –, chargea Visconti de restaurer les appartements. Il n'aura pas le temps d'achever son œuvre.

Marié à Fanny Sebastiani, fille du maréchal compagnon de l'Empereur, le duc en a eu neuf enfants. Mais la naissance des deux derniers a ébranlé sérieusement la santé de la duchesse atteinte d'obésité et de varices qui ont causé deux phlébites. Le caractère corse ajouté à cela en a fait une compagne difficile et dolente. Une gouvernante a été jugée obligatoire pour s'occuper des enfants et peut-être aucun drame ne serait-il intervenu si une certaine Henriette Deluzy-Desportes n'avait fait, le 1er mars 1841, son entrée dans le somptueux hôtel du faubourg Saint-Honoré, résidence parisienne des Praslin.

De cette Henriette, le duc s'est épris avec une telle passion qu'il lui devient bientôt indispensable de se séparer de sa femme. Le 17 août 1847, après une scène terrible au cours de laquelle Théobald a vainement supplié sa femme de reprendre Henriette chassée par elle, la duchesse est assassinée dans sa chambre de trente coups de poignard. La culpabilité du mari étant évidente, le duc fut arrêté, enfermé au Luxembourg où, le 24 août, il s'empoisonnait pour éviter la guillotine. Vaux retomba au silence, presque à l'abandon jusqu'à ce qu'en 1875 Alfred Sommier, propriétaire de grandes raffineries sucrières, le rachète et lui redonne, avec le talent d'un grand mécène, son aspect d'autrefois, celui que nous pouvons désormais contempler.

Le domaine est aujourd'hui la propriété du comte Patrice de Vogüé qui le reçut en 1967 en cadeau de noces de son père, neveu d'Edme Sommier mort sans postérité.

HORAIRES D'OUVERTURE

Du 9 mars
au 11 novembre 10 h-18 h

Château ouvert pendant les vacances de Noël.

Les samedis du 7 mai au 8 octobre, dès le soir venu, plus de 2 000 chandelles sont allumées dans l'enceinte du château et du jardin.

http://www.vaux-le-vicomte.com/

VÉRETZ

La conversion de Monsieur de Rancé

L'homme s'agite mais Dieu le mène...

FÉNELON

Pour qui possède quelque teinte des lettres importantes du XIXe siècle, Veretz évoque surtout la mort étrange, l'assassinat de Paul-Louis Courier qui fut peut-être l'un des plus grands pamphlétaires de tous les temps mais, à coup sûr, le plus hargneux, exploit dont on l'a récompensé par une statue qui occupe le centre de la petite ville. Mais le sort tragique du « Vigneron de la Chavonnière » n'aura de nous qu'un salut au passage. Un crime est toujours sordide et nous nous arrêterons plutôt à la dramatique histoire d'amour et de mort d'un homme qui, sans transition, comme soulevé hors de lui-même par l'effroi et l'horreur, passa d'une existence de perversion et de débauche à l'aurore d'une des plus hautes aventures humaines. Une de celles qui mènent à Dieu et qui, commencée dans le gracieux décor d'une aimable demeure, s'achève dans le dénuement du marais insalubre d'où surgira la Grande Trappe.

Un château moderne remplace, actuellement, l'antique château bâti en 1519 par Jean de La Barre qui fut, en son temps, chambellan du roi Charles VIII et appelé en ses conseils. De ce château-là il ne reste qu'une tour, ce qui est peu.

Mais, en ce soir de l'automne 1654, le château de Véretz est encore intact dans sa splendeur Renaissance cernée de terrasses et de jardins descendant jusqu'à la rivière.

C'est un soir comme les autres. Entendez par là que le propriétaire, le jeune abbé Jean-Armand Le Bouthillier de Rancé, y festoie avec ses amis exactement comme il le fait chaque fois qu'il se trouve au château. Et que l'on ne s'étonne pas ! Riche, joli garçon, amoureux et adulé dans les meilleurs salons de Paris et de Touraine, Jean-Armand est l'un de ces abbés « pour rire », totalement dépourvus de vocation, comme il en fleurissait tant autrefois dans les grandes familles. En fait, il est abbé parce qu'il perçoit les bénéfices de riches prébendes ecclésiastiques mais sa vie, toute mondaine, est vouée bien moins à Dieu qu'à l'amour. Un amour véritablement passionné : celui qu'il porte depuis des années à l'une des plus belles femmes du royaume : Marie de Bretagne, duchesse de Montbazon, dont le puissant château n'est pas éloigné de Véretz et auprès de laquelle il se rend lorsqu'elle séjourne à Montbazon.

Ce n'est pas le cas à cette époque. Marie est à Paris où elle mène, il faut bien le dire, une vie parfaitement dissolue pour oublier que la Fronde dont elle était l'une des reines a fait chou blanc et qu'à présent

Louis XIV, sacré à Reims le 7 juin précédent, règne en maître absolu.

Ce soir-là, donc, Jean-Armand vient d'entamer, après souper, une partie d'échecs avec l'un de ses amis quand, soudain, il est pris d'un malaise étrange. Une sorte de froid comme si, en lui, quelque chose était en train de s'éteindre. Ses doigts tremblants ont laissé échapper la reine d'ivoire qui roule sur l'échiquier tandis qu'il se lève et passe sur son front couvert de sueur une main glacée...

Balbutiant une excuse à l'adresse de ses invités, il court aux écuries, fait seller son meilleur cheval et, comme un fou, à peine enveloppé d'un manteau, il se lance sur la route de Paris. Dans le vent de la course il croit entendre encore la voix désespérée de Marie qui l'appelle. Car elle l'a appelé. Il l'a entendue au moment où il prenait la reine d'ivoire. Et il l'entend encore. Et pour lui cela ne peut signifier qu'une chose : Marie est en péril, Marie a besoin de lui...

Franchies les portes de Paris, il court encore jusqu'à la rue de Béthisy où se trouve l'hôtel de Montbazon. C'est une fastueuse demeure mais le jeune homme ne l'aime pas parce que l'histoire d'un crime s'y rattache : c'est là qu'au soir de la Saint-Barthélemy, l'amiral de Coligny a été assassiné. Ce soir, elle lui paraît plus sinistre encore que d'habitude. Les portes, pourtant, sont ouvertes. Dans la fièvre née de son épuisement, Rancé aperçoit de vagues formes de serviteurs. Où est la duchesse ? Dans sa chambre. Cette chambre qu'il connaît si bien. Et il court encore. Et il pousse la porte de bois précieux. Et là, il tombe à genoux, le cœur arrêté devant l'horreur qui s'offre à ses regards...

En face de lui, il y a un cercueil ouvert encadré de

cierges de cire jaune. Un cercueil contenant un corps sans tête. Le corps de Marie… décapité ! La tête, cette tête adorable dont les lèvres lui étaient si douces, est posée à côté… sur un coussin. Jamais cauchemar fut-il plus affreux ? Un instant… un long instant, le jeune abbé doute de sa raison, se croit en train de devenir fou…

Mais il n'est pas fou. Pas plus qu'il ne rêve… À cette horreur, il y a une explication et, bien entendu, elle est sordide mais affreusement simple. Après la mort de la duchesse, emportée par une rapide maladie, le menuisier chargé d'exécuter le cercueil a mal pris ses mesures. Si mal que l'affreuse boîte s'est révélée trop petite. Alors, comme on n'a pas le temps d'en faire fabriquer une autre, surtout de cette qualité, les serviteurs ont paré au plus pressé : le chirurgien de la maison a simplement détaché la tête de Marie.

Un instant, Rancé contemple les pitoyables restes, puis il s'enfuit. Dans l'escalier, il rencontre un familier de la maison. Et que dit cet homme ? Qu'à l'heure dernière, la duchesse, désespérée d'en finir avec la vie, a refusé les derniers sacrements, qu'elle est morte dans l'impénitence, presque dans le blasphème parce qu'elle refusait de croire à sa mort ?… C'en est trop pour Rancé. La minute suivante, il a quitté l'hôtel de Montbazon, quelques instants plus tard, il a quitté Paris… Comme une bête blessée il cherche sa tanière et sa tanière c'est Véretz. Il y court comme on court se jeter à l'eau.

Mais, revenu chez lui, le luxe de sa maison lui fait soudain horreur. Il y reste quelques jours puis va se réfugier à Tours chez une vieille et chère amie, la mère Louise de la Visitation. C'est elle qui va recueillir les premiers cris de cette âme à la torture, apaiser les premiers spasmes du remords. Le remords, car la pensée de Marie, morte sans Dieu, poursuit Rancé comme un lancinant reproche. Il l'aimait, il était son amant, même si c'est l'un de ses amants qu'il faudrait dire ! Il aurait dû être là, auprès d'elle, à l'instant suprême, guider vers ses lèvres l'hostie du pardon. Mais surtout, il n'aurait jamais dû l'encourager dans les folies de sa vie, l'y suivre et, pis encore, y prendre part. Eût-il été plus attentif, plus sévère qu'il aurait pu la sauver. Mais comment se montrer sévère avec celle que l'on aime quand on est soi-même un libertin ?

Tardivement, il se souvient qu'il est homme de Dieu même s'il a tout fait pour l'oublier. Dans les cauchemars de ses nuits, il entend les cris de Marie aux prises avec l'enfer, il la voit brûler éternellement dans le feu qui ne s'éteint jamais. Alors, il comprend que le temps de la pénitence est arrivé. Revenu à Véretz, il vend ses biens, ses terres, son beau château, tout ce qui a contribué de près ou de loin à le perdre et il distribue aux pauvres l'or qu'il en tire. Il se défait aussi de ses riches bénéfices ecclésiastiques, n'en conservant qu'un seul, le moins rentable, le plus misérable : une petite abbaye aux trois quarts ruinée perdue au fond de l'humide vallon de Soligny, en Normandie : la Trappe.

C'est une sorte de désert, un bas-fond malsain d'où s'élèvent des vapeurs nocives. Là se dressent quelques bâtiments délabrés où sept religieux vivent, dans la plus totale liberté d'ailleurs, de dons, de charités. Mais assez bien au demeurant. On ne prie guère Dieu – comment le pourrait-on, l'église est croulante et la plupart des toits prennent l'eau ? Toutefois, on joue aux boules quand il fait beau et on reçoit quelques luronnes grâce auxquelles le temps passe assez agréablement.

Quand arrive l'abbé qui leur tombe dessus comme la foudre, les étranges moines doivent choisir : ou la porte avec quelques sous en poche, ou le retour au saint devoir, l'acceptation de la règle que l'abbé de Rancé apporte avec lui ! Tous choisissent le départ… après avoir tenté d'assassiner l'empêcheur de danser en rond. Alors Rancé demeure seul, tragiquement seul, jusqu'à ce qu'enfin deux religieux attirés par l'austère solitude viennent à lui.

Et l'abbaye peu à peu se relève de ses ruines, des hommes viennent, d'avance soumis à la nouvelle règle qui, en fait, est fort ancienne : c'est la plus haute, la plus dure, celle de saint Benoît, celle qui exige le silence, le travail. L'abbé de Rancé l'applique sans faiblir et, de son désert humide, de ces étangs glauques, de ces brouillards, il fait surgir un refuge pour les âmes blessées et pour celles qui, avides de Dieu, choisissent le renoncement.

« Je ne vois point d'autre porte à laquelle frapper que celle du cloître », avait-il écrit au roi en lui demandant de le confirmer comme abbé régulier de la Trappe. Peu à peu, d'ailleurs, il retrouve la paix de l'âme dans le jeûne et l'abstinence, dans l'humble travail de ses mains, dans le face-à-face perpétuel avec la tombe et son néant, dans la recherche incessante de Dieu. Des cendres de cette âme brûlée va s'allumer un phare dont les rayons s'étendront jusqu'aux confins de la chrétienté.

« Fermons les yeux, ô mon âme ! Tenons-nous si éloignés de toutes les choses de la vie que nous ne puissions ni les voir ni en être vus… » Telle était sa prière.

L'abbé de Rancé, qui avait eu pour parrain le cardinal de Richelieu, devait mourir à la Trappe le 27 octobre 1700. Le château de Véretz passait, lui, à la famille d'Aiguillon…

De nos jours, le château est devenu un très bel hôtel.

http://www.chateaudeveretz.com

LA VERRERIE

Favorite et agent secret

Seul le ruban qui entourait la taille de Mlle de Kéroualle reliait alors la France à l'Angleterre.

SAINT-ÉVREMOND

Le 25 mars 1670, Henriette d'Angleterre, duchesse d'Orléans et ambassadrice extraordinaire de son beau-frère le roi Louis XIV, débarque à Douvres pour y rencontrer son frère, le jeune roi Charles II. Il y a alors près de dix ans que Madame a quitté son pays natal et ce n'est pas sans une profonde émotion qu'elle retrouve à la fois sa patrie et un frère tendrement aimé, souvent regretté.

Comme il convient à une grande princesse, une suite nombreuse accompagne Madame mais dans son entourage immédiat chacun peut remarquer une jeune fille d'une vingtaine d'années qui semble très proche de la princesse. Cette jeune fille est d'une extrême beauté ; brune avec de longs yeux bleus. Mais son maintien est sans doute le plus modeste de tout le cortège français. On dirait même qu'elle cherche à se tenir à l'écart.

C'est que la belle jeune fille n'est pas encore tout à fait habituée au faste de la cour. Elle y est depuis si peu de temps ! Naguère encore Louise-Renée de Kéroualle vivait modestement, pour ne pas dire pauvrement, dans le château paternel non loin de Brest en Bretagne sans grand espoir d'en sortir jamais faute d'une dot convenable pour se marier. Et puis le miracle était apparu en la personne d'un descendant, par voie de bâtardise, du bon roi Henri IV, François de Vendôme, duc de Beaufort et général des galères, venu revoir un ancien compagnon d'armes. Frappé par la beauté de la jeune Louise, Beaufort s'était chargé de son avenir et lui avait obtenu un brevet de fille d'honneur de Madame.

Intelligente et discrète, parlant agréablement l'anglais, Louise a séduit la princesse cependant difficile qui s'est prise d'amitié pour elle et qui, tout naturellement, l'a choisie lorsque le voyage en Angleterre a été décidé. En revanche, la jeune Bretonne manifeste pour Madame, dont la santé fragile l'inquiète, un dévouement total.

À Douvres, le roi Charles II a réservé à celle qu'il appelle sa « chère Minette » une réception digne d'elle et digne de lui. Durant quinze jours, ce ne sont que fêtes, bals, plaisirs de toutes sortes et Louise en prend une part un peu éblouie. Il faut dire que Charles II est pour quelque chose dans cet éblouissement. C'est, à quarante ans, un homme grand, bien fait, élégant, au teint basané, à l'œil de braise, pourvu d'un grand nez extrêmement Bourbon qui domine d'épaisses lèvres rouges. Comme son grand-père le Béarnais – lui aussi descend d'Henri IV, comme Beaufort mais en lignée légitime, – il est gai, galant et, surtout, il adore les femmes qui le lui rendent bien.

Il a tôt fait de remarquer Louise, et quand, le

moment du départ venu, Madame Henriette demande à son frère quel souvenir elle pourrait lui laisser en échange des fastueux présents dont il l'a comblée, le roi n'hésite pas.

« Voilà, dit-il en désignant la jeune fille, le seul bijou que je désire pour le garder près de moi. »

On devine la confusion de Louise. Madame, elle, ne fait que rire et chapitre son frère : elle est responsable de sa fille d'honneur et ne saurait s'en séparer. Les Kéroualle sont de vieille noblesse et de morale sévère. Laisser Louise serait les offenser. Le lendemain les navires mettent à la voile et cinglent vers la France. Louise étouffe un soupir. Le roi est bien charmant… et elle n'a aucune chance de le revoir.

Pourtant, quelques semaines plus tard, au château de Saint-Cloud, Madame, qui a bu une eau de chicorée suspecte, meurt dans d'affreuses souffrances pour la plus grande gloire de Bossuet qui va prononcer sa plus belle oraison funèbre.

Pour Louise, la mort de Madame représente à la fois un déchirement et un effondrement. Elle se retrouve seule, sans appui – le duc de Beaufort a été tué au siège de Candie –, sans protection et peut-être en danger. On la sait, en effet, fort avant dans les confidences de Madame et des bruits courent que la mort de la princesse n'est peut-être pas très naturelle. Peut-être se fût-elle finalement résignée à retourner vers la grisaille bretonne si une convocation du roi n'était venue donner à ses pensées une autre direction.

Chez Louis XIV, elle trouve le duc de Buckingham, ami proche du roi Charles II. Ce dernier réclame la favorite de sa sœur pour en faire une fille d'honneur de sa femme, Catherine de Bragance. C'est avec un bonheur qu'elle n'avoue pas, même à elle-même, que

Louise reçoit l'ordre d'accepter. Ainsi le roi anglais ne l'a pas oubliée ? Elle va, contre toute espérance, le revoir.

Mais le lendemain soir, elle est à nouveau dans le cabinet de Louis XIV. Ce qu'il a à lui dire est simple : il espère qu'outre-Manche elle n'oubliera ni sa qualité de Française ni le service de son roi légitime. En fait, Louis XIV souhaite que Mlle de Kéroualle reprenne, en sous-main, la mission qui était celle de Madame : unir le plus étroitement possible la France à l'Angleterre et veiller à ce que les intérêts français soient défendus à Londres.

Louise accepte : elle se conformera aux directives que lui donnera le marquis Colbert de Croissy, ambassadeur de France, et, avec Buckingham, elle s'embarque.

En fait, le duc a obéi avec empressement aux ordres de son maître lui enjoignant de ramener Mlle de Kéroualle. Il a une idée derrière la tête : se faire une amie de celle qui ne peut être que la future favorite et, ainsi, combattre l'influence de la favorite actuelle, l'arrogante Barbara Palmer, lady Castlemaine et duchesse de Cleveland, qu'il déteste et qui le lui rend bien.

De son côté, Louise sait bien qu'elle est destinée au roi mais elle va, durant de longs mois, lui tenir la dragée haute, ce qui est d'ailleurs fort habile. Cela se sait en France, si, en Angleterre, on pense généralement qu'elle s'est rendue beaucoup plus tôt. « Elle avait perdu sa réputation avant d'avoir perdu son honneur », écrit Bussy-Rabutin à une amie.

C'est à la fin de l'été 1671, en septembre, que Louise devient la maîtresse de Charles II au cours d'une fête charmante : chez lady Arlington, à Euston, on organise une noce villageoise. Les mariés ce sont le roi et Louise. Et le coucher de la mariée aura lieu en grande pompe et en face d'une assistance nombreuse. Mais, à cet instant, ce qui était simulacre devient réalité. Un an plus tard, Louise met au monde un enfant qui, trois ans plus tard, deviendra duc de Richmond.

En 1673, Mlle de Kéroualle devient duchesse de Portsmouth. Un beau titre que le roi Louis XIV, en récompense de sa fidélité, va doubler d'un autre titre français : celui de duchesse d'Aubigny (sur Nère). Sur le domaine se trouve le superbe château de La Verrerie et c'est à ce moment que la jolie Bretonne en devient propriétaire.

Le château avait pris son aspect actuel au XVe siècle et c'était au début de ce siècle que le vaste domaine avait été donné par le roi Charles VII à John Stuart of Buchan, comte de Darnley… et connétable de France. On ignore généralement que, durant la guerre de Cent Ans, l'Écosse combattit aux côtés de la France. John Stuart était le second fils du roi d'Écosse et devait périr au service de Charles VII. C'est depuis cette époque qu'une garde écossaise, d'où devaient sortir les gardes du corps, servait les rois de France. Après John Stuart, ses descendants conservèrent et embellirent La Verrerie, et c'est Béraud Stuart, l'un des héros de la bataille de Fornoue, en Italie, qui lui fit don de sa splendeur.

En fait, en donnant La Verrerie et le duché d'Aubigny à la maîtresse d'un roi Stuart, Louis XIV accomplit une sorte d'acte de justice puisque, plus tard, c'est le fils de Louise et de Charles II qui en héritera.

À Londres, cependant, la vie de la duchesse de Portsmouth n'est pas si simple. Le roi l'aime mais il a de nombreuses maîtresses dont la plus bruyante est sans doute la comédienne Nell Gwyn. En outre, on n'apprécie guère Louise parce qu'elle est française et catholique. Mais elle parvient tout de même à tenir son rang et même à marier sa sœur Henriette au comte de Pembroke. Cela lui vaudra de revoir les siens mais, pour que le sévère comte de Kéroualle pardonne à sa fille son rang de maîtresse royale, il ne faudra rien de moins qu'une lettre et un ordre de Louis XIV : « J'espère, écrit le souverain, que vous ne serez pas plus sévère que votre roi et que vous retirerez la malédiction que vous avez cru devoir faire peser sur votre malheureuse fille. Je vous en prie en ami et vous le demande en roi. » Que répondre à si noble lettre, sinon en s'inclinant ?

Après un voyage en France en 1682 où elle sera reçue en reine et viendra prendre possession de son château, la duchesse de Portsmouth ne réintégrera définitivement son pays natal qu'en 1685, à la mort de Charles II dont elle ne devait jamais perdre le souvenir. Rentrée à Paris d'abord elle y tint salon mais, entre elle et la toute-puissante Mme de Maintenon, les relations n'étaient guère bonnes. Certains propos tenus chez elle faillirent lui valoir l'exil mais Louis XIV gardait une indulgence pour celle qui l'avait si bien servi. Elle en fut quitte pour la peur.

Avec le temps, l'idée de Dieu s'emparait d'elle et elle se tournait vers la dévotion. Elle quitta alors Paris pour La Verrerie dont elle ne s'éloigna plus jamais et où elle s'éteignit en 1737.

Son fils hérita du château mais n'y vécut guère, choisissant de regagner l'Angleterre et d'y servir la famille d'Orange. Il fut gentilhomme de la chambre sous George Ier. Néanmoins, ses descendants, les ducs de Richmond, conserveront La Verrerie jusqu'en 1842, date à laquelle il passa à la famille de Vogüé, qui, depuis cette époque, en est demeurée souveraine et maîtresse.

Le château dispose de chambres d'hôte et organise chaque hiver des concerts de musique de chambre.

Promenade toutes les heures
à 11 h, 12 h, 14 h, 15 h, 16 h et 17 h

En avril, mai, juin, septembre et octobre :
tous les jours sauf le lundi et le mardi

En juillet et août : tous les jours

http://www.chateaudelaverrerie.com/

VÉSIGNEUX

Le « beau lys » du roi Louis XIII

Il accomplit des miracles, l'amour enveloppé de prières...

GOETHE

Quand on suit la route qui d'Avallon conduit à Lormes et à Château-Chinon, on aperçoit dans un beau fond un château, auprès d'un étang, un château dont les toits de vieilles tuiles et les poivrières couvrent des murs antiques qui, pour certains, ont connu les ravages des Grandes Compagnies. Mais, dans sa majeure partie, Vésigneux est l'œuvre du XVIIe siècle. C'est là qu'en 1619 Marguerite de Bourbon-Busset donne à son époux Jean de La Fayette, seigneur d'Hautefeuille, une petite fille qui jouera dans l'histoire un rôle important puisqu'elle se trouve à l'origine d'un fait qui amena la naissance de Louis XIV.

Quand, en 1635, Louise de La Fayette qui a seize ans est nommée demoiselle d'honneur de la reine Anne d'Autriche, épouse du roi Louis, treizième du nom, c'est à Vésigneux le branle-bas de combat. La famille – une haute famille, d'ascendance royale puisqu'il s'agit des Bourbon-Busset – ne manque pas de biens en général mais, dans le château morvandiau, ce n'est pas la richesse. Pourtant il faut que Louise fasse bonne figure à la cour. Alors, afin de lui donner le trousseau, les robes qui conviennent à son nouvel état, on vend l'une des fermes. Et Louise, encore émerveillée de ce qui lui arrive, part pour Paris. Un peu inquiète aussi : jusqu'à présent, elle se croyait destinée au service de Dieu et au voile des religieuses.

D'aucuns pensent que ce serait dommage car elle est charmante, cette enfant. Petite et brune avec de beaux yeux de velours sombre, elle est toute grâce et tout charme, un charme timide et discret mais prenant et dont elle a trop de naïveté et d'innocence pour deviner le pouvoir. Quelqu'un va s'en charger à sa place.

Ce quelqu'un, c'est le grand louvetier de France, Claude de Rouvroy de Saint Simon, le compagnon de chasse préféré du roi. L'un de ses plus proches aussi. Or M. de Saint-Simon aime sincèrement son maître et enrage de le voir en butte aux entreprises d'une coquette avertie : la belle, l'insolente, l'arrogante Marie de Hautefort qui s'est juré d'amener Louis XIII au plus servile esclavage[1]. Et elle mène, en face d'un homme pudique et chaste jusqu'à la sauvagerie, un jeu cruel et délibéré dont chacun, à la cour, surveille les passes d'armes. À la grande exaspération de Saint-Simon qui a bonnement conseillé au roi de mettre l'intrigante dans son lit pour en finir une bonne fois. Mais il s'est heurté à une morale intransigeante :

— À Dieu ne plaise, mon ami, que l'adultère entre

1. Voir Hautefort.

jamais dans ma maison, lui a dit le roi avec un rien de sévérité.

Alors ? Alors, il faut détourner Louis XIII du danger que représente la belle Hautefort et, pour cela, diriger son cœur romantique sur un « objet plus doux ». Et, dans cet ordre d'idées, Mlle de La Fayette semble incarner l'idéal aux yeux du grand louvetier.

Il commence par conseiller à son roi de s'intéresser, en apparence tout au moins, à la nouvelle venue, pour remettre un peu Marie de Hautefort à sa place : elle se croit trop sûre de son pouvoir sur Louis et a grand besoin qu'on lui rabaisse son caquet. Être un peu jalouse lui fera le plus grand bien…

L'idée séduit Louis XIII mais il n'a seulement jamais vu cette Mlle de La Fayette. Qu'à cela ne tienne ! Ce soir, chez la reine, on la lui montrera, et il pourra constater qu'elle est non seulement jolie mais encore très douce et très aimable.

Le soir venu, chez sa femme, Louis XIII remarque, près d'une fenêtre, un groupe de trois jolies filles qui semblent s'amuser beaucoup. Il connaît deux d'entre elles, Mlles de Polignac et d'Aiches, mais il ne connaît pas la troisième qui rit de si bon cœur aux plaisanteries de ses compagnes. C'est vrai qu'elle est charmante, cette brunette, mais Louis XIII, comme tous les timides, est maladroit. Il s'avance vers les jeunes filles et, du ton mécontent qui lui est trop habituel, il décoche :

— Pourquoi donc riez-vous si fort, mademoiselle ?

Le résultat est désastreux. Louise perd contenance, plonge dans une révérence gauche, essaie de dire quelque chose et, finalement, éclate en sanglots. Du coup, voilà le roi affolé :

— Mon Dieu ! Je vous ai fait de la peine ? Je ne le voulais pas.

Et comme il perd contenance lui aussi et risque de se mettre à bégayer, il préfère battre en retraite sans plus d'explications. Cette première entrevue n'est pas une réussite, mais Saint-Simon en a vu d'autres et ne s'avoue pas vaincu. Il fait comprendre à son maître qu'il y va de sa réputation de gentilhomme d'effacer la peine injuste causée à une enfant. Il lui explique qu'à seize ans il est tout naturel de rire quand on vous raconte des choses amusantes. Mais cela, le roi ne peut pas le comprendre : il ne sait pas rire.

Le soir même, Louis XIII fait à une Louise rougissante des excuses pleines de délicatesse auxquelles la jeune fille répond avec tant de gentillesse que le roi, charmé, s'assoit auprès d'elle pour bavarder un moment. Il l'interroge sur sa famille, son enfance, et Louise, déjà séduite par cet homme timide et simple qui est son roi, lui répond avec naturel. Elle lui parle de son cher Vésigneux, des siens, de tout ce qui a été son paisible univers. Elle parle aussi de cette étrange attirance qu'elle a toujours éprouvée pour le couvent. Elle dit qu'elle aurait aimé prendre le voile…

— Oh, mademoiselle, dit Louis, trouvez-vous donc le roi un si mauvais maître qu'il vous faille, à votre âge, chercher Dieu ?

Louise n'aura pas à répondre. Mme de Montbazon, qui surveille l'entretien, vient à point nommé demander à Louise de chanter. Celle-ci a une voix délicieuse et le roi devrait l'entendre. La soirée s'achève donc en musique mais, cette fois, Saint-Simon a gagné : quand il rentre chez lui, Louis XIII a oublié Mlle de Hautefort.

Dans les mois qui suivent, la cour ébahie assiste

sans y comprendre grand-chose à l'éclosion d'un amour étrange, car il se défend de rien demander à la chair ni même à la terre. Professant tous deux une égale horreur du péché, Louis et Louise trouvent leur bonheur dans de longues conversations et dans une correspondance de plus en plus nourrie. Pour la première fois de sa vie le roi ose s'épancher, avouer les angoisses d'un cœur perpétuellement inquiet. Il ose aussi laisser deviner combien lui semble lourde parfois l'emprise du cardinal de Richelieu. Non sans ajouter aussitôt qu'elle est indispensable au bien du royaume. Mais Louise va tout de suite se ranger du côté de son ami et contre le cardinal.

Celui-ci d'abord ne s'inquiète pas de cette aventure, mais il commence à dresser l'oreille quand Louise, qui cependant ne demande jamais rien, obtient le poste de valet de chambre royal pour un M. de Boisenval, protégé de sa famille. En outre, Mlle de La Fayette prêche à son roi l'amour universel… quand une guerre serait nécessaire. Enfin sa famille, farouchement hostile à Richelieu, crée des troubles en Bourbonnais. Il faut faire quelque chose ! Et d'abord trouver à Louise un autre confesseur car le sien vient de mourir. Ce sera le père Carré, supérieur du noviciat des dominicains, un homme tout dévoué au cardinal.

Celui-ci n'a rien de plus pressé que de démontrer à Louise que c'est un grave péché qu'aimer un homme marié, et fait tant et si bien que, épouvantée, la jeune fille veut se retirer au couvent. Le roi en tombe malade. Alors, Mme de Montbazon qui, apparemment, s'est faite l'ange tutélaire des amours royales, vient chapitrer Louise : tient-elle tellement à tuer le roi ? Quelle mouche l'a piquée ?

Le nom du père Carré l'éclaire. La manœuvre est

aisée à comprendre. Il faut tout de suite prendre un autre confesseur ! Louise ne demande pas mieux, bien sûr. Elle remercie le dominicain et, le soir même, vêtue de soie blanche, elle va chanter au chevet de Louis avec les musiciens de sa chapelle.

Ravi d'avoir retrouvé celle qu'il appelle tendrement son « beau lys », le roi se hâte de guérir et c'est le cardinal qui manque de tomber malade. Les jours qui suivent sont merveilleux. Louis XIII passe alors deux ou trois heures par jour auprès de son amie, sans se soucier de la guerre qui menace. Richelieu le rappelle au devoir mais Louise fait une véritable crise de désespoir et… commet une grosse sottise en déclarant que le cardinal ne veut cette guerre que pour séparer le roi de son amie…

Heureusement, Louis sait encore faire passer son devoir avant ses amours, mais le cardinal a compris : il lui faut se débarrasser au plus tôt de Mlle de La Fayette ! Alors, calmement, il organise la brouille entre ces « trop parfaits amants » et pour cela trouve le meilleur des agents : l'ingratitude. Acheté par lui, ce Boisenval qui doit sa place à Louise se fait son complice, subtilise des billets, colporte de faux bruits. On dit que le roi commence à être las des amours trop sages… que Mlle de La Fayette s'intéresse à un jeune seigneur… Tout cela réussit à merveille. Le roi et Louise souffrent le martyre chacun de son côté mais, trop fiers pour se plaindre, choisissent le silence… Louise, alors, se décide à entrer en religion, et l'annonce au roi.

Il reçoit le choc sans broncher, s'enfuit après quelques paroles mais, le lendemain, il rencontre la jeune fille dans la galerie qui mène chez la reine. Et, cette fois, il ne peut plus feindre :

— Vous ne m'aimez donc plus ? Moi je vous aime plus que jamais…

C'est la première fois que Louis prononce des mots d'amour. Jusqu'ici ils ne lui étaient pas apparus indispensables : tous deux se comprenaient si bien ! Et puis, il aurait craint de faire rougir son beau lys… Et, de fait, Louise a rougi… Et elle avoue, elle aussi, son amour mais elle craint trop d'être entraînée dans une voie qu'elle regretterait. Et c'est au tour de Louis de commettre une bêtise. Que pourrait-elle regretter, protégée par son amour ? Il peut la faire puissante, heureuse. Qu'elle soit à lui et il lui fera quitter la cour. Il l'installera dans son pavillon de Versailles…

Le malheureux ! Il a prononcé les mots irréparables et Louise s'enfuit en se bouchant les oreilles. Quelques jours plus tard, le 19 mai, elle entrait au couvent des Filles de Sainte-Marie de la Visitation pour y devenir sœur Louise-Angélique. Comme une bête malade, le roi a fui et se terre dans ce Versailles dont, un instant, il a pensé faire le nid de ses amours…

Ils se reverront pourtant. De temps en temps, le roi va au couvent visiter sœur Louise-Angélique. C'est en la quittant, un soir d'orage, qu'il devra aller passer la nuit avec la reine. Une nuit dont Louis XIV sera le fruit. On dit que Louise était du complot fomenté pour rapprocher les deux époux, qui n'avaient plus aucune vie commune.

Six ans, presque jour pour jour, après leur séparation, Louis XIII se meurt. Au père Dinet, son confesseur, il remet discrètement un petit crucifix qu'il porte au cou.

— Pour sœur… Louise-Angélique !…

Le château de Vésigneux oublia Louise. En 1651, il recevait le prince de Condé. C'est à lui qu'un homme appelé Urbain Le Prestre vint confier son fils Sébastien pour qu'il en fît un soldat. Ce jeune Sébastien devint par la suite M. de Vauban, le grand maître des fortifications de France.

À la Révolution, le château fut pillé. Le comte de Bourbon-Busset mourut de chagrin en apprenant que son fils était emprisonné et attendait la mort au Luxembourg. Après être passé par diverses mains, dont celles des Chabannes, Vésigneux, racheté en 1926 par Mlle de Bourbon qui le fit restaurer, appartient toujours à la famille…

Le château n'est pas ouvert à la visite.

VILLETTE

La Vénus lycéenne

Fragilité, ton nom est femme.

W. SHAKESPEARE

« Un paysage délicieux, une société charmante, tous les talents réunis à la beauté dans la personne des filles de la maison, la musique, la peinture, le latin, le grec, toutes les langues, toutes les sciences. » Ainsi s'exprime dans le dernier quart du XVIIIe siècle un habitué, admirateur inconditionnel du charmant château de Villette et de ses habitants, le marquis de Grouchy, de vieille souche normande – on dit que l'un de ses ancêtres escortait Guillaume le Conquérant –, sa femme et ses trois enfants. Ce sont Sophie, l'aînée, qui est aussi l'héroïne de cette histoire, Emmanuel, alors garde du corps du roi Louis XVI mais qui sera un jour le maréchal de Grouchy, l'homme qu'à Waterloo l'Empereur attendra en vain, et enfin la petite Charlotte.

Tout le monde vit le plus gaiement, le plus aimablement du monde dans ce joli château des environs de Meulan : une large maison au bout d'une allée de vieux tilleuls, une maison qui semblerait presque simple s'il n'y avait la splendeur du parc orné de cascades et de jeux d'eaux, une maison où il fait bon vivre.

Mais en ce mois de décembre 1786, c'est de Sophie surtout qu'il est question à Villette : elle va, en effet, se marier et ce mariage agite la ville et la campagne, le monde intellectuel et celui des sciences, jusqu'à la grave Académie où l'on se préoccupe d'envoyer aux noces une délégation : « On en prenait dans la classe de géométrie, dans celle d'astronomie », on cherchait les représentants les plus dignes de la docte assemblée. Et pas seulement à l'Académie des sciences mais aussi à l'Académie française dont le fiancé est un membre très représentatif.

Au fait, le fiancé, qui est-il donc ? Tout simplement Jean-Antoine de Caritat, marquis de Condorcet, le grand savant, auteur de brillantes recherches sur le calcul intégral et l'algèbre, celui que Voltaire a déclaré « l'homme le plus nécessaire de France ». On conçoit l'émotion suscitée par une telle union alors que le siècle des Lumières jette ses derniers feux avant de sombrer dans la marée sanglante de la Révolution.

Le moins que l'on puisse dire est que les fiancés ne sont guère appariés du côté de l'âge. Sophie, qui fut d'abord chanoinesse au chapitre de Neuville-les-Dames en pays de Dombes, a vingt-deux ans. Elle est ravissante avec le minois le plus éveillé et d'immenses yeux noirs vifs et intelligents. Condorcet, lui, en a quarante-trois et n'est pas mal du tout. Mais ce n'est pas là ce qui cause la surprise et l'émoi général. Simplement, un géomètre qui se marie semble enfreindre un principe de droit. Lorsque l'on est un mathématicien, on se doit de ne pas exécuter ce que d'Alembert appelle le « saut périlleux ».

Quoi qu'il en soit, Condorcet fait le saut périlleux et il le fait par amour. Il aime Sophie au point de refuser toute dot. Il se contente d'un contrat verbal. De son côté, Sophie, à ce qu'il paraît, aime, elle aussi, son mathématicien, bien que l'on ait vaguement fait allusion à un penchant pour La Fayette.

Le 28 décembre 1786, dans la chapelle de Villette, le curé de Condécourt bénit le couple en présence d'une assistance aussi nombreuse que choisie. La Fayette est témoin. Après quoi Sophie, sans trop de peine, quitte sa jolie maison pour l'hôtel des Monnaies dont son époux est le directeur. Elle est très heureuse et surtout immensément fière. Et puis Villette est si près ! On y reviendra fréquemment avec des amis.

Ils sont nombreux, ces amis, et célèbres pour la plupart : Mme de Staël, Beaumarchais, Franklin, Necker, Laplace, Volney, Cabanis qui un jour épousera la petite sœur Charlotte, Turgot, d'Alembert, Mirabeau, tout ce que Paris compte de grand, de brillant et de généreux car tous ne rêvent que de liberté et accueillent avec joie les prémices d'une révolution que l'on espère sereine. Ces sentiments sont d'ailleurs partagés par toute la famille de Grouchy et le jeune Emmanuel n'hésitera pas à s'engager dans les armées de la République.

Côté ménage, tout va bien chez les Condorcet. Sophie donne le jour à une petite Eliza dont, en dépit des mauvaises langues, il faut bien admettre qu'elle ressemble à Condorcet. Car, depuis le mariage, les langues vont leur train. Sophie, si jolie qu'Anacharsis Clootz l'a surnommée la Vénus lycéenne, a trop de charme et d'admirateurs pour que l'on ne ressorte pas toujours la fameuse différence d'âge. Mais cela n'entame en rien la sérénité du savant et, quand revient l'été, tout le monde se transporte à Villette où l'hospitalité du marquis est toujours sans défaut.

Naturellement, aucun membre de la famille ne songe à émigrer. Condorcet devient député de la Législative puis de la Convention. Mais la mort du roi le précipite d'un seul coup des hauteurs sublimes où il plane à une sanglante réalité. Une révolution qui tue ne saurait être la sienne. Bientôt, hélas, elle va s'emballer et l'entraîner sous les roues de son char devenu fou. Le 8 juillet 1793, après la chute de ses amis girondins, Condorcet, dénoncé par Chabot, est décrété d'arrestation. Prévenu à temps, il se réfugie d'abord chez Mme Helvétius, puis chez la veuve du sculpteur François Vernet, au numéro 15 de la rue Servandoni. Il y reste caché jusqu'au 25 mars 1794 et y compose son *Esquisse des progrès de l'esprit humain* qui est la preuve, chez ce proscrit, d'une bien grande magnanimité…

Pour ne pas mettre en danger celle qui l'abrite quand la Terreur fait rage, Condorcet quitte la rue Servandoni et erre, du côté de Clamart, à la recherche d'un asile qu'il ne trouvera pas. Arrêté sous un déguisement et emprisonné à Bourg-la-Reine, il finit par s'empoisonner dans sa prison, pour éviter l'horreur de la guillotine. C'est seulement après Thermidor que Sophie, qui a vécu comme elle pouvait en faisant de petits portraits et autres travaux de peinture, apprend la mort d'un époux qu'elle croyait jusqu'alors réfugié en Suisse.

Sa douleur est profonde et ne s'apaise que lentement. C'est à Villette qu'avec sa fille elle viendra chercher, non pas l'oubli, mais une nouvelle sérénité. Là, rien n'a vraiment changé sinon que la vie y est moins large mais la chaleur familiale est juste ce qu'il faut à la jeune femme. L'un après l'autre les anciens amis réapprendront, eux aussi, le chemin du château où vit toujours son père.

Le Directoire est là avec ses folies et son appétit de vivre et d'oublier le cauchemar. Sophie, comme les autres, se laisse emporter par le tourbillon. À nouveau, elle aime. Mais cette fois avec passion, avec folie. Malheureusement, elle aime mal. Ou plutôt, elle est mal tombée.

L'objet de son amour, Mailla-Garat, neveu du conventionnel Joseph Garat et frère du fameux chanteur, est un petit Basque maigre et brun, vif comme l'éclair et roué jusqu'à l'âme mais doué d'une faconde intarissable, d'un toupet de première grandeur et d'une paire d'yeux qui affolent les dames. Vaniteux comme un paon par-dessus le marché, il se croit des dons littéraires et pense faire carrière dans le journalisme.

Conquise dès le premier regard, Sophie s'est prise pour lui d'une passion désordonnée et ne tarde pas à devenir sa maîtresse à l'infinie stupeur de sa sœur Charlotte, de son frère et du cercle d'amis fidèles qui ne comprennent rien. Ils se hasardent alors à quelques remarques en forme de douce mise en garde.

Sophie est trop fine pour ne pas comprendre et, craignant de choquer son vieux père, elle acquiert à Meulan, non loin de Villette, les restes d'un ancien couvent qu'elle rebaptise la Maisonnette. Là elle pourra recevoir en toute liberté son Mailla bien-aimé à qui elle écrit, entre-temps, des lettres enflammées :

« Je vais aller sur cette belle terrasse par un soleil ravissant te regretter, te presser dans mon cœur. » Ou encore : « Si jamais il exista sur terre une femme à laquelle tout au monde ait donné le besoin du lien le plus intime, le plus complet, c'est moi certainement qui suis cette femme. »

Passion dépensée en pure perte. Sophie ignore que son Mailla bien-aimé la trompe abondamment et va jusqu'à amener certaines de ses conquêtes dans l'appartement que Mme de Condorcet a conservé, pour y passer les quelques semaines de l'hiver. Au nombre de celles-là se trouve, en premier plan, Aimée de Coigny, ex-duchesse de Fleury, ex-Jeune Captive du malheureux André Chénier et en passe de devenir ex-comtesse de Montrond[1]. C'est l'une des créatures les plus incandescentes qui se puissent rencontrer et elle est très belle. La considérant comme une amie, Sophie, en toute innocence, l'invite à la Maisonnette en compagnie de Garat. C'est là qu'un jour cruel elle apprend quel usage ces deux-là font de son hospitalité, de son amour et de son amitié. Avec beaucoup d'élégance et de magnanimité, Mme de Condorcet mettra fin à cet indigne amour.

Heureusement, un autre amour venait, un an plus tard, apaiser une blessure irritée par les procédés inqualifiables de Mailla-Garat qui n'a pas hésité à vendre à un collectionneur les lettres de Sophie. Cette fois, il s'agit du savant botaniste Claude Fauriel auprès de qui la charmante marquise de Condorcet achèvera les quelques années qui lui restent à vivre.

Elle s'éteint à Paris le dimanche 8 septembre 1822 des suites d'une cruelle maladie et repose au cimetière du Père-Lachaise.

Villette, qui avait vu les noces d'Eliza de Condorcet avec le général irlandais O'Connor, cessa d'appartenir à la famille de Grouchy en 1816 pour devenir le bien de la fille de Fouché, la comtesse de La Barthe-Thermes. Ajoutons que le château, bâti au XVIIe siècle

1. Voir Mareuil-en-Brie.

pour le comte d'Auffray, avait été remanié plus tard par Jules Hardouin-Mansart à qui l'on doit les cascades et les bassins qui donnent tant de charme à cette belle maison d'autrefois.

Aujourd'hui, le château a été transformé en hôtel.

VINCENNES

La mort des rois

Nous n'irons plus aux bois
Les lauriers sont coupés.

Théodore DE BANVILLE

Qui veut voir Vincennes tel qu'il était lorsque, formidable forteresse féodale, il abritait les rois de France dont il était le « château du Bois » et peut-être la résidence préférée, doit regarder *Les Très Riches Heures* du duc de Berry. Servant de toile de fond à une brillante cavalcade, au milieu d'un bois vert, les neuf puissantes tours escortent l'énorme donjon. De ces tours il ne reste qu'une seule, la tour du Village qui regarde Vincennes et sert de portail d'entrée mais le donjon est toujours là et aussi la Sainte-Chapelle, ce joyau. Celle-ci plus ancienne que celui-là car si Saint Louis voulut la Chapelle, c'est seulement en 1337, au début de la guerre de Cent Ans, que Philippe VI ordonna la construction du géant.

Cependant, Vincennes existait depuis longtemps. Abandonnant pour quelques jours un Paris puant, étouffant dans son corset de murailles, les rois Capétiens, grands chasseurs devant l'Éternel, venaient y respirer la verte fraîcheur de la forêt tout en s'y livrant à leur sport favori. Ils y eurent d'abord un manoir dont la première mention est de 1162, que Philippe Auguste reconstruira, que Saint Louis agrandira. Plus que tous ses autres châteaux, le saint roi aime Vincennes. L'imagerie populaire a fait un triomphe aux goûts champêtres du monarque et à sa prédilection pour l'épais feuillage du chêne quand il s'agissait de rendre la justice.

Il est le principal acteur du premier grand événement qui s'y déroule. Le 19 août 1239, un cortège imposant s'approche du manoir au milieu de tout le petit peuple des environs. En tête, deux hommes pieds nus et en simple tunique blanche portent un brancard sur lequel repose un coffre de bois : le roi et son frère Robert d'Artois. Le coffre de bois en renferme un autre d'argent qui lui-même en renferme un troisième d'or pur. Et dans ce troisième coffre une relique insigne : la Très Sainte Couronne d'Épines que l'empereur Baudouin de Constantinople, à bout de ressources, a offerte au roi de France contre une très forte somme. Saint Louis est allé accueillir ce qu'il considérera toujours comme son plus grand trésor à Villeneuve-l'Archevêque, dans l'Yonne. À petites journées, il l'a ramenée par Sens jusqu'à son cher château de Vincennes où la Couronne passe une nuit avant de gagner Paris. Là, c'est l'abbaye Saint-Antoine-des-Champs qui va la recevoir en attendant que s'érige pour elle l'étonnant joyau qu'est la Sainte-Chapelle de Paris.

Vincennes aussi aura sa Sainte-Chapelle mais elle devra se contenter, plus modestement, d'une seule épine sainte. L'ordre de construction viendra neuf ans plus tard. Entre-temps, le roi viendra et reviendra à Vincennes où, par deux fois, il réunit les états généraux. C'est de là qu'en août 1270 il part pour la fatale croisade, pour Tunis où la peste l'emportera. La dernière nuit précédant le départ, il l'a passée tout entière en prière.

Des prières qui ne sauveront pas ses descendants d'un sort tragique dont, souvent, Vincennes sera le cadre. Et d'abord son fils, le nouveau roi Philippe III.

Quand il revient de la croisade à laquelle il a suivi son père, il ramène avec lui à Vincennes trois cercueils : celui de son père, naturellement, mais aussi celui de sa femme, Isabelle d'Aragon, morte en couches sur le chemin du retour, et celui du fils qui lui était né, lequel ne vécut que quelques jours.

Le mot cercueil est peut-être un bien grand mot d'ailleurs car il s'agissait en fait de coffres de dimensions plus réduites : il était d'usage, en campagne, lorsqu'il fallait ramener des corps précieux, de les faire bouillir afin d'en détacher les chairs après avoir prélevé le cœur et de ne garder que les os. Il est difficile d'imaginer comment un jeune homme, très épris de sa belle épouse, pouvait supporter cet épouvantable pot-au-feu.

Quoi qu'il en soit, le tragique retour frappe le peuple : « Le roi, dit-il, ne rapporta de croisade que des coffres vides et des tombeaux pleins d'ossements. »

Néanmoins, c'est à Vincennes que, trois ans après le dramatique retour, Philippe épouse Marie de Brabant qui est belle et qui lui plaît. Mariage d'inclination plus que mariage de nécessité car, en neuf ans de mariage, Isabelle d'Aragon lui a donné cinq enfants dont deux seulement, le futur Philippe le Bel et son frère Charles de Valois, survivront. Mais au moment du second mariage, le beau Philippe n'est pas l'aîné : c'est

Louis qui meurt subitement un an après le remariage de son père. Or, à cette époque, le roi a un favori dont il a fait son chambellan : Pierre de La Brosse.

C'est un homme de peu, un ancien barbier qui doit à la faveur royale une fortune trop évidente pour ne pas causer de scandale. La reine et lui ne s'aiment pas et, quand le jeune prince meurt brusquement à Vincennes, le chambellan n'hésite pas à accuser Marie d'avoir empoisonné son beau-fils. Il espère ainsi se débarrasser d'une femme qui le gêne.

Le roi refuse de croire pareille accusation. D'autant que la reine se défend avec énergie et même en appelle au jugement de Dieu. Un jugement de Dieu auquel l'ancien barbier est incapable de faire face et pour lequel il ne trouve aucun champion. Du coup, la cause est entendue : Pierre de La Brosse sera pendu en dépit des protestations du peuple qui se retrouvait solidaire de l'un des siens. Mais ce n'était ni la première ni la dernière affaire judiciaire qui ne serait jamais élucidée.

Philippe le Bel se marie à Vincennes en 1284. Il épouse Jeanne de Navarre qui sera son unique amour et qui apporte aux rois de France le complément de titres qu'ils porteront désormais : « roi de France et de Navarre ». C'est à Vincennes que Jeanne met au monde la plupart de ses enfants : les trois fils qui seront Louis X, Philippe V et Charles IV, une fille qui sera reine d'Angleterre et dont l'histoire gardera le surnom, la Louve de France.

On sait ce que fut la fin du règne de Philippe le Bel : le procès des Templiers, la malédiction du grand maître à l'heure des flammes, le scandale amoureux qui envoie deux des belles-filles du roi à Château-Gaillard et la troisième à Dourdan[1]. On sait moins que ce fut sous les voûtes enluminées de Vincennes que la mort continua de frapper les rois.

Après la mort de Marguerite de Bourgogne, étranglée dans son cachot de Château-Gaillard, Louis X, qui a succédé à son père Philippe, se remarie avec Clémence de Hongrie. Il n'a même pas le temps de voir l'enfant qu'elle lui prépare : dans la nuit du 4 au 5 juin 1316, Louis le Hutin meurt dans sa chambre de Vincennes d'« un flux de ventre ». En dépit de l'apparence, le terme est discret car, pour la majorité de ceux qui composent l'entourage royal, l'affaire est claire : le roi a été empoisonné et l'empoisonneuse c'est Mahaut d'Artois, dont les filles Blanche et Jeanne croupissent encore en prison et dont la nièce, Marguerite, a été étranglée pour que le Hutin puisse se remarier.

Quelques mois plus tard, dans la nuit du 13 au 14 novembre, Clémence de Hongrie endure les souffrances de l'enfantement. Le jour va bientôt se lever sur la forêt quand le château s'emplit de joie : c'est un garçon. Suit immédiatement un second cri : Vive le roi Jean ! Et les cloches de sonner.

Cinq jours plus tard, les cloches sonnent encore mais en glas. Que s'est-il donc passé ?

La veille de ce triste jour, le petit roi portant couronne et couvert du manteau royal a été, selon la coutume, présenté aux pairs du royaume et au peuple par Très Haute et Très Noble Dame Mahaut d'Artois, comtesse de Bourgogne et comtesse d'Artois. Et c'est dans la nuit qui a suivi cette présentation que le petit roi Jean Ier a été pris de convulsions violentes. Il est mort en quelques instants laissant la place à Philippe

1. Voir Château-Gaillard.

le Long, deuxième fils de Philippe le Bel et gendre de Mahaut. L'inconduite de Marguerite de Bourgogne a fait ressusciter en France la vieille loi salique et écarter sa fille de la succession : plus jamais femme ne régnera au royaume des fleurs de lys.

Cette mort d'un bébé fait planer sur Vincennes l'un de ses plus lourds secrets car il semble que l'enfant d'une nourrice ait été substitué au petit roi tandis que celui-ci était emporté à Sienne par le père de l'enfant sacrifié, un jeune banquier siennois, Guccio Baglioni.

Le successeur, Philippe V, s'installe à son tour à Vincennes qu'il reprend à Clémence de Hongrie, déclarant que le château est domaine royal et sera désormais inaliénable. Mais c'est à Longchamp qu'il meurt d'une dysenterie dont il souffrait depuis longtemps. Vincennes verra encore la mort de Charles IV le Bel le 1er février 1328, à la suite d'une longue et douloureuse maladie, à trente-trois ans.

Cette fois, les Capétiens directs sont éteints. La couronne passe à leurs cousins, les Valois. Philippe VI qui la coiffe est un incapable, une tête folle pleine de la plus délirante chevalerie en dépit de la phrase qu'il se plaît à répéter : « Nous qui toujours voulons raison garder. » La raison, il ne saura jamais ce que c'est et l'Anglais en profitera pour envahir la France. Mais il sait bâtir et, sous son règne, le superbe Vincennes des *Très Riches Heures* s'érige et s'étale sous le soleil. Superbe… mais déjà dépassé quand Charles V l'achève. Et s'en va mourir à côté, au château de Beauté.

Une autre mort royale va ramener le son du glas. Henri V d'Angleterre, le vainqueur d'Azincourt, s'est fait remettre la forteresse lors de son mariage avec Catherine de France. Marié le 2 juin 1420, il meurt à Vincennes le 31 août 1422 « de la colique », précédant dans la mort son triste beau-père, Charles VI le Fou, qui mourra en octobre. N'ayant jamais été roi de France, il devra regagner Westminster mais Vincennes respirera les effluves du bouillon royal qui tenait toujours lieu d'embaumement.

La mort du souverain anglais semble avoir dégoûté les rois de France de rendre à Vincennes leur dernier soupir. Il s'en trouvera pourtant encore un, un jeune roi de vingt-quatre ans, Charles IX. Passionné de chasse – durant la Saint-Barthélemy il a tiré les protestants comme perdreaux depuis les fenêtres du Louvre – il aime profondément son château du Bois. Le 30 mai 1574, il y meurt de shakespearienne façon dans des draps rougis par la sueur de sang qui sourd de son corps tuberculeux. Les victimes de la Saint-Barthélemy crieront à la damnation.

Comme les Capétiens, les Valois et les Bourbons ont tous été de grands chasseurs. Château forestier, Vincennes leur offre un relais aux dimensions plus que royales. Pourtant Louis XI, veneur aussi passionné que les autres, s'avise de deux détails : d'abord le donjon est sinistre – et du coup il se fait construire un petit manoir à l'endroit où s'élève aujourd'hui le Pavillon du Roi –, ensuite, pour sinistre qu'il soit quand il s'agit d'y loger un roi, il présente toutes les couleurs joyeuses qui devraient convenir à des prisonniers d'État. Et voilà Vincennes devenu prison. Un rôle qu'il va remplir pendant de longues décennies. Désormais, les funérailles que l'on y célébrera, le cas échéant, n'y gagneront ni en pompe ni en majesté : un linceul, un brancard, quatre soldats aux points stratégiques, un moine pour ouvrir la porte du Ciel et ce sera tout. Néanmoins et en dépit de ce nouvel avatar, il semblerait que les rois aient aimé y recevoir des ambassadeurs. La raison en est simple : la formidable forteresse donnait de leur puissance une idée beaucoup plus impressionnante que le Louvre. Les envoyés de Soliman le Magnifique y furent peut-être sensibles lors de la réception que leur offrit François Ier. Et aussi ceux de Philippe II d'Espagne quand ils vinrent s'incliner devant Henri II. Mais, en tant que château royal, Vincennes a tout de même beaucoup perdu. Sur la Loire s'élèvent à présent des demeures de rêve et le climat est infiniment plus doux au jardin de la France qu'au cœur de la rude forêt capétienne.

Un seul des rois Valois échappe à la mode et, chose curieuse, c'est le plus raffiné de tous, le plus étrange aussi : Henri III adore Vincennes. Peut-être parce que le cadre guerrier donne un relief inattendu à son élégance toujours extrême. De tous nos rois, c'est, avec Louis XIV, le seul qui ait eu les talents d'un vrai metteur en scène. Et que l'on n'excepte pas François Ier : celui-là eut Léonard de Vinci.

Fâcheux entracte : en 1590, après la mort d'Henri III assassiné par le moine Jacques Clément et un an de siège, les ligueurs de la duchesse de Montpensier s'emparent de Vincennes. C'est la duchesse qui a armé Jacques Clément – elle a même payé de sa personne – pour venger la mort de ses frères Henri de Guise et le cardinal de Lorraine, tués au château de Blois. Une furie règne alors sur la forteresse royale qu'elle laisse piller à loisir par ses soudards. Des soudards qui l'ont nommée gouverneur.

Vincennes attendra près de quatre ans pour voir un roi passer de nouveau son seuil. Et quel roi ! Henri IV devant qui les troupes fanatisées de la Ligue ont fini par fondre comme beurre au soleil. L'état du château le désole. Il aimerait bien le reconstruire ou même seulement le réparer. Malheureusement il n'a pas d'argent. La France qu'il faut guérir et les femmes – mais il n'a jamais fait de doute pour personne que la France ne soit femme – lui coûtent cher. La seule qui lui apportera une fortune, sa seconde femme Marie de Médicis, la grosse banquière, finira par le faire assassiner pour avoir la paix. Ou tout du moins sa paix à elle.

C'est pourtant elle qui reprend le projet de reconstruction et, le 17 août 1610, le jeune Louis XIII, encore en grand deuil – le coup de couteau de Ravaillac date de trois mois – pose la première pierre de ce qui sera le Pavillon du Roi. Nom parfaitement justifié : Louis XIII y passera une grande partie de sa jeunesse. Lui et surtout Richelieu reprennent l'idée de Louis XI. Le donjon avait vu passer quelques prisonniers de qualité mais le règne du grand cardinal inaugure la période des captifs de grande classe.

D'abord, le prince Henri II de Condé, père de la fameuse duchesse de Longueville qui, d'ailleurs, verra le jour à Vincennes, sa mère ayant obtenu permission d'accompagner son père. Ensuite, les Vendôme, Alexandre et César, bâtards d'Henri IV et de Gabrielle d'Estrées, le maréchal d'Ornano qui y meurt ainsi qu'Alexandre de Vendôme dans des conditions qui laissent flotter une senteur de poison. Le maréchal de Puylaurens qui a le même sort. On parle, même, mais à mots couverts, de certain cachot qui vaudrait « son pesant d'arsenic ».

Plus grands encore sont les prisonniers issus de la Fronde : le fameux duc de Beaufort, le roi des Halles, fils de César de Vendôme, qui s'évade, après trois ans de captivité, à l'aide d'une échelle de corde cachée dans un énorme pâté. Puis de nouveau des Condé : le plus grand d'abord, le fameux vainqueur de Rocroi, son frère Conti et son beau-frère Longueville. Et pour finir, en 1652, le trublion majeur de la Fronde, le fameux cardinal de Retz.

Revenu au pouvoir, Mazarin songe que Vincennes pourrait lui rendre de grands services, ne fût-ce que pour y abriter ses trésors mais sachant qu'il ne peut s'annexer un domaine royal pour lui tout seul. Il achève le Pavillon du Roi, fait élever celui de la Reine – le tout par Le Vau – et projette un parc magnifique avec jeux d'eaux et cascades qui rejoindraient la Seine. La mort ne lui laisse pas le temps de réaliser ce grandiose projet. Et c'est à Vincennes qu'il meurt, le 8 février 1651, au rez-de-chaussée du Pavillon du Roi (aujourd'hui Archives des armées, le Pavillon de la Reine enfermant celles de la Marine). On sait que Louis XIV préfère Saint-Germain et surtout Versailles qu'il a déjà en tête. Il trouvera tout de même le donjon assez bon pour recevoir le surintendant Fouquet arrêté après sa trop somptueuse fête de Vaux et qui va y attendre son procès en compagnie de son gardien particulier, d'Artagnan, capitaine-lieutenant des mousquetaires.

C'en est fini des pompes royales à Vincennes. Un temps résidence de souverains étrangers de passage, il restera prison puis accueillera toutes sortes d'avatars : fabrique de porcelaine, école de cadets. Parmi les prisonniers de marque : Diderot, Mirabeau, tout plein de sa passion pour Sophie de Monnier, le fameux Latude, recordman du monde de l'évasion qui s'en va, un jour, par la porte.

La Révolution transforme le château en poudrière et enferme au Pavillon du Roi les filles de joie. Mais l'heure du drame approche. Celui dont Talleyrand, qui n'en est pas tout à fait innocent, dira : « C'est plus qu'un crime, c'est une faute. »

Au soir du 20 mars 1804, vers cinq heures et demie, une voiture fermée enveloppée d'un escadron de cavalerie pénètre dans la cour du château. Elle renferme un jeune homme de trente-deux ans. C'est encore un Condé. C'est même le dernier.

Louis-Antoine-Henri de Bourbon-Condé, duc d'Enghien, a été enlevé cinq jours plus tôt, au mépris de tout droit et au prix d'une violation de frontière, à Ettenheim, petite ville de la Forêt-Noire où il menait une vie paisible en apparence auprès de celle qu'il aimait et dont on disait qu'il avait fait son épouse morganatique en dépit de l'opposition du vieux Condé. Charlotte de Rohan, nièce du célèbre cardinal de Rohan, héros de l'affaire du Collier[1], donne asile au jeune couple. L'enlèvement, dirigé par le général Hulin, a été ordonné par Bonaparte qui voit, dans le prince, le centre actif de toute l'agitation royaliste.

Quand il pénètre à Vincennes, Enghien ignore qu'il va mourir. Comment l'imaginerait-il ? Prisonnier politique, soit ! mais de là à imaginer qu'on va, quelques heures plus tard, sans même l'ombre d'un jugement, le fusiller dans un fossé boueux et l'y enterrer séance tenante, il y a un monde. C'est pourtant ce qui se produit. Réveillé à minuit dans le Pavillon du Roi où il a été installé, le prince, après un semblant d'interrogatoire, est conduit dans les fossés de Vincennes et passé par les armes. Il est alors deux heures trente. Le corps sera enterré sur place. Bonaparte n'a même pas accordé à sa victime l'audience qu'elle réclamait.

Quatre ans plus tard, en 1808, Napoléon, Dieu sait

1. Voir Saverne.

pourquoi, fera raser les tours de Vincennes à la hauteur de la cour, n'épargnant que le donjon et la tour du Village. Peut-être était-il gêné par cet antique symbole de la puissance royale ou par un souvenir plus récent ? Il faudra attendre 1816 pour que le corps du jeune duc d'Enghien soit tiré de son fossé et enterré dans la Sainte-Chapelle sous le mausolée de Bosio où il se trouve toujours. Mais, entre-temps, Vincennes a vécu une belle page de gloire.

En 1814, le gouverneur, c'est le général Daumesnil qui a perdu une jambe à Wagram. L'Empire s'écroule mais Vincennes, qui renferme encore une grande quantité de poudre, d'armes et de munitions, n'a pas cessé de se défendre avec acharnement. Et tandis que Marmont capitule à Belleville, Daumesnil réussit à faire rentrer encore d'autres armes.

Désespérant d'en venir à bout, les Alliés lui envoient un ambassadeur pour le prier de rendre sa forteresse.

« Je vous rendrai Vincennes quand les Autrichiens me rendront ma jambe ! » déclare Daumesnil, et comme l'autre insiste, menaçant de bombarder le château, il ricane : « Je ferai tout sauter avec vous et si je vous rencontre en l'air, je ne réponds point de vous égratigner. »

Il faudra l'abdication de l'Empereur pour convaincre l'héroïque mutilé des droits que Louis XVIII a désormais sur le château. Pour le punir de sa résistance, on lui offre un exil à peine déguisé à Condé. Mais Louis-Philippe, devenu roi, rappellera Daumesnil et c'est à Vincennes que finalement il mourra du choléra.

HORAIRES D'OUVERTURE

Du 21 mai au 22 septembre	10 h-18 h
Du 23 septembre au 20 mai	10 h-17 h

Fermé le 1er janvier, le 1er mai, les 1er et 11 novembre et le 25 décembre.

http://www.chateau-vincennes.fr/

VIZILLE

Marie Vignon, duchesse

Une belle femme qui a les qualités d'un honnête homme est ce qu'il y a au monde d'un commerce plus délicieux.

Elles sont légion, en France, les anciennes forteresses remises au goût du jour pour le caprice d'une jolie femme. Vizille ne fait pas exception. Quand, en 1600, François de Bonne, seigneur de Lesdiguières et lieutenant général des armées du roi Henri IV pour le Dauphiné, le Piémont et la Savoie, entreprend la reconstruction du vieux château, mal retapé par les troupes catholiques en 1562 pour y tenir garnison, c'est dans l'unique intention de plaire à la dame de ses pensées et de ses « joyeux esbatements », Marie Vignon, une jolie marchande de soieries grenobloise dont Lesdiguières est fou depuis dix ans déjà. Il faut bien avouer qu'il y a de quoi.

La première rencontre a eu lieu le 16 décembre 1590.

Ce jour-là, Lesdiguières entre dans Grenoble à la tête des troupes protestantes dont il est le chef au nom du roi Henri IV qui, à cette époque, n'est pas tout à fait roi car il ne lui est pas encore apparu que Paris valait bien une messe.

Donc, Lesdiguières entre. Sur son passage, la foule se presse, clame son enthousiasme. Au premier rang, une adorable créature blonde, ronde et rose crie plus fort que tout le monde. Bien mieux, elle écarte ses voisins, s'avance au risque de se faire fouler aux pieds par le cheval et tend à Lesdiguières une petite branche de gui, ce qui oblige le héros à la regarder : « Dieu quel morceau ! » écrit René Fonvieille, biographe du couple. Et en vérité on ne saurait mieux dire. Lesdiguières est ébloui et quand il se penche pour embrasser la jolie créature, il y met tout son cœur. On se reverra ! Et bientôt même : quelques jours plus tard la dame à la branche de gui tombe dans les bras de Lesdiguières et n'en sortira plus avant que la mort ne les sépare, trente-deux ans plus tard.

Est-elle à ce point amoureuse la jolie Marie aux yeux vifs ? À première vue on a peine à le croire. Lesdiguières a déjà cinquante-sept ans mais, rompu depuis la prime jeunesse à la vie des camps – il a choisi l'armée parce qu'il lui était tout à fait impossible de reprendre la charge de son royal notaire de père – c'est un gaillard tout en muscles, sec comme un sarment avec une figure qui ne manque ni de noblesse ni d'une certaine beauté. Et si ses cheveux grisonnent, du moins sont-ils toujours tous présents à l'appel.

La liaison rapidement affichée cause un vrai scandale. Marie Vignon est mariée et elle a même trois filles en dépit de son jeune âge. Son époux, Ennemond Matel, le marchand de soieries de la rue Revenderie, n'est pas de ceux qui aiment à porter des cornes. Il bat sa femme comme plâtre chaque fois qu'il la voit rentrer au logis avec, aux yeux, certains cernes révélateurs. Quant à Lesdiguières, il est marié, lui aussi, depuis le 11 novembre 1566 où il a épousé Claudine de Bérenger. Mais il ne s'en soucie que par moments car on la dit fort malade, tandis que Marie, c'est la santé, la fraîcheur. Les pasteurs calvinistes du Graisivaudan peuvent crier au scandale, invoquer Sodome et Gomorrhe, ils ne peuvent rien contre une telle passion.

Comme des libelles venimeux commencent à circuler, Lesdiguières en vient à penser qu'il faut tout de même sauver les apparences : pour rencontrer Marie plus commodément et sans faire hurler toute la ville, il achète un petit château des environs, y installe Jean Vignon, le père de Marie, et peut ainsi rejoindre sa maîtresse sans attirer trop de monde aux fenêtres. Voilà pour le confort amoureux. Reste le mari, pratiquement privé de sa femme : Lesdiguières en fait un troisième consul de la ville, ce qui a au moins pour résultat d'obliger les rieurs à rire plus discrètement. Ennemond Matel pourrait refuser dignement le présent de son rival mais il ne résiste pas aux attraits des honneurs et une vie assez agréable s'instaure entre ces trois personnages.

En 1608, les travaux de Vizille sont déjà bien avancés et le couple irrégulier peut y passer quelques jours d'été. Le reste du temps, on vit au palais delphinal qui fut jusqu'en 1962 la mairie de la ville. Voyant son époux bien calmé Marie a fini par venir s'y installer tout à fait. C'est là qu'une triste nouvelle arrive : la pauvre épouse malade vient de mourir.

On ne sait de quel cœur Lesdiguières apprit la mort de sa femme. Son chagrin, en tout cas, fut de courte durée : Marie était là. Et puis le roi venait de le nommer maréchal de France. Ce sont de ces choses qui font plaisir. Mais il fut plus content encore lorsqu'en 1611 le nouveau roi Louis XIII le fit duc et pair.

Marie voyait avec un vif plaisir tous ces titres

superbes couronner son amant mais soupirait un peu en songeant qu'elle ne pouvait pas les partager. Être duchesse c'était pourtant un joli rêve et elle le serait tout de suite sans doute si le malencontreux Ennemond Matel ne s'obstinait à s'épanouir sous le soleil. Mais comme elle était à la fois bonne catholique et pieuse, Marie s'interdisait sagement des rêves aussi dangereux.

Il se trouva alors que le destin jugea opportun de lui apporter une aide parfaitement inattendue. En 1614, Lesdiguières reçut un envoyé du duc de Savoie qui l'appelait au secours car sa réputation du plus grand soldat de son temps n'était plus à faire. La grande Élisabeth d'Angleterre ne soupirait-elle pas : « Plût à Dieu qu'il y eût en France deux Lesdiguières et que j'en puisse obtenir un du roi ! » ?

Donc un envoyé arrive. Il se nomme le colonel Alard et, à peine arrivé à Grenoble, il s'enquiert de ce qui pourrait faire vraiment plaisir à celui qu'il vient solliciter. L'affaire, en effet, n'est pas simple : le duc de Savoie a des démêlés avec le roi d'Espagne et le jeune roi Louis XIII vient d'épouser l'infante Anne. Si puissant que soit Lesdiguières, il lui sera peut-être difficile d'intervenir dans un réseau diplomatique aussi délicat. Et tout à coup, Alard trouve le cadeau idoine : la belle Marie a un époux, cet époux est encombrant, supprimons l'époux ! Et un beau soir, alors qu'il revient de ses vignes, Ennemond Matel est tué d'un coup d'épée discret.

Discret mais tout de même bruyant. On arrête Alard et il va falloir à Lesdiguières des trésors de diplomatie et de ruse pour le tirer de sa prison et le renvoyer à son maître tout entier. Il y réussit et c'est avec un grand soulagement qu'il voit partir Alard. C'eût été pour lui un gros chagrin d'envoyer à l'échafaud un homme qui s'était si bien dévoué à son bonheur.

Pour combler la distance qui sépare un duc et pair d'une modeste Marie Vignon, il commence par obtenir pour elle le titre de marquise de Treffort. Puis, le 16 juillet 1617, au Touvet, dans la chapelle du château de Marcieu, Guillaume d'Hughes, évêque d'Embrun, marie François de Lesdiguières et Marie Vignon. Le mariage n'est guère valable du point de vue protestant mais l'essentiel est qu'il soit célébré.

Voilà Marie duchesse et dame de Vizille où elle fait une entrée superbe. Les travaux du château, confiés d'abord à Pierre La Cuisse puis, en 1617, à Guillaume Le Moyne, tirent vers leur fin. En 1620, il ne manque plus que le grand portail mais, dès l'année précédente, le couple ducal y a donné des fêtes brillantes en l'honneur de la princesse Christine de France qui s'en allait en Piémont épouser le prince Victor-Amédée. Et la duchesse Marie y tient presque toute l'année une cour pleine d'éclat et d'élégance.

En 1622, consécration suprême, elle reçoit le roi Louis XIII qui s'en revient de Provence. C'est alors qu'elle entend évoquer un projet mirifique : il s'agirait de faire de Lesdiguières un connétable de France. Malheureusement, il est toujours protestant et cela crée une impossibilité. Alors Marie prend contact avec François de Sales, l'auguste évêque de Genève, et, à eux deux, ils vont amener enfin Lesdiguières à abjurer ou plutôt à revenir à la religion de son enfance qu'il avait abandonnée pour entrer dans l'armée protestante. Le 26 juillet 1622, la cérémonie a lieu. Aussitôt après, Lesdiguières reçoit les lettres patentes qui lui confèrent la prestigieuse dignité militaire.

Quatre ans plus tard, le 28 septembre 1626, le connétable trouve la mort à Valence par la faute d'une mauvaise fièvre. Il a quatre-vingt-trois ans. Marie, souffrante, doit quitter Vizille et goûtera même de la prison par la faute de son gendre mais un ordre du roi lui rend la liberté et c'est à Grenoble qu'elle meurt en 1657.

Le château qui, avant sa reconstruction, avait reçu Louis XI, Charles VIII, Louis XII et François Ier, recevra en 1788 l'assemblée des trois ordres des états de Dauphiné, ce dont, à la Restauration, le duc d'Angoulême lui tiendra rigueur.

Après divers propriétaires, l'État français en fait l'achat comme résidence d'été pour les présidents de la République. Le président Coty puis le général de Gaulle y séjournèrent mais, en 1971, le président Pompidou et l'État français en faisaient don au département de l'Isère.

HORAIRES D'OUVERTURE

Du 1er avril au 31 octobre	10 h-12 h 30 et 13 h 30-18 h
Du 2 novembre au 31 mars	10 h-12 h 30 et 13 h 30-17 h

Fermé le mardi, du 25 décembre au 1er janvier, le 1er mai, les 1er et 11 novembre et le 25 décembre.

Le château abrite le musée de la Révolution française et le parc est classé monument historique.

http://www.domaine-vizille.fr

Le Roman des châteaux de France

Tome II

Ayant commencé le précédent volume de ce *Roman des châteaux de France* par les aventures de l'Élysée, demeure rive droite et un peu folle des chefs d'État, il m'est apparu que ce second tome se devait de débuter par le palais rive gauche et un peu fou de ceux qui, en général, ne sont pas souvent d'accord avec les premiers. Voilà pourquoi ce livre s'ouvre sur…

LE LUXEMBOURG

Des dames un peu folles et des messieurs pas si sages !

On dit que l'heure incommode
Qui ferme le Luxembourg
Ouvre, suivant la méthode,
Le jardin du tendre amour

Chanson satirique du XVIIIe siècle

Deux ans après que le couteau de Ravaillac l'eut débarrassée d'un époux qu'elle n'aimait pas et jugeait incommode, Marie de Médicis, régente de France durant la minorité de son fils aîné le jeune roi Louis XIII, s'avise qu'elle n'a jamais aimé le Louvre et même qu'elle le déteste. Les fossés puent à longueur d'année en dépit des sommes énormes qu'elle a dépensées pour en faire un véritable palais royal tel qu'on le conçoit sur les bords de l'Arno. Fort riche... et c'est la raison pour laquelle elle a été épousée, elle n'a jamais réussi à pardonner au vieux palais capétien la première et détestable impression qu'elle en a eue le jour où elle effectuait sa « joyeuse entrée » dans la bonne ville de Paris : peintures sales, tentures déchirées ou tapisseries montrant la trame, et meubles tout juste bons pour le rebut.

Cela choqua son sens personnel de l'esthétique au point qu'elle a cru, alors, à une mauvaise plaisanterie de ce petit homme vif, pétillant mais rustre et parfumé à l'ail qu'elle venait d'épouser à la hussarde, à Lyon, quelques jours plus tôt. Et qui n'était même pas là tandis qu'elle parcourait, décontenancée, les salles lugubres fleurant le moisi et les relents de douves jamais curées. Henri IV avait préféré à celle de sa jeune épouse la compagnie plus excitante de sa belle maîtresse Henriette d'Entragues, marquise de Verneuil, qui d'ailleurs ne se priva pas d'empoisonner la vie conjugale de la Florentine avant de finir par tomber d'accord avec elle sur l'urgence qu'il y avait à se débarrasser d'Henri IV.

Donc Marie de Médicis était veuve et avait décidé de se trouver une demeure à son idée. Elle choisit la rive gauche et l'agréable quartier, fait de jardins et de vastes hôtels, qui s'étendait sur les pentes de la montagne Sainte-Geneviève. Il y a là le bel hôtel du duc de Luxembourg construit un siècle plus tôt pour Harlay de Sancy – aujourd'hui le Petit-Luxembourg. La reine mère achète l'hôtel et s'en sert d'abord pour y installer ses enfants quand ils sont malades. Mais la demeure devient rapidement trop petite. En outre, Louis XIII, deux ans après, atteint sa majorité royale et va épouser l'infante Ana – nous disons Anne (d'Autriche). L'idée de céder bientôt le grand appartement du Louvre décide Marie de Médicis : elle va faire construire un palais qu'elle veut copié sur le modèle du palais Pitti à Florence où elle a été élevée.

Bien sûr, elle pourrait achever les Tuileries que sa tante Catherine de Médicis a commencé de construire sans les terminer, mais elle entend avoir une maison qui ne soit qu'à elle. Après avoir songé à faire venir un architecte de Florence, elle confie l'ouvrage à Salomon de Brosse qui s'inspirera à peine du Pitti.

On a rasé des maisons, une partie du Petit-Luxembourg et, le 2 avril 1615, Marie de Médicis pose la première pierre et enfouit trois médailles d'or dans les fondations. Il faudra quinze ans de plus pour achever l'ouvrage mais, dès 1625, la reine mère s'installe au premier étage de l'aile ouest du palais qui porte le nom de palais Médicis. Pour la reine, tout au moins, car les Parisiens s'obstineront à l'appeler palais du Luxembourg.

C'est dans la chambre de Marie de Médicis que se déroule, le 16 novembre 1630, la comédie burlesque dont l'histoire a conservé la mémoire sous le nom de journée des Dupes et d'où Richelieu qui se croyait perdu, exilé, vaincu par la grosse reine haineuse sort plus fort que jamais. Six ans plus tard, ayant conspiré contre son fils en faveur de son second fils Gaston d'Orléans, Marie de Médicis quitte son beau palais neuf pour n'y plus revenir. Emprisonnée à Blois d'où elle s'évade, elle ira mourir misérablement à Cologne en 1642. Et Claude Le Petit, le fameux « Poète Crotté », de dédier quelques vers au palais déserté :

Quand j'admire solidement
Cet admirable bâtiment
Qui semble au Louvre faire niche
Je dis : « Est-il possible enfin
Que celle qui t'a fait si riche
Soit morte à Cologne de faim ? »

Un an après la mort de la reine mère, il ne reste plus aucun protagoniste de la journée des Dupes. Louis XIII et Richelieu ont disparu à quelques semaines de distance. Le palais du Luxembourg échoit à Gaston d'Orléans, l'éternel conspirateur, qui n'en fera rien, puis à sa veuve, Marguerite de Lorraine, qui s'y installe après sa mort pour y vivre une douzaine d'années et y mourir.

À qui le grand palais pseudo-italien ? Mais à la fille aînée de Gaston, Mlle de Montpensier, que l'on surnomme la Grande Mademoiselle depuis ses exploits de la Fronde et l'assurance avec laquelle elle fit alors tirer les canons de la Bastille sur son cousin Louis XIV. Mademoiselle, qui occupait déjà une bonne partie du palais, est sans doute la femme la plus riche de France : principauté de Dombes, principauté de La Roche-sur-Yon, duchés de Montpensier, de Châtellerault et de Saint-Fargeau « avec plusieurs belles terres portant titres de marquisats, comtés, vicomtés et baronnies, quelques rentes sur le roi et sur plusieurs particuliers, le tout faisant trois cent trente mille livres de rentes ». C'est aussi la plus folle. Est-ce qu'à trente-six ans elle ne s'est pas mis en tête d'épouser le cadet d'une vieille famille du Périgord, Antonin Nompar de Caumont, marquis de Lauzun, de sept ans son cadet, de petite noblesse et même pas beau ? Voire ! Petit, le nez rouge, le cheveu rare, Lauzun est loin d'être beau… mais il est pire car il a un esprit d'enfer, une bravoure de paladin ; toutes les femmes en raffolent. Il ne compte plus ses maîtresses et, dans les mains habiles de ce lutin passionné, la pauvre Mademoiselle n'est que pâte molle.

Il s'en faut d'un cheveu que Lauzun n'épouse la richissime héritière en 1670. Au dernier moment,

Louis XIV retire son autorisation, et Lauzun, qui prend fort mal la chose, fera de telles sottises qu'il s'en ira rejoindre au donjon de Pignerol, en Piémont, le surintendant Fouquet. Il y restera dix ans et longtemps au secret.

Pour Mademoiselle, la fin de son rêve d'amour et l'arrestation de son chevalier ont été autant de crève-cœur ? Elle a pleuré, supplié. Rien n'y a fait, en dépit de l'affection que le roi lui a montrée. Alors, dans son Luxembourg, elle attend, elle espère, elle cherche tous les moyens d'obtenir la libération de celui qu'elle ne peut oublier. Elle y parvient en 1680… après avoir promis de léguer par testament sa principauté de Dombes et son comté d'Eu au jeune duc du Maine, fils bâtard de Louis XIV et de Mme de Montespan.

En mars 1682, Mademoiselle et Lauzun se retrouvent. Il a quarante-neuf ans, elle en a cinquante-cinq. Il songe toujours à se faire épouser et elle ne demande pas mieux. Le mariage a lieu et Mademoiselle entre en enfer. Le Luxembourg et le château d'Eu seront témoins de scènes affreuses. Lauzun se conduit en maître et en maître grossier. Il trompe sa femme avec n'importe qui, exige d'être traité en prince et la traite en esclave. Si bien qu'elle finit par lui taper dessus, et lui, naturellement, ne se laissera pas faire. Après deux ans de cette existence, la rupture est consommée et le sera officiellement au Luxembourg. Le palais va retrouver sa paix et Mademoiselle y attendra la mort qui la prendra le 23 mars 1693. À la dernière heure, elle refusera de recevoir Lauzun, peut-être repentant… et qui prit un deuil de prince.

Après un court passage aux mains de la duchesse de Guise, demi-sœur de Mademoiselle, le palais revient à Louis XIV qui en fait don à Monsieur, son frère, le duc Philippe d'Orléans. Celui-ci a un fils, Philippe lui aussi, né de son union baroque avec la princesse Palatine et qui, à la mort du vieux roi, deviendra le Régent.

Parvenu au pouvoir, celui-ci cède aux instances de sa fille aînée, Marie-Louise-Élisabeth, veuve du duc de Berry, et qui a vingt ans tout juste. La jeune et ravissante duchesse souhaite habiter le Luxembourg comme elle souhaite d'ailleurs tout ce qui peut indiquer au monde qu'elle est la reine du moment. Et comme elle règne avant tout sur un père ébloui, elle n'a aucune peine à obtenir satisfaction.

Le Régent est un prince intelligent, cultivé, bon diplomate, humain aussi, et il eût sans doute fait un excellent roi de France mais, tenu à l'écart, méprisé dès son enfance et venu au pouvoir uniquement par le jeu des circonstances, il a depuis longtemps pris le goût du vin et de la débauche, surtout la passion des femmes qui l'ont consolé de bien des avanies. Malheureusement, sa fille a les mêmes goûts que lui et le Luxembourg va vivre des scènes telles que, de mémoire de palais royal, on n'en a jamais vu même à l'Élysée au temps où il était transformé en mauvais lieu.

Mme de Berry aime les fêtes autant que son père mais les fêtes d'un genre particulier où, et c'est le moins qu'on puisse dire, l'étiquette n'a guère sa place. Elle aime aussi les beaux hommes. Ceux de sa garde et les plus beaux gentilshommes de son père lui conviennent parfaitement et elle en fait grande consommation. Autant le dire tout de suite : père et fille deviennent compagnons de débauche. On boit sec, on mange – disons même on bâfre ! –, on joue à des petits jeux rien moins qu'innocents et on assiste à des séances de lanterne magique illustrant les œuvres de l'Arétin dont un gentilhomme fait, tout haut, le commentaire. Enfin, pour terminer, on éteint les chandelles. On se demande bien pourquoi, d'ailleurs, car les grandes lumières ne gênent guère les dames : elles assistent, en général, au souper dans le plus simple appareil ou bien couvertes, à peine, d'une légère mousseline qui ne cache pas grand-chose.

À ce train, la duchesse de Berry, qui possède un formidable appétit en toute chose, grossit, grossit au point que, dans le peuple, on ne l'appelle plus que la « princesse Joufflotte ». Elle souffre de l'estomac et de nombreuses incommodités mais ne s'arrête pas de manger pour autant. On dirait même que plus elle est malade et plus elle dévore. Au palais du Luxembourg, c'est, au naturel, « la grande bouffe » dans toute son horreur navrante et l'on en vient rapidement au résultat final. Le 21 juillet 1719, la duchesse de Berry meurt, à vingt-quatre ans.

Naguère encore, le peuple chantait :

La Messaline de Berry
L'œil en feu, l'air plein d'arrogance
Dit en faisant charivari
Qu'elle est la première de France.
Elle prend ma foi tout le train
D'être la première putain.

La mort fit taire sarcasmes et chansons, et le calme revint au Luxembourg tandis qu'un profond chagrin s'emparait du Régent.

C'est le comte de Provence, frère cadet du roi Louis XVI, qui ouvre, pour l'ancien palais de Marie de Médicis, l'ère des hommes – et non seulement des hommes mais des politiques – quand, en 1775, il obtient du roi qu'on lui abandonne en apanage le Luxembourg.

Le roi vient d'être sacré à Reims et, bien que marié depuis cinq ans à l'éblouissante Marie-Antoinette, il n'a pas encore réussi à lui faire le moindre enfant, faute d'avoir consommé tout à fait son mariage. Le bon Louis XVI souffre d'un « petit empêchement intime ». Mais, pour le moment, son héritier direct c'est Monsieur son frère, autrement dit le comte de Provence. Et un héritier qui espère bien succéder au roi dans les plus brefs délais. Il fait, pour cela, tous les efforts.

Les menées sourdes, les complots larvés ont déjà commencé. Exactement depuis que Monsieur s'est avisé qu'entre lui et la couronne si follement convoitée il n'y avait que son frère aîné. Mais, en cette année 1775, Monsieur se contente de laisser passer l'état de grâce du sacre et entreprend de s'installer noblement dans son rôle d'héritier présomptif.

Et d'abord dans une demeure digne de sa grandeur... Le Luxembourg où débuta la dynastie des femmes lui paraît tout à fait indiqué pour jouer ce rôle. Hélas, le vieux palais, s'il garde de la splendeur, a beaucoup souffert de la solitude. Le temps des dames s'y est achevé en 1742 – trente-trois ans plus tôt – avec la mort de la reine Louise d'Espagne, veuve de Philippe V, mais née princesse d'Orléans, qui s'y était installée depuis son veuvage. Durant ces trente-trois années : personne.

Or, Monsieur tient à une résidence somptueuse, à la mesure de ses ambitions qui justement n'en ont pas. Il exige des réparations, une remise en état royale. Le devis est astronomique et le roi qui a déjà une femme qui lui coûte cher n'a aucune envie, et pas davantage les moyens, de subvenir au luxe d'un frère qu'il n'aime guère. Non sans raisons.

Monsieur décide pourtant de trouver de l'argent et, pour ce faire, se mue en promoteur immobilier. Grâce à Dieu, le domaine est très vaste et les jardins immenses. Monsieur va en prélever un morceau de quelque « 13 400 » toises vers l'ouest – la toise équivaut à environ deux mètres – et le vendra. Il en tire une forte somme qui lui permet de payer ses travaux et même d'installer pour la comtesse de Balbi, sa favorite, un superbe hôtel rue Madame.

En fait, ce n'est pas lui qui profitera de ses somptueuses installations. Les travaux sont d'une telle envergure qu'ils ne seront pas achevés quand la Révolution éclate. En attendant, le prince s'installe au Petit-Luxembourg dans le bel appartement du premier étage où nos actuels sénateurs ont leur restaurant.

Il ne s'y trouve pas si mal et c'est avec quelque peine que, les événements devenant inquiétants, il se décide à l'abandonner pour les chemins hasardeux de l'émigration.

Dans la nuit du 20 juin 1791, tandis que Louis XVI, Marie-Antoinette et leurs enfants fuient les Tuileries dans une berline jaune aussi peu discrète que possible, Monsieur quitte le Luxembourg en compagnie de son ami d'Avaray et dans un simple « vis-à-vis ». Madame, car il y a une « Madame », bonne Savoyarde laide, moustachue mais admirable cuisinière, qui sera sans doute la moins connue de toutes les reines de France, Madame donc est déjà partie dans une autre voiture en compagnie de Mme de Gourbillon, sa favorite. Le sort en est jeté mais, tandis que la famille royale se fait arrêter à Varennes, Monsieur atteint Bruxelles sans encombre. Il ne reverra le Luxembourg que bien des années après, lorsqu'il sera devenu le roi Louis XVIII.

Pendant son absence, le palais va connaître un destin bizarre. En 1793, la Convention, qui a rempli toutes les prisons de Paris, manque de place. On ne suffit plus à la demande et comme cette grande bâtisse de Luxembourg est vide de tout occupant on va s'en servir. Et voilà le palais, rebaptisé « Maison nationale de Sûreté », transformé en prison.

On avait bien pensé y installer Louis XVI après le sac des Tuileries mais la Commune de Paris s'y était opposée : d'abord, c'était trop royal, et ensuite, c'était trop difficile à garder. Ceux qui inaugurent la « Maison nationale de Sûreté », le 2 juin 1793, ce sont vingt-deux députés girondins. On en est encore à garder quelques égards envers ces premiers représentants de la nation que l'on met en cage. On leur ajoute les Anglais résidant en France puis tous ceux que l'on ne sait plus où mettre. Les chiffres sont éloquents. Les détenus, en un peu plus de un an, vont passer de 22 à 818. On relève, parmi ces malheureux, les plus grands noms de France : toute la famille de Noailles d'abord, ou peu s'en faut : le vieux maréchal, sa femme, sa fille la duchesse d'Ayen et sa petite-fille, la vicomtesse de Noailles, le duc de Lévis, le président de Nicolaï, le comte de Mirepoix et bien d'autres. On relève ensuite les noms de ceux qui, la veille encore, les envoyaient à l'échafaud : Danton, Hébert, Camille Desmoulins, Fabre d'Églantine qui ne chantait plus *Il pleut, bergère*, Hérault de Séchelles.

Après le 9 Thermidor, changement à vue ! Plus de prisonniers ! Des artistes. Et, singulièrement, David qui va trouver dans les vastes pièces toute la place nécessaire pour peindre son gigantesque *Enlèvement des Sabines*. Mais il en a tout juste le temps : le Directoire s'installe…

Il aménage d'abord sa salle des séances, puis l'un de ses directeurs, Barras, bien entendu. Les quatre autres s'empileront au Petit-Luxembourg, et cela jusqu'à ce que Bonaparte mette tout le monde d'accord en emménageant lui-même et en attendant d'y établir, après le traité de Campo-Formio, le Sénat.

C'est là – il y a pris logis le 11 novembre 1799 – que, peu de temps après, il reçoit un soir l'homme qui en France le gêne le plus, le chef chouan Georges Cadoudal.

Bonaparte avait envoyé en Bretagne le général Hédouville pour tenter de traiter avec celui qui fut sans doute l'homme le plus incorruptible de son temps. Il y a là une puissance et Bonaparte aimerait bien s'attacher cette puissance, cette loyauté.

On peut imaginer la scène. Le Premier Consul a sans doute regardé avec un mélange d'admiration et de colère ce Breton blond au cou de taureau, puissant et même corpulent, cet homme contre qui luttent depuis tant d'années les armées de la République. Mais l'entretien a été faussé à la base car, le matin même, Cadoudal a appris le guet-apens où vient de tomber un autre chouan, le marquis de Frotté, fusillé aussitôt par les troupes du Consul. Et Cadoudal a peine à croire que ce guerrier blême, aux longs cheveux noirs, à l'œil fulgurant veuille vraiment la paix.

Et quelle paix d'ailleurs ? Bonaparte dit que le temps n'est plus aux luttes intestines, que tous les Français doivent se serrer les coudes pour rendre à la France son rang de grande nation et sa puissance. Mais c'est justement sur la France qu'ils ne sont pas d'accord. Pour Cadoudal, la France c'est celle du roi légitime en exil, c'est celle de Louis XVIII. Pour Bonaparte, qui sent déjà pousser les lauriers d'or de la couronne impériale, la France c'est lui-même… Dialogue de sourds sans doute mais de sourds capables d'entendre les symphonies de la gloire. Unis, ces deux hommes pourraient être invincibles. Cette idée différente qu'ils ont de leur pays les sépare à jamais…

Garanti par la parole donnée, le chef chouan quittera Paris pour gagner l'Angleterre sans être inquiété. Il en reviendra en 1803 pour prendre sa part du complot de Pichegru et Moreau mais, cette fois, il n'en sortira pas vivant. Arrêté en plein Paris par l'inspecteur Buffet, Georges Cadoudal montera à l'échafaud, dressé, comme au temps des rois, sur la place de Grève, le 24 juin 1804, alors que son ancien interlocuteur du Luxembourg devenait empereur. Et l'on aurait aimé que l'avènement de Napoléon Ier n'ait pas eu lieu dans un bain de sang. Après celui du duc d'Enghien, celui de Cadoudal… et de onze de ses compagnons en même temps. Depuis la Terreur, on n'avait pas vu couler tant de sang sur un échafaud.

Devenu Sénat, le palais du Luxembourg le reste tant que dure l'Empire, mais les Bourbons, de retour, préférèrent en faire la Chambre des pairs. Une Chambre que l'on inaugura presque avec le procès du maréchal Ney, prince de la Moskova, où l'on put voir d'anciens frères d'armes de l'accusé voter la mort pour garder leurs terres et leurs fortunes. Quand Louis Philippe devint roi, on y jugea les ministres de Charles X, puis le prince Louis Napoléon débarqué, en 1840, pour tenter de soulever le pays. Cela lui valut l'incarcération à Ham.

Autre procès retentissant vers la fin du règne du Roi-Bourgeois : celui du duc de Praslin accusé d'avoir assassiné sa femme de trente coups de poignard pour les beaux yeux de la gouvernante de ses enfants[1]. Le duc, pour éviter la honte de l'échafaud, s'empoisonna dans sa prison du Luxembourg. D'aucuns prétendent que ce ne fut qu'un simulacre et que le duc put s'enfuir pour vivre une pénitence d'ermite dans les forêts encore à demi sauvages du Cotentin.

Quand, enfin, le prince Louis Napoléon prit le nom d'empereur, Napoléon III, la Chambre des pairs redevint le Sénat et ne cessa plus de l'être.

HORAIRES D'OUVERTURE	
Un samedi par mois	10 h 30 ou 14 h 30

1. Voir Vaux-le-Vicomte.

ANCY-LE-FRANC

Un palais sur l'Armançon

> *Nous allons, quand le beau temps nous y invite, faire des voyages au long cours pour connaître la grandeur de nos états...*
>
> M. de COULANGES

« Elle remonte aux Croisades ! » C'est ce que l'on a coutume de dire, en France, lorsqu'il s'agit de l'ancienneté d'une famille noble. Bien rares sont celles qui peuvent se vanter de plonger aussi loin dans la nuit des temps et plus rares encore celles qui se sont illustrées avant l'époque de référence et dont les racines se sont accrochées au plus profond de la terre de France. Pourtant, si l'on regarde vers le Dauphiné, vingt-cinq ans environ avant que Pierre l'Ermite ne prêche la première croisade, on rencontre Sibaud, premier ancêtre connu de l'illustre maison de Clermont-Tonnerre.

Il ne s'appelle encore que Clermont et cela tout simplement parce qu'il habite, sur un clair mont, un rude château dont il reste encore une tour, à quelques kilomètres de Grenoble. Quand viendra l'habitude de porter, sur le bouclier, un signe distinctif, le fils de

Sibaud fera peindre une montagne et un soleil sur son écu.

Pour que changent les armes de la famille – elles portent deux clefs d'argent sur champ de gueules –, il y faudra un pape. C'est Calixte II qui, pour remercier Sibaud II de lui avoir permis de rentrer chez lui à Rome, en 1120, après en avoir chassé l'antipape, lui permettra d'utiliser pour ses armoiries les clefs de saint Pierre. En même temps, il lui donne une devise qui restera : *Si omnes ego non*, « Si tous te renient, moi je ne te renierai pas » ; la parole même de l'apôtre qu'il a, en vérité, si mal tenue !

Mais, pour que Clermont le Dauphinois rejoigne Tonnerre la Bourguignonne, il faudra une femme… et pas loin de quatre siècles. L'union se fera quand, dans les débuts du règne de François Ier, Bernardin de Clermont épousera la fille du comte de Tonnerre, Anne Husson. Mais il faudra attendre le règne de Charles IX pour qu'un simple tiret s'installe entre les deux noms.

François Ier n'est plus qu'à un an de la mort quand, en 1546, Antoine III de Clermont décide de construire, en pays bourguignon et non loin de Tonnerre, une demeure capable de rivaliser avec les plus beaux châteaux du Val de Loire. La mode est à l'Italie. En outre, Antoine a épousé la sœur d'une dame dont personne, au cours des siècles, n'a jamais songé à contester le goût raffiné. Françoise de Poitiers est, en effet, la sœur de Diane, favorite de celui qui va être incessamment le roi Henri II et dont le monogramme va s'inscrire sur trois joyaux de la Renaissance : Fontainebleau, Chenonceau et Anet. Et l'on peut imaginer sans peine que Diane a pu donner quelques conseils à son beau-frère…

Le château qui s'érige peu à peu sur les rives de l'Armançon est un chef-d'œuvre, une merveille dans le goût italien de l'époque. L'architecte bolonais Serlio en a fait les plans et a veillé à la construction, mais c'est le Primatice qui assurera la décoration intérieure. Antoine III n'en verra pas la fin qui se situe en 1622, mais les constructeurs successifs ont si bien respecté les plans de Serlio et du Primatice que, selon l'avis d'un contemporain, « on dirait presque qu'il a été tout fait en un jour tant il rend de contentement à l'œil… ».

C'est Charles-Henri, petit-fils d'Antoine, qui célébrera l'achèvement. Son père, Henri, fils d'Antoine, a été tué au siège de La Rochelle, et, s'il fut le premier duc de Clermont-Tonnerre, il ne régnera jamais sur Ancy, le fondateur n'ayant quitté ce monde que cinq ans après lui.

Des rois viendront admirer tour à tour l'immense domaine et le superbe château : Henri III, d'abord, à son retour de Pologne et, dans la salle des Gardes, son séjour est commémoré par un décor de fleurs de lys encadrant les armes de France. Henri IV y vint aussi mais dans des circonstances moins aimables : il s'agissait pour le roi de porter secours à son féal Henri assiégé par les énergumènes de la Ligue. Le soleil qui brilla ce jour-là sur Ancy fut celui de la délivrance.

Fête à nouveau pour le roi Louis XIII auquel Charles-Henri offrit un grand dîner au retour d'un voyage à Metz. Fête aussi pour Louis XIV, le 12 juin 1674. Le roi vient de mener en Franche-Comté une campagne victorieuse et il convient d'accueillir le vainqueur selon son mérite. François de Clermont-Tonnerre, sans tomber dans les excès de Fouquet, donnera là une fête qui ne fera aucun bien à des finances déjà en triste état…

Que l'on ne s'y trompe pas ! François n'a rien d'un gaspilleur. Seulement c'est un homme au cœur généreux. Il subventionne totalement l'hôpital de Tonnerre et s'est engagé envers un couvent de minimes qui ne vit guère que de lui. Le moins que l'on puisse dire est que la venue du roi, si elle est honorifique en diable, tombe plutôt mal. D'autant plus mal que, revenant de guerre, Louis XIV est accompagné du ministre adéquat : Louvois.

Grand ministre s'il en fut, Louvois n'en était pas moins un homme détestable, pourvu d'un caractère emporté, bilieux et singulièrement envieux. À peine eut-il posé les yeux sur Ancy-le-Franc qu'il se sentit saisi par l'envie irrépressible de le posséder. Son œil scrutateur eut tôt fait de déceler les difficultés financières que rencontrait alors son hôte et, séance tenante, il offrit d'acheter château et domaine.

Choqué – on le serait à moins ! – par l'offre de cet invité qui songe d'abord à s'approprier la demeure de son hôte, François de Clermont-Tonnerre refuse : il n'en est pas là, Dieu soit loué ! Louvois s'incline mais ne renonce pas. Il a la patience des fauves quand il désire quelque chose, ou quelqu'un. Il attendra, voilà tout !

Il attendra dix ans. Cinq ans après la visite royale, François meurt en 1679. Son fils, Jacques, ne lui survivra que de trois années. Quand celui-ci meurt, en 1682, son fils, François, a vu s'accroître les difficultés de famille en dépit d'un beau mariage avec Mlle de Crèvecœur. Le crève-cœur sera pour lui : en 1684, Louvois, qui n'a rien fait pour que le roi ait l'idée d'aider cette noble famille, devient maître et seigneur d'Ancy-le-Franc.

Il n'en profitera guère : tout juste un peu plus de six ans, et quand, en 1691, il meurt à Versailles dans des conditions demeurées assez suspectes pour que l'on parle d'empoisonnement, sa veuve s'en va régner à Ancy-le-Franc, avec beaucoup d'éclat mais assez débonnairement si l'on en croit la lettre que M. de Coulanges écrit à cette époque à Mme de Sévigné :

« Il y a un mois que je me promène dans les états de Mme de Louvois ; en vérité ce sont des états au pied de la lettre et c'en sont de plaisants, en comparaison de ceux de Mantoue, de Parme et de Modène. Dès qu'il fait beau, nous sommes à Ancy-le-Franc ; dès qu'il fait vilain, nous revenons à Tonnerre : nous tenons partout cour plénière et partout, Dieu merci, nous sommes adorés. Nous allons, quand le beau temps nous y invite, faire des voyages au long cours pour connaître la grandeur de nos états ; et quand la curiosité nous porte à demander le nom de ce premier village : – À qui est-il ? on nous répond : – C'est à Madame. – À qui est celui qui est le plus éloigné ? – C'est à Madame. – Mais là-bas, là-bas, un autre que je vois ? – C'est à Madame. »

Et ainsi de suite. On croit suivre la promenade du Chat botté étalant les biens du marquis de Carabas. Peu sensible à tant d'étalage, Mme de Sévigné répondit, avec quelque humeur :

« Comment est-il possible que les seigneurs de tels royaumes aient pu se résoudre à s'en défaire ? Hélas ! C'est que, depuis très longtemps, l'hôpital était attaché à cette maison seigneuriale de Tonnerre ; en voilà la seule et véritable raison, raison où il n'y a pas un mot à répondre, raison qui ferme la bouche, raison enfin qui fait sortir le loup du bois et qui fait que tout est à Mme de Louvois… »

Ancy-le-Franc restera aux Louvois jusqu'à la Restauration.

Pendant ce temps, les Clermont-Tonnerre, privés

de leur cher domaine, se consolèrent en se couvrant de gloire ou en priant Dieu mais en gardant pleine conscience de leur rang. C'est, au hasard, l'évêque de Noyon, François, qui prie Dieu en ces termes : « Seigneur ayez pitié de Ma Grandeur ! » C'est Gaspard, vaillant capitaine, qui commandait l'aile gauche à Fontenoy sous le maréchal de Saxe, que dix batailles feront maréchal de France et dont la valeur est telle qu'au sacre de Louis XVI il portera devant le roi l'épée fleurdelisée de Connétable. La mort l'emportera en 1781 avant que n'éclate la Révolution. Cette Révolution qui n'épargnera pas les siens.

Son petit-fils, Stanislas, séduit par les idées nouvelles qui convenaient à son naturel généreux, sera député de la Noblesse aux états généraux et des premiers à proposer l'abolition des privilèges. Les nouveaux maîtres ne lui en sauront aucun gré. Il tentera, alors, désespérément d'arracher la famille royale à un sort qu'il sent redoutable. Le 10 août 1792, après l'envahissement des Tuileries et le massacre des Suisses, Stanislas sera tué par la populace dans les bras de sa ravissante épouse Delphine de Sorans…

Guère plus enviable est le sort de son oncle Gaspard, gouverneur du Dauphiné. Lors d'une émeute à Grenoble, Gaspard sera sauvé une première fois par un certain sergent Bernadotte qui, plus tard, fera quelque peu parler de lui, mais il n'échappera pas à son destin. Ayant refusé l'émigration, il mourra dans la plaine des Brotteaux, à Lyon, sous la mitraille ordonnée par un certain Fouché, futur duc d'Otrante.

Son fils, Aynard, servira vaillamment Napoléon… et l'irrésistible Pauline Borghèse, dont il sera chambellan. Ce qui était alors tout un programme… Bien d'autres encore s'illustreront sur tous les champs de bataille, sans trop se soucier du souverain, avec en vue un seul but : la France.

À la Restauration, le dernier marquis de Louvois mourait sans enfants et son héritier se trouva ruiné. Ancy-le-Franc fut mis en vente et manqua de peu la pioche des démolisseurs… grâce à Gaspard-Louis de Clermont-Tonnerre qui avait épousé la plus riche de la famille : Cécile de Clermont-Montoison. En 1845, Ancy-le-Franc réintégrait le sein d'une famille qu'il n'aurait jamais dû quitter. Ce fut, à nouveau, une grande et belle fête où se pressèrent les nombreux porteurs d'un nom devenu, au cours des siècles, illustre entre tous.

Les lois de succession ont fait passer Ancy-le-Franc à la princesse de Mérode mais pareil domaine exige des fortunes qui ne sont plus de notre temps appauvri.

Aujourd'hui, le château a été transformé en hôtel.

ANET

La demeure de Diane

Tout ce qu'il vous arrive de toucher, déesse, vous le rendez beau...

THÉOCRITE

Du merveilleux château voulu et construit par Diane de Poitiers, dame de Brézé, grande sénéchale de Normandie et favorite inexpugnable du roi Henri II, il ne reste qu'un reflet : une aile, un portail, une chapelle... mais si beaux, si parfaits dans leur splendeur bien française en dépit des Italiens qui y travaillèrent que l'on s'aperçoit à peine de ce qui manque.

Quand, le 29 mars 1515, Diane de Saint-Vallier de Poitiers épouse à Paris, dans la chapelle de l'hôtel de Bourbon, Louis de Brézé, grand sénéchal de Normandie, elle a seize ans. Il en a cinquante-six. Elle est d'une rayonnante beauté blonde, une beauté de statue qui l'accompagnera jusqu'à sa mort. Il est laid, bossu, « de vilaine figure », mais il est de sang royal quoique de lignée bâtarde : sa mère, Charlotte de France, était fille légitimée de Charles VII et d'Agnès Sorel.

N'importe quelle jeune fille rechignerait à pareille

union mais pas Diane. De tempérament peu ardent, d'aucuns ont même dit frigide en dépit de la folle passion qu'elle sut inspirer à son royal amant, la fille du turbulent seigneur de Saint-Vallier et autres lieux prise avant toutes choses le rang social, la hauteur du nom, l'éclat de la fortune et de la position mondaine.

De ce côté-là, elle est comblée. Son époux est fort riche et fort grand seigneur. À leur mariage assiste François Ier qui n'est roi que depuis deux mois et qui, à l'automne, verra luire le soleil de Marignan. De la nouvelle Mme de Brézé qui ne fut jamais – contrairement à la légende tissée par Victor Hugo autour du sauvetage de son père – la maîtresse du Roi-Chevalier, celui-ci a dit : « Belle à la voir, honnête à la hanter… » Il s'en tiendra là et lui accordera toujours grande estime.

La cérémonie terminée, le couple disparate, mais qui sera toujours très uni, s'installe quelque temps à Anet qui appartient à Louis de Brézé. Il y a là un vieux château, fort médiéval, fort rébarbatif et auréolé d'une tragique histoire : la belle Charlotte de France, mère de Louis, qui fut surprise en compagnie d'un jeune écuyer par son époux, Jacques de Brézé, et en mourut, aimait à séjourner dans ce vieux castel.

On devine que, dans ces conditions, la jeunesse de Louis manqua de gaieté. Il lui en restera toujours quelque chose et, tant qu'il vivra, Diane s'accommodera des vieilles pierres et des fantômes d'Anet. Quand son époux meurt, en 1531, elle lui fait construire un tombeau somptueux dans la cathédrale de Rouen et proclame qu'elle portera un deuil éternel. Désormais, le noir et le blanc seront ses couleurs. Mais jamais deuil ne fut plus somptueux !

C'est en 1547, quand meurt François Ier, que Mme de Brézé décide de construire à Anet un château à son goût.

Henri II est roi, elle est duchesse de Valentinois et elle règne sur la cour infiniment plus que la reine Catherine de Médicis. Aussi les meilleurs artistes sont-ils à son service. On peut même dire à sa dévotion. Philibert Delorme est l'architecte d'Anet, Benvenuto Cellini et Jean Goujon en sont les sculpteurs. Léonard Limosin crée pour la chapelle, dont Jean Cousin dessine les vitraux, d'incomparables émaux. Les plus beaux meubles, les plus beaux tissus, les plus beaux joyaux… jusqu'à ceux de la Couronne que Catherine de Médicis devra, à la mort du roi, réclamer pour son fils. Rien ne manque à Anet, rien ne manque à Diane qui possède en outre Chenonceau.

À la mort d'Henri II, tué d'un coup de lance dans l'œil au tournoi des Tournelles, Diane devra rendre Chenonceau qu'on lui échange contre Chaumont mais gardera Anet. C'est là qu'elle meurt, le 25 avril 1566, âgée de soixante-six ans et quatre mois, « aussi belle de face, aussi fraîche comme en l'âge de trente ans ». En fait, Diane de Poitiers ne constituerait pas, de nos jours, un cas exceptionnel : elle avait simplement découvert les vertus de la diététique, du sport et des douches froides quotidiennes. Choses tout à fait inhabituelles au XVIe siècle.

Par la fille de Diane de Poitiers, Louise de Brézé, le domaine passe dans la maison de Lorraine, branche d'Aumale. Le fils de Louise, Charles II de Lorraine, duc d'Aumale, n'avait pas – et sa femme encore moins que lui – les talents d'hôte et le génie des réceptions qui avaient été ceux de sa grand-mère. Le pauvre Sully devait s'en apercevoir à ses dépens. Reçu à Anet, il a donné du souper un récit plein de couleurs : « Le repas fut si maigre, si mal apprêté, les viandes si dures, le pain et le vin si mauvais et le linge si sale et si moite que je pus à peine manger. »

Grâce au ciel, les choses s'arrangent quand Anet passe de la maison de Lorraine à la maison de Vendôme ! Les fils de Gabrielle d'Estrée et d'Henri IV sont gens de meilleure compagnie. De leur mère, ils tiennent le goût du faste et de leur père celui de la bonne chère. Mais c'est quand Louis-Joseph de Vendôme, petit-fils du Vert-Galant, devient châtelain qu'Anet retrouve un faste digne de ses origines.

Vaillant soldat, grand chef de guerre, le maréchal de Vendôme n'en est pas moins un personnage étrange. Lui et son frère, le chevalier de Vendôme, se virent décorés du surnom bizarre de « pourceaux d'Épicure ». Ils étaient, selon Saint-Simon, de « mœurs infâmes », pratiquant « les vices qui ont fait, en tous temps, la honte de l'humanité ». Cependant, Anet n'eut qu'à se louer de leur présence. Le maréchal transforma les appartements, leur donnant des dimensions plus agréables à vivre, les jardins furent superbement aménagés ; les plans d'eau augmentés d'un canal qui existe toujours. À son crédit aussi le large vestibule au carrelage noir et blanc et le bel escalier où court une rampe en fer forgé à son chiffre.

Pendant un quart de siècle – le temps d'une de ces accablantes disgrâces dont Louis XIV avait le secret – le maréchal de Vendôme tint à Anet une cour qui, pour être moins immense que celle de Versailles, n'était tout de même pas sans éclat. Artistes et écrivains – Lulli et La Fontaine, entre autres – y côtoyaient un monde de grands seigneurs et de bons vivants et faisaient de ce château de l'exil un endroit bien agréable.

Le menu que le maréchal offrit un soir au Grand Dauphin est demeuré célèbre : « Trente potages, soixante moyennes entrées, cent trente-deux mets chauds, soixante plats d'entremets froids, soixante-douze plats de rôts, soit trois cent trente-quatre pièces de gibier pour la majeure partie. » Pour le dessert, « trente-deux jattes d'oranges, cinquante salades diverses, cent corbeilles de fruits crus, quatre-vingt-quatorze de fruits secs, cent six compotes et cinq cents soucoupes de fruits glacés… ». Le tout pour une quarantaine de personnes ! On imagine la panique aux cuisines pour servir pareil monument.

Tout cela avalé, on n'alla pas faire la sieste mais « courre le cerf » et, le soir venu, on repassa à table après la belle représentation de l'*Acis et Galatée* de Lulli.

Général des galères, gouverneur de Provence, gouverneur de Catalogne après avoir pris Barcelone, le maréchal de Vendôme n'acheva pas à Anet son existence quasi fabuleuse. Retombé en demi-disgrâce après son échec d'Oudenarde, il mit son épée au service du petit-fils de Louis XIV, devenu le roi Philippe V d'Espagne, remporta pour lui la victoire de Villaviciosa. Proclamé prince du sang le 23 mars 1712, il mourait à Vinaroz trois mois plus tard. C'est à l'Escurial qu'il faut chercher le tombeau du plus étrange des châtelains d'Anet.

Au milieu de tout cela, le maréchal avait trouvé le temps de se marier avec Marie-Anne de Bourbon-Condé mais pas celui de lui faire des enfants. Ce fut elle qui hérita d'Anet qui passa ensuite à sa mère puis à sa sœur, la fameuse duchesse du Maine.

Avec elle, une nouvelle lignée royale et bâtarde fait son entrée à Anet. Le duc du Maine est fils de Louis XIV et de Mme de Montespan. En fait, des Vendôme aux Maine cela ne sort guère de la famille.

Minuscule, brillante, bruyante, méchante et spirituelle, ennemie mortelle du Régent, toujours entre deux conspirations, la duchesse du Maine s'éprend d'Anet presque autant que de son château de Sceaux. Elle y séjourne souvent, traînant après elle toute une cour d'artistes et de beaux esprits au premier rang desquels brillent Voltaire et son amie Émilie du Châtelet.

Ses fils vendront Anet à Louis XV, et Louis XVI le revendra au duc de Penthièvre, fils du comte de Toulouse… et petit-fils de Louis XIV et de la Montespan. Celui-là a une belle-fille, la princesse de Lamballe, qui, elle aussi, se prendra au charme du château de Diane.

Un charme qui n'a plus de longues années à vivre. La Révolution respecte le château mais pas les banquiers qui l'acquièrent aussitôt après : ils vendent boiseries et sculptures, grattent l'or des boiseries. On aimerait connaître, pour les maudire, le nom de ces vandales ! Heureusement, le Louvre a pu sauver les pièces les plus importantes. Il était temps : la démolition du château était décidée. Il en reste tout de même assez pour que les propriétaires suivants aient à cœur d'essayer de le faire revivre. Ce à quoi ils ont assez bien réussi.

Depuis 1998, Jean de Yturbe et son épouse Alexandra ont fait d'importantes restaurations.

HORAIRES D'OUVERTURE

Du 1er avril au 31 octobre	14 h-18 h (fermé le mardi)
Du 1er novembre au 30 novembre et du 1er février au 31 mars	14 h-17 h (le week-end)

http://www.chateaudanet.com/

ANJONY

Une vendetta de deux siècles

La vengeance est un plat qui se mange froid.

Dicton populaire

Dressé sur un promontoire rocheux dominant la vallée de la Doire, ce haut donjon quadrangulaire flanqué de tours rondes est, sans doute, de tous les châteaux d'Auvergne, celui dont la silhouette nous est la plus familière. Séduits par son aspect essentiellement romantique et altier, cinéastes et metteurs en scène de télévision l'ont souvent pris pour cadre de films ou de dramatiques. Mais sans jamais songer, Dieu sait pourquoi, à raconter son histoire à lui, une histoire qui n'est cependant pas sans intérêt.

Au Moyen Âge, le plateau de lave au bout duquel il s'érige ne portait pas moins de cinq châteaux : le Fortanier, la tour de Chalier, Bezaudun où vit le jour le troubadour Raimon Vidal, Tournemire près du village portant le même nom et enfin Anjony dont il faut bien dire qu'il fut l'intrus. Mais voyons les choses d'un peu plus près.

En l'an 1439, le roi Charles VII, enfin en pleine possession d'un pouvoir qui lui a longtemps échappé, accorde à son féal sujet, Louis d'Anjony, permission d'élever un château sur une terre qui naguère encore appartenait à la famille de Tournemire, l'une des plus pointilleuses et des plus à cheval sur les principes qui soient. De là va naître l'une de ces histoires de vengeance à continuels rebondissements qui sont si fort en honneur en Corse mais qui, sur la douce terre de France, sont plutôt l'exception.

Pourtant, un siècle plus tôt, les relations entre les Tournemire et les Anjony se trouvaient excellentes. Bien sûr, les derniers n'avaient guère de sang bleu : c'était une famille de riches bourgeois d'Aurillac qui avait fait fortune dans le commerce des peaux. Les Tournemire, eux, prouvaient leur filiation noble depuis le Xe siècle mais, il faut bien le dire, ils étaient plus riches de titres que d'écus… Ces écus, ils en avaient trouvé chez les Anjony qui leur en avaient prêté volontiers puis qui, devant l'impossibilité où se trouvaient leurs débiteurs de les restituer, avaient acheté petit à petit plusieurs de leurs terres. Mais, encore une fois, les relations étaient parfaites.

En 1375, Bernard d'Anjony est admis à l'honneur d'épouser Marguerite de Tournemire à un moment où le château familial de la jeune fille – il en reste quelques traces entre l'église de Tournemire et le château d'Anjony – est le théâtre d'une curieuse histoire.

Depuis quelques années, l'Auvergne était mise en coupe réglée par un chef de Grande Compagnie nommé Aymerigot Marchés, surnommé le Roi des Pillards. C'était un véritable forban ne connaissant aucun sentiment humain. Ce joyeux personnage avait établi son quartier général au château de La Roche-Vendeix près de La Bourboule (où l'on prétend que son trésor est toujours enfoui).

Or, parti pour quelque opération fructueuse, Marchés avait confié son repaire à un sien oncle. C'était l'époque où, pour le roi Charles V, le connétable Du Guesclin traquait les Grandes Compagnies. Au retour de son expédition, Aymerigot Marchés s'aperçoit avec fureur que l'oncle a laissé reprendre son château et que lui-même risque de se faire arrêter. Il n'ignore pas qu'il n'y a plus en France de pouvoir établi qui soit encore disposé à lui faire grâce. Mais écoutons Froissart :

« Aymerigot Marchés à part soi était tout triste et pensif et ne savait lequel chemin tenir. En ses plus grandes tribulations, il s'avisa qu'il avait en Auvergne un sien cousin germain écuyer et gentilhomme lequel on nommait Tournemire, et qu'il irait devers lui et lui remontrerait toutes ses besognes et prendrait conseil de lui. Il s'en vint, lui et son page, chez ce Tournemire et entra au châtel. »

Hélas, Tournemire, dont la conscience n'est pas des plus claires car il a quelque peu pillé et volé lui aussi, reçoit très mal cet hôte que le diable lui envoie : « Pour la cause de vous, Monseigneur de Berry me hait et me traite à mort ; mais je ferai ma paix par vous car je vous y rendrai mort ou vif… » Qui fut dit fut fait. Aymerigot qui espérait bon gîte et bonne table se retrouva en noire prison puis livré aux gens du duc de Berry qui le conduisirent à Paris où il connut un sort tragique : « On lui trancha la tête puis fut écartelé et chacun des quartiers mis et levé aux quatre souveraines portes de Paris… »

On ne sait comment le nouveau beau-frère trouva

l'aventure. Sans doute applaudit-il, même s'il n'approuvait pas réellement, car le Tournemire de l'époque était peu facile à vivre. Mais le mariage n'en marcha pas moins bien qu'un autre.

Les choses se gâtent entre Anjony et Tournemire quand le premier prétend faire ériger son château à quelques pas de la forteresse un brin ruinée de ses alliés… qui n'ont pratiquement plus de terre.

Entre 1439, date de l'autorisation de construire, et 1465, Rigaud de Tournemire regarde s'élever le château et remâche sa fureur impuissante. Mais à peine a-t-on fêté l'inauguration qu'il décide d'entrer en campagne. À sa façon, qui n'est pas des plus élégantes.

Il commence, au soir de la Saint-Jean, par envoyer ses hommes molester les chambrières de Mme d'Anjony et leurs amoureux qui dansent pacifiquement autour du grand feu. Cela fait, on s'en va briser, à l'église, le banc seigneurial de Mme d'Anjony qui est veuve et qui ne peut payer son voisin de la même monnaie. On en profite pour lui signifier, à elle et à sa famille, qu'il leur est parfaitement interdit de mettre les pieds à l'église.

Si elle n'a plus de mari, Mme d'Anjony a un jeune fils et surtout un intendant aussi irascible que peuvent l'être les Tournemire. L'histoire de l'église n'a pas amusé du tout Simon de Durban qui décide de contre-attaquer. C'est ainsi que, le dimanche suivant, en dépit de la défense des Tournemire, Simon veut obliger le recteur à lire tout haut certain monitoire de l'évêque dans lequel Louis d'Anjony est qualifié de « seigneur de Tournemire ». Mais le malheureux prêtre est littéralement terrorisé par l'adversaire qui lui a fait interdire de prononcer les mots fatidiques. Entrons à présent dans l'église de Tournemire et écoutons ce qui s'y dit… ou plutôt s'y hurle :

« Vous faites mal, monsieur le recteur, que ne lisez tout ce qui est escrit dans la lettre », clame Durban. « Je n'en ferai rien », grelotte le recteur. C'est alors au tour d'Aymeri de Tournemire, fils bâtard de Rigaud : « Lis ladite lettre si tu l'oses ! » lance-t-il à Simon qui riposte : « Ce n'est point mon affaire. Je ne suis pas recteur ! » Alors Aymeri : « S'il y avait vilain pelletier d'Aurillac qui fût si hardi de se faire intituler et nommer seigneur de Tournemire, il lui coûterait la vie. Je le tuerais ! » Et, pour faire bonne mesure, de se mettre à jurer et à blasphémer très vilainement. Cette fois Durban est furieux : « Tu as menti, bâtard, fils de p… Monsieur mon maître n'est pas vilain pelletier et s'appellera seigneur de Tournemire en dépit que tu en aies. » Et là-dessus on s'entre-tue joyeusement. Aymeri de Tournemire meurt éventré. Simon de Durban sera grièvement blessé mais guérira… pour se faire assassiner par un autre Tournemire.

Trois quarts de siècle passent. Dans leur château de plus en plus délabré, les Tournemire ne désarment pas. En 1523, Claude d'Anjony, qui est prêtre, est assassiné par un autre bâtard de Tournemire. On l'enterre dans le chœur de l'église, ce qui ne fait pas l'affaire de son meurtrier. De nuit, celui-ci s'en va déterrer le cadavre et va le jeter devant la porte du château d'Anjony où on le découvre au matin, à demi dévoré par les bêtes sauvages. Du pur Grand Guignol !

Hélas, de tels actes ne relèvent pas la maison de Tournemire qui s'écroule de plus en plus à mesure que grandit la fortune de son ennemi. Les d'Anjony ont su garder la faveur royale qui leur avait permis la construction du château, cause de tout le mal. Ils portent l'éclat de leur maison plus haut encore quand, en 1557, Michel d'Anjony épouse une authentique descendante des comtes de Foix, Germaine. Ce mariage ouvre devant eux l'accès de la cour et ils s'éloignent de plus en plus de ces seigneurs auvergnats intraitables qui, cependant, ne désarment pas.

Des escarmouches, des embuscades plus ou moins réussies ; la haine, en dépit du temps qui passe, est toujours là. Alors, en 1623, on décide d'en finir. Cette fois, ce sera un combat à visage découvert, un combat public : les Tournemire contre les Anjony. Et le combat a lieu en face de la noblesse du pays. Ce sont les Anjony qui ont le dessous, mais les derniers mâles Tournemire vont mourir, l'un après l'autre, des suites de leurs blessures…

C'en est fini de la longue vendetta. C'est une femme à présent qui est l'héritière de la famille de Tournemire : Gabrielle de Pesteils. Avec elle, le cercle se referme. Jadis un mariage avait uni les familles rivales. Un autre va les unir de nouveau : en 1645, Michel II d'Anjony épouse Gabrielle dont le roi fera, un an plus tard, une marquise de Mardogne en titrant son époux.

Anjony, auquel leurs descendants ont adjoint, au XVIIIe siècle, une demeure plus aimable, n'en conserve pas moins sa splendeur intacte, les belles fresques de ses salles intérieures et sa fierté de vieux guerrier féodal. Sa beauté préservée vient sans doute de ce qu'il appartient toujours à la même famille : les marquis de Léotoing d'Anjony.

Horaires d'ouverture

Février, mars, octobre et novembre	14 h-17 h
Avril, mai, juin et septembre	14 h-18 h
Juillet et août	11 h et 11 h 30 (sauf le dimanche) et 14 h-18 h 30

http://www.anjony.com/

ANSOUIS

Hautes dames, grands messieurs...

Chantons la gloire de nos pères
Qui dans l'histoire
Ont fait leur trou

Frédéric MISTRAL

Au commencement était Ansouis.

Depuis l'an mil et même auparavant, un château se dresse au sommet de la colline aux cigales, un château qui n'a jamais failli, jamais dévié et qui s'est transmis d'âge en âge sans autres maîtres que les descendants de son fondateur.

Ils furent d'abord comtes de Provence et de Forcalquier, puis comtes de Sabran au moment où, en 1160, Garsande, comtesse souveraine de Forcalquier, épouse Raymond de Sabran, connétable de Toulouse où il tient le premier rang après le comte souverain. Ce sont eux qui donnent à Ansouis son premier aspect de forteresse féodale et, certes, de plus hauts seigneurs ne sauraient se voir en pays provençal, pas même ceux des Baux qui cependant prétendent descendre du roi mage Balthazar...

Les Sabran s'unissent à nouveau aux comtes de Provence quand, en 1193, la fille de Raymond et de Garsande, qui porte même prénom que sa mère, épouse Alphonse II. De ses flancs vont sortir quatre reines et faire des Sabran les ancêtres de tous les monarques d'Europe.

Quatre filles également belles, également sages : Marguerite qui épouse Saint Louis, autrement dit le roi de France Louis IX ; Éléonore, la seconde, qui devient la femme d'Henri III d'Angleterre ; Sancie, qui épouse en 1244 Richard de Cornouailles, roi des Romains et empereur germanique ; enfin Béatrix, unie à Charles Ier, roi de Naples. Quatre reines ! il semblerait que ceux d'Ansouis ne sauraient monter plus haut. Pourtant ils y arrivent avec Elzéar de Sabran qui sera canonisé.

Ce n'est pas un prénom inhabituel chez les Sabran que ce prénom qui sent la Bible : tous les aînés de la famille l'ont porté jusqu'à nos jours : l'actuel duc de Sabran-Pontevès s'appelle Elzéar, et sa sœur, qui est Son Altesse royale Mme la duchesse d'Orléans, se prénomme Gersende comme la lointaine aïeule. Mais revenons à l'extrême fin du XIIIe siècle et à cet Elzéar qui portera auréole.

Il n'a que quatorze ans quand, en 1299, il épouse Delphine de Signe qui en a seize. Delphine n'a pas seulement un nom digne d'une princesse de légende, elle en a la beauté. Pourtant – et cela Elzéar l'ignore – elle s'est vouée à Dieu. Mariée donc par simple obéissance à la loi d'un père, elle entend n'être épouse que de nom. Et, au soir des noces, quand les portes de la chambre nuptiale jonchée de fleurs se sont refermées, Delphine apprend à cet époux, qu'elle aime cependant et qui l'aime, qu'elle a fait vœu de virginité. Et Elzéar y souscrit. Pendant vingt-quatre ans, dans la chambre la plus austère d'Ansouis, ils vont vivre côte à côte sans jamais faillir à cet étrange contrat qu'ils ont passé.

Pas d'enfants mais que de bienfaits ! Tandis que Delphine consacre sa vie à la charité, Elzéar fonde à Ansouis une sorte de crédit agricole : une banque où les paysans peuvent se procurer semence, argent et secours en tout genre. À ce train, leur réputation grandit, grandit… Chose étrange, c'est Elzéar qui va le plus loin dans la sainteté. Il est si grand, si haut, si pur que Dieu lui accorde le don de miracle : d'un baiser il aurait guéri un lépreux… Les sacs de grains, une année de disette, se seraient multipliés dans les greniers d'Ansouis et, au jour de sa mort, les cloches du village se seraient animées sans le secours de quiconque…

Car c'est lui qui meurt le premier, en 1323, pleuré par Delphine qui se retire sur l'heure à Cabrières-d'Aigues d'où il lui était possible d'apercevoir Ansouis puis – c'était encore trop de douceur accordée à une vie qu'elle voulait entièrement dépouillée – à Apt pour y vivre, elle, comtesse de Sabran et si haute dame, de la charité publique. Elle aura tout de même la joie, avant de mourir à soixante-dix-sept ans, trente-deux ans après Elzéar, d'apprendre la canonisation de son époux bien-aimé. Elle-même, dit Arnaud Chaffanjon, le sera par la rumeur publique en attendant que l'Église la béatifie.

Heureusement pour la descendance des Sabran, Elzéar n'était pas fils unique, et la famille, au cours des siècles, a poursuivi son ascension éclatante. Une ascension qui n'est pas toujours marquée, tant s'en faut, du signe de la sainteté : c'est ainsi que, dans les débuts du XVIIIe siècle, une comtesse de Sabran devient la maîtresse du Régent. Mais chose étrange, cela ne choque personne. Même pas le sévère et sourcilleux Saint-Simon qui, pour elle, devient lyrique : « Il n'y avait rien de plus beau qu'elle, de plus touchant, du plus grand air et du plus noble. »

Mais voilà un homme, Joseph de Sabran, qui fut d'ailleurs l'époux de la trop jolie comtesse. C'est un marin celui-là. Et quel marin ! Au combat de Lagos, en août 1759, il couvre avec son *Centaure* la retraite de l'escadre française. Et commc il n'a plus de boulets à mettre dans ses canons, il y entasse, pour pouvoir tirer encore, son argenterie et tout ce qu'il peut trouver. On assure que confituriers et aiguières firent autant de dégâts que l'habituelle mitraille.

À cinquante ans, Joseph est amiral. Louis XV est si fier de lui qu'il le présente à la cour en ces termes qui rappellent leur parenté :

« Le comte de Sabran à qui nous avons l'honneur d'appartenir. »

Ses prouesses sont telles qu'à soixante-dix ans, devenu veuf, il éveille une véritable passion chez une ravissante fille de vingt-deux ans : Éléonore Dejean de Manville. Il l'épouse, lui fait deux enfants, une fille et un fils… et meurt de cet exploit-là après trois ans de mariage.

Trois ans encore de vertueuse solitude et la jolie veuve se retrouve victime des pièges de l'amour. Elle rencontre un assez mauvais sujet, charmant naturellement, poète, plein d'esprit et expert aux jeux de l'amour, le chevalier de Boufflers. Malheureusement, aucun mariage n'est possible ! Boufflers est chevalier de Malte et, comme il n'a aucune fortune, il ne peut se permettre de renoncer, en se mariant, à ses bénéfices ecclésiastiques. Une vie étrange commence alors, faite de périodes passionnées, coupées de longues absences. Boufflers est souvent au loin et plus encore lorsqu'il devient gouverneur du Sénégal. D'où une épaisse correspondance qui est l'un des trésors d'Ansouis. Une correspondance pleine de charme et parfois même éblouissante :

« Ce n'est pas tes manières de Huron, ton air distrait et bourru, tes saillies piquantes, ton grand appétit et ton profond sommeil quand on veut causer avec toi qui m'ont fait t'aimer à la folie. C'est un certain je-ne-sais-quoi qui met nos cœurs à l'unisson… » Elle est sûre de son amour et, en cela, a tout à fait raison. Sage comme on ne l'est guère lorsque l'on aime, Éléonore conclut :

« La meilleure manière de te conserver est de te donner la clef des champs. » Heureux temps où un homme pouvait aimer et se laisser aimer sans contraintes et sans exigences ! Boufflers finira par être « de l'Académie »… et par épouser Mme de Sabran après vingt ans du plus bel amour parce qu'il savait n'être pas ennuyeux.

On le sait déjà, Éléonore, au temps où elle était comtesse de Sabran, avait une fille, Delphine. Si ravissante que Boufflers l'avait surnommée « la reine des roses ». « Une tête de Greuze avec la pureté d'un profil grec », disait-on d'elle à Versailles où son apparition avait eu le plus grand succès.

Tôt mariée, par amour, à Armand de Custine, fils du général-marquis de Custine qui, ancien héros de Yorktown et ami de La Fayette, avait jugé de son devoir de continuer à servir la France, même devenue révolutionnaire. Cela ne lui porta pas chance. Accusé d'on ne savait trop quelle brumeuse trahison, le général fut guillotiné en août 1793, pratiquement sous les yeux d'une belle-fille qui lui était fort attachée et qui avait remué ciel et terre pour tenter de le sauver. On était loin du temps où, coquette et changeant d'amour continuellement, Delphine écrivait à son frère Elzéar, son plus intime confident :

« Fais-moi une petite chanson sur mon amour-papillon. Je serais tentée de poser cette question à tout le monde : connaissez-vous le moyen de fixer un papillon ? »

Elle avait trop de grâce... et c'est ce qui la sauva quand, à son tour, elle fut incarcérée à la prison des Carmes. Un brave homme de Conventionnel, un maçon nommé Jérôme, s'éprit passionnément de la reine des roses. Et chaque jour, au risque de sa vie, il entrait chez Fouquier-Tinville pour remettre en dessous de la pile de dossiers celui de Mme de Custine. Elle sut ce dévouement, aima – elle que Chateaubriand devait aimer – cet homme simple et l'aida à fuir en Louisiane où Jérôme fit une assez jolie fortune.

Le frère Elzéar, celui qui faisait de petites chansons, devint duc et pair et fit entrer par mariage le nom de Pontevès dans la famille.

Quant à Ansouis qui, au fil des âges, avait pris sa figure actuelle, il souffrit beaucoup de la Révolution. Lorsque le duc de Sabran-Pontevès, père de la duchesse d'Orléans, y revint en 1936, il y avait tout à refaire. En compagnie de son épouse, née Roselyne de Vallombrosa et descendante du maréchal Lannes, il entreprit de ressusciter l'admirable demeure, y consacra sa vie et réussit à en faire, ainsi que du village, un ensemble tel qu'il en existe peu en France par l'accord des bâtiments et de la nature.

En octobre 2007, la famille de Sabran vend le château pour 4,7 millions d'euros à M. Rousset-Rouvière.

Horaires d'ouverture

Du 1er avril à la Toussaint	visites guidées à 14 h 30, 15 h 30 et 16 h 30 (fermé le mardi)
Juillet et août	visite supplémentaire le mardi à 14 h

http://www.chateauansouis.fr/

AVAUGES

Julie de Lespinasse

> *J'allais vous revoir. Il faut mourir.*
> *Quelle affreuse destinée !...*
>
> Marquis de MORA

Le 9 novembre 1732, dans la maison du sieur Basiliac, chirurgien de la maréchaussée, place de la Douane à Lyon, une dame inconnue donne discrètement le jour à une petite fille. Le lendemain, on porte l'enfant dans l'église Saint-Paul : « Le 10 novembre 1732 a été baptisée Julie-Jeanne-Éléonore de Lespinasse, née hier, fille légitime de Claude Lespinasse, bourgeois de Lyon, et de dame Julie Navarre son épouse. Le parrain, sieur Louis Basiliac chirurgien-juré de Lyon, la marraine dame Julie Lechot représentée par dame Madeleine Ganivet épouse dudit sieur Basiliac. Le père n'a signé pour être absent et deux témoins ont suppléé avec le parrain et la marraine... »

Hormis les noms du parrain et de la marraine, tout est faux dans cet acte. Le bourgeois de Lyon et sa femme n'existent pas et la mère de l'enfant s'appelle en réalité Julie-Claude, comtesse d'Albon ; sa résidence habituelle est le vieux château d'Avauges, sur la route de Lyon à Tarare. Quant au père, c'est tout simplement le comte Gaspard de Vichy qu'une romance un peu trop tendre a lié à la jolie Mme d'Albon…

Celle-ci tient de sa mère le joli titre de princesse d'Yvetot qui vous a un petit air d'opérette, et elle est de grande famille. Les d'Albon qui, dès le XIIe siècle, donnaient des gouverneurs au Dauphiné ont produit entre autres le fameux maréchal de Saint-André, un des héros des guerres de Religion.

À seize ans, Julie-Claude Hilaire d'Albon épouse son cousin, Claude d'Albon, réunissant ainsi en un seul couple les deux branches de la famille, celle des comtes de Saint-Marcel et celle des marquis de Saint-Forgeux, ce qui assure une fort belle fortune.

Les premières années du mariage sont, sinon heureuses, du moins exemptes de drames. Quatre enfants naissent dont deux seulement survivront : une fille Camille-Diane et un fils Camille-Alix qui assurera la continuité du nom. Chose étrange, c'est à partir de la naissance de ce garçon que tout commence à aller mal au château d'Avauges.

On ne sait trop ce qui s'est passé, car la famille a laissé tomber un voile pudique sur cette histoire. Tout ce qui en a transpiré, c'est que les torts furent du côté du mari et qu'ils furent graves car la garde des enfants fut octroyée à la mère et lui fut conservée sans que le comte émît la moindre contestation. Il quitta Avauges, s'en alla habiter Roanne où il vécut « dans l'ombre et la retraite, ignoré, silencieux et ne tenant, semble-t-il, aucune place dans l'existence des siens ».

Julie-Claude, au contraire, continua d'habiter Avauges et se retrouva à trente ans jeune, belle, riche et libre. Gaspard de Vichy vint combler la solitude d'un cœur qui ne demandait qu'à aimer, et la petite Julie fut le fruit de cet amour. À noter que ce nom de Lespinasse qu'on lui a donné est celui d'une terre de la famille d'Albon.

Contrairement à ce qui se passait le plus souvent, Julie-Claude n'abandonne pas sa petite fille. Elle l'emmène avec elle et l'installe à Avauges où elle sera élevée sous ses yeux.

Quelques mots du château à présent. Avauges, c'est alors, avec ses tours, ses fossés, ses remparts, une forteresse médiévale qui sera « rhabillée » au XIXe siècle. Le joli château Louis XV qui lui est accolé ne sera construit que quelques années après l'arrivée de la petite Julie. L'enfant se plaira dans cette maison austère mais dotée d'une situation charmante, dans l'aimable vallée de la Turdine. À l'horizon, s'étend l'admirable panorama des monts du Forez.

En cette seigneuriale demeure, Julie va passer les belles années de l'enfance. Elle a, comme compagnon de jeux, le jeune Camille d'Albon auquel l'unira toujours une tendre amitié. Diane, la fille aînée de Julie-Claude, est beaucoup plus âgée. C'est une jeune fille à l'établissement de laquelle on va bientôt songer. Et, de fait, l'année 1739 va marquer douloureusement Julie et sa mère. Il y a d'abord le départ de Camille pour l'armée, passage obligatoire pour un jeune gentilhomme de son rang. Et puis il y a le mariage de Diane. Et qui Diane épouse-t-elle le 18 novembre 1739, au château d'Avauges ? Mais tout simplement Gaspard de Vichy, l'amant de sa mère, le père de Julie de Lespinasse. Vichy avait réussi à se faire aimer de la jeune Diane et le mariage eut lieu envers et contre les larmes de Mme d'Albon qui resta seule dans le grand château avec sa petite Julie.

Seule et singulièrement inquiète car sa santé n'est pas des meilleures. Que deviendra Julie si elle vient à mourir ? Elle n'a pas pu la légitimer comme elle le souhaitait à cause de la levée de boucliers suscitée par Gaspard de Vichy, inquiet sur le sort de la part d'héritage de sa femme. Alors ? Le couvent ? Mais Julie, si jeune qu'elle soit, s'y refuse. Elle a en elle trop de vie, trop d'amour d'une certaine liberté pour accepter le cloître. Tout ce que pourra faire sa mère qui, à cette époque surtout, lui donne tout ce qu'elle peut donner de tendresse, sera de lui constituer une modeste rente. En outre, elle lui remet la clef d'un petit bureau dans lequel elle conserve une somme d'argent à son intention. Mais Julie, fière et délicate, n'aura rien de plus pressé, l'heure de sa mère venue, que de remettre cette clef à son frère Camille.

Cette heure tragique, elle sonne le 6 avril 1748. Julie a presque seize ans. Son chagrin est immense et touche ses demi-frère et sœur. Au point que Diane lui propose de venir habiter chez elle, au château de Champrond, à la limite du Mâconnais et du Lyonnais. On dit que l'adolescente « accepta avec beaucoup de joie », mais pouvait-elle réellement en éprouver à l'heure où elle quittait, pour toujours, la chère maison de son enfance ? D'ailleurs, à Champrond, Julie ne sera pas longtemps heureuse…

Les Vichy ne tardèrent pas à s'apercevoir de sa culture, de son intelligence, et de cette grâce qui devait lui attirer tant de cœurs et de hautes protections. Mais ils n'y virent qu'une occasion à exploiter. L'idée leur vint de faire de Julie l'institutrice non rétribuée de leurs enfants. Il y eut des scènes pénibles, au point que Julie en arriva à reprendre le projet que sa mère avait formé pour elle : l'entrée au couvent. Elle avait même écrit à Camille d'Albon pour lui demander de payer sa dot de religieuse, quand soudain tout changea. Simplement parce qu'une voiture couverte de poussière venait de pénétrer dans le parc de Champrond… Cette voiture transportait la marquise du Deffand, sœur cadette de Gaspard de Vichy.

Chacun sait que, parmi les beaux esprits du XVIIIe siècle, il en est peu de plus célèbres que Mme du Deffand, l'amie de Walpole et des Choiseul, la femme dont on se répétait les mots d'esprit et dont on s'arrachait les lettres, celle qui mieux que personne s'entendait à réunir autour de sa bergère tout ce que Paris comptait de fin et de bien-disant. C'est chez elle que Voltaire rencontrera Mme du Châtelet[1].

Des amants, Mme du Deffand en a eu, depuis le Régent jusqu'au président Hénault avec lequel elle forme une sorte de vieux couple libre qui n'est plus lié que par l'affection et les jeux de l'esprit. Tout de suite, Julie lui plaît et l'intéresse. Elle a besoin d'une lectrice car sa vue commence à baisser. Elle a avec la jeune fille de longs entretiens et, après avoir quitté Champrond, lui écrit à plusieurs reprises car Julie n'est pas encore décidée à venir vivre à Paris où elle craint de ne pas être à sa place. Mais la vie qu'elle mène chez les Vichy est de si peu d'attraits que finalement elle se décide… à partir pour Lyon où elle va vivre quelque temps dans un couvent. C'est là que Mme du Deffand viendra elle-même la raisonner et la convaincre de venir habiter chez elle, en dépit de la violente opposition des Vichy qui se sont mis à craindre pour un autre héritage. Et, dans la seconde quinzaine d'avril 1754, la diligence de Lyon dépose

1. Voir Cirey.

à Paris une jeune fille de vingt-deux ans « un peu provinciale dans sa mise, un peu émue, un peu effarouchée... ». Voilà Julie chez Mme du Deffand, qui en fait est sa tante puisqu'elle est la sœur de son père.

Julie va s'y transformer singulièrement. Dans les premiers temps de leur cohabitation, la marquise a trouvé plaisir à faire de sa lectrice une vraie Parisienne et à cultiver ses talents à la fois artistiques et littéraires. Chez elle fréquente la fleur de l'intelligence : Diderot, d'Alembert qui, dès le premier regard, va tomber pour toujours sous le charme de Julie, le président Hénault, la maréchale de Luxembourg et beaucoup d'autres. Tous s'intéressent à Julie, apprécient sa conversation... et prendront l'habitude de venir la voir en cachette, car la cécité qui s'empare de Mme du Deffand la rend parfois d'un commerce difficile. On se réunit un moment dans la chambre de Julie avant de passer au salon...

Le manège dure jusqu'à ce jour affreux d'avril 1764 où Mme du Deffand, montant chez sa nièce, tombe sur l'une de ces réunions clandestines. Furieuse, elle chasse Julie sans vouloir entendre la moindre explication. Voici la jeune femme à la rue.

Pas pour longtemps. Elle a su se faire tant d'amis que l'on s'occupe d'elle activement. La maréchale de Luxembourg meuble pour elle le logis qu'elle a trouvé rue Saint-Dominique, à deux pas de chez Mme du Deffand ; Mme Geoffrin lui constitue une pension et d'Alembert s'institue son mentor habituel. C'est lui qui veille sur elle et qui la soigne lorsqu'elle contracte une variole dont elle restera malheureusement marquée. En retour, Julie se fait garde-malade quand le mal atteint son ami. Mieux, elle l'installe chez elle, dans deux petites chambres qu'elle possède à l'étage supérieur, afin qu'il connaisse la douceur d'une sorte de foyer. Mais, en dépit de ce que Paris croira, ils ne seront pas amants, car Mlle de Lespinasse aime ailleurs.

L'élu est un grand d'Espagne, le jeune marquis de Mora, fils de l'ambassadeur Fuentès. Il est beaucoup plus jeune que Julie mais durant six années, tous deux vont connaître une passion que n'entravent pas les fréquents voyages du jeune homme en Espagne. Des voyages au cours desquels il espère amener les siens à consentir à son mariage avec Julie. Espoir sans cesse déçu : les Fuentès-Pignatelli ne veulent même pas entendre évoquer l'idée d'un mariage avec une bâtarde, fût-elle la femme la plus spirituelle d'Europe et la reine des encyclopédistes. Julie, d'ailleurs, bien qu'elle l'aime, refuse le mariage :

« La nature a mis entre nous une distance immense. Ce ne serait ni sage ni bon de la contrarier sur ce point. »

Mais Mora ne veut rien entendre et s'épuise en courses perpétuelles. Sa santé se détériore, minée par des hémorragies que l'on traite… en lui faisant subir forces saignées. Avant qu'il ne reparte une fois encore pour l'Espagne, on l'a saigné jusqu'à neuf reprises.

Là-bas, il va endurer mille morts, sentant sa vie lui échapper. Finalement, il reprendra la route pour revenir vers Julie, à laquelle il écrit un dernier billet déchirant : « J'allais vous revoir, il faut mourir. Quelle affreuse destinée ! Mais vous m'avez aimé et vous me faites encore éprouver un sentiment bien doux. Je meurs pour vous… » Et il meurt en effet, le 27 mai 1774…

Ce jour-là, dans le petit salon d'une loge d'opéra, Julie devenait la maîtresse du comte de Guibert qu'elle avait rencontré six mois plus tôt, à Bezons, dans la belle maison du financier Watelet, et dont elle était tombée follement, éperdument amoureuse, ravalant l'ancien amour à une simple et fraternelle tendresse.

François de Guibert était un jeune militaire de vingt-neuf ans dont Paris tout entier vantait les mérites parce qu'il venait de publier un *Essai général de tactique* dont on disait qu'il frisait le génie…

La nouvelle de la mort de Mora frappa Julie comme la foudre, l'accablant à la fois de douleur et de remords. Le premier cri qui lui échappa fut qu'elle avait tué l'homme qui l'aimait, et rien ne pourra jamais la délivrer de cette affreuse certitude. Au terme de nuits sans sommeil et de journées passées à sangloter, elle tenta même de s'empoisonner. D'Alembert la sauva de justesse mais le chagrin ne s'apaisa pas :

« Je sens que j'ai manqué à l'homme le plus vertueux et le plus sensible ; je sais que j'ai manqué à la vertu ; en un mot que j'ai manqué à moi-même et que j'ai perdu ma propre estime. Jugez si j'ai le droit de prétendre à la vôtre », dit-elle à Guibert.

Mais peut-être Julie eût-elle moins souffert du trépas de Mora si l'amour de Guibert avait été de même qualité que celui du jeune Espagnol : vite inquiet d'avoir suscité une telle passion chez une femme beaucoup plus âgée que lui, le beau colonel ne tarda pas à trouver excessif ce chagrin qui s'adressait à un autre… et se chercha des consolations. Julie souffrit le martyre.

« J'ai mal à l'âme ! » disait-elle douloureusement.

Mais on ne peut revenir en arrière et le destin de Guibert le poussait vers le mariage avec une fille de dix-sept ans, riche et ravissante, Louise de Courcelles. Pauvre Julie ! Enfermée chez elle sous l'œil de d'Alembert impuissant et navré, elle traînera des jours lamentables, refusant de se nourrir, de sortir, l'esprit rivé à cet homme qui lui échappe et auquel elle écrira ce qui est peut-être la plus belle lettre d'amour qui soit :

« De tous les instants de ma vie. Mon ami, je souffre, je vous aime et je vous attends… »

À ce régime, la santé de Julie qui n'a jamais été fameuse s'affaiblit, se mine. Qu'importe d'ailleurs : elle n'a plus envie de vivre et bientôt elle ne quitte plus son lit. Inquiet, Guibert lui écrit des lettres implorantes :

« Vivez, vivez ! Je ne suis pas digne du mal que je vous fais… »

Pour l'y aider il vient la voir souvent, très souvent, mais des crises nerveuses que seul l'opium peut alléger viennent se greffer sur l'épuisement. Une convulsion plus violente que les autres laisse la pauvre femme défigurée, la bouche tordue. Alors, pour qu'il ne la voie pas dans cet état, elle interdira sa porte à l'homme tant aimé.

Le mardi 21 mai 1776, Julie de Lespinasse s'éteint dans les bras de son ami d'Alembert après avoir écrit une dernière lettre d'amour :

« Mon ami, je vous aime. C'est un calmant qui engourdit la douleur… »

À deux heures du matin, le cœur d'une femme exquise s'arrêtait pour toujours…

Le château d'Avauges agrandi, reconstruit, embelli, appartient encore à la noble famille d'Albon. Il n'est pas ouvert à la visite.

LA BASTIE D'URFÉ

« L'Astrée »
et celle qui l'inspira...

L'hymen est trop souvent un écueil pour l'amour...

J.-F. REGNARD

Le charmant château que voilà ! Et quelle grâce lui apporte la double loggia à l'italienne qui idéalise son aile droite, et en fait l'un des plus jolis bâtiments de la Renaissance, non seulement dans cette région du Forez mais dans toute la France ! La campagne qui l'entoure est fort belle et les bords du Lignon bien dignes d'être chantés. Ce que n'a pas manqué de faire le plus célèbre des maîtres du château, Honoré d'Urfé, qui fut chevalier de Malte avant de troquer par amour l'épée pour la plume.

De cette plume sortit *L'Astrée*, le « best-seller » du XVIIe siècle et sans doute le plus gros roman jamais écrit. Cinq volumes de mille pages chacun pour chanter les amours du berger Céladon et de la bergère Astrée, les dédains de celle-ci et le désespoir du pauvre Céladon qui décide de se jeter dans le cher Lignon. Un Lignon bien aimable et habité par des nymphes encore plus aimables qui se hâtent de sauver le désespéré ; il vivra mille aventures avant de voir, finalement, sa flamme couronnée par la cruelle Astrée…

Le sujet peut paraître mince, vu du XXe siècle. Pourtant, le roman accomplit une sorte de révolution. La société de l'époque apprécie les raffinements sentimentaux de la fameuse Carte du Tendre, le morceau de bravoure de l'œuvre, l'analyse du cœur et, surtout, l'art du « bien dire » qui allaient enthousiasmer les amateurs de belles lettres, servir de tremplin à la gloire de l'hôtel de Rambouillet, donner naissance aux précieuses et susciter vocations et imitateurs : par exemple Mlle de Scudéry. Sans compter les innombrables « bergeries » qui firent florès jusqu'au coup de canon de la Révolution.

Mais revenons à l'auteur et à sa famille. Celle-ci, que l'on disait originaire de Souabe et qui porta tout d'abord le nom de Wulphe, vint aux environs de l'an 1130 s'établir en Forez et y francisa son nom en d'Ulphé qui, au XVe siècle, était devenu d'Urfé.

Dès cette époque il y eut un petit manoir sur les bords du Lignon, mais la famille habitait alors une sourcilleuse forteresse plantée sur un pic à quelques kilomètres de là. Une forteresse dont il reste deux tours ruinées que leur forme étrange a fait nommer les « Cornes d'Urfé »…

C'était un château qui semblait fait tout exprès pour servir de logis au diable, tant les légendes et les fantômes qui hantent ces vieilles pierres sont abominables. Il y a d'abord dame Hermantrude qui, ayant mis au monde « douze enfants d'une seule ventrée » – le doux Honoré n'avait pas encore affiné le langage – eut peur qu'une telle abondance la fît accuser d'adultère. En foi de quoi, elle résolut de ne garder que le fils aîné et s'en alla noyer les autres à la rivière comme une simple portée de chatons.

Autre massacre en 1418. Les serviteurs de Jean d'Urfé, ayant appris qu'il gardait au château une grosse somme d'or destinée à l'achat d'une terre, résolurent de s'en emparer et, pour ce faire, l'assassinèrent avec sa femme et tous les enfants qui se trouvaient là. Deux seulement échappèrent au carnage : l'aîné parce qu'il se trouvait à Paris et le plus jeune parce que c'était le plus joli et le plus souriant des bébés. Les dagues sanglantes restèrent en suspens devant le berceau. Les uns voulaient aller jusqu'au bout, craignant qu'il ne souhaitât plus tard se venger. Les autres plaidaient pour tant de gentillesse, ajoutant qu'il restait encore l'aîné qui était, lui, hors de portée. Quelqu'un alors propose une solution : on va présenter au bébé une pomme et une pièce d'or. S'il choisit la pomme c'est qu'il sera un homme bon et sage, mais s'il choisit l'or… Heureusement pour lui, le bébé posa sa menotte sur la pomme et eut la vie sauve.

Mais ni lui ni son frère n'eurent envie de vivre dans ce château dégouttant de sang – il reste, paraît-il, sur un mur, la trace d'une main sanglante – et ils prirent le parti de s'installer à La Bastie, le petit manoir des bords du Lignon où la famille entreprit de se reconstruire.

C'est vers 1535 que Claude d'Urfé transforme le petit château, l'orne de pilastres et de colonnettes cannelées, érige la double galerie et, au rez-de-chaussée, une curieuse « salle de fraîcheur » en forme de grotte dont le sol, les parois sont entièrement garnis de cailloux et de coquillages multicolores, et qui est l'unique exemplaire du XVIe siècle subsistant en France.

Il faut dire que Claude d'Urfé était un fort grand seigneur et un habile diplomate qui occupa à plusieurs reprises le poste d'ambassadeur en Italie, principalement auprès des papes Paul III et Jules II. À son retour, le roi Henri II le nomma gouverneur du Dauphin et des Enfants de France. Il est le grand-père de notre écrivain.

Celui-ci naît en 1567 à Marseille où sa mère, Renée de Savoie-Tende, est venue rendre visite à son frère Honoré de Savoie, gouverneur de Provence. Mais le jeune Honoré n'est que le cadet et devra servir l'Église d'une façon ou d'une autre – ce sera Malte, une bonne manière de conjuguer la piété et le goût de la guerre. Mais on ne fera que l'y inscrire. Après de bonnes études au collège de Tournon, le jeune Honoré se bat quelque temps dans les rangs de la Ligue puis revient s'installer au château familial où vit son frère aîné Anne.

Anne d'Urfé est poète. Au cours d'un voyage en Italie, en 1577, il a écrit un long poème, *Diane*, en l'honneur de la belle Diane de Châteaumorand qu'il épousera d'ailleurs à son retour en dépit du jeune âge de celle-ci : treize ans…

Diane est extraordinairement belle. C'est une longue fille blonde, secrète et altière, qui ne témoigne à son époux qu'une politesse de façade. Et cela pour une bonne raison : elle n'a jamais été sa femme selon la chair car le pauvre poète est incapable d'accomplir ses devoirs conjugaux, du moins avec elle. Peut-être parce que cette superbe statue le glace, peut-être pour une raison plus profonde.

Honoré, lui, tombe amoureux du premier coup d'œil et il semble bien que son amour soit très vite payé de retour. Entre les deux jeunes gens éclate une véritable passion, qui ne saurait s'accommoder du secret. Diane, en femme de décision, entend épouser celui qu'elle aime et, en 1599, elle demande la dissolution de son mariage pour non-consommation tandis qu'Honoré se fait relever de ses vœux chez les chevaliers de Malte. Le 15 février 1600, les deux amoureux sont enfin l'un à l'autre. Anne d'Urfé, profondément blessé, s'est retiré du monde et est entré en religion.

Tout à son bonheur, Honoré commence à rédiger son grand roman, qu'il veut un monument à la gloire et à la beauté de celle qu'il aime. Mais, bientôt, il va pouvoir constater qu'entre l'amour et le mariage existe une certaine différence. À être trop chantée, trop vantée, trop adorée, la belle Diane est devenue proprement insupportable. Altière, acariâtre, jalouse, elle se voulait toujours plus proche de cette déesse Diane à laquelle on l'avait trop souvent comparée. Passionnée de chasse, elle s'y adonnait avec une sorte de rage, passant à cheval le temps qu'elle ne partageait pas avec ses chiens, une meute de lévriers qui la suivait partout, jusque dans sa chambre. L'image sans doute était belle mais l'exercice de l'équitation ne valait rien aux enfants qu'elle portait régulièrement chaque année et qui, non moins régulièrement, mouraient dès leur entrée dans le monde. Honoré, lui, vivait avec Astrée, son Astrée qui, à mesure que passait le temps, s'éloignait de plus en plus de son modèle.

Lui-même finit par prendre du champ, voyagea, laissant sa femme au logis et, finalement, choisit de s'installer, avec son écritoire, son secrétaire Baro et ses rêves, dans un petit château savoyard qu'il tenait de sa mère et qui se trouvait près de Virieu. Il n'en répondit pas moins à l'appel de Louis XIII et du duc de Savoie lors de l'affaire de la Valteline, « leva un régiment et partit pour la guerre », mais, malade, il meurt en route, à Villefranche-sur-Mer… en dictant une paraphrase en prose du Stabat Mater…

C'est en 1724 que s'éteint la maison d'Urfé, avec le dernier marquis, lequel vivait surtout à Versailles, quand il n'occupait pas son poste de gouverneur du Limousin. Il laissait une fort belle fortune et une femme qui allait en faire l'usage le plus étrange.

Née Jeanne de Pontcarré, cette Mme d'Urfé que Cazotte avait surnommée la « Doyenne des Médées » à cause de sa passion immodérée pour les sciences occultes, avait même installé, dans son hôtel du quai des Théatins (actuel quai Voltaire), un véritable laboratoire d'alchimie dans lequel elle se livrait à la recherche de la pierre philosophale comme tout un chacun, mais surtout à celle de l'eau d'immortalité. En outre, elle souhaitait trouver le moyen de devenir un homme parce que « toute force vient de l'homme, principe initial dont la femme n'est qu'une parcelle ».

Avec de pareilles idées, cette dame déjà mûre et fortunée possédait tout ce qu'il fallait pour tenter un aigrefin. Chez le duc de Choiseul, elle tomba sur Casanova.

« Si j'avais pu la désabuser, écrira-t-il dans ses *Mémoires*, je crois que j'aurais essayé mais je fus, dès le premier jour, persuadé que son infatuation était incurable. Aussi crus-je n'avoir rien de mieux à faire que seconder sa folie et d'en profiter. »

On n'est pas plus franc ni plus cynique ! Avec l'aide de quelques comparses, l'aventurier persuada sa victime qu'elle pouvait renaître sous l'aspect d'un enfant qu'elle mettrait elle-même au monde. S'ensuivirent quelques scènes délirantes au terme desquelles Mme d'Urfé, désenchantée, devint mélancolique et se tourna vers l'ombre d'Honoré d'Urfé à laquelle elle écrivit force lettres pour la prier de « l'honorer de ses conseils et de ne pas permettre que celle qui a l'honneur de porter son nom soit trompée et prenne le noir pour le blanc... ».

Malheureusement, elle ne mit jamais les pieds à La Bastie, laissée à l'abandon après la vente de sa magnifique bibliothèque qui contenait, entre autres, la seule rédaction en français de l'interrogatoire de Jeanne d'Arc et quatre mille six cents volumes. Le château était presque en ruine quand la « Diana », Société d'histoire et d'archéologie du Forez, en fit l'acquisition en 1909.

Depuis, le château a été remis en état, remeublé, et les magnifiques jardins renaissent. Il n'y manque plus que le berger Céladon et sa superbe Astrée…

HORAIRES D'OUVERTURE

Du 1er avril au 30 septembre	10 h-19 h
Du 1er octobre au 30 novembre	10 h-13 h et 14 h-17 h
Du 1er décembre au 15 mars	10 h-13 h et 14 h-17 h (uniquement le week-end)
Du 16 mars au 31 mars	10 h-13 h et 14 h-17 h

Fermé les 24, 25 et 31 décembre et le 1er janvier.

http://www.loire.fr/jcms/ci_528104/bienvenue-au-chateau

LES BAUX-DE-PROVENCE

L'aventure d'un troubadour vaniteux

Adieu maintenant joie et plaisir
Vair, petit-gris, zibeline !

Peyre VIDAL

L'ancienne cité ruinée qui s'accroche à son promontoire des Alpilles semble couler ses pierres effondrées d'un formidable château qu'elle prolonge et exalte. Le site est grandiose, superbe et justement célèbre. C'est un amoncellement de pierres blanches, de formidables rochers crémeux que le soleil incendie et à l'assaut duquel monte la végétation odorante des garrigues. Le château couronne un éperon redoutable comme le rostre d'un ancien vaisseau de guerre. Éventré par le temps et les hommes, il garde assez de puissance pour laisser deviner que ceux dont il fut jadis le repaire ne furent point de petits sires.

« Race d'aiglons, jamais vassale ! » Ainsi s'exprime Mistral au sujet des seigneurs des Baux et, de fait, ils furent, à travers les siècles, tout juste un peu moins grands que les comtes de Provence et de Toulouse avec qui ils contractèrent unions et, en résumé, que les rois de France.

La légende fait état d'une origine fabuleuse. La maison des Baux descendrait du roi mage Balthazar qu'aurait attiré, comme les Saintes-Maries, la côte méditerranéenne du Septentrion. De là leur devise qui, à première vue, peut paraître étrange : « Au hasard Balthazar ! », et leurs armes, une énorme étoile à seize rais d'argent faisant aussi référence à l'étoile de la Nativité… Légende, sans doute, mais combien poétique et belle !

Une chose est certaine : au Xe siècle, une famille féodale, apparentée aux familles vicomtales de Marseille et Avignon, assure sa domination sur la Basse-Durance et prend pour patronyme le nom du rocher – Baou – où elle vient d'élever un formidable château, le plus beau, le plus fort de tous ceux déjà possédés. Et sa puissance s'étend au loin sur ce que l'on a appelé les « terres baussenques » au point d'amener, bien entendu, une guerre. Par le mariage de Raimond des Baux avec Étiennette de Provence, Les Baux revendiquent une part de l'héritage du comté de Provence que Gerberge, mère d'Étiennette et comtesse de Provence et Gévaudan, avait laissé tout entier à son autre fille, Douce, mariée au comte de Barcelone, Raimond-Béranger. Une guerre de succession qui va durer plus d'un siècle et que nous ne suivrons pas afin de pouvoir nous intéresser à la cour, extrêmement brillante, qu'entretenaient autour d'eux les seigneurs des Baux, cour où la « gaie science » des troubadours avait si grand droit de cité que les poètes en étaient les meilleurs ornements. En ce XIIe siècle qui vit le début de la fameuse guerre avec Barcelone, les châtelaines des Baux tenaient volontiers cours d'amour.

C'est ainsi qu'en l'an de grâce 1164 Les Baux virent arriver un jeune homme d'une vingtaine d'années, tout vêtu de neuf et portant son luth en travers des épaules. Il venait de Toulouse et se nommait Peyre Vidal, l'un des plus grands troubadours de tous les temps. Mais, cette grande réputation, il ne se l'est pas encore acquise. Pour l'instant, ce n'est encore qu'un garçon brun et maigre au nez un peu long mais pourvu d'un visage aimable et d'un sourire que Peyre lui-même juge, sans modestie excessive, de nature à lui valoir les succès féminins les plus flatteurs. Il est vrai que, dans cette voie de la séduction, il vient de remporter une sorte de victoire à la Pyrrhus aussi flatteuse pour sa vanité que douloureuse pour sa personne.

En effet, un an plus tôt, Peyre Vidal, fils d'un pelletier de Toulouse, s'est vu hissé, à la suite d'un de ces concours de poésie dont la cité des violettes s'est fait une spécialité, au rang de chanteur préféré de la comtesse de Toulouse, fille du roi de France Louis VI et épouse du comte Raymond V. Les beautés et vertus de la comtesse ayant été le thème choisi pour le concours, Peyre, une fois installé au palais, n'avait vu aucune raison de ne pas continuer à chanter les charmes d'une dame qui, pour avoir atteint la quarantaine, n'en était pas moins toujours fort aimable. Il avait donc composé pour elle une pièce de vers, peut-être un peu libres et dont l'un d'entre eux surtout avait souverainement déplu au comte Raymond :

« Noble dame, je crois voir Dieu quand je contemple votre beau corps. »

Le résultat ne s'est pas fait attendre. Le comte a commencé par casser le luth sur le dos de l'insolent puis l'a fait empoigner par ses gardes et traîner dans une cave où le bourreau, un Sarrasin fort noir et fort désobligeant, lui a percé la langue avec un long clou non sans lui raboter le nez au passage. Après quoi on l'a jeté au cachot. À dire vrai, il n'y est pas resté longtemps. Le comte, remis de sa colère, l'en a fait tirer au bout de quelques jours en lui faisant conseiller d'aller se faire pendre ailleurs. Conseil que notre troubadour s'est hâté de suivre, encouragé en cela par la bourse que la sensible comtesse lui a fait porter discrètement, accompagnée de quelques lignes : « Adieu, mon troubadour bien-aimé. Puisse le ciel te conduire à une terre plus hospitalière, loin de moi, hélas loin de moi ! »

Sans hésiter, notre troubadour a tourné la tête de son cheval vers la Provence afin de gagner Les Baux dont on disait merveilles. Tant de la beauté de la comtesse Azalaïs que de la sagesse du comte Barrai, grand politique mais aussi poète et même versé dans les sciences occultes.

Aux Baux, notre troubadour reçoit le meilleur accueil et constate rapidement que la comtesse Azalaïs possède tout ce qu'il faut pour être sa grande inspiratrice. C'est, en effet, l'une des plus jolies femmes de son temps et elle n'a que vingt ans. De ce jour, Peyre Vidal se consacre uniquement au doux soin de chanter cette beauté. On peut le voir, assis aux pieds de la châtelaine sur quelque carreau de velours et composant ballades et rondeaux, sirventès et lais d'amour, heureux d'un sourire ou d'un mot de remerciement.

Mais, vaniteux comme un paon, il en vient, peu à peu, à chercher une signification différente à ces sourires, une intention à la douceur de la main qui parfois se pose sur son épaule. Emporté par une imagination débordante et aussi par les doux sentiments que lui inspire la jeune femme, il finit par se persuader que sa flamme est payée de retour. Et de rêver de quelque grande catastrophe qui les laisserait seuls, sous le regard des étoiles, la comtesse et lui.

Or, un jour, le comte Barrai annonce son départ pour le lendemain : il doit se rendre à Beaucaire pour juger un procès. Ce n'est pas une catastrophe mais ce peut être une occasion. Et Peyre d'observer avec un petit sourire les adieux des époux, des adieux cependant fort tendres mais, quand la vanité aveugle, on ne voit que ce que l'on veut bien voir et Peyre ne voit que simple hypocrisie féminine.

Et, vers minuit, le voilà qui pénètre dans la chambre de la comtesse. Le cœur lui bat bien un peu fort mais ce n'est que d'impatience pour des instants divins. Sous ses rideaux de pourpre, Azalaïs dort à poings fermés et dort seule. Ses femmes couchent hors de sa chambre pour laisser toute liberté à des époux fort amoureux l'un de l'autre. Mais ce soir, le comte est absent et Peyre voit dans cette solitude un encouragement. Et il se penche sur la belle endormie, et il l'embrasse doucement puis avec plus d'ardeur… Hélas, ce qu'il déchaîne, ce ne sont pas des soupirs amoureux, ce sont des cris indignés, des appels au secours !

La suite de son outrecuidance, Peyre Vidal la connaît le lendemain : la comtesse, furieuse et indignée, réclame tout simplement sa tête. Et, chose étrange, c'est le mari qui, ayant appris l'histoire, va faire tout au monde pour la calmer. Selon le comte, le pauvre garçon n'a péché que par amour et qui donc songerait à demander une tête coupable d'avoir trop aimé ? Azalaïs consent à se calmer mais exige au moins le départ immédiat de l'insolent. Il fallut donc partir.

Compatissant, Barrai des Baux remit à ce troubadour, dont il aimait et appréciait le talent, une somme d'argent pour son voyage. Un voyage qui allait se poursuivre durant des années et jusqu'en Terre sainte où Peyre Vidal eut l'honneur de participer sans le vouloir à la troisième croisade.

Après de rocambolesques aventures, le troubadour, devenu célèbre, rentra en France dans les bagages de Philippe Auguste qui, à Marseille, lui rendit sa liberté. C'est alors qu'il revit Les Baux où en apparence rien n'avait changé sinon les visages qui avaient vieilli. Barrai l'accueillit avec amitié après sa longue pénitence et Azalaïs eut pour lui de nouveaux sourires. Du coup, il se retrouva amoureux et se remit à versifier pour elle :

Je serai plus gai que le plus gai des oiseaux
S'il lui plaît de me donner par amour un nouveau baiser.

En avait-il donc obtenu déjà un ? Cette fois, Peyre n'attendit pas le drame et prit le parti de s'en aller de lui-même.

Lorsque les princes d'Anjou succèdent en Provence à ceux de Barcelone, les seigneurs des Baux les suivent à la conquête du royaume de Naples où ils bâtissent une nouvelle fortune mais, lors des troubles suscités par le retour de la reine Jeanne, ils reprennent leur rôle d'agitateurs. Pas pour leur bien. Avant que la famille ne s'éteigne en 1426, Les Baux connaîtront la domination des routiers et singulièrement de l'un des plus féroces, Arnaud de Cervole, dit l'Archiprêtre. Réunie à la Couronne, la seigneurie se révolta contre Louis XI qui fit démanteler le château. C'est lui, de compte à demi avec Louis XIII – Les Baux s'étaient joints à la conspiration de Gaston d'Orléans –, qui est responsable de l'état si magnifiquement romantique de l'ancien nid d'aiglons.

Une fois bien certain que la turbulente cité du Roi mage ne serait plus jamais à craindre, Louis XIII en fit don aux princes de Monaco en 1642. Ainsi, c'est aujourd'hui Son Altesse Sérénissime le prince Albert qui porte le titre de Marquis de la cité renaissante où, chaque nuit de Noël, les bergers de Provence viennent en cérémonie porter l'agneau vivant aux pieds de l'Enfant-Dieu.

HORAIRES D'OUVERTURE

Le château est ouvert tous les jours,
toute l'année.

Printemps	9 h-19 h 15
Été	9 h-20 h 15
Automne	9 h 30-18 h
Hiver	10 h-17 h

http://chateau-baux-provence.com/fr/home

BEAUGENCY

Aliénor répudiée

Reine d'Angleterre par la colère de Dieu !

ALIÉNOR D'AQUITAINE

Jusqu'à ce triste jour de printemps venteux et gris – le 21 mars 1152 – où il entre dans l'histoire par la mauvaise porte, le château de Beaugency, l'un des superbes donjons qui dominent encore le Val de Loire, n'a été qu'une maison forte comme les autres avec une histoire plutôt simple : bâti par les sires de Beaugency plus ou moins vassaux du chapitre d'Amiens, un point c'est tout ! Autant dire qu'il était terre d'Église, ce qui le désignait, au fond, pour que s'y tienne, ce fameux jour, la grande réunion d'évêques dont la décision allait peser si lourd sur l'histoire du royaume de France.

Tandis que les prélats discutent dans l'église attenante, une femme, une reine, attend, dans la salle haute auprès d'un grand feu où elle essaie de se réchauffer, que ces hommes de Dieu qui n'en sont pas moins hommes lui disent si elle est encore digne de porter la couronne de France.

Cette femme se nomme Aliénor, duchesse d'Aquitaine, comtesse de Poitou et de bien d'autres terres encore, Aliénor, reine de France par son mariage avec Louis VII depuis quinze années. Aliénor qui au fond et bien sincèrement ne sait plus très bien ce qu'elle souhaite le plus : garder ce beau titre de reine de France qui lui plaît encore ou bien recouvrer sa liberté de duchesse souveraine. Une liberté assortie de la satisfaction intime d'être délivrée d'un époux en qui elle n'a jamais vu autre chose qu'un moine couronné…

Elle l'a aimé pourtant quand, jeune duchesse de quinze ans, elle l'a épousé à Bordeaux. C'était alors un grand garçon blond, timide et doux, qui l'avait adorée au premier regard, adorée au point d'en oublier qu'il se voulait d'abord au service de Dieu. Quelques jours après le mariage, la mort de son père en faisait le roi Louis VII et, sur sa jolie tête brune, Aliénor posait fièrement la plus belle couronne de la chrétienté.

Au palais de la Cité à Paris, et dans les autres demeures royales, Aliénor, soutenue par un amour dévot, sut faire éclore une agréable vie de cour. Elle avait amené avec elle toute une troupe de jolies filles, de galants seigneurs et, surtout, des troubadours. Les cours d'amour tinrent leurs joyeuses séances dans le vieux palais capétien un peu austère jusque-là. En outre, la reine lança de nouvelles modes.

Les femmes, jusqu'alors, s'habillaient de vastes draperies qui ne représentaient guère qu'une déviation de l'antique toge romaine. Mais, depuis quelques années, les marchands avaient rapporté d'Orient, à la suite des croisades, de nouveaux tissus et de nouvelles façons de se parer. Aliénor adopta rapidement toutes ces nouveautés et les améliora. Finies les robes-sacs et les draperies de consul romain ! Un beau matin, la reine apparut vêtue d'une robe dont le tissu soyeux épousait son corps jusqu'aux hanches et s'évasait jusqu'à terre. Une longue fente sur le côté laissait voir une jupe de dessous et, à la hauteur des hanches, une large ceinture se nouait mollement pour laisser retomber de longs pans jusque sur les pieds. Les manches s'élargissaient à partir du coude pour découvrir une gaine de tissu précieux qui épousait l'avant-bras… Naturellement, la nouvelle mode fit fureur.

Pour celles qui étaient bien faites, c'était une mode merveilleuse mais, pour celles qui l'étaient moins, ce pouvait être une catastrophe si la reine ne s'était penchée sur le problème. On mettait sous la robe une sorte de brassière longue fortement serrée et qui maintenait un peu les chairs éprises d'indépendance. En résumé, Aliénor venait de faire de Paris la capitale définitive de la mode !

Cela aurait pu durer des dizaines et des dizaines d'années mais, un beau jour, à l'appel du futur saint Bernard, un moine inspiré, qui, des hauteurs de Vézelay, prêchait la croisade, le roi décida de prendre la croix et de s'en aller en Terre sainte délivrer le tombeau du Christ. Aliénor apprit qu'elle serait du voyage. Son imagination, très vive, lui montra la croisade sous les couleurs flatteuses d'une aventure grisante.

Le début du voyage – une marche épuisante à travers l'Europe plus ou moins ravagée jusqu'à Byzance la fabuleuse – prit d'abord des allures de cauchemar. Mais à Byzance, on crut entrer en Paradis : l'or s'étalait sur toutes choses et sur toutes personnes. Aliénor allait y séduire l'empereur Manuel, un Grec beau et gras, fourbe et astucieux, qui fit tous ses efforts pour garder la reine de France par-devers lui.

Peut-être Aliénor se fût-elle laissé séduire s'il n'y

avait eu la perspective d'Antioche. Antioche, but secret mais réel de son voyage, car Raymond de Poitiers, son jeune oncle, y régnait. Or, depuis l'enfance, Aliénor adorait Raymond qui était sans doute l'un des hommes les plus séduisants de son temps. Et l'on se remit en marche.

Le voyage fut encore plus rude. Cent fois, on pensa mourir dans l'étouffante traversée des déserts et des monts de Cilicie, harcelés par les Turcs qui tendirent une embuscade meurtrière. Mais enfin il y eut Antioche, enfin il y eut Raymond… Les jardins sur l'Oronte, les forêts d'oliviers, les eaux claires, les palais aux ombres si fraîches, la grâce aimable d'une vie à l'orientale… et les yeux de Raymond. Que de joies !

De son côté, le prince d'Antioche avait gardé le souvenir d'une fillette charmante. Il retrouvait une femme extrêmement séduisante. Et ce qui devait se produire se produisit : l'amour éclata entre l'oncle et la nièce de façon si évidente qu'il fit scandale. Une terrible scène – la première depuis leur mariage – opposa Louis à son épouse, mais force resta au roi qui enleva pratiquement Aliénor pour l'obliger à gagner Jérusalem où il entendait accomplir son vœu.

Cela fait, on revint vers l'Europe en passant par Rome où le pape Eugène IV, averti de l'esclandre d'Antioche, attendait le couple. Au roi, il dit : « Seul celui qui pardonne peut espérer le pardon. » À la reine, il dit : « Le sincère regret d'une faute parvient toujours à l'effacer. » La paix fut alors signée et, le soir même, Louis rejoignait Aliénor dans sa chambre.

Mais le fossé était creusé. La naissance d'une seconde fille – Aliénor en avait déjà une – n'arrangea rien car certains, dont le chroniqueur Guillaume de Tyr, mirent sa légitimité en doute : « On ne saurait reconnaître comme légitime une lignée issue de cette femme débauchée. » Le roi dut se battre contre une cabale qui allait s'amplifiant. Il aurait peut-être gagné si la mort de Suger, le grand ministre que la reine détestait cependant, n'était venue sonner le glas de l'union royale. Au retour d'un voyage en Aquitaine, le couple s'arrêta à Beaugency.

À présent, le soir est tombé. Alors pénètrent auprès de la reine l'archevêque de Sens et un autre prélat accompagnés de deux barons dont le plus important est Guy de Garlande, l'un des rares familiers de Louis VII. Ils viennent annoncer à Aliénor que sa répudiation vient d'être prononcée, qu'elle n'est plus reine de France.

« Ils en prirent la charge à grand regret, dit un chroniqueur, car bien savaient que la chose serait fort déplaisante à la pauvre reine, laquelle incontinent qu'elle en fut par eux avertie, tomba évanouie d'une chaise où elle était assise et fut plus de deux heures sans parler. Et, quand elle fut revenue, commença, de ses clairs yeux, à regarder ceux qui lui avaient dit la dure nouvelle. »

Le choc est-il si rude ou bien Aliénor joue-t-elle un peu la comédie ? Un peu seulement, car il ne peut être agréable à son orgueil d'apprendre que tous ces prêtres et barons l'ont jugée, condamnée et rejetée, elle dont les armes portent l'aigle…

Elle ne restera pas là une minute de plus. Sans souci de la nuit, elle quitte Beaugency avec sa suite pour gagner sa ville de Poitiers où elle ne perd pas son temps : quelques semaines plus tard, elle épousera

Henri Plantagenêt, comte d'Anjou, son voisin, qui a dix ans de moins qu'elle. Mariage de coup de foudre qui, deux ans plus tard, sera mariage politique lorsque Henri deviendra roi d'Angleterre. Mariage qui ne fut heureux qu'un temps. Bien plus tard, trompée, malmenée, emprisonnée, celle que l'on surnomme l'Aigle des deux royaumes prendra l'habitude de signer ses lettres : « reine d'Angleterre par la colère de Dieu… ». Avec elle, un grand tiers de la France devenait anglais pour trois cents ans, semant ainsi les premières graines d'une guerre qui allait durer cent ans[1].

Celle à qui il allait être donné de commencer à effacer les suites désastreuses du mini-concile de Beaugency se nommait Jeanne d'Arc. En 1429, le 16 juin, la Pucelle, accompagnée du « duc d'Alençon et toute la compagnie, à heure de midi, vint mettre le siège devant la place de Beaugency ». Le grand nettoyage était commencé.

Trois jours plus tard, l'étendard aux fleurs de lys chassait les léopards d'Angleterre installés là depuis pas mal de temps. Beaugency faisait retour au domaine royal.

En 1442, Charles VII en faisait don à Jean d'Orléans, comte de Dunois, le fameux bâtard et l'un des meilleurs compagnons de Jeanne d'Arc. C'est lui qui fit construire le petit château attenant au donjon. Comte de Longueville, il légua Beaugency à ses descendants qui le possédaient encore au Grand Siècle mais qui n'y vinrent guère sinon jamais.

Retourné à nouveau au domaine royal, Beaugency en ressortit en 1663 pour être ajouté à l'apanage de

1. Voir Fontevraud.

Monsieur, frère de Louis XIV, qui n'y mit jamais les pieds. Les grosses pierres, les gros barreaux, les salles froides et les oubliettes étaient autant d'objets d'horreur pour l'aimable mais délicat Monsieur.

C'est la famille d'Orléans qui, finalement, rendit le vénérable château à la ville de Beaugency, laquelle s'efforce de le conserver en bon état et y réussit fort bien.

HORAIRES D'OUVERTURE

Du 15 avril au 15 septembre	10 h-12 h et 14 h-18 h
Du 16 septembre au 14 avril	10 h-12 h et 14 h-17 h

Fermé le 1er mai, les 24, 25 et 31 décembre et le 1er janvier.

BELVOIR

Un duc de Lorraine bigame...

Amour, amour, quand tu nous tiens
On peut bien dire : Adieu prudence.

LA FONTAINE

Il n'était rien au monde que le duc Charles IV de Lorraine aimât mieux que les femmes. Toutes les femmes, à condition qu'elles fussent jolies et n'eussent aucun droit légitime sur lui. Il est vrai que la duchesse Nicole, son épouse, n'avait pour toute beauté que des mains admirables... D'ailleurs, s'intéresse-t-on vraiment à sa femme quand elle vous est cousine germaine et que le mariage a été conclu afin d'éviter à la Lorraine une guerre de succession, les droits des deux cousins se trouvant à égalité ?

En cette année 1626, il y a cinq ans que Charles et Nicole sont mariés. Il a vingt-deux ans, elle en a dix-huit et si, dans les premiers temps, le trop jeune âge de l'épouse donnait à l'époux de belles excuses pour gambader en d'autres plates-bandes, les années en s'écoulant n'ont rien changé à un comportement résolument volage.

Tout de même, cette année-là, il eût été sage que le jeune duc oubliât un peu les belles dames pour se consacrer aux affaires de la Lorraine. En effet, sa politique antifrançaise lui vaut de gros ennuis avec le cardinal de Richelieu. C'est-à-dire avec le roi Louis XIII, l'un n'allant jamais sans l'autre sur le terrain du gouvernement.

Afin de ramener Charles IV à la raison, les troupes royales sont entrées en Lorraine. Elles ont pris Pont-à-Mousson, Saint-Mihiel et s'avancent vers Nancy où la duchesse Nicole désespère de venir à bout de l'invasion. Nicole seule, hélas, car, pour Charles, l'entrée des Français est le cadet de ses soucis. Il est parti pour Besançon afin d'y vérifier si la beauté d'une jeune Comtoise, Béatrice de Cusance, est à la hauteur de sa réputation.

Il n'est pas déçu : la jeune fille est l'un de ces chefs-d'œuvre de la nature comme on en rencontre peu par siècle. À peine arrivé, le duc s'est fait présenter Béatrice et sa mère, la comtesse de Berghes, et il a subi le plus violent des coups de foudre. Un coup de foudre entièrement partagé d'ailleurs car Charles est loin d'être laid.

Mais, cette tempête sentimentale, Mme de Berghes ne la partage pas et même la désapprouve. Le duc est marié et, selon son éthique personnelle, sa fille commettrait un grave péché en écoutant ses prières d'amour. Béatrice, qui est d'esprit pratique, a beau alléguer que la duchesse est de santé fragile et qu'il n'est pas impossible que son époux se retrouve veuf, la comtesse ne veut rien entendre. Sa fille ne doit en aucun cas espérer devenir duchesse de Lorraine. Et pour tenter d'éteindre ce début d'incendie, elle décide de quitter Besançon et de ramener Béatrice dans la forteresse familiale de Belvoir.

Belvoir, c'est alors un puissant château fort, construit au XIIIe siècle par les sires du même nom sur un promontoire des montagnes du Doubs. Depuis cette époque, le château a été démantelé par Louis XIV mais le village, ravissant, a conservé ses anciennes halles et demeures.

Béatrice aime Belvoir qui est entré dans sa famille par le jeu des alliances mais c'est en pleurant que, cette fois, elle y retourne. Des larmes qui vont bien vite se tarir. Quelques jours plus tard, Charles s'en vient tout bonnement demander l'hospitalité, cette hospitalité comtoise dont la générosité est célèbre. Furieuse mais esclave des traditions, Mme de Berghes est bien obligée de sacrifier auxdites traditions.

Les jours qui suivent sont enchanteurs. Les jeunes gens ne se quittent pas. Ils chassent et dansent ensemble. Béatrice est sûre de Charles : ne lui a-t-il pas juré de faire d'elle sa duchesse dès que Rome aura répondu, favorablement il va de soi, à la demande d'annulation de mariage qu'il lui a fait tenir ? Mais cette euphorie ne convainc toujours pas Mme de Berghes. Tant que le duc est marié, il n'a aucun motif de demeurer chez elle. Et puisqu'il semble tenir à y rester, c'est elle qui part, emmenant bien entendu sa fille : elle a des affaires à traiter à Bruxelles. Charles IV s'incline, provisoirement. Dès qu'il aura reçu son annulation, il ira lui-même chercher sa fiancée. Et tout le monde se sépare.

Mais la fameuse annulation se fait attendre. Pour tromper son impatience, le duc s'en va guerroyer en Allemagne et, naturellement, il ne peut s'empêcher de courtiser quelques belles. Il le fait avec si peu de discrétion que le bruit de ses folies atteint Bruxelles… et Béatrice de Cusance. On évoque surtout certaine aventure avec les chanoinesses de Remiremont, une histoire proprement scandaleuse. Du coup, la jeune fille, se croyant trahie, se décide à accepter le mari que lui propose sa mère : le prince de Cantecroix, un homme âgé, sans doute, mais d'une richesse fabuleuse et, par sa mère, petit-fils de l'empereur Rodolphe. Voilà Béatrice Altesse Sérénissime et installée à Bruxelles dans le magnifique palais Granvelle, demeure de son époux.

C'est là qu'un soir de bal masqué, Charles IV va la retrouver. Le bruit du mariage est arrivé jusqu'à Nancy où il a rendu le jeune duc à moitié fou de rage. Sautant à cheval avec une petite escorte, il a gagné aussitôt Bruxelles et, au palais Granvelle, il tombe en pleine fête.

Quand il s'incline devant elle pour lui demander une danse, Béatrice n'a aucune peine à le reconnaître en dépit du masque et comprend qu'elle n'est pas guérie de lui. Cependant, les yeux vigilants de Mme de Berghes ont aussi reconnu le prince. Il y a fort longtemps que la comtesse s'attend à ce genre de visite et elle s'est promis que son gendre ne jouerait pas le rôle ridicule d'un mari bafoué. Alors, un avis discret, quelques ordres et, dès que les flambeaux du bal sont éteints, le prince de Cantecroix fait avancer ses équipages et emmène sa femme, très mécontente et très lasse, en Franche-Comté. Retour à Besançon, mais aussi à Belvoir.

Naturellement, ce départ brusqué et trop clair excite la colère de Charles. On veut l'évincer mais il ne se laissera pas faire, et comme, justement, la Franche-Comté est en guerre contre le roi de France, il décide d'aller combattre pour elle et de se rapprocher ainsi de Béatrice. Il se bat comme un lion, délivre Dole assiégée puis, encore tout fumant de la bataille, s'en vient à Besançon jeter les drapeaux pris à l'ennemi aux pieds de sa bien-aimée.

L'hommage est royal mais un peu trop voyant. En fait, il cause un scandale dont Béatrice elle-même est consciente. Aussi laisse-t-elle entendre à son amoureux qu'il a dépassé les bornes : certes, elle l'aime, mais elle n'entend pas déshonorer le nom qu'elle porte. Et c'est de son propre chef qu'elle quitte la place et part pour Belvoir.

Deux ans plus tard, la princesse est veuve. Son époux est mort de la peste à Bruxelles. La savoir libre plonge Charles dans une vive exaltation : il s'empresse de demander à sa femme de consentir à l'annulation. La duchesse Nicole refuse : elle aime son mari en dépit de tout et veut le garder. Alors commence une sorte de guerre assez sordide. Charles met en œuvre tous les moyens, légaux ou non, pour se libérer. Il écarte Nicole du gouvernement puis intente un procès à son confesseur qu'il fait brûler comme cabaliste, laissant entendre que sa femme, baptisée par un sorcier, n'est pas chrétienne, donc que le mariage est nul. Bien sûr tout cela ne sert à rien. Alors, en plein délire, il écrit à Nicole la lettre suivante : « Vous voudrez bien considérer, Madame, que vous êtes morte et qu'en conséquence, rien ne m'empêche plus de me remarier… »

On devine comment la duchesse reçut cette lettre. Elle en pleura durant de longues heures dans les bras de sa dame d'honneur, Louise de Preny ; puis elle appela Rome au secours tandis que Charles arrivait à convaincre Béatrice de l'épouser. Il se disait libre en effet, grâce à son médecin Forget qui était un habile faussaire. Celui-ci, à l'aide d'un incroyable tour de passe-passe, réussit à convaincre un prêtre de procéder au mariage de son maître.

La cérémonie eut lieu à Belvoir, à la lumière des chandelles et dans le plus grand secret : Béatrice en effet était enceinte d'un enfant, qui d'ailleurs ne devait pas vivre. Mais, aussitôt la bénédiction achevée, on ne se cacha plus et on vécut ensemble au vu et au su de tous. Le résultat ne se fit pas attendre : le 23 avril 1642, le pape fulminait contre le couple une bulle d'excommunication majeure qu'il était difficile de traiter par le mépris, car elle déliait les sujets de Charles de toute obéissance envers leur duc…

Là-dessus, un tribunal de douze seigneurs et de douze prêtres se réunit et contraignit les coupables à se séparer. Ils ne pouvaient résider à moins d'une demi-lieue l'un de l'autre. Béatrice regagne Belvoir mais continue de rencontrer Charles secrètement. Pourtant, ce coup de semonce marque la fin du grand amour. En dépit de la naissance de deux enfants, le couple se détache, se sépare… Charles recommence à se disperser en amourettes, Béatrice, par vengeance, en fait autant. Des scènes violentes éclatent, de ces scènes cruelles comme savent s'en faire ceux qui se sont follement aimés et qui n'arrivent pas tout à fait à se passer l'un de l'autre.

En 1657, le décor change avec la mort de la duchesse Nicole. À cette époque, Charles, qui a eu maille à partir avec les Espagnols, est prisonnier à Tolède. Béatrice attend fiévreusement son retour, elle compte sur cette couronne ducale qu'on lui a si longtemps fait espérer.

Hélas, quand Charles revient, il la lui refuse brutalement. D'ailleurs, il est fiancé à Mlle du Ludre. Béatrice en appelle à l'Europe entière, réclame la protection de l'Empereur, jure qu'elle fera don de ses biens à l'Église. Mais les forces commencent à lui manquer. Au printemps 1663, elle retourne à Belvoir pour y attendre la mort. Charles, harcelé par ses enfants qui craignent de voir l'énorme héritage leur échapper, consent enfin au mariage… mais uniquement parce que Béatrice est mourante.

Le 20 mai 1663, l'archevêque de Besançon bénit cette étrange union et, durant quinze jours, Béatrice goûtera le plaisir dérisoire de se savoir duchesse de Lorraine. Quinze jours à la suite desquels, et en face de la mort, elle renoncera publiquement à tous les honneurs terrestres. Et c'est sur une planche, sous la robe de bure des clarisses, qu'elle s'éteindra avec une grandeur en tout point digne d'une vraie souveraine.

Charles lui accorda quelques larmes puis se hâta d'épouser Louise d'Aspremont. Il avait alors soixante et un ans. La mariée en avait quinze.

Belvoir appartient par la suite à la princesse de Marsan puis à l'évêque de Besançon puis à M. Pierre Jouffroy, célèbre peintre de la région. Il est aujourd'hui encore la propriété de ses descendants.

HORAIRES D'OUVERTURE

Juillet et août	10 h-11 h 30 et 14 h-17 h 30

De Pâques à la Toussaint (non incluse), ouverture les dimanches et jours fériés, aux mêmes horaires.

http://www.chateau-belvoir.com/

BIDACHE

Corisande ou l'orgueil jusqu'au crime

Voix de l'orgueil : un cri puissant comme un cor
Des étoiles de sang sur des cuirasses d'or.

Paul VERLAINE

Encore impressionnant en dépit de sa ruine, ou peut-être justement parce qu'il n'est plus qu'un imposant vestige des temps révolus, le château de Bidache, qui fut témoin de la gloire et de la fortune des Gramont, domine la Bidouze de ses murailles romantiques. Il n'est plus que l'ombre, l'évocation de la superbe demeure qu'il fut jadis, mais, si l'apparat des détails a disparu, la noblesse et l'orgueil sont restés intacts. Il est Gramont depuis toujours et le restera jusqu'à la consommation des siècles. Tout au moins tant qu'il restera pierre sur pierre de la grosse tour ronde, de l'ancien logis Renaissance et des pavillons laissés par le XVIIe siècle.

La maison de Gramont descend des anciens rois de Navarre. Elle est connue depuis son ancêtre Garcie, seigneur d'Agramont, qui vivait au début du Xe siècle, et elle demeure haute de nos jours sous la conduite de son chef d'armes, le duc de Gramont. Mais, autant le dire, les premiers Gramont ne furent guère plus que des brigands, de ces nobles rapaces qui considéraient que tout ce qui passait à leur portée leur appartenait. Leur tour féodale n'était qu'un repaire et malheur à qui, pèlerin ou marchand, passait à portée de son ombre. Le chroniqueur Mathieu Paris parle sans équivoque d'un certain Guilhem de Gramont – entre autres ! – qui opérait fructueusement aux temps médiévaux : « Il est à déplorer que les pèlerins, les marchands, les gens du pays eux-mêmes ne puissent passer de ce côté sans être dépouillés et même égorgés par ce brigand de nuit. » En fait, le bruit et la fureur occupent la majeure partie des siècles où la fortune d'une famille se bâtissait à la pointe de la lance ou de l'épée. Les démêlés des Gramont avec leurs voisins les Beaumont amenèrent même, au XVe siècle, la fin de l'ancien royaume de Navarre. Inutile de préciser qu'avec les voisins d'Espagne les relations n'étaient pas meilleures et cela valut à Bidache de subir, en 1523, un premier incendie où périrent tous les défenseurs que les assaillants n'avaient pas encore passés au fil de l'épée avec les gens du village. La grosse tour fut à peu près tout ce qui résista au cataclysme. Mais une femme allait arranger cela…

Riche héritière et, partant, très recherchée, Diane d'Andoins n'a guère que treize ans quand, le 16 août 1567, elle est donnée en mariage à Philibert de Gramont qui est nettement plus âgé qu'elle. Donnée est bien le terme qui convient, du moins l'époux l'interprétera ainsi car il n'attendra guère que quelques mois avant d'exiger de cette enfant l'accomplissement des devoirs conjugaux.

Diane qui est extrêmement belle – et c'est la seule excuse du mari – se souviendra toujours de cette nuit du 21 novembre 1568, vécue à Bidache et où elle allait apprendre que l'amour physique peut être, sinon le pire des maux, du moins la pire des corvées. De cette pénible expérience, elle gardera une certaine froideur envers les jeux de l'amour. Jamais, en tout cas, son époux n'aura accès à son cœur. Mme de Gramont accomplit sans se plaindre et sans faiblir ce qu'elle considère comme son devoir. Deux enfants naîtront de cette union, une fille, Catherine, qui n'occupera guère sa mère, et un fils, Antonin, né au mois d'août 1570 et auquel elle portera une tendresse exclusive mais souvent aveugle. Cette tendresse poussera Mme de Gramont à assister son fils jusque dans le crime. Mais nous n'en sommes pas là…

Durant dix années encore, jusqu'à ce siège de La Fère où un boulet emportera le bras et la vie de son époux, Diane de Gramont mènera une vie exemplaire mais sans joies véritables, sinon d'esprit. En 1579, à Bordeaux, elle a fait la connaissance de Michel de Montaigne qui lui devient, et restera, un ami cher.

Devenue veuve, la belle comtesse partage son temps entre Bidache où elle fait construire un superbe logis, son château natal d'Hagetmau, en Chalosse, où elle aime à se retrouver, et la cour de Pau ou de Nérac où l'attire continuellement son amie Catherine de Navarre, fille de Jeanne d'Albret et sœur du futur Henri IV, qui est aussi la marraine de sa fille. C'est à cette époque qu'elle change de prénom.

Un roman, *Amadis des Gaules*, fait alors fureur. Il raconte les amours courtoises d'Amadis et de la belle Oriane, et la comtesse Diane lit et relit ces aventures chevaleresques qui parlent à son goût de la gloire. Elle rêve si bien que l'envie lui vient de changer de personnage. Elle se sent l'âme d'une princesse lointaine et, pour mieux s'en persuader, elle abandonne son joli nom de Diane pour celui de Corisande qu'elle ne cessera plus de porter devant l'histoire.

Car, à présent, l'histoire la guette. Depuis l'enfance, elle connaît le jeune prince Henri de Navarre qui est sensiblement du même âge. Elle a suivi de loin les péripéties de son mariage avec Marguerite de Valois, les horreurs de la Saint-Barthélemy et enfin la lutte incessante qui oppose celui qui est maintenant le roi de Navarre à son beau-frère le roi de France Henri III.

Jusqu'ici, il n'y a eu entre eux qu'une amitié admirative de la part d'Henri. Or, le 5 mai 1582, alors que Corisande séjourne à Pau où elle est l'invitée de Catherine de Navarre, Henri arrive inopinément. Il est dans une période de dépression, las, fatigué, malade même. Naturellement, il est l'objet de tous les soins. Des soins si attentifs qu'il a le temps de s'apercevoir de la beauté épanouie de Corisande et d'en tomber amoureux : « Il apprécie surtout les blondes mousseuses et les jouvencelles à peine écloses, écrit l'un de ses biographes, mais la somptueuse robe de velours rouge que Madame sœur du Roi a fait broder de semences de perles pour son amie met en valeur l'éclatante blancheur du visage et des mains de la comtesse. » Henri donc est amoureux, mais il attendra jusqu'au 20 juin 1583 pour qu'à Hagetmau Corisande tombe dans ses bras.

Ce sont d'étranges amours car jamais on ne vit amants si dissemblables : il est vif et gai, elle a un caractère emporté ; il est négligé de sa personne, elle est la femme la plus raffinée du monde. Pourtant, durant huit années, ces deux êtres, même éloignés l'un de l'autre, ne cesseront jamais d'être unis, en dépit même des continuelles infidélités d'Henri qui ne peut voir passer un jupon sans courir après. Mais Corisande c'est plus qu'une maîtresse, c'est une amie sûre. C'est aussi une femme qui ne désespère pas de se faire épouser. Henri n'a-t-il pas signé, de son sang, une de ces promesses de mariage comme il en sèmera trop ? Alors, quand vient pour lui le temps de conquérir ce royaume de France dont il a hérité, elle va l'aider de tout son pouvoir, allant même jusqu'à vendre ses joyaux.

Elle aura sa récompense. La victoire acquise, Henri, le 5 novembre 1587, viendra jeter à ses pieds les drapeaux qu'il a pris à l'ennemi. Elle espère une demande en mariage. Hélas, sa beauté s'est alourdie et l'amour du roi n'est plus que reconnaissance et tendresse. Il faudra bien s'en contenter. Et le temps passe qui est celui de la gloire, sans doute, mais aussi des désenchantements.

Vint le temps du drame. Un drame si noir qu'il semble sortir du répertoire de l'ancien boulevard du Crime. Un drame auquel malheureusement celle qui n'est plus tout à fait Corisande se trouve mêlée… En 1601, Antonin de Gramont a épousé une jeune Gasconne de haute lignée, Louise de Roquelaure, dont il a eu un fils, Antoine, qui sera un jour maréchal de France. Et, en apparence, le ménage marche assez bien. Mais peut-être seulement en apparence.

Un jour de mars 1610, Antonin, rentrant de la chasse plus tôt que prévu, surprend Louise en conversation trop tendre avec son écuyer, Marsilien de Gramont, un sien cousin « qu'il aimait uniquement ». La réaction du mari est immédiate : il embroche proprement le séducteur. Pendant ce temps, Louise a réussi à s'enfuir et à trouver refuge dans un couvent voisin. Hélas, l'asile ne lui servira de rien ; Antonin a tôt fait de la retrouver, de l'arracher au couvent et de la ramener à Bidache. Là, il la fait jeter dans un cachot puis décide d'instruire le procès des coupables.

Pour ce faire, il réunit un tribunal composé des principaux personnages du village, autrement dit de gens qui lui sont tout acquis. Et là une véritable scène d'horreur se joue : le cadavre de Marsilien, exhumé, est présenté aux juges et condamné à avoir la tête tranchée. Ce qui est aussitôt fait. Reste Louise ! Elle aussi est condamnée mais Antonin n'ose pas procéder tout de suite à son exécution. Le père de la jeune femme est, en effet, gouverneur de Gascogne et fort bien en cour.

De fait, M. de Roquelaure, qui refuse farouchement le jugement un peu hâtif, en appelle à Marie de Médicis. Un ordre est aussitôt transmis au mari trop vindicatif de « ne rien tenter contre la vie de Louise ». Cet ordre, Antonin le reçoit avec une visible impatience et accueille tout juste poliment le conseiller de Gourgues qui le lui porte. Mais enfin, il s'incline. Du moins en apparence, et part pour Paris après avoir donné des ordres que sa mère est plus ou moins chargée de faire exécuter.

Ce que furent ces ordres, on ne l'a jamais su exactement mais, le 9 novembre suivant, on apprenait la mort de Louise à la dépouille mortelle de laquelle Corisande refusa la sépulture des Gramont. On dit que la jeune femme fut précipitée au fond d'une oubliette et s'y brisa les os.

Cette tragédie n'empêcha pas les Gramont de gravir jusqu'au plus haut les degrés de la fortune et de la gloire. En 1649, Bidache recevait – et avec quel éclat ! – le cardinal Mazarin en route vers les négociations du mariage royal et lui offrait une chambre « toute tendue de dentelle des Indes avec un lit en bois de Chine décoré de marqueteries d'ébène, d'argent et de vermeil ». Les autres pièces du château étant à l'avenant.

Il ne reste rien de ces merveilles. En 1793, devenu bien national, Bidache fut transformé en hôpital de campagne sous la direction d'un gestionnaire prévaricateur. Sur le point d'être arrêté, l'homme mit le feu aux quatre coins du château avant d'aller se jeter dans la Bidouze.

BIRON

Les indomptables

Quand Biron voulut danser
Ses souliers fit apporter
Sa chemise de Venise
Son pourpoint fait au point
Son chapeau tout rond
Vous danserez Biron !

Chanson du XVIe siècle

De sa butte artificielle, le château de Biron domine avec arrogance tout le pays entre Dordogne et Lot. Il est si puissant et si vaste qu'il ressemblerait plutôt à quelque village fortifié, n'était la hauteur de ses grands toits qui semblent menacer le ciel. La cour intérieure ne s'y nomme pas simplement cour, mais bien « place d'Armes » comme pour une ville. On est ici chez des guerriers et cela se sent.

Qu'importe si, en approchant, l'on constate que plusieurs siècles ont laissé la marque de leurs styles différents ! Le tout a de la grandeur et c'est ce qui, en définitive, a toujours compté pour ses maîtres qui furent essentiellement hommes de guerre, les femmes ne jouant là que le rôle, noble sans doute mais un peu effacé, de reproductrices chargées de transmettre le nom. Rares furent les cas où l'on consentit aux dames les grâces nécessaires à l'agrément de la vie.

Il faut, en effet, se plonger dans les pages austères de l'Armorial pour s'apercevoir que ces hauts barons ont eu des femmes, des mères bien entendu et qu'ils ne sont pas sortis tout casqués, tout armés de la cuisse de Jupiter ou de quelque opération du Saint-Esprit. Aucune histoire du château ne signale une quelconque dame intéressante. Mais puisque château d'hommes il y a, venons-en donc à l'histoire de ces grands messieurs.

C'est au XIIe siècle que les Gontaut, qui remontent à peu près à Hugues Capet et qui sont originaires de l'Agenois, s'installent à Biron qui est seigneurie d'importance car elle est l'une des quatre fameuses baronnies du Périgord. Ils vont y rester jusqu'au XXe siècle. Ce sont déjà de hauts seigneurs qui tiennent grandes charges à la cour des ducs d'Aquitaine.

Mais, au début du XIIIe siècle, la croisade contre les Albigeois fait rage. Simon de Montfort qui mène la horde des barons du nord vient mettre le siège devant Biron et même s'en empare (en 1211). Après avoir passé au fil de l'épée ce qu'il y a trouvé de vivant, Montfort y installe l'un de ses lieutenants, Martin d'Algaïs, puis continue son chemin. Ce n'est pas une bonne idée : demeuré seul à Biron, Algaïs pense que le château lui conviendrait et, dans l'espoir de se l'assurer, abandonne le parti chrétien pour rejoindre ses anciens ennemis. Mal lui en prend. Montfort revient, s'empare à nouveau du château que, cette fois, il détruit presque entièrement puis, se faisant livrer le traître, le condamne à mort. Il le fait « attacher à la queue d'un cheval qui le traîna à travers les rangs de l'armée, puis le fit pendre, tout rompu, à un gibet suivant ses mérites ».

La tempête passée, les Gontaut rentrent chez eux et entreprennent de remettre de l'ordre. Ils y réussissent suffisamment pour qu'au XVe siècle on puisse rencontrer l'un des premiers grands hommes de la famille, Pons de Gontaut-Biron, qui fit connaître aux Italiens les exploits de la *furia francese*. Le fait se passe à la bataille de Fornoue.

Le jeune Pons, en effet, a suivi le roi Charles VIII lorsqu'il descendit en Italie pour reconquérir ce qu'il estimait être « son » royaume de Naples. La chose faite, le roi et son entourage s'amollissaient quelque peu dans les délices de Capoue quand la nouvelle leur parvint d'une vaste coalition qui prétendait barrer le chemin du retour. Le roi repart aussitôt, laissant une partie de son armée à Gilbert de Montpensier. Mais c'est à Pons de Gontaut qu'il confie le commandement des dix mille hommes qui lui restent. Et l'on remonte vers le nord...

Le 5 juin 1495, dès l'aube, le jeune homme déferle avec l'armée sur les quelque quarante mille hommes stationnés dans la plaine de Fornoue, sur le Taro, et qui n'attendaient pas cet ouragan de fer. Resté maître du champ de bataille tandis que le roi se dirige sur Novare pour y secourir le duc d'Orléans, Pons entra du même coup dans l'histoire. Il repose dans la chapelle du château, sous un somptueux tombeau auprès de son frère, l'évêque Armand... Il fut le grand-père du premier des maréchaux de Biron.

En effet, son fils Jean, gouverneur de Saint-Quentin, se fit tuer pour son roi sans avoir eu le temps d'atteindre à de si grandes hauteurs. Mais arrêtons-nous un instant auprès d'Armand de Gontaut, dit le Boiteux, page de la reine de Navarre puis gouverneur de Saint-Denis, maréchal de France et qui trouva, devant Épernay, une mort glorieuse dont Brantôme, pour qui il était le plus vieux et le plus grand capitaine de la France, a laissé l'écho : « Il vint à avoir la tête emportée d'une canonnade, mort très heureuse si l'on veut croire César que la mort la plus inopinée est la meilleure. »

Son fils, Charles-Armand, devait lui aussi mourir sans tête mais d'une manière tout à fait différente. Un grand soldat, certes, mais point sans défauts comme le rapporte L'Estoile : « Grand guerrier, plus vaillant que son épée, hasardeux jusqu'au bout, en ses entreprises heureux, conduites toutefois plus par témérité que par prudence. Cupide de vaine gloire, ambitieux démesurément, fier et hautain avec une superbe intolérable qui lui causa enfin ruine et malheur. » Cet orgueil fut sa perte.

Alors qu'il avait admirablement servi Henri IV à la bataille d'Ivry et à la bataille d'Arques, au siège de Rouen et de Paris, Biron se laissa emporter par son ambition quand bien même il n'avait plus rien à désirer, sinon peut-être devenir roi à la place de son maître. Amiral de France en 1592 puis maréchal de France en 1594, gouverneur de Bourgogne l'année suivante et enfin duc et pair trois ans plus tard, Biron était parvenu au plus haut de l'échelle sociale. Estimant sans doute que le roi n'avait pas encore fait assez pour lui, il se laissa aller à conspirer avec l'Espagne et la Savoie.

Il était trop grand sire pour que la chose demeurât ignorée. Convoqué au Louvre et interrogé d'homme à homme par Henri IV qui refusait encore de croire à la culpabilité d'un de ses plus vieux compagnons, il refusa d'avouer. Cela lui eût sans doute valu son pardon… Alors, arrêté, enfermé à la Bastille, il fut condamné à mort et le roi refusa la grâce en disant : « Ledit maréchal après tant de bienfaits reçus de lui ayant si misérablement attenté à sa vie et à son État, c'eût été plutôt cruauté que clémence de lui laisser la vie. »

Bien sûr, Biron ne l'entendait pas de la même oreille et protesta jusqu'au bout de l'ingratitude d'un roi qui lui devait à peu près tout. La seule grâce qu'accorda Henri IV fut que l'échafaud tendu de drap noir serait élevé dans la cour de la Bastille et non en place de Grève qui faisait horreur au condamné : « En grève ? Voilà une belle récompense de mes services de mourir ignominieusement devant le monde ! » On dit que, à l'instant de mourir, il ordonna au bourreau : « Boute ! boute et dépêche-moi promptement… »

Henri IV avait trop de grandeur pour s'emparer des dépouilles du mort. Il se contenta de supprimer le duché qui redevint marquisat jusqu'à ce qu'en 1723 Louis XV l'érigeât de nouveau en faveur de Charles-Armand de Gontaut qui devint doyen des maréchaux de France.

Le fils de celui-ci, qui fut également maréchal tant la vaillance était ancrée au cœur de cette famille, fit aux Parisiens un bien joli cadeau en faisant élever l'hôtel de Biron que nous connaissons sous le nom de musée Rodin.

Mais voici encore un Biron, et non des moindres. C'est le neveu du précédent. Il se nomme Armand-Louis de Gontaut, duc de Lauzun puis duc de Biron. Il va hériter du château et de l'hôtel parisien. Il va hériter aussi d'une fabuleuse réputation de bourreau des cœurs. Enfin voilà les robes qui pénètrent dans notre histoire de guerres !

Lauzun, car c'est sous ce nom qu'il est le plus connu, est grand, bien fait et porte fièrement une tête que l'on déclare fort belle. Il collectionne les aventures féminines et souvent frise le scandale. Cela ne l'empêche pas d'être lui aussi un grand soldat. Ami de La Fayette, il s'en alla combattre pour l'indépendance des États-Unis à la tête d'un régiment qui était une sorte de Légion étrangère et, naturellement, se couvrit de gloire. Mais, quand il s'agit de lui, il est impossible de passer sous silence un petit mystère : fut-il oui ou non l'amant de Marie-Antoinette ?

On sait que la jeune reine n'eut pas toujours à se louer de l'assiduité de son époux. On sait aussi qu'elle aimait à s'entourer de jolies femmes un peu folles et d'hommes jeunes, nobles et beaux. Lauzun fut de ceux-là. Il fut même de ceux qui furent admis à l'honneur de distraire la reine quand, souffrant de la rougeole, elle dut garder la chambre.

Durant l'été de 1775, la faveur du jeune homme atteignit un sommet. La reine l'appelait continuellement auprès d'elle. On sait qu'un jour Marie-Antoinette ayant admiré la plume de héron blanc que son ami portait à sa coiffure d'uniforme, Lauzun la lui offrit, et que, le soir même, la plume apparaissait sur la tête de la reine. Mais écoutons Mme Campan : « Son orgueil [à Lauzun] exagéra le prix de la faveur qui lui avait été accordée. Peu après le présent de la plume du héron, il sollicita une audience ; la Reine la lui accorde comme elle l'eût fait pour tout autre courtisan d'un rang aussi élevé. J'étais dans la chambre voisine de celle où il fut reçu ; peu de temps après son arrivée, la Reine ouvrit la porte et dit d'une voix haute et courroucée : – Sortez Monsieur ! Monsieur de Lauzun s'inclina profondément et disparut. La Reine était fort agitée. Elle me dit : – Jamais cet homme ne rentrera chez moi… »

Dans ses *Mémoires*, qui ne sont peut-être pas tout à fait de lui, Lauzun n'hésite pas à laisser entendre que Marie-Antoinette eut pour lui plus que des bontés. Toujours est-il qu'à dater de cette époque la disgrâce de Lauzun fut aussi profonde que sa faveur avait été éclatante. Il est vrai que Fersen n'était plus loin.

Ayant conçu quelque aigreur, Lauzun, député du Quercy aux états généraux, se rallia à la Révolution, devint général de l'armée du Rhin puis commanda contre les Vendéens qu'il battit à Parthenay. Accusé cependant de trahison, il fut arrêté, emprisonné et condamné à mort. Il monta à l'échafaud de la place de la Révolution avec le même sourire qu'il arborait dans les salons de Trianon. Sa femme, née Amélie de Boufflers – il avait tout de même trouvé le temps de se marier mais pas celui d'avoir des enfants –, le suivit sous le couteau fatal au printemps suivant… Un mot encore sur le château. Le dernier Biron qui l'habita, marquis et célèbre collectionneur qui résidait surtout en Suisse, le vendit au lendemain de la Première Guerre mondiale.

En 1978, le département acquiert le château en vue de le restaurer.

HORAIRES D'OUVERTURE

Du 1er avril au 30 octobre	10 h-18 h
Du 1er novembre au 31 mars	10 h-18 h (fermé le lundi et le vendredi)

BLANDY-LES-TOURS

Le mariage de Marie de Clèves

Mais elle était du monde où les plus belles
[choses
Ont le pire destin
Et, rose, elle a vécu ce que vivent les roses
L'espace d'un matin.

François de MALHERBE

À une petite lieue du fastueux Vaux-le-Vicomte, Blandy semble rêver au bord d'un vallon et de la plaine de Brie qu'il domine. Se souvient-il encore de la fête funèbre et de ce joli roman qui faillit détruire la vie du futur Henri III ? L'ombre de Marie certainement l'habite encore…

C'est au Louvre que tout commence, un soir de mai 1572, chez Catherine de Médicis. Une scène pénible y oppose la reine mère à son fils favori, le jeune Henri, duc d'Anjou. Pénible pour les deux partis : pour Catherine qui sait ce que l'on va lui demander et surtout ce qu'elle va devoir refuser ; pour Henri quand il comprendra que la raison d'État exige qu'il sacrifie son cœur.

Le destin s'est mis en route l'année précédente au cours d'un bal au Louvre. Un bal où brillaient les trois sœurs de Clèves : Henriette, duchesse de Nevers, Catherine, duchesse de Guise, et enfin Marie, la plus jeune, dont c'est la première apparition. Une apparition qui a frappé au cœur le jeune duc d'Anjou.

Jamais, de mémoire d'homme, on ne vit fille aussi blonde, aussi douce et aussi lumineuse : le visage d'un ange et le corps d'une nymphe. Et tout de suite, l'amour a éclaté entre les deux jeunes gens. Henri, en effet, a tout pour séduire une femme : grand et mince, le cheveu noir et le regard de feu, il a l'élégance célèbre des Médicis, les plus belles mains du monde, vingt ans et l'auréole de ses récentes victoires sur les protestants. Il possède en outre la vaillance d'un paladin et, l'épée à la main, il est sans doute la meilleure lame du royaume.

Ce bal pourrait être celui du Prince charmant et de la belle princesse. Malheureusement, Marie de Clèves est fiancée. Et à qui : à Henri de Condé, qui est le chef des huguenots après Henri de Navarre, un homme intraitable, un guerrier pour qui une promesse est une promesse.

Mais quand on est amoureux, quand on se sait aimé, il n'est point d'obstacle dont on ne pense pouvoir se rendre maître. Et c'est pourquoi, en ce soir de mai, Henri d'Anjou est venu se jeter aux pieds de sa mère en la suppliant de faire rompre les fiançailles de Marie, de lui donner Marie.

Catherine a écouté en silence la prière de son fils préféré ; elle lui a souri comme l'on fait pour un enfant capricieux. Enfin, comprenant qu'Henri est sérieux, qu'il ne s'agit pas d'un caprice passager, elle s'est expliquée. Oui, le bonheur de son fils lui est cher mais la paix qui vient d'être conclue avec les protestants est fragile, précaire. Offenser le prince de Condé ce serait tout remettre en question et peut-être jeter à nouveau le royaume dans les horreurs de la guerre civile…

– Les huguenots seront un jour vos sujets, mon fils, puisque votre frère, le roi Charles IX, n'a pas d'héritier. Vous ne pouvez briser le mariage de Condé sans avoir à en supporter plus tard les plus graves conséquences. Il faut que Marie de Clèves épouse Condé.

Longtemps Henri a prié, supplié : l'idée que sa douce Marie puisse être donnée à cet homme petit et laid, paillard de surcroît et que l'on dit joyeux compagnon pour ses amis mais difficile à vivre, lui est insupportable. Il perd son temps. Jamais Catherine n'a permis que son cœur l'emporte sur la politique. Si Henri veut régner un jour, il doit dès à présent agir en roi.

Fou de rage, alors, le jeune homme s'est enfui en claquant les portes et en criant qu'il tuera Condé mais Catherine ne s'est pas troublée pour autant. Tous deux savent bien que c'est impossible.

Trois mois plus tard, le 10 août, alors que Paris, bouillonnant comme un chaudron de sorcière, s'apprête à célébrer les noces de sa princesse, Marguerite de Valois, avec le jeune roi Henri de Navarre, au milieu d'un grand concours de catholiques et de protestants qui menacent à chaque instant de s'entre-tuer, une étrange cérémonie s'apprête au château de Blandy-les-Tours, non loin de Melun.

Le château, déjà, n'est pas bien gai. C'est une antique forteresse jadis construite par les vicomtes de Melun, passée aux Tancarville et que, durant la guerre de Cent Ans, le roi Charles V a fait puissamment fortifier sans pour autant l'enlever aux Tancarville.

Par la suite, le château est passé aux d'Harcourt, aux Longueville mais sans que son aspect vienne à changer. C'est toujours un château médiéval pourvu d'un donjon de trente-cinq mètres de haut et, pour l'heure, c'est l'un des plus sûrs bastions du protestantisme car sa propriétaire d'alors, Jacqueline de Rohan, grand-mère du prince de Condé, est une vieille huguenote à peu près aussi farouche que Calvin lui-même. Elle a tenu à ce que le mariage de son petit-fils ait lieu chez elle et il n'est pas du tout question d'en faire une fête. D'ailleurs, tous les assistants sont vêtus de noir ou peu s'en faut. Ce deuil quasi général est dû à la disparition toute récente de la reine de Navarre, Jeanne d'Albret, qui vient de mourir si subitement que l'on parle d'empoisonnement au moyen d'une paire de gants. Les protestants, persuadés que Catherine de Médicis est l'auteur de cette mort, ont pris un deuil ostensible et s'y tiennent en manière de protestation pour le mariage de leur chef.

Le marié lui aussi est tout en noir, comme son témoin le jeune roi de Navarre, fils de Jeanne d'Albret, et qui assiste à la cérémonie avec une mine lugubre qui lui est aussi peu naturelle que possible mais que chacun regarde avec révérence.

L'autre pôle d'attraction, tant que la mariée n'a pas fait son entrée, est une vieille dame : la duchesse douairière de Ferrare, Renée de France, fille de feu le roi Louis XII et veuve du duc Hercule II de Ferrare. C'est une princesse austère, catholique mais dont les sympathies huguenotes sont si connues qu'elle a fini par faire autorité dans la religion. On sait qu'elle a toujours protégé le poète Clément Marot et que, dans son château de Montargis, les protestants ont droit de cité.

Enfin, annoncée par les trompettes d'argent, voici la mariée. Plus belle et plus pâle ne se peut voir. Entre les perles de sa coiffure et l'épaisse fraise de dentelles qui encadre son visage, Marie offre une image transparente, presque désincarnée, qui effraie sa sœur, Henriette de Nevers, présente au mariage. Elle tient ses paupières obstinément baissées, ne regarde rien, ne voit rien mais chacun peut remarquer nettement le tremblement de ses lèvres décolorées.

Lentement elle se dirige vers le fauteuil où siège la duchesse de Ferrare à qui elle fait une profonde révérence puis salue le roi de Navarre qui la regarde avec une sympathie navrée. Henri aime les jolies femmes. Il aime les voir gaies, et le désespoir visible de celle-ci le désole car il n'en augure rien de bon pour le bonheur de son cousin Condé.

Lorsque enfin Marie a pris place auprès de son fiancé, certains peuvent entendre la remarque de Renée de France bien que la princesse ait baissé la voix : « Il est encore plus laid auprès d'elle. »

C'est vrai qu'il n'est pas beau. Petit et maigre, ses épaules doivent tout au rembourrage du pourpoint. Il a un long visage aux yeux globuleux et, bien qu'il n'ait que vingt ans, ses cheveux s'éclaircissent déjà. Rien de comparable avec le prince dont Marie garde l'image au fond du cœur. Pourtant, elle non plus n'a pas le droit de refuser. Elle est un gage de paix, comme le sera dans quelques jours Marguerite de Valois, et un gage de paix ne saurait se dérober. Mais chacun peut remarquer qu'elle manque de s'évanouir à l'instant où le pasteur joint sa main à celle de son époux.

Pourtant, la cérémonie religieuse n'est pas le moment le plus cruel pour la pauvre fiancée. Bien plus rude est l'épreuve qui l'attend le soir venu, quand on l'enferme dans le grand lit à courtines de soie avec un homme qui lui déplaît.

Selon certains récits, Marie, à cet instant affreux, aurait supplié Henri de Condé de lui permettre de dormir seule cette première nuit, alléguant un état de fatigue extrême. Hélas, les guerres incessantes dans lesquelles Condé a passé toute sa jeunesse ne sont pas une bonne école de délicatesse. Follement, éperdument amoureux de cette beauté blonde dont il sait bien qu'elle en aime un autre – un autre qu'il déteste d'autant plus –, le mari ne veut rien entendre. On dit que, saisissant l'un des coussins du lit il l'envoya sur la chandelle qui éclairait l'alcôve en criant : « Ainsi, vous ne verrez plus que je suis laid. » Après quoi, il se comporta purement et simplement comme le pire des soudards.

Durant les jours qui suivent le mariage, Condé ne quitte pas sa femme d'une semelle et les murs de Blandy commencent à prendre pour la pauvre Marie des allures de prison. Jour et nuit, son époux l'accable des marques d'une passion qui semble intarissable et la jeune femme en vient à oublier qu'elle a rêvé d'amour si l'amour n'est rien d'autre que ce calvaire.

Aussi est-ce avec un grand soulagement qu'elle accueille, le 16 août, l'invitation qu'on lui fait d'avoir à se préparer pour assister au mariage d'Henri de Navarre, son témoin, et de Marguerite de Valois : la nouvelle princesse de Condé doit en effet y tenir la traîne de la mariée.

À vrai dire, cette mariée-là est aussi pâle que celle de Blandy-les-Tours. Malgré la chaleur accablante, la nouvelle reine de Navarre est blanche comme une morte sous son écrasant manteau d'hermine. Marguerite n'aime pas plus Henri de Navarre que Marie n'aime

Condé, et celle-ci, du fond de son cœur généreux, prend sa part du morne accablement de sa cousine. D'autant que, quelques minutes avant la cérémonie, elle a rencontré le regard du duc d'Anjou, superbe à son habitude. Et elle y a lu le désir de tuer quand ce regard s'est tourné vers Condé. Et, de fait, c'est bien à la mort de Condé que songe le prince tandis que la cérémonie déroule son faste royal. Tout autour de l'estrade où elle a lieu, le peuple de Paris gronde comme un chien qui va mordre.

Quelques jours plus tard, le grondement se change en hurlements. Dans la nuit du 24 août, aux petites heures du matin, le tocsin de Saint-Germain-l'Auxerrois appelle les hommes de la Ligue au massacre. C'est la Saint-Barthélemy qui commence.

Dans l'appartement qu'on leur a attribué au Louvre, Marie et Condé ont entendu la cloche et les premiers cris, les premiers coups de feu. Marie s'est jetée à genoux devant son crucifix et prie tandis qu'Henri de Condé tente vainement de forcer la porte fermée du dehors.

Soudain cette porte s'ouvre laissant paraître le capitaine des gardes du roi. Il vient chercher le prince de Condé. Charles IX l'attend. Attend-il aussi la princesse ? Non, la princesse n'a rien à craindre. De cela Condé est bien persuadé : ce n'est pas à elle qu'on en veut mais bien à lui, le mari. Et aussi sans doute à Henri de Navarre qu'il rencontre dans l'antichambre royale.

Le roi, lui, est dans son cabinet des armes. Il y est en proie à l'une de ces « colères vertes » qui en font un fauve dangereux. Une arquebuse à une main, l'œil fou, il bondit sur les deux princes, les entraîne vers une fenêtre d'où l'on découvre les tours de la Bastille… et les cadavres qui jonchent déjà les quais de la Seine :

– Mort, messe ou Bastille ? s'écrie-t-il.

C'est Condé qui répond. Il est brave et c'est en brave qu'il affronte la fureur du roi :

– Dieu ne permette point, mon roi et mon seigneur, que je choisisse le premier. Des deux autres soit à votre discrétion que Dieu veuille modérer par sa providence.

Un instant, il peut lire sa mort dans l'œil injecté de sang mais la reine entre et obtient, à force de larmes, la grâce des deux huguenots. Quand on ramène Condé chez lui, il y retrouve Marie évanouie.

Dès le lendemain, un ancien ministre protestant, converti par les arquebusades, entreprend de chapitrer Condé qui n'a aucune envie de mourir et qui met à écouter le bonhomme une apparente bonne volonté. Bien plus, le 3 octobre, il écrit au pape pour faire sa soumission et demander une nouvelle bénédiction de son mariage. Henri d'Anjou pense mourir de fureur mais, cette fois, il ne peut plus rien : le cardinal de Bourbon bénit à nouveau le mariage de Marie, à Saint-Germain-des-Prés. Après quoi la jeune femme regagne Blandy : Condé doit partir pour la guerre où il combattra aux côtés du roi. L'espoir renaît chez Anjou. La guerre a de ces hasards…

En attendant, il écrit à Marie des volumes de lettres passionnées qu'il lui fait tenir par sa sœur Henriette. La jeune femme lit ces lettres avec un bonheur teinté de mélancolie et d'un certain sentiment de culpabilité. Son cœur est toujours à Anjou mais son époux est en danger et elle s'interdit de répondre. Le jeune prince est navré.

« Jugez, écrit-il à la duchesse de Nevers, si je mérite

telles façons de ma dame qui, quoi qu'elle en dise, a sur moi toute puissance quand elle l'emploiera. »

Il prie en vain. La mort ne veut pas de Condé. En outre, lui-même se trouve soudain obligé de s'éloigner : la Diète polonaise l'a élu roi et voilà le pauvre amoureux obligé de gagner Varsovie. Il ne le fait pas sans protester : la seule couronne qui l'intéresse, c'est celle de France et la santé de Charles IX ne s'arrange pas. Doit-il y renoncer pour aller vivre chez les sauvages ?

Sur ce point Catherine de Médicis lui donne tous apaisements. Si la santé du roi achevait de se détruire, elle enverrait immédiatement un courrier en Pologne. La couronne de France n'échappera pas à Henri.

Tout d'abord, Condé doit accompagner le nouveau roi jusqu'en Pologne, mais Charles IX déteste son jeune frère et n'a aucune envie de lui donner un mari à garder. Condé est aussitôt nommé gouverneur de Picardie et doit rejoindre Amiens. Il faudra que Marie l'y rejoigne, pour une brève visite, sans doute, mais dont elle revient enceinte.

Pendant ce temps, à Varsovie, Henri s'efforce de régner sur un peuple dont il ne comprend pas la langue, ni d'ailleurs les mœurs. Pour se délasser, il rime inlassablement, en compagnie du poète Philippe Desportes qu'il a emmené, des vers en l'honneur de la princesse de Condé. Des vers – c'est surtout Desportes qui les écrit – qu'Henri recopie d'une plume trempée dans son propre sang.

Mais enfin, la nouvelle tant espérée arrive. Charles IX est mort le 31 mai dans son château de Vincennes. Le roi de France à présent, suivant la loi de primogéniture, s'appelle Henri III... si toutefois il arrive à fausser compagnie aux Polonais qui le surveillent de près. Il parvient à s'enfuir avec une poignée de compagnons.

Pour Henri le temps du bonheur est presque arrivé. Il entend bien demander et obtenir du pape l'annulation du mariage forcé de Marie. Elle sera reine de France et lui sera un homme heureux.

Il en est tellement certain qu'il ne se presse pas pour rentrer. Le France, aux mains de sa mère, est en bonnes mains. Alors il s'accorde le loisir d'un voyage d'agrément, visite Vienne puis Venise qui lui réserve un inoubliable accueil.

Hélas, quand il regagne enfin Paris, dans les premiers jours du mois de novembre, c'est pour y apprendre la plus affreuse des nouvelles : quelques jours plus tôt, le 30 octobre, la princesse de Condé est morte en donnant le jour à une petite fille nommée Catherine.

Le désespoir du roi fut terrible, tellement qu'un moment on craignit pour sa raison. Le corps de Marie avait été ramené de Blandy à Saint-Germain-des-Prés et, durant des années, le roi ne put supporter d'entrer dans cette église. Une dernière fois, la muse de Philippe Desportes chanta, mais avec des sanglots dans la voix :

Que je meure en moi-même afin qu'en toi je vive
Que j'abhorre le monde et que, par ton secours,
La prison soit brisée où mon âme est captive...

Jamais Henri III ne devait guérir de cette blessure. De ce jour, ses amitiés furent exclusivement masculines. Ou presque. Car enfin il se maria. Mais celle qu'il choisira, Louise de Vaudémont, une parente pauvre de la maison de Lorraine, devra son choix uniquement à une certaine ressemblance avec Marie de Clèves.

Quant au château de Blandy, passé au début du XVIIe siècle à une branche de la maison d'Orléans, il se retrouva en 1707 propriété du maréchal de Villars qui décida de le transformer en ferme. Dans cette intention, il fit découronner les tours. En 1992, le Conseil général de Seine-et-Marne acquiert le château, il fait l'objet depuis cette date d'un projet complet de restauration.

HORAIRES D'OUVERTURE

Du 1er avril au 31 octobre	10 h-12 h 30 et 13 h 30-18 h
Du 1er novembre au 31 mars	10 h-12 h 30 et 13 h 30-17 h

Fermé le mardi.

Fermé le 1er mai, le 25 décembre et le 1er janvier.

http://www.seine-et-marne.fr/blandy-les-tours

BLOIS

histoires d'amour, histoires de mort...

Le temps a laissé son manteau de vent, de froidure et de pluie.

Charles d'ORLÉANS

Toujours, depuis la nuit des temps, il y eut à Blois un château. Il y a apparemment des lieux qui sont faits pour cela !

Pourtant, si grands, si puissants qu'aient été les premiers bâtisseurs – comtes de Blois jusqu'au XIIe siècle, comtes de Châtillon jusqu'au XIVe siècle – ils n'ont guère laissé trace profonde en dehors d'une seule salle, admirable : celle des états généraux. La véritable empreinte qui marque Blois est celle des ducs d'Orléans, cette royale branche cadette qui, par deux fois, accéda au trône de France sans que ses descendants réussissent à s'y maintenir.

C'est en 1391 que Guy de Châtillon vend le comté de Blois au frère de Charles VI le Fol. Louis d'Orléans, aimable, galant, séduisant, fort aimé des dames et quelque peu sorcier, n'a guère de peine à le payer : Marguerite de Namur, épouse de Châtillon, est folle de lui et l'argent que va encaisser son mari, c'est elle qui en donne la plus grosse part. Quelques nuits d'amour la récompenseront de ce beau geste mais elle ne devra s'attendre à aucune fidélité : Louis d'Orléans est déjà l'amant d'Ysabeau de Bavière, celle que l'on ose à peine nommer reine de France tant elle déshonore la fonction.

Ce n'est pourtant pas que Louis soit mal marié : Valentine Visconti, fille du duc de Milan, qu'il a épousée, est belle, savante et sage. De plus, elle l'aime mais elle perd à la fois son amour et son temps car homme plus volage que le duc ne se peut trouver. Des bras d'Ysabeau, il passe, après ceux de Mariette d'Enghien, directement dans les griffes de la mort : le 23 novembre, dans la rue Barbette, à Paris, et alors qu'il vient de visiter Ysabeau, il est abattu par les tueurs que mène son ennemi mortel, Jean sans Peur, duc de Bourgogne, qui est aussi son cousin.

Jean le remplace dans le lit de la reine et, comme Paris est aussi à sa dévotion, la veuve douloureuse – car elle n'a pas cessé d'aimer – ne pourra se faire rendre justice. C'est à Blois qu'elle va enfermer sa peine et peindre sur les murs sa devise désenchantée : « Plus ne m'est rien, rien ne m'est plus. » C'est là aussi qu'elle meurt, cette Valentine inconsolée, un an après son époux.

Cependant, elle a un fils qui déjà est poète et qui, à sa couronne ducale, préfère les ombrages de Blois si propices à l'inspiration. Hélas, fait prisonnier à la désastreuse bataille d'Azincourt, en 1415, Charles d'Orléans restera vingt-cinq années sans revoir son cher Val de Loire. Et pendant ce temps, l'Anglais, au mépris de toutes les lois de la guerre et de la chevalerie qui interdisent de s'en prendre aux biens d'un prisonnier, s'en viendra mettre le siège devant Blois puis devant Orléans même, la ville ducale, d'où Jeanne d'Arc enfin le délogera après un bref séjour au château préféré de Charles.

Quand celui-ci retrouve ses terres et ses châteaux, Jeanne est morte depuis neuf ans. Mais le prince a tant rimé dans sa geôle anglaise et de si tendre façon que ses harmonieux soupirs ont traversé les siècles :

Le temps a laissé son manteau
De vent de froidure et de pluie
Et s'est vêtu de broderie
De soleil riant, clair et beau.

Aucune anthologie de poésie française ne saurait oublier Charles d'Orléans et c'est toujours un régal que le relire. Plus encore peut-être en parcourant les jardins de son château.

C'est à Blois que le prince-poète s'installe à son retour de captivité, qu'il épouse Marie de Clèves, fille d'un prince allemand, qu'il vit enfin de douces années avant que la mort ne le prenne en 1465. Son fils, qui sera le roi Louis XII, n'a pas encore treize ans…

En attendant d'être roi, le jeune Louis se contente d'être un prince des plus agités. Louis XI, ce maître ès politique moderne, lui a fait épouser par force sa fille cadette Jeanne, douce et sainte créature – elle sera d'ailleurs canonisée ! – mais boiteuse et laide, en pensant que « les enfants qu'ils auront ne leur coûteront guère à nourrir ». Le mariage, en effet, reste blanc. Du moins Louis XII le prétend quand il oblige la malheureuse Jeanne à un crucifiant procès en nullité afin de retrouver sa liberté et d'épouser la veuve de son prédécesseur Charles VIII : la duchesse Anne de Bretagne.

Le fils de Louis XI est, en effet, mort prématurément, assommé par un linteau de porte basse. Mais le cousin d'Orléans est épris de sa reine et n'aura de cesse de l'avoir faite sienne quand il coiffera enfin la couronne de France. Le tout grâce à la complicité du pape, Alexandre VI Borgia, et de son fils, l'inquiétant César.

Pour se distraire, Louis XII entreprend de reconstruire le château de Blois selon son goût. Il réussira tout juste à entamer l'aile qui porte son nom. Encore est-ce François Ier qui en fera la plus grande partie.

François n'est pas le fils de Louis XII mais son cousin, un cousin pauvre. En dépit d'efforts réitérés, Louis n'a pas réussi à tirer un fils viable des entrailles de sa Bretonne. Pis encore : le 9 janvier 1514, Anne trépasse laissant à son époux un chagrin qui paraît inconsolable. François, qui n'est encore que duc de Valois, va s'en apercevoir quand, le 18 mai, dans la chapelle fraîchement repeinte de Blois, il épouse Claude de France, la fille aînée du roi.

Ce sont les noces les plus lugubres qui se puissent voir car tout le monde y est en noir. La mariée d'abord qui pleure sa mère, le roi qui affiche un deuil spectaculaire et pleure comme à des funérailles, le marié, enfin, qui, renonçant à ses vêtements toujours éclatants, s'est drapé dans une robe de damas noir.

Tout ce deuil n'empêchera pas Louis XII d'épouser à grand renfort de trompettes et de cymbales une jouvencelle de seize ans, Marie d'Angleterre… tout juste cinq mois après ces tristes noces. Mais, cette fois, il ne fut plus du tout question de s'habiller de noir !

François Ier ne résidera guère à Blois où il fera cependant élever l'aile qui porte son nom et qui confère au château sa véritable splendeur. La raison en est toute simple : Claude, sa femme, aime beaucoup le château qui est sa maison à elle, et François, bien qu'il la trompe abondamment, l'aime beaucoup. Il préfère qu'elle se sente vraiment chez elle.

Quand elle meurt à Blois, en 1524, il la pleure

sincèrement, déclarant que, s'il « pouvait la racheter de sa vie, il la lui baillerait de bon cœur, n'ayant jamais imaginé que le lien de mariage fût si dur et si difficile à rompre ». Cela ne lui fera pas aimer Blois davantage et, pour sa part, il lui préfère de beaucoup Fontainebleau et Chambord, ses chefs-d'œuvre.

Un temps, Blois demeure domaine royal. C'est là qu'en 1588 Henri III, harcelé par les Guise alliés de l'Espagne, trublions qui soufflent le feu et la tempête, réunit les états généraux pour tenter de faire entendre raison à son peuple, un peuple qui adore littéralement les Guise. C'est là qu'à bout de patience et de diplomatie il décide de faire « exécuter » le Balafré, autrement dit Henri de Guise, chef de la Sainte Ligue et héros des catholiques.

C'est le 23 septembre que le roi frappe. Il a convoqué Guise pour un Conseil à six heures du matin, en précisant bien qu'il désire quitter Blois aussitôt pour se rendre à Notre-Dame-de-Cléry où repose Louis XI, ce maître en politique.

Méfiants, les amis du duc ont vainement tenté de le mettre en garde contre cette convocation trop matinale. Des bruits ont transpiré : le roi serait prêt à tout pour se débarrasser de l'agitateur… La marquise de Noirmoutiers, maîtresse de Guise, tente en vain de le retenir. Mais le duc n'est qu'orgueil et vanité : « Il n'oserait ! » répond-il avec une outrecuidance qui serait grotesque si elle n'était tragique. Et il ne renonce même pas à passer cette nuit chez sa maîtresse. Celle-ci, née Charlotte de Beaune-Semblançay, est l'une des plus jolies femmes de la cour. Elle est aussi l'un des membres les plus brillants du fameux Escadron volant de Catherine de Médicis et, en principe, elle devrait se taire. Mais cette fois, elle est amoureuse et fera tout son possible pour garder son amant auprès d'elle. Peine perdue ! Henri, qui a très faim d'amour cette nuit-là, n'accepte même pas de se reposer et, quand vient l'heure du rendez-vous, il a à peine dormi.

Cette fin de nuit est glaciale. La neige est épaisse et Guise néglige même de mettre un manteau. Dans le fameux escalier de François Ier, les Quarante-Cinq, cette garde personnelle que le roi s'est donnée, est de faction. Elle se refermera sur Henri de Guise et l'abattra dans la salle du Conseil et la chambre du roi. C'est au pied du lit royal que le duc expire peu après. Dans sa poche, une note de sa main : « Pour entretenir la guerre en France, il faut sept cent mille livres. » Le tout à destination de l'Espagne…

Il était plus que temps ! Henri III sait qu'il est à présent en danger, que la turbulente duchesse de Montpensier, sœur du Balafré, et son frère Mayenne vont exiger sa mort – la duchesse le fera assassiner peu après par Jacques Clément – mais du moins les Espagnols n'entreront pas en France et le royaume sera sauvé.

Les rois suivants ne viendront pas souvent à Blois. Henri IV ne l'aime guère et Louis XIII pas beaucoup plus. C'est là qu'il assigne à résidence sa mère, l'impossible Marie de Médicis, qui a conspiré contre lui et qui, d'ailleurs, s'évade du château par une belle nuit au moyen d'une échelle de corde, exercice périlleux que son tour de taille n'arrange pas.

C'est le frère de Louis XIII, Gaston d'Orléans, le conspirateur perpétuel, qui récupère le comté, le château et qui y installe sa cour. Une cour un peu terne, un peu ennuyeuse mais que Louis XIV, en route pour Saint-Jean-de-Luz où l'attend l'Infante, visitera un soir. L'esprit du jeune roi est alors tout plein de l'image de la brune Marie Mancini et il ne remarque même pas, parmi les demoiselles d'honneur de sa tante, une jeune fille blonde, blanche, timide, douce et boiteuse dont le nom, quand on la lui présente, ne le frappe pas le moins du monde. Elle s'appelle pourtant Louise de La Vallière. Mais le temps n'est pas encore venu…

Après la mort de Gaston d'Orléans, c'est le silence de l'abandon, la décrépitude lente. Il faudra attendre 1843 pour que l'on se soucie enfin de relever ce qui n'allait pas tarder à devenir une fort belle ruine. De nos jours, la ville de Blois en est devenue propriétaire pour son plus grand bien car, outre un entretien soigneux, la ville a doté son beau château d'un admirable musée.

HORAIRES D'OUVERTURE

Du 2 janvier au 31 mars	9 h-12 h 30 et 13 h 30-17 h 30
Du 1er avril au 30 juin	9 h-18 h 30
Du 1er juillet au 31 août	9 h-19 h
Du 1er septembre au 30 septembre	9 h-18 h 30
Du 1er octobre au 7 novembre	9 h-18 h
Du 8 novembre au 31 décembre	9 h-12 h 30 et 13 h 30-17 h 30

Fermé le 1er janvier et le 25 décembre.

http://www.chateaudeblois.fr/

BOURBON-L'ARCHAMBAULT

Le sang des rois...

Cet heureux temps n'est plus. Tout est changé de face.

RACINE

Altières et encore imposantes, les tours ruinées du château se découpent sur la douceur du ciel bourbonnais. Bien sûr, elles ne sont plus que l'ombre de la puissante forteresse qui était là jadis, mais leur cri muet, venu de la nuit des temps, proclame toujours haut et fort ce que fut cette race qui donna tant de rois à la France. Chef de nom et d'armes de la famille, Bourbon en sera peut-être plus évocateur que Moulins, en ruine lui aussi, et même que Montluçon – le seul qui soit encore en état, mais il fut moins habité – puisque, hélas, il ne reste rien de Chantelle, le magnifique, le plus aimé, le préféré, qui témoignait si hautement de la puissance et de la splendeur des ducs de Bourbon.

De tout temps le site a été connu, fréquenté. Par les Romains d'abord qui, toujours férus d'hydrothérapie, découvrirent l'influence bienfaisante de ses eaux thermales sur leurs rhumatismes et le firent savoir assez pour que, dans la suite des siècles, les plus illustres articulations se fussent confiées aux soins de ses piscines.

La première maison de Bourbon s'éteint en 1218 avec Archambault VIII qui édifie le premier château. La seconde s'achève avec une fille, Béatrix, qui, en 1272, épouse Robert de Clermont, sixième fils de Saint Louis ; celui-ci sera reconnu sire de Bourbon en 1283. Ils seront la tige de tous les rois qui, depuis Henri IV, ont régné sur la France, et des actuels prétendants au trône.

Grand mariage donc, mariage brillant mais qui ne sera guère heureux. À vingt-quatre ans, Robert de Clermont, passionné de joutes et de tournois, recevra à la tête un coup de masse d'armes qui le rendra fou. Mais fou par intermittence, ce qui lui permettra de rendre tout de même au royaume quelques services.

Son fils, Louis Ier, grand chambrier de France sous Philippe le Bel, sera créé duc et pair par Charles IV. C'est lui qui reconstruit entièrement l'ancien château sous la forme qu'on lui voit encore de nos jours, mais combien diminuée puisqu'il ne reste que trois tours sur les vingt-quatre que Louis fit édifier. En souvenir de son grand-père, le saint roi, il fait aussi élever une Sainte Chapelle qui sera considérée comme une merveille, mais ne résistera pas à la Révolution. Vaillant soldat au demeurant qui s'illustre aux batailles de Furnes, de Courtrai et de Mons-en-Puelle avant d'écraser la bourgeoisie flamande à Cassel. Dans la maison de Bourbon, la chevalerie joue un grand rôle…

On s'en aperçoit avec Louis II, son fils, qui acceptera de rester l'otage des Anglais à la place du roi Jean II. À son retour, pour récompenser les seigneurs vassaux qui l'ont bien servi et ont veillé sur le duché durant son absence, il crée à Bourbon l'ordre de l'Espérance. L'insigne en est une ceinture brodée d'or ayant pour fermoir un écu d'or portant une bande de perles et sur lequel est gravé le mot « allen » – tous, en anglais… Les ceintures seront remises après une messe solennelle dite dans la Sainte Chapelle ; le duc explique alors la signification de cet ordre nouveau :

– Cela veut dire que tous nobles qui l'ont et le portent doivent être tous comme frères et vivre et mourir l'un avec l'autre en tous leurs besoins…

La cérémonie impressionnera vivement son fils qui, à son tour et comme son aïeul, ne rêvera que tournois et chevalerie. Il en rêve même à tel point qu'un beau jour il fait publier à travers l'Europe un singulier cartel, dans lequel il entraîne quatorze chevaliers de sa suite et deux écuyers. Par ce cartel, Jean défie au combat à pied, mais à outrance, un même nombre de chevaliers et d'écuyers, et donne à ses éventuels adversaires deux ans pour se présenter devant les tours de Bourbon. En attendant, le duc s'engage, pour lui et pour ses compagnons, à porter tous les dimanches un fer de prisonnier suspendu à la jambe gauche par une chaîne d'or, ou d'argent pour les écuyers… Hélas, le combat devant être à outrance, c'est-à-dire sans quartier, les adversaires éventuels ne montrèrent aucun empressement à se présenter… et durant deux années Jean Ier et sa troupe s'en iront mélancoliquement à la messe en traînant leurs fers après eux.

Le duc Jean eut cependant l'occasion, à Azincourt, de démontrer qu'il était véritable et vaillant chevalier. Malheureusement, fait prisonnier durant la bataille, il fut emmené à Londres en captivité et jamais ne revit les tours de Bourbon-l'Archambault. Il mourut outre-

Manche, triste et désenchanté, après dix-huit ans de captivité.

Son petit-fils, Jean II, qui prit les armes contre Louis XI avec la Ligue du Bien public dévouée au Téméraire, étant mort sans enfants en 1488, c'est son frère Pierre sire de Beaujeu qui lui succède... et qui, lui, a épousé la fille de ce même Louis XI, Anne, « la moins folle femme de France », régente durant la minorité du jeune roi Charles VIII.

Devenue duchesse de Bourbon, Mme de Beaujeu continue et même amplifie les traditions fastueuses des ducs de Bourbon. Si elle délaisse le vieux château pour le superbe Chantelle, dont les tours sont couronnées de grandes statues de saints qui se trouvent actuellement au musée du Louvre, elle vient assez régulièrement à Bourbon pour y prendre les eaux.

De son mariage elle n'aura qu'une fille laide et contrefaite, Suzanne, à qui elle donnera pour époux son cousin, Charles de Montpensier, lequel deviendra le fameux connétable de Bourbon.

Celui-là est un homme séduisant, plein de charme et d'une extrême vaillance. À Marignan où il commande l'avant-garde, il se distingue par sa bravoure et son intelligence. Malheureusement pour lui, il a réuni grâce à sa belle-mère un apanage considérable qui lui assure une richesse et constitue une énorme seigneurie de type féodal qui tient le centre de la France et risque de représenter un danger.

La Couronne – en l'occurrence celle de François Ier – ne peut manquer d'en prendre ombrage et ses légistes, menés par le chancelier Duprat, décident de s'occuper du connétable. On commence par refuser de l'indemniser des dépenses qu'il a effectuées au service du roi, on lui retire ses traitements et ses pensions... En fait, il y a, sous ces tracasseries, la main d'une femme : Louise de Savoie, mère de François Ier, est de longue date amoureuse de Bourbon. Le dédain à peine voilé qu'il lui témoigne et la grande indépendance qu'il affiche offusquent et blessent cette femme altière.

Sur ces entrefaites, en avril 1521, meurt Suzanne de Bourbon qui ne laisse pas d'héritier. Une permission, peut-être imprudente, de Louis XII l'avait autorisée, jadis, à instituer son époux légataire des biens qu'elle tenait de son père. Louise de Savoie fait déclarer cette donation sans valeur et revendique l'héritage du duc Pierre en tant que fille de Marguerite, sa sœur. Mais cela ne l'empêche pas d'envoyer à Bourbon le comte de Saint-Pol chargé d'une étrange mission en forme de déclaration d'amour. Louise veut faire entendre à celui qu'elle poursuit ainsi que, bien loin de vouloir lui nuire, elle souhaite l'épouser et lui offre sa main. Le connétable répond en plaignant le roi d'« obéir aux impressions d'une femme qui n'avait pas plus d'équité que d'honneur… ». Et il ajoute qu'il songe à épouser une sœur de Charles Quint !…

C'est se faire de Louise une ennemie implacable. Un procès s'ensuit qui enlève à l'insolent, au profit du roi, l'Auvergne et le Bourbonnais, et prétend donner le reste à « Madame Louise ». C'en est trop ! Anne de France, qui voit s'effondrer le petit royaume qu'elle a construit, conseille alors à son gendre – elle, la fille de Louis XI ! – de porter sa plainte à Charles Quint :

– Promettez-moi d'y faire toute diligence et je mourrai contente…

On sait comment Bourbon ne lui obéit que trop bien et comment, entré en guerre contre la France, il s'en alla mourir dans Rome, en 1527, d'un coup de mangonneau. C'en était fini du duché de Bourbon et de cette branche des descendants de Robert de Clermont. Une autre branche continuera la famille et, après avoir été donné à Louise de Savoie, le Bourbonnais sera rattaché à la Couronne. Il avait cessé d'être province indépendante et le château de Bourbon-l'Archambault, de plus en plus délaissé, s'achemina doucement vers la ruine, cependant que la ville s'apprêtait à connaître, avec ses eaux thermales, une très grande vogue. On y vit la cour et la Ville, la marquise de Sévigné qui y fut assidue et Mme de Montespan qui y mourut. On y vit plus tard Talleyrand et certaines têtes couronnées, et le château ne fut plus que le fond romantique d'un agréable séjour.

En 1832, le château appartient au jeune duc d'Aumale, fils du roi Louis-Philippe qui l'a hérité du dernier prince de Condé (mort tragiquement pendu à l'espagnolette de sa fenêtre), et, autant le dire tout de suite, il ne l'intéresse pas. Ses administrateurs décident même de le mettre en vente et font placarder dans la ville des affiches annonçant la mise en adjudication. C'est alors qu'un jeune artiste, Achille Allier, indigné, lève l'étendard de la révolte :

« Non ! Les tours de Bourbon-l'Archambault ne doivent pas être livrées aux spéculateurs de la bande noire ! Si l'héritier royal des millions du prince de Condé a tellement besoin de quelque mille francs qu'il lui faille vendre la seule propriété qui lui rappelle son nom, moi, bourgeois de Bourbon-l'Archambault, j'achèterai le château de nos ducs aux enchères puis je graverai en lettres profondes sur ces vieilles murailles : "Château des ducs de Bourbon. Vendu à Achille Allier, bourgeois et artiste, par Monseigneur le duc d'Aumale, légataire universel du duc de Bourbon"... »

Averti, le prince se fâcha, désavoua ses conseillers

et fit retirer les affiches. Le château est devenu, depuis, la propriété de Mgr le comte de Paris qui décide de l'inclure dans la fondation familiale, la Fondation Saint-Louis.

HORAIRES D'OUVERTURE

Mars-octobre	14 h-18 h
Du 1er juillet au 31 août	10 h-19 h
Dimanches et jours fériés	14 h-18 h

http://www.ot-bourbon.com/fr/la-visite-de-la-forteresse-medievale-23.php

BOURIGAILLE

Le roman du bailli de Suffren

On est marin, on part longtemps
Et, cependant, l'amour attend...

L'hiver est généralement doux en Provence et les approches de Noël ne font pas fuir le soleil. En cette année 1748, il brillait même de tous ses feux sur le parc et le petit lac du château de Bourigaille, distant de Draguignan d'à peine deux lieues. C'est alors la propriété du comte de Perrot, d'ancienne famille provençale, et c'est en vérité, autour d'un château neuf, un bien joli domaine où des pins immenses côtoient les micocouliers, les chênes-lièges, les genévriers et les lauriers-roses. Un domaine dont la véritable châtelaine est Marie-Thérèse, la fille des seigneurs du lieu, une jolie blonde aux grands yeux bleus et au teint clair comme il se devait à l'époque où les dames fuyaient le soleil générateur de peaux bronzées et de taches de rousseur.

Elle est en tout point charmante, Thérèse, et comme elle est également riche et de bonne maison on peut s'étonner qu'à vingt-quatre ans elle ne soit pas encore mariée en dépit de la meute de prétendants qui rêvent de la transformer en baronne, en comtesse ou en marquise. Mais, quand on lui propose un candidat, la jeune fille se contente de sourire et ajoute :

– Pourquoi tant se presser ? La vie est longue. Nous avons tout le temps…

À vrai dire, Mme de Perrot ne s'étonne pas des refus continuels de sa fille. Car il y a longtemps qu'elle a percé à jour le secret d'un cœur qui a perdu son libre arbitre pour battre au rythme des folies d'un garnement de vingt ans : le cousin de Thérèse, Pierre-André de Suffren de Saint-Tropez. Un garçon que, pour sa part, Mme de Perrot considère comme un vrai sauvage.

Pierre-André et Thérèse ont d'abord été amis d'enfance, avec un rien de protection maternelle chez la sage et belle jeune fille, de quatre ans plus âgée et qui, plus d'une fois, a évité de solides raclées à l'insupportable gamin. Jamais, en effet, on n'a vu garçon plus turbulent, plus batailleur, plus ami des bagarres et des horions que celui-là !

Troisième arrivé parmi les neuf enfants que le marquis de Saint-Tropez, Paul de Suffren, seigneur de Saint-Cannat de la Molle et de Richenois, a eus de Marie-Hyéronime de la Tour d'Aigues, Pierre-André a débuté dans la vie en rossant d'importance tous les garnements de son village natal de Saint-Cannat en des combats où la proportion qu'il affectionnait était de un contre trois ou quatre, en raison du fait qu'il était non seulement grand pour son âge mais encore fort comme un Turc.

Au collège des jésuites de Toulon, les choses n'ont fait que croître et embellir. Non seulement le jeune Suffren se fût senti déshonoré en évitant une bataille mais encore il semblait prendre un malin plaisir à les provoquer. Quand son œil gris s'allumait sous sa tignasse toujours hirsute – de sa vie il ne sera jamais coiffé convenablement – ses condisciples devinaient qu'ils allaient avoir à souffrir. La perspective des punitions et des verges, généreusement appliquées par les jésuites cependant, n'arrêtait pas la terreur du collège. Battu, puni, mis au pain sec, le garnement endurait tout sans broncher et s'en retournait gaiement ourdir de nouveaux complots, considérant que tout cela constituait, au fond, une excellente préparation à la vie de marin.

En effet, destiné à servir d'abord dans les Gardes-Marines en attendant de rejoindre l'ordre de Malte auquel son père, dès l'âge de huit ans, l'a fait admettre, Pierre-André de Suffren s'est appliqué tout au long de ses études à se forger une belle réputation de mauvais coucheur, destinée à le précéder dans la Marine.

Entrer chez les chevaliers de Malte cela veut dire que, s'il s'y tient, Pierre-André consacrera sa vie à Dieu et aux combats quand le service du roi ne le réclamera pas. Mais, cette perspective, le jeune Suffren l'accueille avec bonheur car ce qu'il désire le plus au monde c'est se battre, se battre encore, se battre toujours. Or, nulle part ailleurs qu'à Malte, en guerre perpétuelle avec les Barbaresques, il ne trouvera de meilleures occasions quand le roi ne jugera pas bon de partir en guerre.

À quatorze ans, il abandonne les jésuites de Toulon pratiquement exténués et embarque sur le *Solide* où les canons anglais se chargent bientôt de lui donner le baptême du feu. Le héros en herbe s'y comporte de manière telle qu'il reçoit les félicitations de son chef, le commandeur de Châteauneuf, qui appartient lui aussi à Malte.

Pendant tout ce temps, à Bourigaille, Thérèse a suivi les péripéties de l'entrée dans le monde des hommes de son cousin avec des sentiments sans cesse différents. Elle est passée ainsi de l'amusement à l'enthousiasme, de l'enthousiasme à l'admiration, de l'admiration à la tendresse pour déboucher sur une angoisse qui ne la quitte plus dès que Pierre-André est en mer.

Quand elle s'interroge, la jeune fille ne s'explique pas bien pourquoi elle s'intéresse si fort à son jeune cousin, mais elle peut supposer qu'elle est payée de retour. En effet, lors des réunions familiales à Saint-Cannat, à Saint-Tropez ou à Bourigaille, elle a pu constater le changement insensible apparu dans l'attitude de Pierre-André. Auprès d'elle, il devenait doux, patient, et prenait soin de remiser un vocabulaire particulièrement riche et énergique pour n'être plus, devant cette blonde jeune fille, qu'un garçon intimidé et éperdu d'admiration.

Mais, depuis ce combat du cap Finisterre où Suffren s'est battu comme un lion et a entamé cette vieille rancune contre l'Angleterre qui lui tiendra chaud toute sa vie, et surtout depuis sa capture, Thérèse sait quel nom donner à ses sentiments et elle admet qu'en ce bas monde elle ne souhaite rien de mieux qu'offrir à cet ouragan sa jeunesse, sa beauté, son amour enfin et commencer avec lui l'existence mélancolique d'une femme de marin.

Car, à cette époque, le mariage est encore possible pour Pierre-André. Chevalier de Minorité, il n'a pas encore prononcé les vœux définitifs qui le lieront à jamais à l'ordre. Il peut encore reprendre sa liberté. Mais le voudra-t-il ?

C'est ce qu'espère Thérèse en ce temps de Noël 1748. En octobre dernier, la paix avec l'Angleterre a été signée à Aix-la-Chapelle. Les geôles anglaises se sont ouvertes. Pierre-André a annoncé son retour à Saint-Cannat, et qui dit Saint-Cannat dit aussi Bourigaille. Chaque jour, Mlle de Perrot guette le galop d'un cheval, l'arrivée d'un grand cavalier toujours vêtu à la diable d'un habit pas très bien tenu, les cheveux en désordre mais dont les yeux gris, dans le visage brûlé par le soleil, s'éclairent d'un si chaud sourire quand il l'aperçoit. Pourtant, les jours passent et rien ne vient…

Rien ! Sinon une lettre de Mme de Suffren à Mme de Perrot. Une lettre que celle-ci n'a pas osé montrer tout de suite à sa fille. À peine sorti de sa prison, Pierre-André, rendu enragé par son inaction forcée, a traversé la France comme un boulet de canon et n'a fait que toucher terre à Saint-Cannat pour embrasser les siens. De là, sans débrider, il a gagné Marseille afin de s'y embarquer pour La Valette sur la première galère venue. Il n'a pas dit grand-chose aux siens, sinon son intention de faire ce que l'on appelle à Malte ses « caravanes ». Ce qui veut dire qu'il est pratiquement décidé à prononcer un jour ses vœux définitifs… Il est parti pour deux ans.

Thérèse est désespérée, furieuse aussi. Comment a-t-elle pu être assez sotte pour imaginer que son héros était capable, pour une femme, de renoncer à la bataille qu'il chérit, à la mer qu'il adore et à ce danger constant que lui offrent les rouges galères de Malte ? Son combat à elle est perdu. Les hommes, la vie sont les plus forts. Il est temps de tourner le dos au vieux rêve si longtemps caressé… Alors, au soir de Noël, Thérèse annonce à ses parents qu'elle accepte de se marier. Elle épousera le premier époux qu'il plaira à son père de lui choisir.

Pendant ce temps, à La Valette, Pierre-André découvre les débuts sans gloire de ces fameuses caravanes dont il a tant rêvé. En théorie, elles consistent en diverses croisières que l'aspirant chevalier doit effectuer en Méditerranée contre les Barbaresques. En pratique, elles commencent obligatoirement par quelques mois de service hospitalier. Ce qui est d'ailleurs logique puisque, par définition, les chevaliers de Malte sont avant tout des moines voués au service des pauvres, des malades et des captifs. Et Suffren, qui rêve d'enchaîner des pachas à sa galère, d'envoyer par le fond des flottes entières pour la plus grande gloire de l'ordre, se retrouve infirmier, soignant les malades, lavant des blessures et distribuant libéralement tisanes et pilules.

Ces occupations sans éclat le rendent mélancolique. Il ronge son frein en regardant, d'une fenêtre de l'hôpital, les grandes galères rouges quitter le port dans le soleil levant et s'en aller vers la haute mer. Mais il faut bien retourner à sa tâche, qui comporte même parfois le lavage de la vaisselle…

C'est au cours de l'une de ces journées sans joie qu'il reçoit la nouvelle : Marie-Thérèse de Perrot vient de se marier. Elle a épousé un officier, un « terrien », le comte Alexandre de Corblet d'Alès…

Alors, pour la première fois depuis bien longtemps, Pierre-André accorde une pensée à la jeune fille. Il découvre que ce mariage le fait souffrir, l'exaspère même. Sans trop s'en rendre compte il s'était habitué à l'idée que Thérèse serait là à chacun de ses retours. Dans son idée, elle appartenait à son univers et cet univers à présent lui semble vide…

Néanmoins, il a trop d'honnêteté pour ne pas s'accuser lui-même. Thérèse n'avait aucune raison de l'attendre. Lui avait-il jamais dit qu'il l'aimait ? Comment l'aurait-il pu d'ailleurs puisqu'il vient seulement de découvrir quelle place elle tient dans son cœur ? Maintenant, il est trop tard, bien trop tard !...

Le soir même, il s'en va supplier le grand maître Emmanuel Pinto de Fonseca de lui permettre d'abréger son service hospitalier et d'embarquer sur une galère. Ce qu'il ne dit pas, c'est qu'il ne se sent pas le courage d'affronter ce chagrin inattendu avec pour seules armes une seringue à clystères et un pot de tisane. Il lui faut la mer, la poudre, le combat...

La permission est accordée. Durant des mois, le jeune profès va courir sus aux Barbaresques le long des côtes d'Afrique et de Sicile. On ne chôme guère sur les galères de Malte et Suffren trouve là maintes occasions de dépenser sa fougue et son courage, mais sans parvenir à étouffer tout à fait la petite douleur sourde et lancinante qu'il cache si soigneusement au fond de son cœur rétif. Il n'arrive pas à oublier Thérèse...

Au bout de huit mois, la Marine royale le reprend. La guerre s'est rallumée avec l'Angleterre, d'autant plus violente qu'elle a connu le répit d'une paix boiteuse. Suffren s'y jette avec une joie sauvage, qui va devenir de la fureur après le combat sous Terre-Neuve où la petite escadre française, traîtreusement attaquée par la puissante flotte de l'amiral anglais Boscawen, périt presque entière. De l'embuscade, seul le vaisseau de Suffren, le *Dauphin-Royal*, réussira à s'échapper mais le jeune homme sait bien qu'entre lui et l'Anglais la haine ne s'éteindra jamais.

À Lagos, il est pris une seconde fois, passe deux ans en captivité et revient positivement déchaîné contre le cabinet de Versailles qui laisse péricliter la Marine. Sans se soucier le moins du monde du tort irréparable qu'il peut causer à sa carrière, Suffren laisse éclater sa rage, vitupère la tactique de ses chefs qu'il déclare « imbécile », qui annihile la bravoure des hommes, une bravoure qu'il connaît et apprécie mieux que personne. Il pense qu'en mer les courtoisies de salon ne sont pas de mise, que seul le combat à outrance est valable, mais on ne l'écoute pas. Écœuré, il retourne à Malte donner la chasse à l'infidèle. Il y a longtemps qu'il ne sait plus rien de Thérèse. Alors, cette fois, il prononce le triple vœu qui l'enchaîne définitivement au service de la religion. Et pourtant…

Et pourtant, Thérèse est à nouveau libre, mais il ne le sait pas. En fait le mariage n'a duré que dix mois, au bout desquels le comte d'Alès est mort après une courte maladie, laissant sa jeune femme veuve avec une petite fille nouvellement née. Et Thérèse, incapable de vivre plus longtemps loin de sa chère maison, est revenue à Bourigaille, décidée à n'en plus jamais sortir. En dépit des représentations de sa mère qui lui fait remarquer qu'elle est encore bien jeune, elle ne veut plus jamais entendre parler de mariage, sinon pour sa fille quand l'heure en sera venue. Au fond, ce qu'elle souhaite c'est se consacrer, en esprit, à celui qu'elle non plus ne parvient pas à oublier. Elle est décidée à lui rester désormais fidèle, même s'il ne doit jamais s'en douter.

Néanmoins, au cours d'un de ses rares retours à Saint-Cannat, Suffren va apprendre et le veuvage de Thérèse et son retour à Bourigaille. Et comme il n'est plus le gamin insouciant de jadis, comme il est maintenant un homme mûri, recuit par le feu des canons, comme il est à présent le commandeur de Suffren, il décide que le temps des tergiversations n'a que trop duré.

Un soir, un cavalier couvert de poussière, échevelé, vêtu d'un habit en désordre mais le cou serré dans une éblouissante cravate blanche qui contraste avec son teint couleur de pain d'épice, remonte au galop joyeux de son cheval la grande allée de Bourigaille. C'est Suffren qui vient régler une fois pour toutes ses comptes avec la comtesse d'Alès.

Le discours qu'il lui tient peut se résumer à ceci : « Je vous ai toujours aimée et j'ai besoin de votre amour. Voulez-vous oublier que je suis une espèce de moine et que je ne pourrai jamais faire de vous ma femme ? Voulez-vous être à moi, ma compagne par-dessus tous les préjugés ? »

Il y a trop longtemps que Thérèse attend cela. Elle lui tombe dans les bras sans plus attendre, pensant peut-être que Dieu ne sera pas trop sévère pour un amour si fidèle. Et Bourigaille abrite enfin ce pourquoi il a dû être créé : un vrai bonheur.

Évidemment, l'énorme correspondance retrouvée par les descendants de la comtesse d'Alès ne permet guère d'être formel sur la date de la reddition de celle-ci. Certains ont même affirmé que Suffren n'avait jamais rompu son vœu de chasteté, mais sans grand fondement car, si les lettres en question sont empreintes d'une profonde tendresse, certains mots laissent entrevoir une existence quasi conjugale. Les lettres de Suffren sont celles d'un époux à sa femme :

« Je suis Lieutenant Général, écrit-il un jour. En le lisant dans la gazette tu auras fait un beau cri de joie… » Ou encore : « J'ai manqué une occasion unique aujourd'hui. Ton ami aurait été digne de toi… »

À présent, dès qu'il revient en Provence, Suffren ne fait que passer à Saint-Cannat pour y embrasser les siens, puis il se précipite à Bourigaille pour y retrouver, aux côtés de Thérèse, la douceur, la tendresse qui sont le seul havre de sa vie tumultueuse.

À mesure que le temps passe, le marin est parvenu à faire accepter ses vues, sa « doctrine » par le ministère, où règne cependant le peu maniable M. de Sartines. On l'apprécie malgré ses terribles colères, bientôt légendaires. Avec les années, son aspect n'évolue guère du côté de la grâce : il a toujours été sanguin, il devient massif, mais sa bonté envers ses hommes qui l'adorent, sa force herculéenne passent à l'état de proverbe ainsi que son mépris total de la toilette et du décorum quel qu'il soit.

Toujours vêtu n'importe comment, ses cheveux sans poudre attachés par un bout de ficelle, coiffé d'un affreux tricorne de feutre qui a été blanc voici longtemps, sans galons et sans plumes, mais qui lui fut offert jadis par son frère l'archevêque, Suffren inspire à ses équipages une sorte de vénération parce qu'il n'hésite jamais à payer de sa personne et à combattre au premier rang. L'abordage, il a toujours adoré ça !

À propos du fameux chapeau, une légende s'était formée chez les marins. On disait qu'il s'agissait là d'un talisman et que pour rien au monde le grand chef ne s'en séparerait ou ne serait allé au feu sans lui. Or, un beau matin, Suffren a vent de la chose. Cela lui procure l'occasion d'une de ses plus belles colères. Après avoir aboyé pendant un bon quart d'heure, il arrache le chapeau de sa tête et d'un geste furieux l'envoie par-dessus bord en hurlant :

– Tonnerre de Dieu ! Le voilà à la baille, mon prétendu chapeau-fée ! Et le premier qui m'en parle, je l'étripe.

Il se battra désormais tête nue, mais c'est pour ce genre d'exploit que ses marins sont prêts à le suivre jusqu'en enfer. Et il faut bien avouer qu'il fait presque aussi chaud dans les endroits où il les conduit.

Dans les débuts de la guerre d'Indépendance des États-Unis où il sert sous l'amiral d'Estaing, Suffren remporte plusieurs victoires qui doivent tout à son seul génie et à peu près rien à son chef car l'amiral, s'il est d'une grande bravoure, ne connaît rien à la marine. C'est avant tout un cavalier que les caprices du ministère ont expédié, Dieu sait pourquoi, sur la dunette d'un vaisseau amiral. Mais s'il ne connaît rien aux choses de la mer, il a le bon esprit de laisser Suffren manœuvrer comme il l'entend :

– Ah ! Si M. d'Estaing était aussi bon marin qu'il est brave ! soupire notre héros tout de même reconnaissant.

La Marine française, pendant que Suffren y gagnait ses grades, a fait de grands progrès, au point de devenir la meilleure d'Europe. Louis XVI, roi-géographe, roi-savant et passionné de marine, a pris comme ministre le duc de Castries et entrepris de doter son royaume d'une flotte solide. Il a aussi appris à connaître ses meilleurs marins et, quand il s'agit d'envoyer une flotte aux Indes, c'est Suffren que le roi et son ministre choisissent. Impérativement.

Le marin ne les déçoit pas. Là-bas, non seulement il tient en échec l'Anglais Hughes mais encore il remporte les victoires de Tricomali, de Gondelour et de Négapatam dans des conditions à peu près impossibles. Sans port, sans base où se refaire, réduit à démolir des baraques pour réparer ses vaisseaux rongés par le sel dont les cordages pourrissent, nanti d'équipages peu habitués à un climat meurtrier qui les décime, Suffren est en train de rendre à la France l'empire perdu des Indes. L'Anglais plie les genoux… Hélas, la paix de

1783 signée à Versailles et qui consacre l'Indépendance américaine oblige, en contrepartie, Suffren à abandonner ses conquêtes. C'est cela, la politique !

La mort dans l'âme, le héros va faire voile vers la France où l'attendent les plus grands honneurs. Dans les rangs de Malte, il est bailli de Suffren, Louis XVI fait de lui le lieutenant général de toutes ses armées navales. Son retour aura les proportions d'un triomphe…

En route, à False Bay, les Hollandais qu'il a sauvés de l'occupation anglaise le reçoivent en libérateur. De même d'ailleurs – quel paradoxe ! – que le commodore King dont il a, avec quelle élégance, fait déséchouer le navire. Et lorsqu'il appareille pour le pays natal, les canons anglais tirent une salve d'honneur quand passe le *Héros*, son vaisseau-amiral.

À Versailles, le roi l'accueille en ami, l'embrasse, lui offre le cordon du Saint-Esprit, le donne en exemple au petit Dauphin, à la cour, au peuple tout entier. Une charge de vice-amiral est créée pour lui, et Paris, si sensible à l'héroïsme, l'accueille comme il sait si bien le faire. Partout on l'acclame. Quand il paraît au théâtre la salle se lève, comme pour le roi. Enfin, le grand maître de Malte, Emmanuel de Rohan-Polduc, le nomme ambassadeur de la Religion auprès du cabinet de Versailles.

Mais deux choses essentielles manquent à Suffren : revoir Thérèse et reprendre la mer. Justement, la paix avec l'Angleterre commence à craquer aux coutures et notre héros se prend à espérer que les beaux jours vont revenir. Mais non. L'Angleterre a appris à craindre celui qu'elle a surnommé l'Amiral-Satan. Des négociations s'engagent. Louis XVI, roi tranquille, aime la paix.

À Bourigaille, Thérèse attend toujours. Elle écoute les échos de cette gloire qui auréole son ami et elle en prend sa petite part, car dans tout le pays on la traite comme doit l'être la compagne d'un grand homme, sans que jamais s'y mêle la moindre allusion douteuse. Les cloches de Provence sonnent si souvent pour ses victoires que la vieille dame – mais oui, l'âge est venu ! – en vient parfois à oublier sa solitude. Toujours elle porte sur son cœur, comme un scapulaire, la dernière lettre reçue…

« Ce ne sera qu'à mon retour, ma chère amie, que je pourrai aller chercher les douceurs de la tranquillité à Bourigaille. C'est en vérité ce que je désire le plus… »

La tranquillité ? Hélas ! Celle qu'il va trouver est éternelle. La Marine désarme contre l'Angleterre et Suffren en reçoit un coup si rude que, le 8 décembre 1786, il meurt à Paris, presque subitement et sans que l'on puisse élucider les circonstances de sa mort. La version officielle parle de refroidissement mais une autre évoque un coup d'épée reçu en duel. Tout comme pour le maréchal de Saxe, tant le peuple à peine à voir les héros mourir dans leur lit…

C'est au Temple, dans la chapelle du Saint-Nom de Jésus qui appartient à Malte, qu'on l'enterre. La sépulture, hélas, sera violée par la populace quatre ans plus tard…

Thérèse ne survivra pas longtemps à son unique amour. Quelques mois après Suffren, elle s'éteint dans la douceur d'un soir de Provence. Elle dormira, solitaire à l'ombre des pins de Bourigaille. De Bourigaille où se tient actuellement la Fédération des chasses du Var. On y élève des biches au milieu desquelles, peut-être, l'âme patiente de Thérèse aime à se promener…

BROUAGE

L'exil de Marie Mancini

Vous m'aimez, vous êtes roi, et je pars !...

Marie MANCINI

Brouage n'est pas véritablement un château, sinon, comme Blaye, l'un de ces ouvrages fortifiés médiévaux qui enfermaient une garnison, des logis et même des couvents dans l'enceinte de leurs murailles. C'est une antique forteresse qui se doublait, jadis, d'un port de mer important. Mais la mer s'est retirée et les murailles de Brouage, couronnées d'ormeaux, ne dominent plus que des douves dérisoires et un marais asséché qui l'isole après avoir causé sa mort. Que faire, en effet, d'un port où l'eau n'arrive plus ? Des bastions, quelques ruelles, une église et surtout une demeure que les amateurs d'histoire et de romance visitent en baissant le ton, voilà Brouage tel qu'il se présente aujourd'hui dans sa solitude mais aussi dans son charme ancien.

Il n'en est pas de même, au fort de l'été 1659, quand, vers le coucher du soleil, une grande berline bien escortée s'engouffre sous la porte Royale. À l'intérieur il y a une dame et trois jeunes filles, dont les deux plus jeunes ne sont guère que des fillettes ; leur vivacité tout italienne leur donne un peu plus que leur âge, mais ne les empêche pas de jouir d'un voyage qu'elles trouvent plutôt amusant. Ce carrosse poussiéreux tiré par des chevaux fumants s'arrêta devant une belle maison qui avait été autrefois un couvent de Récollets. Les valets n'eurent pas le temps de baisser le marchepied. Déjà, une jolie fillette brune avait sauté à terre et regardait toutes choses autour d'elle sans même songer à cacher sa déception.

– Est-ce vraiment là que nous allons vivre ?

– Du moins tant qu'il plaira à son éminence, répondit la dame. Vous n'y serez pas si mal. L'air de la mer vous fera le plus grand bien…

Tout en parlant, elle tendait la main pour aider l'aînée des jeunes filles à descendre. Mais, pour toute réponse, Marie Mancini éclata en sanglots. Elle venait de prendre conscience du fait qu'elle se trouvait bel et bien exilée. Exilée par son oncle le cardinal Mazarin et cela pour la plus incroyable des raisons : elle aimait le jeune roi Louis XIV et elle en était aimée. Assez pour qu'il voulût faire d'elle une reine de France…

Lorsque, quelques mois plus tôt, le jeune roi est venu lui dire qu'il souhaitait épouser sa nièce, Mazarin a eu un éblouissement. Il s'est senti abasourdi, émerveillé, peut-être tenté. Mais rien qu'un instant. Tout de suite la politique a repris ses droits, car la décision de Louis XIV venait battre en brèche sa propre politique.

En effet, l'ambassadeur d'Espagne Pimentel, venu poursuivre avec Mazarin les négociations touchant au mariage du roi avec l'infante Marie-Thérèse, se trouvait justement à Paris. Rompre ces négociations c'était la guerre à coup sûr, le roi Philippe IV n'admettrait jamais de voir sa fille dédaignée au profit d'une petite Italienne sans naissance. Alors, le premier moment de tentation passé, Mazarin a laissé la conscience de son devoir reprendre le dessus. Et, tout de suite, il l'exprime :

« Ayant été choisi par le Roi votre père et, depuis, par la Reine votre mère pour vous assister de mes conseils et, vous ayant servi avec une fidélité inviolable, je n'ai garde d'abuser de la confidence que vous me faites de votre faiblesse ni de l'autorité que vous me donnez dans vos états pour souffrir que vous fassiez une chose si contraire à votre gloire. Je suis le maître de ma nièce et je la poignarderais plutôt que de la voir s'élever par une si grande trahison… »

Cela, c'est le premier engagement du fer. Car, bien sûr, Louis est loin d'être convaincu. Il se tourne vers sa mère en la suppliant de lui donner le bonheur qu'il réclame. Mais Anne d'Autriche, si elle aime son fils tendrement, est trop reine pour se laisser fléchir. Le langage qu'elle tient est viril. Si Louis rompt l'engagement avec l'Espagne, c'est la guerre, et ses peuples, alors qu'il commence tout juste son règne, ne lui sauront aucun gré de les plonger dans de si grandes misères.

Mais, comme Mazarin, la reine perd son temps. Aucun raisonnement ne semble capable de vaincre la passion de Louis. Marie le tient et le tient bien. Pour elle, il renoncerait sans peine à la couronne.

Le cardinal n'a pas plus de chance quand il s'adresse à sa nièce. Hautaine, narquoise, sûre d'elle, Marie se moque ouvertement de son oncle. Il n'est que ministre, et elle, peut-être sera-t-elle bientôt reine. Qu'importe ce qu'il peut dire ? Alors Mazarin, toujours si maître de lui cependant, se fâche. Jamais, lui vivant, Marie ne coiffera cette couronne de France à laquelle il a voué sa vie. Il aimerait mieux la tuer. En attendant, pour qu'elle cesse de venir à la traverse de ses projets, il l'exile. Tandis que la cour se préparera à gagner Saint-Jean-de-Luz où le roi doit rencontrer l'Infante, elle partira pour Brouage avec ses deux sœurs Hortense et Marie-Anne et sa gouvernante Mme de Venel…

Marie comprend qu'elle a été trop loin et que son oncle est le plus fort. Éplorée, la jeune fille court se jeter dans les bras de Louis et le supplie de les sauver tous les deux, mais le jeune roi sait bien que le cardinal possède, sur ses nièces orphelines, la toute-puissance qui est celle d'un père. Il n'y a rien d'autre à faire que se résigner… momentanément.

Le lendemain, 22 juin, Louis, qui ne songe pas à cacher ses larmes, conduit Marie au carrosse qui attend dans la cour du Louvre. La jeune fille monte en voiture sans un mot puis, comme le prince, désespéré, s'accroche à la portière pour la revoir encore, elle lui jette, avec rancune :

– Ah, Sire ! Vous êtes roi, vous pleurez… et je pars !

Et comme il se contente de hocher la tête d'un air désolé, elle se rejette dans le fond de la voiture en criant :

– Je suis abandonnée…

Dans le carrosse qui l'emporte vers Brouage avec une Hortense moqueuse et une Marie-Anne indifférente, Marie commence par appeler la mort à grands cris avec une fougue tout ultramontaine. Elle réussit seulement à se rendre malade. Il faut s'arrêter à Notre-Dame de Cléry, à quelques lieues d'Orléans. En fait, elle attend une lettre du roi, mais la lettre l'atteindra seulement à Amboise car le cardinal, impitoyable, a ordonné que le voyage continue…

D'autres lettres vont suivre. Entre les deux amoureux une correspondance s'établit qui va mettre sur les genoux courriers et mousquetaires. Dans sa maison de Brouage, Marie pleure, écrit, se promène sur les remparts, écrit encore, pleure à nouveau. De son côté, Louis en fait autant à peu de différence près. Tout cet échange de correspondance finit par exaspérer Mazarin qui écrit à son tour au roi :

« Il serait à propos, pour beaucoup de raisons, que vous cessiez de dépêcher des courriers et, comme cela est absolument nécessaire, je vous en supplie de tout mon cœur… »

Rien n'y fait. Le courrier continue. Anne d'Autriche, lassée de la mauvaise volonté de son fils, finit par prendre une décision héroïque : elle permet que les amoureux se revoient encore une fois et elle fait ordonner à Marie et à ses sœurs de rejoindre la cour à La Rochelle.

L'entrevue dure plus de trois heures. Marie en profite pour exaspérer la passion de Louis. S'il la veut, il ne l'aura qu'en mariage. Elle n'est pas de celles dont on fait une maîtresse ! Et Louis devant elle capitule. Qu'elle prenne patience… De la patience, Anne d'Autriche n'en a plus. Elle renvoie l'impudente à Brouage avec défense d'en sortir.

Marie obtempère, mais les lettres poursuivent leur train. Le roi va-t-il enfin faire plier son entourage ? L'espoir de la jeune fille s'effondre, ce jour d'hiver où elle apprend que le maréchal de Gramont a été officiellement chargé de demander la main de l'Infante…

En fait, Louis aime toujours Marie mais il a dû céder devant Mazarin. Le cardinal, en effet, l'a menacé, s'il refusait d'épouser Marie-Thérèse, de lui donner sa démission et d'emmener immédiatement ses nièces en Italie. Cette fois, Louis XIV était vaincu. Il avait compris ce que c'était qu'être roi.

Dès lors, tout était dit. Et tandis que le jeune roi s'en allait épouser la princesse espagnole, Marie Mancini et ses sœurs recevaient l'autorisation de revenir à Paris. Marie avait fait savoir à son oncle qu'elle était prête à épouser l'homme qu'il lui avait choisi : Lorenzo Colonna, duc de Tagliacozzo, prince de Palliano et de Castiglione, connétable du royaume de Naples, auprès duquel d'ailleurs elle ne trouvera pas le bonheur.

Au retour de son mariage, Louis XIV, accompagné de quelques compagnons, viendra passer une nuit à Brouage. Il dormira – bien peu ! – dans le lit de Marie et passera le reste de la nuit sur le bord de la mer, pleurant à son tour à creuser les cailloux…

Après ce chagrin royal, Brouage se rendormira, rêvant de ses gloires passées et surtout d'avoir donné le jour à Samuel de Champlain, l'homme qui voua sa vie au Canada, explora l'Acadie et le Saint-Laurent, fonda Québec et créa ce que l'on allait appeler pendant des siècles la Nouvelle-France…

CHALAIS

L'enfance de Talleyrand

Mère est le nom pour Dieu sur les lèvres et dans les cœurs des petits enfants.

THACKERAY

Un jour de l'été 1758, un petit garçon de quatre ans et demi descendait, à Barbezieux, du coche de Bordeaux en compagnie de sa gouvernante, Mlle Charlemagne, et de deux valets chargés de veiller à la sécurité de l'expédition. C'était un joli petit garçon blond avec un visage fin, éclairé par de beaux yeux bleus et égayé par un petit nez légèrement retroussé. Il était bien vêtu, comme il convient à un enfant de bonne famille, mais il était pâle et semblait fragile, souffrant même. En outre, son pied droit, emprisonné dans une vilaine chaussure de maintien, trahissait une déformation, une de ces déformations irréparables que l'on appelle pied-bot. Cela lui était venu à la suite d'un accident stupide.

Comme il était d'usage dans le monde, surtout à Versailles et à Paris, ce petit garçon avait été mis en nourrice après sa naissance. La nourrice, maladroite ou étourdie, l'avait imprudemment posé sur une commode d'où il avait glissé. C'est alors que son pied s'était brisé. La réparation, venue trop tard, avait été mal faite et l'on sut bientôt que cet accident stupide n'avait plus de remède possible : le petit garçon resterait boiteux toute sa vie. Il ne savait pas encore que cet accident lui vaudrait d'être privé de son droit d'aînesse – son frère aîné venait de mourir à cinq ans – au bénéfice du troisième frère et, surtout, d'être jeté à l'Église comme on jette un déchet à la poubelle, sans se soucier le moins du monde de lui demander son avis.

Fût-il né dans une de ces innombrables familles simples où il est d'usage d'aimer ses enfants, l'avenir de la France en eût peut-être été changé. Mais, chez les Talleyrand-Périgord, ces sentiments bourgeois n'étaient pas de mise, et moins encore lorsqu'il s'agissait d'un enfant amoindri qui n'offrait aux parents aucune raison de fierté. Chétif – il avait failli mourir d'une dysenterie –, fragile et mal aimé, le petit Charles-Maurice fût peut-être mort un beau jour en quelque coin de l'hôtel paternel sous le regard indifférent de quelques domestiques si sa grand-mère, la princesse de Chalais, ne l'avait réclamé dans l'espoir que le bon air du pays charentais réussirait le miracle de lui refaire une santé.

En fait, cette vieille dame de soixante-huit ans était son arrière-grand-mère du côté maternel tout en lui étant très proche du côté paternel. Née Marie-Françoise de Rochechouart-Mortemart, petite-nièce de Mme de Montespan et du grand Colbert, Mme de Chalais avait commencé par épouser le marquis de Cany dont elle avait eu une fille, elle-même grand-mère du petit garçon. Veuve une première fois, elle avait épousé son cousin le prince de Chalais, Grand d'Espagne par-dessus le marché, et chef de cette grande maison de

Talleyrand-Périgord qui remontait, disait-on, à Hugues Capet.

On sait la fameuse apostrophe du premier Capétien au premier Talleyrand : « Qui t'a fait comte ? »… et la réplique fameuse : « Qui t'a fait roi ?… » Elle est bien dans l'esprit de cette immense famille aussi riche d'orgueil que de titres et de terres mais tout entière soumise à la même et altière devise : *Re que Diou !* (Rien que Dieu !). Sous entendu : au-dessus d'eux.

Quand elle accueille son petit-fils dans le vieux château familial des bords de la Viveronne, la princesse de Chalais vient de perdre son second époux. Elle est seule dans sa vaste demeure de pierres grises où les créneaux cernent des toits d'ardoise et où le pont-levis ne se relève plus. Seule avec une vaste domesticité comme il se doit pour une très grande dame mais le rang chez elle n'a pas gâté le cœur. Elle va aimer ce petit enfant qu'on lui envoie pour s'en débarrasser et elle va lui donner cette tendresse dont il a tant manqué jusque-là. Sans le dorloter outre mesure : Charles-Maurice porte un grand nom. Il doit s'en rendre compte. Écoutons-le évoquer dans ses *Mémoires* le souvenir de sa grand-mère :

« Madame de Chalais était une personne fort distinguée. Son esprit, son langage, la noblesse de ses manières, le son de sa voix avaient un grand charme. Elle avait conservé ce que l'on appelait encore l'esprit des Mortemart : c'était son nom.

« Je lui plus ; elle me fit connaître un genre de douceur que je n'avais pas encore éprouvé. C'est la première personne de ma famille qui m'ait témoigné de l'affection et c'est la première aussi qui m'ait fait goûter le bonheur d'aimer. Grâces lui en soient rendues !… Oui, je l'aimais beaucoup ! Sa mémoire m'est encore chère. Que de fois dans ma vie je l'ai regrettée ! »

Et de décrire, plus loin, le genre de vie que l'on menait à Chalais : « Le temps que j'ai passé à Chalais a fait sur moi une profonde impression. [...]

« Plusieurs gentilshommes d'ancienne extraction y formaient à ma grand-mère une espèce de cour [...] mais où les habitudes de déférence se mêlaient aux sentiments les plus élevés : M. de Bénac, M. de Verteuil, M. d'Absac, M. de Gourville, M. de Chauveron, M. de Chamillart se plaisaient à l'accompagner tous les dimanches à la messe paroissiale, remplissant auprès d'elle des fonctions que la haute politesse ennoblissait. Auprès du prie-Dieu de ma grand-mère, il y avait une petite chaise qui m'était destinée.

« Au retour de la messe, on se rendait dans une vaste pièce du château que l'on appelait l'apothicairerie. [...] Dans la pièce qui précédait étaient réunis tous les malades qui venaient demander des secours. [...] Ma grand-mère était dans un fauteuil de velours ; elle avait devant elle une table noire de vieux laque. [...]

« Les souvenirs de ce que je voyais, de ce que j'entendais dans ces premiers temps de ma vie sont pour moi d'une douceur extrême. Votre nom, me répétait-on chaque jour, a toujours été en vénération dans notre pays. Notre famille, me disait-on affectueusement, a été de tout temps attachée à quelqu'un de la maison... C'est de votre grand-père que nous tenons ce terrain... C'est lui qui a fait bâtir notre église... La croix de ma mère lui a été donnée par Madame... Les bons arbres ne dégénèrent pas ! Vous serez bon aussi, n'est-ce pas ?... »

Quoi que l'on puisse penser de Talleyrand, il devait garder toute sa vie une certaine empreinte des jours de Chalais. Ses serviteurs qui lui étaient totalement dévoués, ses collaborateurs, les vieilles gens et les enfants devaient garder de lui le souvenir d'un homme généreux :

« J'appris à Chalais tout ce qu'on savait dans le pays quand on était bien élevé... »

Il devait y rester plus de trois ans. Quand il eut huit ans, il fallut retourner à Barbezieux prendre le coche de Bordeaux.

« Le coche de Bordeaux me ramena en dix-sept jours comme il m'avait amené.

« Le dix-septième jour j'arrivai à Paris à onze heures du matin. Un vieux valet de chambre de mes parents m'attendait rue d'Enfer, au bureau des coches. Il me conduisit directement au collège d'Harcourt. »

C'en était fini du temps de la douceur. Commençait celui du combat qui allait faire du petit boiteux de Chalais le plus grand diplomate de tous les temps, l'un des arbitres du destin de l'Europe, l'homme qui, de Bonaparte, fit Napoléon... et aida à le défaire, l'énigme humaine que l'on appelle le Diable boiteux.

Plusieurs fois, bien sûr, il revint à Chalais. Le château qui, depuis le XIVe siècle, appartenait à la branche aînée des Talleyrand, celle des princes de Chalais, vieillissait doucement, refermé sur ses souvenirs dont tous n'étaient pas aussi doux que celui de la princesse douairière, tant s'en faut. De tout temps, les Talleyrand, race chevaleresque et redoutable, avaient empli l'histoire de leur bruit et de leur hauteur. Peu d'entre eux néanmoins firent parler d'eux autant que le jeune écervelé qui, par amour pour une intrigante, s'engagea dans une folle conspiration et y perdit la tête...

Henri de Talleyrand, marquis de Chalais, troisième

fils de Daniel de Talleyrand et de Jeanne de Montluc, avait, à dix-huit ans, en 1626, tout ce qu'il fallait pour être heureux. Il était de belle figure, aimable, charmant, adoré par sa mère et par quelques jolies femmes. Élevé auprès de Louis XIII et de son frère Gaston d'Orléans comme enfant d'honneur, il devenait à seize ans maître de la garde-robe royale. Il avait fait, en outre, un riche mariage en épousant Charlotte de Castille, fille d'un opulent financier. Ainsi, dignité et fortune, Chalais avait tout… Mais il lui manquait le sens commun, l'énergie, la conscience et pour tout dire l'intelligence. Le jour où il s'éprend de la ravissante mais combien dangereuse duchesse de Chevreuse, l'amie d'Anne d'Autriche, il n'est plus qu'un jouet entre ses mains. Entre celles de Richelieu aussi qui s'efforce d'arracher le jeune homme à une si néfaste influence.

La « Chevrette » n'a qu'une idée : débarrasser la France de Richelieu qu'elle déteste et par la même occasion de Louis XIII afin qu'Anne d'Autriche puisse épouser son beau-frère, alors héritier du trône, puisque, à cette époque, Louis XIV n'est même pas encore en projet. Dès lors, pendant plusieurs mois, Chalais va être ballotté du cardinal-duc à la duchesse, trahissant tantôt l'une, tantôt l'autre, s'efforçant de faire du piètre Gaston d'Orléans un roi de France… Jusqu'à ce qu'arrêté à Nantes il achève sa folle vie sur un échafaud[1], aux mains d'un bourreau débutant qui s'y reprendra à trente fois pour lui trancher la tête…

L'enfant Talleyrand a-t-il rencontré dans les galeries de Chalais l'ombre du jeune fou malheureux ? Elle lui apprit peut-être que la politique est chose dangereuse

1. Voir Nantes.

et qu'il fallait être solidement armé pour s'en mêler. Une leçon qu'il n'oublia jamais…

En 2011, le château a été vendu à l'imitateur Yves Lecoq qui est en train de lui redonner son lustre d'antan.

CHAMBÉRY

Heures de noces et ce qui s'ensuit

Deux démons à leur gré partagent notre vie
Et de son patrimoine ont chassé la raison
....
J'appelle l'un amour, et l'autre ambition.

Jean de La Fontaine

Château de ville plusieurs fois remanié mais toujours imposant, Chambéry, même s'il n'abrite plus que des services départementaux, n'en demeure pas moins fidèle à sa vocation première : ériger sur la capitale des comtes, puis ducs de Savoie, l'image tangible, arrogante et superbe de leur puissance et de leur gloire ancienne.

C'est en 1297 que le comte Amédée V de Savoie entreprend de reconstruire, afin d'en faire sa résidence principale, l'antique forteresse des seigneurs de Chambéry.

Grand bâtisseur, il est aussi grand diplomate et, allié de Philippe le Bel dans la guerre que celui-çi mène contre les Flamands, il négocie finalement – avec quel éclat et quel talent ! – le traité de paix entre la France et l'Angleterre alliée de la Flandre.

Mais il appartiendra à son fils, Amédée VI, d'apporter au château son maximum d'éclat et de grandeur. Surnommé le comte Vert pour être apparu, dans le grand tournoi qu'il a donné à Chambéry, avec des armes et une livrée vertes, Amédée, qui mit lui aussi sa griffe de décorateur, apparaît dans l'histoire comme un grand guerrier qui s'en alla conquérir la gloire jusqu'en terres lointaines et en ramena plus de légende que d'or mais s'assura l'amitié d'un empereur de Byzance.

Or, en 1416, voilà justement qu'un empereur arrive à Chambéry. C'est Sigismond, souverain d'Allemagne, qui s'en vient transformer le comte Amédée VIII en duc de Savoie. On devine l'éclat des fêtes derrière cette simple annonce mais le « bon duc » ne songe, lui, qu'à rendre grâces à Dieu. Il n'a d'ailleurs pas fini de rendre grâces car, après avoir épuisé les honneurs terrestres, il entrera en religion, deviendra pape sous le nom de Félix V et même sera canonisé. Qui dit mieux ? En attendant, il a, dès 1408, doté son château d'une Sainte Chapelle dans laquelle vont se dérouler désormais tous les mariages de la famille jusqu'à ce que, le Piémont étant réuni à la Savoie, la cour se transporte à Turin.

En fait de mariage, l'un des plus éclatants est sans conteste celui qui unit, en 1433, le duc Louis à la très belle Anne de Lusignan, fille du roi de Chypre. Une princesse qui porte avec elle tous les mirages de l'Orient et dont la robe « vermeille est toute couverte d'orfèvreries ». Anne de Lusignan laissera une trace éblouie sur Chambéry d'autant qu'en 1443 une noble dame, Marguerite de Clagny, viendra en grande cérémonie lui remettre le Saint Suaire, le linceul où, par le sang et la sueur, se trouve imprimée l'image du Christ. La Sainte Chapelle le reçoit tout naturellement mais ne le gardera que jusqu'à l'installation à Turin de la famille de Savoie qui emportera avec elle l'insigne relique…

Autre mariage, celui qui unit Louis XI à Charlotte de Savoie, mariage de raison, mariage politique où l'amour n'a pas grand-chose à voir alors que, peu d'années auparavant, le mariage de la sœur de Charlotte, Blanche-Marie, avec le duc de Milan avait revêtu les couleurs de la romance. Mais on imagine mal notre Louis XI grattant de la guitare ou soupirant, le nez sur une fleur.

Les années passent et la cour est partie en Piémont. Chambéry n'est plus qu'une résidence oubliée, un peu délaissée. C'est là pourtant qu'en 1728 le duc de Savoie, roi de Piémont-Sardaigne, Victor-Amédée II, s'en vient passer sa lune de miel, une lune de miel qu'il espère bien définitive. Mais l'histoire vaut d'être contée.

En ce temps-là, c'est-à-dire quelques années plus tôt, le roi Victor-Amédée n'avait aucune raison d'être satisfait de son héritier Charles-Emmanuel. Un peu bossu, un peu goitreux, laid, méfiant et profondément dissimulé, le jeune prince n'avait pas grand-chose pour lui. En outre, il succédait en tant qu'héritier à un frère aîné qui, lui, possédait tous les charmes et toutes les qualités mais dont la mort à la suite d'une chute de cheval avait plongé toute la famille dans l'affliction, et Victor-Amédée plus que les autres. Ce fils que l'on n'avait absolument pas préparé à régner et qu'il n'aimait pas, il l'avait rebaptisé par dérision Carlin, ce qui n'était guère flatteur mais il fallait bien faire avec ce que le Ciel vous laissait.

Devenu donc prince héritier, Carlin avait été marié à la jeune Christine-Louise de Neubourg qu'il n'avait pratiquement pas approchée car, s'il était laid, le jeune homme n'était ni aveugle ni idiot et il avait constaté sans plaisir que sa femme était encore plus laide que lui. Elle ne fit d'ailleurs pas long feu et, après dix-huit mois de mariage, quittait cette vallée de larmes pour un monde meilleur.

Victor-Amédée prit la chose comme une offense personnelle et, naturellement, rendit son fils responsable. Mais il n'en fallait pas moins assurer à la dynastie un héritier pour l'avenir. Comment faire avec un garçon si peu coopératif ?

C'est alors que le roi reçut la visite d'une des dames d'honneur de sa femme. Elle se nommait Anne-Thérèse de Cumiane, marquise de Spigno-Montferrato. C'était une fort belle femme brune et, qui plus est, elle avait des idées.

Ce qu'elle vient dire à son roi est assez simple : avant de songer à remarier l'héritier, peut-être serait-il bon de lui apprendre à la fois ce que c'est qu'une femme et la manière de s'en servir. Sinon un deuxième mariage sera tout aussi catastrophique. Bien sûr, Victor-Amédée écouta Mme de Spigno que d'ailleurs il trouvait charmante. Elle fut chargée de trouver matière à déniaiser Carlin et à le mettre en condition de faire bonne figure lors de la prochaine expérience.

Justement, la prochaine expérience s'annonce. Elle se nomme Polyxène de Hesse-Rheinfeld… et elle est ravissante. Mais, toujours méfiant, le roi-père décide que Mme de Spigno surveillera discrètement les ébats nuptiaux du jeune couple et viendra soir après soir lui en rendre compte.

Cette complicité assure plus fermement encore une intimité qui n'avait fait que grandir entre le roi et la marquise. À force d'évoquer l'amour, on glisse tout naturellement à quelques travaux pratiques. Le temps passant, Mme de Spigno voit son pouvoir s'affermir et commence à caresser des ambitions semblables à celles qui venaient de réussir si bien, à Versailles, à une autre marquise : Mme de Maintenon.

Or, en 1728, la reine Anne meurt. Fidèle à son personnage, Mme de Spigno montre une douleur digne et décente et se penche avec sollicitude sur celle de Victor-Amédée qui, en vérité, n'a pas besoin de tant de soins : il n'a aimé sa femme que modérément et pense bientôt à « régulariser » avec sa maîtresse. Mais elle devra se contenter d'un mariage secret car il est évidemment impossible de lui offrir la couronne.

On devine la joie de la dame qui est prête à accepter n'importe quoi pourvu qu'on l'épouse. Et, deux mois après la mort de la reine, le mariage a lieu dans la chapelle du palais de Turin. Mme de Spigno est au comble de la joie. Mais… est-ce que Victor-Amédée II à peine marié ne s'avise pas d'abdiquer en faveur de « Carlin » qui à présent ne se débrouille pas si mal ? Abdiquer ?… Et même quitter Turin ! Car, c'est à Chambéry que l'ex-roi qui reste duc de Savoie entend « cacher son bonheur ».

La mort dans l'âme, l'épouse royale quitte le soleil de Turin. Le château de Chambéry est à l'époque une énorme bâtisse aux salles immenses et pleines de courants d'air. On y est fort mal et, pour comble de bonheur, Victor-Amédée, décidément avide de solitude à deux, fait savoir à ses anciens sujets qu'il est hors de question de donner des fêtes en son honneur ou de se déranger pour venir lui faire une cour : il entend vivre en simple particulier avec la femme admirable qu'il s'est choisie.

D'autant plus furieuse qu'il lui faut montrer tout de

même quelque reconnaissance, Mme de Spigno fait de son mieux pour supporter l'épreuve mais l'hiver vient à bout de cette fragile résignation. Il est particulièrement pénible, cette année-là, et les deux époux en souffrent. Le « nid d'amour » se révèle à peu près aussi confortable qu'une prison et, dans ses grandes salles médiévales, le jour n'en finit jamais de se lever tandis qu'il disparaît plus vite qu'ailleurs. Victor-Amédée a des rhumatismes et sa femme rhume sur rhume. Tous deux en ont bientôt très vite assez du vieux château. Avec espoir, Mme de Spigno s'aperçut bientôt que son époux s'ennuyait.

Le pouvoir est une drogue puissante et, dans l'inaction, Victor-Amédée se sent mourir lentement. Tant et si bien qu'un beau matin il n'y tient plus, saute en voiture avec madame, repasse les Alpes, entre dans Turin sans prévenir et se réinstalle au palais en criant bien haut qu'il annule purement et simplement son abdication.

Cela ne fait pas l'affaire du nouveau roi qui, sans hésiter, lance ses troupes sur monsieur son père qui doit s'enfuir avec sa femme. Pas bien loin ; arrêtés tous deux, ils sont aussitôt séparés… et pour toujours. Enfermé au fort de Moncalieri, Victor-Amédée y meurt quelques mois plus tard. Quant à la Maintenon savoyarde, conduite au couvent des Visitandines de Pignerol, elle y vivra encore… quarante longues années, inconsolable d'avoir accepté pareil marché de dupes…

Quelques années après le drame, en 1743, les appartements de Chambéry sont ravagés par un incendie et attendront avant d'être remis en état. Mais, en 1820, dans la chapelle, on célèbre un mariage : Lamartine y épouse une jeune Anglaise convertie au catholicisme, Marianne-Elisa Birch dont il donne une aimable description en mariée : « Elle avait une très belle robe de mousseline brodée et un voile de dentelles superbe qui la couvrait presque entièrement… » Le poète est alors dans la diplomatie et se déplace beaucoup. Sa jeune et admirative épouse vivra de longs mois de solitude au château de Saint-Point offert par son beau-père.

Enfin, en 1860, un dernier mariage et non des moindres : l'empereur Napoléon III y épouse la Savoie au nom de la France. En cadeau de mariage, il offre le château à la préfecture du nouveau département.

CHANTILLY

Louise ou la magie,
Sylvie ou l'enchantement

Je sens les fleurs au bord de l'eau
Je prends le frais qui les humecte
La princesse s'y vient asseoir.
Je vois, comme elle y va le soir,
Que le jour fuit et la respecte.

Théophile de VIAU

De même que son presque voisin le château d'Écouen, Chantilly, dans sa première splendeur, est le résultat de l'exil où, durant sept années, le roi François Ier tint le bouillant connétable Anne de Montmorency, son ami de jeunesse cependant. Que faire, en effet, lorsque l'on est tenu loin de l'agréable vie de cour et que l'on est fabuleusement riche sinon construire, décorer, embellir et se livrer aux joies du mécénat ? Quiconque souhaite se faire une idée de la fortune de Montmorency doit considérer ceci : il possédait quelque six cents fiefs et cent trente châteaux tous accompagnés de terres et de seigneuries avec, bien entendu, l'or nécessaire pour entretenir un train quasi royal.

Le connétable construit donc le château de Chantilly. En fait, c'est le quatrième que l'on bâtit là. Le premier, simple villa romaine élevée sur les bords charmants de la Nonette – le joli nom ! – fut l'œuvre d'un Romain nommé Centilius (d'où Chantilly). Plus tard, les grands bouteillers de France érigent là une masse féodale dépourvue de grâce mais solide. Il faudra la Jacquerie pour en venir à bout…

L'ouragan passé, Pierre d'Orgemont, chancelier de France, reconstruit, en 1396, suivant le plan triangulaire qui a été conservé depuis. Ensuite, c'est par mariage que le château passe aux Montmorency mais il faut bien dire qu'il ne tient plus guère debout quand le connétable s'avise de vouloir en faire un palais.

Pour cela, il fait appel aux plus grands artistes de son temps. Ainsi Bernard Palissy, François Clouet, Léonard Limosin, Jean Bullant et Jean Goujon ont œuvré pour Chantilly où le maître entasse meubles précieux, tapisseries, livres et œuvres d'art. Résultat, quand l'exil de Montmorency s'achève, Chantilly dresse au milieu des eaux l'élégance pure d'un authentique témoin de la Renaissance. Il sera, quand Henri II aura rappelé l'exilé, le cadre de fêtes dignes de la fortune du maître.

À la mort du connétable, Chantilly passe à son fils aîné, François, puis, dix ans plus tard, à son fils cadet, Henri, qui reçoit lui aussi l'épée de connétable. C'est par lui que va entrer dans la famille un joyau aussi étrange que mystérieux : un anneau d'or enchanté dont le porteur peut, à volonté, susciter la plus folle passion chez telle ou telle personne de son choix. Mais voici l'histoire :

En février 1593, Henri de Montmorency, qui est déjà veuf et père de quatre enfants, se rend à Pézenas pour les funérailles de son dernier fils mort accidentellement.

Il a alors cinquante-neuf ans mais il est toujours de belle allure et, en plus, fort méfiant à l'égard des dames.

Or, à la suite des cérémonies, il s'éprend comme un collégien d'une jeune veuve du pays, Louise de Budos, qui a tout juste vingt ans et qui est aimable mais sans plus. À peine Montmorency l'a-t-il vue qu'il en devient littéralement fou et n'a de cesse de l'avoir épousée. Mariage heureux d'ailleurs. En 1594, Mme de Montmorency donne une fille à son époux et, un an plus tard, un fils dont Henri IV sera le parrain. Et puis, en 1598, elle meurt.

C'est une jeune tante à elle, Mme de Dizimieu qui, à son lit de mort, recueille le fameux anneau et, naturellement, le garde soigneusement. Résultat : le jour même des funérailles d'une épouse si passionnément aimée, le veuf s'éprend de la tante de la défunte, lui déclare sa flamme et l'épouse à son tour après un temps de viduité remarquablement court.

Sûre désormais de sa victoire, l'ex-Mme de Dizimieu mène grand train et ne prend pas autrement soin du précieux anneau. Elle finit même par l'égarer. Et voilà tout à coup le tendre époux qui se transforme en parfait indifférent ! Au point même de déclarer un beau jour qu'« il a de cette femme par-dessus la tête... ».

D'accord pour une fois avec l'Église qui trouvait la parenté avec la défunte Louise un peu proche, Montmorency se sépare de sa femme et l'envoie vivre dans l'un de ses nombreux châteaux avec défense formelle de jamais remettre les pieds à Chantilly. Sentence qui, paraît-il, ne fut pas du goût de la défunte Louise de Budos dont le fantôme, à dater de cette époque, prit l'habitude de hanter le château chaque fois que le maître s'en trouvait à l'article de la mort.

Quant à l'anneau, on pense qu'il ne fut pas perdu

pour tout le monde et que, d'une manière ou d'une autre, il parvint au fils de Louise : le beau, le charmant, le séduisant Henri II de Montmorency qui allait être le héros d'une des plus belles histoires d'amour de tous les temps.

À Rome, au mois de décembre 1614, le pape Paul V célèbre personnellement, dans la chapelle Sixtine, le mariage par procuration d'une jeune fille de quinze ans et d'un garçon de dix-sept ans qu'elle n'a encore jamais vu et qui, bien entendu, est absent. Pompe étrange, inhabituelle si l'on songe qu'il ne s'agit là ni de rois ni même de princes du sang. Mais les noms que portent les jeunes époux sont les plus illustres qui se puissent trouver en France comme en Italie : lui c'est notre Henri II de Montmorency, duc et premier baron chrétien de France, elle, c'est Maria-Felicia Orsini, fille du prince Virginio Orsini, général des galères. Le pape est son oncle.

Marie de Médicis, veuve d'Henri IV, a voulu ce mariage. Maria-Felicia est sa filleule et sa cousine. Mais, à l'heure où l'on célèbre ses épousailles, la petite fiancée a bien du mal à retenir ses larmes. Elle sait qu'elle va quitter, peut-être pour toujours, tout ce qu'elle aime : sa mère, ses frères, ses sœurs, Rome et son soleil pour s'en aller vivre dans ce pays froid que l'on appelle la France. Et cela pour vivre avec un garçon qu'elle n'a jamais vu…

La traversée de la France, en hiver, n'arrange pas cette humeur morose. Mais tout change brusquement, tout bascule dans le songe quand le fabuleux Chantilly, qui semble rêver au bord de ses étangs, surgit dans l'éclat d'une fête fastueuse. Et quand apparaît l'époux, Maria-Felicia manque de se jeter à genoux pour remercier le ciel d'un si grand bonheur. Henri, en effet, est grand, blond, avec un beau visage et un sourire charmeur qui corrige le léger strabisme de ses yeux sombres.

La jeune Romaine s'en éprend au premier regard, et lui, de son côté, ne laisse pas de se sentir attiré par cette jolie fille au teint chaud et à l'opulente chevelure noire. Elle ne possède pas cette beauté plantureuse, à la Rubens, qui est alors si fort à la mode mais elle a toute la grâce nerveuse d'un pur-sang, une extrême distinction, des yeux superbes, une voix de velours et un esprit à la fois vif et cultivé. En un mot, sans être absolument belle, Maria-Felicia déborde de charme et pratique en artiste les arts d'agrément.

C'est, à Chantilly, une charmante lune de miel et c'est à Chantilly que la jeune femme aimera revenir encore et encore lorsque les premiers feux de l'amour se seront calmés chez Henri et qu'elle-même commencera à souffrir. Car elle va souffrir et beaucoup de cet amour dont un contemporain a laissé le reflet : « Elle aima Monsieur de Montmorency de toutes les amours qu'on peut avoir au monde car elle n'aima jamais que lui. »

C'est donc à Chantilly, loin des bruits de la cour, qu'elle s'installe le plus souvent. Mais pas forcément au château. Le connétable bâtisseur a semé le gigantesque parc de constructions charmantes et infiniment moins imposantes. Entre autres, sept chapelles. On est catholique ou on ne l'est pas !… Son fils François a suivi son exemple en faisant édifier, au bord d'un étang et au bout de la plus belle allée, une maison des champs entourée d'un beau jardin. Cette maison, Maria-Felicia l'adopte : ce sera sa maison à elle. Et elle se plaît à la meubler, à l'arranger selon son goût. Elle y viendra rêver, pleurer et tenter d'apaiser les angoisses de son cœur.

Henri, en effet, est tout ce que l'on veut sauf fidèle. Certes, il aime sa petite duchesse mais il est incapable de résister à la séduction qu'exercent sur lui les autres femmes. Et Dieu sait si elles sont nombreuses à lui courir après ! Il trompe donc abondamment Maria-Felicia mais il lui revient toujours, repentant et penaud…

C'est le moment où les Précieuses viennent de faire leur apparition sur la scène du monde et le bon goût veut qu'un homme, s'il souhaite faire sa cour à une femme, la fasse en vers. D'où l'habitude chez les Grands de s'attacher les services d'un poète. Ainsi, Montmorency a pris à gages Théophile de Viau, sorte de François Villon moins crotté et mieux élevé mais moins génial aussi et qui semble prendre un malin plaisir à se mettre tout le monde à dos.

Né protestant, Viau a abjuré en 1622 à la suite d'un séjour en Angleterre qui ne lui a pas donné satisfaction. Depuis, il s'est mis à gravir les échelons de la fortune. On se l'arrache à la cour, ce qui facilite encore les affaires d'Henri de Montmorency.

Le 26 février 1623, il y a, au Louvre, fête et ballet dansé par la jeune reine Anne d'Autriche. Ces ballets sont accompagnés naturellement de musique mais aussi de vers que l'on récite pour l'une ou l'autre des danseuses. C'est ainsi qu'au beau milieu de la danse Maria-Felicia entend le poète de son époux adresser une véritable déclaration d'amour en vers, quasi transparente… à la jeune reine ! Et cela aux oreilles mêmes du roi et du cardinal de Richelieu !

Le choc est terrible pour la jeune femme qui ne trouve d'autre solution que la fuite. Elle court s'enfermer à Chantilly, bien entendu.

Quelques jours plus tard, elle a la surprise de voir arriver son époux, un peu gêné mais remorquant à sa suite le malencontreux poète que la jeune femme n'éprouve, bien sûr, aucun plaisir à recevoir. Or, ce qu'Henri demande à sa femme, c'est de cacher Théophile qui est poursuivi pour libertinage. En effet, l'Université lui reproche son dernier ouvrage *Le Parnasse satyrique* et demande tout simplement une tête que le cardinal est tout disposé à lui donner. Les gens du prévôt sont à sa recherche.

La duchesse objecte qu'en ce cas les gens dudit prévôt viendront tout droit à Chantilly car on sait bien les liens qui lient Viau à la maison de Montmorency. On a déjà dû le chercher dans l'hôtel de Paris. Et c'est, en effet, ce qu'on a fait.

Pour sauver l'imprudent, il faut une cachette plus sûre, plus discrète. Maria-Felicia comprend et d'autant plus vite qu'Henri finit par avouer la vérité : *Le Parnasse* n'est pas seul en cause. Il y a aussi les vers de l'autre soir. Si Viau est pris, il avouera sous la torture le nom de l'homme qui les a commandés et, en ce cas, Henri ne se fait guère d'illusions : le roi ne l'aime pas et Richelieu le déteste pour tout ce qu'il représente encore de puissance féodale opposée à son pouvoir.

La duchesse alors se résigne : on cachera le poète maudit dans sa maison du parc, sa jolie maison que l'on fera garder discrètement. Et Théophile de Viau s'installe ainsi chez la jeune duchesse. À vivre dans cette charmante demeure où tout parle d'elle, il se laisse envahir d'abord par le regret de lui avoir causé tant de peine puis, peu à peu, par une sorte d'amour courtois teinté de respect et de tendresse qui est pour lui un véritable bain de jouvence après les excès de sa vie dissipée.

Définitivement conquis, prisonnier du charme de la jeune femme, il la rebaptise « Sylvie » car il trouve son prénom italien trop lourd à porter pour sa grâce fragile. Il écrit pour elle les *Dix Odes à Sylvie* qui composent la partie la plus aimable de son œuvre. En même temps, doucement, « Sylvie » réconcilie le révolté avec Dieu.

Malheureusement, l'Université a maintenu sa plainte et, les nouvelles devenant inquiétantes, le poète doit fuir pour de bon. Le 19 août, ses œuvres et son effigie sont brûlées en place de Grève et, en septembre, Viau est pris, arrêté, jeté au Châtelet où il va rester deux ans en écrivant avec plus d'ardeur que jamais. D'abord la *Lettre à son frère* puis *La Maison de Sylvie.*

En regardant pêcher Sylvie
Je voyais battre les poissons
À qui plus tôt perdrait la vie
En l'honneur de ses hameçons.

Jugement enfin rendu, Viau est seulement exilé mais sa santé est détruite. Le 25 septembre 1626, c'est auprès de Sylvie qu'il meurt, sincèrement pleuré par la jeune femme. Mais celle-ci n'imagine pas alors qu'elle va verser bientôt des larmes beaucoup plus cruelles, qu'une catastrophe va éclater six ans plus tard…

Montmorency, en effet, a conspiré contre Richelieu en compagnie de Gaston d'Orléans, frère du roi. Après l'inutile combat de Castelnaudary, le duc est arrêté, jugé par le parlement de Toulouse et condamné à mort le 30 octobre 1632. Le jour même, il est exécuté après avoir écrit une dernière lettre à « Sylvie ».

« Mon cher cœur, je vous dis un dernier adieu avec une affection toute pareille à celle qui a toujours été entre nous. Je vous conjure, pour le repos de mon âme et par Celui que j'espère voir bientôt par sa miséricorde dans le Ciel, de modérer votre ressentiment. J'ai reçu tant de grâces de mon doux Sauveur que vous avez tout sujet d'en recevoir grande consolation. Adieu, encore une fois... »

Henri mort, Maria-Felicia gagne Moulins. Chantilly d'ailleurs ne lui appartient plus et puis elle est lasse du monde. À Moulins, elle vit enfermée dans ses voiles de veuve et, après une rencontre avec Jeanne de Chantal, la future sainte, elle renonce définitivement au siècle. Deux ans après la mort de son époux, « Sylvie » entre au couvent de la Visitation pour y vivre dans la divine pauvreté jusqu'à ce jour de 1666 où il plut à Dieu de rappeler à lui celle qui était devenue mère Marie-Henriette, supérieure du couvent.

Mais revenons à présent à Chantilly !

Suivant la loi, les biens de Montmorency ont été confisqués au profit de la Couronne. Mais, en 1643, après la victoire de Rocroi remportée par le jeune duc d'Enghien, la reine Anne d'Autriche rend terres et château à Charlotte de Montmorency, princesse de Condé et mère du jeune vainqueur, qui est aussi la sœur du malheureux Henri. C'est par elle que le Grand Condé fait son entrée dans ce château où il va ressusciter les temps fabuleux du vieux connétable. C'est lui encore qui, après la mort de Maria-Felicia, sa tante, reçoit ses joyaux et ceux du décapité parmi lesquels devait se trouver l'anneau de Louise de Budos dont on suppose qu'il est resté chez ces Condé, célèbres pour leurs passions violentes, souvent incontrôlées, et leurs succès féminins.

C'est à Chantilly que le Grand Condé prend sa retraite. C'est là qu'en avril 1671 il reçoit Louis XIV et donne pour lui des fêtes demeurées fameuses où se place le célèbre épisode du cuisinier Vatel, maître d'hôtel du prince. Mais écoutons ce qu'en dit Mme de Sévigné :

« Le Roi arriva jeudi au soir. La promenade, la collation dans un lieu tapissé de jonquilles ; tout cela fut à souhait. On soupa. Il y eut quelques tables où le rôti manqua, à cause de plusieurs dîneurs à quoi l'on ne s'était point attendu. Cela saisit Vatel. Il dit plusieurs fois : – Je suis perdu d'honneur ; voici un affront que je ne supporterai pas. Il dit à Gourville : – La tête me tourne, il y a douze nuits que je n'ai pas dormi. Aidez-moi à donner des ordres. Gourville le soulagea en ce qu'il put. Le rôti qui avait manqué, non pas à la table du Roi mais aux vingt-cinquièmes, lui revenait toujours à la tête.

« Gourville le dit à Monsieur le Prince. Monsieur le Prince alla jusque dans la chambre de Vatel et lui dit : – Vatel, tout va bien ; rien n'était si beau que le souper du Roi. Il répondit : – Monseigneur, votre bonté m'achève ; je sais que le rôti a manqué à deux tables. – Point du tout, dit Monsieur le Prince ; ne vous fâchez point : tout va bien. La nuit vint. Le feu d'artifice ne réussit pas ; il fut couvert d'un nuage. Il coûtait seize mille francs. À quatre heures du matin, Vatel s'en va partout ; il trouve tout endormi. Il rencontre un petit pourvoyeur qui lui apportait seulement deux charges de marée ; il lui demande : – Est-ce là tout ? Il lui dit : – Oui, monsieur. Il ne savait pas que Vatel avait envoyé à tous les ports de mer. Il attend quelque temps ; les autres pourvoyeurs ne viennent point ; sa tête s'échauffait : il croit qu'il n'aura point d'autre marée. Il trouve Gourville et lui dit : – Monsieur, je ne survivrai pas à cet affront-ci ; j'ai de l'honneur et de la réputation à perdre.

« Gourville se moqua de lui. Vatel monte à sa chambre, met son épée contre la porte, et se la passe au travers du cœur, mais ce ne fut qu'au troisième coup, car il s'en donna deux qui n'étaient pas mortels, qu'il tomba mort. La marée cependant arrive de tous côtés. On cherche Vatel pour la distribuer. On va à sa chambre. On heurte, on enfonce la porte, on le trouve noyé dans son sang. On court à Monsieur le Prince, qui fut au désespoir… »

En dépit de ce triste épisode, la visite du roi n'en est pas moins un grand succès. Tellement que Louis XIV, avant de partir, demande au prince de Condé de lui vendre Chantilly et d'en fixer lui-même le prix :

« Il est à Votre Majesté pour le prix qu'elle déterminera elle-même, répond Condé. Je ne lui demande qu'une grâce : celle ne m'en faire le concierge. – Je vous entends, mon cousin : Chantilly ne sera jamais à moi. »

Citer ici toutes les femmes qui aimèrent follement le prince relève de l'impossible : de sa sœur un peu trop tendre, la belle duchesse de Longueville, à sa femme la douloureuse Claire-Clémence de Brézé que son amour bafoué rendit à moitié folle, elles sont multiples les aventures qui jalonnent la vie de Condé. Était-ce toujours l'anneau magique ? Celui-ci devait, semble-t-il, continuer ses ravages pendant encore quelques lustres.

En 1724, Marie-Anne de Bourbon-Condé que l'on appelait Mademoiselle de Clermont s'éprit follement de Louis de Melun, duc de Joyeuse et prince d'Épinay, qui, en dépit de ces titres, n'était tout de même pas assez grand seigneur pour une Condé. La famille contrecarra leur amour, réduisant les deux jeunes gens à un mariage secret célébré « dans la laiterie de Chantilly ».

Hélas, quinze jours plus tard, Louis de Melun mourait à la chasse tué par un cerf dont les bois lui déchirèrent le corps… et réduisirent Marie-Anne au plus profond désespoir. En 1741, elle mourait inconsolée.

Jusqu'à ce qu'éclate la Révolution, Chantilly ne fait que gagner en splendeur. Le prince Louis-Henri de Condé, petit-fils du Grand Condé, lui apporte sa touche finale avec la construction des Grandes Écuries, sans nul doute les plus belles qui soient au monde. Mais quand vient la tourmente révolutionnaire, c'est le glas de cet admirable château qu'elle sonne. Les Condé abandonnent leur belle demeure : ils émigrent parmi les premiers et se rendent en Allemagne pour y organiser ce que l'on appellera l'armée des Princes. Le château paiera pour ses maîtres absents et oublieux. Démeublé, il sert d'abord de prison, cette infamie suprême, avant d'être livré à la pioche des démolisseurs. Peu à peu, le rêve de pierre s'écroule et l'étang déshonoré ne reflète plus, après tant de splendeurs, que des débris informes.

En ce triste état, Chantilly va vivre le Directoire et la fulgurante aventure de l'Empire. Puis c'est la Restauration, quand l'Empire à son tour disparaît et, avec elle, le retour des anciens maîtres… De l'ancien maître tout au moins : Louis-Henri-Joseph dernier prince de Condé est un homme âgé. Son fils, le duc d'Enghien, a été fusillé, jadis, dans les fossés de Vincennes et lui-même n'a plus grand goût pour ressusciter le palais d'autrefois. Il fait faire quelques travaux mais c'est à Saint-Leu qu'il s'installe avec une certaine Sophie Dawes, une aventurière anglaise dont il a fait une baronne de Feuchères. Chantilly, il le lègue à son filleul : Henri d'Aumale, l'un des fils du roi Louis-Philippe. À lui d'en faire ce que bon lui semblera.

Quand le prince meurt, mystérieusement pendu à l'espagnolette de sa fenêtre, l'héritier n'a que huit ans. Il faudra attendre une dizaine d'années avant qu'il n'entre en possession de l'héritage : le château et l'énorme fortune qui l'accompagne. Mais peut-être est-il temps de jeter un regard sur celui qui va, le temps venu, reconstruire Chantilly et le doter de précieuses collections.

C'est un beau garçon blond, mince et élégant qui, sa vie durant, portera une fine barbiche et une longue moustache. Il a toutes les qualités de cœur et de joie de vivre que l'on peut attendre d'un vrai prince français. Son destin, il l'a choisi depuis longtemps : il sera soldat et, en effet, le 15 janvier 1837, pour ses quinze ans, il reçoit son brevet de sous-lieutenant puis s'en va faire ses classes très sérieusement à Fontainebleau d'abord, à l'école de tir de Vincennes ensuite.

En 1839, il est promu capitaine et, l'année suivante – c'est l'année où il entre en possession de Chantilly et de sa fortune –, il rejoint en Algérie son frère aîné, le duc d'Orléans qui commande une division. Là, il se conduit à la fois en jeune fou et en héros : il se jette avec sa compagnie et sans attendre les ordres sur les ennemis trois fois plus forts. Une balle érafle l'encolure de son cheval qui s'emballe et finalement lui fait vider les étriers.

Rentré au camp, le prince n'en mène pas large bien qu'il soit vainqueur, car il lui faut affronter la colère fraternelle. Orléans commence, en effet, par prendre un ton sévère : « Je devais te mettre aux arrêts. Je ne le ferai pas mais tiens-le-toi pour dit. » Puis il ajoute : « Maintenant, embrasse-moi ; tu es un brave et je suis fier de toi ! »

D'autres combats et d'autres exploits suivent. Quand Henri rentre en France, en 1841, il a dix-neuf ans et il est colonel. Il ramène aussi son régiment, le 17e Léger, et c'est à sa tête qu'il entre dans Paris au milieu d'un grand enthousiasme. Suscité surtout chez les jeunes filles qui se jettent en foule sur le trop charmant colonel pour s'assurer qu'il est indemne parce que, quelque part, un coup de feu a été tiré.

Au palais des Tuileries, c'est la même folie. Madame Adélaïde, tante du prince, a fait venir la troupe du théâtre des Variétés pour donner une représentation de la pièce à la mode : *Le Chevalier du guet*. La vedette en est la ravissante Alice Ozy, une adorable créature aux yeux noirs, aux traits fins, au corps gracieux. Tous les charmes, Alice les possède, et aussi tous les talents car elle chante bien, joue juste, danse de façon charmante et sait se tenir en scène avec grâce. C'est, entre elle et le prince, le coup de foudre.

Un coup de foudre si brutal qu'Alice – elle sera bientôt Alicette pour Aumale – n'y résiste même pas. Et, par le plus beau printemps de Paris, c'est une joyeuse, une délicieuse histoire d'amour qui se déroule. Aumale est fier de la beauté de sa maîtresse et aime à se promener avec elle dans la ville. Pour plus de liberté, il la fait habiller en garçon et tous deux courent les rues comme des collégiens échappés. À d'autres moments, le prince mène Alicette, en voiture, jusqu'à la plaine des Sablons, à Neuilly, et fait défiler son régiment devant elle. La jeune femme prend alors un vif plaisir à se croire, pour un instant, altesse royale.

Naturellement, la liaison est connue de tous et même de la famille royale. Pour sa part, la reine Marie-Amélie, mère du jeune homme, se contente de soupirer : « Ce n'est pas bien mais cela vaut mieux que de déranger un ménage. »

Peut-être le roi voit-il la chose d'un autre œil car, en octobre 1842, Aumale reçoit l'ordre de repartir pour l'Algérie avec le grade de général. Il s'y couvre de gloire en capturant, le 16 mai 1843, la smalah d'Abd el-Kader grâce à un coup d'audace qui porte au zénith la popularité du prince. Hélas, Alicette s'est lassée d'attendre. D'ailleurs, elle aime l'argent et se laisse tenter par les folies que fait pour elle le banquier Perrégaux. C'en est fini des amours du joli printemps.

Pour le roi Louis-Philippe et la reine Marie-Amélie, c'est la meilleure nouvelle : enfin, on va pouvoir marier Aumale et, tout de suite, des noms se croisent dans l'air. La jeune reine d'Espagne ? Non, cela pourrait être dangereux. Telle princesse ? Pas assez belle. La reine alors propose : pourquoi pas l'une de nos princesses des Deux-Siciles ? Elle les connaît bien puisqu'il s'agit de sa propre famille, mais son fils, lui, ne les connaît pas. Eh bien, on l'envoie faire connaissance, et Aumale s'embarque pour Naples afin d'y séjourner chez l'un de ses oncles : le prince Léopold de Salerne.

Et là, il rencontre l'une des filles de Léopold, Caroline-Augusta-Maria de Bourbon. Elle est toute petite mais elle est adorable avec de grands yeux bleus et de longues « anglaises » dorées qui glissent doucement le long du plus joli visage qui se puisse voir. En outre, elle a tout juste trois mois de moins que le jeune homme.

En rencontrant celui-ci, elle s'est sentie très émue. Quant à lui, il est déjà conquis. Caroline est la gaieté même. Elle a un sourire éclatant et une certaine façon d'accompagner ses paroles de petits gestes qui amuse fort le prince. Et comme, un jour, il se moque d'elle gentiment, elle lui répond avec son accent ensoleillé :

– Nous sommes toutes comme ça dans notre pays, mon cousin. Il faut nous prendre comme nous sommes.

Il se hâte de prendre. Ou tout au moins de demander qu'on lui confie Caroline, son rire joyeux, ses fossettes, ses gestes expressifs et ses jolis yeux bleus. Le 25 novembre 1844, les noces sont célébrées en grande pompe dans la chapelle du palais de Naples. Puis le jeune couple rentre en France.

D'emblée, Caroline s'attache à Chantilly et, très souvent, elle et Henri viendront surveiller les travaux de reconstruction. Malheureusement, la révolution de

1848 va les interrompre après qu'en 1845 Caroline aura donné à son époux un fils qui sera titré prince de Condé.

Quand la révolution éclate, Henri est, depuis dix mois, gouverneur d'Algérie. En mars 1848, il lui faut rembarquer, sous une pluie battante, avec sa femme et leur enfant. Mais pas en direction de la France : c'est en Angleterre que l'on retrouve Louis-Philippe et sa famille en exil : à Clare d'abord, puis à Twickenham.

L'amour résiste sans peine au malheur quand il est solide. Le modeste bonheur du duc et de la duchesse d'Aumale ne s'en acheminera pas moins vers le temps cruel des deuils. Le roi Louis-Philippe meurt en août 1850 et l'année 1866 sera douloureuse pour Caroline et Henri qui verront mourir leur mère, la reine Marie-Amélie puis, quelques mois plus tard, apprendront la mort de leur fils aîné, le prince de Condé, emporté par la scarlatine en Australie au cours d'un voyage d'étude. Enfin, vient le coup qui va meurtrir définitivement Aumale : dans les derniers jours de 1869, Caroline elle-même s'endort pour toujours, minée par la phtisie. Elle n'a pas supporté le terrible climat anglais.

Après 1870, le duc d'Aumale qui a perdu aussi son second fils François, duc de Guise, né en Angleterre, reçoit enfin la permission de rentrer en France. Il s'installe alors à Chantilly où les travaux ont repris. Des travaux qu'il va mener cette fois à leur point d'achèvement total. Élu à l'Académie, il va donner jusqu'à la fin de ses jours l'image – toujours populaire d'ailleurs – d'un homme d'une grande noblesse d'allure et de cœur. Partageant son temps entre son château et de longs séjours à l'étranger, il finit par faire don de Chantilly et des collections qu'il y a rassemblées à l'Institut de France qui n'entrera cependant en leur possession qu'en 1897, date de la mort du prince.

C'est en effet le 7 mai de cette année-là qu'il s'éteint en Sicile, dans son domaine de Zucco, près de Palerme. Son corps, ramené en France, repose avec ceux de la famille d'Orléans, dans la chapelle royale de Dreux. Certains ont regretté souvent que ce parfait gentilhomme, ce prince à l'esprit éclairé et ouvert, n'ait jamais eu la possibilité d'accéder au trône.

HORAIRES D'OUVERTURE

D'avril à novembre	10 h-18 h (fermeture du parc à 20 h)
Du 2 novembre au 31 mars	10 h 30-17 h (fermeture du parc à 18 h)

Fermé le mardi.

HORAIRES D'OUVERTURE DES GRANDES ÉCURIES

Voir les détails sur le site Internet du château.

Fermées le mardi.

http://www.chateaudechantilly.com/fr/

CHÂTEAUNEUF-EN-AUXOIS

Un pain d'épice mortel

L'amour est la seule passion qui se paie d'une monnaie qu'elle fabrique elle-même.

STENDHAL

Entre les sorties de Pouilly et de Beaune, les usagers de l'autoroute A6 voient soudain paraître, au bord d'un village fortifié et d'un massif rocheux, un fier château médiéval à peu près intact. On ne peut s'empêcher de lui accorder un regard ainsi qu'à la petite église qui lui est voisine et où, chaque Noël, les gens de Châteauneuf recomposent une crèche vivante qui semble sortie d'un évangéliaire. Mais rares sont les visiteurs qui connaissent le sort tragique d'une de ses châtelaines, le destin glorieux d'un de ses châtelains…

Jean de Châteauneuf, qui en fut le bâtisseur primitif, éleva les premiers murs pour son fils et lui en fit don en 1175. Le jeune homme s'y installa, y vécut, y procréa et, durant trois siècles, Châteauneuf, sentinelle avancée de Dijon, demeura fidèle à son rôle tandis que ses maîtres demeuraient fidèles à leurs princes. L'un d'eux, Guillon, accepta même de servir d'otage, avec son frère

Poinsot, pour Philippe de Rouvres, dernier duc de la première maison de Bourgogne, et rejoignit volontairement les geôles du roi d'Angleterre, Édouard III. Mais, en 1441, il n'y a plus de vaillants chevaliers. Le fief tombe en quenouille. Une fille de vingt ans règne seule sur le château qui domine la vallée de la Brenne. Elle est riche, elle est belle, éclatante et drue comme sont souvent les filles de Bourgogne, et les prétendants ne lui manquent pas. Mais elle ne se presse pas de choisir, préférant jouir autant qu'il se pourra d'une liberté qu'elle sait précaire. Son cœur d'ailleurs est silencieux. Sauf peut-être lorsqu'elle évoque son cousin, qui est son voisin. Mais le jeune Philippe Pot, qui a six ans de moins qu'elle, n'est encore qu'un enfant et, à Châteauneuf, il faut un maître à poigne solide.

Ainsi pense le duc de Bourgogne, Philippe le Bon, dont les visées territoriales sont insatiables. Il cherche à recomposer l'antique royaume des Burgondes. Or, entre ses terres bourguignonnes et ses Flandres opulentes, il y a la Champagne enfoncée comme un coin. Et Philippe ne souhaite rien tant que grignoter petit à petit ladite Champagne. Marier Catherine de Châteauneuf à un seigneur champenois riche et bien pourvu de terres lui paraît une opération tout à fait souhaitable.

Dans ce dessein, il invite la jeune fille à un tournoi qu'il donne à Dijon. Il y invite, en même temps, un certain Jacques d'Haussonville, un noble champenois dont les terres, riches et vastes, s'étendent assez près des frontières de Bourgogne.

La fête où elle est conviée plaît beaucoup à Catherine mais l'homme qu'on lui présente beaucoup moins. Il est nettement plus âgé qu'elle, il n'est pas beau et n'offre aucune des qualités qu'une jouvencelle souhaite trouver chez son époux.

Malheureusement pour elle, le duc Philippe a toujours considéré le mariage comme l'un des meilleurs moyens de gouvernement. D'Haussonville n'est pas jeune, certes, mais il n'en est, justement, que plus intéressant. Qu'il vienne à disparaître, comme les lois de nature le laissent supposer, et la Bourgogne se fera un plaisir de venir défendre, les armes à la main, les droits de la jeune veuve contre celui qui est alors l'héritier légitime, autrement dit le jeune frère d'Haussonville. Et si Catherine a le temps de donner un héritier à son époux, celui-ci sera sûrement trop jeune pour ne pas avoir besoin de protection…

Le projet est superbe mais ne reçoit pas l'approbation de la principale intéressée. Catherine de Châteauneuf ne veut pas épouser ce barbon malgracieux. Alors… on lui en donne l'ordre, purement et simplement, sous peine de se voir dépossédée de son fief, de ce Châteauneuf qu'elle aime tant. Et Catherine cède ; et elle épouse Jacques d'Haussonville… et elle ne tarde pas à le regretter…

Le mari n'a aucunement l'intention de résider chez sa femme. Il en est follement amoureux et souhaite mettre quelque distance entre elle et ce Philippe le Bon dont on ne compte plus les maîtresses. Le duc se contentera de mettre garnison à Châteauneuf tandis que le nouveau seigneur emmènera sa belle épouse chez lui, à Montureux-le-Sec, en Champagne.

C'est alors à quelques lieues d'Épinal, un pays pelé cerné de noires forêts. Le château lui-même ressemble plus à une prison qu'à une demeure de plaisance, et Catherine découvre vite qu'il y règne une économie strictement dirigée. Bientôt elle plonge dans une vie qui ressemble beaucoup à l'esclavage : ses jours se passent aux besognes du logis, ses nuits avec un homme rendu à moitié fou par l'amour et la jalousie et qui n'a qu'une idée en tête : lui faire un enfant, arracher un héritier à ce jeune corps dont il ne peut se passer.

Or, l'idée de donner le jour à une copie conforme de son époux fait horreur à Catherine et, chaque fois qu'elle peut se croire enceinte, elle a recours aux bons offices de la sorcière locale dont une jeune servante, Perrette, lui a fait connaître le repaire. Dix années vont passer ainsi. Dix années qui transforment Catherine et son époux en un couple comme beaucoup : la grande passion du mari s'est éteinte et la femme, délivrée de sa plus odieuse servitude, s'est résignée. D'Haussonville est trop vieux à présent pour faire un enfant. Parfois il permet à Catherine de retourner à Châteauneuf et elle y trouve assez de joie pour supporter les autres jours, tous les autres jours, si gris, si ternes…

Elle a trente-cinq ans lorsqu'elle rencontre celui qui va la mener à sa perte. Il se nomme Giraud de Parmentier, il a vingt-cinq ans et c'est un cousin, de lignée bâtarde, mais un cousin tout de même. Catherine devient sa maîtresse et brûle bientôt pour lui d'une passion si visible que le mari s'en aperçoit. Des scènes éclatent, toujours plus violentes. La surveillance qui s'était relâchée se resserre. Plus de séjours à Châteauneuf ! Alors, affolés devant les obstacles qui se dressent, les deux amants en viennent à la décision ultime : tuer d'Haussonville. Giraud fournira le poison. Catherine l'administrera.

Elle en a le moyen tout trouvé. De sa Bourgogne, elle a apporté la recette du pain d'épice que l'on appelle alors le boichet. Son mari en raffole et le goût prononcé de la pâtisserie peut en cacher un autre. Quelques jours plus tard, Jacques d'Haussonville meurt par les vertus du réalgar acheté à Épinal par Giraud.

Malheureusement l'une des servantes du château a mangé elle aussi du gâteau fatal et elle meurt en même temps que son maître. La coïncidence est trop frappante : le frère qui hérite dénonce aussitôt Catherine et celui dont il sait bien qu'il est son amant. Arrêtés par le lieutenant criminel Jean de Longueil, Catherine et Giraud de Parmentier sont conduits à Paris pour y être interrogés comme on interrogeait alors. Sous la torture ils avouèrent tout…

Le 13 mars 1456, Catherine de Châteauneuf, Dame d'Haussonville, vêtue d'une chemise soufrée, fut liée sur une claie et traînée ainsi, dans la boue et les immondices, jusqu'au marché aux Pourceaux où un bûcher était dressé. Son complice fut brûlé lui aussi mais après avoir subi le supplice de la roue.

Peut-être pris de remords, le duc Philippe fit don de Châteauneuf à Philippe Pot, ce jeune cousin que la malheureuse Catherine aimait sans avoir su le dire.

Seigneur de la Roche-Nolay qui, par lui, allait devenir la Rochepot, Philippe avait, dit-on, aimé lui aussi sa belle cousine. Devenu le maître de ce château où son image était trop présente, il fit reconstruire le logis, peut-être pour en exorciser le charmant fantôme, peut-être pour lui donner un cadre plus doux. Mais il n'y fit que de brefs séjours.

Chevalier de la Toison d'or, investi de la confiance des ducs, il négocie les mariages de Charles le Téméraire et le sert fidèlement. Mais, après la mort du duc, devenu suspect à sa fille Marie de Bourgogne, il offre ses services au roi de France, Louis XI, qui en fait un grand sénéchal de Bourgogne. Tour à tour, Philippe Pot sera chargé d'élever le futur Charles VIII et l'héritier de ce dernier. Il sera aussi député aux états généraux de Tours et, grâce à une éloquence qui lui vaudra le surnom de « Bouche de Cicéron », il obtiendra la levée de l'impôt par consentement des États. Quand il meurt, en 1494, son corps ira reposer dans le superbe tombeau qu'il s'est fait élever dans l'église abbatiale de Cîteaux… et qui est aujourd'hui au Louvre.

N'ayant pas d'enfants, c'est son frère Guyot qui hérite de Châteauneuf et, après lui, les enfants de celui-ci : Régnier Pot et Anne qui, mariée à Guillaume de Montmorency, deviendra la mère du connétable.

Chose étrange, la plupart de ceux qui héritèrent de Châteauneuf demeurèrent sans enfants ou n'eurent que des filles. Le fils du connétable légua le château à sa nièce qui le légua à ses filles dont l'une épousa un Clermont-Tonnerre et l'autre un Lévis-Ventadour. Cette dernière et son époux se séparèrent d'ailleurs pour entrer dans les ordres : l'un devint chanoine de Notre-Dame de Paris, l'autre supérieure du Carmel de Chambéry.

Mais, avant de se retirer du monde, la duchesse de Ventadour avait, en accord parfait avec sa sœur, vendu Châteauneuf au comte de Commarin. Ayant été cédé contre argent comptant et non légué, Châteauneuf perdit l'étrange malédiction qui frappait les successeurs de Catherine…

Les seigneurs de Commarin s'y sont succédé jusqu'à ce que leur dernier descendant, le comte de Voguë, en fasse don à l'État en 1936.

Horaires d'ouverture

Du 3 janvier au 15 mai	10 h-12 h 30 et 14 h-17 h 45
Du 16 mai au 16 septembre	9 h 30-12 h 30 et 14 h-18 h 45
Du 17 septembre au 31 décembre	10 h-12 h 30 et 14 h-17 h 45

Fermé le lundi.

Fermé le 1er janvier, le 1er mai,
les 1er et 11 novembre et le 25 décembre.

http://region-bourgogne.fr/chateauneuf-en-auxois/#histo

CHÂTEAUROUX

Le calvaire d'une princesse de Condé

La mesure de l'amour, c'est d'aimer sans mesure...

SAINT AUGUSTIN

En cette fin glacée de l'année 1686, un religieux monte lentement vers « Château-Raoul », le vieux castel qui domine la ville de Châteauroux. C'est la seconde fois que le père Tixier se rend au château. Il est déjà venu, dix ans plus tôt, sur l'ordre de la duchesse de Longueville afin de s'assurer que la noble dame qui est là, retenue prisonnière, n'est point maltraitée et que les conditions de sa captivité ne sont point trop rudes. En effet, retirée du monde et désormais tournée tout entière vers Dieu, l'ancienne reine de la Fronde s'est senti le devoir chrétien de se préoccuper du sort d'une femme qu'elle n'a jamais beaucoup appréciée et envers laquelle son frère bien-aimé – le Grand Condé – s'est montré franchement répugnant.

Cette prisonnière auguste, c'est Claire-Clémence de Brézé, nièce du défunt cardinal de Richelieu et, pour son malheur, princesse de Condé par le jeu impitoyable de la politique.

À vrai dire, au jour de sa première visite, le père Tixier, jésuite de bonne race, n'était pas sans éprouver quelque inquiétude : il s'attendait à trouver là une folle croupissant dans la saleté et noyée dans le délire. Or, il avait trouvé une femme étrange mais digne, au visage ferme, au regard glacé, au maintien d'une sévérité totale et qui menait une vie de nonne au milieu d'une vingtaine de serviteurs aussi austères, aussi glacés qu'elle-même.

En fait, la princesse avait refusé de parler. Simplement, quand le jésuite avait formulé le nom de son impitoyable époux, elle s'était contentée de tourner vers lui ses yeux qui semblaient curieusement décolorés et de murmurer :

– Monsieur le Prince m'a bien méprisée… mais, par ma foi, je l'ai bien méprisé aussi !

Rien de plus.

Aujourd'hui, le jésuite trouve la princesse peu changée : un peu plus pâle peut-être et un peu plus maigre. Elle l'a reçu couchée mais sans montrer la moindre émotion quand il a donné la nouvelle qu'il apportait et qui, pourtant, était d'importance : « Monsieur le Prince vient de mourir, le 11 décembre, à Fontainebleau. »

La princesse ne broncha pas. Pourtant, le jésuite avait encore quelque chose à dire ; au moment de quitter ce monde, Condé avait prié le roi de maintenir sa femme en captivité.

Ainsi, même à l'instant de paraître devant Dieu, sa haine n'avait pas cédé. Une haine si longue, si peu justifiée…

Claire-Clémence a treize ans quand on la marie à celui qui n'est encore que duc d'Enghien et qui a vingt ans. Tout de suite, elle l'aime. Il n'est pas beau pourtant avec son visage maigre aux traits forts, avec son immense nez courbe et ses yeux de braise. Mais il a un charme auquel peu de femmes résistent et, à ce charme, l'enfant n'a pas résisté. Le jeune duc, lui, cache à peine le mépris dans lequel il tient la famille du cardinal de Richelieu tout entière et singulièrement cette petite fille dont tout le monde sait bien que la mère est morte folle.

Du reste, Enghien aime ailleurs. Il aime la ravissante Marthe du Vigean qui le lui rend entièrement. Le mariage reste blanc pendant de longs mois. Le nouvel époux est malade, puis il part aux armées. Ces échappatoires finissent par émouvoir la famille : le prince de Condé, qui craint les réactions du cardinal, tance son fils. Il lui fait entendre que des gens mariés doivent vivre ensemble et qu'il est temps, pour le duc et la duchesse d'Enghien, de prendre rang dans la société.

Enghien fait un tout petit effort : il s'installe officiellement, avec Claire-Clémence, dans le bel hôtel de La Roche-Guyon, rue des Bons-Enfants… mais ne franchit toujours pas le seuil de sa chambre. Alors, comme l'avait prévu Condé, le cardinal de Richelieu se fâche : ou bien Enghien se comportera comme doit se comporter un mari, ou bien il renoncera à tout commandement dans l'armée. « Le roi sort de chez moi, lui dit-il, et j'ai sa promesse royale : Vous n'obtiendrez le commandement de l'armée de Picardie que lorsque votre femme attendra un enfant… »

Paroles brutales qui vont déchaîner une réaction encore plus brutale dont la pauvre Claire-Clémence fera les frais. Enghien se rue littéralement chez elle et cette fois en fait sa femme. Mais, de cette affreuse expérience, la pauvre enfant ne retirera que souffrance et humiliation. Bientôt, en effet, elle attend un enfant. Aussitôt nommé au commandement tant désiré, le duc d'Enghien remporte l'éclatante victoire de Rocroi. Il devient un héros national. Quant à Richelieu, il meurt. Désormais, plus personne pour défendre la pauvre petite duchesse !

Pourtant, fidèle à son amour, elle fera tout pour cet époux indifférent quand seront venus pour lui les temps difficiles, quand Mazarin le jettera en prison, quand, devenu l'un des chefs de la Fronde, il devra s'enfuir. Pour aider Condé – le vieux prince est mort et c'est désormais sous ce nom que l'ex-duc d'Enghien est connu – sa femme va dépenser sans compter ses biens et sa personne. On la verra haranguer les Bordelais du haut des marches de l'hôtel de ville, et même, avec d'autres dames, charrier de la terre dans des paniers pour aider à construire les retranchements de cette ville sur laquelle son époux compte.

Malgré tant de dévouement, c'est finalement Mazarin qui a le dernier mot. La trêve est conclue le 28 septembre 1650 avec amnistie complète pour les rebelles de la Fronde. Pour Claire-Clémence, retirée alors à Montrond, la tâche est achevée. Et soudain, c'est le miracle. Elle reçoit une lettre, une lettre de son époux, une lettre qu'elle trempe de larmes de joie :

« Il me tarde que je sois en état de vous embrasser mille fois pour toute l'amitié que vous m'avez témoignée, qui m'est d'autant plus sensible que ma conduite envers vous l'avait peu méritée. Mais je saurai si bien vivre avec vous, à l'avenir, que vous ne vous repentirez pas de tout ce que vous avez fait pour moi, qui fera que je serai toute ma vie tout à vous et de tout mon cœur… »

Rendue fragile par ses rudes travaux de l'hiver précédent, Claire-Clémence en tombe malade de bonheur. Quand elle guérit, elle apprend que son époux s'est retiré en Flandre et, luttant contre sa faiblesse avec l'énergie du désespoir, elle prend la route pour le rejoindre.

Quand elle le revoit, c'est pour s'apercevoir qu'il ne lui a écrit que des phrases creuses. Il lui adresse à peine la parole et s'il la rejoint, une nuit, ce sera hâtivement et sans desserrer les dents. De cette nuit affreuse, il ne restera qu'une fausse couche…

Lorsque Claire-Clémence regagne Paris, les commères chuchotent avec délectation que madame la princesse sera bientôt aussi folle que sa mère et, comme de fréquents malaises la clouent au lit, les belles amies de son mari espèrent que la place sera bientôt libre. D'ailleurs, la malheureuse n'a plus guère de courage : les époux vivent pratiquement séparés, chacun à un bout de l'hôtel de Condé, l'hiver ; l'été, elle réside au château de Saint-Maur tandis que lui gagne le somptueux Chantilly.

Alors, la malheureuse va chercher un semblant d'amour… dans les bras d'un valet nommé Duval. En même temps, elle se prend de tendresse pour son page, le jeune Bussy-Rabutin, qui déteste le valet. Un matin, le 13 janvier 1671, c'est le drame. Des éclats de voix réveillent la maison et, dans la chambre de la princesse, on trouve Bussy-Rabutin et Duval qui se battent furieusement.

Le scandale est énorme et Condé se rue chez le roi pour obtenir une lettre de cachet : il veut envoyer sa femme à la Bastille. Mais Louis XIV, qui n'aime guère Condé, ne se laisse pas mener par le bout du nez. On éloignera la princesse mais on ne l'enfermera pas dans la vieille prison. Ce sera Château-Raoul où elle sera conduite avec les formes de respect dues à son rang.

Sans avoir revu son fils, Claire-Clémence prend le chemin de l'exil non sans avoir été contrainte, au préalable, de faire l'abandon de tous ses biens en faveur de ce mari détestable.

À Châteauroux, la princesse restera vingt-trois ans. C'est seulement le 18 avril 1694 que Dieu la prendra enfin en pitié et la délivrera d'une existence qui n'avait été qu'un long et douloureux calvaire. Personne n'assista à son enterrement. Elle avait été si bien coupée du monde que sa famille la croyait morte depuis longtemps. Seuls, six pauvres porteurs de cierge l'escortèrent jusqu'à la tombe creusée dans l'enceinte même du château car, morte, elle demeurait captive…

Un mot, à présent, sur le château. Bâti d'abord, au Xe siècle par Raoul le Large, seigneur de Déols, il fit partie de l'apanage d'Aliénor d'Aquitaine et passa aux mains d'Henri II d'Angleterre. Après sa mort, le roi de France Philippe Auguste réussit non sans peine à reprendre Châteauroux et son château. Mais, pendant la guerre de Cent Ans, le Prince Noir, en dépit de son génie militaire, brûla la ville sans réussir à récupérer le château.

Ensuite, et durant trois siècles, fief et château appartinrent à la famille de Chauvigny jusqu'à ce qu'en 1612 le prince de Condé, beau-père de Claire-Clémence, l'achetât. On sait quel usage en fit son fils, ce Condé qui n'était grand que sur un champ de bataille.

Aujourd'hui, seul l'extérieur du château se visite.

CHAUMONT-SUR-LOIRE

Des dames pas comme les autres

Douce Limeuil, et douces vos façons
Douce la grâce et douce la parole
Et doux votre œil qui doucement m'affole...

BRANTÔME

« Je vous écris, ma chère sœur, au bord de la Loire qui me plaît à cause de son caractère aimable entre Blois et Amboise, d'un vieux château imposant et bastionné de tours rondes indestructibles, jadis possédé et habité par les rois. Les amis qui veulent nous visiter doivent d'abord trouver leur Caron pour les faire passer jusqu'à nous autres isolés du monde. Mais, comme dans les Champs-Élysées, il y a aussi, autour de nous, des bois en fleurs où des rossignols chantent sans arrêt. De notre plate-forme nous dominons une vue étendue, à vrai dire non sur les montagnes suisses mais sur une plaine fertile et peuplée. »

Ainsi Mme de Staël décrit-elle Chaumont où, en mai 1810, elle est venue s'installer avec l'idée de n'y faire qu'une étape sur le chemin de l'Amérique. Elle allait y demeurer six mois qui furent peut-être les plus agréables des « dix ans d'exil » que lui imposa Napoléon.

L'Amérique ainsi oubliée, elle fait aussitôt venir à Chaumont ses enfants, leur précepteur, ses domestiques et ses plus solides amis : Juliette Récamier, Prosper de Barante, le cher Benjamin Constant et l'indispensable Matthieu de Montmorency.

Tandis que « Corinne » écrit *De l'Allemagne*, on mène dans ce qui n'est plus qu'une forteresse pour rire une agréable vie de château. Une grande fête est donnée pour le baptême d'un jeune serviteur noir et c'est la charmante chapelle où prièrent Catherine de Médicis et Diane de Poitiers qui sert de cadre à l'événement.

« Corinne » resterait bien des années à Chaumont mais elle aimerait aussi rentrer à Paris d'où Napoléon l'exclut. Les nombreuses démarches que l'on fait pour elle auprès de l'Empereur pourraient sans doute aboutir si *De l'Allemagne* ne contenait tout juste assez d'explosifs pour faire bondir Sa Majesté. Du coup, au lieu de rentrer à Paris, Mme de Staël reçoit l'ordre de quitter la France… et Chaumont par la même occasion.

Construit par des hommes afin de défendre la vallée de la Loire, construit pour des hommes – essentiellement les comtes de Blois mais, surtout, au XVIe siècle pour Pierre d'Amboise et illustré par son fils, le célèbre cardinal qui y naquit –, Chaumont a surtout vu régner des femmes.

En 1560, c'est la reine mère, Catherine de Médicis, qui l'achète avec une idée derrière la tête : obliger l'indéracinable favorite de son défunt époux, Diane de Poitiers, à en accepter l'échange avec le délicieux Chenonceau dont Catherine fera une merveille. Mais tant que régnera le jeune François II et sa femme Marie Stuart qui est entichée de la favorite alors qu'elle dédaigne stupidement sa belle-mère, il faudra garder quelques formes.

Catherine ne séjournera guère à Chaumont mais

y laissera un souvenir frappant. C'est là qu'une nuit son astrologue Ruggieri lui montrera l'avenir dans un miroir : elle y verra trois rois, ses trois fils François, Charles et Henri, effectuer autant de tours qu'ils régneront d'années. Le premier ne fera même pas un tour ; François II, en effet, mourra en décembre de la même année. Puis un quatrième roi apparaîtra : Henri de Navarre, le Béarnais détesté qui, lui, fera vingt tours. Catherine saura ainsi que sa postérité mâle dont elle était si fière n'aurait pas de suite.

Femme de gouvernement avant tout, elle n'en maintiendra pas moins l'État aussi énergiquement qu'il sera possible. C'est à Chaumont, en cette même année 1560, qu'elle ourdira l'un de ces complots galants qui constituaient ses meilleures armes : l'une de ses filles d'honneur, Isabelle de Limeuil, y séduisit, par ordre, le prince Louis de Condé, l'un des deux chefs protestants. Le but ? Empêcher que Le Havre, tenu par les protestants, ne tombe aux mains d'Élisabeth d'Angleterre.

Douce Limeuil, et douces vos façons
Douce la grâce et douce la parole
Et doux votre œil qui doucement m'affole...

En trois vers, Brantôme trace le portrait de celle qui fut, sans doute, l'une des plus séduisantes créatures de son temps. À sa grâce blonde, Louis de Condé ne résiste pas. C'est Isabelle qui, d'abord, résiste car elle aime ailleurs mais, en une seule nuit, Condé remporte une victoire sans précédent. Non seulement Isabelle n'aime plus le freluquet de cour dont elle raffolait, mais encore elle brûle pour le protestant d'une passion qui ne tardera guère à porter son fruit. Un fruit que cachera parfaitement l'ample vertugadin alors à la mode... et si mal nommé. Un fruit qui fera son apparition dans des conditions fort spectaculaires.

En effet, François II mort, Catherine de Médicis a jugé bon de présenter la France au tout jeune roi Charles IX et de présenter le jeune roi à la France. D'où un interminable voyage de plus d'un an avec un cortège gigantesque. Moins passionnant que son lointain successeur sportif, ce tour de France, exceptionnel dans les annales de la monarchie, n'en remporta pas moins un vif succès à l'arrivée des étapes.

Celle de Dijon fut fatale à Isabelle de Limeuil : pendant une grande réception à l'ancien palais ducal, dans le cabinet même du maire de la ville, elle y accouche en quelques minutes d'un superbe garçon que l'on se hâtera de confier à une bonne et sûre nourrice. Quant à la jeune mère, elle s'en va réfléchir, aux Cordelières d'Auxonne, sur les inconvénients qu'il y a à laisser les preuves de son bonheur déborder en société...

Bonheur qui ne résiste pas très longtemps à l'épreuve en dépit de la lettre passionnée, mais d'une orthographe des plus fantaisistes, que Condé adresse à sa belle :

« Hélas, mon cœur, que vous puis-je mandé sinon que vos pènes me rande le plus afligé gentilhome du monde. »

Quand Isabelle recouvre sa liberté, Condé est follement épris de Françoise de Montrency-Rothelin qu'il épouse, et la réputation de la Douce Limeuil est en miettes.

Normalement, elle devrait retourner au couvent. Mais, auprès de la reine mère, il y a un homme qui, depuis toujours, l'adore en silence. Il se nomme Scipion Sardini, c'est l'un des fidèles de Catherine et sans doute le plus puissant financier de France. Le peuple de Paris qui le connaît bien ne manque pas de le chansonner :

Naguère sardine, aujourd'hui grosse baleine
C'est ainsi que la France engraisse
Les petits poissons italiens...

Quoi qu'il en soit, Sardini, qui n'est ni laid ni sot, ne voit aucun inconvénient à récupérer ce que les méchants nomment « les restes » du prince de Condé. Il épouse Isabelle de Limeuil avec la bénédiction de Catherine et, faisant d'elle la femme la plus riche de Paris, change les quolibets des potineuses en grimaces envieuses. Isabelle règne sur le bel hôtel du quartier Saint-Marcel (l'actuelle 13, rue Scipion), sur celui du 7, rue du Puits-Châtel à Blois... et bientôt sur un château royal : Scipion Sardini a acheté aux héritiers de Diane de Poitiers – l'ex-favorite l'a fort peu habité, lui préférant Anet – le château de Chaumont où, pour la première fois, il l'a rencontrée.

Les fils d'Isabelle, Alexandre et Paul, régnèrent à leur tour sur le château qui, jusqu'au milieu du XVIIIe siècle, passa entre plusieurs mains fort nobles : Roffignac, Saint-Aignan, Beauvilliers...

En 1750, le propriétaire s'appelle Jean-Donatien Le Ray qui sera aussitôt « de Chaumont ». Financier richissime, maître des Eaux et Forêts de France, armateur nantais ayant fait le plus clair de sa fortune avec le bois d'ébène, autrement dit la traite des Noirs, Le Ray de Chaumont n'en est pas moins ouvert aux idées nouvelles. Il installe à Chaumont une fabrique de faïence illustrée surtout par les charmants médaillons de l'Italien Nini. Mais, surtout, il entretient, avec l'Amérique, des relations courageuses. Une grande amitié réciproque le lie à Benjamin Franklin qui, au cours de son séjour en France, résidera essentiellement chez lui : soit dans son superbe hôtel de Passy, soit à Chaumont.

Dans la guerre de l'Indépendance américaine, Le Ray de Chaumont jette une grande partie de sa fortune, comme d'autres Français d'ailleurs. Ces dettes, qui se montent à plusieurs millions-or, ne seront jamais remboursées, chose que l'on ignore généralement.

Le fils de Jean-Donatien achètera des terres en Amérique et y vivra la majeure partie du temps (ces terres lui seront reprises). Mais c'est lui qui prête, en 1810, Chaumont à son amie Germaine de Staël.

D'autres propriétaires succèdent à Le Ray : le baron d'Etchegoyen, la comtesse Walsh qui entreprend la restauration. Mais c'est une femme encore qui va donner à Chaumont son dernier et fabuleux éclat. Une jeune fille richissime, Marie Say, fille du célèbre sucrier, s'éprend du château et l'achète. En 1875, en épousant le prince Amédée de Broglie, elle lui donne une maîtresse au nom digne de lui.

Elle fait d'abord achever la restauration, agrandit les écuries où vont s'installer princièrement des chevaux magnifiques, un équipage de chasse. Les appartements sont décorés avec un raffinement extrême et, bientôt, Chaumont voit défiler, en des fêtes grandioses, tout ce que l'Europe compte de grand, de noble et de puissant. Lettrée, artiste, profondément originale, la princesse de Broglie n'hésitait pas à faire venir à Chaumont la Comédie-Française, ou l'Opéra, ou de grands orchestres. Elle possédait un yacht, toujours sous pression, qui lui permettait de partir pour les Indes aussi facilement qu'elle prenait son wagon spécial pour Paris. Sa table était fabuleuse. Une tour du château avait été convertie en garde-manger.

La guerre et les bouleversements qui la suivirent firent de l'État le nouveau propriétaire.

Le château abrite chaque année, de la mi-juin à la mi-octobre, le Festival international des jardins.

HORAIRES D'OUVERTURE

Du 2 janvier au 6 avril	10 h-17 h
Du 7 avril au 30 juin	10 h-18 h 30
Du 1er juillet au 31 août	10 h-19 h
Du 1er au 30 septembre	10 h-18 h 30
Du 1er octobre au 7 novembre	10 h-18 h
Du 8 novembre au 31 décembre	10 h-17 h

Fermé le 1er janvier et le 25 décembre.

Le parc est labellisé « Jardin remarquable ».

http://www.domaine-chaumont.fr/

CHENONCEAU

Un château pour des reines

Là est le bien que tout esprit désire
Là, le repos où tout le monde aspire
Là est l'amour, là, le plaisir encore...

Joachim DU BELLAY

Il n'y eut jamais que des femmes dans ce Chenonceau dont les formes délicates et un peu folles se reflètent dans l'eau verte du Cher d'où il semble avoir surgi un jour, dans toute sa perfection, pour le caprice d'une fée des eaux…

La première se nommait Catherine. Catherine Briçonnet. Le nom semble modeste, pourtant cette Catherine était fille d'un surintendant des Finances et nièce d'un autre, fastueux celui-ci : Jacques de Beaune-Semblançay qui devait payer un jour ce faste sur l'échafaud. Tout cela pour dire qu'appartenant à une famille de financiers puissants au temps de la Renaissance, cette Catherine-là avait reçu des goûts de princesse et les moyens de les réaliser. Le mariage acheva d'en faire l'une des femmes les plus riches du royaume car elle épousa Thomas Bohier qui allait être receveur des finances de trois rois : Charles VIII, Louis XII et François Ier, avant de devenir lieutenant-général du roi en Italie. Position fort brillante qui équivalait à celle d'un vice-roi.

C'est Thomas Bohier qui, en 1513, commence la construction du château, construction qui va s'étendre jusqu'en 1521, et cela uniquement pour sa femme qui devait rester seule durant ses longs séjours en Italie. Il pensait, avec quelque raison, qu'une aussi ravissante demeure aiderait Catherine à trouver le temps moins long.

En fait, elle ne profita pas très longtemps de son délicieux château ni des superbes jardins où, déjà, foisonnaient les roses. Cinq ans après l'inauguration, Catherine Bohier mourait. Elle était veuve depuis deux ans, Thomas Bohier ayant rendu, en Italie, le dernier soupir d'un homme fatigué.

Pendant un court moment, Chenonceau fut un château d'hommes car le fils des Bohier, Antoine, en hérita en même temps que de la fortune de ses parents mais il n'y vint pratiquement jamais et n'eut pas le temps de s'y attacher : les temps difficiles étaient venus pour cette fastueuse famille de financiers, sous l'impulsion de la mère du roi, Louise de Savoie, que la captivité de son fils, après Pavie, avait faite régente de France. Elle considérait tous ces gens comme d'« inextricables sacrificateurs de la France », les accusant d'avoir outrepassé trop souvent la frontière, fragile il est vrai, entre les finances du royaume et leur propre fortune. L'oncle Semblançay fut pendu haut et court. Quant à Antoine Bohier, il s'estima encore heureux de garder un cou intact au prix d'une partie de sa fortune. C'est ainsi que Chenonceau, un beau jour, passa à la Couronne de France.

Quand meurt, en 1547, le roi-chevalier, c'est son fils, Henri II, qui coiffe la couronne et pas tellement pour le bien de la France. La chevalerie, dont il est entiché, se borne chez lui à la lecture passionnée de romans, et à sa propre participation à des tournois désuets dont sa « Dame » est la reine. Or, cette histoire d'amour-là est bien l'une des plus étranges de l'histoire car, depuis l'âge de dix ans, Henri est follement amoureux d'une femme qui a vingt ans de plus que lui. Mais quelle femme !

Diane de Poitiers de Saint-Vallier, veuve de Louis de Brézé, grand sénéchal de Normandie, possède une beauté de statue grecque, humanisée par une somptueuse chevelure blonde et des yeux d'azur foncé. Cavalière et chasseresse accomplie, c'est une sportive avant la lettre qui pratique les bains froids quotidiens et la diététique, ce qui lui permettra de garder silhouette de jeune femme et visage lisse jusqu'à un âge avancé.

Étant née le 31 décembre 1499, c'est-à-dire vraiment à la plus extrême limite du XVe siècle, elle a près de quarante-sept ans quand son amant monte sur le trône mais personne ne les lui donnerait et le roi, marié depuis quatorze ans à la jeune mais laide Catherine de Médicis, est plus amoureux que jamais. À peine a-t-il coiffé la couronne qu'il donne Chenonceau à Diane qui, en femme de goût, va en développer le charme.

Aimant à s'entourer d'artistes dont le premier devoir est de chanter sa beauté inaltérable, Diane songe avant tout à se donner un cadre digne d'elle. C'est elle qui fait construire le pont sur le Cher qui prolonge le château – et ne sera achevé que plus tard, par Catherine de Médicis. C'est elle encore qui redessine et agrandit les jardins, crée un jeu de paume pour que son roi, qui est lui aussi un sportif impénitent, puisse s'y ébattre à son aise. Elle installe un jeu de bagues, un labyrinthe… En même temps, elle fait rebâtir au goût du jour la vieille forteresse d'Anet, qu'elle tient de son époux, et qui engloutira une fortune ! Mais rien n'est trop beau ni trop cher pour la « déesse » du roi dont les douze années de règne mettront en grand danger les finances de la France. Henri II lui a même remis les joyaux de la Couronne…

Car, heureusement, ce règne-là ne dure que douze années. Le 10 juillet 1559, Henri II meurt d'un coup de lance dans l'œil reçu au tournoi des Tournelles, la dernière joute où il a pu porter le noir et le blanc qui sont les couleurs de Diane. Le règne de la grande sénéchale s'achève, celui de Catherine de Médicis commence.

Le roi de fait, c'est le jeune François II, l'époux de Marie Stuart, mais c'est un malade qui ne durera guère que quelques mois et ce sera alors à Catherine de prendre fermement en main les affaires du royaume, ses fils étant rois, mais elle l'éminence grise. Naturellement, son premier soin est de faire rendre gorge à la royale maîtresse dont elle a eu à souffrir durant tant d'années, et Diane doit d'abord restituer les joyaux de la Couronne. Puis c'est Chenonceau qu'elle devra rendre, mais comme, par le mariage de sa fille avec l'un des membres de la turbulente famille de Guise, elle demeure une sorte de puissance, Catherine, diplomate jusqu'au bout des ongles, lui offre un « échange ». Contre Chenonceau, elle reçoit Chaumont qui est beaucoup plus sévère. « Une prison ! » clameront les irrécupérables ennemis de la reine mère. N'exagérons rien ! De cette « prison » se contentèrent bien des femmes de goût ainsi que nous venons de le voir.

Mais du goût, Catherine n'en manque pas non plus. Sous son règne, Chenonceau va prendre l'aspect achevé qu'il offre toujours. En outre, la Florentine, qui sait à quel point l'éclat d'une cour peut être bénéfique au commerce d'un royaume, se servira de Chenonceau pour donner des fêtes splendides. Celle qu'elle offrit en mars 1560 en l'honneur de François II et Marie Stuart et dont le Primatice signa les décors est demeurée célèbre car on y vit le premier feu d'artifice jamais allumé en France.

En 1577, autre fête plus magnifique encore en l'honneur du fils préféré de Catherine, Henri III. Ce fut surtout un grand banquet costumé où les plus belles dames de la cour, très peu vêtues et les cheveux sur les épaules, servirent les hommes assis à des tables somptueuses. Henri III y parut habillé en femme. On sait que son goût secret, né d'une dramatique histoire d'amour contrarié, le poussait de ce côté-là, ce qui ne l'empêcha pas d'être l'un des souverains les plus courageux de l'histoire.

Son épouse, Louise de Vaudémont-Lorraine, qui se tenait volontiers dans l'ombre, ne lui en demeura pas moins toujours tendrement attachée. En grande partie parce qu'elle avait vécu grâce à lui, elle, princesse pauvre épousée pour une ressemblance[1], une aventure assez semblable à celle de Cendrillon. Et aussi parce qu'il lui avait toujours montré beaucoup d'affection.

Quand meurt Catherine de Médicis, en 1589, c'est à Louise qu'elle lègue Chenonceau et c'est à Chenonceau que la blonde reine apprend l'assassinat par Jacques Clément d'un époux peut-être étrange mais néanmoins adoré. Et le joli château, fait pour l'éclat des fêtes, connut l'austérité d'un deuil royal quasi espagnol. Louise fit tendre murs et fenêtres de velours noir. Entre les poutres de la galerie sur l'eau, les plafonds furent peints de noir avec comme décors les emblèmes d'argent du deuil : larmes, crânes, ossements, ces

1. Voir Blandy-les-Tours.

mêmes emblèmes que l'on retrouvait frappés sur ses tentures. Parmi ces grandes pièces funèbres, Louise, portant le deuil blanc des reines, errait à la lumière des cierges, un chapelet entre les doigts et des larmes roulant par moments sur ses joues pâles…

Hélas, la Couronne de France avait des dettes que ne songeait guère à payer l'héritier, ce Béarnais impécunieux qui avait tant de mal à la coiffer. Pour sauver Chenonceau, Louise de Vaudémont dut vendre les superbes perles que lui avait offertes son époux.

Henri IV devenu roi, autres soucis : la favorite, l'avide Gabrielle d'Estrées, convoitait le château. Une transaction laborieuse fut alors mise au point : la reine veuve léguait Chenonceau à sa nièce Françoise de Lorraine qui épousait César de Vendôme, fils bâtard de Gabrielle et d'Henri IV qui avait quatre ans. En échange, on lui offrit le Bourbonnais en douaire. Louise accepta et s'en alla mourir, le 29 janvier 1601, à Moulins. Celle qui avait voulu la dépouiller était morte depuis un an.

Le temps des rois s'achevait pour Chenonceau. Vint l'embourgeoisement avec le fermier général Dupin qui, au moins, rendit la jeunesse au joyau du val du Cher. Dupin y amena le précepteur de son fils, un certain Jean-Jacques Rousseau, qui s'intéressa fort à la cuisine tourangelle et y prit des kilos. Cela, et la bonté de Mme Dupin, permit au château et à ses habitants de passer sans encombre la tourmente révolutionnaire. La bonne dame y mourut en 1797, à quatre-vingt-treize ans, ce qui était rare.

En 1864, ce fut une femme, Mme Pelouze, qui l'acheta. Elle y reçut le beau-père de son frère, le président Grévy, puis fit des dettes, dut vendre. Le château faillit mourir mais reprit des forces en 1913 sous une dose massive de chocolat. La famille Menier, qui veille toujours dessus avec un soin pieux, venait de l'acheter…

Le château de Chenonceau est le monument historique privé le plus visité de France.

Horaires d'ouverture

Du 1er janvier au 10 février	9 h 30-17 h
Du 11 février au 11 mars	9 h 30-17 h 30
Du 12 au 31 mars	9 h 30-18 h
Du 1er avril au 31 mai	9 h-19 h
Du 1er au 30 juin	9 h-19 h 30
Du 1er juillet au 31 août	9 h-20 h
Du 1er au 30 septembre	9 h-19 h 30
Du 1er au 26 octobre	9 h-18 h 30
Du 27 octobre au 11 novembre	9 h-18 h
Du 12 novembre au 31 décembre	9 h 30-17 h

http://www.chenonceau.com/

CIREY

Les « savantes » amours de Mme du Châtelet et de Voltaire

Tout est bien, tout va bien, tout va le mieux qu'il soit possible.

VOLTAIRE

Encore qu'il ait belle allure et qu'il soit imposant, le château de Cirey est un édifice incomplet, parce que le bâtisseur n'a pas eu le temps d'élever les quatre pavillons qu'il projetait. C'était déjà très beau qu'il eût pu construire celui-là car, au temps du roi Louis XIII, le marquis Louis-Charles du Châtelet, embarqué dans l'une des incessantes conspirations du frère du roi, Gaston d'Orléans, fut à deux doigts d'y laisser la vie. Condamné à être écartelé pour lèse-majesté, il réussit à prendre la fuite, échappant ainsi à un sort abominable, mais ne put éviter à son château d'être rasé.

Rentré en grâce quelques années plus tard, il entreprit, en 1642, de reconstruire, mais ne put mener à bien, faute de temps, l'ambitieux projet primitivement formé. C'est néanmoins une bien agréable demeure qui s'élève dans la vallée de la Blaise, une demeure où Voltaire allait vivre, entre 1733 et 1749, quelques-unes des plus belles années de sa vie grâce à celle qui fut son égérie bien-aimée : Émilie Le Tonnelier de Breteuil, marquise du Châtelet…

L'aventure commence donc en 1733, dans le salon de Mme du Deffand, à Paris, sans doute le lieu où l'esprit souffle avec le plus de constance. Non que la maîtresse de maison soit riche ou donne des fêtes fastueuses. Depuis que son époux, excédé d'une conduite un peu légère, l'a chassée, la marquise du Deffand, qui a été la maîtresse du Régent et de quelques hommes en vue, connaît souvent des fins de mois difficiles, mais elle a tant d'esprit, de charme et de culture que ses amis préfèrent s'asseoir par terre dans son salon plutôt que d'occuper des fauteuils dorés dans une autre maison.

De ce salon, l'ornement le plus fameux et le plus pittoresque est incontestablement Voltaire avec son long nez, ses yeux vifs, son esprit du diable et ses grandes perruques. Les belles et les moins belles se pâment à lire ses écrits, à se répéter ses mots, et l'engouement en est venu au point qu'il est de bon ton, lorsqu'il entre dans quelque demeure[1] – celle de Mme du Deffand n'est pas la seule qu'il honore de sa présence –, de faire silence. Un silence vite perturbé par de longs gémissements car, à la seule vue du grand homme, les plus sensibles de ces dames ont pris l'habitude de s'évanouir. Un hommage comme un autre rendu à une personnalité exceptionnelle…

Mme du Deffand, qui connaît bien cette espèce de cérémonial à rebours, a toujours grand soin, lorsqu'une

1. Voir Avauges.

belle doit être mise pour la première fois en présence du génie, de faire disposer aux bons endroits quelques coussins ou quelque chaise longue destinés à recevoir la trop impressionnable créature… Et elle ne manque pas au rituel le jour où elle attend à la fois Voltaire et la jeune marquise du Châtelet qui l'a suppliée de lui faire rencontrer cet homme dont elle rêve.

Voltaire arrive le premier, fait sa cour à la maîtresse de maison, s'installe, commence à causer. On annonce alors la marquise et chacun de retenir son souffle tandis que quelques hommes charitables s'avancent vers la porte, tout prêts à tendre les bras pour recueillir la victime d'une émotion trop forte. Mais ils en seront pour leurs frais : Mme du Châtelet n'est pas femme à s'évanouir facilement, fût-elle en présence d'un dieu.

Quand elle paraît sur le seuil, grande, brune et sûre de son personnage, elle parcourt l'assemblée de ses yeux couleur de mer puis, repérant Voltaire assis près de la bergère de son hôtesse, elle traverse le salon d'un pas vif… s'assoit sur les genoux du grand homme et, lui passant les bras autour du cou, l'embrasse à pleine bouche :

– Il y a si longtemps que je voulais vous dire cela ! soupire-t-elle. Vous n'imaginez pas comme je vous aime !…

On peut être philosophe, revenu de tout, on peut être cynique, et se retrouver tout bête en face d'une jolie femme amoureuse : c'est ce qui arrive au futur père de Candide. Il a près de quarante ans, il souffre d'une foule d'incommodités physiques mais la jeune femme qui l'assaille l'éblouit et il s'en éprend sur-le-champ.

Mais, au fait, Mme du Châtelet est-elle vraiment belle ? On peut en douter en lisant le portrait qu'en trace Mme du Deffand : « Représentez-vous une grande femme sèche, sans hanches, la poitrine étroite, de gros bras, de grosses jambes, les pieds énormes, une très petite tête, le visage aigu, le nez pointu, deux petits yeux vert de mer, le teint noir, rouge, échauffé, la bouche plate, les dents clairsemées et extrêmement gâtées… » Mais l'indulgence n'est pas la vertu dominante de la célèbre hôtesse et une solide dose de jalousie devant cet amour qui naît sous ses yeux a fort bien pu aigrir son jugement. On s'accorde en général à trouver de l'éclat et du charme à la « belle Émilie »…

Quoi qu'il en soit, lorsqu'elle quitte la maison de son hôtesse, Mme du Châtelet est déjà virtuellement la maîtresse de Voltaire et ne perdra guère de temps pour passer de la théorie à la pratique. Bientôt, il ne sera bruit dans tout Paris que de la grande passion née sous les lambris de la célèbre potineuse. Une passion où vont communier deux natures exceptionnelles, car si Voltaire est un grand homme, Émilie n'est pas une femme comme les autres. C'est un véritable puits de science. Elle est à la fois lettrée – parlant latin comme Cicéron – et savante. Elle a analysé Leibniz et folâtré dans les dédales du calcul différentiel de Newton. Elle fait autorité en matière de géométrie et de physique, tutoie l'astronomie et fréquente les sciences naturelles en habituée.

Un tempérament au-dessus de la moyenne achève d'en faire une femme singulièrement attrayante et, tout naturellement, elle a déjà attiré plus d'un homme de goût, sans d'ailleurs que son époux s'en montre le moins du monde offensé.

Lieutenant-général des armées du roi, de grande famille lorraine, M. du Châtelet, comme tous les militaires, est souvent absent. En outre, c'est un galant homme et un homme bien élevé qui, pour rien au monde, ne se donnerait le ridicule d'être jaloux. Sa femme lui a offert deux enfants, un fils et une fille, et il considère que, de ce fait, elle a rempli sa part du contrat de mariage. Il ne voit même pas d'inconvénient à ce qu'Émilie se sépare de lui pour « vivre sa vie » auprès de Voltaire :

– Mon cœur ni ma personne ne sont de ceux qui se partagent, lui a-t-elle dit. Le lien qui m'attache à M. de Voltaire étant fort impérieux, je ne saurais être qu'à lui seul.

– Mais comment donc ! répond M. du Châtelet qui baise galamment la main de sa femme avant de la mettre en voiture en lui souhaitant bon voyage.

En effet, les deux amants vont d'abord cacher les premiers feux de leur passion au château de Montjeu, près d'Autun, château qu'un ami a prêté.

Mais, à Paris, les choses se gâtent. Le libraire Jore vient de faire imprimer les *Lettres philosophiques* qui vont déchaîner un affreux scandale. Le cardinal de Fleury lance la police aux trousses du coupable. Il faut décamper.

C'est alors que M. du Châtelet fait preuve d'une vraie grandeur d'âme : il offre au couple traqué – car naturellement Émilie refuse d'abandonner son grand homme – l'asile de son château de Cirey-sur-Blaise qui présente l'avantage d'être fort campagnard, c'est-à-dire fort retiré, fort discret et éloigné de tout danger. Là-bas, rien à craindre des visites intempestives, ni même des visites tout court.

À vrai dire, cette thébaïde n'est enchanteresse qu'à première vue : la bâtisse est délabrée, les toits pleurent les jours de pluie et les jardins ravissamment retournés à la nature ont tout le charme des taillis de la Belle au bois dormant. Mais Voltaire, pas découragé pour un sou, déclare qu'en véritable enchanteur il va arranger tout cela. En effet, malgré la prescription, ses droits d'auteur montent assez haut, ce qui lui permet d'avancer une somme de quarante mille livres pour les réparations et les embellissements. Et, bientôt, les deux reclus se retrouvent dans une demeure conforme à leurs goûts, une demeure où, peu à peu, quelques amis, bravant les mauvais chemins, viendront contempler un bonheur aussi édifiant.

Ils pourront constater, non sans surprise, que le château de l'amour est avant tout celui de l'étude. Dans la galerie est entassée une quantité d'instruments de physique, de chimie et d'astronomie. Quant aux deux héros, tandis que « l'un fait des vers, l'autre fait des triangles ». Voltaire écrit une tragédie et des poèmes cependant qu'Émilie se lance dans la philosophie transcendantale, ergotant pendant des jours entiers sur une question dans le genre de celle-ci : « Pourquoi Dieu, puisqu'il est éternel, a-t-il attendu si longtemps avant de créer l'homme ? »

On voit que les esprits volent très haut ! Pensant peut-être que la culture de sa maîtresse présente encore quelques lacunes, Voltaire lui apprend l'anglais et l'italien, à seule fin de pouvoir traduire avec elle Shakespeare et Le Tasse. Bref, le couple a tant à faire que c'est tout juste s'il lui reste quelques minutes pour l'amour. Ils ne s'en plaignent pas, jugeant leur vie la plus délicieuse qui soit. Seuls les amis trouveront peut-être que « Cirey la Félicité » manque de confort car, tandis que Voltaire habite un écrin de velours rouge et Mme du Châtelet un nid de moire bleue et de satin jaune où s'entassent des merveilles, les invités doivent se contenter d'« une halle pour la hauteur et la largeur où tous les vents se divertissent par mille fentes qui sont autour des fenêtres… ».

Ce grand bonheur durera sans interruption jusqu'en 1739, lorsque les deux parfaits amants devront quitter leur refuge pour se rendre à Bruxelles où l'on a un procès à plaider. Ensuite, on usera beaucoup de la chaise de poste. Les années qui suivent voient le couple passer incessamment de Belgique à Paris, de Paris à Cirey, de Cirey à Bruxelles, de Bruxelles à Cirey… Car Voltaire, peu à peu, a cessé d'être suspect. Ses affaires s'arrangent avec Versailles. Il devient même un temps, grâce à son ancien condisciple d'Argenson, le protégé de Mme de Pompadour. En outre, il poursuit avec le roi de Prusse cette longue correspondance qui sera l'un des événements de sa vie. Lui et Mme du Châtelet ne se quittent pas mais, un jour, le grand homme est pris d'une « fantaisie » pour sa nièce, Mme Denis, et quand Émilie l'apprend elle en fait un drame : des larmes, des cris, des menaces ! Il faudra que quelqu'un se charge de l'apaiser, et ce quelqu'un sera… M. du Châtelet.

– Monsieur de Voltaire nous trompe ? Ce n'est pas la première fois. Il ne faut pas tourner en drame les fantaisies sans lendemain de notre ami…

Ce qui lui vaudra, de la main de sa femme, ce satisfecit : « Je serais la dernière des femmes si je ne reconnaissais pas que M. du Châtelet est le meilleur des maris… »

En 1748, Voltaire et Émilie quittent Cirey une dernière fois pour rejoindre dans ses châteaux le roi Stanislas qui les a conviés[1]. Séjours pleins de grâce, de gaieté et de folies qui s'achèveront tragiquement,

1. Voir Lunéville.

le 8 septembre 1749, par la mort en couches de la « docte » Émilie. Voltaire, inconsolable, partira rejoindre son ami le roi Frédéric II de Prusse. Il ne reviendra plus à Cirey.

Peu avant la Révolution, le fils de Mme du Châtelet léguera le château à sa nièce, la belle Mme de Simiane, qui y recevra La Fayette pour qui elle eut quelque faiblesse. Il appartient à présent au comte de Salignac-Fénelon.

HORAIRES DES VISITES GUIDÉES

Du 1er juillet au 1er septembre	14 h 30-19 h (tous les jours)
Mai, juin et septembre	14 h 30-19 h (les dimanches et jours fériés)

LE CLOS DE VOUGEOT

D'une étrange guerre de Cent Ans aux chevaliers du Tastevin

Toujours en vin
Jamais en vain

Devise bourguignonne

C'est presque une gageure de raconter ici l'histoire d'un château qui n'a été le théâtre d'aucun crime – sinon parfois contre lui-même – et qui n'a vu s'épanouir aucune histoire d'amour sinon celle, presque abstraite, d'un terroir et de celui, beaucoup plus concret, de ses sublimes produits : les grands vins de Bourgogne.

Pour bien chanter la Bourgogne, il faut être bourguignon et je ne le suis, hélas, que d'adoption. C'est donc un grand écrivain du cru qui va présenter ici le Clos de Vougeot, ce beau château assis au pied de la somptueuse Côte d'Or, à quelques kilomètres de Dijon, de Beaune et de Nuits-Saint-Georges.

« Le vieux manoir repose là, écrit Gaston Roupnel, entouré de la tranquillité de son noble vignoble, au centre de la culture ordonnée. Sévère et monumental, sans garniture de jardins inutiles ni d'oisives verdures, sans artifices et sans parure, il émerge directement de la foule des ceps, dressant brutalement, à même le sol, ses graves murailles aux grandes pierres que surmontent et couvrent les vieux toits gris, longuement inclinés comme les pentes incolores de la montagne, pensivement penchés comme s'ils portaient un ciel accablant. »

Accablant, le ciel de la Bourgogne peut l'être mais aussi infiniment doux, assez semblable, en somme, à l'histoire qui s'est déroulée là, alternant les instants de fabuleuse richesse et les heures de noire misère.

Huit « journaux[1] » de friches constituent le noyau primitif du domaine. Ils ont été cédés aux moines de l'abbaye voisine de Cîteaux contre vingt sols et deux tuniques de futaine, par leurs obscurs propriétaires soucieux du bon état de leur âme. Nous sommes au XIIe siècle et, à peu près dans le même temps, Raynald, abbé de Saint-Germain-des-Prés, offre lui aussi quatre autres journaux dépendant du prieuré de Gilly qui est absolument voisin. D'autres donateurs vont s'inscrire, comme les sires de Vergy, et, finalement, les ducs de Bourgogne confirmeront le domaine et renonceront à leurs droits ducaux sur ces terres que les moines ont plantées de vigne.

Voilà le Clos constitué et il va commencer à produire des vins qui rassembleront très vite les suffrages des gourmands. À commencer par les papes installés en Avignon, leurs cardinaux et les innombrables évêques, abbés, prieurs et même curés de campagne qui émaillent et sanctifient de leur mieux la terre de France.

1. Mesure agraire.

Sans oublier non plus les puissants ducs de Bourgogne, ces grands ducs d'Occident si fastueux que la splendeur de leur cour éclaire tout le XVe siècle. Sans oublier enfin l'envahisseur anglais qui, non content de régner depuis trois siècles sur les vignobles bordelais, ajouterait bien à son menu ceux de Bourgogne ! Mais les ducs font bonne garde et les léopards d'Angleterre ne se faufileront jamais parmi les vignes bourguignonnes.

Malheureusement, ce que l'Anglais ne réussit pas, un autre envahisseur va, en plein XVe siècle, le réussir et ravager le Clos de Vougeot. Et cela pendant près de cent ans…

L'an 1458, en effet, « les urebères, escrivains et autres vermynes » s'abattent sur les coteaux bourguignons et les rongent jusqu'à l'os. On pourrait croire, à première lecture de l'énumération ci-dessus, qu'une famine s'étant abattue sur le France tous les gratte-papier du royaume, poussés par la faim et surtout la soif, s'étaient abattus sur la riche Bourgogne. En fait, les « escrivains » en question ne relevaient pas d'une profession à laquelle on peut légitimement s'enorgueillir d'appartenir. Ils n'étaient, *Littré dixit*, que des insectes nuisibles appelés aussi coupe-bourgeons. Reste à savoir ce qui a bien pu inspirer pareille appellation.

Quoi qu'il en soit, la catastrophe est telle et l'invasion s'est si bien installée qu'on décide « en 1460, avec les gens d'Église de Dijon que, pour remédier aux urebères, escrivains et autres vermynes qui gâtaient les vignes, on ferait une procession générale le 25 mars, que chacun se confesserait et que défense serait faite, sur rigoureuses peines, de jurer ».

Car c'est l'Église, plus encore que les vignerons, qui part en guerre contre ce qui ne pouvait être autre chose qu'une attaque de phylloxera. C'est normal : les vignes ne sont-elles pas sacrées du fait même qu'elles appartiennent aux moines ? Elle va même encore bien plus loin, l'Église. Comme, en 1553, les envahisseurs sont toujours là, Mgr Philippe de Berbis, vicaire général de Langres, fait tenir à tous les curés de la province un mandement proprement ahurissant aux termes duquel, « au nom du Seigneur, il maudit et lance la sentence de malédiction et d'anathème sur les mouches, escrivains, et urebères et leur postérité... » !

Voilà le phylloxera et ses descendants – escrivains ou pas ! – maudits jusqu'à la treizième génération comme les rois de France par le grand maître du Temple ! Fut-il sensible à l'honneur ou bien réellement terrifié par les foudres ecclésiastiques ? Toujours est-il que le fléau choisit de disparaître. Plus que certainement parce qu'il n'avait plus rien à manger.

En effet, il n'y a plus un cep, non seulement au Clos de Vougeot mais dans toute la Côte-d'Or. Si, pourtant ! Il reste, sur les hauts de Pommard, comme l'arche de Noé sur le mont Ararat, un petit bouquet de vignes. Oh ! un tout petit bouquet mais qui va quand même servir à repeupler le pays. Pas tout seul, bien sûr. On fera venir des plants de lieux divers et même de Crimée.

C'est peut-être pour se remonter le moral, ou parce que vraiment le transport des pierres ne risquait plus de faire grand mal aux ceps, qu'en 1540 Dom Loisier, quarante-huitième abbé de Cîteaux, décide de bâtir un château au milieu du défunt clos. Et quel château ! Superbe, solide et même fastueux. Tellement que ses moines renâclent devant une dépense aussi somptuaire. Est-ce que le révérend abbé n'oublie pas un peu qu'il est le continuateur de ce grand saint Bernard qui prêchait si fort la sainte pauvreté ? Ne peut-il se contenter du petit manoir de Gilly qui jouxte le Clos ?

Eh bien, non, il ne peut pas s'en contenter. Il lui faut une demeure digne de sa grandeur – et aussi, bien sûr de celle de l'abbaye ! Il l'aura et, autour de l'énorme cellier du XIIe siècle qui subsiste toujours et où se tiennent les grandes fêtes du château, s'élève – pierres dorées et ardoises grises – l'imposant manoir dont la Côte-d'Or est légitimement fière.

L'orgueil de notre abbé ne connaît plus de bornes. D'autant que, lorsque l'on hisse le bouquet sur le toit, le fléau a bien disparu. Et, saisi par la vanité comme « Monsieur le Trouhadec par la débauche », il va jusqu'à faire ôter des portes du Clos les armes du roi de France, protecteur du domaine, pour les remplacer par celles de Cîteaux. Ce qui lui vaut encore une protestation de ses moines mais de cela non plus l'abbé n'a cure. Cette belle égalité d'âme lui permet de mourir tranquille et heureux quand le temps en sera venu.

Pour le Clos de son château, le temps qui passe n'est pas toujours idyllique. En 1636, les troupes croates de l'empereur d'Autriche envahissent la Bourgogne, se font repousser à Saint-Jean-de-Losne et viennent se consoler à Vougeot dont les caves sortiront exsangues de l'aventure. Mais, au siècle suivant, c'est une autre sorte d'ouragan qui va s'abattre sur l'abbaye de Cîteaux et ses biens, dont le Clos de Vougeot : la Révolution.

Le 13 février 1790, l'Assemblée constituante déclare que tout cela fait partie des biens nationaux. Grâce au Ciel qui n'abandonne pas toujours ses brebis bonnes vivantes, le pillage est évité.

Le dernier cellerier du Clos, le courageux Dom

Goblet au nom prédestiné, pour éviter le désastre, accepte de gérer le Clos au nom de la Nation, après une vente aux enchères qui n'aboutit pas réellement. Sa gestion est si juste que, le Directoire venu, on lui offrira deux couverts d'argent comme récompense. Mais il doit quitter le Clos et prendre retraite à Dijon. Ce qu'il fera les larmes aux yeux, sans oublier d'emporter assez de bon vin pour charmer ses heures mélancoliques.

Les vins du Clos de Vougeot sont si illustres que, revenant de la campagne d'Italie, le général Bisson fait aligner ses troupes devant le Clos et, au commandement, leur fait présenter les armes à l'étendue des ceps et à leur vieux gardien, le château.

Un château qui connaît, dès lors, diverses fortunes aux mains de divers propriétaires jusqu'à ce qu'en 1889 M. Léonce Bocquet le fasse admirablement restaurer par l'architecte dijonnais Félix Vionnois. M. Bocquet y donnera quelques fêtes superbes avant de mourir, ruiné par une nouvelle attaque du phylloxera au début du XXe siècle. Selon ses dernières volontés, il repose à l'entrée du château qu'il a tant aimé.

Quelques années obscures encore jusqu'à ce qu'enfin le dernier propriétaire, M. Étienne Camuzet, mette le château à la disposition de la Confrérie des Chevaliers du Tastevin, un peu à l'étroit depuis sa création en 1934 dans le caveau Nuiton. C'est le 29 novembre 1944 que les Chevaliers entrèrent en possession du château de Clos de Vougeot qui est désormais leur chef d'ordre.

Depuis, la renommée des chapitres de l'ordre attire à « Clos-Vougeot » des personnalités venues du monde entier : ambassadeurs, grandes vedettes, écrivains – des vrais, cette fois ! – tiennent à honneur d'être choisis pour porter le ruban rouge et or d'où pend le Tastevin d'argent. Cela donne lieu, dans le Grand Cellier, à de joyeuses soirées où se déploient un faste bon enfant et toute la gaieté de la vieille Bourgogne. Des soirées que l'on aime à renouveler quand, une fois, pour l'intronisation, on y a participé.

HORAIRES D'OUVERTURE

Du 1er avril au 30 septembre	9 h-18 h 30
Du 1er octobre au 31 mars	9 h-11 h 30 et 14 h-17 h 30

Fermé le 1er janvier et les 24, 25 et 31 décembre.

http://www.closdevougeot.fr/fr/

CŒUVRES

La Belle Gabrielle et l'homme à la paille

Qui vit sans folie n'est pas si sage qu'il croit.

La Rochefoucauld

Situé dans une vallée étroite et tortueuse de l'ancien Soissonnais, le château de Cœuvres était d'une extrême splendeur au temps où la famille d'Estrées en était maîtresse ; au temps surtout où la plus belle de ses filles sut attacher à son char rayonnant le plus inflammable de nos rois. Malheureusement, il ne montre plus, à présent, que quelques vestiges de la Renaissance dans un ensemble plus récent ; mais l'histoire un peu folle de ces royales amours est demeurée présente et peut éveiller encore l'écho de la vallée.

En ce temps-là – qui est l'automne de l'an 1590 – le roi Henri IV ne se sentait pas au mieux de sa forme ni de ses affaires. Depuis la mort d'Henri III survenue quelque quinze mois plus tôt, le successeur désigné n'avait connu que guerres incessantes contre la Ligue et ses insupportables chefs : MM. de Lorraine. Ou ce qu'il en restait depuis l'affaire de Blois. Les victoires auxquelles le panache blanc du Béarnais servait de signe de ralliement alternaient avec l'épuisement d'un siège trop long : celui que Paris, ligueur jusqu'à la moelle, imposait à son souverain, et devant lequel celui-ci venait d'échouer.

Aussi, en se repliant sur Compiègne, le roi se disait-il que la vie manquait de charme. Paris se refusait et lui-même ne se sentait plus au cœur aucune de ces grandes amours qui lui étaient indispensables pour être vraiment vivant. Sa mine longue et triste contrastait avec celle, nettement réjouie, de son grand écuyer, le beau, l'aimable, le galant Roger de Bellegarde.

– Ah ça, Bellegarde tu ris aux anges ?

– Pas aux anges, sire : à un ange que je vais voir bientôt puisque nous allons à Compiègne.

Et Henri de questionner et le jeune homme de répondre : ses amours l'attendent au château de Cœuvres qui n'est pas bien éloigné de Compiègne. Bellegarde est en effet fort épris de la ravissante Gabrielle, la fille aînée du comte Antoine d'Estrées, et il espère faire prochainement sa demande officielle.

Il n'en faut pas plus pour rendre à Henri un certain goût de la vie. Foin de Compiègne ! On ira plus tard. Pour le moment, ce qui importe c'est de réunir les amoureux et, surtout, de satisfaire la vive curiosité qui s'est emparée du roi.

Non seulement celui-ci n'est pas déçu mais, dès qu'il aperçoit Gabrielle, il tombe éperdument amoureux de ce miracle de blondeur qui éclaire le magnifique décor de pierre que constitue le château paternel. Gabrielle a dix-sept ans, vingt de moins que le roi, et elle éclate de jeunesse. Impossible d'y résister et Henri voudrait bien faire, sur l'heure, une cour pressante à la jeune fille mais celle-ci n'a d'yeux que pour Bellegarde. Elle se montre même si sèche avec son royal soupirant que celui-ci, vexé, part pour Compiègne mais non sans avertir son grand écuyer des sentiments qui l'agitent : il est amoureux de Gabrielle d'Estrées et il n'entend pas la partager, même avec Bellegarde qui ferait bien de ne plus y penser…

Plutôt contrarié, comme bien l'on pense, Bellegarde qui a le sang vif a beaucoup de mal à ne pas rosser d'importance l'impudent Béarnais ; mais comme il est également homme de cour et soucieux de son avenir, il retient ce premier mouvement et se donne le temps de la réflexion : résister c'est, dans l'état d'agitation où se trouve le roi, risquer un ordre d'exil qui laisserait tout le champ libre au Vert-Galant. Tandis qu'acquiescer, c'est faire preuve de bonne volonté, s'attirer une amitié plus grande peut-être et, après tout, sans prendre le moindre risque. Bellegarde, en effet, est sûr de Gabrielle : la jeune fille saura défendre son amour. Et il prend le sage parti de s'éloigner pour un temps.

Heureux comme on s'en doute, Henri se hâte d'inviter la famille d'Estrées à visiter son camp de Compiègne. Gabrielle vient avec son père, sa tante la trop habile Mme de Sourdis et sa sœur Diane. Les autres restent au logis. La jeune fille est triste : elle est sans nouvelles de Bellegarde et ne songe nullement à se venger de ce silence avec le roi. Celui qu'elle regarderait avec quelque faveur, ce serait plutôt le duc de Longueville avec lequel elle se met à « fleuretter ». Ce qui attire les protestations d'Henri… et une verte réponse de la jeune fille : son cœur est tout à M. de Bellegarde et, si elle est sensible à l'honneur que lui fait le roi, le sien exige qu'elle l'avertisse : il est en train de perdre son temps. Et la voilà repartie pour

Cœuvres, laissant Henri le cœur gros mais aucunement découragé. Il sait qu'il ne pourra attendre longtemps avant de revoir cette trop belle enfant.

Quelques jours plus tard, Gabrielle et sa sœur Diane se promènent dans la grande galerie de Cœuvres. Le temps maussade et froid ne permet guère de sortir. À un certain moment, les deux jeunes filles s'approchent d'une des fenêtres et jettent un regard au-dehors quand soudain Diane s'exclame : Qu'est-ce que ce paysan chargé d'un gros sac de paille qui prétend entrer au château ? Sous la pluie qui ne cesse de tomber, il ressemble à un gros champignon gris. Et les jeunes filles de rire, certaines qu'il se trouvera en bas un laquais pour remettre le bonhomme dans le droit chemin.

Aussi leur stupeur est-elle grande de voir, quelques instants plus tard, le bonhomme à la paille déboucher dans la galerie, jeter son fardeau et se précipiter aux pieds de Gabrielle en s'écriant :

– Belle entre toutes les belles, voyez à vos pieds votre plus dévoué serviteur !

Avec stupeur, Gabrielle examine l'homme qu'elle a pris d'abord pour un fou. Mais le doute n'est pas possible : sous la souquenille crasseuse et déchirée, souillé de boue, la barbe en désordre et le cheveu ébouriffé par la paille, c'est bien le roi Henri qui est à ses pieds. Il explique qu'il lui fallait venir coûte que coûte, et que, la route étant infestée de ligueurs, il a revêtu ce costume. Il est tout heureux du bon tour qu'il vient de jouer à l'ennemi en l'honneur de sa dame.

Mais celle-ci apprécie moins. Henri ne lui plaît pas beaucoup en roi, mais sous cet accoutrement dégoûtant il lui fait presque horreur. Et elle ne cache pas sa façon de penser :

– N'avez-vous point honte d'oser vous montrer

ainsi ? En vérité, je ne vous reverrai que lorsque vous aurez choisi un costume plus conforme à votre état !

Et là-dessus elle le plante là et s'en va en claquant la porte, laissant son amoureux tête à tête avec sa sœur. Qui essaie d'arranger les choses en expliquant que Gabrielle craint fort son père et plus encore sa réaction si d'aventure il apercevait le roi dans un tel équipage… Un peu penaud, Henri présente des excuses et promet de voir bientôt Antoine d'Estrées pour lui confier ses tourments de cœur… Après quoi il reprend son sac de paille et s'en retourne comme il était venu.

Or, non seulement l'équipée ne suscite pas la colère d'Antoine d'Estrées, mais elle lui donne à penser. Ses affaires à lui ne vont pas au mieux : il s'est fait souffler par les gens de la Ligue le gouvernement de La Fère, et son beau-frère, M. de Sourdis, s'est vu chasser d'un poste analogue dans la bonne ville de Chartres. L'intérêt passionné que le roi montre à sa fille laisse présager au seigneur des lendemains plus souriants. Aussi réunit-il incontinent une sorte de conseil de famille qui range autour de lui M. et Mme de Sourdis et l'amant de celle-ci : le chancelier Hurault de Cheverny.

Cette belle réunion conclut sans trop débattre à l'idée qu'il y a là une occasion à ne pas laisser passer et qu'il faut à tout prix ôter de l'esprit de Gabrielle le mariage avec Bellegarde, si souhaitable cependant la veille encore. En foi de quoi, Antoine d'Estrées s'en va trouver le roi dont le camp est alors à Senlis pour y traiter plus commodément ses affaires de famille.

Il dut s'y montrer plus brillant qu'à la défense de La Fère puisque le 29 janvier 1591, le roi signait les lettres patentes qui faisaient de lui son lieutenant-général. Et, à la mi-février, Henri qui avait d'abord pensé se diriger vers Rouen s'en alla mettre le siège devant Chartres, dans le seul but de rendre à Sourdis un gouvernement qu'il regrettait si fort.

Pendant ce temps, à Cœuvres, Mme de Sourdis travaillait à faire tomber les résistances de Gabrielle toujours attachée à son cher Bellegarde en lui faisant observer que, justement, le grand écuyer brillait ces temps-ci par son absence et qu'à s'entêter ainsi elle risquait de perdre l'un et l'autre de ses amoureux.

Force resta à la loi familiale. Gabrielle, convenablement endoctrinée, se laissa mener à Chartres où, sans grand enthousiasme il est vrai, elle accepta de « couronner les feux » de son royal soupirant. Le fait que Bellegarde n'était pas loin rendait la chose plus difficile mais les mauvaises langues du temps prétendaient que Gabrielle en se donnant au roi n'en était pas à ses premières armes ; et, par la suite, elle s'offrit avec celui qu'elle aimait un fort agréable intermède. Mais son destin était scellé : elle allait être devant l'histoire la Belle Gabrielle, la favorite préférée du Béarnais, celle qui, lui ayant donné trois enfants, fut sans doute devenue reine de France si une mort aussi brutale que suspecte – dans une terrible crise d'éclampsie – n'était venue quelques jours avant le mariage faire pousser un soupir de soulagement à la plus grande partie de la France.

Le château de Cœuvres, qui avait appartenu aux comtes de Soissons jusqu'au XVe siècle, époque à laquelle l'une des filles de Raoul de Soissons le vendit à un d'Estrées, devait rester dans cette famille jusqu'au XVIIIe siècle où, par mariage, il passa aux Le Tellier de Courtanvaux, puis par la suite au duc de Villequier.

Le château n'est pas ouvert à la visite.

COGNAC

Le joyeux harem de monseigneur d'Angoulême

Et l'apôtre saint Paul dit dans certain sermon Dieu veut qu'à vos maris soyez soumises, femmes...

Geoffroy CHAUCER

Du château fort construit au XIIIe siècle par Guy de Lusignan dont les pères ont régné sur Jérusalem, il ne reste qu'une tour découronnée, les vestiges d'une chapelle, un puits et une salle gothique appelée salle du Casque parce que, au XVe siècle, Jean de Valois y fit construire une cheminée ornée de ses armoiries surmontées d'un casque. C'est lui qui, en 1450, édifia au bord de la Charente un beau logis, malheureusement défiguré, et qui ne subsiste plus que dans une tourelle d'escalier et quelques grandes salles aux voûtes élégantes enjolivées de clefs sculptées. Le tout appartenant de nos jours à une grande maison de cognac qui y a installé ses chais, plus intéressants pour elle que la sauvegarde d'un château. Pourtant, un roi est né là...

Pourtant, ces murs qui abritent des futailles ont protégé l'un des couples les plus singuliers de l'histoire.

Quand il épouse Louise de Savoie qui a douze ans, Charles de Valois-Angoulême, fils du constructeur du château, est âgé de vingt-sept ans mais en paraît deux fois autant : ses cheveux grisonnent, son visage est marqué de rides et son corps précocement usé pourrait donner à penser qu'une race s'éteint avec lui. Néanmoins ce jeune vieillard va donner la vie à un géant dont les deux mètres porteront l'armure avec une royale facilité.

En fait, cette précoce décrépitude est due aux femmes. Le comte les aime à la folie et n'hésite pas à dilapider sa santé aussi bien que ses deniers dès qu'il s'agit de conquérir une belle. Un goût qu'il transmettra à son fils en même temps que son autre passion…

Car s'il est peu fait pour les grandes chevauchées et les joutes, Charles est un lettré, un artiste, un amateur passionné de poésie et de livres précieux. Bien que fort peu argenté – son père, le « bon comte Jean », le bâtisseur, a proprement ruiné sa famille en payant sa rançon aux Anglais après quelque trente-deux ans de captivité à Londres en compagnie du duc-poète Charles d'Orléans son cousin – Charles n'en collectionne pas moins les manuscrits précieux, les enluminures, les incunables et les beaux esprits, menant dans son château au bord de la Charente la vie d'un prince italien de la Renaissance.

Il a des musiciens que dirige l'organiste Imbert Chandelier, des peintres dont le meilleur est Robinet Testard, enfin des poètes dont les fameux frères Jean et Octavien de Saint-Gelais.

C'est donc dans un fort aimable environnement qu'en février 1488 le comte Charles amène sa petite épouse.

À douze ans, Louise de Savoie est déjà jolie : cheveux châtains, prunelles grises et teint pâle, elle tient cependant de sa mère, Marguerite de Bourbon, le nez vigoureux de la famille, corrigé par une jolie bouche et une fossette au menton. Mais si sa grâce féminine s'affirme déjà, ce n'est, au moral, qu'une petite fille austère, fraîchement émoulue du château d'Amboise où elle a été élevée – elle est orpheline – ainsi que son frère par la sévère Anne de Beaujeu, fille du roi Louis XI, et duchesse de Bourbon. Femme de grand sens mais de peu de sensibilité, Madame Anne s'est évertuée à faire de ses pupilles des princes mais a totalement oublié de les laisser être tout bêtement des enfants.

Les compagnons d'études de Louise – et éventuellement de jeux – étaient le jeune roi Charles VIII qui, trop jeune encore pour régner, laissait ce soin à sa sœur aînée Madame Anne, et la fiancée de celui-ci, Marguerite d'Autriche, qui sera toujours pour Louise une amie chère. La paix des Dames sortira un jour de cette amitié-là quand Louise, à son tour, sera régente de France, et Marguerite, gouvernante des Pays-Bas.

C'est avec une grande peine que la nouvelle Mme d'Angoulême a quitté son amie, d'autant que ses sentiments envers son époux sont assez tièdes. En revanche, elle va tout de suite aimer Cognac et le jardin au bord de la Charente où son plaisir sera de faire pousser des œillets. Elle aimera aussi l'atmosphère que le comte entretient dans sa demeure, toute de grâce et d'insouciance et même l'étrange ménage qui va être le sien. En effet, Charles, outre ses poètes et ses peintres, entretient deux maîtresses en titre qu'il n'a pas cru bon de renvoyer en se mariant et cela pour la meilleure des raisons : il y tient !

La première, qui est aussi la plus noble et, comme telle, a un peu rang de favorite, se nomme Antoinette de Polignac, de vieille souche auvergnate. Elle est aussi la fille du gouverneur d'Angoulême. C'est une femme discrète, élégante et de bonne compagnie, dépourvue totalement de cette ostentation et de ces prétentions que l'on est en droit d'attendre d'une favorite. Elle est attachée au comte à qui elle a donné, assez récemment, une petite fille : Jeanne.

L'autre se nomme Jeanne Conte. C'est seulement une petite bourgeoise, une jolie vassale dont Charles apprécie, en connaisseur, la beauté fraîche et le charme tranquille. Elle aussi sait se contenter de ce qu'on lui accorde.

Inutile de préciser qu'Antoinette et Jeanne appréhendaient l'arrivée de la nouvelle épousée dont elles n'auguraient rien de bon. Elles s'attendaient à des bouderies, des larmes, un éclat peut-être et, tout en soupirant fort, préparaient discrètement leur départ, pensant qu'une fille du sang de Bourbon ne pourrait s'accommoder de leur présence. Or, Louise allait s'en accommoder fort bien.

À l'étonnement général et à celui du comte en particulier, la très jeune femme n'émet pas la moindre protestation. Elle se montre aimable, gracieuse même et porte la stupéfaction générale à son comble en réclamant Antoinette de Polignac comme dame d'honneur et Jeanne Conte comme suivante. Elle y gagne l'amitié de son époux et le dévouement indéfectible de ses deux pseudo-rivales. Elle y gagne aussi une paix totale dans son ménage et la possibilité, quand elle sera plus âgée, de nouer avec les frères de Saint-Gelais des liens aussi tendres que fidèles, surtout avec le cadet, Jean, qui sera sacré son chambellan.

Évidemment, Cognac comporte aussi une présence plus réfrigérante : celle de la belle-mère. Marguerite de Rohan est une femme austère et taciturne, tout entière accaparée par les opérations financières et les collections d'objets d'art mais c'est la seule qui sache compter dans cette cour farfelue et qui réussisse à y mettre un peu d'ordre. Elle est peu agréable à rencontrer mais sans cette femme de tête – c'est elle qui, jadis, a réussi à réunir la fabuleuse rançon de son époux – on irait tout droit à la catastrophe. Pour elle, un sou est un sou mais elle a l'esprit de se tenir à l'écart de toute cette folle jeunesse qu'elle juge assez sévèrement…

Une année environ après le mariage de son fils, elle va réviser quelque peu ce jugement en ce qui concerne sa belle-fille. Un matin de l'été 1489, en effet, Louise s'est rendue, avec une petite escorte, au Plessis-lez-Tours. Non au château mais au petit couvent de l'Ave Maria où réside alors le moine calabrais François de Paule.

Le roi Louis XI l'a fait venir de son lointain pays dans l'espoir qu'il réussirait à prolonger sa vie car on le disait faiseur de miracles. François a seulement réussi à l'aider au moment de la mort mais, demeuré aux rives de Loire, sa réputation s'est étendue. On l'appelle « le Saint Homme » et l'on dit qu'il sait aussi bien guérir que prédire l'avenir.

Louise de Savoie est allée vers lui pour savoir si elle avait quelque chance de concevoir car, après un an de mariage, rien ne s'était encore produit. François de Paule l'a rassurée : il faut laisser Dieu juger du temps convenable. Puis, saisi soudain d'une sorte d'inspiration, il a posé sa main sur la tête inclinée et a prononcé les mots qui allaient désormais conditionner toute la vie de Louise : « Votre fils sera roi… »

Quand elle rentre à Cognac, la jeune comtesse a changé. Les paroles du moine calabrais rejoignent les sévères enseignements d'Anne de Beaujeu, creusant un profond sillon. Et sans aller jusqu'à s'enfermer journellement avec elle, la jeune comtesse fréquente davantage l'appartement de sa belle-mère. Cependant ses rêves demeureront à l'état de rêves encore deux années, jusqu'à ce que s'annoncent enfin les prémices de la maternité tant désirée.

Le 11 avril 1492, à deux heures du matin, les premiers vagissements d'un bébé se font entendre. Catastrophe ! C'est une fille ! Mais si jolie, si blonde, si fraîche et parée de si jolis yeux bleus que sa mère, émerveillée, oublie un instant ses rêves de gloire pour se pencher avec amour sur ce ravissant poupon. Elle sera l'une des princesses les plus accomplies de la Renaissance : Marguerite d'Angoulême, plus tard reine de Navarre. La Perle des Valois…

Quelques mois plus tard, une nouvelle grossesse s'annonce. Quand elle en acquiert la certitude, Louise sent l'anxiété l'envahir : est-ce, cette fois, le garçon promis par le saint homme ?

C'est bien lui. Le 12 septembre 1494, à dix heures du soir, un garçon vient au monde. Le journal de Louise de Savoie, rédigé quelques années plus tard, nous rapporte, du fond des siècles, son cri de triomphe :

« François, par la grâce de Dieu, roi de France et mon César pacifique, prit la première expérience de la lumière mondaine à Cougnac, environ dix heures après midi, 1494, le douzième jour de septembre. »

« Mon César ! » Toute sa vie, Louise appellera ainsi son fils avec une fierté qui n'en traduit pas moins le tendre agenouillement d'une mère idolâtre. Il sera François, en souvenir du moine qui a prédit sa venue et, sur les fonts baptismaux, dans la chapelle romane de Cognac, c'est François de La Rochefoucauld qui en sera le parrain. Il sera, pour la France, François Ier parce que, pendant près de vingt ans, sa mère va lutter, contre vents et marées souvent, pour voir un jour briller sur son front la couronne de Saint Louis.

Le château appartient aujourd'hui à la société Otard qui fait de très importants travaux de conservation et de restauration.

HORAIRES D'OUVERTURE

Du 1er avril au 31 octobre	11 h-12 h et 14 h-17 h

Fermé le 1er mai.

COMBOURG

René et le fantôme à la jambe de bois

L'épreuve de pierre d'un chef-d'œuvre verbal.

Maurice Barrès

« Enfin, nous découvrîmes une vallée au fond de laquelle s'élevait, non loin d'un étang, la flèche de l'église d'une bourgade. À l'extrémité occidentale de cette bourgade, les tours d'un château féodal montaient dans les arbres d'une futaie éclairée par le soleil couchant. »

Ainsi, François-René de Chateaubriand décrit ce qu'il a vu quand il arriva pour la première fois au château de Combourg, acheté par son père en 1761, soit sept années avant sa naissance. Il allait y vivre une partie d'une enfance plutôt aventureuse parce que partagée entre la maison natale de Saint-Malo, les divers collèges de Dol, de Rennes et de Dinan et cette vieille forteresse des anciens jours qui devait influencer considérablement son imagination et son goût du mystère tout en lui révélant sa véritable vocation – on le destinait à la vie militaire – et en affirmant un sens extrême de la poésie des choses. Le château possédait, en effet, tout ce qu'il fallait pour cela...

Alors que l'origine de la seigneurie de Combourg se perd dans la nuit des temps, on sait de source sûre que le site fut occupé par une place forte dès le XIe siècle mais c'est seulement en 1307 qu'un certain Riwallon reçut de son frère Guinguenné, évêque de Dol, la baronnie de Combourg avec douze autres fiefs. C'est lui qui construisit le château tel qu'on peut encore le voir aujourd'hui. En grande partie tout au moins.

Ce Riwallon est le héros d'une de ces légendes que dispense si généreusement la vieille terre bretonne. Se promenant un jour sur les bords de l'étang, il se dirigeait vers la fontaine de Margatte qui se trouve à l'une des extrémités. C'est alors qu'il vit un tout petit homme qui se débattait, prisonnier d'un buisson de ronces. Croyant voir en lui un bon génie, Riwallon le délivra et le petit homme lui dit qu'il s'était laissé prendre au piège des épines en essayant d'attraper une miraculeuse pierre blanche qui, jetée dans la fontaine, avait la propriété de l'empêcher de déborder.

Or, à quelque temps de là, Riwallon rencontra une vieille femme qui refusa de lui céder le passage. Peu patient et même facilement emporté, le seigneur de Combourg se mit en colère et injuria la vieille qui, indignée, lui prédit que les eaux de Margatte allaient déborder au point d'engloutir et le village et le château. Et comme elle finissait de parler, les eaux de la fontaine se mirent à bouillonner et commencèrent à se déverser à travers le pays.

Affolé, Riwallon se souvint de son ami le korrigan et l'appela à son aide. Reconnaissant, celui-ci laissa tomber la pierre blanche dans la fontaine et l'inondation s'arrêta. Les eaux reprirent sagement leur cours normal et Combourg fut sauvé. Mais le petit homme incita vivement l'irascible seigneur à plus de considération envers les vieilles dames.

Remontons les siècles : après les Soligné, on trouve au château les Châteaugiron-Malestroit puis les Montejean, les d'Acigné et les Coëtquen qui en prennent possession en 1553 et vont le conserver jusqu'à la seconde moitié du XVIIIe siècle. Mais comme cette famille ne manque pas d'intérêt, nous allons nous y arrêter un instant.

Au temps de la Fronde, la célèbre duchesse de Chevreuse vient chercher refuge à Combourg auprès de son amie Françoise de Coëtquen. Celle-ci a un fils, Malo II, qui a épousé une fort belle demoiselle, Marguerite de Rohan-Chabot, laquelle sut inspirer à M. de Turenne l'une de ces tardives passions qui font tant de ravages : « Elle est célèbre, écrit Saint-Simon, par la passion que M. de Turenne eut pour elle et qui lui arracha le secret du siège de Gand que le roi n'avait confié qu'à lui et à Louvois. » Averti, « le roi qui n'ignorait pas quel est l'empire de l'amour, se contenta d'en rire un peu et de s'amuser aux dépens de M. de Turenne et avec lui, de le trouver encore si sensible à son âge ».

Mais cette très belle dame a un fils, Malo Auguste, et c'est ce fils qui, passé à l'état de fantôme, va causer de si grandes angoisses au petit François-René de Chateaubriand.

On ne sait trop pourquoi Malo de Coëtquen fut condamné par le Ciel à hanter Combourg. Tout ce que l'on en sait est qu'il fut lieutenant-général, se distingua à la défense de Lille et eut une jambe emportée à la bataille de Malplaquet, ce qui lui valut une jambe de bois qui allait faire beaucoup de bruit dans le monde.

On sait aussi qu'il était marié « à la plus laide et à la plus dégoûtante créature qu'on sût voir », circonstance qui n'aurait pas dû l'inciter à s'attarder tellement sur cette terre.

Quoi qu'il en soit, lorsque M. de Chateaubriand, après avoir gagné quelque fortune dans la course et l'armement naval, achète Combourg, Malo de Coëtquen est mort depuis plus de trente ans mais chacun sait bien que tous les ans, la veille de Noël principalement et aux douze coups de minuit, il reparaît dans les escaliers de pierre du château qui résonnent du claquement de son pilon. On dit aussi que la jambe de bois se promène parfois toute seule, sans son propriétaire, mais escortée alors d'un chat noir.

Tout cela, le jeune René l'a appris en arrivant au château et ses nerfs ont été mis à rude épreuve quand son père lui a dit qu'on lui donnait pour chambre la plus haute du donjon, celle justement qu'affectionnait Malo de Coëtquen.

C'était dur pour un petit garçon de dix ans, mais le vieux comte, homme taciturne et peu communicatif, était partisan de la rudesse en matière d'éducation. Et comme l'enfant ne pouvait s'empêcher de trembler en se dirigeant vers l'escalier, son bougeoir à la main, le vieil homme lui lançait : « Monsieur le chevalier aurait-il peur ? » À quoi la douce et pieuse maman d'ajouter : « Mon enfant, tout n'arrive que par la permission de Dieu. Vous n'avez rien à craindre des mauvais esprits tant que vous serez bon chrétien. »

René rencontra-t-il l'homme à la jambe de bois ? Il a laissé en tout cas, de sa chambre perchée, une bien belle description :

« J'étais niché dans une espèce de cellule isolée au haut de la tourelle de l'escalier qui communiquait de la cour intérieure aux diverses parties du château. La fenêtre de mon donjon ouvrait sur la cour intérieure : le jour, j'avais en perspective les créneaux de la courtine opposée où végétaient des scolopendres et croissait un prunier sauvage. Quelques martinets qui, durant l'été, s'enfonçaient dans les trous des murs étaient mes seuls compagnons. La nuit je n'apercevais qu'un petit morceau du ciel et quelques étoiles. Lorsque la lune brillait et qu'elle s'abaissait à l'occident, j'en étais averti par ses rayons qui venaient à mon lit au travers des carreaux losangés de la fenêtre. Des chouettes, voletant d'une tour à l'autre, passant et repassant entre la lune et moi, dessinaient sur mes rideaux l'ombre mobile de leurs ailes. Relégué dans l'endroit le plus désert à l'ouverture des galeries, je ne perdais pas un murmure des ténèbres… »

De toute façon, la vie à Combourg n'était jamais très gaie si l'on en croit le reflet qu'en donne l'écrivain :

« Les soirées d'automne et d'hiver étaient d'une autre nature. Le souper fini et les quatre convives revenus de la table à la cheminée, ma mère se jetait en soupirant sur un vieux lit de jour de siamoise flambée ; on mettait devant elle un guéridon avec une bougie. Je m'asseyais auprès du feu avec Lucile, les domestiques enlevaient le couvert et se retiraient. Mon père commençait alors une promenade qui ne cessait qu'à l'heure de son coucher. Il était vêtu d'une robe de ratine blanche, ou plutôt d'une espèce de manteau que je n'ai vu qu'à lui. Sa tête, demi-chauve, était couverte d'un grand bonnet blanc qui se tenait tout droit. Lorsqu'en se promenant il s'éloignait du foyer, la vaste salle était si peu éclairée qu'on ne le voyait plus ; on l'entendait seulement marcher dans les ténèbres ; puis il revenait lentement vers la lumière et émergeait peu à peu de l'obscurité, comme un spectre, avec sa robe blanche, son bonnet blanc, sa figure longue et pâle. Lucile et moi nous échangions quelques mots à voix basse quand il était à l'autre bout de la salle ; nous nous taisions quand il se rapprochait de nous. Il nous disait en passant : "De quoi parliez-vous ?" Saisis de terreur nous ne répondions rien ; il continuait sa marche. Le reste de la soirée, l'oreille n'était plus frappée que du bruit mesuré de ses pas, des soupirs de ma mère et du murmure du vent. »

Les Chateaubriand ont eu dix enfants mais, à Combourg, la seule compagnie de René, c'est sa sœur Lucile. Elle est pour lui cette étrange fille « solitaire, avantagée de beauté, de génie et de malheur », bien plus qu'une compagne, bien plus qu'une sœur. Elle est l'indispensable dont l'ombre va s'étendre à la fois sur l'enfance et l'adolescence de René. C'est elle qui, au cours d'une promenade au bord de l'étang, lui révélera son propre génie. Comme il évoquait, pour lui-même peut-être plus que pour elle, toutes ces impressions si vives qui se marquaient en lui, Lucile dit : « Tu devrais peindre tout cela. » « Ce mot me révéla la muse. Un souffle divin passa sur moi. »

Après la mort du vieux monsieur, Combourg passa à son fils aîné qui avait épousé la petite-fille de Malesherbes et mourut avec elle, en 1794, sur l'échafaud. La Révolution passa comme une tempête sur le vieux château qui fut pillé de fond en comble. Ce fut le petit-fils des deux victimes de la Terreur qui entreprit de restaurer l'intérieur du château mais le décora malheureusement dans le pire de ce style troubadour que le second Empire et Viollet-le-Duc avaient si fort mis à la mode.

René, pour sa part, ne devait revenir que quatre

fois à Combourg après la mort du père : après le mariage de son frère, pendant la Révolution, avant de quitter la France pour l'Amérique, enfin, à son retour en 1801 mais le château avait subi de si rudes déprédations que Chateaubriand ne put les supporter et se trouva mal. Ce fut sa dernière visite. Il écrivit alors à Mme de Staël :

« C'est dans les bois de Combourg que je suis devenu ce que je suis, que j'ai commencé à sentir la première atteinte de cet ennui que j'ai traîné toute ma vie, de cette tristesse qui a fait mon tourment et ma félicité. »

Le château est toujours dans la famille du grand écrivain.

HORAIRES D'OUVERTURE DU CHÂTEAU

Avril, mai, juin, septembre	14 h-17 h 30 (fermé le samedi et le dimanche matin)
Juillet et août	10 h 45 et 14 h-17 h 30
Octobre	14 h-17 h (fermé le samedi et le dimanche matin)

http://www.combourg.net/

DIEPPE

Une aventure de la duchesse de Longueville

Les femmes sont extrêmes :
elles sont meilleures ou pires que les hommes

LA BRUYÈRE

Dans la nuit du 19 au 20 janvier 1650, quelques voitures sans armoiries franchissent l'une après l'autre – mais en respectant une certaine distance – la porte de Paris qui regarde vers Pontoise. À l'intérieur de ces voitures, il y a des femmes masquées, des hommes habillés en femmes et, sur le siège du cocher, enveloppé dans une grosse houppelande qui le dissimule entièrement, un jeune homme peu habitué à occuper cette place de domestique. Il s'appelle en effet François de La Rochefoucauld, prince de Marcillac, et il est tout simplement en train d'aider sa maîtresse, la très belle duchesse de Longueville, à quitter une capitale où elle n'est plus en sûreté.

On est, en effet, au plus fort de la Fronde, cette folle guerre civile au cours de laquelle Paris, qui avait pris les armes contre le cardinal Mazarin, s'est retrouvé par le jeu de la politique tantôt du côté de son jeune roi Louis XIV, tantôt du côté des princes qui soufflaient le feu et la tempête pour tenter de reconquérir un pouvoir, une puissance que la poigne de fer du cardinal de Richelieu leur avait enlevés.

Or, en ce début d'année, la balle est dans le camp royal : Mazarin a fait arrêter et conduire à Vincennes les princes boutefeux : Condé, son frère Conti et son beau-frère Longueville. Seule la duchesse de Longueville – Anne-Geneviève de Bourbon-Condé, sœur de Condé et de Conti – a réussi à échapper aux gardes du cardinal en cherchant refuge avec quelques fidèles dans une petite maison discrète du faubourg Saint-Germain. Elle a tout à craindre. En effet, elle est à ce point l'âme de la rébellion qu'on l'a surnommée l'Ange noir de la Fronde, en dépit de sa blondeur. Aussi, quand Marcillac est venu la rejoindre pour lui apprendre que son refuge ne la protégerait plus longtemps, a-t-elle aussitôt décidé de fuir. Vers où ? Vers la Normandie dont le duc son époux était encore récemment gouverneur et où il a gardé de nombreuses intelligences.

Elle a affirmé avec tant de force que les cités normandes ouvriraient largement leurs portes au seul bruit de son nom qu'elle a réussi à convaincre Marcillac, qui aurait cent fois préféré gagner son propre gouvernement du Poitou. Mais personne n'a jamais su résister au charme de Mme de Longueville et on a donc pris la route de Normandie. Pourtant quand, après une nuit entière de voyage épuisant par des routes verglacées, on arrive en vue des portes de Rouen, la duchesse entame une longue suite de déboires.

Elle s'attendait à ce que le gouverneur de la ville

vînt en grande pompe au-devant d'elle en réponse au message qu'elle lui avait fait tenir par le vicomte de Saint-Ybar parti en éclaireur. Malheureusement pour elle, le gouverneur n'est plus le même : devinant que son ennemie chercherait refuge en Normandie, Mazarin a pris les devants. Et quand la duchesse voit s'avancer vers elle, en harnois de guerre, le marquis de Beuvron dont elle sait bien qu'il ne l'aime pas, elle comprend qu'elle n'a pas grand-chose à en espérer. En effet, Beuvron, aussi courtois que ferme, lui fait entendre que non seulement il n'est pas question de lui livrer la ville, mais qu'elle n'a rien d'autre à faire que tourner bride si elle ne souhaite pas être arrêtée.

Il faut donc repartir. Cette fois pour Le Havre, mais au Havre les portes restent closes et personne ne consent même à les entrouvrir. Marcillac alors perd patience. Ils ne vont pas errer ainsi indéfiniment à travers la campagne normande dans des carrosses couverts de boue où l'on s'entasse depuis des heures ? La sagesse commande de modifier leur parcours et de se diriger enfin vers le Poitou… Mais de cela, Mme de Longueville ne veut même pas entendre parler : si son ami souhaite rentrer chez lui, qu'il le fasse ! Quant à elle, elle est décidée à rester en Normandie. Elle va se rendre là où elle aurait dû aller tout de suite : à Dieppe, où elle compte de nombreux partisans et où elle se sent chez elle.

Cette fois, elle ne réussit pas à convaincre son amant. Celui-ci entend soulever son gouvernement, allumer la guerre en province et, considérant aussi qu'il a mieux à faire, il tire sa révérence et abandonne l'amazone en lui assurant néanmoins qu'elle trouvera refuge auprès de lui dès qu'elle le jugera bon. Et l'on se sépare…

Le lendemain, Mme de Longueville trouve enfin à Dieppe l'asile tant désiré. Le château, campé sur l'une des deux falaises qui dominent la ville, est une solide construction où l'on voit alterner les rangs de pierres, de briques et de silex qui fait briller ses grosses tours quand le soleil donne. Il a déjà une histoire, étroitement liée, bien sûr, à celle de la cité…

Depuis les temps les plus reculés, Dieppe, comme Saint-Malo, a été une véritable pépinière de corsaires, d'explorateurs qui dès le XIVe siècle s'en allèrent reconnaître la côte africaine du Cap-Vert et de pêcheurs qui ne craignaient pas de traquer la morue jusqu'en Islande ou en Norvège. De cette activité naquit une ville riche et puissante où se développa un important marché. Naturellement, on s'entendait aussi mal que possible avec ceux de l'autre côté de la Manche et, en 1339, les Dieppois s'emparèrent de Southampton qu'ils pillèrent fort proprement. Puis, en 1372, ils contribuèrent à battre les Anglais à La Rochelle, ce qui acheva d'indisposer ceux-ci. Mais sachant que la vengeance est plus succulente mangée froide, les Anglais attendirent jusqu'en 1420 pour s'emparer, après Azincourt, de la cité corsaire qu'ils traitèrent en cité rebelle.

L'oppression est une chose que l'on supporte mal quand on est dieppois. En 1435, entraînés par le chevalier Charles des Marets, nos marins tombèrent à bras raccourcis sur l'occupant, le rejetèrent à la mer et, pour être bien sûrs qu'il ne reviendrait plus les ennuyer, entreprirent de transformer en un gros et solide château fort la modeste tour qui veillait sur leur falaise. Par la suite, François Ier, qui fit de grands travaux par la ville, le renforça.

Le château est donc en parfait état lorsque Mme de

Longueville vient lui demander de l'abriter. Elle y convoque aussitôt les échevins et les notables mais ne recueille pas autant de suffrages qu'elle l'imaginait. La grande affaire de Dieppe, à cette époque, c'est la Nouvelle-France, autrement dit le Canada vers lequel se tournent les plus hardis de ses fils. Les règlements de comptes entre une faction noble et le roi n'intéressent guère ces honnêtes gens. Certes, on est assez bons gentilshommes pour ne pas laisser sans abri une dame – et même plusieurs –, une dame qui est en outre l'épouse du gouverneur de Normandie, mais de là à prendre les armes pour elle, à entrer en rébellion ouverte contre l'autorité royale, il y a une marge énorme que les échevins de Dieppe n'ont pas l'intention de franchir. Et ils n'en font pas mystère. Mais, cela dit, que Madame se repose autant qu'il lui plaira ; on veillera à ce qu'elle ne manque de rien…

Le répit est court. Quelques jours plus tard un escadron de mousquetaires se présente aux portes du château, escortant un messager d'Anne d'Autriche, régente jusqu'à la majorité du roi : les mousquetaires ont ordre de conduire Mme de Longueville à Coulommiers pour qu'elle y attende les décisions de Sa Majesté.

En dépit de son orgueil blessé, la duchesse feint de s'incliner, demandant seulement qu'on lui accorde encore un peu de temps pour se reposer car elle se sent malade. Galamment, on lui accorde deux jours. C'est plus qu'il ne lui en faut ! Sans désemparer, elle annonce à ses fidèles que l'on va partir pour l'Angleterre. On lui objecte que les risques sont énormes. Elle répond alors qu'elle n'aime pas les plaisirs innocents. Et, la nuit venue, la petite troupe sort du château par une porte dérobée.

Il fait un temps affreux. La tempête soulève de violentes rafales qui obligent les fuyards à marcher courbés. On suit la falaise dans l'espoir de trouver quelque pêcheur qui acceptera de conduire la duchesse au bateau qu'elle a affrété dès son arrivée et qui l'attend au large. On trouve deux pêcheurs. On en choisit un mais il n'est même pas possible d'atteindre sa barque. Tandis que, dans les bras du marin, Mme de Longueville avance lentement dans le flot, une énorme vague déferle sur eux et les roule. Suffoquée, aveuglée, force est à la duchesse de regagner la terre ferme et de se chercher un abri. On le trouve chez le curé de Pourville. Émus devant ces femmes détrempées, le brave homme offre son toit, son feu, le peu que contient son garde-manger… Chaque année, sa vie durant, la duchesse fera parvenir au bon curé une généreuse aumône en remerciement.

On repart au matin et, durant quinze jours, on va errer sur les routes, se cachant chez des paysans jusqu'à ce qu'enfin, au Havre, un bateau accepte de conduire la troupe à Rotterdam… d'où Mme de Longueville se hâtera de négocier avec les Espagnols, maîtres des Flandres, pour les inciter à envahir le nord de la France !

Pour elle, la guerre n'est pas finie et, durant de longs mois encore, elle combattra par tous les moyens un roi de France dont le seul tort était à ses yeux d'avoir un Mazarin comme ministre.

Elle ne revint jamais à Dieppe qui poursuivit à travers bien des vicissitudes – la peste entre autres et quelques bombardements – son rôle glorieux de sentinelle avancée de la terre de France.

Le château dont Louis XIV fit refaire les appartements royaux abrite à présent un musée marin plein de pittoresque où l'on peut admirer des instruments de marine, des maquettes et toutes sortes de petits objets qui témoignent de la perfection obtenue par les Dieppois dans la sculpture de l'ivoire. Un musée qui vaut la peine d'être visité.

HORAIRES D'OUVERTURE

Du 1er octobre au 31 mai	10 h-12 h et 14 h-17 h (fermé le mardi)
Du 1er juin au 30 septembre	10 h-12 h et 14 h-18 h

Fermé le 1er janvier, le 1er mai, le 1er novembre et le 25 décembre.

http://www.dieppe.fr/mini-sites/chateau-musee

ÉCOUEN

D'un vieux connétable à une maîtresse d'école

Que les Français, madame, vous aient l'obligation d'avoir élevé des mères pour leurs enfants !

NAPOLÉON à Mme CAMPAN

« Je ne peux trouver qu'une faute en vous, c'est que vous n'aimez pas ceux que j'aime… » Par ces quelques mots adressés, en cette année 1541, au connétable de Montmorency, François Ier mettait fin à une amitié de près de quarante ans et cela dans l'unique intention de plaire à une femme : sa maîtresse favorite, la duchesse d'Étampes, qui ne pouvait souffrir le connétable, lequel, il est vrai, se déclarait ouvertement son ennemi et lui rendait tous les mauvais services qu'il était possible.

Depuis toujours, pourtant, ces deux hommes se connaissaient. Ils avaient été compagnons d'enfance ; ensemble, ils avaient fait toutes les folies que l'on fait lorsque l'on est jeune, riche, prince et séduisant. Toujours ensemble, ils avaient combattu à Ravenne, à Marignan, à Pavie où Montmorency, demeuré fidèle jusque dans l'extrême infortune, avait tenu à partager la captivité de son roi et ami.

À vrai dire, François l'a bien payé de son dévouement et de son courage : maréchal de France après la bataille de La Bicoque, grand maître de France, surintendant des Finances et, pour finir, connétable de France en 1538, Anne de Montmorency avait rang de Premier ministre. Il était tout-puissant et le roi écoutait ses conseils. Malheureusement, il avait son franc-parler et la dent dure. Détestant Mme d'Étampes, il ne l'épargnait guère. Celle-ci le lui rendit bien : elle persuada le roi de ce que Montmorency avait définitivement choisi le parti du Dauphin et escomptait cyniquement l'avenir. L'échec des négociations que menait le connétable avec Charles Quint après la guerre de Provence apporta de l'eau au moulin de la favorite et acheva la perte de son ennemi : privé de sa place au Conseil, chassé de la cour, Montmorency, tout furieux, dut se retirer dans ses terres de Chantilly.

C'était une force de la nature qui ne savait pas rester tranquille. Pour passer le temps, il décida d'élever, sur sa terre d'Écouen et les restes d'une ancienne forteresse familiale, un château qui pourrait soutenir la comparaison avec les merveilles élevées par son maître. Avec des architectes de génie, Jean Bullant et Serlio, il éleva une demeure où il pût tenir train de prince. En même temps, il faisait reconstruire Chantilly. Au fronton d'Écouen, il ordonna que l'on inscrive : « Conserve dans l'adversité une âme inébranlable. » Il savait qu'entre lui et François Ier tout était fini. La petite duchesse blonde tenait bien sa proie dans ses mains cruelles et ne la lâcherait pas. En surveillant ses constructions, Montmorency, qui, contrairement au roi, possédait une santé inaltérable, laissa passer le temps, menant une agréable vie de château entre sa femme

Madeleine de Savoie et les dix enfants (cinq fils et cinq filles) qu'elle lui avait donnés.

L'avènement d'Henri II, qui lui vouait une affection presque filiale, vint mettre fin à son exil. Rentré en grâce et plus puissant que jamais, Montmorency devint duc en 1551 et put, à cette occasion, recevoir à Écouen tout juste terminé le roi et la cour. C'est là qu'il reçut les ouvertures d'Henri II en vue d'un mariage entre Diane de France, fille bâtarde mais légitimée du roi, et François de Montmorency, son propre fils. Mariage qui n'alla pas sans difficultés du fait d'une promesse de mariage que le jeune François avait faite auparavant à l'une des jolies filles d'honneur de la reine Catherine.

Veuve, en dépit de son jeune âge, d'Hector Farnèse, duc de Castro, Diane apporte à Écouen comme à Chantilly sa grâce parfaite, son goût et ses qualités princières. À la mort de son mari, le roi en fit une duchesse d'Angoulême tandis qu'Écouen passait à Henri, petit-fils du fondateur.

Hélas, en 1632, Henri de Montmorency, convaincu d'avoir conspiré contre Louis XIII avec le frère de celui-ci, Gaston d'Orléans, était condamné à mort et décapité à Toulouse sur la place des Terreaux. Ses biens sont confisqués et c'est son cousin, le prince de Condé, qui les reçoit.

Mais Condé n'aime guère Écouen. Il lui préfère cent fois Chantilly, ses miroirs d'eau, sa forêt et, petit à petit, le château va entrer dans le silence des choses qui perdent leur âme parce qu'elles ont cessé de plaire. Un long, très long silence de près de deux cents ans. Mais un silence qui ressemble au sommeil de la Belle au bois dormant. Un prince l'avait laissé s'endormir, un empereur va le réveiller en y apportant le plus sûr moyen de résurrection : la jeunesse.

En 1805, Napoléon Ier, après la victoire d'Austerlitz, rédige un décret instituant un établissement d'éducation pour les filles des membres de la Légion d'honneur tombés au combat. Il choisit Écouen pour l'y installer et offre à Mme Campan le titre et la charge de surintendante.

L'Empereur sait parfaitement ce qu'il fait. C'est un personnage que Mme Campan, et Napoléon la connaît bien. Ancienne lectrice de « Mesdames Tantes », filles du roi Louis XV, et surtout, fidèle femme de chambre de la reine Marie-Antoinette, Mme Campan, emportée par la tourmente révolutionnaire où elle subsista comme elle put, eut l'idée, le calme revenu, d'ouvrir une maison d'éducation pour les jeunes filles. Une maison où la nouvelle jeunesse pourrait apprendre, en même temps que les rares matières que l'on inculquait alors aux filles, les manières élégantes de l'Ancien Régime. Elle obtint pour cela l'autorisation du directeur Barras et s'installa à Saint-Germain-en-Laye, flanquée d'une ancienne religieuse qui lui servait de secrétaire.

Tout de suite, ce fut le succès. Au nombre de soixante en cette première année 1795, les élèves passèrent à celui de cent cinquante l'année suivante. Leurs noms étaient Zoé Talon, Hortense Perrégaux, fille de banquier et future duchesse de Raguse, Hortense de Beauharnais et sa cousine Émilie, Stéphanie de Beauharnais qui sera un jour grande-duchesse de Bade, Louise de Guéhenneuc, future maréchale Lannes et duchesse de Montebello, enfin, bien sûr, la propre nièce de Mme Campan, la gentille Aglaé Auguié dont le destin fera une maréchale Ney, princesse de la Moskova, et surtout Caroline Bonaparte, la sœur de celui qui va bientôt être le maître absolu.

L'éducation de toutes ces jeunes filles, qui sera réussie à de rares exceptions près, va marquer pour

Mme Campan le début d'une ère nouvelle car Bonaparte apprécie ses méthodes. Aussi quand il fonde cette maison qui est déjà chère à son cœur, il n'hésite pas : c'est Mme Campan qui la dirigera.

Heureuse, celle-ci rédige aussitôt un règlement soigneusement étudié qu'elle s'en va, un beau matin, soumettre à l'Empereur. Celui-ci lit, approuve puis déclare :

– Je suis content de vous, madame. Vous innovez et vous avez raison car les anciens systèmes d'éducation ne valaient rien. Mais, dites-moi : que manquait-il, selon vous, aux jeunes filles d'autrefois pour être véritablement bien élevées ?

– D'apprendre à être mères, sire ! répond Mme Campan.

– Eh bien, madame, que les Français vous aient l'obligation d'avoir élevé des mères pour leurs enfants !

Très vite, la Légion d'honneur s'étend aux filles de membres encore vivants. Chaque année, l'Empereur, escorté du grand chancelier, visite Écouen et se fait présenter les élèves. Mais écoutons Mme Campan car, parfois, il vient sans prévenir.

« Hier, 3 mars, nous avons eu la visite de Napoléon. Quelle surprise, quel désordre, quels éclats de joie ! Puis, tout à coup, quel silence respectueux… L'Empereur examina les bas que les petites tricotaient ; il les ouvrit et y passa la main comme aurait pu le faire une bonne ménagère… Il s'inquiéta ensuite de ce que les petites préféraient comme dessert : c'étaient des tartes et des crèmes et il ordonna qu'on leur en donne en son honneur. »

Oui, on est bien à Écouen où Mme Campan veille à tout, où celles qui sont trop pauvres sont élevées gratuitement. Un jour, après la fameuse conspiration de Malet, en 1812, la surintendante osa aller demander à l'Empereur la grâce des pères de deux de ses « petites » que menaçait le peloton d'exécution et l'obtint.

Malheureusement, la fin de l'Empire allait marquer pour la courageuse femme la fin du rêve. On lui enleva Écouen que la Restauration rendit aux Condé. Un vieillard, qui d'ailleurs ne viendra guère, remplaçait les fillettes, leurs rires et leurs chansons. Mme Campan, elle, s'en alla mourir dans la tristesse et la misère après avoir perdu son fils unique.

Louis-Philippe ramena les demoiselles de la Légion d'honneur. Elles y sont restées jusqu'à récemment car les bâtiments du château étaient trop vétustes et méritaient qu'on se penchât sur eux pour les sauver. D'autres installations, plus modernes, attendaient à Saint-Denis les élèves où une partie de l'école avait déjà emménagé depuis longtemps.

Restauré avec un soin extrême, Écouen abrite à présent un somptueux musée de la Renaissance qui mérite un voyage bien plus long que la courte distance entre lui et Paris.

HORAIRES D'OUVERTURE
DU MUSÉE NATIONAL DE LA RENAISSANCE

Tous les jours (sauf le mardi) de 9 h 30 à 12 h 45 et de 14 h à 17 h 15 (du 16 avril au 30 septembre, fermeture à 17 h 45).

Fermé le mardi, le 1er janvier, le 1er mai et le 25 décembre.

http://www.musee-renaissance.fr/

ÉTAMPES

Ingeburge de Danemark, la reine captive

On peut faire beaucoup avec la haine
Mais encore plus avec l'amour.

W. SHAKESPEARE

Qui pourrait concevoir pour une reine pareille existence ? Depuis son mariage et son couronnement, au mois d'août 1193, Ingeburge n'a connu, en fait de logis, que des couvents. Et à présent, ce château d'Étampes, ce gros donjon quadrilobé qui couronne le coteau et domine la bourgade étendue à son pied, ce donjon presque neuf – il n'a guère qu'une cinquantaine d'années, autrement dit la prime jeunesse pour une forteresse comme pour une cathédrale ! –, ce donjon en forme de trèfle à quatre feuilles dans lequel il est impossible de voir le moindre symbole de bonheur. Et, en cette année 1206, il y a déjà six hivers qu'Ingeburge de Danemark, reine de France, l'habite sans grand espoir d'en sortir jamais pour un autre logis que le tombeau.

Certes, elle n'occupe pas un cachot. Son appartement, bien meublé et convenablement décoré, ne diffère peut-être pas beaucoup de celui qu'elle occuperait au palais de la Cité à Paris ou dans les différents châteaux royaux. Encore qu'on refuse à l'occupante le titre de reine véritable, on s'applique à lui en donner le cadre approximatif. Seulement elle ne sort jamais de ce château-prison sinon pour quelque mélancolique promenade au verger en compagnie de dames qui la plaignent sans doute mais qui s'ennuient tout autant qu'elle-même.

Le roi Philippe, son époux, celui que l'on dit Auguste, vient chaque année pour une visite protocolaire mais jamais il ne reste et son regard demeure toujours aussi froid. Pour lui, Ingeburge est une sorcière qui, jadis, lui a jeté un sort et à cause de laquelle est morte, voici six ans, la seule femme qu'il eût jamais aimée.

Comprendra-t-il un jour à quel point il est aimé ? Voilà treize ans que son image est entrée dans le cœur d'Ingeburge et jamais plus elle n'en est sortie en dépit de tout ce qu'il lui a fait endurer.

Treize ans ! Qu'il était donc beau ce jour ensoleillé du mois d'août qui vit, près d'Amiens, leur première rencontre. Philippe, veuf depuis trois ans de la charmante Isabelle de Hainaut, souhaitait reprendre femme et on lui avait beaucoup vanté la beauté de la princesse danoise. De son côté, le cœur d'Ingeburge, lui, battait fort. De crainte d'abord car elle ignorait tout, à commencer par la langue, de cette terre franque où on l'appelait pour régner. De vague espérance aussi.

De loin, elle a vu venir le nuage de poussière qui grossit d'instant en instant en jetant des éclairs et qui révèle bientôt un groupe de cavaliers. Celui qui galope en tête porte au casque une couronne et, à mesure qu'il approche, ses traits se précisent. Quand il met pied à terre et tend son casque à un page, Ingeburge a un éblouissement. Philippe est grand, avec un visage énergique et ouvert, un regard clair, dominateur. Bien sûr, une demi-calvitie, souvenir d'une récente maladie contractée en Terre sainte, tire vers l'arrière sa couronne de cheveux roux mais ne lui enlève aucun charme et, tout de suite, Ingeburge comprend qu'elle va l'aimer, qu'elle l'aime déjà.

Quant à lui, il est ébloui. Jamais il ne lui a été donné de contempler pareille beauté. Sous une forêt de cheveux d'un blond ardent que les tresses resserrent mal, le visage d'une idéale blancheur est la perfection même. Les yeux, d'un vert de mer, sont si grands qu'ils paraissent vides. Le corps est celui d'une statue. Une beauté si parfaite qu'elle paraît presque insolite.

D'abord le roi a été enthousiaste. Tellement qu'il a fait presser les cérémonies. Aussi Ingeburge ne comprend-elle pas pourquoi, la nuit venue, Philippe, tout à coup, s'est écarté d'elle avec une répulsion que rien ne justifie en apparence… La nuit s'achève pour la jeune fille dans l'horreur et l'incompréhension. Mais elle n'est pas au bout de ses peines.

Le lendemain, dans la cathédrale, au moment où l'évêque porte sur elle l'onction sainte, Philippe pousse un sourd gémissement. Les yeux agrandis soudain, il se cramponne à la chape d'or de l'évêque et tremble comme feuille au vent en contemplant la jeune reine. Ses lèvres blêmes murmurent quelque chose sans qu'aucun son sorte de sa bouche. Puis il a, vers Ingeburge qui ne peut retenir ses larmes, un geste d'effroi, un geste qui repousse.

Au sortir de l'église, c'est pis encore. Le roi de France fait entendre que cette femme, dont la beauté surhumaine ne peut venir que du démon, l'a ensorcelé, qu'elle lui a jeté un maléfice. Et qu'en conséquence elle doit s'éloigner, repartir dans son lointain pays avec ceux qui l'ont amenée.

On tente vainement de lui faire entendre raison. Le mariage a été dûment béni, Ingeburge est couronnée. On ne peut la renvoyer. D'ailleurs, prudemment, les Danois qui l'ont amenée ont pris le large et disparu. Que faire ? Ingeburge, pour sa part, entend rester là. Elle est reine, en outre elle aime cet homme et elle veut rester sa femme. On devine qu'entre elle et Philippe, l'interprète a fort à faire.

On arrive enfin à un compromis. La mère du roi et son oncle le pressent d'accepter une nouvelle tentative. La nuit était mauvaise peut-être et lui-même mal disposé ! Après bien des palabres, Philippe se résigne : il fera une seconde tentative et rejoint Ingeburge dans le couvent de Saint-Maur où elle s'est réfugiée. Tous espèrent que l'étrange aversion du premier soir disparaîtra.

Mais quel étrange endroit qu'un couvent de nonnes pour quelques heures d'amour ! Quand Philippe sort de chez Ingeburge, c'est en claquant la porte tandis que l'on peut apercevoir, effondrée sur le lit, la malheureuse princesse qui pleure.

Et la lutte épuisante commence. Philippe exige le départ d'Ingeburge. Celle-ci refuse de s'en aller. Dans un torrent de larmes, elle jure qu'à Saint-Maur comme à Amiens le roi l'a possédée mais elle est incapable de s'expliquer plus clairement là-dessus.

Alors, pour commencer, Philippe ordonne que l'entêtée soit conduite au couvent des Augustines de Cysoing près de Tournai, c'est-à-dire hors de France, en terre d'Empire et l'empereur est le pire ennemi du roi de France. Ingeburge va y vivre de plus en plus mal, vendant même ses bijoux et ses robes pour subsister, pourtant elle tient bon. Tout son espoir est dans Rome, dans Rome qui ne peut donner raison au roi de France.

Cependant, celui-ci fait comme s'il était vraiment divorcé – une assemblée d'évêques français lui a donné raison et le pape n'ose pas trop le contrarier. Il reprend femme, et cette fois, pour lui, c'est l'amour. Elle se nomme Agnès de Méranie, fille du duc Berchtold, un ancien compagnon de croisade de Philippe. Elle est aussi brune qu'Ingeburge est blonde et, bien entendu, elle est ravissante. Philippe l'adore et elle adore Philippe. C'est l'aurore d'un grand bonheur d'où naîtront deux enfants, une fille et un garçon.

Bonheur trop court. En janvier 1198 meurt le vieux et débonnaire pape Célestin III. Celui qui lui succède n'est pas de la même mouture. C'est le redoutable Innocent III, l'une des plus hautes figures de la papauté. Et lui n'entend pas se laisser mener par le roi de France. Ordre est donné à Philippe de rejeter Agnès, de reprendre Ingeburge. Philippe ne bouge pas d'abord. Il se sait de plus en plus puissant et il est prêt à tout pour garder Agnès.

À tout ? Mais pas à subir, pour son royaume, le terrible interdit qui fait de tout un pays, privé de soins, privé de secours spirituel, un corps bientôt en décomposition. On ne baptise plus, on n'enterre plus les morts, on ne célèbre plus de mariages. Devant cette horreur, Philippe, la rage au cœur, accepte de plier… mais du bout des lèvres. Tandis qu'Agnès se retire au château de Poissy – elle attend un enfant – Philippe, au cours d'une cérémonie, fait revenir Ingeburge, assure qu'il lui rend sa place mais ne lui adresse pas la parole. Il pense que cette preuve de bonne volonté suffira à Rome et qu'enfin on acceptera d'annuler ce maudit mariage.

Hélas, à Poissy, Agnès meurt en couches et Philippe désespéré n'a pu revenir sur sa parole. Mais Ingeburge a été conduite au château d'Étampes où, depuis six ans, en cette année 1206, elle attend et elle prie.

Elle attendra encore six autres années et, finalement, son amour obstiné aura le dernier mot. En 1213, comme avec la cinquantaine proche le poids des années se fait sentir pour le Capétien et que son entourage le harcèle pour faire cesser cet étrange état de fait, Philippe libère enfin Ingeburge, la rappelle auprès de lui et lui rend les honneurs royaux. Mais jamais la Danoise ne sera sa femme selon son cœur et selon la chair…

De nos jours, le château royal a disparu, il ne reste plus qu'un donjon.

ÉTIOLLES

Comment on devient Mme de Pompadour...

Et comme un air qui sonne au bois creux des guitares
J'ai fait chanter mon rêve au vide de ton cœur...

Au fond de son vallon, le joli château d'Étiolles, créé pour la vie fastueuse d'un fermier général aux champs, abrite à présent d'autres rêves que ceux d'une très jolie femme qui souhaitait séduire son roi et qui mit tout en œuvre pour y parvenir. Comme il fait désormais partie des bâtiments de l'École normale du département, il renferme les espoirs d'avenir de jeunes gens qui n'atteindront sans doute peut-être pas à tant de célébrité mais qui sauront, au moins, trouver un véritable bonheur... Cependant, l'ombre charmante de la dame au cabriolet bleu demeure, et l'histoire vaut d'être contée...

Quand, le 9 mars 1741, une foule élégante se presse dans l'église Saint-Eustache, à Paris, pour y assister au mariage de Charles-Guillaume Le Normand d'Étiolles avec la jeune Jeanne-Antoinette Poisson, chacun pense que le plus heureux des deux, c'est le mari. Certes, il est jeune – vingt-quatre ans ! –, point repoussant et fort riche car il participe aux affaires de son oncle, le fermier général Le Normand de Tournehem, mais elle, elle est ravissante, fine, élégante, spirituelle, cultivée, artiste. Elle a tous les talents et tous les charmes. Elle éblouit, elle enchante et chacun pense qu'elle aurait pu trouver mieux que ce garçon terne et un peu lourd qui ne cache pas la joie qu'il éprouve à épouser l'exquise créature que son oncle l'a pratiquement mis en demeure de prendre pour femme. Il est très amoureux et, les noces terminées, il l'emmène voir éclore le printemps dans son château d'Étiolles dont le parc ouvre sur la forêt de Sénart. Et tout de suite, la jeune femme s'attachera à son mari. Il lui fera deux enfants sans presque qu'elle s'en aperçoive car, depuis dix ans, Jeanne-Antoinette vit dans un rêve, et quel rêve ! Celui qu'a suscité une voyante, Mme Lebon, en déclarant à sa mère quand elle-même n'avait que neuf ans :

« Cette petite sera presque reine car elle deviendra la maîtresse du roi... »

Ni Mme Poisson ni l'enfant n'ont mis un seul instant en doute cette prédiction et, aussitôt, on s'est appliqué à préparer « Reinette » à un aussi fabuleux destin. « On », c'est la jolie Mme Poisson, épouse légère d'un certain François Poisson qui appartient à la bourgeoisie financière mais qui, ayant eu maille à partir avec une justice un peu tatillonne, préfère vivre loin de chez lui. C'est aussi le grand ami de la dame, Le Normand de Tournehem... dont on chuchote même qu'il est le véritable père de « Reinette ».

À eux deux, ils vont donner à la jeune fille l'éducation la plus brillante et la plus mondaine qui soit. Et, lorsque l'on met sa petite main dans celle du neveu, Reinette est devenue la coqueluche des salons parisiens. En fait, on l'a mariée à Le Normand d'Étiolles pour qu'elle ne s'éloigne pas du cercle de famille, et parce qu'une femme mariée a plus de chance d'attirer le roi qu'une jeune fille… Et Reinette a activement participé à tous ces beaux projets car, à l'instar de la plus grande partie des femmes de France, elle est amoureuse de Louis XV qui est alors le plus bel homme de son royaume. Si l'on s'apprête à l'appeler le Bien-aimé, ce n'est pas pour rien !

Dans les premiers temps, le jeune ménage marche assez bien. Que ce soit dans l'élégant hôtel de Gesvres, rue Croix-des-Petits-Champs, où l'on passe l'hiver, ou à Étiolles qui est de beaucoup le séjour préféré de Reinette, les jours s'écoulent agréablement. La jeune femme se laisse aimer. Elle a peu de tempérament d'ailleurs et n'accorde aux désirs du corps qu'un intérêt mitigé. Cela lui permet de jouer les épouses parfaites :

« Il n'y a au monde que le roi qui pourrait me rendre infidèle à mon époux », se plaît-elle à répéter.

Et le pauvre mari se pare de cette belle phrase comme d'une décoration sans imaginer un seul instant qu'il pourrait y avoir là une véritable profession de foi. Car c'est avec celle d'une vraie croyante que Reinette attend la réalisation de sa prédiction… Avec la ferme intention d'y aider, d'ailleurs, et, si elle se plaît tant à Étiolles, c'est parce qu'elle y a découvert un moyen d'approcher l'objet de ses rêves… Le parc, je l'ai dit, ouvre sur la forêt de Sénart. C'est une forêt royale où Louis XV aime à chasser lorsqu'il se trouve au château de Choisy, l'un de ses préférés.

Lorsque c'est le cas, les châtelains des environs immédiats sont autorisés à se joindre à la chasse et

Reinette a décidé de profiter de cette permission à sa manière, qui est celle d'une femme de goût. Elle ne s'épuise pas à lancer ses chevaux sur la trace du gibier royal. Elle monte à merveille, mais de cette façon elle risquerait de se montrer rouge, décoiffée et peut-être peu à son avantage. Elle a donc trouvé mieux.

À chaque rendez-vous de chasse, le roi voit apparaître le plus ravissant équipage qui soit. C'est un petit phaéton bleu attelé de superbes chevaux et mené, de main de maître, par une fort jolie femme blonde en robe rose. D'autres fois, le phaéton est rose et la dame en robe bleue mais le plus étonnant est que le joli attelage ne s'arrête jamais. La belle conductrice se contente de saluer en décochant à son souverain un éblouissant sourire puis disparaît, tel un songe, dans les profondeurs de la forêt.

Ce manège est tout à fait propre à piquer la curiosité du roi. Il fait prendre ses renseignements et apprend sans peine qui est la jolie dame au phaéton changeant. Alors, à plusieurs reprises, il fait porter à Étiolles du gibier de sa chasse, gibier toujours reçu avec un battement de cœur mais qui ne laisse pas de provoquer la fureur de la duchesse de Châteauroux, la maîtresse en titre. Une fureur qui ne va faire que croître et embellir car, comme par hasard, le nom de Mme d'Étiolles se fait entendre de plus en plus fréquemment dans l'entourage de Louis XV. Reinette a des amis décidés à pousser une fortune dont ils espèrent peut-être quelque reconnaissance.

C'est tantôt l'abbé de Bernis – un des fidèles d'Étiolles –, tantôt Mme de Sassenage, tantôt le président Hénault et tantôt la comtesse d'Estrades qui se mettent à chanter, à bonne portée des oreilles royales, les louanges de l'apparition bleue et rose de la forêt de Sénart. Non sans déplorer bruyamment qu'une si charmante créature – l'ornement des salons parisiens ! – ne soit pas admise à la cour.

Un jour, dans le carrosse même du roi où elle se trouve auprès de la favorite, c'est au tour de la duchesse de Chevreuse de se charger du couplet : il est navrant que cette petite d'Étiolles, véritablement exquise, ne soit pas des dames de la cour et qu'elle doive se contenter de vivre assez retirée auprès d'un époux insignifiant… D'un ton sec, Mme de Châteauroux fait aussitôt remarquer qu'il est possible d'aimer un homme insignifiant, s'il est beau ! Mme de Chevreuse, alors, éclate de rire : beau ou pas, Mme d'Étiolles ne saurait aimer son mari puisque – et ce n'est un secret pour personne – c'est du roi qu'elle est éprise…

La duchesse ne rit pas longtemps. L'instant suivant, elle manque de s'évanouir : sous l'abri de ses amples jupes, la favorite vient de lui enfoncer cruellement son talon dans le pied. En descendant du carrosse, la malheureuse boite bas. Pour l'achever, Mme de Châteauroux lui fait savoir qu'elle devra changer de sujet de conversation et que, d'ailleurs, il sera désormais interdit à Mme d'Étiolles de suivre les chasses royales.

Heureusement pour Reinette, l'interdiction n'aura pas le temps de lui être signifiée. Le roi est parti pour la Lorraine et vient de tomber gravement malade à Nancy. Pendant des jours et de tous les points du royaume, de ferventes prières s'élèvent vers Dieu pour obtenir une guérison à laquelle on n'ose croire. Naturellement, la favorite a été éloignée. Et du fond de son lit d'accouchée, Mme d'Étiolles – elle vient de donner le jour à sa fille Alexandrine – suit avec angoisse les progrès de la maladie…

Contre toute attente, Louis XV guérit et rappelle Mme de Châteauroux, mais pas pour longtemps : en décembre, la favorite, atteinte d'une mauvaise grippe, trépasse. Le chemin serait-il enfin libre pour Reinette ? Elle sait le roi entouré d'une nuée de jolies femmes qui ne songent qu'à attirer son regard, alors qu'elle-même ne l'approche pas. Il y a là un problème, bien sûr, mais Reinette possède un atout caché en la personne du sieur Binet, premier valet de chambre du roi avec qui elle cousine. Et Binet mise sur elle.

Le fin matois n'a aucune peine à réveiller la mémoire de son maître touchant la jolie dame « bleue et rose » qui, selon lui, souhaiterait une entrevue afin de briguer pour son époux la charge de fermier général… Et le résultat ne se fait pas attendre : quelques jours plus tard, Mme d'Étiolles reçoit une invitation pour le grand bal masqué donné en l'honneur des noces du Dauphin avec l'Infante d'Espagne, le 25 février 1748. Est-ce enfin le signe du destin ?

Au soir dit, dans la galerie des Glaces illuminée, Reinette vêtue d'un ravissant costume de bergère rose et bleu se retrouve mêlée à une foule scintillante dont elle admire le spectacle en artiste. Le cœur lui bat un peu mais nulle part elle n'aperçoit le roi. Et soudain, comme minuit sonne, sept ifs font leur apparition. Leurs grosses têtes vertes dominent les danseurs et l'on chuchote que Louis XV est parmi eux… Et voilà que l'un d'eux s'approche de Reinette et murmure :

« L'apparition bleue et rose des bois de Sénart accepterait-elle de montrer son visage à un innocent arbuste ? Il est le modeste frère des grands arbres qu'elle aime tant… »

Cette fois le doute n'est plus possible et la jeune femme va plonger dans sa révérence, mais on la retient.

Il faut respecter l'incognito de l'if… et dire seulement si l'on se rendra le lendemain au bal de l'Hôtel de Ville de Paris. Il serait possible d'y parler plus aisément que dans cette foule. Pour toute réponse, Reinette ôte son masque de soie et, ce faisant, laisse tomber son mouchoir que l'« innocent arbuste » se hâte de ramasser. Puis, par jeu, lui relance avec un salut qui est en lui-même une déclaration.

Le lendemain, le roi apprend qu'il n'a qu'à ouvrir les bras. Ce qu'il ne manquera pas de faire certain soir dans les petits appartements de Versailles. La prédiction de la voyante est enfin réalisée et c'est le début du règne de la plus célèbre des favorites royales.

Évidemment, on aura beaucoup de mal à convaincre un mari désespéré d'accepter un jugement en séparation. Le pauvre Le Normand restera seul dans son joli château d'Étiolles déserté par celle qu'il ne pourra jamais oublier. Celle qui était sa femme et qui vient de disparaître de son horizon aussi totalement que si elle n'avait jamais existé…

D'ailleurs, il n'y a plus de Mme d'Étiolles. Celle qui s'avance à présent dans la gloire rayonnante de sa beauté comblée, c'est Mme la marquise de Pompadour…

Le château fut rasé dans les années 1960.

FERRIÈRES

De Bonne-Jeanne aux fabuleux Rothschild

Heureux qui, à la fois, a richesse et raison.

MÉNANDRE

Lorsque, dans les derniers jours du mois de septembre 1792, Joseph Fouché, qui vient d'être élu député de la Loire-Inférieure à la Convention, débarque de la diligence de Nantes dans la cour des Messageries de la rue Notre-Dame-des-Victoires, il est accompagné de Bonne-Jeanne, sa femme qu'il a épousée dix jours plus tôt et dont il est amoureux « comme un berger de Florian », encore que personne n'ait réussi à comprendre ce qu'il lui trouve. L'ex-Mlle Coiquaud est en effet un « laideron décharné », une grande fille de vingt-huit ans, sèche comme un sarment, aux cheveux et aux sourcils roux, aux pommettes osseuses. Il est vrai que Fouché est loin d'être beau, avec ce visage que certains ont comparé à une tête de mort. À eux deux, ils forment ce que Barras appellera un « couple hideux » mais il est des grâces incroyables car ce couple, durant les vingt ans qu'il va vivre sans jamais se séparer, est uni par l'amour le plus total, le plus profond, le plus fidèle…

Que ce soit à Paris, à Nevers ou à Lyon où Fouché va faire régner une affreuse terreur, Bonne-Jeanne est auprès de lui, derrière lui, s'occupant exclusivement de lui et des quatre enfants qu'elle réussira – après plusieurs deuils – à lui garder. Elle est encore là quand, ministre de la Police de Napoléon, il occupe le grand hôtel de Juigné, quai Voltaire, veillant, en dépit d'un titre de duchesse, sur les bouillons, les tisanes, les lainages de ce perpétuel moribond, accomplissant sa tâche de bonne ménagère sans jamais se mettre en avant, sans jamais se montrer à d'autres personnes que de rares amis.

De sa jeunesse bretonne, Bonne-Jeanne a gardé le goût de la campagne et c'est pour elle qu'en 1802 Fouché achète en Brie le domaine de Ferrières devenu bien national. C'est dire qu'il ne l'achète pas cher. Il y a là un petit château bâti au bord d'un étang, et surtout, alentour, d'admirables forêts. Bonne-Jeanne va vivre là les meilleurs moments de sa vie mais on sait peu de choses de son existence, tant elle était discrète, sinon qu'elle se montrait fort charitable. C'est là qu'elle meurt, le 9 octobre 1812, heureuse d'avoir pu revenir à Ferrières après l'année d'exil à Aix-en-Provence que Napoléon avait infligée à son époux.

Trois ans plus tard, le veuf inconsolable épouse la jeune Ernestine de Castellane-Majastre, une fort belle Aixoise auprès de laquelle il connaîtra l'orgueil mais non pas le bonheur.

Le 20 décembre 1820 Fouché s'éteignait à Trieste mais, avant de mourir, demandait instamment que son corps puisse un jour venir reposer auprès de celui de

Bonne-Jeanne dans le petit cimetière de Ferrières, un souhait dont il attendra la réalisation jusqu'au 22 juin 1875, date à laquelle le baron de Rothschild autorisa le défunt à retrouver ses premières amours…

Car, entre-temps, le paysage a singulièrement changé.

En 1829, le grand financier James de Rothschild achète le domaine de Ferrières aux héritiers de Fouché. Il est l'un des cinq fils de Meyer Amschel, le changeur de Francfort, l'une des cinq flèches – leur emblème ! – qu'il tirera sur l'Europe et qui s'implanteront dans divers solages. La flèche James s'ancrera dans la terre de France pour leur plus grand bien commun, et y restera.

Ce domaine de Ferrières, avec ses profondes forêts et sa riche terre de Brie, est pour le baron James le symbole même de cette implantation et il le veut à l'image de sa fabuleuse réussite. Alors, il rase le château dont Bonne-Jeanne était si fière et, sous le ciel d'Île-de-France, il va ériger un immense, un fantastique palais à l'italienne et il va le faire construire par un Anglais. Un Anglais fort célèbre. Paxton, dont le père était jardinier du duc de Devonshire, a bâti pour la reine Victoria le Crystal Palace et c'est, il faut bien l'avouer, un extraordinaire architecte doublé d'un paysagiste. En quatre ans – de 1855 à 1859, ce qui est un véritable tour de force – il édifie une demeure qui, avec ses colonnes, ses pilastres, ses bustes d'empereurs romains, ses clochetons et ses coupoles, parvient à être le chef-d'œuvre architectural du style second Empire français, c'est-à-dire un style qui en mélange quelques-uns. Le résultat est superbe et superbe aussi l'intérieur, confié à Eugène Lami, qui ordonne, dans un cadre grandiose, les collections d'œuvres d'art réunies par le baron James. Un cadre en tout point digne de l'extrême beauté de la baronne Bettina dont le portrait peint par Ingres fut longtemps l'un des plus beaux ornements du château ; elle offrait cette particularité d'être… la nièce de son époux.

Le 27 décembre 1862, Napoléon III, flanqué du prince de Metternich, ambassadeur d'Autriche, de lord Cowley, ambassadeur d'Angleterre et du prince de la Moskova, vient visiter Ferrières. Le baron James attend, à la gare, le souverain et son escorte européenne. L'empereur est curieusement vêtu « d'un costume de fantaisie de couleur sombre tout à fait original et ressemblant, par la forme, au costume national breton… ». Il faut préciser que cet étrange équipement avait été revêtu en vue de la grande chasse qui devait suivre le déjeuner. Et quel déjeuner ! Le journaliste qui en fait le récit n'en finit pas de s'extasier : « Splendide comme mets, plus splendide encore comme service. Outre l'argenterie unique au monde, les convives mangeaient dans un service de porcelaine de Sèvres signé Boucher. »

Après avoir salué les dames qui l'attendaient sur le grand escalier, Napoléon III a voulu tout visiter ; le château, le parc et les écuries. Puis ce fut la chasse où l'on fit grande consommation de faisans et de lièvres, plus une bécasse égarée. Puis le retour au château pour y prendre une collation tandis que les chœurs de l'Opéra exécutaient *L'Hallali du Faisan* sous la direction de Rossini en personne.

Avant de repartir pour la gare, l'empereur a tenu « suivant un usage allemand en vigueur dans les grandes familles » à planter lui-même un cèdre dans le parc, cèdre qui prospéra si bien qu'il dépasse aujourd'hui les autres arbres.

À six heures, l'empereur quittait le château et « trouvait sur son passage, depuis le perron jusqu'à la grille du parc, tous les gens du château éclairant les allées du parc avec des torches tandis que, tous les quinze pas, on avait planté des ifs hérissés de lampions enflammés… ». Que de splendeur !

Hélas, huit ans plus tard, c'est le drame. La France est vaincue par la Prusse. Le roi et Bismarck établissent leur quartier général à Ferrières. La magnificence et les dimensions du palais impressionnent le roi qui interdit le moindre dommage. On ne devait toucher « ni les tableaux des salons, ni le gibier du parc ni le vin dans les caves ». Même Bismarck, chasseur passionné, ne fut pas exempté. Malheureusement le roi part et le chancelier, livré à lui-même, n'en fait qu'à sa tête et commet une hécatombe. Qui d'ailleurs ne le contente pas. Dans une lettre, la comtesse de Moustier raconte : « Rothschild m'a dit hier que Bismarck n'était pas satisfait de ses faisans de Ferrières et qu'il avait même menacé de battre le régisseur parce que lesdits faisans ne volaient pas remplis de truffes. »

Le château eut alors à souffrir mais connut néanmoins une heure glorieuse puisque c'est dans son salon des Tapisseries que Jules Favre discuta avec Bismarck l'énorme indemnité de dix milliards exigée par la Prusse. C'est le baron Alphonse qui, par ses conseils et son action, réussit à faire mener à bien l'emprunt libératoire et en fit même un grand succès financier.

Comme les autres, les heures noires passent. Ferrières pansa ses blessures et retrouva son faste, sa vie heureuse. Dans le joli livre qu'il a consacré à sa famille, le baron Guy, qui avant 1981 possédait le fabuleux château, a consacré des pages pleines de couleur à ces périodes d'automne, le temps des grandes chasses, que traditionnellement les Rothschild passaient à Ferrières ; et aussi à ses souvenirs d'une enfance assez rude aux mains de « nannies » anglaises sans douceur, mais qui lui a tout de même laissé au cœur une profonde tendresse pour cette demeure hors du commun. Au fil des chapitres, la vie du château ressuscite avec ses salons – salon Bleu, salon Blanc, salon des Tapisseries, salon des Cuirs –, avec ses chambres au confort raffiné, avec, aussi, l'armée de domestiques – une trentaine en temps normal mais parfois jusqu'à cent lorsque les invités amenaient leurs propres serviteurs – qui circulent et animent la maison, le parc et les immenses sous-sols où tout s'élaborait dans une harmonie telle que les manifestations du luxe le plus raffiné semblaient naturelles.

La dernière guerre a fait passer encore quelques mauvais quarts d'heure à Ferrières. Les troupes allemandes prirent un malin plaisir à occuper ce symbole de la splendeur juive, et cette fois aucun roi bien élevé n'interdisait le pillage. Presque tous les objets d'art furent volés et, après le départ des vandales, le château démeublé, où seules quelques pièces étaient parfois chauffées pour une partie de chasse, tomba dans le silence. Une fée allait le ressusciter, une fée dont on disait aussi qu'elle était la reine de Paris : Marie-Hélène de Rothschild, née de Zuylen, l'épouse du baron Guy.

Elle aimait Ferrières, elle aimait les fêtes qu'elle s'entendait comme personne à ordonner. Elle décida de remettre le château en état et s'attela courageusement à une tâche énorme. Et naturellement, parce que le mot impossible n'avait jamais fait partie de son vocabulaire, elle réussit. En 1959, un siècle exactement après son inauguration, Ferrières renaissait avec une grande fête sur le thème de la Belle au bois dormant. Mais écoutons le baron Guy :

« Après une longue traversée de la forêt, les invités pénétraient dans le parc et découvraient soudain le château. Faiblement éclairé, il semblait émerger de la nuit, fantomatique et mystérieux. D'immenses toiles d'araignée, comme des fils d'argent, tombaient des toitures. Sur le lac, un vaisseau fantôme glissait en silence, à peine éclairé, errant sans équipage depuis la nuit des temps. Et bientôt, comme sous la baguette de la fée, le château s'éveilla de sa torpeur : les candélabres s'allumaient derrière chaque fenêtre, les musiques jaillissaient, les danseurs surgissaient… À l'aube, personne ne voulut partir… »

D'autres fêtes encore : le bal surréaliste, le bal Proust, des chasses, des concerts, le monde élégant de toute l'Europe. La nuit de Ferrières avait rejoint les *Mille et Une Nuits*. Et puis il fallut s'arrêter parce que le temps n'était plus de ces fêtes merveilleuses qui faisaient vivre un monde… La banque Rothschild nationalisée, le baron Guy, pour éviter que la maison de son enfance ne tombât en des mains indignes, offrit Ferrières à l'Université… qui malheureusement n'en fait pas grand-chose : quelques tournages de films de cinéma, de télévision ou de spots publicitaires. La Belle au bois dormant a refermé les yeux… Mais y a-t-il encore des Princes charmants ?…

HORAIRES D'OUVERTURE

Le château est momentanément fermé aux visites.

http://www.chateaudeferrieres.sorbonne.fr/

FONTAINEBLEAU

Christine de Suède fait assassiner son amant

Pourtant chacun de nous tue ce qu'il aime...

Oscar WILDE

Au début de l'après-midi du samedi 10 novembre 1657, le père Le Bel, supérieur du couvent des Mathurins d'Avon, se hâte à travers les allées boueuses et mal entretenues du jardin de Diane, dans le parc de Fontainebleau, pour rejoindre le pavillon des Princes, seule partie de l'immense palais qui montre alors quelque animation. En effet, le jeune roi Louis XIV ne vient presque jamais à cause de la ladrerie du cardinal Mazarin qui renâcle devant les dépenses occasionnées par un déplacement royal. Pourtant, une reine habite là…

En effet, le pavillon et la galerie des Cerfs qui le prolonge servent de logis à celle que l'on a surnommée la Reine errante : Christine, ex-souveraine de Suède, dont l'abdication, trois ans plus tôt, les excentricités et la vie vagabonde ne cessent d'alimenter les potins des cours européennes et singulièrement ceux de la cour de France.

En fait, ce séjour est le second que Christine effectue chez nous mais le premier a été si fertile en extravagances que Mazarin a jugé préférable d'installer une visiteuse peu désirable dans cette aile du palais de Fontainebleau, suffisamment solitaire et éloigné de Paris pour assurer autour de la Suédoise un certain silence.

Elle vit donc là, depuis un mois, entourée d'une suite bizarre et assez équivoque de nains, de bouffons, d'estaffiers, de trop beaux Italiens, de pseudo-savants et de philosophes nuageux. Et les bonnes gens du village voisin, pour qui une reine se doit de mener une vie plutôt digne, ne sont pas loin de considérer comme une assez bonne imitation du diable cette fille du grand Gustave-Adolphe, cette jeune femme de trente et un ans qui, un beau jour, a envoyé promener couronne et trône pour s'en aller courir le monde habillée en garçon et avec une poignée de compagnons d'aventure.

En fait, le père Le Bel connaît déjà Christine. Il y a quatre jours, elle l'a fait appeler une première fois pour lui remettre, sous le sceau du secret de la confession – lors de son passage à Rome, elle s'est convertie au catholicisme –, un paquet scellé contenant des papiers en le priant de bien vouloir les garder jusqu'à nouvel appel. Or, cet appel, un page vient de l'apporter et, fidèle à sa parole, le religieux rapporte à Christine ce qu'elle lui a confié.

En arrivant, on le conduit, non à la chambre de la reine comme la première fois, mais à la galerie des Cerfs. Il y trouve la Suédoise vêtue, par extraordinaire, comme une autre femme. Elle porte une robe de velours sombre ornée de dentelles de Flandre et elle se promène dans la galerie au bras d'un superbe garçon brun : le marquis Rinaldo Monaldeschi dont on prétend qu'elle est folle et qui est son amant déclaré. Quelques personnes de sa suite – qui ne comporte aucune femme – bavardent à voix basse à chaque extrémité de la galerie mais tous disparaissent à l'entrée du père Le Bel. Seuls demeurent deux gardes et Sentinelli, le bien-nommé, car, avec son jeune frère, il assure la protection habituelle de la reine.

Alors, se déroule une scène bizarre. Après s'être fait remettre le paquet de lettres, Christine l'a tendu à Monaldeschi en lui ordonnant de l'ouvrir et d'en lire le contenu. Mais à peine a-t-il déplié la première lettre que le jeune homme se trouble, pâlit et se met à trembler visiblement :

« C'est donc moi qui lirai ! » dit la reine.

Et elle lit.

Adressée à l'ambassadeur d'Espagne, la missive est accablante : tous les projets de la reine y sont clairement exposés et, chose plus grave pour une femme amoureuse, ses habitudes y sont raillées ainsi que ses défauts physiques. En effet, Christine n'est pas très belle en dépit d'un regard étincelant et de jambes superbes qu'elle aime révéler dans des bottes collantes : pas très grande, trop charpentée, elle a une épaule plus haute que l'autre, un teint médiocre et une poitrine trop forte. Tout cela, Monaldeschi – car bien sûr il est l'auteur de la lettre – l'a cruellement souligné. À présent, il regarde Christine avec épouvante et, tout de suite, il s'effondre à genoux, se traîne à ses pieds :

« Pardon ! Pardon !... »

Il ne sait dire que cela. Dégoûtée de le découvrir si lâche, Christine, qui ne connaît pas la peur, s'éloigne vers les fenêtres. Il la suit en se traînant sur les genoux, s'accroche à sa robe sans se soucier des trois hommes et du religieux qui regardent, les uns avec indifférence, l'autre avec terreur. Agacée, la reine lui accorde la permission de se défendre.

D'une voix hachée, Monaldeschi entame sa plaidoirie. Que dit-il ? Rien de convaincant, en vérité. Il cherche surtout à rejeter la responsabilité de sa faute sur ses ennemis, sur Sentinelli surtout qu'il hait et dont il sent dans son dos le poids du regard. Sa défense est maladroite, confuse et brumeuse comme ce jour de novembre. Il cherche à réveiller, au cœur de celle qu'il a si cruellement offensée, les souvenirs brûlants des dernières nuits sans même se rendre compte qu'il augmente ainsi la rancœur de la femme en même temps que la colère de la reine.

Quand, à bout d'arguments, il se tait enfin, Christine laisse peser sur lui, un instant, l'angoisse du silence avant de se tourner vers le père Le Bel qui, tremblant, égrène son chapelet dans un coin. Ce qu'elle dit arrache à Monaldeschi un hurlement d'horreur : le religieux doit entendre le coupable en confession afin de le préparer à bien mourir.

Presque aussi affolé que le coupable, le père Le Bel tente de fléchir la reine, mais elle ne veut rien entendre, ni les objurgations du moine ni les pleurs de l'homme qui sanglote à ses pieds. Elle sort, presque en courant, et va s'enfermer dans sa chambre.

De longues minutes passent. Le front appuyé à une vitre pour en recueillir la fraîcheur, Christine regarde sans le voir le parc humide et brumeux que l'ombre commence à obscurcir. Aucun bruit jusqu'à ce qu'elle perçoive à sa porte un léger grattement. C'est le père Le Bel. Son visage est affreusement pâle et ses mains tremblent. Non, il ne vient pas dire que le coupable est confessé, il vient tenter de fléchir cette volonté de femme qu'il n'est pas loin de juger barbare. Pour cela, il emploie tous les moyens. Il dépeint Monaldeschi tel qu'il vient de le voir, pleurant, se roulant par terre, appelant cette reine qu'un mot de pitié lui ferait adorer sincèrement. Puis il en appelle au cœur de Christine et, enfin, il évoque le roi de France à qui appartient ce palais, le roi qui ne pourra admettre que l'on y commette un meurtre délibéré… Rien n'y fait ! Brutalement, la reine ordonne au religieux de retourner dans la galerie et de se hâter de remplir son ministère s'il ne veut pas que le coupable meure sans confession.

D'autres minutes encore puis, à nouveau, on frappe à la porte. Cette fois, c'est Sentinelli lui-même. Et lui aussi vient demander grâce pour cet homme qu'il hait et qu'il méprise, mais qu'il ne peut se résoudre à tuer de sang-froid. On peut être un redoutable duelliste, une sorte de reître, et se refuser à frapper un homme à genoux.

« Quand le bourreau tranche une tête, riposte la reine, il frappe toujours un homme à genoux ! »

Et elle menace, à présent. Si Sentinelli ne veut pas obéir, qu'il s'en aille ! Elle le chassera. Et, de toute façon, cela ne sauvera pas Monaldeschi. Et, soudain, elle hurle !

« C'est un lâche, un ignoble lâche ! Il faut qu'il meure et au plus vite ! Et s'il ne veut pas se hâter d'achever sa confession, blesse-le ! »

Et la porte se referme sur l'Italien.

Dans la galerie, le spectacle est abominable. Monaldeschi, écroulé aux pieds du père Le Bel qui lui-même se soutient à peine, n'est plus qu'une loque méconnaissable. De la porte, Sentinelli lui crie qu'il n'a plus de délai, que l'heure de la mort a sonné. Puis il s'avance, l'épée au poing, sur le malheureux qui, les yeux exorbités de terreur, tente follement de s'intégrer à la muraille et implore encore : « Un moment… rien qu'un moment ! »

Sentinelli n'écoute plus. L'épée haute il fond sur le condamné, vise le cœur et en finirait d'un seul coup si Monaldeschi ne portait une chemise de mailles. Et comme, de sa main nue, il tente de détourner l'arme, celle-ci lui tranche trois doigts avant de se briser comme verre. Fou de rage, alors, Sentinelli tire sa dague et frappe au visage, appelant même à la rescousse les deux gardes qui, avec lui, vont tenter d'en finir.

Ce n'est pas si simple. Monaldeschi semble avoir la vie chevillée au corps. Ses cris doivent s'entendre dans tout le palais… Il faudra encore de longues minutes avant qu'ils ne cessent quand, enfin, Sentinelli réussira à trancher la gorge du malheureux.

Un moment plus tard, comme les valets emportent, sur une civière, le corps sanglant et que d'autres lavent à grande eau le dallage de marbre, le lugubre cortège passe devant Christine, figée au seuil de sa chambre. Elle ne tremble pas, regarde sans voir et semble une statue tant elle est pâle et froide. Le père Le Bel lève alors sur elle un regard encore plein d'épouvante :

« On disait pourtant que vous l'aimiez, madame ! »

« Je peux l'aimer à présent. La mort efface tout… »

C'est sous le bénitier de la petite église d'Avon que repose le corps de Rinaldo Monaldeschi dont le crime fut d'avoir trahi l'amour d'une reine qui l'aimait. La dalle qui recouvre ses restes est toujours visible.

Quant à Christine de Suède, elle dut quitter la France mais, pour l'arracher au palais de Fontainebleau, il fallut que Mazarin lui offrît le palais qu'il possédait à Rome et assez d'argent pour y vivre. Aimait-elle encore ? Il semble qu'elle demeura fidèle au souvenir de celui dont elle avait voulu la mort avec tant d'acharnement. Son existence fut, dès lors, exempte de scandales et uniquement occupée de science, de philosophie et de religion.

Elle est la seule femme, avec la fameuse comtesse Mathilde qui, à Canossa, laissa un empereur piétiner dans la neige pendant trois jours, à reposer dans Saint-Pierre de Rome non loin de l'admirable *Pièta* de Michel-Ange.

HORAIRES D'OUVERTURE

Du 1er octobre au 31 mars	9 h 30-17 h
Du 1er avril au 30 septembre	9 h 30-18 h

Fermé le mardi, le 1er janvier, le 1er mai et le 25 décembre.

http://www.musee-chateau-fontainebleau.fr/

FONTEVRAUD

Les fabuleux Plantagenêts

La gloire, astre tardif, lune sereine et sombre
Qui se lève sur les tombeaux...

Victor HUGO

Sur toute la vallée de la Loire les arbres sont en fleurs en ce 31 mai 1204 et, dans la forêt, proche du fleuve, où s'élève la puissante, la royale abbaye de Fontevraud, les bourgeons commencent à éclore. La nature tout entière parle d'espérance et de renouveau cependant que, dans une cellule blanche, hors du palais abbatial, se meurt Aliénor qui a été voici bien longtemps reine de France et qui, reine douairière d'Angleterre à présent, voit, à quatre-vingt-quatre ans, s'achever son voyage terrestre[1].

Le murmure des prières l'entoure comme une fumée d'encens mais elle n'a pas besoin de ce secours. Naturellement vaillante, elle n'a jamais eu peur de la mort et, à présent, c'est avec une joie mêlée de soulagement

1. Voir Beaugency.

qu'elle en finit avec une existence qui, depuis longtemps, a cessé de lui plaire.

Bientôt, elle va s'en aller rejoindre, dans la chapelle neuve, ceux qui l'y attendent : son époux d'abord, perdu depuis bien longtemps, Henri II Plantagenêt, roi d'Angleterre et comte d'Anjou, l'homme que, jadis, elle a voulu épouser par amour, sans doute, mais aussi par défi, quelques semaines après avoir été répudiée en tant que reine de France. L'avait-il assez tourmentée au cours de leur vie commune ! Pourtant, elle ne regrettait pas cette expérience…

Il reposait enfin en paix, le géant insatiable qui n'avait jamais assez de puissance, jamais assez de femmes ! Il y avait à présent près de cinquante-deux ans que, redevenue simplement duchesse d'Aquitaine, elle l'avait épousé. Il avait dix ans de moins qu'elle et elle l'avait aimé, bien sûr, plus qu'elle ne l'aurait cru. Et lui aussi, Henri, l'avait aimée mais à sa façon qui ne ressemblait en rien à l'amour courtois. Il y avait en lui une violence, une brutalité qu'Aliénor décorait du nom de passion au temps de leurs amours mais qui s'était révélée pénible quand l'amour avait cessé d'être.

Ils en étaient venus à se haïr, surtout à cause des femmes qu'Henri attirait dans son lit parce qu'il était incapable de fidélité. Certaines y restaient plus longtemps que l'on n'aurait pu le supposer ; telle la belle Rosamonde Clifford dont la reine avait tant souffert. On disait qu'elle l'avait fait empoisonner pour s'en débarrasser et son souvenir avait été difficile à effacer.

Et puis, bien plus tard, il y avait eu la trop jeune Alix de France, la fiancée de leur fils Richard, pour laquelle Henri s'était pris d'une passion forcenée, presque sénile. La jeune fille avait été contrainte de devenir la maîtresse du roi vieillissant. Une offense que Richard n'avait pas pardonnée à son père, non par amour pour Alix mais parce que la jeune fille lui avait été destinée, à lui et à personne d'autre.

Décidément, ce n'est pas son époux qu'Aliénor aura le plus de joie à retrouver dans l'au-delà mais ses fils : Henri, duc d'Anjou, et surtout Richard au cœur de lion, son enfant préféré, le héros légendaire dont elle a elle-même fermé les yeux quand il est mort, transpercé par une flèche au château de Châlus qu'il assiégeait pour s'emparer d'un trésor que le châtelain avait mis au jour. Oui, elle l'avait beaucoup aimé, peut-être à cause des grandes ressemblances qu'il avait avec elle et, toujours, elle avait veillé sur lui. C'était elle qui, au moment du départ pour la croisade, lui avait amené la jeune Bérengère de Navarre pour qu'il l'épousât, c'était elle encore qui, en lutte ouverte contre le prince Jean, son autre fils, s'était occupée de réunir la rançon exigée par Léopold d'Autriche quand il tenait Richard en ses prisons.

Sa mort l'avait crucifiée et c'était pour elle une joie profonde de savoir que, tout à l'heure, quand elle serait enfin au-delà du miroir, elle le retrouverait.

À l'heure où se mourait sa mère, c'était à présent Jean qui régnait. Et qui régnait mal. Aliénor était trop habile politique pour ne pas deviner que ce règne-là se terminerait mal. Jean était trop avide, trop jouisseur ! Il ne connaissait que son plaisir et la joie presque éhontée de tenir enfin ce trône qu'il avait tant convoité, pour lequel il avait commis tant de bassesses et même de crimes. Mais Jean était de ceux qui ne savent pas résister à leurs désirs. Témoin son incroyable mariage, survenu quatre ans plus tôt.

En l'an 1200, en effet, le roi Jean s'était rendu à Angoulême où l'un de ses grands vassaux, Aymar Taillefer, comte d'Angoulême, l'avait convié au mariage de sa fille Isabelle avec l'un des plus puissants seigneurs poitevins, Hughes de Lusignan. Or, à peine eut-il jeté les yeux sur la fiancée que Jean se prit pour elle d'une de ces brutales passions que le sang Plantagenêt produisait trop souvent. La belle enfant – elle avait quinze ans et était ravissante – ne fit rien pour le décourager. La chose était simple : l'adorable Isabelle était dévorée d'ambition et cette ambition surpassait de beaucoup l'amour que lui inspirait son fiancé. Résultat : prié de mener la fiancée à l'autel, Jean y somma l'évêque de le marier, lui, à Isabelle en dépit de la fureur de Taillefer et de Lusignan. À peine sorti de l'église, l'aimable roi avait jeté sa conquête sur un cheval et l'avait emmenée à Chinon pour y consommer tranquillement cette union inattendue.

Inattendue mais malheureuse. Isabelle, heureuse de devenir reine, s'était vite détachée de son roi. Elle l'avait trompé. Jean se vengeait alors en faisant pendre les amants de sa femme au ciel de son lit ; il ne s'en prenait pas à elle, il l'aimait trop. Finalement, même la couronne avait perdu de son éclat pour l'ambitieuse. C'était tout simple : Jean avait réussi à se mettre à dos les seigneurs d'Angleterre et tout le peuple, ce qui faisait beaucoup de monde. Une compote de pêches suspecte fit d'Isabelle une veuve.

Une veuve qui regagna Angoulême pour y retrouver Hughes de Lusignan, veuf lui aussi comme par hasard et toujours amoureux. On se maria, cette fois pour de bon, et Isabelle, qui avait donné des enfants à Jean, en donna à Hughes. Mais l'ambition était toujours là, tenace. L'ancienne souveraine exigeait de ses proches des honneurs royaux et ne supporta pas que, le Poitou conquis par Saint Louis, son époux rendît l'hommage féodal au roi de France.

Les blessures d'amour-propre étaient redoutables chez Isabelle. Celles-ci la poussèrent à tenter de faire empoisonner Saint Louis. Démasquée, elle dut faire amende honorable et en conçut, envers son époux, une profonde rancune. En l'an 1242, Isabelle prenait le seul moyen qui lui restât de redevenir reine : elle quitta mari et enfants pour gagner Fontevraud afin d'y attendre la mort comme la grande Aliénor l'y avait attendue… Elle eut ainsi la satisfaction de savoir qu'elle allait y reposer aux côtés de ces Plantagenêts dont elle enviait la gloire et la puissance.

Son tombeau comme celui d'Aliénor et ceux d'Henri II et de Richard sont toujours visibles dans la chapelle rénovée de la grande abbaye jadis fondée, au XIe siècle, par Robert d'Arbrissel que l'état du clergé de son époque révoltait. Robert avait alors interrompu des études très approfondies à Paris et à Angers, brisé sa carrière ecclésiastique auprès de l'évêque de Rennes pour s'en aller vivre en ermite dans la forêt de Craon. Mais sa passion, à lui, c'était l'enseignement et, un beau jour, il quitta sa forêt, groupa une foule de disciples et les entraîna avec lui pour fonder une abbaye dans la grande forêt de Fontevraud.

Une abbaye assez extraordinaire car elle regroupait quatre communautés : une de femmes, une d'hommes, une de filles repenties et, pour finir, une léproserie. Mais les quatre communautés relevaient de la seule autorité d'une femme : l'abbesse, qui, au cours des siècles, fut toujours, soit une princesse, soit une fort grande dame, et qui était la première abbesse de France.

Naturellement, les comtes d'Anjou s'intéressèrent à la nouvelle abbaye qui, par eux, fut couverte de dons. Dernier de ces comtes, Henri II d'Angleterre, qui gardait la nostalgie de son ciel angevin, décida de faire de l'abbaye sa sépulture et celle de ceux de sa famille qui le souhaiteraient. On sait ce qu'il advint. Seul le roi Jean fut enterré en Angleterre.

Son fils, Henri III, fils aussi d'Isabelle, changea la tradition en construisant l'abbaye de Westminster qui prit le relais des sépultures royales.

Depuis la fondation, les plus grandes dames se retirèrent à Fontevraud : la fille de Foulques d'Anjou, roi de Jérusalem, celle de Pierre de Courtenay, empereur de Constantinople, et aussi Bertrade, reine de France, mais le palais abbatial vit venir à lui nombre de princesses qui menèrent l'abbaye de main plus ou moins ferme. Au XVe siècle, la décadence s'était installée dans la sévère règle bénédictine. Il fallut l'énergie d'abbesses réformatrices comme Renée et Louise de Bourbon pour remettre les choses en l'état.

Plusieurs filles de Charles IX et d'Henri IV y portèrent la crosse mais la plus célèbre des abbesses est sans doute Gabrielle de Rochechouart-Mortemart, sœur de Mme de Montespan, qui était une érudite et qui fit de Fontevraud une sorte de centre culturel.

La Révolution, naturellement, chassa les nonnes. Napoléon Ier eut le mauvais goût de transformer l'abbaye en caserne, et la République fit pire encore en en faisant une prison.

Une prison qui se libère peu à peu de ses prisonniers auxquels on doit d'ailleurs une partie des travaux de restauration, notamment ceux des jardins.

Depuis 1985, l'abbaye a rouvert ses portes au public.

Horaires d'ouverture

Du 27 janvier au 6 avril	10 h-17 h 30 (fermé le lundi)
Du 7 avril au 30 juin	9 h 30-18 h 30
Du 1er juillet au 31 août	9 h 30-19 h 30
Du 1er septembre au 8 novembre	9 h 30-18 h 30
Du 9 novembre au 31 décembre	10 h-17 h 30 (fermé le lundi)

http://www.abbayedefontevraud.com/v3/

FRUCOURT

Le calvaire de la maréchale de Schulemberg

Que peuvent les lois là où seul l'argent est roi ?...

PÉTRONE

Le 8 septembre 1640, dans la cathédrale d'Amiens illuminée, le cardinal de Richelieu assiste au mariage de sa pupille, Madeleine de Forceville, avec Jean de Schulenbourg, d'ancienne famille allemande, dont le nom s'est changé en Schulemberg, Dieu sait pourquoi, en devenant français. Il est comte de Montdejeu en pays d'Ardennes, où il possède un château et où il est né.

La cérémonie est superbe. Tout le pays plus une partie de la cour se presse à ce mariage de la plus riche héritière de Picardie avec l'un des plus vaillants soldats du royaume. Mais là s'arrête le côté laudatif des choses car, sous son voile, Madeleine a les yeux rouges. Pour la meilleure des raisons : elle aime un jeune mousquetaire nommé Laurac et on lui fait épouser un parfait inconnu qui, en outre, lui fait peur et pourrait être son père. Elle a en effet vingt ans et Schulemberg en a cinquante et un.

De son côté, le marié ne semble pas plus satisfait que cela. Il a fallu un ordre exprès du cardinal pour qu'il accepte de se marier. Richelieu s'est servi de Madeleine comme d'un appât pour s'attacher plus étroitement un homme dont le dévouement lui est suspect et qui n'a que trop tendance à l'indépendance. Mais la jeune fille est orpheline de père et de mère et sa fortune est de celles que l'on envie. Le bon tuteur y a ajouté l'entière reconstruction du joli château de Frucourt bâti sur les fondations d'une antique forteresse du XIIe siècle.

Schulemberg s'est laissé tenter car il aime l'argent et le faste, mais s'il pouvait avoir la fortune sans la femme il serait beaucoup plus content. Ses goûts sont ceux d'un soudard et il n'est aucunement sensible à la grâce de celle qui devient son épouse. Par contre, il est tout à fait décidé à lui faire comprendre qui est le maître…

Pour Madeleine, l'enfer commence dès sa nuit de noces. Son époux la traite comme une fille de camp puis s'en va rejoindre ses habituels compagnons qui l'attendent dans les salons du rez-de-chaussée pour fêter l'événement. Là, il décrit soigneusement l'anatomie de sa femme entre deux pichets de vin, puis déclare galamment en guise de conclusion :

« C'est une dinde mais suffisamment dorée pour qu'il y ait plaisir à la plumer… »

La nuit de noces a eu lieu dans l'hôtel des Forceville à Amiens. C'est ici, en alternance avec le château de Frucourt dont Schulemberg apprécie l'élégance, que la vie du couple va s'organiser. Et quelle vie ! Madeleine connaît déjà le neveu de son époux, M. de Lannois, qui est aussi son aide de camp. Mais elle va faire connaissance avec le reste de la famille qui, dès le lendemain des noces, vient s'installer sans vergogne. Il s'agit de Mme de Singly, la sœur de Schulemberg, une veuve altière au sourire trop doux, accompagnée d'un autre neveu, M. de Roland. Aucun de tous ces gens ne plaît à la jeune épousée qui s'en méfie d'instinct.

Mme de Singly est une personne avide et intéressée, nettement plus jeune qu'un frère dont, depuis plusieurs années déjà, elle escompte l'héritage. En apprenant le mariage, son premier mouvement a été de dépit. Quel besoin de se marier à cet âge ? Mais la réflexion est vite venue : la nouvelle Mme de Schulemberg est fort riche et si elle se révélait de santé assez fragile pour quitter ce monde avant son époux, le profit n'en serait que plus grand…

La dame s'installe donc en pays conquis et, prétextant les premiers malaises de grossesse de sa belle-sœur, elle prend en main la marche de la maison… en reléguant Madeleine dans sa chambre en compagnie de sa vieille servante Gudule. Une chambre dont le mari ne franchit guère le seuil, si ce n'est pour y débiter une variété de méchancetés telles que :

« Vous n'irez jamais au bout, ma chère, ou bien vous nous ferez un avorton qui n'aura que le souffle. »

On s'emploie d'ailleurs activement, en famille, à ce qu'un accident mette fin aux nausées de la jeune femme. Elle dévale un soir le grand escalier poussée, par inadvertance bien sûr, par Mme de Singly. Pas de résultat ! Alors, on l'enferme chez elle où sa nourriture lui sera servie assez irrégulièrement. Sans Gudule qui se cache pour lui porter à manger, la malheureuse mourrait de faim.

Maltraitée, tarabustée, Madeleine met tout de même au monde un petit garçon, mais l'enfant ne vivra pas plus d'une semaine. Un matin, sa mère le trouve mort dans son berceau, étouffé sous les couvertures qu'une main criminelle a rabattues sur sa tête… Au désespoir de la jeune femme s'ajoute la peur. Certainement, on va la tuer à son tour…

Mais elle s'inquiète à tort. Paradoxalement, c'est Schulemberg lui-même qui met un frein aux agissements de sa famille. La mort trop rapide de sa femme éveillerait les soupçons du terrible cardinal qui est homme à inspirer la peur même aux gens les plus rudes. En outre, le mari est assez intelligent pour savoir que Madeleine morte, sa propre famille s'arrangerait pour le faire passer de vie à trépas. En effet, il a fini par voir clair dans le jeu de sa sœur. Et désormais il se fait le défenseur d'une femme que par ailleurs il maltraite fort, contraint à recevoir ses maîtresses et tient enfermée lorsqu'il n'est pas obligé de la laisser paraître à ses côtés en tant que maîtresse de maison. En attendant, il profite abondamment de sa fortune et ne juge même pas utile de changer de politique quand, en 1642, le cardinal de Richelieu s'éteint. Le reste du temps, Madeleine est sous la férule de Mme de Singly.

Cependant, Schulemberg gravit les degrés d'une belle carrière militaire. En 1650, il est lieutenant général en Flandre, en 1652 gouverneur d'Arras qu'il défendra d'ailleurs brillamment contre les Espagnols et les Impériaux. Cette brute est un grand soldat.

Arras délivrée, il fait venir sa femme auprès de lui, mais c'est pour lui arracher un certain nombre d'actes de donation. Il a depuis peu une maîtresse fort belle, Anne de Souastre, qu'il entretient fastueusement aux dépens de Madeleine. À force de souffrir, celle-ci en est venue à souhaiter se réfugier dans un couvent. Elle a le choix, ayant deux sœurs en religion : l'une abbesse de l'abbaye aux Bois à Paris, l'autre abbesse de Doullens. Mais Doullens est trop près d'Arras, et Madeleine choisit Paris.

Elle profite d'une double absence de son époux et de Mme de Singly, partie représenter son frère à Montdejeu pour un procès, et s'enfuit d'Arras déguisée en servante. On est en mars 1658. Elle réussit à prendre le coche et atteint l'abbaye aux Bois sans avoir été reconnue… et avec un extrême soulagement. Sa sœur Marie lui promet en effet qu'elle n'a plus rien à craindre. Bien mieux, elle l'aide à obtenir des juges du Châtelet une séparation de biens qui lui rend la pleine possession de sa fortune. Et Madeleine se croit sauvée…

Lourde erreur. Le mari est fou de rage et n'entend pas se laisser priver ainsi de sa « dinde dorée ». D'autant que, le 26 juin, le roi a fait de lui un maréchal de France. Il lui faut donc les moyens de vivre selon son rang. Il ne trouve rien de mieux que d'ordonner à l'un de ses aides de camp, M. d'Apremont, de prendre cinq cents hommes et de s'en aller arracher sa femme insoumise du couvent où elle se cache…

La commission n'enchante pas Apremont qui sait le roi fort chatouilleux sur le chapitre des couvents. Il s'en tirera en faisant prévenir secrètement « Madame la maréchale » de ce qui l'attend et, tandis qu'il s'en vient frapper, assez mollement, aux portes de l'abbaye, Madeleine est déjà en route pour Bruxelles où elle prendra refuge chez une de ses parentes, Mme du Hamal. Là, elle est hors d'atteinte.

Malheureusement, le fait d'avoir récupéré l'administration de ses biens lui crée des obligations. Trois mois plus tard, elle revient à Paris pour affaires, sans se douter un instant que le papier notarié qui l'appelle sort tout droit de chez son mari. Et elle s'en va loger chez son cousin, le conseiller d'État de Breteuil…

Trois jours après, au petit matin, une véritable armée investit l'hôtel du conseiller. On en arrache Madeleine en chemise et pieds nus, on la jette dans une voiture fermée, et fouette cocher en direction d'Arras où elle arrivera à demi morte de froid et de faim. Elle pense qu'on va encore l'enfermer dans sa chambre mais une fois de plus elle se trompe : c'est au fond du jardin, dans une ancienne resserre dont on a bouché les fenêtres pour en faire une prison, qu'on va l'enfermer après lui avoir octroyé des vêtements de paysanne. C'est là que Schulemberg vient lui faire entendre sa décision : ou bien elle lui rend l'administration de ses biens, ou bien elle restera là jusqu'au jugement dernier. Mais Madeleine est décidée : jamais elle ne cédera.

Cette fois, le calvaire touche au martyre. La maréchale manque de tout. Un affreux souillon et un grossier valet s'occupent d'elle et la rudoient. On la nourrit quand on y pense et, naturellement, au bout de six mois, elle tombe malade. Cela ne fait pas l'affaire du mari : qu'elle ne meure pas, surtout, tant qu'elle n'a pas signé ! Alors on la tire de son trou, on la soigne et quand elle va mieux… on la réintègre. Mais tout ce qu'elle souhaite c'est la mort.

Par un serviteur apitoyé, Gabrielle de Forceville, abbesse de Doullens, a appris le sort de sa sœur. Indignée, elle écrit aussitôt à la reine mère Anne d'Autriche pour lui demander d'intervenir. Mais la reine ne trouve rien de mieux que d'adresser l'affaire à l'évêque d'Amiens… qui est des amis de Schulemberg. Celui-ci déclare que sa femme est folle et, peu après, l'abbesse est arrêtée et enfermée dans un couvent de la frontière. Et Schulemberg se fera un plaisir de venir décrire à sa prisonnière les ennuis de sa sœur :

« Signez, lui dit-il, et vous recouvrerez l'une et l'autre la liberté… »

Mais Madeleine refuse toujours.

Pourtant, la malheureuse a maintenant un allié dans la place : l'un des soldats commis à sa garde, un certain Leblanc, l'a prise en pitié et lui conseille d'écrire elle-même à la reine. Il lui procurera ce qu'il faut et se chargera de faire parvenir la lettre.

On croit rêver quand on suit le déroulement de cette histoire ! Anne d'Autriche reçoit la lettre et s'empresse de convoquer le mari pour lui faire des remontrances. Celui-ci est intraitable. Madeleine l'a offensé gravement en lui reprenant ses biens. Si elle ne vient pas à composition, elle restera où elle est. Il est le mari et il a tous les droits. Et la reine n'y peut rien.

Ce sera le privilège d'un humble dévouement de réussir l'impossible. Le brave Leblanc parvient à faire évader la maréchale et à fuir avec elle. Il la conduit tout droit au château de Belœil, chez le prince de Ligne qui lui est un peu parent. Et cette fois tout change, car le prince de Ligne a le bras long.

Schulemberg s'en aperçoit quand Louis XIV, qui vient tout juste de le nommer gouverneur du Berry, lui adresse en pleine cour un blâme public et finit par l'exiler dans sa terre de Montdejeu. Le maréchal s'y retire en 1665, emmenant avec lui Anne de Souastre, mais celle-ci, voyant que l'argent commence à manquer, se hâtera de le quitter. En 1671, il meurt enfin, sans que le remords ait touché un seul instant son âme inexorable.

Madeleine, elle, a connu la délivrance, la joie de

rentrer en France, de retrouver ses sœurs, sa famille, une vie agréable et son joli château de Frucourt où elle vivra encore quelques belles journées en compagnie du fidèle Leblanc auquel l'attache peut-être un sentiment plus tendre que la simple reconnaissance. Mais la vie inhumaine qu'elle a menée l'a usée et, le 26 janvier 1676, elle s'éteindra à cinquante-six ans…

Légué aux Nicolay qui l'agrandiront et le remanieront, Frucourt, vendu comme bien national pendant la Révolution, sera acheté alors par un membre de la famille Morgan, un Breton apparenté aux Morgan de New York mais, en 1920, c'est le comte de Forceville qui le fait enfin rentrer dans une famille à laquelle il avait appartenu depuis le Moyen Âge.

Le château n'est pas ouvert à la visite.

LA GRANGE-BLÉNEAU

Le bel amour de Mme de La Fayette

> *Sentir, aimer, souffrir, se dévouer sera toujours le texte de la vie des femmes.*
>
> Honoré de BALZAC

Il est curieux, ce château féodal revu par les grâces du XVIIIe siècle. Il garde les sévérités du Moyen Âge sans avoir réellement réussi à acquérir le charme du siècle des Lumières mais, après tout, peut-être n'en a-t-il jamais senti le besoin car c'eût été peut-être une façon d'abolir le souvenir du temps jadis.

C'est en effet une très noble demeure que cette ancienne seigneurie de la Grange-en-Brie, déjà mentionnée au XIIIe siècle. Au temps où elle n'était encore que tours et courtines guerrières, elle fut aux Courtenay, de ces Courtenay qui surent trouver à Constantinople une couronne impériale. Ensuite, elle fut aux ducs de La Feuillade, puis aux d'Aguesseau. Enfin, à une jeune femme frêle, fragile mais qui sut porter avec un grand courage, sur deux continents, le double poids d'un nom illustre et d'un amour comme on n'en rencontre plus : Adrienne de Noailles, marquise de La Fayette.

Elle n'y a pourtant vécu que cinq années, les seules paisibles de son existence, alors que son universel époux allait y vivre, après sa mort, vingt-sept vigoureuses années. Mais son ombre tendre allait y demeurer si vivante, si présente et si attentive que c'est à elle et à elle seule qu'ira l'hommage de ces quelques lignes. Peut-être parce que, sans elle, La Fayette n'aurait pas été tout à fait ce qu'il fut…

Tout a commencé pour elle ce 11 avril 1774, dans l'hôtel de ses parents, rue Saint-Honoré, au milieu des fleurs et des flambeaux allumés. Ce jour-là, Adrienne épouse Gilbert Motier, marquis de La Fayette, et elle est heureuse. Il a dix-sept ans, elle n'en a que quatorze mais son cœur s'est donné pour jamais à ce garçon dégingandé et maladroit, à cet Auvergnat un peu rousseau qu'elle regarde avec admiration. Et, dans la simplicité de son cœur, elle en livre le secret sans l'ombre d'un détour :

« Désormais, je suis entièrement à vous… » lui dit-elle.

Ce n'est pas là vaine parole mais bien serment de l'âme doublant celui des lèvres. Un serment qu'Adrienne va passer sa vie durant à tenir. Dieu sait pourtant que le « héros » ne va guère lui faciliter la tâche !

Il est amoureux d'elle sans doute mais parfaitement capable d'aimer plusieurs femmes à la fois. Mme de La Fayette le sait, mais elle est incapable d'une plainte. Elle s'installe dans l'attente et, pendant des années, outre la venue des trois enfants qu'elle mettra au monde, elle va attendre…

Attendre que Gilbert ait fini d'aimer la ravissante Aglée d'Hunolstein, une jolie Provençale dont l'amant en titre est le duc d'Orléans. Attendre des lettres et de continuelles demandes d'argent quand il vole au secours des Insurgents d'Amérique et se dévoue corps, âme et fortune à ce combat exaltant. Attendre la fin de la guerre de l'Indépendance et le retour du héros… Attendre, enfin l'extinction d'une autre passion : celle dont brûle son inflammable époux, à son retour d'Amérique, pour la très belle comtesse de Simiane…

Ah, ce retour d'Amérique ! Avec quelle joie, pourtant, Adrienne l'a vécu aux côtés de Gilbert et quels espoirs n'en a-t-elle pas tirés ? La cour entière a été à leurs pieds durant quelques jours et la reine elle-même a raccompagné personnellement à sa voiture, à Versailles, la petite marquise de La Fayette… Cela a été comme une coupure éclatante dans la longue grisaille de cette attente éternelle. Mais le soleil s'est vite couché. Il y a eu Mme de Simiane et puis de lourds nuages d'inquiétude quand La Fayette s'est mis à pousser follement à la roue du char révolutionnaire qui allait non seulement les séparer mais aussi broyer ceux qu'ils aimaient.

Les nuages ont crevé, lâchant la pluie noire de l'angoisse : Gilbert s'en est allé combattre aux frontières menacées et tombe captif aux mains des Autrichiens trop heureux de tenir enfin entre leurs mains l'homme qu'ils considéraient comme responsable en majeure partie de la mort de Louis XVI et de Marie-Antoinette. Et puis il y avait eu la Terreur : les Noailles arrêtés, envoyés à l'échafaud. Adrienne avait vu partir pour la mort sa grand-mère, sa mère et sa jeune sœur. Les hommes aussi… Elle, on l'a « oubliée » dans la sinistre prison de La Force.

Oubliée parce que, tout de même, on n'a pas osé envoyer à la guillotine l'épouse de La Fayette. On a bien voulu ne se souvenir que de ce nom-là, cacher pudiquement celui de Noailles. Mais, dans le cachot, Adrienne a laissé sa santé. Quand, au soir du 22 janvier 1795, le vieux cousin de Champetières est venu chercher Adrienne à la porte de la prison, il a été effrayé : le joli visage d'autrefois, les beaux yeux couleur d'azur tendre ont pâli. À trente-cinq ans, Mme de La Fayette en paraît dix de plus…

Mais son énergie demeure. Tout de suite elle s'inquiète de ses enfants. Son fils ? Il est toujours à Londres où il a trouvé refuge. Ses filles ? Elles sont en Auvergne au château familial des La Fayette, Chavaniac, sous la garde d'une vieille tante. Et Gilbert ? À la forteresse d'Olmütz et plus surveillé que jamais. On a su qu'en octobre dernier il a tenté de s'évader et que les choses ont mal tourné pour lui : une chute de cheval particulièrement stupide qui lui a valu un tour de reins, un refuge mal choisi où on l'a dénoncé… Il n'est pas en danger pour le moment et Adrienne doit songer à elle. Il lui faut rejoindre ses filles à Chavaniac, y laisser le bon air lui refaire des forces, se reposer !

C'est mal la connaître. Certes, elle va à Chavaniac mais c'est pour y reprendre seulement ses filles. De là, elle partira pour l'Autriche. Et comme M. de Champetières se récrie, elle explique son plan : elle ira se jeter aux pieds de l'empereur et il faudra bien qu'il l'entende ! Elle porte le meilleur sang de France. Elle est une Noailles et les Noailles ont pâti cruellement, autant que la famille royale.

Et elle part. Boissy d'Anglas lui a obtenu un passeport pour Hambourg où le consul américain lui en délivre un autre au nom de « Mme Motier », citoyenne américaine se rendant à Vienne. Arrivée dans la capitale autrichienne, Adrienne devra attendre longuement l'audience impériale.

L'empereur François II est un jeune homme de vingt-sept ans, aimable, élégant et qui aime fort les dames, mais Mme de La Fayette ne trouve pas grâce à ses yeux : libérer un homme aussi dangereux, un fauteur de révolutions ? Il ne saurait en être question. Que La Fayette soit considéré en France comme un grand homme est chose possible mais l'Autriche, elle, le considère d'un œil infiniment moins indulgent. Il restera dans sa forteresse.

Alors Adrienne adresse une autre demande : qu'on lui permette au moins d'aller, avec ses filles, rejoindre le prisonnier. Toutes trois veulent partager sa captivité si elles ne peuvent le libérer. L'empereur usera toute sa dialectique à tenter de dissuader l'héroïque créature : elle veut qu'on l'enferme avec son époux et il faut bien en passer par là… Et l'empereur cède : Mme de La Fayette et ses filles partiront pour la Haute-Moravie.

En dépit de son courage, elle a un instant de faiblesse en apercevant les murs gris d'une vieille forteresse qui a subi jadis l'assaut des Turcs. Sa fille Anastasie, décidément du même bois qu'elle, la remet d'aplomb :

« Allons, Maman, vous n'allez pas vous évanouir à l'instant où nous allons pouvoir enfin vivre en famille ! »

Étrange « vie de famille » ! Les trois femmes sont traitées en prisonnières d'État, fouillées et délestées de tout ce qu'elles possèdent en dépit de la lettre de l'empereur que porte Adrienne… Mais tout cela lui est égal : elle revoit son époux. Il est dans un état pitoyable, vieilli, maigre, voûté. Il éclate en sanglots en la voyant : « Vous, mon cœur ? Est-ce que je rêve. »

Non. La réunion est bien réelle et elle va durer

jusqu'en octobre 1797. Mais quelle existence terrible ! Les prisonniers sont à peu près nourris mais manquent de toutes autres choses. Tellement qu'Adrienne finit par tomber sérieusement malade. Pourtant elle refuse de quitter Olmütz car elle sait qu'elle ne pourrait y revenir. Elle aime mieux mourir sur place.

Son héroïsme a conquis l'un des geôliers. Il accepte de laisser partir des lettres écrites avec de la suie et une écharde. Des lettres pour l'Europe, pour l'Amérique… Bientôt, c'est une levée de boucliers et l'Autriche doit enfin lâcher ses prisonniers. Il était plus que temps de soigner Mme de La Fayette…

On gagne la Hollande, chez Mme de Tessé, sœur de La Fayette. Enfin, en 1802, c'est l'installation à La Grange-Bléneau où Adrienne va connaître quelques années de bonheur paisible.

Bien peu, hélas ! Sa santé est définitivement ruinée et elle ne pourra retenir sa vie au-delà de la Noël 1807.

C'est avec sérénité qu'elle voit venir la mort parce que sa main repose dans celle de son cher Gilbert :

« Que vous êtes bon et que je vous aime ! soupira-t-elle encore, ajoutant plus bas : Je vais vous attendre là-haut. »

Encore attendre ? Eh oui : vingt-sept ans jusqu'à ce jour de mai 1834 où La Fayette, mort à La Grange, la quitta enfin pour rejoindre Adrienne sous la dalle toujours fleurie du petit cimetière des Dames de Picpus…

Actuellement, le château appartient à la fondation Josée et René de Chambrun et n'est pas ouvert à la visite.

HAUTERIVE

La jeune Occitanienne

Un rêve intact est une merveille fragile...

Édouard ESTAUNIÉ

Par une belle journée de l'été 1820, deux jeunes filles, penchées sur un petit bureau, sont occupées à composer une lettre qui semble leur donner beaucoup de mal. Elles n'ont pas un regard pour le paysage qui s'étend sous leur fenêtre : celui de l'aimable vallée du Thoré et des campagnes qui avoisinent la ville de Castres.

Toutes deux ont à peu près le même âge : dix-sept ans, et elles sont cousines. La plus grande, c'est Léontine de Villeneuve dont le père, le comte de Villeneuve, est le propriétaire de ce joli château d'Hauterive aux pierres claires qui ne conserve des temps féodaux qu'une modeste tour. L'autre, c'est Coralie de Gaix, sa confidente et aussi sa meilleure amie. Les deux jeunes filles ont grandi ensemble car le château de Gaix est peu éloigné d'Hauterive. Elles en ont gardé les mêmes idées, les mêmes goûts, presque les mêmes rêves.

Surtout, elles éprouvent pour la lecture et les belles lettres une véritable passion. Une passion qui les rapproche de ce Paris, centre de toute lumière littéraire, dont elles ne savent même pas si elles le verront un jour. Ce qui les désole car leur maître à penser, leur grand homme, c'est celui que la France entière, à la suite de quelques nobles dames, a surnommé l'Enchanteur : le vicomte René de Chateaubriand dont le *Génie du christianisme* a arraché des larmes d'émotion à Léontine et à Coralie…

Et si, ce jour-là, Léontine et Coralie s'appliquent tellement à écrire leur lettre, c'est parce que, après bien des hésitations, elles se sont enfin décidées à entreprendre la grande affaire de leur vie : écrire au grand homme dans l'espoir, bien tremblant il est vrai, de recevoir en retour quelques mots d'une main si vénérée… Et, en vérité, leur lettre est charmante :

« Monsieur le vicomte, dit-elle, nous n'avons l'honneur de vous connaître que par la beauté de vos ouvrages et votre dévouement à la cause royale. Les preuves de fidélité que vous avez données au Roi sont connues et, ayant partagé vos sentiments, nous nous faisons gloire d'avoir pour nous un auteur si distingué. Tout cela réuni nous a donné un vif désir de vous connaître. C'est pourquoi nous serions très flattées si, quelque jour, vous honoriez nos châteaux de votre présence. Nous ne pourrons pas vous présenter les rosiers de Jéricho ni les palmes de Gadès mais vous y verrez des chênes qui ont vu vieillir nos pères et qui leur ont survécu… »

Autant le dire tout de suite, cette lettre ne partira pas. Au moment de signer, Coralie a pris peur. Elle est plus timide que Léontine et craint que leur dieu ne les prenne pour des folles. Léontine rangera donc la lettre et s'efforcera de n'y plus penser. Mais, quelques années plus tard, Coralie s'est mariée et, de ce fait, les deux amies se voient moins. Aussi, un soir de novembre 1827, Léontine, assise seule au petit bureau, entreprend-elle, le cœur battant, de nouer enfin le lien tant désiré.

« Je ne sais en vérité, Monsieur, pourquoi je vous écris. Mille autres avant moi ont fatigué des hommes illustres de leurs correspondances anonymes. Plusieurs femmes ont dû me devancer mais aucune vous a-t-elle dit : "C'est vous qui avez développé dans mon âme les premiers germes de l'enthousiasme. Je n'étais rien. Je n'étais qu'une jeune fille élevée dans la retraite lorsqu'un jour vos écrits sont venus m'ouvrir une source de jouissances"… »

La lettre est seulement signée Adèle. De même que sept ans auparavant, Léontine n'a pas eu le courage d'aller au bout de son projet, elle s'abrite sous une fausse identité et donne une adresse qui n'est pas celle du château. Or, quelques jours plus tard, c'est le miracle : une lettre ! Et quelle lettre !

« Si nous nous rencontrons un jour, Mademoiselle, je verrai sans doute quelque belle et jeune Occitanienne, pleine de grâces et de nobles sentiments. Vous verrez un vieux bonhomme tout blanc par la tête et qui n'a plus du chevalier que le cœur. Ne nous voyons pas, Mademoiselle. Je ne veux pas tomber dans des illusions quand vous perdrez les vôtres… »

On devine la joie de Léontine qui se hâte, devant un tel succès, de reprendre sa plume. Et peu à peu, une correspondance suivie s'établit entre l'Enchanteur et celle qu'il appelle « la charmante Occitanienne ». Malheureusement, il reste bien peu de choses des lettres de la jeune fille. Par contre, toutes celles de

Chateaubriand ont été conservées et, par elles, on peut suivre le déroulement de cette idylle, car c'en fut une…

Sans bien s'en rendre compte, Léontine aime l'écrivain, et lui, au fil de cette correspondance, se prend à aimer aussi cette jeune inconnue dont l'âme se donne à lui si totalement. : « Je consens à n'être, dans votre vie, qu'un charme indéfinissable, lui écrit-il quelques mois plus tard, si vous dites bien la vérité et je vous crois sincère. Ne donnons point de nom, comme vous le proposez, à notre sentiment. Je n'ai à offrir à votre jeune vie, à vos grâces, qu'une vie usée et les disgrâces du temps contre lesquelles il n'y a point de retour…

« Je ne vous aime point, dites-vous, et vous vous m'aimez. Voulez-vous prendre le mot dans toute son étendue ? Comment voulez-vous d'abord que j'exprime pour moi ce que je sens pour une femme que je ne connais pas ? De la reconnaissance pour vos bontés, de l'attendrissement, de la réciprocité pour une amitié si généreusement offerte, enfin un certain attrait indéfinissable qu'on éprouve toujours dans des relations de cœur et de confiance avec une jeune femme. Voilà sincèrement ce que j'éprouve pour Léontine… »

Car, bien sûr, le pseudonyme d'Adèle n'a pas vécu plus longtemps que la seconde lettre. Pourquoi, d'ailleurs, se fût-elle cachée davantage ? À mesure que les lettres s'accumulent, le ton de l'Enchanteur se fait plus tendre, plus intime : « Vous me dites : je veux du bonheur ou du malheur avec vous et par vous. Vous vous trompez. Je ne puis vous donner que du malheur. Je ne parle pas du malheur que je porte en moi et que vous pourriez aimer, je parle de celui que je donne.

Toutes les personnes qui se sont attachées à moi s'en sont repenties, toutes ont souffert. Aussi suis-je saisi de terreur quand une personne veut s'attacher à moi... » Mais comme il souhaite qu'elle persiste ! Comme il craint qu'elle ne se lasse de ce jeu charmant où il retrouve sa jeunesse mais, surtout, comme il a peur de la voir et d'être vu par elle car, alors, leur grande différence d'âge ne pourrait qu'éclater aux yeux de la jeune fille... Il a tort : ce que Léontine aime c'est le génie, c'est l'écrivain, c'est l'âme, alors que pour lui, qui a séduit tant de femmes et qui en séduit encore, l'amour ne peut être fait que de réalités accolées au rêve...

Pourtant, vers l'été de 1828, Chateaubriand est sur le point de se laisser convaincre mais, au dernier moment, il lui faut modifier ses plans : le roi vient de le nommer ambassadeur à Rome : « Ainsi, voilà tous nos beaux projets réduits en fumée ; ma vie change de nouveau... »

Et puis, tout de même, l'année 1829 verra leur rencontre : « Je serai à Cauterets du 12 au 29 juillet, écrit enfin l'Enchanteur. Je mets mes cheveux gris aux pieds de votre invisible et invincible puissance. La triste réalité va bientôt remplacer le songe... » Mais, la réalité, Léontine ne la craint pas. Elle sait qu'elle ne sera pas déçue... Celui qui l'est, c'est le lecteur, invisible spectateur de cette passion car c'en fut une, à la lecture du récit, vraisemblablement arrangé pour les yeux de la jalouse Juliette Récamier, que Chateaubriand donne de cette rencontre.

« Voilà qu'en poétisant, je rencontrai une jeune femme assise au bord du gave. Elle se leva et vint droit à moi. Elle savait par la rumeur du hameau que j'étais à Cauterets. Il se trouva que l'inconnue était une Occitanienne qui m'écrivait depuis deux ans sans que je l'eusse jamais vue. La mystérieuse inconnue se dévoila : *patuit dea !* J'allai rendre ma visite respectueuse à la naïade du torrent. Un soir qu'elle m'accompagnait, lorsque je me retirai, elle voulut me suivre, je fus obligé de la reporter chez elle dans mes bras. Jamais je n'ai été si honteux : inspirer une sorte d'attachement à mon âge me semblait une véritable dérision. »

Comme quoi l'on peut être un grand écrivain en même temps qu'un hypocrite doublé d'un menteur, car durant tout le temps qu'il passa à Cauterets, il vit beaucoup l'Occitanienne.

La fin du séjour fut marquée d'un drame. L'entrée en scène du ministère Polignac oblige Chateaubriand à donner sa démission. Léontine, alors, lui propose de renoncer à son mariage (car, tout de même il est fortement question de la marier) et de se retirer dans un couvent de Rome ou d'ailleurs pour pouvoir vivre auprès de lui sans offenser la morale. Projets fous, projets sans lendemain. On se sépare à Cauterets et, tandis que Chateaubriand regagne Paris, Léontine retourne à Hauterive avec sa tante Mlle du Valès qui l'a accompagnée, presque décidée à se marier. Et, de fait, un an plus tard, elle devient comtesse de Castelbajac avec, semble-t-il, une joie absolue. Le roman de la jeune Occitanienne est bien fini.

Pourtant, Chateaubriand et Léontine se reverront : la première fois en 1838, à l'Académie des jeux floraux que l'écrivain est venu présider, puis en 1847, l'année qui précède la mort de l'Enchanteur, dans son appartement de la rue du Bac où Mme de Castelbajac est venue lui rendre visite.

« C'est vous ? dit-il en tendant les deux mains mais

sans pouvoir bouger de ce fauteuil auquel il est désormais condamné. Je vous ai bien aimée… Je vous aime toujours… »

Ce furent, cette fois, les derniers mots du roman. La visiteuse s'enfuit en pleurant…

Le château est fermé pour cause de restauration.

JOUX

Prisonniers des nuages

Vous qui entrez, laissez toute espérance...

DANTE ALIGHIERI

La cluse ouvre, dans la chaîne du Jura, une profonde saignée où se glissent la route et le chemin de fer, une faille entre deux murailles rocheuses qui constitue le chemin le plus direct et le plus commode pour relier la Bourgogne à Lausanne et à la rive suisse du lac Léman. L'endroit est sauvage, superbe avec ses rocs abrupts couronnés et fourrés de noirs sapins. Mais plus haut que les sapins, juste au bord des nuages il y a Joux penché au-dessus de la cluse qu'il surveille : un puissant château, une antique forteresse dont l'histoire se perd dans la nuit des temps.

Le passage vers la Suisse a toujours été important. Les légions romaines le connaissaient comme plus tard les armées des ducs de Bourgogne. Importante donc était la garde de la région et, de tout temps, il y eut, là-haut, des murailles, des hommes et des yeux pour observer. Et des bras pour combattre.

De tout temps aussi, il y eut des seigneurs : maîtres d'abord puis capitaines aux ordres de plus puissants qu'eux quand ils ne se retrouvaient pas les hôtes forcés du terrible château. Ce furent, après les Romains, les sires de Joux : « Race longtemps la plus farouche de tous les seigneurs à bannières du Jura », écrit l'historien comtois Édouard Clerc. « Rien n'avait civilisé ces Bourguignons sauvages, oppresseurs du faible, armés de toutes pièces, à cheval et la masse au bras… » Veut-on un exemple, visible, tangible qui suscite encore de nos jours l'effroi des visiteurs ? Penchons-nous sur le puits, l'immense puits profond de quatre cent quarante-six pieds (cent quarante-quatre mètres cinquante) qui s'enfonce dans le rocher pour rejoindre l'eau indispensable à la vie du château. Ce puits fut creusé de main d'homme. « Il le fut, dit Louis Martin, par de malheureux mainmortables ravis à leurs foyers. Que l'on imagine le sort de ces hommes plongés dans l'obscurité, exposés sans cesse au danger, épuisés de travail et poussés ainsi à désespérer de revoir jamais le jour. »

Le puits existait déjà quand, au temps de la première croisade, une femme dut subir, pour avouer un péché d'amour, l'effroi de ce trou noir et glacé. En ce temps-là, le maître de Joux était Amauri III. Comme ses ancêtres une sorte de fauve faisant fi de la souffrance humaine mais craignant fort, toutefois, pour le salut de son âme. Quand saint Bernard s'en vient prêcher la croisade dans la prairie de Vézelay à la Noël 1145, l'écho de sa voix, qu'il savait faire entendre des rois comme des vilains, parvient jusqu'au cœur des montagnes jurassiennes à frapper l'oreille du sire de Joux.

Celui-ci, qui a élevé le brigandage à la hauteur

d'une institution au point que les marchands préfèrent emprunter les difficiles sentiers de la montagne plutôt que le commode chemin de la cluse, voit là une belle occasion de faire sa paix avec Dieu. En outre, il n'est pas insensible à ce que l'on pourrait appeler le mirage doré de l'Orient. Et il part, laissant au logis sa jeune et jolie femme, Berthe d'Auxonne, et le fils qu'elle lui a donné.

Qu'on n'imagine pas que Berthe le voit partir avec plaisir. Amauri est peut-être une brute mais il ne diffère guère de ses contemporains. Et puis il n'est pas sans charme. Blanche pleure donc quand son seigneur disparaît de son horizon puis entreprend la longue attente. Une attente de sept années au bout desquelles, enfin, elle se décide à prendre le deuil. Des nouvelles sont venues de Terre sainte. Des nouvelles contradictoires, il est vrai : les unes prétendent qu'Amauri a été tué au combat, d'autres qu'il s'est mis en ménage avec une belle Sarrasine fabuleusement riche. Berthe peut donc se considérer comme veuve et agir en conséquence.

Sa mauvaise chance veut qu'un soir un chevalier blessé demande l'asile. Il s'agit d'un de ses cousins, Amé de Montfaucon, qui est aussi son ami d'enfance. On recueille le blessé, on le soigne, on le dorlote. Et puis, peu à peu, on se met à l'aimer. Et l'on devient sa maîtresse. Oh, discrètement : on ne se rejoint que la nuit quand tout le monde dort.

Mais l'écho des montagnes est singulièrement bavard. Le bruit de cet amour court les chemins et les forêts. Des voyageurs le recueillent. Et c'est ainsi que, par une nuit maudite, les deux amants voient surgir au pied de leur lit celui que l'on n'attendait plus : Amauri de Joux, Amauri en personne, noir comme un Maure et qui tombe sur eux comme le tonnerre.

Sa justice, si l'on peut appeler cela d'un si beau nom, frappe sans tarder. Amé est pendu sur l'heure. Quant à Blanche, elle est pendue aussi mais de façon bien différente : le tendre époux la fait suspendre par les aisselles au-dessus de l'immense puits que les serfs ont creusé sous le fouet. Et cela dans le but de lui faire avouer. Mais avouer quoi ? Qu'elle aimait Amé ? Qu'elle s'était donnée à lui encore et encore ? Elle ne s'en fit pas faute. Non seulement elle avoua tout ce qu'Amauri voulait mais encore elle osa lui crier que tout cela était uniquement de sa faute.

Dangereuse parole. La malheureuse fut aussitôt enfermée dans le plus terrible cachot du château : une sorte de tombeau creusé dans le rocher sans autre issue qu'une porte basse et dans lequel il était aussi impossible de se tenir debout que de s'étendre. On la jeta dans cet *in pace* mais, deux fois par jour, on l'en tirait pour lui faire contempler le cadavre de son amant qui, privé de la pudeur du tombeau, devenait une chose qui n'avait plus de nom dans aucune langue (le cachot est toujours visible). Berthe demeura là douze ans, jusqu'à ce que la mort de son bourreau la délivre. Quand son fils fit ouvrir le cachot, il trouva une vieille femme nouée comme un vieux cep, à moitié folle, qui réclamait à la fois Dieu et Amé.

On ne pouvait lui donner que Dieu. Le fils confia sa mère à l'abbaye de Montbenoît qu'Amauri III avait fait construire pour détourner de lui la colère divine.

Vassalisée par la maison de Bourgogne, la lignée des sires de Joux s'éteint en 1326. Le château passe par mariage à la maison de Blonay puis, par voie de vente, à celle de Vienne mais finit par être racheté par le duc de Bourgogne Philippe le Bon. Le duc est trop avisé pour ne pas reconnaître la valeur stratégique du château qui devient forteresse et, en quelque sorte, chien de garde. Une forteresse qui va connaître bien des changements de couleurs puisque, après celle de Bourgogne, on y verra flotter la bannière de France, puis celle d'Espagne, encore celle de Bourgogne puis celle d'Autriche, à nouveau celle d'Espagne, celle de Weimar, celle d'Espagne et, enfin, définitivement, celle de France.

Tous ces changements de nationalité lui ont valu quelques transformations mais c'est Vauban qui, pour Louis XIV, fait creuser les fossés et élever les remparts, l'enceinte quintuple que l'on peut admirer aujourd'hui.

Au XVIIIe siècle, Joux devient prison pour quelques mauvaises têtes des environs puis prison d'État pour des têtes beaucoup plus illustres. C'est ainsi que le 25 mai 1775, un garçon de vingt-six ans franchit les portes de la forteresse. Il se nomme Mirabeau et il est poursuivi par la vindicte paternelle qui le traîne de geôle en geôle. Pour l'heure, il arrive du château d'If.

Qu'on ne l'imagine surtout pas entassé dans le cachot de la pauvre Berthe ! Mirabeau a une chambre relativement confortable et bénéficie même d'une certaine liberté qui lui permet, grâce à la bonté d'âme du gouverneur, le comte de Saint-Mauris, de fréquenter, à l'instar des officiers du château, la bonne société de Pontarlier, la ville voisine.

Bien plus : au lendemain des fêtes données en l'honneur du sacre de Louis XVI, on l'autorise à prendre une chambre en ville. Cela va lui permettre de développer une aventure passionnée avec la jeune et charmante Sophie, marquise de Monnier. Celle-ci avait seize ans et l'on venait de la marier à Monnier, premier président à la Cour des comptes de Dole, un veuf septuagénaire et perpétuellement malade.

Un aussi grand amour ne saurait rester sous le boisseau. Son bruit vint aux oreilles de M. de Saint-Mauris qui, tout à coup jaloux, décida que Mirabeau réintégrerait ce qu'il appelait un « véritable nid à hiboux égayé par quelques invalides… ». Le gouverneur n'eut pas le temps de mettre sa menace à exécution : le 14 janvier 1776, Mirabeau enlevait Mme de Monnier et s'enfuyait avec elle en Hollande.

Mais il avait ouvert l'ère des prisonniers illustres. Il y en a toute une collection, tels les chefs royalistes d'Andigné et Suzannet, le marquis de Rivière, le cardinal Cavalchini qui avait été gouverneur de Rome et des chefs noirs déportés de Saint-Domingue. On compte aussi le général Dupont, le vaincu de Baïlen, incarcéré par ordre de Napoléon, le poète allemand Heinrich von Kleist qui ne restera que six mois et finira par se suicider peu d'années après. Enfin et surtout, le chef noir Toussaint Louverture, peut-être la plus noble victime de Joux car il devait en mourir.

Toussaint, petit-fils d'un roitelet de la brousse de Saint-Domingue (aujourd'hui Haïti), est d'abord un esclave bien traité, le cocher du comte de La Noe. Intelligent, il a réussi à s'instruire et il a quarante-six ans quand parvient la nouvelle de la prise de la Bastille. Dès lors, il ne vit plus que pour la libération des quelque cinq cent mille esclaves qui font la richesse de l'île. Mais s'il prend les armes, ce n'est pas vraiment un homme de violence. Bien plus, quand Saint-Domingue est attaquée par les Espagnols et par les Anglais, Toussaint combat aux côtés des Français. Il a fait abolir l'esclavage, cela lui suffit. D'ailleurs, en fait, il règne sur l'île. Ce que ne peut admettre le gouvernement de Bonaparte.

Une expédition est lancée contre lui, commandée

par le général Leclerc, premier époux de la ravissante Pauline Bonaparte qui l'accompagne. Une violente révolte des Noirs et les attaques de la fièvre jaune ne sauveront pas Toussaint, trahi d'ailleurs par son entourage. Capturé, il est ramené en France, enfermé à Brest, puis ramené à l'autre bout de la France, au château de Joux. Il y mourut de froid et de misère le 27 avril 1803. Quelques mois après, le 1er janvier 1804, l'indépendance d'Haïti était proclamée… Trop tard !

HORAIRES D'OUVERTURE

Du 1er avril au 15 novembre	10 h-11 h 30 et 14 h-16 h 30
Juillet et août	9 h 30-18 h

Le musée d'armes anciennes fait partie intégrante de la visite guidée du château.

http://chateaudejoux.com/

KERJEAN

Les « fileuses » de la châtelaine

Une seule femme est plus forte que mille hommes

Proverbe hollandais

Vers le milieu du XVIe siècle, le chanoine Hamon Le Barbier, homme riche et fastueux, se mit en tête de faire construire le plus beau château qui eût jamais été en Bretagne. Il chercha les meilleures artisans, le granit le plus fin et, sur l'emplacement d'un ancien fort, petit à petit, le château de Kerjean sortit de terre. La construction, entreprise en 1545, dura de longues années. Si longues même que le bon chanoine n'était plus de ce monde quand, en 1596, on planta le bouquet au sommet de la tour.

Le château appartient alors à un sien petit-neveu, René Le Barbier qui en fait le nid de ses amours conjugales. En effet, l'an 1610, il épousait et menait dans le château neuf la demoiselle de ses pensées, la ravissante Françoise de Quelen, de trois ans sa cadette. Lui-même n'en avait pas beaucoup plus de seize. Mais, à cette époque, l'amour naissait de bonne heure, ou plutôt se couronnait de bonne heure, et les mariages, surtout dans les maisons de noble lignage, se concluaient entre gens à peine sortis de l'enfance. En tout cas ce mariage-là, il faut bien l'avouer, se trouvait pleinement réussi et donnait satisfaction aussi bien aux principaux intéressés qu'à leur entourage car il était parfaitement assorti.

Les choses en sont là, c'est-à-dire en plein bonheur, quand, en 1614, René reçoit l'ordre de se rendre à Paris au nom du jeune roi Louis XIII. La Régente réunit les états généraux et les principaux de la noblesse bretonne se doivent d'y assister. René est de ceux-là. Françoise aussi est conviée mais les fastes de la cour ne la tentent pas. Elle préfère de beaucoup rester dans sa belle maison de Kerjean. D'ailleurs la route est longue et fatigante. René part donc seul, parfaitement tranquille sur le sort de sa femme.

Quand il arrive au Louvre, il se félicite plus que jamais d'avoir laissé Françoise en Bretagne. Le vrai roi de France, c'est Concini, un ancien croupier de tripot, un Florentin habile, rusé, séduisant et même inquiétant. La cour est à son image, cynique et débauchée. Bientôt le seigneur breton en est la risée. Ne refuse-t-il pas de prendre sa part de la joyeuse vie parisienne ? Et cela au nom de quoi : de l'amour conjugal ? C'est à mourir de rire.

La reine Marie de Médicis ne vaut guère mieux que son entourage. Elle affecte de prendre pour offense l'absence de Mme de Kerjean. Il faut qu'elle soit bien sotte ou bien laide pour ne pas oser se montrer.

Piqué au vif, René Le Barbier se rebiffe : sa femme est loin d'être sotte et elle est l'une des plus jolies femmes de Bretagne. Il y a là un autre Breton, le marquis de Belz, qui appuie ses dires. Françoise est vraiment très belle et on en profite pour tourner encore le mari en dérision, mais sur un autre mode : il n'a pas voulu que sa femme vienne à Paris parce qu'il est jaloux. Il la tient sous clef par crainte de la voir lui échapper et qu'elle ne succombe au charme de l'un ou l'autre des si séduisants seigneurs de la cour. Il n'a pas confiance en elle… pas plus qu'en lui-même.

Pas confiance ? René a si grande confiance en sa femme qu'il serait parfaitement tranquille si, par exemple, elle recevait, hors de sa présence, la visite de… disons quatre seigneurs de la cour. Bien mieux, il leur donnerait même une lettre d'introduction.

La proposition est surtout une boutade inspirée par la colère, mais on le prend au mot et Marie de Médicis va servir d'arbitre. M. de Kerjean restera auprès d'elle tandis que quatre de ses plus aimables serviteurs s'en iront en Bretagne essayer leur séduction sur sa femme. Des paris seront engagés.

Les candidats sont : le marquis de Belz, déjà nommé, le vicomte de Bombelles, le chevalier de Saint-Phal et le comte de Bruch. Qu'engagent-ils dans l'aventure : « Mon plus beau diamant », dit Bruch ; « Mon cheval favori », dit Belz ; « Ma dernière récolte », dit Saint-Phal ; « Mille écus », dit Bombelles. La Reine alors se tourne vers René :

« Et vous, monsieur ?

– Toute ma fortune, madame. Ma femme est sage et le restera ! » Et il donne effectivement à chacun des concurrents une lettre d'introduction. Puis il va commencer à attendre les résultats de l'inquiétant pari. Il a en effet été convenu que les quatre hommes se rendraient à tour de rôle auprès de la dame de Kerjean afin d'avoir toutes leurs chances. Et, en effet, partis ensemble, ils s'arrêtent à Morlaix, dans la meilleure auberge. C'est Bombelles qui le premier s'élance sur la route de Kerjean…

Au Louvre, René se ronge les sangs en dépit de son assurance. Et voilà qu'une lettre arrive de Bretagne. Elle contient un ruban bleu, un de ceux qu'affectionne sa femme. Un ruban ? Cela ne signifie rien, on en vend des aunes à Morlaix. La semaine suivante, c'est une épingle de corsage en or. Elle appartient bien à Françoise… mais il est facile de se procurer un objet personnel à l'insu d'une femme qui ne se méfie pas. Troisième envoi, une semaine plus tard : une boucle de cheveux blonds que René ne touchera pas sans émotion. Mais il se contente de jurer qu'il jettera dehors la cameriste de sa femme dès qu'il sera de retour. C'est elle, à n'en pas douter, qui s'est laissé acheter. La confiance inébranlable de cet homme finit par inspirer le respect.

Une semaine plus tard, nouvel envoi. Cette fois, il contient l'anneau conjugal et René pense en mourir de fureur et de chagrin.

« Je crois, lui dit la reine mère, qu'il est grand temps pour vous de rentrer, monsieur de Kerjean… »

Il ne se le fait pas dire deux fois et, au long de la route, il ne s'arrêtera guère sinon pour changer de chevaux. Quand il arrive à Kerjean, il est rompu de fatigue mais trouve sa femme fraîche, rose et pleine de tendresse. Elle l'accueille avec tout l'amour auquel il était habitué mais cet amour déchaîne en lui la colère. Comment ose-t-elle après la conduite qu'elle a tenue ?

Une mauvaise conduite ? Est-ce que René n'aurait pas trop bu ? Certes, quatre cavaliers sont venus à tour de rôle et elle les a reçus et, conformément à ce que René indiquait dans sa lettre, elle ne leur a rien refusé de ce qui n'était pas contraire à l'honnêteté. Ainsi, elle a donné un ruban à Bombelles, une épingle d'or, une mèche de cheveux… « Et l'anneau ? rugit René. Osez-vous prétendre que vous n'avez pas donné votre anneau, traîtresse ? » Et Françoise de répondre assez rudement : oui, elle l'a donné parce qu'elle estimait que son époux méritait une leçon pour avoir osé la soumettre à telle épreuve, pour avoir osé lui envoyer la tentation. Et puis c'était sans doute le meilleur moyen de le voir revenir très vite.

Un peu désarçonné, René ne sait plus trop que dire. Mais, au fait, où sont passés les quatre seigneurs ? Les quatre seigneurs ? On va les lui montrer. Et par le judas qui perce la porte bien armée de la salle où l'on a coutume de filer, carder et tisser le chanvre ou la laine, Françoise montre à son époux un spectacle incroyable : Bombelles est là qui file la quenouille tandis que Saint-Phal fait tourner le rouet. Un peu plus loin, installé au métier à tisser, le comte de Bruch pousse la navette avec vigueur tandis que Belz tire la toile et l'enroule. Et le plus étonnant est qu'ils n'ont pas l'air de s'ennuyer.

Et Françoise d'expliquer. Chacun d'eux a demandé un rendez-vous nocturne et la dame le leur a accordé et les a menés, chacun à son tour, dans cette salle qu'elle a refermée sur eux. Pour les deux derniers, il a fallu faire appel à ses femmes car les premiers voulaient sortir. Mais ils ont fini par accepter de travailler quand ils ont appris qu'ils n'auraient rien à manger ni à boire.

Naturellement, René Le Barbier fait délivrer aussitôt les quatre hommes qui, sans rancune, célèbrent la vertu de leur hôtesse et tout s'achève dans la joie par le superbe banquet que l'on offre aux enfermés.

L'histoire bien sûr fera grand bruit à Paris et,

quelques années plus tard, le roi Louis XIII érigera en marquisat la terre de Kerjean tandis que Françoise devient dame d'honneur de la reine. Le couple dut se plier à l'étrange tribut que lui imposait leur suzerain, le duc de Maillé : lui porter chaque année, à son château de Louharneau… un œuf mais le porter dans une charrette, puis le faire cuire et l'offrir.

Au XVIIe siècle, le château passe aux Coatanscour qui vont le tenir jusqu'à la Révolution. En 1755, Suzanne de Coatanscour, qui est peut-être la femme la plus orgueilleuse de Bretagne, y épouse Louis François Gilles de Kersauson qui devra prendre le nom de sa femme. La dame est très belle, très riche et très puissante alors que lui n'a plus guère de biens. En outre, il est amoureux.

Très généreuse, Suzanne n'en était pas moins d'une morgue quasi insupportable, et ainsi, recevant un jour l'évêque de Léon escorté de six prêtres, elle prétendit faire manger les prêtres à la cuisine. L'évêque fit mine d'aller les rejoindre et Mme de Kerjean dut capituler. Un autre jour, ayant à lire des papiers que lui portait un fonctionnaire du Trésor, elle mit si longtemps à les lire que l'homme, excédé, remit son chapeau et s'assit.

« Personne, dit la marquise, ne s'est jamais assis ni couvert devant moi !

– C'est, répondit le bonhomme sans se troubler, que ceux-là n'avaient ni c… ni tête ! »

Malheureusement, cette femme qui avait fait beaucoup de bien périt sur l'échafaud avec sa sœur en 1794…

Amputé d'une partie durant la Révolution, le château appartient à l'État. La restauration de la demeure seigneuriale a été achevée en 2005.

Horaires d'ouverture

Mars	14 h-17 h (du mercredi au dimanche)
Avril, mai juin et septembre	13 h 30-18 h (fermé le mardi)
Juillet et août	10 h-19 h
Octobre	14 h-17 h (fermé le mardi)
Novembre et décembre	14 h-17 h (uniquement le dimanche)

Fermé le 1er janvier, les 1er et 11 novembre et le 25 décembre.

http://www.cdp29.fr/kerjean-lechateaulhistoire.html

LANGEAIS

La France épouse la Bretagne

Belle amie ; si est de nous
Ni vous sans moi ni moi sans vous.

MARIE DE FRANCE

Par un jour froid et sec du tout début du mois de décembre 1491, un cortège fastueux pénètre dans la petite cité de Langeais et se dirige vers le château dont les grands murs blancs, faits de cette belle pierre de Touraine qui semble retenir le soleil, dominent avec orgueil le moutonnement bleu des toits. Le centre de la brillante cavalcade est une grande litière dans laquelle une jeune fille est à demi étendue, une jeune fille superbement vêtue de velours noir tout doublé et orné de zibelines.

Elle a quinze ans. Elle est jolie. Du moins ses contemporains le prétendent et chantent avec tant de cœur ses charmes que l'on aurait mauvaise grâce à ne pas les croire. De grâce elle ne manque pas, en dépit d'un pied légèrement plus court que l'autre. En fait on ne s'aperçoit guère de cette légère infirmité tant la jeune fille aux zibelines sait en accommoder sa démarche : « On ne s'en apercevait pas, dit Brantôme, et sa beauté n'en était point gâtée… »

En réalité, ce témoignage-là n'est peut-être pas très crédible : Brantôme n'a jamais vu celle dont il parle avec tant d'émotion, celle dont la petite main en se donnant va mettre fin à plusieurs siècles d'entente incertaine et apporter l'un de ses plus beaux rayons à l'étoile nommée France qui, sans elle, serait incomplète. Elle se nomme Anne. Elle est duchesse souveraine de Bretagne et elle s'en vient à Langeais pour épouser le jeune roi Charles VIII.

Le mariage ne s'est pas fait sans difficultés : depuis l'enfance, Charles était fiancé à Marguerite d'Autriche que l'on élevait auprès de lui à Amboise. De son côté, Anne était promise à l'empereur Maximilien, le père de cette même Marguerite. Les deux mariages étaient très avantageux mais Maximilien implanté en Bretagne, c'était la France coupée en deux à bref délai. Ainsi s'en était avisée celle qui, durant la minorité du jeune roi Charles, avait « régenté » le royaume d'une poigne quasi virile : Anne de Beaujeu, sa sœur, « la moins folle femme qui fut en France », selon le mot de son père Louis XI. Aussi, sur le conseil de sa sœur, « Charles ayant avisé qu'il n'était pas bon d'avoir un si puissant seigneur dans son royaume, ôta ladite Anne à Maximilien et l'épousa ». C'est toujours Brantôme qui parle mais cette fois, il ne risque pas de se tromper.

À dire vrai, la duchesse Anne trouvait plaisir à devenir impératrice et n'était guère tentée par la couronne de France. Son fiancé lointain la couvrait de présents en dépit d'une trésorerie médiocre. Ainsi de ces superbes zibelines qui, à l'heure de l'arrivée en France, fourrent sa robe de voyage et de celles qui orneront sa robe de noces. Mais l'habileté des négociateurs français, renforcée d'un envoi de troupes tout à fait dissuasif, a réussi à la faire changer d'avis. Et tandis qu'à Amboise Marguerite pleure en apprenant qu'elle ne sera jamais l'épouse de Charles, Anne se met en route pour suivre jusqu'à Langeais le beau chemin qui borde la Loire.

On sait que la première rencontre entre les futurs époux a été plutôt favorable. Charles a trouvé sa petite duchesse « tant belle, gracieuse, bénigne d'humeur et bien servie de corps que possible ». Quant à elle, on ne sait trop ce qu'elle a pensé. Le jeune roi n'est pas très beau mais il a du charme et de la gentillesse. Et puis Marguerite l'aime. Cela suffit pour qu'il plaise à Anne.

Le mardi 6 décembre, dans la grande salle du château dont on peut encore admirer de nos jours la superbe ordonnance, Anne signe le contrat qui lie la Bretagne à la France. Un contrat soigneusement fait : si la duchesse meurt la première, la Bretagne revient au roi de France. Si c'est le roi qui disparaît, Anne retrouve son duché mais s'engage à épouser l'héritier du trône de France. Néanmoins, tant qu'elle vivra, elle pourra continuer à gouverner la Bretagne qui, ainsi, acquiert une reine sans perdre sa duchesse.

On connaît la beauté des costumes de mariées bretonnes. La robe que porte Anne relève du conte de fées : elle est toute de drap d'or garnie de cent soixante peaux de zibelines. Somptueux aussi le lit que la fiancée a apporté de Nantes et que l'on installe dans la chambre nuptiale : il est tout « d'or cramoisi doublé de taffetas rouge ». On dit que les jeunes époux s'y couchèrent avec un certain enthousiasme. Ils y furent laissés seuls mais dans la pièce voisine étaient postés six bourgeois, l'oreille aux aguets. Ils étaient là pour attester que la duchesse Anne était venue de son bon gré en ce lit pour y devenir reine, toujours de son plein consentement. André Castelot rapporte qu'à l'issue de la nuit de noces, lesdits bourgeois « établirent un procès-verbal en des termes d'une crudité qui stupéfie et qui ne sont guère publiables... ».

Après cet exploit, le jeune couple s'en alla passer sa lune de miel au château de Plessis-lez-Tours. Les belles tours neuves de Langeais retombèrent dans le silence.

Car le château, tel qu'il existe alors, n'a guère que vingt ans. C'est Louis XI qui l'a fait construire en 1461-1462, sous la surveillance de son contrôleur des finances, Jean Bourré, sans toutefois détruire l'énorme donjon qui existe là depuis la nuit des temps. Celui-là, c'est naturellement Foulque Nerra, le « Faucon Noir », le terrible comte d'Anjou, que nous avons déjà rencontré à plusieurs reprises, qui l'a érigé. On sait sa passion pour ces lourdes et inexpugnables forteresses carrées, si solides qu'elles ont défié l'usure des siècles. En fait, elles n'avaient été construites que pour tailler des croupières au comte de Blois dont Foulque était le mortel ennemi.

Après le terrible comte, le donjon de Langeais connut divers maîtres dont le moins curieux n'est certes pas Pierre de La Brosse, favori du roi Philippe III le Hardi, dont la fortune fut aussi éclatante que la chute fut subite.

Chirurgien-barbier du roi, Pierre de la Brosse avait réussi à obtenir d'un maître qui l'appréciait le poste de chambellan. Par malheur, devenu une puissance au petit pied, couvert de biens donnés par le roi – entre autres ce château de Langeais qu'il posséda de 1270 à 1278 –, l'ancien barbier voulut encore plus de puissance et ne sut pas rester à sa place. Il se fit nombre d'ennemis, dont il n'avait cure d'ailleurs, croyant que le roi le défendrait toujours envers et contre tous.

Malheureusement pour lui, vint le jour où, jaloux de son gracieux pouvoir, il s'en prit à la reine. Marie de Brabant était jeune, belle, brillante. Son empire sur son époux s'étendait chaque jour davantage et Pierre de La Brosse en prit ombrage. C'est alors qu'intervient dans l'histoire une sombre aventure ; le prince Louis, fils aîné du roi – Marie de Brabant est sa seconde femme –, meurt si brusquement après avoir bu, chez la jeune reine, un verre d'eau que l'on parle de poison. En fait, c'est surtout Pierre de La Brosse qui parle de poison et qui, aussitôt, accuse la reine.

On devine le désarroi de Philippe III en face de l'accusation portée sur celle qu'il aime. Marie se défend : l'empoisonneur n'est autre que son accusateur. C'est lui qui a fait mourir le prince à seule fin d'accuser une femme dont il sait bien qu'il n'a rien à attendre.

Perplexité. Qui dit vrai ? L'accusation est trop grave pour qu'on la laisse aller. D'autant que le chambellan ajoute qu'il faut protéger de leur belle-mère les autres enfants royaux. À bout d'arguments, Marie de Brabant fait interroger et supplie que l'on entende une sorte de voyante, une Béguine de Nivelle dont on disait alors que la clairvoyance était extrême. Philippe y consent et la Béguine affirme que la reine est innocente, que le coupable c'est Pierre de La Brosse.

Dès lors, celui-ci est perdu. Arrêté, condamné, il est pendu le 30 juin 1278 au gibet de Montfaucon… qu'il avait récemment fait très soigneusement remettre en état. Ce matin-là, il y avait foule à Montfaucon : tous ceux surtout qui détestaient l'orgueilleux chambellan, parmi lesquels le duc de Bourgogne, le duc de Brabant et le comte d'Artois. Comme le condamné était sorti du peuple, il s'y trouva quelques voix pour chuchoter que l'on avait fait pendre un innocent.

Après les fastes du mariage royal, Langeais se voit concédé plusieurs fois à des occupants temporaires. C'est ainsi qu'en 1517 François Ier y loge le duc de Milan, Maximilien Sforza, qu'il vient de battre à Marignan et priver de ses États. Quelques années plus tard, c'est Jean de Diesbach, colonel des gardes suisses, qui s'y installe. Puis, en 1547, c'est le duc de Somma, noble napolitain entré au service du roi-chevalier en 1529. Enfin, une femme, en 1630, Marie Touchet.

Ancienne favorite de Charles IX, Marie Touchet, devenue par mariage dame de Balzac d'Entragues, ne possède plus grand-chose d'une beauté qui fut célèbre car elle a quatre-vingt-deux ans. Elle ne viendra guère à Langeais et ne le gardera qu'un an. L'année suivante, en effet, le château, détaché du domaine royal, passe à la princesse de Conti puis à l'époux farfelu d'Hortense Mancini, l'incroyable duc de Mazarin dont la piété confinait à la folie. Ses héritiers lui succédèrent à Langeais jusqu'à l'entrée, en 1765, du duc de Luynes.

Abandonné pendant la Révolution et l'Empire, le château trouva un maître compatissant, en 1833, dans un avoué de Paris, M. Baron, qui entreprit de le remettre en état. Mais toute sa splendeur lui a été rendue par M. Jacques Siegfried, fils de Jules Siegfried, ancien maire du Havre, ministre du Commerce et frère du grand écrivain économiste, André Siegfried. Par ses soins, le château, entièrement remeublé, a retrouvé sa splendeur d'antan et c'est en toute magnificence que M. Siegfried l'a légué à l'Institut de France, son actuel et heureux propriétaire.

HORAIRES D'OUVERTURE

Février et mars	9 h 30-17 h 30
Avril, mai, juin, septembre et octobre	9 h 30-18 h 30
Du 1er au 11 novembre	9 h 30-18 h 30
Du 12 novembre au 31 janvier	10 h-17 h

http://www.chateau-de-langeais.com/

LAUZUN

Le plus grand séducteur de son temps

Il n'est pas permis de rêver comme il a vécu...

LA BRUYÈRE

Au mois de mai 1633, quand naît celui qui sera sans doute possible le plus extraordinaire des cadets de Gascogne, le château de Lauzun, au nord de la vallée de la Garonne, se compose encore d'un fort donjon carré du XIIe siècle, d'un logis du XVe et d'un corps de bâtiment Renaissance que fit élever, au XVIe siècle, Gabriel de Caumont. L'ensemble – qui n'est plus tout à fait le même de nos jours – ne manque ni d'allure ni de charme grâce à la beauté du paysage qui l'entoure. Bien sûr, on n'y roule pas sur l'or mais on y vit dignement comme il convient à une famille qui remonte aux croisades et même, selon une légende, à un compagnon d'Hercule.

C'est donc là que Mme de Lauzun, née Charlotte de Caumont La Force, met au monde un fils que l'on baptise Antonin Nompar et qui s'appelle d'abord de Caumont, marquis de Puyguilhem, en attendant de prendre, à la mort de son père, le nom de Lauzun. La destinée qui attend le bébé est de celles qui font les bons romans mais, pour le moment, ce n'est qu'un enfant qui va s'élever entre les libertés de la campagne et l'austérité d'une famille protestante qui aligne une belle progéniture. Il y a, en effet, Jacques, Gabriel, François, Diane-Charlotte, Anne, Charlotte et Françoise, tous rejetons d'une branche qui va s'éteindre en moins d'un siècle.

Quand Antonin a quatorze ans, son père décide de l'envoyer à Paris, à un sien cousin, le maréchal de Gramont, qui est fort bien en cour. Le jeune marquis de Puyguilhem – on prononce alors Péguilin ! – est alors un « petit homme blondasse » ; il ne grandira pas beaucoup, mais il est admirablement fait, avec les plus belles jambes du monde. Il a aussi de beaux yeux, une physionomie fine et hardie et un sourire qui ensorcelle lorsque le jeune garçon veut bien s'en donner la peine. Il s'apercevra vite qu'il est irrésistible.

En attendant, le maréchal l'accueille à bras ouverts et lui donne pour compagnons ses propres enfants, le comte de Guiche, le comte de Louvigny et deux filles dont l'une, qui sera princesse de Monaco, aura plus que des bontés pour son cousin.

Après un court passage à l'Académie pour y apprendre le maniement des armes et perfectionner l'équitation, celui-ci part aux armées où il se distingue rapidement car il est « extrêmement brave et aussi dangereusement hardi ». Au retour, Guiche l'introduit à la cour, le présente au roi qui, tout de suite, va tomber sous son charme et le combler de faveurs. En effet, si sa personne est séduisante, son esprit vif et mordant est de ceux qui amusent, et Louis XIV trouve « Péguilin » très amusant. Cela ne durera pas toujours… En attendant, voilà notre gentilhomme colonel de dragons en 1657 et capitaine de cent gentilshommes à bec-de-corbin trois ans plus tard, le tout en collectionnant les conquêtes.

Ne doutant plus de son étoile, l'idée lui vient de briguer la haute charge de grand maître de l'artillerie. Le plus beau est que le roi la lui promet, ce qui est imprudent car, peu après, sur l'insistance de Louvois avec qui Lauzun – nous lui donnerons désormais ce nom – est à couteaux tirés, il revient sur sa promesse mais tient sa décision secrète encore quelque temps. Lauzun bout d'impatience. Alors, « il va, dit Saint-Simon qui sera son beau-frère, trouver Mme de Montespan à qui il conte son inquiétude et qu'il conjure de la faire cesser. Elle lui promet merveilles et l'amuse ainsi plusieurs jours. Las de tout ce manège et ne pouvant deviner d'où lui vient son mal il prend une résolution incroyable si elle n'avait été attestée de toute la cour d'alors. Il couchait avec une femme de chambre favorite de Mme de Montespan car tout lui était bon pour être averti et protégé… Il se fit cacher par cette femme de chambre sous le lit dans lequel le Roi s'allait mettre avec Mme de Montespan et, par leur conversation apprit l'obstacle que Louvois avait mis à sa charge… ». Il en entend d'ailleurs bien d'autres et peut constater, avec quelle indignation, que la favorite, bien loin de chanter ses louanges, « lui rend tous les mauvais services » qu'elle peut.

Un peu plus tard, sorti de sa cachette, il va attendre Mme de Montespan à la sortie de son appartement. « Il lui présenta la main, raconte Dangeau, et d'un air doux et confiant lui demande si elle a eu la commodité et la bonté de se souvenir de lui. Mme de Montespan l'en assure et lui compose tout un discours du Roi et d'elle, et M. de Lauzun écoute tranquillement. Quand elle lui eut tout dit et finit par être bien fâchée de n'avoir pu réussir, M. de Lauzun la regarde sous le nez, lui présente ses yeux comme deux chandelles allumées, lui dit qu'elle est une grande chienne et une exécrable menteuse puis enfile tout ce qui s'est dit entre le Roi et elle sans y manquer un mot. Mme de Montespan épouvantée comme on peut en juger de ce récit si fidèle, se laisse acculer tout doucement en un coin où M. de Lauzun hors de portée d'être vu, l'appelle par tous les noms les plus infâmes et la menace de lui arracher les deux yeux… » Le roi et sa favorite crurent, paraît-il, que c'était le diable qui avait si bien renseigné Lauzun. Mais celui-ci n'en avait pas encore fini avec les deux amants.

Dès le lendemain, il se présente chez Louis XIV et lui réclame purement et simplement sa charge. Puis comme le roi cette fois la lui refuse, Lauzun tire son épée, la brise avec son pied en criant que, de sa vie, il ne servira un prince qui lui a si vilainement manqué de parole. « Le Roi, transporté de colère, dit Saint-Simon, fit peut-être dans ce moment la plus belle action de sa vie : il se tourne à l'instant, ouvre la fenêtre, jette sa canne dehors, dit qu'il serait fâché d'avoir frappé un homme de qualité et sort. » Quelques heures plus tard, l'insolent est à la Bastille.

Il n'y reste que quelques mois et, lorsqu'il en sort, il voit sa faveur plus grande encore que par le passé : le roi lui donne la magnifique charge de capitaine des gardes du corps. Il sera nommé capitaine général des dragons en 1668 et lieutenant-général commandant en chef de la Maison du roi en 1770.

Malheureusement son ambition n'a pas de limites, et il rêve de devenir le cousin du roi et l'homme le plus riche de France. On sait, pour l'avoir lu à propos du château d'Eu, l'histoire de son mariage manqué avec Mlle de Montpensier, vieille fille sentimentale qui s'était éprise de lui. On sait que Lauzun faillit réussir, que les fiançailles eurent lieu mais qu'alors Mme de Montespan, enragée à la pensée des grands biens qui allaient échoir à son ennemi, biens dont elle espérait que ses bâtards légitimés pourraient hériter, changea encore une fois la pensée du roi qui, au dernier moment, retira son consentement en dépit des larmes et des supplications de Mademoiselle.

Furieux, Lauzun s'en alla alors gratifier la favorite d'une scène d'une rare violence au cours de laquelle elle s'entendit traiter de « bougresse de p... » et de quelques autres qualificatifs du même genre qui émerveillèrent si fort le nonce apostolique, Mgr Francisco Nerli, qu'il en écrivit au pape Clément X une lettre imagée qui dut fort réjouir Sa Sainteté, peu habituée à des récits aussi hauts en couleur. Mais, quarante-huit heures après, Lauzun était arrêté, provisoirement enfermé à la Bastille puis, de là et sans le moindre jugement, dirigé sur la forteresse de Pignerol en Piémont sous la houlette de M. d'Artagnan, du neveu de celui-ci, d'Artagnan jeune et de M. de Maupertuis, plus, pour faire bonne mesure, une bonne centaine de mousquetaires qui composaient à l'ex-futur cousin de Louis XIV une escorte vraiment royale, mais dont il se fût fort bien passé.

Pignerol c'était, non loin de Turin, une petite ville

posée sur une colline des contreforts des Alpes, mais qui semblait écrasée par la masse formidable de sa citadelle rouge avec ses bastions et son haut donjon qui dans ce décor alpestre lui donnait des airs de nid d'aigle.

Le maître de cet aimable séjour était le modèle des geôliers : Bénigne d'Auvergne, seigneur de Saint Mars, un homme dont on peut dire qu'il passa sa vie en prison, car son nom est attaché à l'histoire du Masque de Fer. Il accueillit Lauzun au seuil du château avec tous les honneurs dus à son rang militaire et l'assura du soin qu'il prendrait à ce qu'il ne lui faussât pas compagnie.

« Je sais, monsieur, soupira le prisonnier. Et à vous dire le vrai, quand j'ai su que l'on me menait à Pignerol, je n'ai pu trouver bon ce morceau. Il m'a été une poire bien dure à avaler quoique j'aie pour votre personne toute l'estime imaginable… »

Ah ! que galamment ces choses-là sont dites ! Il n'empêche que le pauvre Lauzun se retrouva d'abord au secret absolu derrière des murs dont l'épaisseur défiait toute tentative d'évasion. Néanmoins le prisonnier, qui faisait plus de bruit à lui seul que tous les autres captifs – il y avait là le surintendant Fouquet – tenta plusieurs fois de s'évader, la première fois par le plancher de sa chambre auquel il mit le feu – et il faillit griller –, la seconde fois en découpant un trou dans ce même plancher puis en creusant une galerie qui le conduisit tout droit dans une cour intérieure aux pieds d'une servante qui venait chercher du bois. Sa troisième tentative le mena à percer un trou dans sa cheminée et il réussit tout juste à grimper chez Fouquet dont la chambre était au-dessus de la sienne. Il s'en consola en déversant un tel déluge de plaintes et de doléances sur son hôte involontaire que celui-ci le crut fou.

Cependant, à Paris, Mademoiselle versait des torrents de larmes et faisait tous ses efforts pour obtenir sa grâce. En vain. Lauzun restera à Pignerol pendant dix ans. Sa libération fut le fruit d'un accord passé entre Mademoiselle et le roi qui souhaitait doter grassement le jeune duc du Maine, fils de Mme de Montespan. Mademoiselle dut accepter de faire don au bâtard royal de la principauté de Dombes, du comté d'Eu et du duché d'Aumale dont elle ne garderait que l'usufruit jusqu'à sa mort. Encore ne retrouva-t-elle Lauzun qu'en 1682.

C'est cette année-là que, pour la première fois depuis tant d'années, Lauzun revient au château paternel sous le prétexte d'engager sa mère à renoncer à la religion réformée. Il n'y restera pas très longtemps. Tout juste celui d'ordonner la construction du gros pavillon coiffé d'un dôme qui relie le logis médiéval au bâtiment Renaissance… Quelques jours à égrener des souvenirs, et puis le voilà reparti, déclarant qu'il s'ennuyait et que, décidément, il n'aimait pas la campagne.

Il avait hâte de retrouver Mademoiselle, à laquelle l'unit bientôt un mariage secret. La fiancée avait cinquante-trois ans, le marié en avait quarante-neuf et il avait beaucoup perdu de son extérieur séduisant. Il ne s'en remit pas moins à courir les filles et la vie conjugale fut un enfer pour la sensible princesse. Le couple finit par se battre et vivre séparé.

Entre-temps, Lauzun avait trouvé un moyen de reconquérir en partie la faveur royale. La révolution qui devait évincer les Stuarts éclatait en 1688. Lauzun gagna l'Angleterre et réussit à faire passer en France le roi Jacques II, sa femme et le prince de Galles, service pour lequel il reçut la Jarretière tandis que Louis XIV le faisait duc.

Mademoiselle ayant quitté ce monde en 1693, Lauzun porte un deuil quasi royal et se remarie deux ans après avec la fille du maréchal-duc de Lorge, Mlle de Quintin, qui n'avait que quinze ans alors qu'il en avait soixante-trois. La jeune fille ne consentit à cet étrange mariage que dans l'espoir d'être prochainement veuve, riche et duchesse. Elle allait devoir supporter un mari de plus en plus incommode durant vingt-huit ans !

En 1722, Louis XV, se rendant à La Muette, aperçut au bois de Boulogne un vieil homme monté sur un cheval à peine dressé. C'était Lauzun « qui faisait cent passades et surprenait les spectateurs par son adresse, sa fermeté et sa bonne contenance ». Il avait près de quatre-vingt-dix ans…

Le joli château ancestral passa à ses héritiers, les Biron, qui n'en firent pas grand-chose et n'y vinrent jamais. Après la mort sur l'échafaud du dernier duc de Lauzun, ses héritiers vendirent la propriété à Jean-Nicolas Becquey-Beauprès qui fit démolir le donjon et ce qui restait des fortifications. Heureusement, en 1837, M. Auguste Charrié entreprenait la réfection du château que sa mort rendit à l'abandon, jusqu'à son rachat par le comte de Folchi de Lattre qui l'a fait remettre en état.

Tout récemment encore, Lauzun était à vendre mais la municipalité et tous les gens du pays se sont levés pour que ce beau témoin d'un temps superbe ne tombe pas entre des mains indignes. Il semblerait qu'ils aient été entendus puisqu'en 1990 Pierre Baron achète le château qu'il restaure depuis avec grand talent.

HORAIRES D'OUVERTURE

Du 10 juillet au 28 août	12 h-17 h (seulement en visite guidée)

LUYNES

Le fauconnier du roi

Chacun se dit ami mais fou qui s'y repose.
Rien n'est plus commun que le nom.
Rien n'est plus rare que la chose.

LA FONTAINE

Si l'on regarde les choses en face, Luynes ne devrait pas s'appeler Luynes mais Maillé – qui est d'ailleurs son ancien nom – et les ducs de Luynes qui ne s'appelaient pas Luynes mais d'Albert n'ont jamais été originaires du Val de Loire.

Cet imbroglio historique qui ressemble à une « colle » pour fort en thème prend naissance en 1619 quand Charles d'Albert de Luynes, grand fauconnier de France et favori du roi Louis XIII, achète, au cours d'un voyage au long du fleuve royal effectué en compagnie du roi, le fort château de Maillé dont les grosses tours rondes dominent avec arrogance l'aimable paysage tourangeau. Pourquoi l'achète-t-il, d'ailleurs, car le château n'est pas très séduisant ? Pour une raison bien simple : Louis XIII se déclarant charmé par la beauté de ce pays de Loire, Luynes s'est pris à penser que son maître songerait à revenir sur les pas de ses grands prédécesseurs et qu'il pourrait abandonner un Paris malodorant, un vieux Louvre triste et malcommode pour venir élire domicile dans l'un de ses beaux châteaux de la Loire. Ce en quoi il se trompe : Louis XIII restera parisien et se contentera, pour apaiser ses élans campagnards, de faire construire non loin de la capitale un pavillon de chasse situé dans une région marécageuse qui s'appelle Versailles.

Mais revenons à notre fauconnier et d'abord à ses origines ! Le village de Luynes, le vrai si j'ose dire, existe toujours. Il se situe près d'Aix-en-Provence. C'était une seigneurie appartenant à la famille... de Ségur et c'est par mariage qu'en 1535 Léon d'Albert, en épousant Jeanne de Ségur, en devient le maître et ajoute le nom du village à son nom personnel. Ce Léon est le grand-père du personnage qui nous intéresse mais c'est son père, Honoré d'Albert de Luynes, qui commence la fortune et la gloire de la famille par ses hauts faits militaires. Surintendant et gouverneur du Languedoc et de la Provence en 1575, Honoré a été fort apprécié du roi Henri IV qui, lui écrivant, signait ses lettres « votre plus affectionné ami ».

Cette amitié vaut au jeune Charles-Honoré de devenir page d'Henri IV puis d'être attaché à la personne du Dauphin, futur Louis XIII, qui se prend d'amitié pour lui parce qu'il sait à merveille dresser les oiseaux de chasse et qu'il lui apprend à apprivoiser les pies-grièches. Et cette amitié va changer le cours de l'histoire de France.

En effet, dès que le bon roi Henri est tombé sous le couteau de Ravaillac, le royaume, lui, tombe aux mains désastreuses de la régente Marie de Médicis et surtout dans celles, plus désastreuses encore, de

Concino Concini, ancien croupier florentin et époux très aimé de sa sœur de lait et favorite Leonora Galigaï.

Le jeune roi Louis XIII n'a alors que huit ans et il n'est pas de taille à lutter contre l'Italien qui est beau, arrogant, fastueux, et qui connaît bien l'étendue de son pouvoir sur Marie de Médicis, femme veule et sotte qui n'a d'autre maître que son caprice. Bientôt, les faveurs pleuvent sur le couple. Concini est premier gentilhomme de la Chambre, lieutenant-général de Péronne, Roye et Montdidier. Grâce à l'or dont on le couvre, il acquiert le marquisat d'Ancre en Picardie, devient gouverneur d'Amiens et enfin, chose proprement scandaleuse, maréchal de France.

Sa rapacité ne connaît plus de limites, ni son insolence dont le jeune roi fait souvent les frais. Et, dans l'âme renfermée de l'enfant, le désir de vengeance s'éveille et grandit, attisé par Luynes qui ne cesse de répéter à son ami qu'il est le roi et qu'un roi doit être seul sur son trône... Et la haine de Louis XIII s'exaspère quand, en 1617, Concini ose prétendre à la dignité suprême de connétable de France...

Un soir d'avril, Luynes amène quatre hommes chez le roi : le baron de Vitry, capitaine des Gardes, son beau-frère le baron de Persan et son ami Fouquerolles. Ces quatre hommes se déclarent prêts à exécuter Concini. Ils n'y mettent qu'une condition : que Louis leur donne cet ordre en présence de témoins. En l'occurrence ses familiers Luynes et Guichard Deageant, qui d'ailleurs sont là. « Sire, demande Vitry, j'arrêterai le Concini mais s'il se défend, que veut le roi ? » Louis XIII ne répond pas. Il détourne la tête. C'est Deageant qui se charge de la réponse : « Le roi entend qu'on le tue ! » Vitry n'en demande pas plus et Luynes se charge de maintenir son ami dans ces dispositions fermes.

Le 24 avril, Vitry abat Concini d'un coup de pistolet au moment où le favori entre au Louvre. Leonora, pourtant si proche de la régente, n'échappera pas à l'échafaud où sa sœur de lait la laissera traîner. Désormais Louis XIII est vraiment roi... mais c'est Luynes qui va hériter d'une bonne partie de la fortune de Concini. Il n'hésite pas à faire exiler Marie de Médicis car, désormais, il est tout-puissant...

Premier gentilhomme de la Chambre, capitaine des Ordonnances du roi et de la Bastille, gouverneur de Normandie, Luynes va, de surcroît, réussir un superbe mariage. Certes, Louis XIII était prêt à lui faire épouser Catherine de Vendôme, sa sœur bâtarde, mais celle-ci a refusé, jugeant le prétendant de trop petite naissance. Alors Luynes jette son dévolu sur la fille du duc de Montbazon, Marie de Rohan, âgée de dix-sept ans et absolument ravissante. L'histoire la connaîtra sous le nom de duchesse de Chevreuse...

Pour l'instant, elle ne voit aucune objection à devenir Mme de Luynes car elle pense que la fortune de son fiancé grandira encore. Elle ne se trompe pas : Luynes sera duc et même connétable de France en 1619, l'année où il achète le vieux château du Val de Loire.

Le lundi 11 septembre 1617, Luynes et Marie de Rohan sont fiancés, au Louvre, dans l'appartement de la reine. Deux jours après, le mariage est célébré à... cinq heures du matin devant un petit nombre de témoins, dans la chapelle de la reine. Louis XIII qui s'est levé à trois heures et demie vient prendre son ami dans sa chambre et le conduit à la chapelle où l'archevêque de Tours, Bertrand d'Eschaux, bénit le mariage. Le soir même, Luynes donne un grand souper puis emmène sa femme passer sa lune de miel au château de Lésigny, en Brie, qui malheureusement n'existe plus. Il avait appartenu à Leonora Concini et contenait des trésors. Il sera brûlé de fond en comble durant la Fronde.

Au retour, Marie de Luynes se voit attribuer une charge exceptionnelle : celle de surintendante de la Maison de la reine. Ce sera le début de cette célèbre et assez désastreuse amitié entre Anne d'Autriche et la future Mme de Chevreuse qui fera tout pour la jeter dans les bras de Buckingham et se révélera l'ennemie jurée de Louis XIII et de Richelieu. Mais en attendant, la faveur du couple est incommensurable. Luynes en abuse. Il séquestre pratiquement le roi que nul ne peut approcher sans son avis. Il est vrai qu'il ne manque pas de charme. Un charme dont Richelieu ne sera pas dupe.

« Luynes, écrira-t-il plus tard, était d'un esprit médiocre et timide ; peu de foi, point de générosité, trop faible pour demeurer ferme à l'assaut d'une si grande fortune, en laquelle il se perdit incontinent, s'y laissant emporter comme un torrent sans aucune retenue, ne pouvant prescrire des bornes à son ambition, incapable de l'arrêter et ne se reconnaissant plus lui-même, comme un homme qui est au haut d'une tour, à qui la tête tourne et qui n'a plus de discernement. Il voulut être prince d'Orange, comte d'Avignon, duc d'Albret, roi d'Austrasie, et n'eût pas refusé davantage s'il y eût vu jour… »

En effet, de par son excès même, la faveur sera brève. Alors que l'on avait célébré avec un éclat royal la naissance de la fille du couple Luynes, seize mois après le mariage, puis d'un fils, le 25 décembre 1620, le roi sent venir la lassitude. Luynes n'est jamais las de demander ni de recevoir. Louis finit par en être excédé. D'ailleurs, ils sont nombreux à présent ceux qui souhaitent se débarrasser d'un favori si encombrant et il ne fait pas de doute qu'une disgrâce, peut-être éclatante, eût remplacé assez rapidement la faveur… si la mort n'était venue elle-même y mettre fin. En décembre 1621, le duc de Luynes meurt subitement au cours de la campagne qu'il menait pour le roi dans le Midi, sans grand éclat il faut bien le dire. Il est emporté par une « fièvre pourprée » et s'éteint à Longuetille, sur les bords de la Garonne, après avoir prié le roi de ne pas abandonner sa femme et ses enfants.

Mais, dès son retour à Paris, Louis XIII signifie à Mme de Luynes de quitter le Louvre. Ils sont d'ores et déjà ennemis et ce sentiment ne fera que croître. Bientôt remariée au duc de Chevreuse, la belle Marie ne viendra guère à Luynes, le rebaptisé, lui préférant le somptueux Dampierre dont elle réussira à faire hériter le fils de son premier mariage. Mais il est certain que, si ce couple d'ancêtres fut quelque peu contestable, les ducs de Luynes qui suivirent furent tous de grands et nobles serviteurs de la monarchie d'abord, de la France ensuite quand la monarchie ne fut plus qu'un souvenir.

Quelques mots à présent de ce château de Luynes qui appartient toujours au chef d'armes de la famille… La première forteresse des Maillé fut incendiée par le comte d'Anjou, Foulques le Rechin, abandonné par sa femme Bertrade[1] pour le roi Philippe Ier, et qui se

1. Voir Meung-sur-Loire.

cherchait des distractions. Reconstruit en 1106 par Hardouin de Maillé, le château fut fortement remanié au XIIIe puis au XVe siècles où Hardouin IV fit construire le joli logis, imité du Plessis-lez-Tours, qui embellit la cour d'honneur. Mais le donjon n'existe plus : il fut abattu en 1658.

HORAIRES D'OUVERTURE

Du 1er avril au 30 septembre	10 h-12 h 30 et 14 h-18 h

MAINTENON

L'épouse du soleil

Quo non ascendam ?
(Jusqu'où ne monterai-je pas ?)

Devise héraldique

Quand, en 1674, Louis XIV donne la terre et le château de Maintenon à Mme veuve Scarron, née Françoise d'Aubigné, il n'en est pas encore à ériger ladite seigneurie en marquisat à l'intention de la même dame parce qu'elle n'a pas encore fait son chemin dans son intimité. Le don est seulement un témoignage de gratitude pour services rendus. Quels services ? De ceux que l'on ne crie pas sur les toits : depuis cinq ans, Mme Scarron aide à mettre au monde et élève les enfants illégitimes que Sa Majesté fait, avec une grande régularité, à la marquise de Montespan, sa favorite déclarée.

L'entrée en scène de Mme Scarron s'est produite au cours de l'été 1668, lorsque Mme de Montespan s'aperçut qu'elle était enceinte. Certes, elle en éprouva une grande joie d'orgueil, mais tempérée d'une inquiétude allant jusqu'à une certaine crainte, en dépit de son caractère naturellement brave. En effet, le marquis de Montespan, son époux, homme irascible s'il en fut, supportait fort mal le « partage avec Jupiter » et avait imaginé de se promener partout avec un chapeau dont les plumes étaient remplacées par des cornes fort hautes. Il déclarait en outre à qui voulait l'entendre qu'il étranglerait sa femme de ses propres mains si elle s'avisait de donner le jour à un bâtard.

Ce sont de ces choses qui donnent à réfléchir car Montespan était tout à fait capable de mettre sa menace à exécution.

L'épouse coupable cherchait donc une solution quand l'une de ses amies, Mlle d'Artigny, ancienne fille d'honneur de Mme Henriette d'Angleterre, avança un nom : celui de la veuve du poète Scarron, jeune femme fort méritante, fort pauvre, fort belle, fort cultivée, fort dévote… et quelque peu hypocrite.

Jusqu'à la mort du poète, Françoise d'Aubigné, petite-fille d'Agrippa d'Aubigné, n'avait pas eu la vie rose. Scarron était follement spirituel mais contrefait, tordu par les rhumatismes et passablement pervers et, s'il avait donné à sa jeune femme le goût des belles-lettres, il lui avait appris aussi que l'exercice de l'amour pouvait constituer une effroyable corvée.

« Il est difficile de prévoir, devait écrire plus tard sa veuve, devenue marquise de Maintenon, jusqu'où les maris peuvent porter le commandement. Il faut se soumettre avec eux à des choses presque impossibles. »

De son côté, Scarron, au jour de son mariage, confiait à un ami : « Je ne lui ferai pas de sottises mais je lui en apprendrai ! » Tout un programme !

Sa mort avait laissé Françoise soulagée mais totalement impécunieuse. Dans de telles conditions, on pourrait supposer que la proposition de Mlle d'Artigny, agissant au nom de Mme de Montespan, l'aurait transportée de joie. Or, elle demanda à réfléchir :

« Il faut me comprendre. Ce mystère que l'on exige de moi sans m'en donner positivement la clef peut faire penser que l'on me tend un piège. Cependant, si cet enfant est au roi, je veux bien m'en charger alors que je ne me chargerais pas sans scrupule de ceux de Mme de Montespan. Aussi faut-il qu'on me l'ordonne ! »

Et, là-dessus, Mme Scarron s'en alla demander conseil à son professeur. C'était un ancien capitaine de cavalerie entré dans les ordres sur le tard et qui, en dépit d'un esprit regrettablement borné, avait trouvé le moyen de devenir docteur en Sorbonne. Dans sa grande sagesse, ce brillant universitaire lui conseilla la dernière chose à faire : demander au roi une audience pour confirmation. Le résultat ne se fit pas attendre : « Que l'on dise à cette femme qu'elle fasse ce qu'on lui demande ! Je n'aime pas les femmes qui pensent trop », déclara Louis XIV.

Ainsi rabrouée, Mme Scarron s'incline et, quelques mois plus tard, dans une petite maison de la rue de l'Échelle que Mme de Montespan a gardée à Paris comme pied-à-terre, la nouvelle gouvernante attend, masquée, le résultat de l'accouchement pour emporter le bébé au village de Vaugirard.

Elle attendra ainsi dans les lieux divers : château de Saint-Germain, manoir du Génitoy, près de Lagny, château de Tournai, d'autres résultats, d'autres couches. Et c'est peut-être pour éviter toutes ces galopades que Louis XIV, après la naissance de « Mlle de Tours », lui donne Maintenon.

La future marquise décrit elle-même la demeure qu'on lui offre : « Un gros château au bout d'un gros bourg, une situation selon mon goût. Des prairies tout autour et la rivière qui passe dans les fossés. » Somme toute, une demeure passablement médiévale mais très commode pour l'usage que l'on devait en faire.

Construit au Moyen Âge par les seigneurs de Maintenon, le château avait été considérablement remanié par Jean Cottereau, surintendant des Finances de Louis XII, puis par sa fille, qui avait épousé Jacques d'Angennes ; ils furent les derniers propriétaires avant Mme Scarron.

Quand, en 1776, elle devient marquise de Maintenon, la gouvernante des enfants de la Montespan décide d'aérer ce château qu'elle trouve trop sévère. Et, comme elle fait dessiner ses jardins par Lenôtre, elle abat le mur qui ferme la cour d'honneur. Cela lui permet une vue ravissante sur la campagne et l'aqueduc construit par Vauban et la Hire pour amener l'eau à Versailles.

Sa situation vis-à-vis du roi a beaucoup changé alors. En effet, un jour, Louis XIV a voulu connaître ses enfants secrets. Il a ordonné à Mme Scarron et à la nourrice de les lui amener à Saint-Germain. Mais seule la nourrice est entrée, la gouvernante se contentant de faire les cent pas dans la galerie, les mains au fond d'un immense manchon pour se préserver du froid. Elle n'espérait même pas apercevoir le roi, pourtant il vint à elle. Du seuil de la porte, il lance tandis qu'elle plonge dans sa révérence :

« Relevez-vous, Madame. Je suis content de vous. » C'est tout pour ce jour-là. Mais, peu à peu, Louis XIV prend l'habitude de venir discrètement visiter lui-même la nursery… et la gouvernante. Car la beauté brune de cette jeune femme l'attire et agit sur lui, encore que, dans les premiers temps, elle lui eût été plutôt antipathique, car il la prenait pour « un bel esprit ne s'intéressant qu'aux choses sublimes ».

Toujours habillée avec soin, discrètement élégante, aimable et d'une grande douceur, contrastant d'évidente façon avec la blonde et tumultueuse Montespan, la gouvernante s'insinue doucement dans les rêves secrets du grand roi.

Il finit par lui faire comprendre qu'il ne tient qu'à elle de visiter, à son tour, l'alcôve royale mais, à sa grande surprise, la jeune femme décline l'invitation. « J'ai ma vertu qui m'est chère, sire, et si Votre Majesté me porte quelque estime, elle ne voudra pas faire de moi la risée de la Cour. Je ne suis pas assez haute pour me défendre contre tout ce qui m'attaquerait… »

C'est à la suite de cette vertueuse réponse que Louis XIV légitime ses bâtards et fait de leur gouvernante une marquise. Il nourrit, en effet, une arrière-pensée : en installant la nouvelle marquise auprès de lui avec la petite bande, il sera peut-être beaucoup plus facile d'amener la rebelle à faire des concessions. C'est aussi pour la protéger des entreprises possibles de Mme de Montespan car, entre les deux femmes, le torchon brûle.

Mme de Maintenon supporte mal les ingérences de la mère dans le programme très strict qu'elle a élaboré pour les enfants. De son côté, Mme de Montespan trouve que la gouvernante en fait un peu trop et craint qu'elle ne songe à l'évincer. Cela aboutit à une violente querelle que le roi, qui arrive tout juste à cet instant, se voit obligé d'arbitrer.

« Si vous le vouliez, dit-il, une fois Mme de

Montespan repartie, vous pourriez n'avoir plus rien à craindre de qui que ce soit au monde.

– J'aurais encore à craindre Dieu, sire, mes remords et la reine qui est si bonne pour moi. »

C'était vrai d'ailleurs en ce qui concernait Marie-Thérèse, mais l'excès de vertu tenait plutôt à un habile calcul. Il faudra des années, l'affaire des Poisons et la mort de la reine pour que le roi réussisse enfin à mettre l'obstinée dans son lit. Du moins officiellement car il se peut qu'elle y soit venue plus tôt et en secret.

Pour donner à Mme de Maintenon une situation officielle à la cour, une fois les enfants élevés, on l'a donnée comme dame d'honneur à la Dauphine ; mais elle se sait indispensable désormais. Le roi ne peut plus se passer d'elle, de sa présence. Peu à peu, c'est le mariage secret qui s'annonce, en dépit de l'opposition des ministres. Ainsi Louvois se jettera-t-il aux pieds du roi en le suppliant de « ne pas se déshonorer ». Il réussira tout juste à se faire de Mme de Maintenon une ennemie mortelle. Car le sort en est jeté : une nuit du mois de janvier 1686, dans l'un des salons de Versailles, l'archevêque de Paris, Harlay de Champvallon, unit devant Dieu et quatre témoins le roi de France et de Navarre à l'ancienne gouvernante de ses bâtards : celle que l'on appelle à présent « Madame de Maintenant ».

Une fois installée à Versailles, elle ne revient plus guère à Maintenon. Il n'est pas question de s'éloigner du roi, sinon pour se rendre à Saint-Cyr, dans la maison d'éducation pour demoiselles nobles et pauvres qu'elle a fondée et où d'ailleurs elle mourra.

Sa nièce, Françoise d'Aubigné, mariée en pompes quasi royales au duc de Noailles, héritera de la terre et du château qui sont demeurés la propriété des Noailles en dépit de la terrible coupe sombre que la Révolution opéra dans la famille dont presque tous les membres montèrent à l'échafaud. Heureusement, il en resta un…

Horaires d'ouverture

Du 11 février au 30 mars	14 h-17 h (fermé le mardi)
Du 31 mars au 30 juin	10 h 30-18 h
Juillet et août	10 h 30-18 h
Du 3 septembre au 30 septembre	14 h-17 h (en semaine, sauf le mardi) et 10 h 30-18 h (le week-end)
Du 1er octobre au 2 décembre	14 h-17 h (fermé le mardi)

http://www.chateaudemaintenon.fr/

LA MALMAISON

De l'aube à l'agonie d'un règne...

On parlera de sa gloire
Sous le chaume bien longtemps.

Chanson de BÉRANGER

Le 21 avril 1799, la générale Bonaparte, en l'absence de son époux parti guerroyer en Égypte, signait par-devant Maître Raguideau, notaire à Rueil, l'acquisition du château de la Malmaison appartenant jusqu'alors à la comtesse Du Moley.

Le château a été construit – le corps central tout au moins – au XVIIe siècle par un conseiller au parlement de Paris, François Perrot, qui le céda ensuite au capitaine des gardes du cardinal de Richelieu, Guiton de Forlagues, qui se trouvait bien aise de s'installer ainsi dans les environs immédiats de son maître, logé lui-même au château de Rueil. Sans doute était-on peu superstitieux à ces époques héroïques, car le nom peu engageant d'un domaine où s'élevait jadis une léproserie n'arrêtait pas ces hommes courageux. Le site, d'ailleurs, était charmant, un peu humide peut-être mais on n'en était pas alors à un rhumatisme près. Et puis l'agrément de l'endroit compensait bien des choses.

Au fil des années, plusieurs propriétaires connurent les agréments et l'humidité de la Malmaison jusqu'à ce qu'en 1771 une famille de riches financiers – mais pouvait-on, étant financier, ne pas être riche ? –, les Lecoulteux de Moley, se rendît acquéreur du château. Ses membres menèrent grand train, et singulièrement la dernière Mme Du Moley, tandis que son époux effectuait l'un des nombreux voyages qui l'ont rendu célèbre et l'ont même fait passer en chanson. Elle y reçut le peintre de Marie-Antoinette, Mme Vigée-Lebrun, le poète Delille, l'abbé Sieyès et, en général, une foule de gens qui donnèrent avec enthousiasme les mains à la Révolution. Ce qui d'ailleurs n'évita pas à Du Moley d'être emprisonné sous la Terreur.

Pendant ce temps, réfugiée non loin de là, à Croissy où pour mieux se cacher elle avait mis ses enfants en apprentissage, l'un chez un menuisier, l'autre chez une couturière, Joséphine de Beauharnais contemplait parfois, dans la brume du soir, les toits de cette maison qu'elle voyait de loin mais qui lui plaisait infiniment. Aussi, devenue l'épouse de Bonaparte et ayant appris que le château était en vente, avait-elle insisté pour que l'on allât ensemble visiter la Malmaison.

Bonaparte n'avait pas été enthousiasmé. Il préférait le château de Ris-Orangis. Mais à peine eut-il embarqué pour l'Égypte que Joséphine, forte de la passion qu'elle inspirait, décida de passer outre. Elle acquit le château et, au retour d'Égypte, se fit pardonner ce manquement à l'obéissance conjugale avec le reste de ses péchés « parfumés ». Joséphine avait d'ailleurs entrepris des travaux que le mari approuva pleinement et qu'il intensifia. Percier et Fontaine, les décorateurs de l'Empire, furent mis au travail, tandis que le jardin prenait de vastes proportions et que des serres étaient construites pour les fleurs, cette autre passion de la belle créole.

Très vite Bonaparte s'attacha fortement à la Malmaison. Son secrétaire Bourrienne a laissé une trace de son plaisir :

« Quand, le samedi soir, Bonaparte quittait le Luxembourg et, plus tard, les Tuileries pour aller à la Malmaison, je ne peux comparer le plaisir qu'il éprouvait qu'à celui qu'éprouvent les écoliers quand on vient les chercher pour aller dans leurs familles passer un jour de congé. »

À la Malmaison, la vie était très gaie. Dans les salons, dans les jardins où l'on jouait aux barres, à colin-maillard, ou l'on dansait des rondes, les futurs maréchaux et futures duchesses s'ébattaient, entraînés par le futur empereur comme pouvaient le faire les jeunes gens qu'ils étaient alors. Le petit château était le symbole de la gaieté, de la joie de vivre, de l'attente d'un avenir que l'on voulait superbe et qui le fut pleinement.

Néanmoins, Bonaparte ne faisait pas que s'amuser. Tandis que Joséphine collectionnait les plantes rares, les toilettes et les joyaux, lui aimait à travailler dans la bibliothèque aménagée selon ses goûts. C'est là qu'il prépara le traité par lequel l'Espagne cédait la Louisiane à la France, cette Louisiane qu'il devait, deux ans plus tard, rétrocéder aux États-Unis ; là également qu'il entreprit d'établir avec l'Église un Concordat, là qu'il jeta les premières bases du décret de la Légion d'honneur, là enfin… hélas, qu'il signa l'ordre d'exécution du duc d'Enghien, marquant ainsi d'une tache de sang l'aurore de son règne.

Quand elle devient impératrice, Joséphine reste seule maîtresse de la Malmaison. L'Empereur trouve le château trop petit à présent et tourne ses regards vers Saint-Cloud, dont il va faire sa résidence d'été. Joséphine, elle, demeure très attachée à sa jolie maison qu'elle ne cesse d'embellir et dont, continuellement, on agrandit pour elle le domaine qui devient immense et s'étend des « pentes du mont Valérien jusqu'au-delà de Louveciennes ».

C'est là qu'au soir du 14 décembre 1809 pénètre l'un des plus beaux carrosses de la cour. À l'intérieur de *l'Opale* – tel est son nom – une femme qui sanglote dans les bras de Mme de Rémusat, sa dame d'honneur. Joséphine, répudiée, vient chercher dans la maison de son bonheur les traces de sa grandeur passée. Une grandeur qui garde de beaux restes : son train de vie est à peine inférieur à ce qu'il était aux Tuileries. Quant à Napoléon, qui lui garde une profonde tendresse, il fait fréquemment le voyage de Paris à Rueil, à n'importe quelle heure du jour ou de la nuit, ce qui fait la joie des conspirateurs royalistes qui tentent de profiter de ces occasions exceptionnelles car, en général, l'escorte est peu importante.

Bien sûr, on a aussi donné l'Élysée à Joséphine mais quand Marie-Louise, future impératrice, est annoncée, on fait savoir à la répudiée que sa présence à Paris n'est pas souhaitée. Pas davantage à la Malmaison que l'on juge encore trop proche. C'est au château de Navarre, près d'Évreux, un autre présent de l'Empereur mais peu apprécié, que Joséphine devra séjourner quelque temps. Pas longtemps. Navarre est sinistre, glacial. Elle s'y ennuie de ses fleurs, de ses jardins. Joséphine rentrera bientôt chez elle et ne reverra Navarre qu'en 1814 quand, apprenant l'arrivée des Russes à Paris, elle se résout à l'exode.

Là encore le séjour sera bref. Les Alliés n'ont aucun grief contre l'Impératrice répudiée. Bien plus, c'est à qui lui fera visite, lui offrira des hommages. Le tsar Alexandre Ier visitera la Malmaison le 16 avril 1814 et ressortira charmé par la grâce inimitable de cette femme exceptionnelle.

Aidée par sa fille, la reine Hortense, pendant quelques semaines, Joséphine va vraiment représenter la France aux yeux des envahisseurs. Elle espère, en recevant les vainqueurs, pouvoir être utile au prisonnier de l'île d'Elbe. Mais sa santé est à présent fragile. Atteinte d'une angine gangréneuse après avoir pris froid à une soirée, l'Impératrice – elle l'est infiniment plus que celle qui s'est enfuie – entre en agonie et meurt le 25 mai à midi entre ses deux enfants désespérés. Elle repose depuis dans l'église de Rueil.

Pendant les Cent-Jours, Napoléon revient à la Malmaison, il n'y retrouve plus le sourire de celle dont il n'avait jamais vraiment pu se passer, mais il n'a guère le temps de s'attarder sur ses souvenirs. Le destin est en marche et va l'emporter bientôt. Le 21 juin 1815, Napoléon, vaincu à Waterloo, est de nouveau à Paris. Cette fois, c'est Fouché, le président du gouvernement provisoire, Fouché son ancien ministre, qui ne lui permet pas d'y rester. L'Empereur demande alors à Hortense, qui est venue l'accueillir à l'Élysée, de le recevoir à la Malmaison qui est désormais la propriété de son frère, le prince Eugène.

Hortense, naturellement, accepte de grand cœur et, pendant quelques jours – quelques jours seulement car la présence de l'Empereur, si près de Paris, fait peur aux nouveaux maîtres qui ne sont rien que ses anciens serviteurs – le petit château va recevoir tous ceux qui demeurent, dans le malheur, fidèles à celui qui leur a fait vivre une fantastique aventure. Mais il manque toujours quelqu'un…

– Cette pauvre Joséphine ! dit un soir Napoléon en se promenant avec Hortense dans les jardins. Je ne puis m'accoutumer à habiter ici sans elle. Il me semble toujours la voir sortir d'une allée et cueillir une des fleurs qu'elle aimait tant… C'était bien la femme la plus remplie de grâce que j'aie jamais vue…

Le 29 juin, Napoléon quittait la Malmaison pour n'y plus revenir. À cinq heures, il montait en voiture, pensant rejoindre à Rochefort les frégates grâce auxquelles il espérait pouvoir gagner l'Amérique. Il n'allait trouver que la flotte anglaise à laquelle Fouché, Talleyrand et Davout l'avaient pratiquement livré.

Après lui et après la mort du prince Eugène, la Malmaison connut bien des vicissitudes. Vendu à un banquier, puis à une reine d'Espagne exilée, le petit château crut les beaux jours revenus quand Napoléon III le fit remettre en état. Ce ne fut qu'un répit. L'invasion prussienne de 1870 allait lui causer des dégâts terribles que toute la bonne volonté du banquier Osiris, qui au moins le sauva de la destruction totale, ne put panser entièrement.

Il fallut attendre la République, les talents de ses ouvriers d'art et la donation du prince Napoléon pour que la maison de Joséphine, qui avait vu naître et mourir l'Empire français, retrouvât son charme et son éclat.

HORAIRES D'OUVERTURE

Du 1er octobre au 31 mars	10 h-12 h 30 et 13 h 30-17 h 15 (17 h 45 le week-end)
Du 1er avril au 30 septembre	10 h-12 h 30 et 13 h 30-17 h 45 (18 h 15 le week-end)

Fermé le mardi, le 25 décembre et le 1er janvier.

http://www.chateau-malmaison.fr/

LE MARAIS

Trois femmes... et beaucoup de fêtes !

Que vont charmant masques et bergamasques
Jouant du luth, et dansant et quasi
Tristes sous leurs déguisements fantasques.

Paul VERLAINE

Il est étrange de constater que cette superbe demeure, construite en 1778 par l'architecte Barré pour un grave trésorier général de l'Artillerie et du Génie nommé Lemaistre, n'ait jamais connu et ne connaisse encore que le règne des femmes. Le malheureux trésorier eut tout juste le droit de le construire et n'en profita guère sinon durant huit courtes années avant de quitter un monde dont il n'avait sans doute pas à se plaindre, surtout dans un tel cadre, pour cet autre monde dont nous nous efforçons de croire, faute de pouvoir faire autrement, qu'il est bien meilleur.

Il est à peine parti qu'une femme charmante s'installe. En 1786, donc, Mme de la Briche, son oncle le trésorier lui ayant légué le Marais, entreprend de fêter l'événement. Comme elle est, selon ceux qui la connaissent, la « meilleure personne de monde », elle entend que, sur ses terres, chacun profite de la grande fête qu'elle donne. Et même que ses paysans en soient les principaux bénéficiaires ! Bien sûr, les grandes idées de liberté et surtout celles de Jean-Jacques Rousseau sont déjà à l'œuvre depuis un moment, mais il n'est pas certain qu'ils eussent influencé Mme de la Briche. Elle a, naturellement, le goût champêtre et le gardera toute sa vie, même si certaines mauvaises langues chuchotent que lorsque l'on est née Mlle Prévost, on ne peut guère avoir le goût royal. Ce à quoi Mme de la Briche pourrait répondre, si elle avait une once de méchanceté, que la reine Marie-Antoinette avait elle aussi le goût champêtre et plus encore qu'elle-même.

Quoi qu'il en soit, les gens du domaine se retrouvent à la plus belle fête qu'ils ont jamais eue : « L'amour de mes paysans, le désir de les rendre heureux me causaient une joie intérieure. Je donnai une fête à mes habitants pour ma réception qui avait été réellement attendrissante », écrit-elle dans ses *Mémoires*. Et de raconter : « De grandes tables servies dans une allée du parc, des distributions, des boutiques de gâteaux et de pains d'épice, du vin à discrétion, des violons pour faire danser furent tous les frais de cette journée charmante par la gaieté et l'air de bonheur de ces bonnes gens. » Et de rééditer plusieurs fois ces divertissements autant pour son propre plaisir que pour se conformer à la mode rousseauiste qu'elle suivait de près. Par son mari, elle était en effet la belle-sœur de Mme d'Houdetot pour laquelle le philosophe de Genève avait brûlé d'une si forte passion.

Apparemment, on a le cœur reconnaissant dans la région d'Arpajon : quand survint la Révolution, Mme de la Briche et ses filles n'en subirent aucun inconvénient. Tout se passa pour elles le mieux du monde et, n'ayant pas émigré, les choses reprirent comme par le passé sous l'Empire, avec peut-être une nuance plus mondaine : il s'agissait de marier les filles. En 1808, l'aînée, Alexis-Charlotte-Joséphine-Marie épouse le préfet de la Côte-d'Or, Mathieu-Louis Molé, appartenant à la meilleure noblesse parlementaire puisque, outre ce qu'il tenait de ses pères, il était également Lamoignon par sa mère.

En attendant de devenir, à la suite d'un certain nombre d'acrobaties politiques, ministre de la Marine de Louis XVIII puis ministre des Affaires étrangères… et même Premier ministre de Louis-Philippe, Mathieu Molé trompa abondamment sa femme qui se consola en partageant avec sa mère une véritable passion pour le théâtre, où elle se rendait souvent quand on ne jouait pas de petites pièces au Marais. D'ailleurs, dans le salon de Mme de la Briche, aussi bien à Paris qu'au Marais, l'ennui n'est pas de saison. La maîtresse de maison tient à ce que l'on se sente bien chez elle et, quelques années plus tard, la duchesse de Maillé, une de ses meilleures amies, lui rendra cet hommage, en mai 1824 :

« Je suis arrivée hier du Marais où j'ai passé huit jours chez Mme de la Briche qui est bien la meilleure personne et la plus facile à vivre que je connaisse ; toujours occupée des autres et n'exigeant rien pour elle, on est à merveille chez elle. » Peu d'années auparavant, le 13 février 1820, Mme de la Briche est entrée quelque peu dans l'histoire. Ce soir-là, il y a bal chez elle. Un bal paysan pour changer : « On y transforme un baptême paysan avec déploiement de binious, de bonnets de coton pour les hommes et de coiffes paysannes pour les femmes. » « Je me souviens du grand M. d'Audenarde déguisé en enfant avec un bourrelet sur la tête, M. de Mun en nourrice. J'étais, écrit Mme de Maillé, en domino noir fort occupée à intriguer Mme de Castellane lorsque j'entends un grand bruit auprès de la porte. C'était Mme Eugène d'Astorg qui tombait évanouie. On était venu chercher le prince Fernand de Léon, premier écuyer de M. le duc de Berry. Un bruit circule dans la salle : M. le duc de Berry a été assassiné en sortant de l'Opéra... » Et le bal ce soir-là de s'arrêter net.

Quand meurt Mme de la Briche en 1844, la chaîne des femmes continue. Le Marais devient la propriété de la comtesse Molé puis de sa fille, Mme de la Ferté-Meun, enfin de la nièce de cette dernière, la duchesse de Noailles. Et le XIXe siècle de couler ainsi sur le Marais.

En 1899, un couple extraordinaire y descend, un jour de printemps, du plus élégant attelage qui se puisse voir : un monsieur mince, blond, rose, souriant, suprêmement élégant, insolent comme un page, brave comme un paladin et comme lui seul savait l'être, et une dame petite, brune, un peu ronde mais admirablement habillée : le comte Boniface de Castellane et sa jeune épouse née Anna Gould.

Lui, c'est « Boni », le roi de Paris, faute de pouvoir être plus grand peut-être car, porteur d'un des plus beaux noms de France, il serait au plus haut sans doute si Versailles était encore Versailles. Ce Versailles où il aurait été si bien à sa place car, en fait, Boni s'est trompé de siècle. Et il s'est trompé plus lourdement encore en épousant Anna Gould qu'il a rencontrée à Paris, en 1894, chez Fanny Read, l'une des Américaines les plus en vue. Anna, fille du magnat américain des chemins de fer Jay Gould, possède une énorme fortune et un caractère difficile. De surcroît, elle n'est pas très belle mais elle pourrait peut-être le devenir entre des mains habiles. Et Boni s'est senti pousser l'âme de Pygmalion… outre que l'or américain arrangerait bien sa propre fortune qui est devenue fort mince.

Au cours d'un voyage aux États-Unis, il achève la conquête d'Anna, demande sa main et l'épouse le 4 avril 1895, réduisant au désespoir toutes les jeunes filles du faubourg Saint-Germain et tous les prétendants américains à la fortune d'Anna. Il est l'un des premiers aristocrates européens à tenter un mariage américain… et le regrettera.

Tout a été dit sur les réceptions fastueuses qui se donnèrent dans le palais de marbre rose qu'il avait fait construire à l'angle de l'avenue Foch – on disait alors l'avenue du Bois – et l'avenue Malakoff et qui est aujourd'hui remplacé par un immeuble, luxueux sans doute, mais totalement anonyme et dépourvu d'âme. Boni devait y donner en l'honneur du roi du Portugal une fête demeurée inoubliable.

Mais quand leur voiture s'arrête devant le perron du Marais, les Castellane n'ont pas encore mis en train le Palais Rose. Ils habitent un bel hôtel avenue Bosquet où Boni entasse de véritables merveilles d'art car il a le goût le plus sûr qui soit et il est, en matière d'antiquités, un véritable expert : un Rembrandt, un Reynolds, un Gainsborough, des tapisseries de Boucher, une pendule offerte par Louis XIV au pape, etc. Pourtant, Anna, qui n'aime guère Paris, souhaiterait une maison des champs et c'est elle qui va acheter le Marais, sur le conseil de son époux.

À nouveau des fêtes et des chasses mais non plus des fêtes champêtres : de grandes et brillantes réceptions comme celle donnée en l'honneur du grand-duc et de la grande-duchesse Wladimir de Russie et où le Tout-Paris de bon ton se pressa. Mais… « Il y avait là, écrit Andrée de Fouquières, une jeune Américaine, compagne d'enfance de Mme de Castellane et pour qui Boni se montra sévère dans ses *Mémoires*. Intime de la jeune comtesse, il est certain qu'elle contribua par ses "ragots" à décider plus tard son amie à demander le divorce. Elle s'appelait Mrs Black et Boni disait qu'elle avait l'âme aussi noire que son nom… »

Peut-être les « ragots » en question eussent-ils eu moins de succès si Boni avait été plus fidèle. Désespérant de faire d'Anna la compagne idéale telle qu'il la rêvait, il est certain qu'il se laissa aller à de discrètes mais nombreuses aventures et qu'un soir, rentrant au Palais Rose, il y trouva portes closes… plus une assignation en divorce.

Réfugié chez sa mère, dépossédé de tout à l'exception de ses vêtements qu'on ne lui fit pas porter mais jeter laidement sur le trottoir de la rue de Grenelle devant les pieds du portier de sa mère, il se mit courageusement au travail et devint antiquaire.

Or, auprès d'Anna, il n'y avait pas que Mrs Black mais aussi le cousin, tout aussi désargenté d'ailleurs, de Boni : Hélie de Talleyrand-Périgord. En 1908, dix-huit mois après son divorce, Anna Gould l'épousait à Londres. De son premier mariage, elle avait deux fils. De celui-là, elle eut encore deux enfants : un fils, Howard, qui mourut à vingt ans, et une fille, Violette… qui est la troisième dame du Marais.

D'abord comtesse de Pourtalès puis remariée avec M. Gaston Palewski qui fut président du Conseil constitutionnel, ministre d'État du général de Gaulle, ambassadeur de France à Rome et membre de l'Institut, l'un des hommes les plus brillants et les plus en vue de la Ve République, Violette de Talleyrand-Périgord s'est attachée depuis des années à la résurrection complète du Marais redevenu, grâce à elle, une demeure superbe mais vouée cette fois au souvenir du grand Talleyrand. De nombreux souvenirs du plus grand diplomate de tous les temps ont été réunis dans les salons du Marais avec une piété et un respect exemplaires. Mais l'ombre du « Diable boiteux », si puissante qu'elle soit, ne pourra jamais effacer tout à fait le souvenir des dames pour qui et par qui le château du Marais existe et demeure…

HORAIRES D'OUVERTURE DU PARC ET DU MUSÉE

Du 15 mars au 15 novembre	14 h-18 h (les dimanches et jours fériés)

http://www.chateaudumarais.com/

LES MARCHES

La « Sabine »

Dans sa première passion la femme aime son amant.
Dans toutes les autres, ce qu'elle aime c'est l'amour...

Lord BYRON

L'Enlèvement des Sabines, le grand tableau de Louis David, est célèbre. Mais l'est bien moins la superbe femme brune dont les cheveux croulent sur les épaules et qui, la tunique relâchée pour montrer un sein magnifique, semble vouloir enfermer entre ses bras deux bambins qui jouent sans se soucier de ce qui se passe autour d'eux. Cette femme, c'est Adèle de Bellegarde, fille du marquis de Bellegarde et femme du comte de Bellegarde. Elle est aussi la maîtresse du château des Marches, opulente demeure savoyarde dressée en face de la chaîne des Alpes, et célèbre autant pour avoir reçu le roi Henri IV entre le 16 et le 18 août 1600 que pour l'une des plus somptueuses salles des fêtes qui se puissent voir.

Dans sa partie la plus ancienne, le château remonte

à 1342, date à laquelle le comte de Savoie Amédée V ordonna sa construction, mais il fut remanié au XVIIIe siècle et c'est de cette époque que date ce qui fait sa gloire : la salle de bal à l'italienne, haute de dix mètres, décorée en trompe l'œil et ceinturée à mi-hauteur par un balcon qui en fait le tour. Une salle de bal parfaitement aristocratique mais appelée pourtant à recevoir des hôtes tout à fait inhabituels. Mais revenons à notre « Sabine », c'est-à-dire Adèle de Bellegarde.

À seize ans, on la marie à son cousin, le colonel François de Bellegarde alors en garnison à Chambéry. C'est un mariage de convenances destiné à laisser les biens familiaux sous le même nom puisque le père d'Adèle, marquis des Marches, n'a pas de fils. En revanche, il a une seconde fille, Aurore, aussi blonde que sa sœur est brune et d'une beauté peut-être moins éclatante mais aussi certaine. Ajoutons tout de suite qu'Adèle et Aurore sont liées par une profonde tendresse qui ne se démentira jamais et qui les gardera unies tout au long de leur existence.

Vient la Révolution et l'entrée des troupes françaises en Savoie. En 1790, le père des deux jeunes femmes meurt et son gendre emmène toute la famille dans le Piémont. La famille qui s'est augmentée de deux enfants, le petit garçon et la petite fille qu'Adèle a donnés à son mari… Mais, en 1792, Adèle qui n'a pas du tout l'esprit « émigré » et qui craint que ses biens ne lui soient confisqués, décide de rentrer aux Marches. Naturellement, sa sœur Aurore la suit et, laissant les enfants à la garde de leur père, les deux jeunes femmes regagnent Chambéry le 1er décembre 1792.

Tout de suite interrogée par les autorités nouvelles, Adèle déclare ignorer où se trouve son mari. Du reste, il ne l'intéresse pas et leurs idées divergent car elle se sent, elle, tout à fait à l'unisson de la Révolution. Déclaration vivement applaudie et qui vaut à Mme de Bellegarde de récupérer et son château des Marches et son hôtel de la rue de la Croix-d'Or.

Elle est sincère. Toute cette nouveauté, tout ce tumulte qui agite la région, ces beaux mots de Liberté et de Fraternité qui volent partout la grisent et grisent également Aurore qui ne saurait penser autrement que sa sœur. Mais leur enthousiasme atteint un sommet le jour où arrivent à Chambéry les commissaires aux armées délégués par la Convention. À leur tête se trouve l'élégant Hérault de Séchelles, l'un des hommes les plus séduisants du nouveau régime, et son ami Philibert Simond, un prêtre défroqué originaire de Savoie.

Avocat général au parlement de Paris, jadis protégé par la reine Marie-Antoinette et par le maréchal de Contades dont on chuchote qu'il est le fils bâtard, Jean-Marie Hérault de Séchelles a été l'un des premiers, lors de la prise de la Bastille, à hurler avec les loups. Depuis, il n'a cessé de s'élever dans la hiérarchie révolutionnaire, jusqu'à ce nouveau titre qui le charge d'organiser le département du Mont-Blanc. Il ne compte plus ses aventures galantes.

Entre lui et Adèle, c'est tout de suite le coup de foudre tandis que le même phénomène électrique se produit entre Aurore et Simond. On surnommera la jeune femme « la Simonette ». Et, il faut le dire, c'est avec une certaine stupeur que la société chambérienne assiste à l'éclosion de ces amours-là.

L'hôtel de la rue de la Croix-d'Or et surtout le château des Marches vont servir de cadre à toutes les festivités jacobines qu'il plaît aux deux couples d'organiser. On soupe, on danse, on festoie dans la grande salle de bal qui voyait danser jadis robes à grands paniers et perruques poudrées. Les dieux et les déesses qui la décorent doivent trouver que la mode a bien changé ! En effet, Adèle et Aurore « paradaient ceinturées d'écharpes tricolores, une cocarde à la poitrine, la taille serrée dans une carmagnole et coiffées d'un bonnet rouge avec des sabots aux pieds... ».

La passion d'Adèle et d'Hérault s'affiche publiquement avec une ardeur choquante pour qui ne connaît pas le curieux credo du jeune homme qui déclarait volontiers sans trop d'illusions sur son devenir :

« Je veux me hâter de vivre. Lorsqu'ils m'arracheront la vie, ils croiront avoir tué un homme de trente ans, j'en aurai quatre-vingts car je veux vivre en un jour dix années. »

Il aime sincèrement Adèle qui le lui rend bien, et lorsqu'il rentre à Paris, sans avoir obtenu de grands succès auprès des Savoyards, il emmène son amie tandis que Simond repart avec Aurore.

À Paris, Hérault de Séchelles habite une belle maison dans l'ancienne rue Basse-du-Rempart et il en fait les honneurs à sa maîtresse avec une joie d'enfant. Sa beauté aura là un cadre digne d'elle. C'est un homme de goût, qui collectionne les beaux livres, et les jolies choses, et les deux jeunes femmes – car Aurore a suivi sa sœur – vont vivre là joyeusement. Et puis Adèle et Aurore mènent la vie exaltante des femmes de tribuns. On se rend à la Convention pour applaudir le bien-aimé quand il prend la parole, on s'enflamme à entendre cette voix de bronze dérouler de nobles périodes et, pour finir, on va voir tomber quelques têtes en criant « Vive la Nation ! » comme tout le monde.

Adèle et Aurore poussent même le cynisme jusqu'à déclarer, comme le rapporte André Castelot, que « les exécutions sont beaucoup plus intéressantes lorsqu'on connaît les gens... ».

Adèle profite d'ailleurs des circonstances pour se délivrer de son époux qui combat dans les troupes de Sardaigne. Tandis que celui-ci reste inscrit sur la liste des émigrés, elle divorce le 7 octobre 1793.

Trois jours plus tard, elle va acclamer Hérault qui préside à la grande fête de la Nature organisée sur l'emplacement de la Bastille. Le peintre David qui est de leurs amis a dressé là une monumentale statue de femme dont les seins laissent jaillir de l'eau. Hélas, la roche Tarpéienne est toujours aussi voisine du Capitole ! Lorsque l'hiver s'achève, Hérault de Séchelles est arrêté avec son ami Simond. Il est accusé d'avoir libéré des aristocrates à la demande de sa maîtresse. Mais surtout, c'est un ami de Danton et de Camille Desmoulins. Le 5 avril 1794, il marche à la mort avec eux. Il a été désigné pour mourir le premier... À l'instant suprême, du haut de l'échafaud, ses yeux cherchent dans la foule un visage, une main... Soudain, on peut le voir sourire. Il sait qu'elle est là...

Dix jours plus tard, Adèle et Aurore sont arrêtées à leur tour et conduites à Saint-Lazare, mais la chute de Robespierre les sauve et elles vont se réfugier chez Aimée de Coigny qu'elles ont connue en prison.

C'est là qu'Adèle va rencontrer le chanteur Garat qui se fera une joie de la consoler. Il la consolera même au point de lui faire deux enfants. Dont Garat gardera la fille cependant qu'Aurore, Dieu sait pourquoi, adoptera le garçon. Ce qui ne le sépare pas de sa mère, puisque les deux sœurs continuent de vivre ensemble.

À ce moment reparaît le mari. Le colonel de Bellegarde, qui est devenu général autrichien et chambellan de l'empereur, consent à accepter le divorce prononcé en 1793 à la condition qu'Adèle lègue à leurs enfants communs le château des Marches dont, cependant, elle pourra conserver l'usufruit sa vie durant. Mais les deux femmes préféreront s'installer à Chambéry où elles veilleront ensemble à l'éducation du petit Louis.

Peu à peu, elles se sont assagies. En 1814, elles se retrouveront aussi bonnes royalistes qu'elles étaient ardentes républicaines. Elles se sont refait une conduite et une réputation.

Lamartine, qui les connut en 1815, en a gardé un souvenir ébloui : « Elles étaient encore d'une beauté éclatante quoique diverse qui les avait, de bonne heure, exposées à toute l'admiration et aux pièges de l'amour. L'aînée était une figure de Judith par Allori ; grande, forte, brune et passionnée, le portrait de l'enthousiaste révolutionnaire. La cadette, grande et élégante aussi de taille mais blonde, délicate et tendre, semblait une image de la mélancolie méditative. »

C'est Adèle qui meurt la première. Elle s'éteint, le 7 janvier 1830, chez son fils, rue Voltaire à Paris. Louis, l'enfant de Garat, ne lui survivra que sept années. Demeurée seule, Aurore choisit la religion et devint « chanoinesse de l'illustre chapitre royal de Sainte-Anne de Munich ».

Après la mort d'Adèle, le château des Marches fut vendu au comte Costa de Beauregard par Frédéric-Pierre de Bellegarde qui était devenu définitivement autrichien. Mais la demeure qui avait vu les fêtes révolutionnaires devait en définitive retourner à Dieu : en 1882, le domaine passait au chanoine Costa de Beauregard qui, en accord avec sa sœur Alix, religieuse de Saint-Vincent-de-Paul, y installa un orphelinat pour les petites filles.

Depuis 1972, le château est devenu une maison de retraite.

LA MIGNARDE

Les caprices de Pauline

Entre le oui et le non d'une femme
Il n'y a guère place pour une épingle

CERVANTÈS

C'est à peine un château. Tout juste une gentilhommière, une folie comme aimaient à en susciter, dans les lieux les plus charmants, les fermiers généraux, les financiers et les princes. Une maison couleur de miel blond dans l'un de ces jardins odorants dont la Provence a le secret…

On ne sait trop quand elle fut construite sinon dans la seconde moitié du XVIIe siècle. Ni par qui. Le premier propriétaire connu se nommait Gabriel Mignard. Mais rien à voir avec le grand peintre ! Ce Mignard-là était un artiste sans doute mais dans un tout autre registre car il était « confiseur ordinaire de Monseigneur le duc de Villars, gouverneur de Provence ». Un confiseur qui devait avoir du talent car son fils, Sauveur, eut les moyens de transformer ce qui n'était peut-être alors qu'une aimable bastide en la précieuse demeure que l'on peut encore admirer lorsque l'on visite les abords immédiats d'Aix-en-Provence. Sauveur Mignard amena les eaux, agrandit le parc et ordonna de vastes embellissements dont on pense qu'ils furent l'œuvre du grand architecte Claude-Nicolas Ledoux.

Hélas, les bâtiments coûtent cher et Sauveur se ruina pour la Mignarde. Il dut la vendre à un personnage sans couleur, platement nommé Second et qui, pourtant, devait être un homme courageux car il y accueillit, en 1790, Pascalis, l'homme de la Contre-Révolution. Celui-ci quitta la Mignarde pour la prison, puis l'échafaud.

En 1804, Jean-Baptiste Rey, commissaire général des armées impériales, faisait acquisition de la Mignarde qui allait connaître son heure de gloire en servant de cadre aux amours de Pauline Bonaparte, princesse Borghèse, et d'Auguste de Forbin. Et à l'une des rares explosions de fureur de ce mari superbement trompé que fut le prince Camillo Borghèse, son époux.

L'aventure commence dans l'été 1807. La princesse Pauline, la plus jolie femme de son époque, a passé à Rome, dans le palais de son époux, un hiver fort éprouvant au cours duquel la grippe et l'ennui se sont relayés à son chevet. Aussi a-t-elle décidé, les beaux jours revenus, de rentrer en France d'abord et, ensuite, de prendre les eaux de Plombières qui étaient fort à la mode. Elle s'y installe donc au début de l'été en compagnie de Mme de Barral, sa dame d'honneur préférée.

Un après-midi, alors que les deux dames se promènent dans le parc des thermes, elles voient s'approcher d'elles un fort beau jeune homme d'une trentaine d'années, fort élégant et qui, en termes d'une exquise politesse, demande l'autorisation de saluer Son Altesse impériale, tout en précisant qu'il a déjà eu l'honneur de lui être présenté l'hiver précédent. Son nom : Auguste de Forbin, de vieille noblesse provençale, chevalier de Malte mais aussi poète, peintre, romancier, architecte. Il a tant d'allure même que Pauline se demande comment elle a pu ne pas remarquer ce jeune homme au cours de son détestable hiver romain.

La raison de cet étrange aveuglement est tout entière dans la manière de Pauline : elle n'avait alors d'yeux que pour son beau-frère, le prince Aldobrandini. Néanmoins, Forbin a fait tant d'impression que la princesse songe immédiatement à en faire son chambellan. Et comme Mme de Barral s'étonne, faisant observer que Pauline ne le connaît pas assez, celle-ci répond avec une logique dont elle a seule le secret :

« Il est poète et il a les plus belles jambes du monde ! »

Mme de Barral n'insiste pas. Il est de notoriété quasi publique à Paris que les chambellans de la princesse Borghèse sont à double usage : ils veillent sur la chambre princière de si près qu'ils s'y installent… Invité à se présenter le lendemain chez Son Altesse, Forbin ne trouve dans le salon que deux ou trois personnes entourant Pauline : une Pauline chaudement vêtue d'une ample tunique de mousseline qui ne laisse rien ignorer de ses charmes.

Un peu suffoqué, Forbin n'a qu'à peine le temps de se remettre. Un Noir gigantesque et tout vêtu d'écarlate vient d'entrer. C'est Paul, le serviteur préféré de Pauline et il vient pour le bain… Aussitôt, la princesse se lève, laisse gracieusement tomber sa mousseline, apparaît aux yeux éperdus de son nouveau chambellan dans la tenue exacte de notre mère Ève, puis laisse Paul l'emporter vers sa baignoire qui se trouve dans la pièce voisine.

Une demi-heure plus tard, elle reparaît à nouveau enveloppée de mousseline, reprend place sur sa chaise longue et, tout d'un coup, déclare qu'elle a froid en regardant l'une de ses dames, Mme de Champbeaudoin. Aussitôt, celle-ci dégrafe son corsage, dénude sa poitrine et se couche sur le tapis devant la princesse qui pose aussitôt ses jolis pieds sur les seins rebondis de la dame en expliquant à Forbin, sur le ton de la conversation de salon, qu'elle a pris, jadis, cette agréable habitude dans l'île de Saint-Domingue. Elle ajoute que c'est tout à fait délicieux, ce que son invité veut bien croire.

Suit une séance de pédicure qui offre au jeune homme une vue imprenable sur les jambes de la princesse et qui achève de le persuader d'une chose : c'est que jamais l'été n'a été aussi chaud ! Et c'est dans une sorte d'état second qu'il accepte de revenir le soir même dîner à la villa.

Ce qu'a été cette soirée, Auguste de Forbin est beaucoup trop galant homme pour s'en vanter mais quand, au matin, Mme de Barral entre dans la chambre de sa maîtresse, elle trouve, sans le moindre étonnement, le jeune Provençal installé dans son lit. D'où elle conclut sans peine qu'il était définitivement intronisé chambellan.

Ce furent des amours exubérantes et passionnées. Forbin se retrouvait follement amoureux, et Pauline, fidèle à ses habitudes, était réellement éprise de son « bel Auguste ». Et comme elle éprouvait presque autant de plaisir à étaler ses amants qu'à les séduire, ce furent des amours fort peu discrètes. Avec Pauline, pas de sombreros, pas de manteaux couleur de muraille, pas de portes dérobées ! Le grand soleil, le plein midi et le plus de monde possible ! Elle eût fait l'amour en boutique ou sur la place du marché si la chose eût été possible pour une Altesse impériale.

Néanmoins, le soleil de Plombières lui semblant un peu pâle, elle choisit le Midi, justement pour en trouver un plus ardent. Et Forbin, dépêché en toute hâte, galope jusqu'à Aix dans l'intention de trouver la demeure privilégiée qui abritera ses belles amours. Il trouve la Mignarde, qu'il loue à Jean-Baptiste Rey… le moins cher possible. « On parle aujourd'hui de cent mille francs comme de dix mille, j'ai donc réduit le tout à ce qui m'a paru convenable et raisonnable », écrit Pauline. Car elle aime peu à dépenser autrement que pour sa toilette et sa parure.

Voilà donc la princesse installée pour cinq semaines à la Mignarde avec Auguste de Forbin. Elle est d'autant plus heureuse d'y être qu'elle y trouve la possibilité de fréquenter les eaux de Gréoux. Mais si Forbin s'est imaginé pouvoir enfin filer le parfait amour dans le silence et la solitude à deux, il est vite détrompé : la princesse donne des bals, des soupers, des redoutes, des fêtes en tous genres où elle convie le ban et l'arrière-ban de la région. La douce félicité du chambellan a totalement disparu. Que dire de celle de l'amant !

Le comble est atteint quand apparaît à son tour le mari : le cher Camillo Borghèse, beau garçon, grand cavalier devant l'Éternel mais dont le général Thiebault devait dire un jour : « C'est n'appartenir à personne qu'appartenir au prince Borghèse. » Quoi qu'il en soit, le voilà qui vient et le pauvre amant pense immédiatement qu'il va lui falloir abandonner l'agréable chambre de Pauline pour une mansarde sous les combles.

Or, le souper terminé – un souper pris à six, par extraordinaire –, Pauline se lève, se déclare fatiguée et glisse son bras sous celui de Forbin pour quitter la salle à manger avec lui. Camillo s'étonne. Eh quoi, elle les quitte déjà ? Mon Dieu, oui. Pauline se sent un peu lasse, elle a besoin de dormir. Camillo, qui espérait tout bêtement prendre le café au salon en agréable compagnie, proteste : qu'elle aille se coucher si elle se sent lasse, mais qu'au moins elle laisse Forbin dont elle n'a que faire !

« Que faire ? s'écrie Pauline sincèrement choquée : Mais, mon ami, vous devriez savoir que je ne peux me passer de lui ni le jour ni… la nuit ! »

Et elle sort, gracieuse, impériale, au milieu du silence que trouble seulement le fracas du superbe biscuit de Sèvres que Borghèse vient, très démocratiquement, d'envoyer s'écraser sur le mur de la salle à manger.

Ce que fut cette nuit-là, ni le préfet Thibeaudeau ni le général Cervoni, qui étaient du souper, ne devaient réussir à l'oublier. Ils la passèrent tout entière en compagnie d'un homme dont la nervosité allait croissant. À six heures du matin, Borghèse, superbement ivre, hurlait des imprécations sous les volets clos de sa femme.

« *Dio mio !* Si cette maudite femelle n'était pas la sœur de l'Empereur, je lui infligerais une correction qui ne s'effacerait pas si tôt de son souvenir ! »

Après quoi, il demanda ses chevaux et quitta cette Mignarde si cruellement inhospitalière pour n'y plus revenir, laissant Pauline endormie, et Forbin, qui n'avait pas fermé l'œil de la nuit lui non plus, au supplice. Il devait d'ailleurs demander à être relevé de ses fonctions l'année suivante, non parce qu'il n'aimait plus mais parce que Pauline avait entrepris de prendre des leçons de chant avec le chef d'orchestre Felix Biangini et qu'elle ne pouvait supporter de prendre ses leçons que dans sa chambre.

Au moment de quitter la Mignarde, Pauline avait pensé faire un cadeau à ses propriétaires. Elle songea d'abord à un beau cachemire mais, s'avisant que c'était peut-être là une dépense excessive, elle choisit finalement d'offrir son buste en plâtre !

En 1858, la propriété devint celle de M. Rigaud, premier président à la cour d'appel d'Aix, député et maire de la ville sous le second Empire. Elle est toujours dans sa famille.

La propriété se visite uniquement avec un guide de l'Office de tourisme d'Aix-en-Provence (04 42 16 11 61).

MIRABEAU

Un couple impossible...

De toutes les choses sérieuses, le mariage étant la plus bouffonne...

BEAUMARCHAIS

Solidement assis sur un massif rocheux qui domine la vallée de la Durance, le château de Mirabeau ne manque ni d'allure ni de charme. Ses quatre tours rondes témoignent de son ancienneté mais son clair logis aux élégantes fenêtres Renaissance affirme que la vie peut y être douce. « On y respire le parfum de toutes les plantes qui feutrent ce pauvre terrain », écrit Maurice Barrès qui, dans les débuts du XXe siècle, acheta le château. « L'odeur fraîche des lilas s'y mêlait ce matin à l'odeur chaude des pins... Je réjouis mes regards avec les choses familières que la lumière anime autour de moi : les vieilles tours, la porte cintrée garnie de lierre où se mêlent la vigne et l'acacia aux grappes pendantes... »

On peut donc y être heureux et, en fait, il semblerait qu'une certaine douceur de vivre ait été l'apanage de la plupart des Riqueti qui y ont respiré l'odeur des pins depuis l'an de grâce 1568 où un certain Jean, qui fut premier consul de Marseille, acheta le domaine et, avec lui, le droit de s'appeler Riqueti de Mirabeau... C'était d'ailleurs la maison des champs où l'on venait pour se reposer les yeux et l'esprit des somptuosités de l'hôtel familial à Marseille car, de tout temps, les Mirabeau furent gens de goût, volontiers amis du faste et doués d'une certaine tendance à jeter l'argent par les fenêtres. Une tendance qui allait atteindre son point culminant avec le plus illustre des rejetons de cette antique famille issue de Florence, celui qui la ferait vraiment entrer dans l'histoire. Mais quel accouchement difficile, plein de bruit et de fureur !...

Dans les années 1770, le château est habité régulièrement par l'une des gloires de la famille : Jean-Elzéar, dit le bailli de Mirabeau, ancien gouverneur de la Guadeloupe, grand croix de l'ordre de Malte, général des galères, un charmant vieux garçon que son frère aîné, le marquis Victor, a en quelque sorte promu au rang de seigneur du château familial pour la simple raison qu'il refuse, en ce qui le concerne, d'y remettre jamais les pieds.

Un personnage, lui aussi, ce marquis Victor ! Après avoir servi le roi fort honorablement durant quelques années, il s'est mis à écrire, s'est tourné, Dieu sait pourquoi, vers les sciences économiques et a rejoint, dans les joies agricoles de la physiocratie – du grec *phusis*, nature, et *kratos*, puissance ! – des esprits éclairés tels que Quesnay et Dupont de Nemours. Et s'il ne se montre plus jamais à Mirabeau, c'est parce qu'il garde un fort mauvais souvenir de ses années de mariage avec la belle mais légère Geneviève de Vassan à laquelle il intenta un retentissant procès qui allait durer quelque vingt années. Depuis, le marquis

Victor réside alternativement à Paris et dans son petit château du Bignon, dans le Loiret. Ce qui ne veut pas dire qu'il se désintéresse du château familial, car il s'oppose à ce que son jeune frère y apporte les « modernisations que celui-ci jugeait souhaitables » et dont lui ne veut à aucun prix.

C'est donc l'aimable bailli qui, dans l'année 1774, accueille dans le vieux château un jeune couple en grande détresse financière : le comte Gabriel-Honoré Riqueti de Mirabeau, son neveu, et la jeune femme de celui-ci, née Émilie de Marignane. Plus le bébé qui vient de leur naître…

Gabriel-Honoré, c'est le futur tribun, c'est celui que l'histoire appellera Mirabeau tout court. Mais pour l'heure présente c'est, à vingt-cinq ans, une force de la nature pétrie de violence, d'arrogance et de débauche qui représente dans le soulier de Monsieur son père, le marquis Victor, un clou fort gênant. Les deux hommes, en effet, se détestent et, si Gabriel-Honoré montre quelque considération pour les idées progressistes de son père, celui-ci n'a que mépris pour celui qu'il surnomme « Monsieur l'Ouragan » ou « le comte de la Bourrasque ». Et, dans l'état où sont les choses, on ne peut pas donner tout à fait tort au marquis. Rien que la façon dont le jeune Mirabeau a obtenu la main de la jeune, charmante… et riche Émilie de Marignane est une sorte de morceau d'anthologie.

Un matin de mai 1772, les pieuses personnes qui se rendaient à la première messe de l'église du Saint-Esprit, à Aix-en-Provence, ont eu la surprise de voir se prélasser à la fenêtre de la chambre d'Émilie un garçon en chemise que toute la ville connaissait d'assez fâcheuse façon, pour ses mœurs dissolues, ses duels et ses dettes de jeu. Or, Émilie, qui dormait du sommeil de l'innocence, ignorait totalement ce qui se passait à sa fenêtre. Gabriel-Honoré s'était, en effet, introduit dans sa chambre alors qu'il faisait encore nuit, à seule fin d'offrir aux gens d'Aix le spectacle gratuit qu'ils venaient de contempler. Puis, quand il fut certain qu'on l'avait suffisamment remarqué, il se retira toujours aussi discrètement, franchit le mur du jardin, sauta sur son cheval et rentra chez lui. Il ne lui restait plus qu'à attendre que le scandale déclenché obligeât le comte de Marignane à lui donner, aux fins de réparation, la main de sa fille. Et la dot qui allait avec.

Il y avait tout de même quelqu'un dont l'avis aurait pu entraver la marche d'un plan aussi audacieux, et c'était la victime : la jeune Émilie elle-même. Les prétendants ne lui manquaient pas et certains lui plaisaient même plus que Mirabeau qui était laid, mais de quelle laideur puissante, léonine, appuyée par une voix de bronze dont les sonorités faisaient fondre les cœurs et les vertus ! Néanmoins, elle se laissa marier sans protester, pas fâchée au fond de se retrouver l'héroïne d'un roman à succès et de l'emporter sur la foule des femmes qui avaient eu des bontés pour le sacripant. En outre, avec un tel partenaire, le plaisir était une affaire sûre et pour cette fille de Provence, c'était une chose qui ne manquait pas de valeur.

On les maria le 23 juin suivant et, pour un beau mariage, ce fut un beau mariage. Huit jours ! huit jours de festins, de chants, de danses… et de bagarres ! La chaleur des petits crus perfides du pays s'en mêlant, on put voir le marié administrer une formidable raclée à un ami de la famille, le capitaine de vaisseau Cresp de Saint-Cézaire, qui représentait son père absent. Cela pour des raisons d'une obscurité parfaite.

Par contre, on sut parfaitement celle qui motiva la

première scène de ménage des jeunes époux : durant cette interminable frairie, Gabriel-Honoré jugea bon de conter fleurette à une jolie invitée alors que sa femme pouvait très légitimement espérer qu'il ne s'occuperait que d'elle seule. Ce qui donna un échange de vues mémorable, qui inspira aux assistants une haute idée du vocabulaire du tendre époux comme de la combativité de la douce moitié. Les mauvaises langues prétendirent même que quelques horions avaient été distribués sous l'œil connaisseur des fermiers des environs qui festoyaient dans les dépendances de la maison. Après quoi les belligérants allèrent chercher dans la chambre nuptiale un terrain d'entente moins spectaculaire sinon moins ardent.

Lampions éteints, on alla s'installer à Marseille dans le superbe hôtel que les Mirabeau possédaient rue de Noailles, afin d'y mener la grande vie. Une grande vie qui dura tout juste autant que ce qui restait de la dot d'Émilie, la majeure partie en ayant été dévorée par les dettes les plus criardes du jeune époux... Peu à peu la gêne s'installa, les meubles disparurent l'un après l'autre. Il en fut de même des domestiques et un an ne s'était pas écoulé que Mirabeau empruntait à Émilie ses bijoux pour les mettre en gage. Il fallait bien manger. D'autant que le couple attendait un enfant.

Celui-ci arriva en octobre 1773. Mirabeau éclatait d'orgueil d'avoir un fils et, devant les démonstrations d'amour dont il environna sa femme, tout Marseille put croire que ce ménage-là avait enfin passé le cap des tempêtes et allait naviguer désormais dans des eaux tranquilles. Le jeune Victor ravissait ses parents. Mais les finances n'allaient pas mieux. Elles allèrent même tellement mal qu'il fallut abandonner le bel hôtel et s'en aller demander l'hospitalité de l'oncle Jean-Elzéar au château de Mirabeau…

L'accueil est plein de chaleur. Le bailli aime bien son redoutable neveu et trouve sa nièce charmante. En outre, il adore les enfants… Et les jours pourraient couler paisiblement dans la vieille demeure si « Monsieur l'Ouragan » n'ignorait avec autant de hauteur les petits chemins calmes de l'existence.

Au cours d'une partie de campagne donnée par le bailli, Gabriel-Honoré surprend certains propos tenus par l'un de ses cousins, M. de Villeneuve-Mouans, sur sa propre sœur Mme de Cabris. Villeneuve-Mouans, que la famille surnomme Gras-Fondu, est un gros bonhomme rougeaud d'une soixantaine d'années, libertin et mauvaise langue. Il a tout juste le temps de rire de ses plaisanteries d'un goût douteux : le cousin Mirabeau fond sur lui à la vitesse de l'éclair et, lui arrachant des mains le parasol qui abrite sa tête du soleil, il le lui casse sur le dos, ce qui fait beaucoup rire les dames. Hormis une seule : Émilie, qui s'inquiète. Elle sait bien que Gras-Fondu déteste son époux et qu'il n'aura rien de plus pressé que de courir chez le marquis Victor pour lui conter son aventure. Rien ne dit alors que le père ne demandera pas une nouvelle lettre de cachet contre son fils. Il en a déjà demandé au moins deux…

« Ne me dites pas que vous seriez navrée, ma chère, ricane Mirabeau. Cela vous débarrasserait de moi pendant quelque temps. Et vous avez tant d'amoureux… »

La jeune femme est blessée. En effet, on la courtise beaucoup mais, jusqu'à présent, elle n'a pas donné à son époux le droit de l'accuser. Et c'est peut-être à cause de cette injustice qu'elle va écouter bientôt, avec quelque plaisir, les propos galants, puis tendres, puis pressants d'un bel officier des mousquetaires, le chevalier de Gassaud.

Celui-ci est jeune, brave, beau. Il sait parler aux femmes et n'imaginerait même pas que l'on pût s'adresser à l'une d'elles en hurlant à tue-tête ou en la battant comme plâtre. Il apporte à Émilie un contraste si agréable et si reposant avec son tempétueux époux qu'elle l'écoute d'une oreille complaisante et tout doucement se laisse glisser dans ses bras. La campagne autour de Mirabeau a décidément bien du charme !

Malheureusement, emportés par leur amour tout neuf, les amants négligent les plus élémentaires précautions. Ils vont jusqu'à s'écrire, et le sort veut qu'une lettre de Gassaud tombe sous les yeux du mari. C'est le drame ! En dépit du fait qu'il est loin d'être un modèle de fidélité, Gabriel-Honoré refuse de se retrouver dans la peau d'un mari trompé et la pauvre Émilie essuie une effroyable crise de fureur. L'outragé menace de mettre le pays à feu et à sang. Émilie se traîne à ses pieds pour implorer son pardon, mais cela ne suffit pas : il faut que Gassaud vienne lui aussi demander pardon à genoux ! Pas question de se battre en duel ! Ce que veut Mirabeau, c'est humilier son rival.

Naturellement, le chevalier refuse de se plier à ces prétentions mais toute sa famille, hommes et femmes réunis, vient tenter de fléchir le mari furieux. Cela donne une belle scène, intensément dramatique, que Mirabeau apprécie en connaisseur. Tant et si bien qu'il se met à jouer les âmes magnanimes et pardonne enfin, avec des trémolos dans la voix. Pour un peu la scène se terminerait par une bénédiction…

De toute façon, Mirabeau n'a plus le temps d'élaborer une vengeance quelconque. Ses affaires vont mal. Outre ses dettes toujours croissantes, il a désormais

Gras-Fondu sur le dos. Comme le craignait Émilie, celui-ci est allé se plaindre au marquis Victor, et ce dernier, outré, s'est hâté de demander une lettre de cachet contre son impossible fils. En un rien de temps, les exempts du roi arrivent à Mirabeau… et voilà l'époux d'Émilie parti pour le château d'If où il n'aura pour distraction que le bruit des vagues, le cri des mouettes et les disputes de la garnison.

N'écoutant que son devoir… et peut-être aussi son envie de connaître Paris, Émilie monte jusqu'à la capitale pour y plaider la cause de son remuant époux. De là, elle se rend au Bignon, chez son beau-père. Contrairement à ce que l'on pourrait penser, tous deux vont s'entendre à merveille. La vie, au Bignon, est très agréable : on danse, on joue la comédie, on reçoit beaucoup de monde. Émilie a même la surprise – mais est-ce bien une surprise ? – de voir arriver le chevalier de Gassaud et de reprendre avec lui le cours de leurs entretiens provençaux. La campagne gâtinaise a elle aussi bien du charme. Et, partie pour quelques semaines, Émilie restera plusieurs années chez son beau-père, pendant que son époux court les prisons de France et les routes d'Europe. Elle se séparera officiellement de lui en 1783. Le petit Victor est mort. Le ménage est définitivement détruit. Jamais, le couple ne reviendra au château de Mirabeau où les cigales cependant continueront de chanter dans la senteur des pins…

Durant l'émigration, Émilie se remariera avec un noble niçois dont elle aura un enfant, mais l'un comme l'autre disparaîtront. Mirabeau aussi avait disparu mais son renom était immense et celle qui avait été sa femme se voulut désormais vouée au culte du grand homme. Elle reprit son nom de marquise de Mirabeau et s'enferma dans un amour posthume auquel elle demeura cette fois fidèle jusque dans la mort. Il lui avait fallu du temps.

Quant au château, incendié et pillé durant la Révolution, il fut racheté par un homme du village qui, la tourmente passée, le rendit à la sœur du tribun, Mme de Cabris, qui le racheta. Il passa ensuite au fils naturel de Mirabeau puis à son petit-fils. Celui-ci le revendit à la comtesse de Martel, arrière-petite-nièce de Monsieur l'Ouragan qui s'était fait une réputation de plume sous le nom de Gyp. C'est elle qui le vendit à Maurice Barrès et il appartient toujours à la famille du grand écrivain…

Le château n'est pas ouvert à la visite.

LE MONT-SAINT-MICHEL

Tiphaine Raguenel, la fée aux étoiles

Est-ce toi qui noues les liens des Pléiades
Ou qui délies les chaînes d'Orion ?
Est-ce toi qui fais sortir les constellations
Et qui conduis la Grande Ourse avec ses [petits ?

Livre de Job

À notre époque où le Mont-Saint-Michel, promu au rang de huitième merveille du monde, voit plusieurs nations unir leurs efforts pour l'arracher au péril des sables, il convient d'évoquer le souvenir étrange et doux de celle qui, chargée des plus hauts honneurs terrestres, n'en vécut pas moins dans la solitude et la retraite une existence où il n'y eut de place que pour l'amour et l'étude des astres : Dame Tiphaine Raguenel, épouse de Bertrand Du Guesclin, connétable de France.

Fille de messire Raguenel, vicomte de La Bellière et d'une demoiselle de Dinan, Tiphaine n'a guère ressemblé aux autres fillettes de son âge. Alors que ses compagnes pensaient surtout à leurs poupées et à leurs atours, elle montrait pour l'étude une singulière prédilection. Dans la haute maison de ses parents, rue de la Croix à Dinan ou dans le manoir paternel de La Bellière-en-Pleudihen, entre Dinan et Saint-Servan, Tiphaine passait des heures entières sur les parchemins et les gros livres manuscrits du chapelain de son père.

Celui-ci était un vieux prêtre, fort versé dans la science des étoiles et, tout naturellement, il enseigna à son élève ce qu'il savait de la ronde des astres et de la vie des mondes universels. Si bien même que bientôt l'enfant en sut plus long que son maître, car un étrange don de double vue s'ajoutait à son très réel savoir. À force de cajoleries, en effet, elle avait réussi à se faire acheter, par son père, d'autres ouvrages plus savants encore et elle étudia ainsi la médecine, les plantes, la nature et même un peu d'alchimie.

À vingt ans, celle que l'on appelait « la plus belle fille de Dinan » était aussi la plus savante. Elle savait lire l'avenir dans les astres, tirer les horoscopes, guérir malades et blessés et elle passait un peu pour sorcière. Mais parce qu'elle était radieusement belle et sage, fort pieuse aussi, qu'elle faisait le bien sans compter et que tout le monde l'adorait, personne n'aurait songé à lui en faire grief. Car, avec leur sens inné du merveilleux, les petites gens de ce pays breton encore hanté par Merlin l'Enchanteur, les korrigans et tous les légers esprits nés du brouillard dans la proche forêt de Brocéliande, avaient trouvé le surnom qui lui convenait : elle était Tiphaine la Fée…

Naturellement, Tiphaine, noble, riche, belle, savante et de famille puissante ne manquait pas de prétendants mais elle les décourageait tous sans même prendre la peine de les écouter. C'est que, depuis bien longtemps, son cœur appartenait au plus étrange garçon que la terre eût jamais porté. Le plus étrange et le plus laid.

Elle avait six ou sept ans quand, dans la grande lice de Rennes, durant l'été de l'an 1338, elle avait vu combattre, le visage caché, et défaire en tournoi les meilleurs champions de Bretagne, un garçon de dix-huit ans qui, le casque ôté, s'était révélé noir de poil, noir de peau avec un bizarre nez retroussé dans un faciès brutal couronné de cheveux hirsutes. C'était son premier tournoi et, du premier coup, il s'était imposé comme le meilleur. Il s'appelait Bertrand Du Guesclin et Tiphaine n'avait pas réussi à l'oublier.

Pendant des années, Tiphaine n'entendit guère parler de Bertrand. La Bretagne, déchirée par la guerre de succession déclarée entre Jean de Montfort et Charles de Blois, vivait des heures noires, et le futur héros, partisan du second, tenait la forêt avec une poignée de compagnons aussi rudes que lui-même, chassant impitoyablement l'Anglais allié de Montfort. Il fallut que le duc de Lancastre vînt mettre le siège devant Rennes, puis devant Dinan pour que Du Guesclin abandonnât sa guérilla forestière pour la guerre tout court, en armure et sous les machines de siège.

Tiphaine, qui venait d'avoir vingt-quatre ans, apprit un jour que son héros personnel avait appelé au jugement de Dieu le comte de Coventry qui avait capturé son frère. La nuit qui précédait le combat, Tiphaine la passa sur ses grimoires. Au matin, elle déclarait avec assurance :

« Messire Bertrand a le bon droit, Messire Bertrand vaincra. »

Après la victoire qu'il remporte en effet, Du Guesclin se trouve en face de celle qui a prédit sa victoire, au banquet offert par le gouverneur en l'honneur du vainqueur. Et tout de suite, bien sûr, il s'en éprend : elle est si belle, si lumineuse, cette jeune fille dont on lui dit qu'elle est fée et qu'elle a prédit sa victoire ! Mais il se sait si affreux qu'il n'osera pas le lui dire.

Et les années passent encore. À présent, Du Guesclin chasse l'Anglais pour le Dauphin de France. Sept ans d'embuscades, de nuits sans sommeil, d'écrasantes fatigues. Bertrand a quarante-quatre ans et il n'ose toujours pas s'approcher de Tiphaine dont il sait pourtant qu'elle est toujours demoiselle. Il faudra que le duc Charles lui ordonne expressément d'aller la voir et là il faudra que Tiphaine elle-même lui demande presque sa main pour qu'il comprenne enfin, dans son humilité, qu'une fée l'aime… et qu'il a le droit d'être heureux.

On les maria au printemps de l'an 1364, dans la chapelle de La Bellière où, dans la chambre haute que l'on peut voir encore, ils vécurent la première de leurs rares nuits communes. Deux jours plus tard, Bertrand, capitaine de Pontorson, emmenait Tiphaine dans son logis du Mont-Saint-Michel-au-péril-de-la-mer, comme un avare confie son trésor à la place qu'il sait la plus sûre. C'est là qu'un matin elle lui offrit un parchemin noué d'un ruban bleu en lui demandant de le garder toujours par-devers lui. Et comme il s'étonnait, elle expliqua : c'était là un calendrier où elle avait marqué d'une croix noire les jours où le sort serait contraire à son époux et où il ne devrait pas combattre. Elle savait bien qu'elle ne le garderait pas longtemps, que la guerre n'était pas près de cesser, que le royaume envahi par l'Anglais avait besoin de lui et elle espérait ainsi le protéger autant qu'il était possible.

« Il y aura toujours, quelque part, quelqu'un pour avoir besoin de vous ! » lui dit-elle…

Dans les années qui suivirent, bien rares furent les

intervalles, entre deux campagnes, où le guerrier et sa belle sorcière purent se retrouver pour apaiser un peu cette grande faim qu'ils avaient l'un de l'autre. Ces jours-là, le haut logis du Mont retrouvait la vie, la joie, le soleil… alors que les autres jours étaient si mornes, si semblables, si ternes ! Servie avec vénération par des servantes qui savaient respecter son silence, Tiphaine coulait d'interminables heures, assise à la fenêtre en face des grèves, un lévrier couché à ses pieds, cherchant le soir l'étoile de son époux.

C'est seule qu'elle reçut les plus grands honneurs. Par la grâce du roi Charles V, elle fut comtesse de Longueville après la bataille de Cocherel, comtesse de Soria, duchesse de Molina et de Trastamare, reine de Grenade même après la bataille de Montiel où Bertrand battit les Anglais et les Espagnols de Pierre le Cruel. Et où il conduisit se perdre et s'anéantir les trop fameuses Grandes Compagnies qui, si longtemps, avaient ravagé le sol de France, pillé la terre de France, martyrisé les paysans de France…

Mais ce fut Bertrand lui-même qui, un soir, déposa aux pieds de Tiphaine la grande épée aux fleurs de lys, l'épée de connétable de France qui faisait de lui le maître tout-puissant des armées du royaume et lui donnait le pas sur les princes du sang.

Quand vinrent les heures sombres, Tiphaine les affronta seule encore. Ce fut elle qui réunit les rançons fabuleuses pour tirer Bertrand et ses compagnons des geôles anglaises quand ils se retrouvèrent prisonniers du Prince Noir, héritier d'Angleterre. Bertrand, en effet, payait pour tous et n'acceptait sa liberté que quand le dernier de ses hommes avait retrouvé la sienne.

Enfin, la maladie la trouva seule, douloureuse mais résignée. Elle savait qu'elle allait mourir, qu'elle ne reverrait jamais, sur cette terre, l'homme qu'elle avait tant aimé, qu'elle aimait toujours plus qu'elle-même. Mais, quand l'heure dernière approcha, Tiphaine, enfin, quitta le Mont. Elle voulut retourner à Dinan, dans la vieille maison de la rue de la Croix où durant tant d'années elle avait veillé, prié, attendu anxieusement l'amour qui lui avait été donné si tard. C'est là, dans le décor familier de son enfance, qu'elle voulait accueillir la dernière messagère, celle dont le message ne se lit pas deux fois.

Elle vint enfin, par un soir gris de l'automne 1371. Jusqu'au bout, le regard de la mourante s'attacha à la fenêtre dont elle avait demandé qu'on la laissât ouverte afin qu'elle pût chercher encore, au ciel sombre, l'étoile qui avait toujours été sa plus fidèle compagne. Puis, doucement, les yeux de Tiphaine se fermèrent pour ne plus se rouvrir à la lumière terrestre.

Le chagrin du connétable fut immense. Interminablement, il se fit lire la dernière lettre que Tiphaine, trop faible pour l'écrire elle-même, avait dictée pour lui. Une lettre qui disait qu'elle allait mourir heureuse parce qu'en lui donnant le seul homme qu'elle ait jamais aimé, le Destin lui avait accordé infiniment plus qu'elle n'avait espéré…

HORAIRES D'OUVERTURE DE L'ABBAYE,
DES MUSÉES ET DE L'ÉGLISE PAROISSIALE

http://www.ot-montsaintmichel.com/index.htm

MONTAIGNE

Les retraits d'un philosophe

Si l'on me presse de dire pourquoi je l'aimais,
je sens que cela ne peut s'exprimer qu'en [répondant :
« Parce que c'était lui, parce que c'était [moi ! »...

Michel de MONTAIGNE

Quand Étienne de La Boétie meurt, en 1563, Michel de Montaigne connaît le fond du désespoir. Depuis qu'ils se sont rencontrés, six ans plus tôt, au parlement de Bordeaux où ils se retrouvaient collègues, la plus tendre amitié unissait Montaigne au jeune poète sarladais. Une amitié comme il ne s'en rencontre pas deux dans la vie d'un homme ; une amitié si proche de la passion qu'il est bien difficile de lui donner un autre nom, même si l'on éprouve un peu de gêne en face d'un amour peu conforme aux habitudes.

Que faire lorsque l'on a perdu la moitié de soi-même ? Sinon rentrer chez soi au cœur de la campagne ainsi que font les bêtes qui regagnent leur tanière pour y lécher leurs blessures. Et Montaigne rentre chez lui…

Chez lui, c'est le beau château familial de Saint-Michel-de-Montaigne, non loin de Bergerac. Un château dont il ne reste malheureusement, de nos jours, qu'une grosse tour et quelques bâtiments de communs. Mais la providence a voulu que cette tour soit justement l'âme de la maison, l'endroit entre tous cher et précieux, car cette tour que l'on pourrait dire miraculeusement épargnée renfermait la « librairie » – nous dirions la bibliothèque de Montaigne, l'endroit où il passa la plus grande partie de son existence.

Une existence qui, en cette année 1563, compte tout juste trente années, ce qui n'est pas beaucoup pour être déjà revenu de tout. À Montaigne, Michel retrouve son père Pierre Eyquem de Montaigne qui fut, quelques années plus tôt, maire de Bordeaux. Les Eyquem, d'origine portugaise, se sont enrichis dans le commerce des vins et des poissons salés. La terre avait été achetée par le grand-père Ramon Eyquem mais la seigneurie entra dans la famille avec le père qui, le premier, abandonna le négoce pour vivre en gentilhomme sur son bien. Il avait épousé Antoinette de Louppes, dont les ancêtres furent peut-être Lopez, juifs chassés d'Espagne par l'Inquisition.

Ce sont gens de bien que ces Montaigne. La famille vit doucement, paisiblement, dans l'honneur et l'amour des lettres. Au petit Michel on a dès son jeune âge donné un précepteur allemand, Hostanus, qui lui a appris le latin avant de lui apprendre le français. Non par fantaisie personnelle mais parce qu'on l'en avait prié : « En nourrice et avant le premier dénouement de ma langue, il [mon père] me donna en charge à un Allemand qui depuis est mort fameux médecin en France, du tout ignorant de notre langue et très bien versé en la latine… J'avais plus de six ans avant que j'entendisse non plus de français que de périgourdin ou d'arabesque… »

Après ce premier débroussaillage en famille, le jeune Michel s'en alla faire de solides études au collège de Guyenne à Bordeaux, en sortit avec honneur et se retrouva conseiller à la Cour des aides de Périgueux puis, quand celle-ci disparut, au parlement de Bordeaux.

Voyant son fils rentrer avec la mine longue et l'œil mélancolique, Pierre de Montaigne pensa que ce n'était pas là un état qui pût convenir à un garçon de trente ans. Selon son éthique personnelle, le cœur seul pouvait guérir le cœur et puisque Michel avait perdu son ami, il ne lui restait plus qu'à prendre femme. D'ailleurs il avait l'âge et il était grand temps qu'il se souciât de la descendance familiale.

Se marier ? Cela ne le tente guère. En dépit d'une certaine expérience des femmes, ce garçon précocement chauve leur voue une certaine méfiance. En fait il n'est pas vraiment attiré par elles. Néanmoins, comme il l'écrira plus tard : « On se marie autant ou plus pour sa postérité et pour sa famille… » C'est dire qu'il n'oppose pas grande résistance aux projets de son père.

Celle qu'on lui destine d'ailleurs, il la connaît déjà : elle se nomme Françoise de La Chassaigne, d'une bonne famille de robe bordelaise, et Michel l'a déjà rencontrée à Bordeaux. Elle est jeune, belle et riche. Que demander de plus ? En 1565, il l'épouse. Mais si la belle Françoise s'imagine qu'elle va connaître avec ce garçon qui lui plaît assez de nuits enivrantes, il lui faudra rapidement déchanter. D'ailleurs, Montaigne jugera bon de faire part à la postérité de ses idées sur l'amour conjugal :

« Il faut toucher sa femme prudemment et sévèrement de peur qu'en la chatouillant trop lascivement, le plaisir la fasse sortir hors des gonds de la raison... » Triste programme ! En fait, tout ce que Madame de Montaigne aura le droit d'offrir à son époux c'est quatre filles... et une crise de jalousie.

En 1569, peu de temps après la mort de son père qui fit de lui le seigneur incontesté du château et des terres de Montaigne, Michel perdit son frère cadet, garçon aimable et dissipé qui portait l'épée et que l'on nommait le capitaine de Saint-Martin. Ce jeune homme avait une passion, celle du jeu de paume : une balle envoyée un peu rudement et reçue en pleine figure l'envoya de vie à trépas.

On fit l'inventaire de ses biens qui consistaient surtout en bijoux dont il était grand amateur. Or, parmi ses bijoux chacun dans la famille connaissait certaine magnifique chaîne d'or dont il aimait à se parer et qui faisait grand effet. Mais, cette chaîne, il fut impossible de la retrouver chez lui.

Après de nombreuses recherches au cours desquelles on fouilla partout, on redécouvrit la fameuse chaîne... dans la cassette de Françoise de Montaigne, sa belle-sœur. Furieux, Michel demanda des explications : il aimerait bien connaître comment un objet si cher à son frère se retrouvait chez sa femme. Celle-ci se défendit énergiquement, se bornant à déclarer que si son mari voulait savoir le fin mot de la question il n'avait qu'à la demander à sa mère.

Or, il se trouvait que belle-mère et belle-fille s'entendaient comme larronnes en foire. Antoinette de

Louppes déclara à son aîné que la chaîne était à elle, qu'elle l'avait d'abord prêtée à son cadet mais qu'ensuite elle l'avait prêtée à sa belle-fille : explication quelque peu vaseuse et dont le mari ne crut pas un mot. On alla même en débattre en justice avant que tout rentrât dans l'ordre.

Mais cet épisode qui lui avait donné à penser inspira à Michel de Montaigne un chapitre de ces *Essais* dont il commençait la rédaction. Un chapitre qu'il intitula : « De la cornardise… » et dans lequel on trouve par exemple ceci qui pourrait bien être en forme de consolation :

« Je sais cent honnêtes hommes cocus, honnêtement et peu indécemment. Un galant homme en est plaint, non pas désestimé. Faites que votre vertu étouffe votre malheur, que les gens de bien en maudissent l'occasion, que celui qui vous offense tremble seulement à le penser… » Ou encore : « C'est folie que vouloir s'éclaircir d'un mal auquel il n'y a point de médecine qui ne l'empire. Vous asséchez et mourez à la quête d'une si obscure vérification… »

En effet, le temps du chef-d'œuvre est venu pour l'ancien conseiller au Parlement. Il a pris possession de sa « librairie » dans laquelle, à la date du 28 février 1571, il fait graver ceci : « À l'âge de trente-huit ans, la veille des calendes de mars, anniversaire de sa naissance, Michel de Montaigne, depuis longtemps déjà ennuyé de la servitude de la Cour, du parlement et des charges publiques mais se sentant encore alerte, vient se reposer sur le sein des doctes vierges dans la paix et la sécurité. Il y franchira les jours qui lui restent à vivre. Et, pendant que le destin lui permettra de parfaire cette habitation, il voue ces douces retraites paternelles à sa liberté, à sa tranquillité et à ses loisirs… »

De cette aimable et paisible déclaration d'égoïsme vont naître *Les Essais* qui sont l'un des plus purs chefs-d'œuvre de la littérature française.

Et, en vérité, jusqu'à sa mort survenue en 1592, Michel de Montaigne passera le plus clair de son temps dans sa tour, à écrire et à observer ses contemporains. Bien sûr, il fera quelques voyages. Pour se distraire mais surtout pour soigner une gravelle gênante, le philosophe quitte sa librairie en 1580 pour les eaux de Plombières puis pour celles de Baden. Ensuite il se rend à Constance, visite la Bavière et traverse l'Autriche d'où il passe en Italie où il va séjourner un an à Rome. À Rome il recevra des lettres de « bourgeoisie ».

C'est qu'il est à présent un homme connu. Le roi l'a fait chevalier de l'ordre de Saint-Michel et, quand il rentre en France c'est pour prendre, à la tête de la mairie de Bordeaux, la place qui fut celle de son père. Élu en 1581, il sera réélu jusqu'en 1585 où il ne demandera pas la prolongation de son mandat pour l'excellente raison que la peste sévit dans la grande ville des bords de la Gironde et que l'air est plus sain à Montaigne.

C'est là qu'il meurt en 1592, ne laissant qu'une seule fille survivante de celles que lui a données Françoise. Par celle-ci, le domaine passera aux Ségur puis en diverses mains par voie d'achat. Malheureusement, un incendie détruisit la majeure partie du château en 1885, ne laissant, comme je le disais plus haut, que la tour abritant la librairie, la chambre de l'écrivain et la chapelle. Somme toute, le principal…

HORAIRES D'OUVERTURE

Février, mars, avril, novembre et décembre	10 h-12 h et 14 h-17 h 30 (du mercredi au dimanche)
Mai, juin, septembre et octobre	10 h-12 h et 14 h-18 h 30 (du mercredi au dimanche)
Juillet et août	10 h-18 h 30

Les visites de la Tour de Montaigne sont guidées.

Fermé le 1er janvier et le 25 décembre.

http://www.chateau-montaigne.com/

MONTGEOFFROY

D'un maréchal de France à une belle chasseresse...

Il n'y a pas de mauvais mariages, il n'y a que de mauvais époux...

RACHILDE

Lorsqu'en 1676 Érasme de Contades achète la seigneurie de Montgeoffroy, en pays angevin, il s'en faut de cent ans, tout juste, pour que s'élève, aux lieu et place du vieux château alors existant, l'admirable demeure, chef-d'œuvre du XVIIIe siècle, que l'on peut contempler en sortant du bourg de Mazé. Jusqu'aux Contades, le domaine, qui avait reçu son nom vers l'an 1209 de Geoffroy de Châteaubriant, était resté dans cette ancienne famille avant de passer, au XVIe siècle, aux La Grandière. Mais, avec son nouveau maître, la seigneurie va, dès l'abord, prendre le ton, les couleurs, les allures et la destination profonde qui seront les siens à travers les siècles : un grand domaine voué au cheval, à la chasse, aux chiens, à la vénerie.

Mais venons-en à cet Érasme de Contades dont le prénom peu courant évoque les grandes lettres et la sagesse. Ou plutôt écoutons M. de Saint-Simon qui l'a beaucoup connu.

« Contades était un gentilhomme d'Anjou qui avait été beau et bien fait, qui avait été fort à la mode en galanteries nombreuses et distinguées, qui s'en mêloit encore, qui par d'excellentes chiennes couchantes que son père et lui donnoient au Roi de temps en temps s'en était fait connaître puis goûter dans le détail de son emploi qui l'approchoit souvent de lui. Il étoit aimé et considéré à la Cour de ce qu'il y avait de meilleur et de plus distingué ; il avoit pris tout le soin possible de l'être aussi du régiment des Gardes, de toute l'infanterie dont il faisoit le détail de l'armée et de ce qui y servoit de plus marqué en naissance, entours et grades, surtout en mérite pour les officiers particuliers. Il avoit peu d'esprit mais tout tourné à la conduite, du sens, du jugement, une modestie qui le tenoit plus qu'à sa place, beaucoup de sagesse et une discrétion qui lui avait dévoué les dames, en sorte que d'amant heureux il était devenu ami de confiance… »

C'est là, en vérité, un admirable éloge si l'on s'en tient au fait que M. le duc de Saint-Simon était, comme l'on sait, la plus mauvaise langue de la cour. Les deux fils d'Érasme, Gaspard et Charles-Érasme, servent avec plus que de l'honneur dans les armées du roi. Le premier sera lieutenant-général et grand-croix de Saint-Louis, le second major général de l'armée et commandeur de Saint-Louis. Mais c'est de Gaspard que naît celui qui va porter son nom à la plus haute gloire militaire en devenant, en 1758, maréchal de France après s'être distingué brillamment en Corse.

Après ce couronnement, le maréchal de Contades commande en chef l'armée d'Allemagne durant la terrible guerre de Sept Ans. Il s'y distingue par la prise d'Hulst. Mais, la victoire n'étant pas toujours fidèle, elle fit à Minden un caprice, et le maréchal se vit remplacé par le duc de Broglie. Ce n'était pas et de loin une punition. Peut-être seulement le souci de l'écarter, car il n'était plus jeune, du plus chaud des batailles. En effet, Contades devint aussitôt gouverneur d'Alsace et le resta vingt-cinq ans jusqu'à sa mort survenue à plus de quatre-vingt-dix ans.

C'est en 1773, à près de soixante-dix ans, qu'il entreprend de reconstruire Montgeoffroy qui en a grand besoin. Pour cela il fait appel à un très grand architecte : Barré, dont nous avons déjà rencontré le talent au château du Marais[1]. Et, dans cette belle pierre blanche d'Anjou qui semble emprisonner le soleil, Barré construit la plus noble demeure qui soit. L'ardoise fine habille ses grands toits. Ensuite, on la meuble… « On », ce n'est pas le maréchal : il n'est pas là souvent puisque le devoir l'appelle en Alsace, et il n'est pas homme à transiger avec son devoir. « On », c'est surtout sa belle-fille, née Julie-Victoire Constantin de La Lorie. C'est elle qui, avec un goût extrême, va choisir les meubles, les boiseries, les tentures que l'on peut toujours admirer. Car, et c'est là l'extrême rareté de Montgeoffroy, il est exactement, sous le ciel du XXIe siècle, tel qu'il fut sous celui du XVIIIe. Il ne lui manque ni un meuble ni un bouton de porte. De même ses maîtres demeureront fidèles

1. Voir Le Marais.

à la haute tradition de la vénerie, et la sellerie en rotonde habillée de pin de Norvège est un modèle du genre…

Au cours des décennies suivantes, demeure et famille se perpétuent. On n'émigre pas chez les Contades. On maintient, et la belle demeure jamais ne sera séparée de ses maîtres.

En 1836, on célèbre à Montgeoffroy un beau mariage. C'est l'une de ces belles alliances auxquelles on est accoutumé chez les Contades. L'héritier Henri, vingt ans, épouse sa cousine Sophie de Castellane qui n'en a que seize, et le moins que l'on puisse dire est que la mariée est bien belle. De caractère bien formé aussi en dépit de son jeune âge. Écoutons ce qu'en dit Frédéric Soulié :

« De son père, le général-comte de Castellane dont le tempérament fantasque et le fanatisme militaire sont passés à l'état de légende, lui venait une certaine vaillance de caractère, avec ce quelque chose de brusque, de tranchant, de volontaire qui ressemblait à de la décision virile… D'aventure on aurait pu croire que l'épée n'eût pas failli dans sa main. Elle avait de sa mère l'intelligence alerte et cultivée. Car on faisait grande dépense d'esprit chez Mme de Castellane, toute la première généreuse de cette monnaie brillante… »

Les fêtes du mariage sont somptueuses. Illuminations, bals, comédies se succèdent à un tel rythme et avec un tel éclat que la nouvelle marquise de Contades se retrouve du jour au lendemain la reine de l'Anjou.

Les fêtes sont réussies, oui… mais le mariage, lui, l'est moins. Timide en dépit de son nom, de sa fortune et d'un physique agréable, Henri de Contades a des bizarreries. Est-ce qu'il ne lui arrive pas de siffloter dans les salons ? Bien mieux, il adore casser les assiettes. Le bris de porcelaine semble lui procurer une joie intime. À table, il casse volontiers son assiette sous son coude et l'on rapporte même qu'il a acheté un jour dans un marché local quelques douzaines d'assiettes dont il joncha négligemment sa route de retour.

La chose prête à sourire et pourrait n'être qu'enfantillage, mais il semblerait que ce fut plutôt l'indice d'une légère déficience mentale. Quoi qu'il en soit, on laissa bientôt entendre, dans l'entourage du jeune couple, que la « sérénité de l'accord conjugal n'était ni si complète ni si durable qu'on l'avait espéré et que des nuages avaient assombri l'aurore des joies hyménéennes… si tant est qu'elles existèrent jamais ». En effet, Mme de Contades ne faisait pas mystère que son époux ne fut jamais, pour elle, un mari au sens complet du mot. Et leur installation au château ne prêtait guère à un rapprochement puisque le marquis habitait le premier étage et la marquise le rez-de-chaussée. Il n'était pas rare de lui voir monter, à cheval, les marches du perron.

C'est, en effet, une amazone accomplie qui, en chasse, force l'admiration de tous lorsqu'elle suit, le ruban rouge à l'épaule, l'équipage du marquis de Coislin. Mais la chasse n'occupe pas toute sa vie et moins encore sa pensée. Elle rêve de jouer un grand rôle sur la scène politique de l'époque. Et c'est à Paris qu'elle le jouera.

Cependant, son époux échouait, en 1845, dans sa candidature à la députation de Perpignan, vaincu par Arago. Il réussit, peu de temps après, à Murat, en Auvergne mais, poussé par sa femme, il abandonna son mandat de député pour un poste dans la diplomatie.

Il partit, seul, pour Constantinople, ce qui fit dire à un plaisant que Mme de Contades avait mis son mari à la Porte…

Celle-ci d'ailleurs a beaucoup à faire car elle s'est attachée au char du prince-président Louis Napoléon dont elle espère bien qu'il ira plus haut. Dans son hôtel parisien, elle reçoit les aides de camp du prince et, à l'Élysée, seconde la princesse Mathilde pour faire les honneurs du palais. Ce que cette dernière n'apprécie pas tellement, car elle se voudrait seule hôtesse dans la maison d'un cousin qu'elle souhaiterait épouser. Et elle apprécie moins encore que Mme de Contades, qui est très écoutée du prince-président, se range résolument dans le camp de la belle Eugénie de Montijo qu'elle va aider de tout son pouvoir à devenir impératrice. Sophie a compris, en effet, que le cœur de Napoléon III se tournait de ce côté et que son amitié valait bien d'encourir quelques inimitiés.

Eugénie n'oubliera jamais ce qu'elle doit à Mme de Contades qui sera l'invitée privilégiée des Tuileries, de Saint-Cloud et de Compiègne.

Bien sûr, elle est trop en vue pour échapper longtemps à la médisance, voire à la calomnie. Il est tentant de prêter des aventures à cette très belle jeune femme brune qui a tant d'élégance et les plus beaux yeux noirs du monde. On lui en prête beaucoup plus qu'il n'y en eut jamais.

En 1858, elle se retrouve veuve, sans peut-être avoir été réellement femme. Mais, cette fois, son cœur vient de parler :

« Le 14 octobre 1859, écrit le maréchal de Castellane dans ses *Mémoires*, j'ai été prendre ma fille de Contades et je l'ai conduite à l'église Saint-Philippe-du-Roule où le mariage a été célébré à deux heures de l'après-midi. Ma fille s'appellera désormais la comtesse de Beaulaincourt-Marles… »

D'une antique famille de l'Artois, M. de Beaulaincourt n'est encore que capitaine dans l'artillerie de la Garde mais il a tout ce qu'une jeune femme peut souhaiter : la beauté du corps et celle de l'âme. C'est, en outre, un parfait gentilhomme. Malheureusement, sa jeune femme ne jouira pas longtemps de son bonheur : nommé attaché militaire à Berlin, le comte, victime d'une chute de cheval au cours de manœuvres de l'armée prussienne, se brisa la colonne vertébrale.

Ce fut, pour sa femme, la fin de toute une existence. Plus de vie de cour, plus de chasses, plus de folies ! Seules restèrent les joies de l'esprit et, pendant de nombreuses années, le salon de Mme de Beaulaincourt attira les plus grandes intelligences de son temps. Sainte-Beuve y retrouvait Mérimée, Lavisse ou Émile Ollivier et la conversation ne chômait pas tandis que l'hôtesse, pour occuper ses doigts, s'amusait à fabriquer des fleurs artificielles destinées aux nombreuses œuvres dont elle s'occupait. On était bien loin de l'impétueuse chasseresse de Montgeoffroy…

Le beau château, lui, continue de vivre, intact. Au prix de soins incessants, le marquis de Contades et sa famille, à laquelle appartient Mme le Maire de Deauville, Anne d'Ornano, ont réussi à le conserver tel qu'il était au XVIIIe siècle, avec ses boiseries, ses tapisseries, ses tableaux, ses meubles admirables. C'est sans doute l'un des plus jolis témoins du passé que l'on puisse rencontrer sur la terre de France.

HORAIRES D'OUVERTURE

Du 24 mars au 14 juin	10 h-12 h et 14 h-18 h
Du 15 juin au 15 septembre	10 h-18 h
Du 16 septembre au 31 octobre	10 h-12 h et 14 h-18 h
Du 1er au 11 novembre	10 h-12 h et 14 h-18 h (le week-end)

http://www.chateaudemontgeoffroy.com

MONTSÉGUR

La dernière nuit

Faites de lui un homme blessé parce qu'une fois en cette vie il a vu la figure d'un ange...

Paul CLAUDEL

C'est le milieu du mois de mars de l'an 1244 et, sur les hauteurs, le froid se fait encore sentir durement. De lourds nuages, venus des Pyrénées voisines, s'étirent sur les croupes boisées de cette sauvage partie du Razès. Le vent du soir se lève, apportant à l'homme qui se cache les odeurs de viandes cuites venues des cuisines de l'armée royale.

De sa place, sur les pentes du Saint-Barthélemy, Bertrand de Morenci peut voir les tentes coniques des barons du Nord dont l'armée cerne le piton où se dresse le château, solitaire au milieu des nuées. Depuis le temps qu'elles sont là, Morenci a appris à les reconnaître. Ainsi, il sait que la plus haute abrite Hughes des Arcis, sénéchal de Carcassonne qui dirige le siège de Montségur au nom du roi Louis, neuvième du nom. La tente voisine, c'est celle de Pierre Amiel, l'archevêque de Narbonne, légat du pape et qui représente l'Église dans cette dernière phase de la guerre contre l'hérésie cathare ; une guerre affreuse entre enfants du même Dieu, frères du même sang… Et puis les autres, toutes les autres réunies autour des feux de plein vent.

Bien sûr, le camp royal n'a plus très fière allure. Il a souffert, lui aussi, du rude hiver et des neuf mois de siège. Les soies épaisses et les toiles ont déteint, les ferrailles se rouillent. Pourtant, tout cela demeure une réalité redoutable, vivante et active. Tandis que là-haut…

Laissant son regard remonter vers le château en péril, si tragiquement seul sur la montagne qu'il couronne encore fièrement, Bertrand songe qu'en dépit des centaines de personnes qui s'y entassent encore, il est déjà mort. Pourtant, il semblait au-dessus des lois humaines…

Gardé sur trois côtés par des précipices impossibles à remonter, il a pour seul accès une pente raide sur laquelle les troupes royales ont laissé plus d'un cadavre. Seuls quelques initiés savent qu'il existe un chemin secret permettant d'entrer, hors de toute vue, au prix d'une périlleuse grimpée à travers une grotte souterraine et quelques sentiers à chèvres.

Bertrand est né dans ce pays et il n'existe pas de meilleur guide que lui car il en connaît chaque pierre, chaque fourré et chaque fissure. Aussi, huit jours plus tôt, quand est venue la certitude que le château allait être obligé de se rendre, vaincu par la trahison, lui a-t-on confié deux dignitaires cathares et leurs livres sacrés afin qu'il les menât en lieu sûr et que la loi, au moins, demeurât vivante quand tous seraient morts.

Sa mission accomplie, Morenci s'apprête à rentrer au château quand la nuit sera totale. Bien sûr, il aurait pu demeurer là où il a conduit les saints hommes mais il veut être présent quand, demain, sans doute, Montségur vivra son dernier matin. Et cela pour une seule raison : aucune force humaine ne l'empêchera de rejoindre la petite Esclarmonde de Perella, fût-ce dans la mort. C'est cela qu'il attend dans l'ombre qui monte…

En fait, la chute de Montségur est le dernier acte d'un drame qui dure depuis quarante ans.

Dans les régions ensoleillées du Midi où la vie est plus douce et plus souriante que dans le Nord, rude et féodal à outrance, l'Église tombée aux mains de prêtres avides et dévoyés a oublié sa mission de sainte fraternité. C'est à cause de cet état de choses qu'une étrange religion d'origine bulgare, inspirée du manichéisme, s'est installée, ancrée et peu à peu étendue.

Des hommes ascétiques et purs, vêtus de noir, ceinturés de chanvre blanc se sont mis à parcourir les campagnes deux par deux. Leur vie était sévère, leurs yeux semblaient toujours regarder au-delà de la terre mais leur parole avait une étrange douceur. Ils disaient que la Terre était l'œuvre du Diable ainsi que toute chair, prison grossière d'âmes immortelles qui seules sont l'œuvre de Dieu. Dès lors, il convenait de détruire la chair maudite par les privations et la mort volontaire, de repousser le mariage et aussi la famille car la mort seule est souhaitable.

À cause du contraste frappant qu'offraient ces vies dépouillées avec celles des moines trop gras, ces étranges prêcheurs rencontrèrent un grand succès. On les révérait à l'égal de saints et l'aristocratie elle-même leur fit accueil. Dans bien des châteaux, ces hommes que l'on appelait les Parfaits ou les Bons Hommes opérèrent de hautes conversions.

En 1208, l'assassinat d'un légat pontifical, Pierre de

Castelnau, déchaîna la colère de Rome déjà irritée par la violence des attaques. Après l'échec des prédications du futur saint Dominique, le pape Innocent III, grand homme d'État mais inflexible, appela à la croisade les seigneurs du Nord. Ils se hâtèrent d'accourir, menés par un baron fanatique vêtu d'acier noir dont le cœur, comme le regard, ignorait la pitié. Avec lui, Simon de Montfort traînait la guerre, la torture, la mort et le bûcher…

Sous le fer et le feu, le Languedoc cria de souffrance. Des villes entières furent passées au fil de l'épée. Des centaines d'hommes et de femmes furent jetés aux flammes. Les cathares alors se cachèrent mais ne renoncèrent pas. Cela dura des années. Le pays fut asservi mais l'hérésie demeura, encouragée en sous-main par l'ondoyant comte de Toulouse. Enfin, de combats en sièges, d'assauts en exécutions, il ne resta plus aux cathares que deux châteaux : Montségur et Quéribus, un énorme donjon perdu dans les Corbières.

Dans le premier, quelques centaines de fidèles et de barons occitans dépossédés par les croisés entouraient environ deux cents Parfaits et Parfaites sous l'obédience de l'évêque cathare Bertrand Marty. Et, durant des mois, les assiégeants se sont cassé les dents sur cette citadelle du vertige qui fût demeurée inviolée, en dépit de l'énorme machine de siège que l'on avait réussi à hisser sur la pente jusqu'à une centaine de mètres du château, si un homme du village ne s'était laissé gagner et n'avait montré le sentier caché. Alors, au matin du 1er mars, un cor a retenti sur la vallée : le commandant du château, Raymond de Perella, qui tient Montségur du comte de Foix et assure la défense avec son gendre Pierre-Roger de Mirepoix demandait à parlementer.

Une trêve de quinze jours a été accordée au terme de laquelle le château devra se rendre par capitulation totale. Seuls et en hommage à leur bravoure, les défenseurs militaires et leurs familles auront vies et bagues sauves et même les honneurs de la guerre. Mais les hérétiques reconnus seront livrés aux flammes à moins qu'ils n'acceptent d'abjurer. La nuit qui vient est celle du 14 au 15. La trêve expire le 15 à minuit. À l'aube du 16, les troupes d'Hugues des Arcis entreront dans Montségur…

Il est beaucoup plus de minuit quand Bertrand de Morenci parvient enfin dans la cour du château. Accrochés aux murailles tout autour de la cour, des pots à feu brûlent dans des grilles de fer. Ils éclairent des paquets de hardes qui sont des hommes et des femmes couchés à même le sol. Il y a trop de monde pour la place disponible et il y a beau temps que les légères cabanes, jadis appuyées aux murailles extérieures du château et qui abritaient la communauté cathare, n'existent plus. On dort où on peut et Bertrand connaît bien cette odeur de corps mal lavés qui stagne dans Montségur.

Au rez-de-chaussée du donjon, dans une salle basse dont on a bouché les archères avec des chiffons à cause du froid, une lumière brille, une rumeur de prières se fait entendre et cela aussi est habituel car Bertrand Marty et les Parfaits n'arrêtent guère de prier.

Mais, cette nuit, tous ceux qui ne sont pas de garde sont réunis autour de l'évêque. Au premier rang, il y a Esclarmonde auprès de sa mère Corba et de sa grand-mère Marquesia de Lantar qui est Parfaite confirmée. Et le cœur de Morenci manque un battement quand on lui dit que l'enfant, poussée par sa mère et sa grand-mère – et aussi par l'évêque dont elle est la fille de dilection –, veut recevoir le *Consolamentum*, l'unique sacrement des cathares, la profession de foi irréversible qui met le fidèle au nombre des Parfaits. Si Esclarmonde reçoit la fatale « vêture », ce sera pour elle le bûcher.

Cette idée, Bertrand de Morenci la repousse avec horreur mais surtout il la croit folle. Jamais Raymond de Perella, qui n'est pas cathare et qui, ici, fait seulement son devoir de défenseur, ne permettra que sa dernière fille, sa fille préférée subisse l'affreuse mort. Mais Roger de Mirepoix ôte bientôt ses illusions au jeune homme. Perella est un homme usé, détruit par le chagrin et par la conscience de son impuissance à sauver le château. Le véritable chef de famille à présent c'est la fanatique Corba qui, elle aussi, veut devenir Parfaite et qui entend entraîner sa fille avec elle. L'évêque ne dit-il pas que la jeune fille est l'Agneau, le vase de pureté élu par Dieu ? Ne leur montre-t-il pas les portes du ciel prêtes à s'ouvrir devant elles ? Dans la déchirante bataille, c'est Corba qui va l'emporter, contre vents et marées, sur son époux, sur ses deux autres filles, Philippa et Alpaïs qui, mariées toutes deux et mères, entendent rester en vie et font tous leurs efforts pour arracher leur jeune sœur à la passion fanatique de la mère. Mais rien n'y fait et rien n'y fera.

Navré, Morenci va jusqu'à la porte de la salle pour revoir encore la jeune fille. Elle est bien là et sa robe blanche, sa blondeur tranchent sur les robes noires qui l'entourent, son teint frais sur les visages creusés et jaunis par le jeûne volontaire. Agenouillée, elle lève les mains vers un homme de haute taille au visage maigre, sec comme un cep de vigne dans sa robe de bure. L'évêque cathare est laid mais sa voix a des profondeurs troublantes. Et soudain Bertrand a peur. Le pouvoir de cet homme est immense alors que lui-même n'a seulement jamais osé dire à Esclarmonde qu'il l'aime… Alors, tout à coup, il décide de le lui dire là, tout de suite. Calmement, il pénètre dans la salle basse et s'avance vers le groupe.

Dès qu'il l'aperçoit, Bertrand Marty interroge le jeune homme : ceux qu'il avait mission de guider sont-ils parvenus à bon port ? Oui. Ils sont sains et saufs. Alors pourquoi être revenu ? La réponse ne se fait pas attendre : Morenci est revenu pour Esclarmonde. Il l'aime et n'a pas de plus cher désir que de l'épouser. Il sait bien que sa déclaration publique est un défi mais une lumière a brillé dans les yeux de la jeune fille et elle a esquissé le geste de tendre sa main… Le geste s'est arrêté : l'évêque est là, entre eux et il parle : l'enfant appartient à Dieu et ne saurait plus entendre l'appel de l'amour humain qui est opprobre et souillure.

La colère alors s'empare de Morenci. De quel droit cet homme prétend-il condamner une innocente à un supplice abominable ? Esclarmonde n'a que seize ans ; elle a droit à la vie et sa mère, elle non plus, n'a aucun droit d'entraîner sa fille à sa suite… Durant de longues minutes, Bertrand plaide sa cause mais on ne lui accorde que des regards pleins de pitié et des paroles qui sont toujours les mêmes : le mariage est impur et le bûcher lui-même est préférable : quelques instants de souffrance, mais ensuite une éternité d'amour et de félicité, la gloire du Dieu, l'allégresse du Paradis…

Emporté par la colère, Bertrand, qui ne se possède plus, est sur le point de se jeter sur Marty quand une main se pose sur son épaule. En se retournant, il voit Raymond de Perella auprès de lui ; le regard du vieux chevalier est un abîme de souffrance :

« Laisse ! dit-il, tu ne les convaincras pas. J'ai essayé… »

Hagard, Bertrand regarde autour de lui. Il voit les visages fermés, les yeux baissés des Parfaits, le regard fanatique de Corba de Perella, la mère dont le bras à la fois protecteur et possessif entoure les épaules de sa fille. Il voit l'évêque silencieux mais rigide. Il comprend que la partie est perdue ; pour l'instant tout au moins car il refuse de s'avouer vaincu. Il a encore un peu de temps.

Bien des fois, au cours de ce cruel hiver de siège, il a pu causer avec Esclarmonde à l'entrée du souterrain. Une fois encore, après le frugal repas pris en commun, il réussit à l'y entraîner, et là, durant de trop courtes minutes, il plaide la cause de son amour, il supplie cette enfant de l'écouter, de ne pas se laisser sacrifier. Et elle l'écoute, et même elle lui avoue qu'elle l'aime aussi, mais elle proclame que l'amour réel n'est pas de ce monde, qu'il est de l'autre. Si Bertrand l'aime il saura bien venir la rejoindre… En vérité, le sillon tracé dans cette âme par la parole de Bertrand Marty est profond. S'unir dans la mort, voilà le mariage dont rêve cette enfant de seize ans ?

Après tout pourquoi pas ? Et Bertrand s'en va trouver l'évêque pour lui demander de l'admettre au nombre des siens. Ainsi, il pourra suivre dans la mort celle qu'il aime. Mais cela non plus Marty n'est pas disposé à le lui accorder. Pour être admis à la mort glorieuse il ne suffit pas d'aimer, il faut avoir la foi et cette foi Morenci ne la possède pas. D'ailleurs son ouvrage à lui n'est pas achevé. Il reste une mission à lui confier : le trésor des cathares se trouve encore dans le château et ne doit pas tomber aux mains des vainqueurs.

Et l'évêque d'expliquer : trois Parfaits, Amiel Aicart, Hugo et Poitevin, ont été désignés pour le sauver. On va les cacher dans une partie du souterrain où se trouvent les vivres et l'on bouchera l'endroit par lequel ils seront entrés. Puis, après la reddition du château, dans la nuit, Morenci les tirera de leur cachette et à l'aide de cordes, les fera descendre le long des parois du précipice. Ensuite, ils seront conduits dans un lieu choisi à l'avance.

On devine comment le jeune homme reçoit l'ordre qu'on lui donne. Faire évader des Parfaits, des cathares convaincus, alors qu'on lui refuse la vie d'Esclarmonde ? De qui se moque-t-on ? Ce sera donnant donnant : la préservation du trésor contre la vie de la jeune fille !

Cette fois, il est bien près de réussir tant le sauvetage du Trésor a d'importance. Visiblement, Bertrand Marty hésite… Mais il n'aura pas besoin de céder au chantage car c'est Esclarmonde elle-même qui réclame la mort. Cette vie qu'on lui offre, elle n'en veut pas. Elle veut suivre sa mère et sa grand-mère et la voie qu'on lui a tracée. Bien plus, si on lui refuse le *Consolamentum*, elle se laissera mourir de faim comme le font les Parfaits qui veulent quitter ce monde. Quant à Morenci, dont la douleur la touche, il n'aura aucune peine, sa tâche accomplie, à trouver la mort qui leur permettra d'être réunis pour l'éternité… Et tout cela, l'enfant le demande comme une preuve d'amour !

Que répondre sinon accepter ? Vaincu, le dos rond, la tête basse, il ne reste plus à Morenci qu'à accomplir ce que l'on exige de lui : préparer la fuite de ce trésor, de ces gens qu'à présent il déteste mais dont il sait bien qu'il fera tout pour les sauver.

Quelques heures plus tard, le sacrifice va vers son

accomplissement. Les trois Parfaits sont tapis dans le repli du souterrain dont on a provisoirement bouché l'entrée mais Bertrand n'a pas voulu se laisser enfermer avec eux comme on l'y engageait. Il veut boire l'amertume jusqu'au bout.

Debout auprès du vieux Perella dont le visage est inondé de larmes, il regarde s'ouvrir la porte du château, close depuis si longtemps et qui laisse passer à présent les gens du roi. Il voit la longue théorie des cathares descendre péniblement, liés deux à deux et trébuchant sur les pierres du chemin vers le bûcher gigantesque préparé dans le champ qui s'étend sous le château.

Les ribauds de l'armée ont délimité là, à l'aide de pieux, une sorte de champ clos et, dans cet espace, ils ont entassé des rondins, des fagots, des branchages et aussi de la paille pour que le bois encore humide prenne mieux. Puis, ils ont jeté sur le tout de la résine et du soufre. C'est dans cet enfer que l'on va enfermer les quelque deux cents martyrs volontaires qui se sont désignés eux-mêmes au sénéchal et au légat.

Esclarmonde, dont les blonds cheveux croulent sur les épaules illuminant la robe noire qu'elle porte à présent, marche en tête avec Bertrand Marty. Celui-ci chante à pleine voix un psaume que reprend derrière lui la longue file titubante. Ce chant résonne comme un glas au fond du cœur de Morenci qui n'ose même plus regarder le père tant il craint de faire exploser sa douleur encore muette. Leurs visages à tous deux sont de pierre mais on sent que leurs âmes vivent l'agonie.

Bientôt, les condamnés atteignent l'enclos. Les ribauds qui les attendent s'emparent de tous ces malheureux les uns après les autres et les jettent brutalement sur l'entassement des fagots. On referme la palissade, on la bouche puis des torches sont jetées aux quatre coins et d'autres encore et encore d'autres. Le bois humide fume abondamment, provoquant des explosions de toux puis ce sont les flammes qui jaillissent avec les premiers cris de souffrance. Pourtant le chant, lui, n'est pas vaincu et se fait toujours entendre.

À présent, le vieux Raymond de Perella sanglote sans retenue. Derrière lui ses deux autres filles se sont évanouies devant l'horreur du spectacle. Aucune femme n'ose plus regarder ces flammes, écouter ce chant d'instant en instant plus faible.

L'énorme fournaise va brûler jusqu'à la nuit mais le silence peu à peu s'est fait dans son cœur ardent. Le sacrifice est consommé dans une odeur épouvantable qui envahit la montagne et tout le pays environnant. On dit que les soldats gardèrent le silence jusqu'à ce que le brasier ne fût plus que cendres. Le silence et l'immobilité. Chacun de ces hommes semblait avoir conscience qu'il venait de se jouer là un de ces drames inouïs qui marquent non seulement une époque mais toute l'histoire d'un pays.

Au château, en dépit de la douleur, on mit à profit cette espèce de stupeur. Morenci descendit au souterrain et rouvrit la cachette des Parfaits préservés. Dans la nuit, les quatre hommes furent descendus avec leur charge le long de rochers vertigineux à l'aide de cordes sans que l'armée, occupée comme l'on sait, s'aperçût de rien. Le trésor ainsi emporté ne devait jamais être retrouvé. On a pensé par la suite qu'il avait pu être déposé dans les profondes grottes d'Ussat. En fait, s'il n'y avait la certitude du départ clandestin des porteurs, ce trésor pourrait prendre place dans l'immense histoire des mythes. Mais on est sûr qu'il a existé ; reste à savoir de quoi il se composait. De l'or peut-être, mais plus sûrement des objets sacrés et peut-être les secrets les plus précieux des cathares.

Quant à Bertrand de Morenci, survivant malgré lui, il quitta le pays pour n'y plus revenir. Ce fut au fond d'une commanderie du Temple, sous le manteau blanc à croix rouge des moines-soldats, qu'il s'en alla chercher la mort. Mais on dit que, depuis la nuit de Montségur, ses cheveux noirs étaient devenus blancs…

HORAIRES D'OUVERTURE

Février	11 h-16 h
Mars	10 h-17 h
Avril, mai et juin	10 h-18 h
Juillet et août	9 h-19 h
Septembre	10 h-18 h
Octobre	10 h-17 h
Novembre et décembre	11 h-16 h

http://www.montsegur.fr/TempSite/4033.asp?rang=

LA MOTTE-FEUILLY

L'épouse de César Borgia

La solitude désole le cœur et contente l'esprit.

Camille BELGUISE

On se souvient peut-être, pour l'avoir lu à propos du château de Chinon, de l'arrivée fracassante que fit à la cour de France, le 18 décembre 1498, le seigneur César Borgia, fils du pape Alexandre VI et naguère encore cardinal de la sainte Église. L'or et la pourpre éclataient partout, sur ses gens comme sur ses harnachements, afin que nul n'ignore, chez les bons Tourangeaux, que le fils de Sa Sainteté n'était pas un petit sire et qu'il convenait de le traiter avec les plus grands égards. Du moins, c'est ce que cet étalage de luxe voulait dire mais, en fait, l'ensemble faisait par trop nouveau riche et provoqua plus de sourires amusés, voire scandalisés, que d'admiration réelle...

Néanmoins, à l'arrivée, on se garde bien de montrer la moindre ironie. Pour le roi Louis XII qui vient d'en faire un duc de Valentinois, sans demander aux gens du pays ce qu'ils en pensent, César est un homme qu'il convient de ménager. N'apporte-t-il pas dans ses bagages la bulle papale que le roi de France attend si fébrilement ? La bulle d'annulation de son mariage avec la pauvre Jeanne de France, fille de feu Louis XI, laide, boiteuse et contrefaite, mais si douce ! Cette précieuse bulle grâce à laquelle Louis va pouvoir épouser la femme qu'il aime et qui est en même temps la veuve de son prédécesseur Charles VIII : Anne, duchesse de Bretagne.

Or, cette bulle, César est bien décidé à ne la lâcher qu'une fois payée à sa juste valeur. Il a déjà le duché en question – et même le comté de Die en prime – mais il veut encore autre chose : une femme. Et pas n'importe quelle femme : une princesse de sang royal. Ce sera infiniment moins facile qu'il ne l'imagine. D'autant qu'une indiscrétion apprend au roi que la bulle se trouve bel et bien dans les bagages de César, contrairement à ce que celui-ci laisse entendre. Force est donc au « Valentinois » de remettre le précieux parchemin avant d'avoir reçu l'assurance d'être marié.

Mais, au fond, c'est sans grande importance : Louis XII est un homme de parole. Le temps d'épouser sa Bretonne, et il se met en devoir de marier l'encombrant César. On a d'abord pensé à Carlotta d'Aragon, qui fait partie des demoiselles d'honneur de la nouvelle reine. Certes, son père, Ferdinand de Naples, n'aime pas les Borgia mais, pensant que César, qui est beau et de grande mine, réussira peut-être à séduire la jeune fille, Louis XII les place côte à côte à table.

La tentative ne donne rien du tout. Avec une belle franchise, Carlotta déclare que le seigneur Borgia ne lui plaît pas, qu'elle n'a aucune envie d'attraper sa maladie – il est atteint d'une vérole qui l'oblige parfois à porter un masque – et que, de toute façon, elle ne veut à aucun prix s'exposer au ridicule de s'entendre appeler un jour : « la Cardinale ». C'est la catastrophe, d'autant que César est rancunier. Il prend très mal l'affront, jure que les Napolitains le lui paieront tôt ou tard, et commence à faire ses bagages : il va rentrer chez lui, se plaindre au pape, faire du scandale, et Louis XII pourra enterrer pour toujours ses prétentions sur le duché de Milan.

Affolé, le roi fait donner la garde : on offre à l'offensé de choisir entre deux autres demoiselles de la reine, sa nièce Catherine de Foix et Charlotte d'Albret, sœur du roi de Navarre et nièce d'Alain d'Albret, duc de Guyenne. Le choix est vite fait : Charlotte est d'une rayonnante beauté. Ce sera donc elle. Ne dit-on pas qu'elle est « la plus belle fille de France » ?

Mais si César se déclare d'accord, la future belle-famille l'est moins. On joue les marchands de tapis. Le roi de Navarre promet une dot de 120 000 écus d'or – dont il ne paiera d'ailleurs jamais le moindre denier ! Alain d'Albret ouvre alors sa bourse pour 30 000 écus, mais demande à examiner le bref de sécularisation d'un homme qui, autrefois, a reçu le chapeau de cardinal. Le temps passe, et César s'énerve…

On finit tout de même par tomber d'accord et l'on établit une convention au terme de laquelle César Borgia est déclaré « très honnête et bon personnage, sage et discret… ». Un chef-d'œuvre d'hypocrisie qui permet de préparer le mariage. Au grand chagrin de la fiancée…

Elle n'est pas du tout ravie de devenir duchesse de Valentinois, la jolie Charlotte. Même pas séduite. Outre qu'il est un « ancien prêtre », César perd beaucoup de sa splendeur quand son mal se manifeste et lui couvre le visage de pustules qui l'obligent à se promener masqué. C'est très romantique, un masque brodé d'or… à condition de ne pas savoir ce qu'il y a au-dessous… Enfin, aux yeux de la princesse navarraise, le duc de Valentinois n'est qu'un bâtard et, pour elle, un mulet, même couvert de pierreries, ne sera jamais qu'un mulet. Et elle ne se prive pas de le dire…

Mais quoi ? Lorsque arrive l'autorisation paternelle et fraternelle, il faut bien se résigner à obéir. En fait, la victoire sur Charlotte n'a pas été obtenue par les hommes de sa famille mais par une femme, par cette même Jeanne de France dont la bulle d'annulation apportée par César a brisé la vie. Portant désormais le titre dérisoire de duchesse de Berry et retirée à Bourges, au couvent de l'Annonciade qu'elle a fondé, celle qui sera un jour canonisée par Pie XII sous le vocable de sainte Jeanne de France a toujours eu sur Charlotte une profonde influence. La jeune fille admire et vénère la douce princesse et déteste d'autant ceux qui l'ont réduite à cette vie de moniale. C'est auprès d'elle qu'elle est venue chercher refuge quand la reine Anne lui a fait savoir que le Borgia demandait – exigeait serait plus proche de la vérité – sa main. Et Jeanne de France qui n'est que dignité, pardon et obéissance aux lois de Dieu, a longuement, doucement, chapitré la rebelle. Il faut qu'elle obéisse aux ordres des siens, aux ordres du roi. Aucune princesse ne saurait échapper à cet austère devoir. Charlotte a l'âme trop haute pour ne pas se soumettre comme Jeanne elle-même s'est soumise…

Et Charlotte s'incline. Elle obéira puisque celle qu'elle considère comme la seule vraie reine de France le lui ordonne. Elle épousera César qui lui fait horreur. Jeanne, en cadeau de noces, lui offrira le petit château de La Motte-Feuilly afin qu'elle ait au moins un refuge bien à elle si l'avenir tournait au noir.

Le 12 mai 1499, le mariage a lieu au château de Blois, dans la chapelle neuve. Charlotte en robe brodée d'or est éblouissante et César lui-même est très beau dans un pourpoint d'écarlate tissé d'argent avec une profusion de diamants. Celui qui attache la plume blanche de son toquet est gros comme un œuf de pigeon… Puis, la fête terminée, Charlotte reste seule, dans la chambre nuptiale, avec celui qui est désormais son époux.

Comment Charlotte a-t-elle vécu cette nuit de noces ? En vérité, on n'en sait rien, si ce n'est par l'insolent bulletin de victoire que César, dès le lendemain, fait parvenir à son Saint-Père le pape. Brutalement, le Valentinois écrit qu'il a « couru huit postes ».

S'est-il vanté ? On peut se demander comment il est parvenu à imposer une telle performance à une fille qui ne l'aime pas. Mais une autre version circule, rapportée par Henri Estienne. Selon cette version, César « ayant demandé à un apothicaire des pilules pour festoyer sa dame, on lui en bailla de laxatives, tellement que, toute la nuit, il ne cessa d'aller au retrait, comme les dames en firent le rapport au matin… ».

Quoi qu'il en soit, dès le lendemain, le nouveau couple, emportant un fabuleux déménagement, va s'installer à La Motte-Feuilly. La vieille porterie et les hautes tours qui arborent encore de nos jours les hourds de bois du Moyen Âge ont vu, un soir, le duc et la duchesse de Valentinois apparaître à leur horizon… Ils vont y vivre ensemble quelques semaines seulement – de quelle existence ? –, jusqu'à ce matin de septembre où César monte à cheval pour s'en aller rejoindre le roi Louis XII partant pour l'Italie où il veut conquérir le duché de Milan, où César veut se tailler un royaume…

Il n'y parviendra pas. Tout au plus soumettra-t-il quelques États, mais la mort d'Alexandre VI remettra tout en question et fera tomber ce colosse aux pieds d'argile qu'était son fils.

Après la mort du pape, César écrit à Charlotte pour lui ordonner de le rejoindre avec l'enfant, une fille, qu'elle a eue de lui. Charlotte ne refuse pas mais temporise, demande des délais, gagne du temps et, ce faisant, agit sagement. César, en effet, doit à présent faire face à ses ennemis. Réfugié à Naples, il songe à se mettre au service des Rois catholiques d'Espagne. Mais là non plus on ne l'aime guère. Arrêté par trahison, il est conduit, en Espagne, au château de Medina del Campo où Isabelle la Catholique vient de mourir. Il s'en évadera et gagnera la Navarre où il mettra son épée au service de son beau-frère. C'est en attaquant Viana, une petite bourgade proche de Logronno, qu'il trouvera finalement une mort sans gloire le 11 mars 1507.

Dès qu'elle sut son époux prisonnier, Charlotte se considéra comme veuve et s'enferma à La Motte-Feuilly dont elle ne sortait guère que pour visiter à Bourges sa chère princesse. Elle y mena une vie de sainteté et de charité jusqu'à ce jour de 1514 où elle mourut, à trente-deux ans, confiant sa petite Louise à la mère de François Ier.

Louise, « petite, laide, le nez mal fait, une marque au front l'enlaidissant encore », se mariera tout de même deux fois, d'abord avec un La Trémoille qui se fera tuer à Pavie puis avec Philippe de Bourbon, seigneur de Busset.

Quant à Charlotte, elle repose dans la petite église,

si petite, qui compose, avec le château voisin, une oasis de paix. Une oasis verte où retentissent souvent les rires et les cris de joie d'une bande d'enfants car La Motte-Feuilly, cédée par sa dernière propriétaire, abrite à présent un centre pour enfants malentendants ainsi que l'aurait voulu sans doute celle qui, durant quelques années, y expia dans la prière le poids du nom d'un époux que, peut-être, elle a aimé sans vouloir l'admettre, d'un époux qui s'appelait César Borgia.

NANGIS

Les heures roses de la princesse de Lamballe

Il n'y a rien qui soit plus menaçant que le bonheur.

Maurice MAETERLINCK

Tout commence à quelques lieues du village de Nangis alors que la longue file de carrosses aux peintures délavées, mordues par la neige et couvertes de boue, vient de relayer à Montereau. Malgré le froid qui règne en ce matin du 30 janvier 1767 poudré de givre mais miraculeusement ensoleillé, il y a là une foule de gens en habits de fête ; des gens qui crient, chantent, applaudissent et s'écrasent pour mieux voir. On se hausse sur la pointe du pied, on tend le cou, on escalade même un peu son voisin pour apercevoir, par-dessus les tricornes des gardes, ce visage de jeune princesse venue d'au-delà des Alpes et dont on dit qu'elle est éblouissante.

Et on la voit car, en dépit du gel, les vitres de la plus grande des voitures viennent de se baisser, laissant paraître une main menue gantée de chevreau blanc et un visage blond encapuchonné de velours bleu ourlé de zibeline, un sourire charmant et de grands yeux du même bleu que le capuchon. Dans la foule quelqu'un crie :

« Sainte Vierge ! Qu'elle est jolie ! »

La nouvelle venue sourit gentiment. Et c'est vrai qu'elle est ravissante cette petite Marie-Thérèse de Savoie-Carignan, nièce du roi Charles-Emmanuel III de Piémont, qui s'en vient en France pour y devenir princesse de Lamballe : dix-sept ans, blonde, nacrée, lumineuse comme l'un des glaciers de son pays sous l'aurore, elle a épousé par procuration, quinze jours plus tôt, le prince Louis-Alexandre de Bourbon-Penthièvre, prince de Lamballe, fils du duc de Penthièvre, lui-même petit-fils du roi Louis XIV et de Madame de Montespan. Lamballe n'a guère que deux ans de plus que sa fiancée et celle-ci ne l'a jamais vu… qu'en peinture et l'on sait ce que valent les peintres de cour ! À présent elle arrive vers lui ayant franchi des lieues et des lieues de campagne ou de montagnes enneigées par l'hiver avec au cœur les souhaits de toutes les jeunes filles à l'aube du mariage : être aimée, aimer… et être heureuse.

À première vue, il n'y a guère d'empêchements.

« Il ne me déplaît pas plus qu'un autre », a-t-elle déclaré devant la miniature qu'on lui présentait. Comment juger, en effet, d'un être figé dans une pose de convention avec une tenue de gala et un sourire de commande ? Le prince n'avait pas l'air mal, c'était à peu près tout ce que l'on en pouvait dire.

En dépit de sa jeunesse, le voyage a fatigué Marie-Thérèse et elle doit se forcer un peu pour répondre aux vivats mais l'accueil est si chaleureux, si sympathique.

Il ne peut être question de décevoir. Soudain on entend crier par-dessus les têtes :

« Place ! Place au page de Monseigneur le prince de Lamballe ! Allons ! Que l'on fasse place ! »

La foule s'ouvre, livre passage à un jeune cavalier qui accourt sur un cheval aussi blanc que le bouquet qu'il brandit. C'est un jeune homme blond lui aussi, grand et mince, pas très beau sans doute mais son sourire est charmant. Il saute à terre à quelques pas du carrosse et vient, en pliant le genou, tendre ses fleurs à la nouvelle princesse. Puis il débite un petit discours : son maître l'envoie pour offrir la bienvenue à sa noble fiancée et la prier de vouloir bien se hâter car il est dans une grande impatience.

Du coup, Marie-Thérèse est impatiente elle aussi de rencontrer un époux si galant et elle fait monter le page auprès d'elle pour qu'il puisse mieux contenter sa curiosité. Le chemin n'est plus bien long jusqu'à Nangis où doit avoir lieu le mariage réel mais il sera encore plus court en bavardant.

Le jeune messager ne se fait pas prier. Confiant son cheval à un garde-française, il escalade lestement le lourd véhicule et vient baiser avec beaucoup de respect la petite main qu'on lui tend. Puis, à la demande de la princesse, on se remet en marche. Mais les chevaux n'ont pas même pris le galop que, installé parmi les fourrures qui enveloppent la fiancée et sa gouvernante, le page est déjà occupé à décrire Versailles et Paris pour la nouvelle venue.

Au château de Nangis, près de Provins, le duc de Penthièvre attend sa future belle-fille. La petite ville déborde de monde ; captivée qu'elle est par la conversation de son page, Marie-Thérèse s'en aperçoit à peine. Néanmoins, il faut bien se rendre à l'évidence : on est arrivés !

Instantanément, les carrosses sont pris d'assaut. On s'empresse autour de la fiancée princière et, dans la bousculade qui s'ensuit naturellement, le page disparaît. Marie-Thérèse, qui s'aperçoit qu'elle a oublié de lui demander son nom, le cherche en vain. D'ailleurs, elle doit remettre ses recherches à plus tard : il est temps pour elle de venir baiser la main de son beau-père.

Or, à sa grande surprise, quand le duc de Penthièvre s'avance au-devant de la jeune fille, le page est à son côté. Mais un page qui n'a plus du tout l'air d'un page : un somptueux costume de satin blanc brodé d'or l'habille et son regard n'est plus celui d'un serviteur. L'aimable aventure s'achève dans un éclat de rire et les fêtes qui vont précéder le mariage du lendemain peuvent commencer. Nangis s'illumine pour sa jeune princesse et chacun y est heureux d'avoir vu commencer ainsi, comme un conte de fées, cette union de deux princes. En général, ce genre de cérémonie ressemble assez peu à des romans roses… Et chacun d'imaginer pour la suite une douce lune de miel et beaucoup de beaux enfants.

Les gens de Nangis, heureusement pour eux, ne verront pas la suite du conte car, après quelques jours le jeune couple rejoint Versailles où le roi attend, lui aussi, la nouvelle Mme de Lamballe. Marie-Thérèse y recevra l'accueil qui lui est dû et s'avouera éblouie par l'éclat du palais, l'élégance de la cour… mais elle regrettera toujours Nangis et les heures de bonheur qu'il lui a réservées. En effet, deux mois plus tard – deux mois ! – la jeune épousée écrit à sa mère, Christine de Hesse :

« Pourquoi faut-il que Monseigneur de Lamballe ait réuni tous les moyens de plaisir, qu'il ait échauffé mon cœur de tous les feux de l'amour qu'il me témoignait pour avoir changé tout à coup ? Mille pressentiments douloureux m'accablent. Oh, ma mère, daignez prendre part à mes chagrins et je les sentirai moins vivement… »

La lettre est datée du 15 mars 1767 et, déjà, Marie-Thérèse a perdu l'amour, fort fragile il est vrai, de son époux. Elle ne retrouvera jamais le bonheur de Nangis mais vivra, dans d'autres châteaux, son abandon, son veuvage puis sa vie d'amie de Marie-Antoinette jusqu'à la tragédie finale.

Mais, avant de voir s'épanouir ce trop court bonheur, Nangis qui n'est plus, et de loin, ce qu'il était, n'en était pas à sa première illustration. Gardien d'une petite ville fort ancienne, le château avait appartenu à la puissante famille de Brichanteau en faveur de qui Nangis avait été érigée en marquisat, en 1612, pour Antoine de Brichanteau. Famille de militaires s'il en fut comme il s'en trouve beaucoup dans ces régions qui regardent vers l'est, celle des marquis de Nangis trouve son plus célèbre personnage dans Louis de Brichanteau-Nangis, fort bien en cour auprès de Louis XIV, « favori des dames » qui, d'ailleurs, s'illustra brillamment à la bataille de Malplaquet, exploit qui lui valut d'être un jour maréchal de France mais ne réussit pas à lui attirer l'affection de Saint-Simon. L'acerbe mémorialiste le haïssait tout bonnement et en donne le portrait qui suit et que lui seul peut tracer :

« Nangis, que nous voyons aujourd'hui en fort plat maréchal de France, était alors la fleur des pois. Un visage gracieux sans rien de rare, bien fait sans rien de merveilleux, élevé dans l'intrigue et dans la galanterie par la maréchale de Rochefort, sa grand-mère, et Mme de Blansac, sa mère, qui y étaient maîtresses passées. Produit tout jeune par elles dans le grand monde dont elles étaient une espèce de centre, il n'avait d'esprit que celui de plaire aux dames, de parler leur langage et de s'assurer les plus désirables par une discrétion qui n'était pas de son âge et qui n'était plus de son siècle. Personne que lui n'était alors plus à la mode ; il avait eu un régiment tout enfant ; il avait montré de la volonté, de l'application et une valeur brillante à la guerre que les dames avaient fort relevée et qui suffisait à son âge. Il était fort de la cour de Monseigneur le duc de Bourgogne et, à peu près de son âge, il en était fort bien traité. Ce prince, passionnément amoureux de son épouse – comme toute la cour d'ailleurs ! – n'était pas fait comme Nangis mais la princesse répondait si parfaitement à ses empressements qu'il est mort sans soupçonner jamais qu'elle eût eu des regards pour un autre que pour lui. Il en tomba pourtant sur Nangis et bientôt ils redoublèrent. Nangis n'en fut pas ingrat mais il craignit la foudre… »

Ce petit chef-d'œuvre de méchanceté géniale définit un homme mieux que l'on ne saurait le faire. Saint-Simon consacra de nombreuses pages à cette espèce de bête noire, à ses amours, à ce qu'il appelle ses platitudes, toutefois, nous ne saurions le suivre aussi loin.

Après lui, Nangis devint la propriété du marquis de La Guerche, infiniment moins pittoresque mais en faveur de qui fut confirmé, en 1749, le marquisat.

Réduit à deux tours anciennes et à son aile gauche datant du XVIe siècle, le château de Nangis, après avoir vu se troubler le joli visage de la princesse de Lamballe, continue à voir rougir les joues des jeunes filles à l'heure du mariage : il est devenu la mairie de la ville.

RAMBOUILLET

Des chasseurs et une Précieuse

Est-ce que les hommes sont maîtres de cet instinct qui les pousse vers la chasse ?

Maurice GENEVOIX

En cette fin du mois de mars 1547, le roi François Ier semblait se fuir lui-même autant que ses chagrins. La mort, à courte distance, de sa fille préférée Madeleine, la jeune reine d'Écosse, puis de son fils Charles, disparu deux ans plus tôt, était venue à bout de ce géant qui semblait indestructible. Si le roi conservait au royaume son attention et ses soins, sa volonté comme ses forces allaient déclinant tandis que sa douleur, loin de s'apaiser, semblait grandir encore. Alors, il demandait à la chasse un moment d'oubli, à la fatigue apportée par les longues heures de cheval un sommeil qui ne voulait plus de lui. Il errait d'un château à l'autre. La cour se contentait de suivre.

En mars, donc, le roi chasse dans sa forêt de Rambouillet quand il est pris d'un malaise qui tout de suite apparaît grave. Alors, c'est à son capitaine des gardes,

Jacques d'Angennes, qui est aussi un peu son favori, que François Ier demande asile.

Le vieux château féodal de Rambouillet appartient en effet à la famille d'Angennes depuis qu'en l'an 1384 Regnault du même nom le reçut de Guillaume Bernier. Tous ceux de la famille, au cours des siècles, ont toujours été de fidèles serviteurs. Chez eux le roi sera chez lui…

Il va le leur prouver en décidant que Rambouillet aura l'honneur de recevoir son dernier soupir. Il sait qu'il est perdu. Il se prépare calmement, dignement, comme il se doit quand on est le Roi-Très-Chrétien, à recevoir l'ange noir. Le 31 mars, il prend congé de son fils Henri qui, dans quelques heures, sera Henri II, de sa fille Marguerite. Mais il s'affaiblit. On l'entend murmurer :

« *In manus tuas commendo spiritum meum*[1]… Puis il dit encore : Jésus ! Jésus !… » Ce seront ses dernières paroles. Il expire entre une et deux heures du matin et quittera Rambouillet pour Saint-Denis où l'attendent ses fils.

Les d'Angennes, eux, demeurent. Jacques, le capitaine des Gardes, y meurt en 1562 après avoir reçu le jeune roi Charles IX qui, lui, repartira bien vivant. Mais c'est au petit-fils de Jacques, titré marquis de Rambouillet, qu'il appartiendra de faire entrer le nom et le château dans le grand monde des lettres. Ou plutôt, à la femme de celui-ci.

En 1600, à Rome, Charles d'Angennes épouse Catherine de Vivonne qui n'a que douze ans mais qui en paraît bien plus tant son esprit est orné. Fille de Guilia Savelli, une princesse romaine, la jeune

1. « En tes mains, Seigneur, je remets mon esprit. »

Catherine, qui donnera sept enfants à son époux, va devenir l'une des reines de Paris et, surtout, la reine des Précieuses dont elle lance la mode.

Dans son magnifique hôtel de la rue Saint-Thomas-du-Louvre, la marquise de Rambouillet se plaît à devenir le centre d'une société élégante et raffinée. Mais, de santé délicate, elle imagine de recevoir couchée sur son lit (on disait alors « dans sa ruelle »), au centre d'une certaine Chambre Bleue vite célèbre. C'est, pour elle, une sorte de tour d'ivoire où elle s'est créée un cadre luxueux. Ce ne sont que cabinets marquetés ou émaillés, précieuses porcelaines de Chine, figurines d'albâtre ou de lapis-lazuli, fauteuils et tabourets couverts de brocarts précieux et frangés d'or fin sur lesquels vient s'asseoir ce que Saint-Simon appellerait « la fleur des pois » : les Condé, Conti, Bassompierre, Liancourt, Schomberg, Guéméné. Tout l'armorial de France qui parfois, lorsque « Arthénice » (c'est son nom de Précieuse) consent à respirer un peu d'air, se transporte en chœur sous les ombrages de Rambouillet. Par la suite, les beaux esprits se joignent à l'aristocratie : Malherbe, Racan, les deux Scudéry, frère et sœur, aussi laids l'un que l'autre mais aussi pétillants d'esprit, le poète Scarron, la belle Paulet que l'on surnomme la Lionne et tout ce que Paris, enfin, compte de bien-disant.

Dans les jardins de Rambouillet, la marquise et ses filles donnent, aux beaux jours, des fêtes mythologiques fort courues. Il y a, d'ailleurs, dans la famille quelqu'un qui apprécie le domaine plus que tous les autres : c'est le duc de Montausier, l'époux de Julie, la fille aînée, la fameuse Julie d'Angennes pour laquelle ce bon militaire a dû s'escrimer à trousser un poème fort long et fort alambiqué, *La Guirlande de Julie*, avant d'être admis à épouser la belle… après quelque quatorze ans de cour ! Et Montausier, qui servit de modèle à Molière pour *Le Misanthrope*, va avoir l'idée de creuser le canal qui se trouve devant le château, une idée qu'il n'aura pas le temps d'exécuter et que réalisera Fleuriau d'Armenonville, nouveau propriétaire de Rambouillet après les d'Angennes. C'est lui d'ailleurs qui sera le véritable créateur du parc. Il fait creuser les canaux et le « Rondeau ».

Hélas, il n'a pas le temps d'en profiter. Six ans plus tard, Louis XIV lui demande de céder Rambouillet à son fils légitimé, le comte de Toulouse, le plus jeune des enfants que lui a donnés la marquise de Montespan. On ne résiste pas à Louis XIV. Armenonville vend le château avec quelques regrets.

À peine installé, le nouveau propriétaire décide que la construction n'est pas de son goût et jette à peu près tout par terre ne gardant que la grosse tour ronde où mourut François Ier… peut-être par respect pour sa mémoire. Louis XIV y séjourne (les travaux sont terminés en deux ans) en octobre 1712, juin 1713 et juin 1714.

C'est assez peu mais le jeune Louis XV y fera, lui, d'assez nombreux séjours. Il aime la maison où l'accueillent Toulouse et son épouse, née Marie-Victoire de Noailles. Il s'y sent un peu en vacances et il y revient encore après son mariage avec la jeune Polonaise qu'est Marie Leczinska. Rambouillet sera pour lui une sorte de symbole de l'amour conjugal, car, dans les débuts, il aime sa femme et se comporte en excellent mari.

Hélas, la princesse du Nord était une frileuse. Son lit présentait un tel amoncellement d'oreillers, de courtepointes et de couvertures que le jeune époux en sortait

« étouffé et tout en sueur ». Du coup, il commença, dit André Castelot, « à trouver du charme aux femmes dont le décolleté profond démontrait qu'elles n'étaient guère frileuses ». L'une d'elles, la jolie Mme de Mailly, sut l'émouvoir plus qu'une autre et Rambouillet, temple de l'amour conjugal, perdit sa couronne en servant de cadre à la première infidélité de Louis XV… en attendant de voir mourir le comte de Toulouse.

Après sa mort, Marie-Victoire n'y séjourne plus. Le château lui rappelle trop de moments agréables. C'est au tour de son fils, le duc de Penthièvre, de prendre possession de la demeure qui est, à peu de chose près, ce qu'elle est encore de nos jours. Et elle trouve là un maître selon son cœur. Grand amiral de France et gouverneur de Bretagne, le duc est sans doute l'homme le plus riche du royaume, mais sa fortune il en use largement pour soulager de nombreuses misères. Avec infiniment plus d'orgueil que sa couronne ducale, il porte son titre de « prince des pauvres ». La mort de sa femme, une Este-Modène, le laissera inconsolable. D'autant que, de ses sept enfants, il ne lui en reste qu'un : le prince de Lamballe, et sa sœur, Louise-Adélaïde.

En revanche, il retrouve une fille dans cette jolie Marie-Thérèse qui a épousé son fils au château de Nangis et qui vient chercher auprès de lui l'oubli et le réconfort quand, après quelques semaines de mariage, elle se voit délaissée pour des filles d'opéra. Rambouillet verra souvent passer la silhouette légère et mélancolique de la jeune femme, bientôt veuve. C'est que la débauche laisse de vilaines traces dans la santé du jeune prince. Atteint d'une maladie vénérienne que l'on essaie d'endiguer en lui administrant jusqu'à sept livres de mercure par jour, le prince décline. C'est à

Louveciennes qu'il meurt le 8 mai 1768 dans d'affreuses souffrances, laissant une veuve de dix-neuf ans désespérée…

On connaît la suite : devenue l'amie de Marie-Antoinette puis surintendante de sa Maison, la princesse de Lamballe se verra supplantée par Mme de Polignac et se retirera de la cour mais reviendra réclamer son poste quand les mauvais jours seront là. Sa fidélité lui vaudra d'être abominablement massacrée à la prison de la Force et sa tête portée sur une pique jusque sous les fenêtres du Temple afin que la reine puisse la voir…

Il y avait bien longtemps alors qu'elle n'avait revu les grands arbres de Rambouillet. Marie-Antoinette d'ailleurs ne s'y plaisait guère. Seul Louis XVI y vint souvent chasser.

Napoléon fait du château une résidence impériale où il se rendra plusieurs fois, soit pour des chasses, soit pour y trouver un peu de calme après la déchirure du divorce avec Joséphine. Mais les heures sombres viennent vite : le 29 mars 1814, Marie-Louise et le roi de Rome, fuyant Paris que les Alliés envahissent, arrivent à Rambouillet. Joseph Bonaparte les rejoint le 30 avec les ministres ; pourtant, contrairement au vœu de l'Empereur, la mère et l'enfant partiront bientôt pour l'Autriche d'où ils ne reviendront pas.

Le retour des Bourbons ramène les chasses ; néanmoins, le 31 juillet 1830, le château reçoit Charles X en route pour l'exil. Il faudra attendre le second Empire pour que Rambouillet redevienne domaine de souverain mais Napoléon III lui préférera Compiègne. Après 1870, le château est loué, durant treize ans, au duc de La Tremoille cependant que les présidents de la République commencent à prendre l'habitude d'y venir chasser.

C'est, en 1896, le président Félix Faure qui fait réaménager le château pour en faire la résidence d'été des présidents de la République. Gaston Doumergue, Albert Lebrun et Vincent Auriol y feront de fréquents séjours, ainsi d'ailleurs que le président Coty qui aime à y venir en famille. Mais le général de Gaulle, lui, préférera rendre à Rambouillet un rôle de prestige en y accueillant chefs d'État et Premiers ministres au cours de réceptions ou même de fêtes. Après lui, Georges Pompidou n'en fera guère usage, quant au président Giscard d'Estaing, grand chasseur, il appréciera le château à sa juste valeur, lui rendant en quelque sorte sa destination première…

Depuis la fin de l'année 2009, le château ne fait plus partie des résidences présidentielles.

HORAIRES D'OUVERTURE DU CHÂTEAU, DE LA LAITERIE DE LA REINE ET DE LA CHAUMIÈRE AUX COQUILLAGES

Du 1er avril au 30 septembre	visites à 10 h, 11 h, 14 h, 15 h, 16 h et 17 h
Du 1er octobre au 31 mars	visites à 10 h, 11 h, 14 h, 15 h et 16 h

Fermé le mardi, le 1er janvier, le 1er mai, les 1er et 11 novembre et le 25 décembre.

http://chateau-rambouillet.monuments-nationaux.fr/

ROCHECOTTE

La duchesse de Dino et la révolution de Juillet

Une belle femme qui a les qualités d'un honnête homme est ce qu'il y a au monde d'un commerce plus délicieux.

LA BRUYÈRE

L'étrange Noël que l'on passe à Rochecotte en cette année 1829 alors que les lois rétrogrades de Charles X commencent à exaspérer le peuple de France ! On y prépare une naissance qui n'a que fort peu de choses à voir avec celle de l'Enfant-Dieu parce qu'il s'agit de celle d'un journal.

Un journal en pleine campagne tourangelle ? Eh oui ! Paris n'est déjà plus vivable pour les libéraux qui souhaitent faire entendre leur pensée afin d'emmener une fois encore le peuple à l'assaut d'un pouvoir insupportable. Partout la police officielle ou secrète est infiltrée. Partout elle menace au nom des droits imprescriptibles de la légitimité. Revenus au pouvoir après Waterloo dans les fourgons de l'étranger, les Bourbons entendent retrouver, avec l'aide d'une Église omniprésente, un pouvoir à la Louis XIV. D'où les réunions qui se tiennent dans ce joli château tourangeau.

« Vous ne connaissez pas Rochecotte ? Sans quoi vous ne diriez pas pourquoi Rochecotte ? » écrira plus tard le prince de Talleyrand, hôte principal et perpétuel de cette demeure commencée sous Louis XVI et achevée sous la Restauration. « Figurez-vous qu'en ce moment, j'ai sous les yeux un véritable jardin arrosé par une grande rivière et entouré de coteaux boisés où, grâce aux abris du nord, le printemps se montre trois semaines plus tôt qu'à Paris et où maintenant tout est verdure et fleurs. Il y a d'ailleurs une chose qui me fait préférer Rochecotte à tout autre lieu c'est que j'y suis non seulement avec Mme de Dino mais chez elle, ce qui est pour moi une douceur de plus. »

Certes, au temps de Noël, il ne saurait être question de verdure ni de fleurs en dehors de celles qui encombrent les serres, mais le principal y est puisque, en dépit du mauvais temps, Mme de Dino est là. En fait, la lettre « à un ami » traduit, non sans pudeur, le profond amour d'un homme de quatre-vingts ans pour une femme de quarante ans sa cadette et, qui plus est, sa nièce. Par alliance, il est vrai. Un amour né, vingt ans plus tôt, sur les bords du Danube alors que s'ouvrait à Vienne le fameux Congrès de la Paix qui, en 1814 et alors que Napoléon réfléchissait à l'île d'Elbe, devait refaire une Europe conforme aux goûts de la Sainte-Alliance anglo-russo-prusso-autrichienne.

La France de Louis XVIII, le roi podagre qui avait attendu si longtemps un trône trop convoité, choisissait alors pour son ambassadeur auprès du Congrès le plus fameux diplomate du temps – et peut-être de tous les temps ! – Charles-Maurice de Talleyrand-Périgord, ex-évêque d'Autun, ex-révolutionnaire repenti, ex-ministre des Affaires étrangères de Napoléon Ier, prince de Bénévent par sa grâce, et finalement prince de Talleyrand par celle de Louis XVIII. En résumé, le seul homme capable de tirer la France de l'ornière impossible où elle se débattait…

De son côté, Talleyrand, marié à une femme non moins impossible, fit alors choix, pour l'aider à faire les honneurs du palais Kaunitz à Vienne, de sa jeune nièce, ou plus exactement de la femme de son neveu : la comtesse Edmond de Périgord, née princesse Dorothée de Courlande.

En vérité, l'histoire des relations entre l'oncle et la nièce est une drôle d'histoire car, jusqu'à leur départ commun pour Vienne, elle a été celle d'une solide aversion ; de la part de la jeune femme tout au moins. En effet, fille du duc Pierre Ier de Courlande et pourvue de grands biens, en Prusse comme en Russie, la jeune Dorothée, qui avait alors quinze ans, s'était vue mariée, par force et par ordre du tsar Alexandre Ier qui avait des obligations envers M. de Talleyrand, au neveu de celui-ci. Le caractère entier de la jeune fille avait alors fort mal supporté cette contrainte. D'autant qu'elle ne pouvait même pas compter sur l'appui naturel de sa mère, veuve du duc Pierre, car celle-ci se trouvait être la maîtresse du même Talleyrand ; et une maîtresse singulièrement dévouée.

Livrée à ses propres forces, Dorothée ne s'était pas rendue sans combat. Alors éprise du prince Adam Czartorisky, le héros de l'indépendance polonaise, elle se considérait comme sa fiancée. Le mariage avec Périgord représentait donc pour elle l'écroulement de ses rêves et de ses espoirs et elle avait cru mourir de rage et de chagrin tout à la fois. D'instinct, bien sûr, elle avait détesté de tout son cœur ceux qui se trouvaient être les bénéficiaires involontaires de cette union.

Pourtant, le futur époux n'avait rien de répugnant. Outre qu'il portait l'un des plus beaux noms de France, Edmond de Périgord, brillant officier de hussards, était jeune, beau, élégant, de belle prestance et fort distingué. Évidemment, c'était aussi un aimable viveur, coureur de jupons assidu et qui se préoccupait davantage de la splendeur de ses uniformes que du bonheur d'une jeune épouse à laquelle il ne trouvait aucun charme.

Il est vrai qu'à quinze ans, Dorothée n'était pas très jolie. Maigre et dégingandée, noire comme un pruneau, le teint jaune, elle était sauvée de la franche laideur par d'énormes yeux noirs, si grands, si larges et si lumineux qu'ils lui dévoraient la moitié du visage. Avec cela un caractère aussi raide que l'échine et un orgueil d'altesse impériale. Néanmoins, esclave du devoir familial, Edmond de Périgord fit consciencieusement à sa femme les deux garçons que l'on espérait de sa bonne volonté. Après quoi il retourna joyeusement à ses champs de bataille et à ses amours fugitives…

Cet éloignement soulagea beaucoup sa femme qui n'avait jamais pu s'habituer véritablement à lui. Mais ses sentiments envers Talleyrand avaient curieusement évolué avec le temps. À vivre continuellement auprès du prince dans ses résidences parisiennes ou au château de Valençay, Dorothée avait appris à apprécier ce grand seigneur froid, caustique et pourtant étrangement humain, raffiné et hautain, bon et insolent, pourvu d'un esprit d'enfer – on le surnommait le Diable boiteux – et surtout extraordinairement séduisant en dépit d'une jambe trop courte due à un accident de jeunesse[1]. Une

1. Voir Chalais.

étonnante clarté de vues politiques, un sens étonnant de la diplomatie avaient achevé de séduire une jeune femme intelligente qui avait reçu jadis, de l'abbé Piattoli, une éducation hors de pair. Aussi, quand vint le temps de partir pour les bords du Danube, Mme de Périgord était-elle follement amoureuse de son oncle.

Pour lui plaire, elle mit alors au service de sa diplomatie toutes ses relations de princesse européenne. Elle travailla avec lui, reçut avec lui rois et empereurs, séduisit, charma, offrit – elle, princesse allemande – la plus séduisante image de la France qui se pût voir. Car deux maternités avaient fait du petit pruneau agressif une ravissante jeune femme sachant s'habiller avec une suprême élégance. Talleyrand ne put résister à tant de charme ni à tant de passion : le Congrès ne s'était pas encore séparé qu'il était devenu l'amant de Dorothée. Il l'était resté…

Les services rendus à l'Europe par l'un comme par l'autre valurent à Dorothée le joli titre napolitain de duchesse de Dino. C'est sous ce nom que l'histoire la connaît.

Mais revenons à nos conspirateurs de Noël. Il y a alors à Rochecotte, outre Talleyrand et la duchesse, Adolphe Thiers et son inséparable Mignet que l'on a surnommés Les Frères Provençaux par allusion à un célèbre restaurant du Palais-Royal, le baron Louis qui a été ministre des Finances de Napoléon et de Louis XVIII, enfin Armand Carrel, le brillant journaliste qui a combattu en Espagne dans les rangs des insurgés. Tous ces gens ont fait leur Bible de certain article paru au mois d'août précédent :

« Quelle attitude doivent garder les écrivains auxquels est confié le dépôt des libertés publiques ? Si la loi fondamentale du pays est menacée, si elle est violée, ils se lèveront pour dire au peuple que le contrat est rompu. Les premiers, ils opposeront une résistance, signal terrible d'un incendie qu'ils auront allumé. »

La meilleure arme du combat politique étant un journal, c'était donc à la fondation d'un journal que l'on s'occupait à Rochecotte. Discrètement bien sûr car, même en Touraine, on ne se trouvait pas vraiment à l'abri d'une police particulièrement active.

Après bien des hésitations et des controverses, on choisit le nom. Ce sera *Le National*, un titre qui dit bien ce qu'il veut dire. Quant au contenu, il mêlera des opinions monarchistes mais résolument antidynastiques et un grand classicisme littéraire pour éviter d'effaroucher le lecteur.

On racla les fonds de tiroir pour trouver l'argent, on travailla ferme et, le 3 janvier 1830, le premier numéro du *National* vit le jour. Lui aussi fit du bon travail : le 14 juillet suivant, la révolution de Juillet à laquelle il avait vigoureusement travaillé éclatait.

La duchesse de Dino conserva Rochecotte encore quelques années. Depuis, le château a été vendu à Mmes Pasquier qui en ont fait un hôtel de luxe réputé.

ROCHEFORT-EN-NOVALAISE

Mandrin !

L'aigle à travers l'espace
Est moins libre que nous.
Gens du Roy, gare à vous !
Voici Mandrin qui passe...

Chanson des Mandrins

Avec ses pierres d'un gris rose, son grand toit brun et sa tour carrée, c'est plus une grosse maison qu'un véritable château. Rien de féodal ici, sinon le souvenir. Pas même cette tour que les grands sapins noirs toisent avec quelque orgueil. Par contre, beaucoup de charme et, pour qui est sensible aux drames de l'histoire, une certaine émotion se dégage. Là s'est achevée une légende…

Bien que Rochefort ne soit qu'à quatre lieues de Chambéry et pas beaucoup plus loin de Grenoble, il ne se situe pas en France lorsque Louis XV règne mais dans un fief relevant du roi de Piémont-Sardaigne. On y est savoyard et rien d'autre, mais plus que tous les autres peut-être, en cette année 1754, le sévère M. de Piolenc, président au parlement du Dauphiné, qui en est le propriétaire. La frontière étant toute proche, il y vit comme beaucoup d'autres familles, un pied en France, un autre en « Sardaigne »…

Par une nuit de printemps claire et belle, une dizaine de cavaliers s'approchent du château, mettent pied à terre… et se font ouvrir par un valet apeuré en menaçant de faire sauter la porte.

« Je ne vous veux aucun mal, dit le chef, un grand garçon roux, de belle mine et de belle allure portant habit gris de fer et tricorne galonné. C'est à votre maître que j'en ai. Je suis Mandrin ! »

Mandrin ! Depuis six mois le nom de cet homme court le pays et déjà sa légende commence, parce qu'il est celui qui a juré aux fermiers généraux et à leurs serviteurs une guerre inexpiable. Mandrin le contrebandier !…

Ce n'est pourtant pas par goût du banditisme qu'il s'est lancé dans l'aventure. Rien ne prédisposait ce beau garçon de vingt-six ans, fils d'un maquignon de Saint-Étienne-de-Saint-Geoirs, à devenir un hors-la-loi. De tout temps, la famille a été honorablement connue et possédait une certaine aisance mais les taxes, les impôts exigés avec une rigueur extrême par les hommes des Fermes ont peu à peu fait fondre les écus et rogné les terres. Un marché de mulets passé avec les Fermes et dans lequel Louis Mandrin, l'aîné des six enfants, a perdu tout ce qui lui restait, en a fait un mécontent. L'arrestation de son frère Pierre, dénoncé comme faux-monnayeur par Moret, un brigadier des Fermes, condamné puis pendu à Grenoble un jour de l'été 1752, en a fait un révolté.

Jurant sur la mémoire de son frère d'exercer une exemplaire vengeance, Louis a pris la montagne comme d'autres le maquis. Dans une grotte des Échelles, il a rejoint la bande de Bélissart, un vieux truand coriace qu'il a séduit par son courage, sa volonté et cette soif de vengeance qui l'anime. Peu à peu Bélissart lui a passé le commandement, gagné par les projets du jeune homme. Ce que veut Mandrin, c'est se procurer des marchandises, faire de la contrebande, battre les Fermes sur leur propre terrain et les faire trembler. Et, en très peu de temps, il réussit. Très vite, les « Mandrins » deviennent célèbres. C'est une forte troupe de trois ou quatre cents hommes bien armés, bien disciplinés, entièrement dévoués à leur jeune chef.

Quand ils entrent dans un village avec leurs mulets chargés de tabac, d'horlogerie, de tissus d'indienne ou de mousseline, de denrées alimentaires et aussi de bijoux, le tout acheté hors frontière, on leur fait fête car les prix qu'ils pratiquent sont sans comparaison possible avec ceux des fermiers généraux. Nobles et villageois se précipitent sur ces marchés improvisés…

Tout en menant ses affaires, Mandrin n'oublie pas sa vengeance. À Saint-Étienne-de-Saint-Geoirs, son village, il a, en plein jour, abattu de sa main Sigismond Moret, le dénonciateur de son frère Pierre, d'une balle dans la tête. Mais il lui reste encore quelqu'un à tuer, et ce quelqu'un c'est le président de Piolenc, l'homme dont la sentence a passé le nœud au cou de Pierre. Et c'est pour cela que, cette nuit, il a forcé la porte du château de Rochefort-en-Novalaise. Il vient abattre le magistrat.

Pistolet au poing, il monte à l'étage mais devant lui soudain se dresse une jeune fille blonde dont l'apparition le surprend. Elle ne paraît pas avoir peur de lui et c'est avec courage qu'elle lui barre le passage. Elle se nomme Jeanne de Piolenc, le président est son père et elle s'opposera de toutes ses forces à ce que l'on parvienne jusqu'à lui. D'ailleurs il est malade…

« Il le sera encore plus tout à l'heure ! » dit Mandrin qui écarte la jeune fille et s'engouffre dans la chambre…

Il s'attend à trouver le magistrat suant de peur sous ses couvertures mais il n'en est rien. Le vieillard qu'il a devant lui ne tremble pas. Il sait que Mandrin vient pour le tuer, mais il ne lui donnera pas le plaisir de le voir faiblir. Bien plus : il revendique hautement la sentence qu'il a rendue. La justice est la justice, et lui, Piolenc, l'a toujours rendue sans faiblir. Si Mandrin veut sa vie, qu'il la prenne mais lui ne fera rien pour se défendre…

Cette attitude courageuse désarme Mandrin. Piolenc n'est pas un lâche et lui-même n'est pas un assassin. Avec un beau salut à l'adresse de la jeune fille qui, du seuil, le regarde avec étonnement, il quitte la chambre, redescend. Il va sortir du château à l'instant où y entre un jeune homme qui met l'épée à la main en reconnaissant la silhouette déjà célèbre du chef de bande. Mais Mandrin a souri :

« Je ne tue pas les malades… ni les honnêtes gens ! dit-il. En condamnant mon frère, votre père n'a obéi qu'à sa conscience. Je peux comprendre et pardonner… »

L'autre le regarde, surpris, déjà séduit. Ce sera le début d'une belle amitié qui va unir le jeune Piolenc de Thoury et le chef contrebandier. Et quand, un mois après la visite de Mandrin, le président s'éteint, son fils ouvrira largement à son nouvel ami les portes de Rochefort qui, par sa situation en pays savoyard, peut être un refuge utile.

Jeanne, elle, n'apprécie pas cette amitié. Elle s'obstine à traiter Mandrin en bandit et refuse de le voir.

Peut-être parce qu'il lui plaît trop, à elle aussi. Pour éviter de le rencontrer, elle vit, la plupart du temps, dans sa maison de Grenoble…

Cependant, la popularité du chef de bande ne cesse de croître. Il devient une sorte de héros national et Voltaire écrit : « Il y a trois mois, Mandrin n'était qu'un voleur, c'est à présent un conquérant. Il fait contribuer les villes de France et donne à ses soldats une paie plus forte que le roi n'en donne aux siens. Les peuples sont pour lui parce qu'ils sont las du repos et des Fermiers Généraux. Ce brigandage peut devenir illustre… »

Cela n'ira pas jusque-là. À Versailles, on trouve que les choses vont trop loin. Le contrôleur général Moreau de Séchelles fait envoyer aux frontières de Savoie un corps de soldats d'élite : les volontaires du colonel de La Morlière. On y ajoute le régiment des chasseurs de Fischer, 150 dragons de Bauffremont, 120 cavaliers d'Harcourt, 50 cavaliers de Fumel, 60 de Moutiers et un corps de dragons venant de Saint-Étienne. Plus la totalité des gabelous et des gens des Fermes : presque une mobilisation générale !…

Pourtant, tout cela ne servirait à rien tant on aime Mandrin si un traître, un certain Marsin, se disant hongrois, ne s'était glissé dans la troupe des contrebandiers. C'est en réalité un espion des Fermes.

Au début du mois de mai 1755, cet homme fait savoir que Mandrin séjourne au château de Rochefort, en l'absence de son ami Piolenc. Et, dans la nuit du 10, cinq cents hommes de La Morlière aux ordres du capitaine d'Iturbide-Larre franchissent la frontière de Savoie et investissent, en faisant le moins de bruit possible, le château. L'opération réussit. À trois heures du matin, Mandrin, maîtrisé par dix hommes, se voit réduit à l'impuissance. Une heure plus tard on le ramène en France et on le dirige sur Valence où siège le tribunal des Fermes et où l'attend le plus cruel, le plus implacable des magistrats : Levet de Malaval.

Selon Voltaire, les fléaux de l'humanité, à cette époque, étaient la peste, la gravelle, les écrouelles, l'Inquisition… et la Chambre de Valence. Mandrin est perdu…

Néanmoins, dès que l'affaire est sue, elle fait un bruit énorme. Il y a eu violation de frontière et la Sardaigne réagit violemment. Le roi Charles-Emmanuel envoie un ambassadeur à Versailles pour protester hautement, cependant que lui-même se charge de dire sa façon de penser à l'ambassadeur français à Turin : il exige même que Mandrin, pris chez lui, soit remis entre ses mains.

On est à deux doigts de l'incident diplomatique grave et, tandis que les diplomates discutent, Levet de Malaval reçoit l'ordre de faire vite. En un rien de temps, le procès est expédié et Mandrin condamné à périr sur la roue.

Chose étrange, une fois la sentence rendue, Malaval montre quelque douceur. Dans la cellule où il est enchaîné et gardé à vue, Mandrin peut recevoir des cadeaux, des vivres, des visites et il accepte le tout avec sa bonne humeur légendaire. On dit que, la nuit précédant son exécution, une silhouette féminine étroitement enveloppée d'une mante noire s'est glissée dans le cachot. C'est Jeanne de Piolenc venue, à l'heure suprême, voir celui dont son frère lui a dit qu'il pensait trop à elle.

Que se sont-ils dit, la jeune noble et le contrebandier ? Peut-on vivre en quelques minutes une éternité d'amour ?

Le lendemain, sur la place des Clercs à Valence, Mandrin montera à l'échafaud avec un courage exemplaire. Il demande un verre d'eau de la Côte mais oblige le prêtre qui l'assiste, le père Gasparini qui sanglote à fendre l'âme, à en boire aussi :

« Vous en avez plus besoin que moi... »

Après quoi, dans le silence pesant d'une foule consternée, il relève lui-même les manches de sa chemise, les jambes de sa culotte et s'étend sur la croix où l'on va lui rompre les membres, avec un calme qui fait frémir le public :

« Enfants ! crie-t-il, prenez exemple sur moi... »

Le bourreau lève sa barre de fer tandis que le père Gasparini s'évanouit. On emporte hors de la place une jeune fille aux cheveux blonds qui vient de glisser à terre, sans connaissance. Une jeune fille qui, dit-on, s'enfermera le lendemain dans le plus austère des couvents de Grenoble.

Le château est privé et n'est pas ouvert à la visite.

LA ROCHEPOT

Un combat légendaire

Beau chevalier qui partez pour la guerre
Qu'allez-vous faire
Si loin d'ici ?

Alfred de MUSSET

Depuis la construction de l'autoroute du Sud, les voyageurs de Paris, en route vers la Provence, ont cessé de découvrir, au détour d'un virage, un admirable château aux murs clairs coiffés d'une étonnante tapisserie en tuiles vernissées, ces fameuses tuiles bourguignonnes qui habillent si fastueusement les toits des Hospices de Beaune voisins. Perché sur un éperon chevelu d'arbres verts, au carrefour des routes de Paris à Lyon et de Moulins à Bâle, ce château arrachait au plus indifférent un regard attentif car il est une superbe évocation des temps révolus de la grande chevalerie.

Jusqu'en 1408, il s'est appelé La Roche-Nolay à cause du bourg qui dort à ses pieds. Il avait alors appartenu successivement à la maison de Thil puis à celle de Beaujeu et enfin à celle de Savoie avant qu'un combattant de la plus folle des croisades en fît l'acquisition. Cet homme s'appelait Regnier Pot. Le château devint La Rochepot et l'est resté.

Vers la fin de l'année 1395, un cri d'alarme a franchi la moitié de l'Europe pour atteindre Dijon et même aussi Paris : Sigismond, roi de Hongrie, appelle au secours car son royaume, bastion avancé de la Chrétienté, est menacé par les Turcs. Le nouveau sultan, Bayezid, surnommé Ildérim, « l'éclair », ce qui est tout un programme, entend rester fidèle à son surnom. Depuis qu'il est monté au trône, il a déjà soumis la Serbie. Confortablement installé sur la rive méridionale du Danube, il menace sérieusement Sigismond.

L'appel rencontre des échos : le roi Charles VI d'abord, qui par extraordinaire n'est pas en période de folie, son connétable Philippe d'Artois et son maréchal de France Jean le Maingre de Boucicaut qui est un ami personnel de Sigismond. Là-dessus, le pape s'en mêle, donne sa bénédiction et la jeunesse chevaleresque de l'époque s'enflamme. Au point que le duc de Bourgogne, Philippe le Hardi, oncle de Charles VI, qui exerce la régence durant ses « absences », pense qu'il y a là matière à exalter sa maison et à occuper son bouillant héritier, Jean que l'on a surnommé sans Peur pour magnifier un courage proche de la sauvagerie et un fichu caractère. C'est, à vingt-trois ans, une sorte de terreur. Les Turcs vont lui procurer de l'ouvrage et cela lui fera le plus grand bien.

Autour du prince, bien sûr, on rassemble les meilleures lances. Parmi elles des Bourguignons de fraîche date : Guillaume de La Tremoille, son fils Pierre et son cousin Regnier Pot, tous originaires du Berry.

Rassemblée à Paris, la croisade prend le départ le 6 avril 1396 puis gagne Dijon où l'on festoie à la santé des Bourguignons. Enfin, on prend joyeusement le chemin de la Hongrie avec des équipages qui sont d'une fête beaucoup plus que d'une guerre si l'on considère que les tentes du jeune Jean sans Peur sont de satin vert et qu'un peuple de valets y évolue. L'armée se compose de 2 000 chevaliers et de leur suite, ce qui fait à peu près 10 000 hommes. Et durant quatre mois toute cette belle jeunesse va s'en donner à cœur joie de festoyer, trousser les filles et se défier en beuveries homériques. On traîne en route. On estime qu'on a tout le temps. Comment les Turcs, ces pauvres sauvages, ne prendraient-ils pas peur en apprenant l'approche d'une armée si belle, si forte, si noble qui se déplace pour le seul plaisir de leur tirer les oreilles ?

Pour sa part, Regnier Pot trouve que l'on perd du temps. Ce qui l'intéresse, c'est la bataille. Il est venu, non pour aller dormir chaque soir sous une table princière mais pour se créer une réputation et tailler l'ennemi en pièces. Il faut dire qu'aux armes c'est un vrai champion, d'une adresse redoutable. En fait, marié depuis peu, il aime sa jeune femme et déteste la débauche. C'est peut-être le seul, dans cette folle troupe, pour lequel le mot croisade signifie quelque chose.

Lorsque l'armée arrive enfin à Bude, Sigismond est un peu affolé. Ses libérateurs n'ont pas l'air de comprendre la situation : Bayezid est un ennemi formidable, terrifiant. Pas un petit chef de bande quelconque. On écoute le roi avec un intérêt poli : tant mieux si les Turcs sont braves ; la gloire n'en sera que plus grande. Et sans permettre au roi de Hongrie de plus longues explications, la bande de jeunes braves s'accorde tout juste quelques jours pour se remettre en jambes puis fonce droit en direction des Portes de Fer, entraînant à sa suite Sigismond, un peu désorienté.

Quelques faits d'armes isolés accroissent l'enthousiasme mais quand on rencontre Bayezid en personne devant Nicopolis, c'est le désastre : encerclés par des nuées de cavaliers turcs bien disciplinés, les combattants de la gloire romantique tombent comme des mouches. Quatre cents chevaliers restent sur le terrain, le reste se retrouve prisonnier, Jean sans Peur en tête.

Malheureusement, s'il y a beaucoup de morts chez les Français, il y en a encore plus chez les Turcs et Bayezid entre en fureur. Alors, gardant seulement sous les chaînes vingt-huit jeunes seigneurs, il fait massacrer tous les autres sous leurs yeux. Un bain de sang, une horreur sans nom que les rescapés contemplent à genoux. Ensuite on les conduit dans la citadelle de Brousse où ils devront attendre l'arrivée des fabuleuses rançons exigées. Seul Boucicaut est envoyé pour quêter à travers la Chrétienté.

Regnier Pot se désespère. Sa famille n'est pas riche et ne pourra payer. Alors il demande audience à Bayezid et, froidement, le prie de le faire exécuter. Et comme le sultan allègue qu'il représente de l'or pour lui, Regnier répond qu'il préfère mourir plutôt que de réduire les siens à la misère. Un pareil courage intéresse le sultan qui lui propose, puisqu'il ne peut retourner chez lui, d'entrer à son service et même d'épouser l'une de ses sœurs... Mais, chevalier du Christ, Regnier ne le reniera pas. Il préfère mourir.

« Dans ces conditions, dit Bayezid, tu mourras et tu mourras même les armes à la main...

– Alors, je te bénirai... »

Mais quel combat ? Armé de sa seule épée, Regnier Pot devra affronter un lion gigantesque et particulièrement féroce, un vrai monstre qui a déjà tué nombre de combattants. Il faut bien se plier à cette fantaisie royale mais Regnier ne l'apprécie guère. Le soir venu, il fait une longue prière et se couche, s'endort. Il rêve même : une jeune dame très belle et très lumineuse lui apparaît et lui dit uniquement deux mots : « Frappe bas… »

Le lendemain, le combat a lieu. L'animal est vraiment fabuleux mais Regnier se souvient du conseil reçu :

« À la belle tant elle vault ! s'écrie-t-il en se ruant sur son ennemi dont il tranche d'un seul coup d'épée les deux pattes. Après quoi il l'achève tranquillement :

– Tu es libre, lui dit Bayezid, mais je te regretterai… »

Quelques mois plus tard, Regnier Pot retrouvait sa Bourgogne, sa jeune femme et la grande faveur que le combat lui avait value. Une grande carrière s'ouvrait devant lui et il lui fallait un grand château : ce fut la Roche-Nolay. C'est là qu'il s'éteignit en 1438 chargé d'honneurs, après avoir été grand chambellan de Bourgogne, ambassadeur en Hongrie et l'un des premiers chevaliers de la Toison d'or. Le cri de guerre « À la belle tant elle vault » était devenu sa devise.

Après lui, le grand homme de la lignée fut son petit-fils Philippe Pot dont l'admirable tombeau est aujourd'hui au Louvre. Filleul du duc Philippe le Bon et successivement chambellan, Grand Maître d'hôtel, sénéchal et chevalier de la Toison d'or, Philippe Pot, à qui le Ciel avait accordé une éloquence rare – on l'appelait Bouche de Cicéron –, fut chargé par son maître d'importantes missions diplomatiques.

En 1450, il obtient la neutralité de Charles VII quand le duc Philippe doit faire face à une violente révolte de Gand et de Bruges qui le met en danger. C'est lui, aussi, qui négocie les trois mariages successifs du jeune comte de Charolais que l'on appelle déjà le Téméraire, avec Catherine de Valois qui meurt avant la noce, Isabelle de Bourbon qui sera le seul amour du prince et, enfin, Marguerite d'York, épousée par politique.

Mais le règne du Téméraire est éphémère. Après sa mort survenue sous Nancy en 1477, Philippe Pot, laissant Marie de Bourgogne épouser l'empereur d'Allemagne Maximilien, choisit la France. Louis XI lui en sera reconnaissant : Pot devient sénéchal de Bourgogne et gouverneur du Dauphin qui sera plus tard Charles VIII.

Maximilien lui a repris la Toison d'or mais l'ordre est étranger à présent et Louis XI le remplace par celui de Saint-Michel, plus ancien et plus noble encore. À sa mort, c'est à Philippe Pot qu'il confie ses enfants. Le jeune roi est justement trop jeune. La régente, c'est sa sœur, Anne de Beaujeu, la « moins folle femme de France car de sages il n'en est pas ». Mais, si sage qu'elle soit, Madame Anne n'en a pas moins besoin d'un bras solide et d'un conseiller qui l'est encore plus.

À sa mort, en 1493, Philippe Pot laisse son château à son frère Guyot, dont les enfants en héritèrent par la suite, ce qui par le mariage d'Anne Pot fait entrer La Roche dans la famille de Montmorency. Les Sully l'acquirent en 1551 et le gardèrent jusqu'en 1640. Il passa ensuite à Charles d'Angennes puis au cardinal de Retz qui, criblé de dettes, le vendit.

La Révolution fit au château un mal affreux et il fut laissé dans l'abandon jusqu'à la date de 1893 où la veuve d'un président de la République, Mme Sadi Carnot, l'achetait et l'offrait à son fils qui consacra sa vie à la résurrection de cette superbe demeure près de laquelle avait vu le jour, à Nolay, son illustre ancêtre Lazare Carnot. Depuis, La Rochepot est demeurée entre les mains pieuses et attentives de la famille Carnot.

HORAIRES D'OUVERTURE

Avril, mai et juin	10 h-17 h 30
Juillet et août	10 h-17 h 30
Septembre	10 h-17 h 30
Octobre	10 h-11 h 30 et 14 h-16 h 30
Fermé le mardi.	

http://www.larochepot.com/

LA ROUËRIE

L'homme du roi

Mon unique espérance est dans mon désespoir.

RACINE

Non loin de l'important nœud routier d'Antrain, le château de La Rouërie étire sa longue façade claire dont les lignes sévères s'allègent et se parent d'un fronton triangulaire. Un vaste parc planté d'essences rares venues du bout du monde lui sert d'écrin et la noble image qu'il offre ne parle que de paix, de vie facile et de sérénité. En fait, de tout ce que n'a jamais connu ni voulu connaître l'homme qui a fait de ce château ce qu'il est, et qui en a dessiné le parc tel qu'il nous est resté.

Il se nommait Armand-Charles Tuffin, marquis de La Rouërie, et sa vie tout entière ne fut qu'une incessante galopade, une folle aventure vécue au service de son propre enthousiasme, de sa propre générosité et de ses emballements. Au service aussi d'un roi auquel, le temps du malheur venu, il voulut dévouer sa vie.

En 1767, La Rouërie a dix-sept ans. Il est enseignedrapeau du régiment des gardes-françaises et il a pour mentor, à Paris, un sien oncle : M. de La Belinaye, gentilhomme breton comme lui-même mais beaucoup plus âgé comme il se doit pour un oncle. Ce qui, d'ailleurs, n'exclut pas les folies !... C'est ainsi qu'à cette époque M. de La Belinaye est fort épris d'une actrice jeune et jolie, Mlle Beaumesnil, qui fait d'ailleurs tourner bien d'autres têtes que la sienne. Entre autres celle de notre jeune marquis, lequel s'amourache follement de la jeune femme sans se douter un seul instant du tendre intérêt que lui porte son oncle... Amoureux au point de lui faire une cour pressante et même de lui offrir le mariage.

Il faut dire que la Beaumesnil eut alors une conduite pleine de dignité : elle repoussa son soupirant avec beaucoup de fermeté. Armand, pour sa part, ne vit là que les manifestations bien naturelles d'une pudeur attaquée et décida de prendre la place de force, persuadé que l'on n'attendait que cela.

C'est ainsi qu'une belle nuit il se dirige, escorté de deux couvreurs portant une échelle, vers le domicile de sa belle, escalade la façade et entre bonnement par la fenêtre. Heureusement, l'actrice est seule et cela permet à l'imprudent de tomber à ses genoux pour une déclaration plus qu'enflammée : il ne sortira pas que son amour ne soit payé de retour !

Affolée, la jeune femme a juste le temps de le faire sortir par la porte mais, déjà, La Belinaye est arrivé à son tour. Il est en train de discuter avec les deux couvreurs. Explication. Drame. Colère du vieux monsieur, qui se croit trompé et rompt avec sa maîtresse. Le lendemain même il rentrait en Bretagne tandis que son neveu allait, de son côté, s'enfermer à La Trappe pour tenter d'oublier son malheureux amour.

Le hasard veut qu'un jour l'oncle passe aux environs du monastère, reconnaisse son neveu et apprenne de lui qu'il en est réduit à cette extrémité par la résistance inexplicable d'une fille d'Opéra. Quelle fille d'Opéra ? Mais la Beaumesnil voyons !… Dès lors, l'oncle et le neveu rentrent à Paris où tout s'arrange. La Beaumesnil retrouve son protecteur… et imaginera le moyen de faire savoir à monsieur son neveu qu'il ne lui est pas tout à fait indifférent… Rassuré sur ce point, La Rouërie se livre à toutes sortes de folies, contracte des dettes, se bat en duel, se voit refuser la main d'une jeune fille, blesse grièvement le comte de Bourbon-Busset puis, pour échapper au châtiment, donne sa démission et s'enfuit. À Genève d'abord puis en Amérique où il vient, bon premier et bien avant La Fayette, mettre son épée au service des Insurgents.

Il y mène, magnifiquement, une extraordinaire guerre de partisans qui lui assure chez ses frères d'armes une grande célébrité. On connaît, là-bas, le colonel Armand tout autant et même plus que La Fayette, et il est grand dommage que cette gloire ne l'ait pas suivi en France. Peut-être parce qu'il eut le tort de rentrer trop tard, bien après tout le monde et quand toutes les récompenses étaient distribuées. Il ne rapporta que la médaille de Cincinnatus, des dettes et un ami, le major Chafner, qui vint tranquillement s'installer avec lui en Bretagne.

Retour mélancolique dans le château de La Rouërie qui a été reconstruit vers 1730 sur les restes d'un vieux manoir et qui aurait grand besoin de réparations. Mais que faire sans argent… sinon se marier ? Et, justement, à une petite lieue et demie de chez notre marquis, il y a la plus belle et la plus riche héritière qui soit : Louise-Caroline, fille du défunt marquis de Saint-Brice, protégée de la reine Marie-Antoinette qui souhaitait lui faire épouser le chevalier de Parny. Mais La Rouërie ne manque pas de charme et, après quelques hésitations de la part de la mère, le mariage est célébré le 22 décembre 1785, au château de Saint-Brice, les témoins du marié étant son ami Chafner et sa cousine Thérèse de Moëlien dont nous aurons l'occasion de reparler. Une tendre affection unit en effet les deux cousins : Thérèse est très belle, avec la plus opulente et la plus soyeuse chevelure châtain clair qui se puisse voir. On ne sait trop jusqu'où alla, par la suite, cette tendresse, mais il semble bien que Mlle de Moëlien, au demeurant la plus noble des créatures, aima toujours son cousin et n'aima jamais que lui…

Le mariage n'aura pas le temps d'être heureux. Trois mois après, la jeune marquise, dont la santé n'a jamais été bonne, est prise d'une maladie de langueur. Pour la soigner, on appelle un jeune médecin du bourg de Bazouges-la-Pérouse, nommé Chévetel et fils d'un médecin de grande réputation. Chévetel, dont il faut bien retenir le nom, est un jeune homme séduisant, élégant et plein d'esprit. La Rouërie s'engoue de lui au point d'en faire un ami. Il l'installe au château et même il accepte avec reconnaissance qu'ayant préconisé pour la malade une cure à Cauterets, il l'y accompagne. Hélas, le voyage achève d'épuiser la jeune femme qui s'éteint le 18 juillet 1786, après six mois de mariage. Chévetel reviendra apprendre la nouvelle à un La Rouërie accablé de chagrin.

Mais les premiers frémissements de la Révolution se font sentir en Bretagne. Avec onze autres gentilshommes, La Rouërie « monte » à Versailles pour présenter au roi des remontrances sur les libertés de la province. Plus pour la forme que pour autre chose, on leur offre un court séjour à la Bastille. Après cela, le marquis rentre chez lui où l'attendent Thérèse et Chafner. Chévetel, lui, s'installe à Paris où le marquis lui a procuré un poste de médecin chez le comte de Provence, frère de Louis XVI.

Quand la Révolution éclate enfin, La Rouërie ne s'en soucie pas vraiment. Il fait reconstruire son château, redessiner son parc où l'on plante les quatre tulipiers qu'il a rapportés d'Amérique et qui existent toujours. Mais quand est promulguée la constitution civile du clergé, le marquis sent se réveiller ses sentiments de chrétien et de royaliste. Et il accepte de devenir le chef d'une association de gentilshommes qui s'est constituée chez le comte de Noyant, près de Dol.

Cette association souhaite recevoir l'investiture d'un prince et La Rouërie se rend à Coblence où le comte d'Artois a émigré. Au retour, il s'arrête à Paris pour y voir son ami Chévetel auquel, sans méfiance, il raconte tout ce qui vient de se passer. Hélas, le médecin est devenu un familier de Marat, de Danton, et de Camille Desmoulins, un révolutionnaire enragé. Mais il se gardera bien de le dire et va dès lors jouer dans la vie de cet homme qui lui a donné son amitié un rôle abominable.

Revenu en Bretagne, La Rouërie organise sa troupe avec l'aide de Thérèse. Les adhésions sont nombreuses et un émissaire permanent, Georges de Fontevieux, assure la liaison avec Coblence, sans jamais oublier de passer chez Chévetel pour le tenir au courant. Tout ce remue-ménage autour du château finit par le rendre suspect. Pour éviter une perquisition, le marquis gagne la campagne autour de Fougères où habite Thérèse de Moëlien. C'est là qu'il rencontre l'ancien faux saunier Jean Cottereau, dit Jean Chouan, qu'il va galvaniser et entraîner avec lui dans la lutte pour le roi.

Le soulèvement en Bretagne doit éclater quand arrivera la nouvelle de la prise de Châlons par les Prussiens. Chévetel, qui le sait, va raconter à Danton ce qui se prépare et celui-ci fera le nécessaire pour que les Prussiens reculent. On a parlé de tractations secrètes entre Danton et le duc de Brunswick.

La conspiration bretonne attendra longtemps un signal qui ne viendra jamais. Pourtant, à présent, la Chouannerie, la guerre des chemins creux, est lancée. Elle ne s'arrêtera plus.

Pour mieux perdre ceux qui avaient si grande confiance en lui, l'indigne Chévetel vient s'installer au château de La Fosse-Ingant, chez les Désilles, amis chers de La Rouërie et qui, bien entendu appartiennent à la conjuration. Le traître a amené avec lui l'une de ses âmes damnées, un certain Lalligand-Morillon, ancien faux-monnayeur qu'il laisse cependant par prudence à Saint-Servan, après avoir mis au point avec lui certaine opération de grande envergure…

Chez les Désilles, Chévetel est traité à ce point comme un frère qu'on lui confie une mission auprès du comte d'Artois, mission dont, bien entendu, Danton ne perdra rien.

Ce que souhaite Chévetel, à présent, c'est prendre La Rouërie, mais le marquis est devenu insaisissable. Il se déplace sans cesse pour ne pas compromettre ceux qui l'hébergent ; cependant, le traître ne désespère pas de le voir venir, un soir, à La Fosse-Ingant. Il n'y viendra jamais.

Le 12 janvier 1793, c'est au manoir de La Guyomarais, près de Saint-Denoual, que La Rouërie vient demander asile. Il est déjà malade et le mal ne fera que s'aggraver. On tentera, quand la tête de Louis XVI tombera, le 21 janvier, de le lui cacher mais il l'apprend tout de même. Une fièvre cérébrale se déclare alors, sous le choc, et emporte le marquis de La Rouërie dans la nuit du 29 au 30 janvier… On l'enterre à quelque distance du manoir, et Thérèse n'apprendra sa mort que plusieurs jours plus tard.

L'œuvre infernale de Chévetel l'a manqué, mais va tout de même s'accomplir. Ce sera l'histoire du château de La Fosse-Ingant qui suit celle-ci…

Le château est privé et n'est pas ouvert à la visite.

ET… LA FOSSE-INGANT

La fin d'une tragédie

Le sang n'est pas une bonne rosée.
Nulle moisson ne vient sur la grève arrosée.

Victor HUGO

Typiques de la région de Saint-Malo, les malouinières sont de grandes et belles demeures de plaisance construites au temps de la course, pour l'agrément des riches armateurs et des corsaires venus au repos. La Fosse-Ingant est l'une de ces demeures et fut bâtie jadis pour la famille de Nermont auprès du village de Saint-Coulomb, entre Cancale et Saint-Malo. Elle élève auprès de l'étang de Sainte-Suzanne son grand toit et ses hautes cheminées de pierre, au-delà d'une vaste pelouse et de grands arbres.

C'est une maison faite pour le bonheur paisible d'une famille, pour le repos d'un marin après des années de mer. Pourtant, ce qu'elle évoque toujours par-delà le temps, c'est le drame qui atteignit si durement la Chouannerie bretonne, et cela parce que, dans les débuts de l'année 1793 qui vit la mort du roi Louis XVI, son toit confiant, son hospitalité chaleureuse accueillaient un traître, l'immonde docteur Chévetel que le marquis de La Rouërie avait si longtemps considéré comme un ami. Mais cet ami-là n'eut jamais d'autre but que d'abattre l'insurrection bretonne et de s'emparer de l'homme qui en était le chef. Pour cela, on le payait grassement.

En cette fin du mois de janvier 1793, La Rouërie est mort, dans la nuit du 29 au 30, au château de La Guyomarais, en Saint-Denoual, à une dizaine de lieues de Dinard. Pendant la maladie du marquis, le château a déjà subi une perquisition qui a obligé à le cacher. Les soldats peuvent revenir et il importe à présent de faire disparaître le cadavre qui ne peut recevoir une sépulture normale. On l'enterre dans le parc de La Guyomarais, auprès d'un grand houx panaché.

Mais, derrière lui, La Rouërie laisse des papiers importants qui contiennent toute l'organisation de la conjuration ainsi que les noms de ceux qui y participent. M. de La Guyomarais décide alors d'envoyer Pierre, le fidèle domestique du marquis, à La Fosse-Ingant pour rendre compte de ce qui s'est passé à Marc Désilles de Cambernon, le propriétaire du manoir qui est aussi le trésorier de l'association contre-révolutionnaire. En même temps, Pierre emportera les papiers et les remettra à M. Désilles. C'est la simple logique et La Guyomarais n'imagine pas un seul instant qu'il va déchaîner le drame sur sa propre demeure comme sur celle de ses amis.

Marc Désilles, dont il a déjà été fait mention à propos de La Rouërie, habite La Fosse-Ingant depuis 1770, lorsqu'il en a hérité de son grand-père Joseph Trublet de Nermont. Il y vit avec sa femme, née Jeanne Picot de Clorivière. Il en a eu quatre enfants : Jeanne, mariée à M. Dufresne de Virel ; Angélique, mariée à M. de La Fonchais ; Marie-Thérèse, qui a épousé M. d'Allerac ; enfin, un fils André, tué à Nancy au cours d'une révolte de son régiment… Ce sont tous des gens d'honneur, des gens de bien et aucun d'eux n'imaginerait que cet aimable docteur Chévetel en qui ils voient un ami fidèle, un ami que l'on reçoit toujours avec plaisir, n'a d'autre ambition que de les envoyer tous à l'échafaud.

Devant les Désilles et Chévetel, Pierre raconte la mort de son maître et son inhumation tragique – le corps a été saupoudré de chaux pour accélérer la décomposition. Il ajoute que le secret de la tombe sera bien gardé, si toutefois le jardinier qui a aidé à l'ensevelir ne s'adonne pas trop à la boisson… Chévetel écoute bien sûr de toutes ses oreilles. Certes, La Rouërie est mort, mais si l'on peut faire parler ce jardinier on trouvera sa tombe, ce qui compromettra définitivement tous ceux de La Guyomarais.

À La Fosse-Ingant, le traître continue à jouer son rôle d'ami attentif, de bon compagnon de combat. C'est même lui qui conseille d'enfouir dans le jardin, protégés par un bocal de verre jaune, les papiers que Pierre a apportés. Ensuite, sous un prétexte quelconque, il se rend à Saint-Servan pour y retrouver son compère Lalligand-Morillon, l'envoyé de la Convention. Il lui conseille de se rendre à La Guyomarais et d'y faire boire le jardinier Perrin. Le corps de La Rouërie découvert, Lalligand n'aura plus qu'à arrêter tout le monde. Cela fait, il pourra venir à La Fosse-Ingant où, bien sûr, il n'aura aucune peine à découvrir les fameux papiers qui permettront le démantèlement total du réseau.

Arrivé à Lamballe, le 24 février au soir, Lalligand-Morillon se constitue une troupe solide composée de gendarmes et de gardes nationaux, puis s'en vient à La Guyomarais où il pénètre le lendemain. Toute la journée, toute la nuit suivante, les habitants du manoir sont interrogés par cet homme qui n'a pas grand-chose d'humain. En même temps, on fait boire tant et plus le malheureux jardinier qui, naturellement, finit par livrer le secret de la tombe.

Mme de La Guyomarais est interrogée plus longuement encore que son mari. A-t-elle vu le marquis de La Rouërie ? Lui a-t-elle donné asile ? Les réponses tiennent en un seul mot, toujours le même : c'est non… Mais soudain, quelque chose est jeté par la fenêtre et vient rouler aux pieds mêmes de la pauvre femme. C'est une grosse boule noire, ignoble et nauséabonde : la tête du marquis de La Rouërie à demi putréfiée… La preuve est faite et, au soir du 28 février, Lalligand ramène à Lamballe ses prisonniers enchaînés… C'est à présent le tour de La Fosse-Ingant.

Le 2 mars, Lalligand-Morillon, qui, craignant un mouvement de foule en leur faveur, a jugé plus prudent d'expédier ses prisonniers à Rennes, est de retour à Saint-Servan, dans l'auberge du Pélican où il écrit au ministre la lettre suivante, qui accable Chévetel : « Me voici de retour à Saint-Servan. J'attends Chévetel pour porter le coup de la mort au parti aristocrate. Depuis cinq jours, je veille, je cours, je fais arrêter, je fais des procédures, des saisies. Ma conduite sera celle de l'homme qu'il faut à la république. Patience ! Adieu, je meurs de sommeil et je vais prendre un peu de repos en attendant Chévetel. » Après sa signature, il ajoute : « Il n'y a rien à reprocher à Chévetel. Il a bien été… »

Cela peut laisser supposer qu'en haut lieu on avait peut-être quelques doutes touchant la fidélité révolutionnaire du médecin, mais il va s'employer activement à les lever. Il ne tarde pas à rejoindre son compère Lalligand, et lui donne ses dernières instructions.

Cette même nuit, à La Fosse-Ingant, une main est venue frapper à une fenêtre et une voix a annoncé : « Les révolutionnaires vont venir perquisitionner. Le détachement va quitter Saint-Malo… » Tout de suite, bien sûr, c'est l'angoisse. Les filles de Marc Désilles qui sont toutes trois au manoir, ainsi que leur oncle Picot de Limoëlan, supplient leur père de s'enfuir. C'est lui le plus compromis puisqu'il est le trésorier de l'association. Il faut qu'il gagne le large. Les papiers sont bien cachés et, dans ces conditions, les femmes n'ont rien à craindre.

C'est une douce illusion, mais Désilles finit par se laisser convaincre. Il quitte sa demeure, gagne la côte et s'embarque à Rothéneuf en direction de Jersey. Il y mourra désespéré, le 23 août 1794. Quand Chévetel revient de Saint-Servan, il apprend, non sans regrets, la fuite de Désilles mais, au fond, ce n'en est qu'un de perdu. On aura tous les autres.

Au matin, Lalligand se présente en compagnie du juge de paix de Cancale et d'une centaine de gardes nationaux. Tout de suite, c'est la perquisition, les interrogatoires – Chévetel qui joue son rôle supérieurement n'est pas épargné. Puis on commence à fouiller le parc. Morceau par morceau, en prenant bien soin de commencer assez loin de l'endroit où l'on sait que se trouve le bocal. Mais enfin on le trouve, et les habitants de La Fosse-Ingant comprennent qu'ils sont perdus. On les arrête tous, y compris Chévetel qui, naturellement, sera relâché presque aussitôt à l'insu de ses « amis ». Il pourra même revenir dans cette maison où il a porté le malheur… pour y faire main basse sur l'argenterie.

Les prisonniers allèrent rejoindre à Rennes, dans la Tour-le-Bat, ceux de La Guyomarais plus quelques autres, comme le frère de Mme de La Guyomarais, arrêté sans preuves mais pour faire bonne mesure. Une autre captive allait venir les retrouver... Thérèse de Moëlien, la belle cousine, l'égérie du marquis de La Rouërie, compromise naturellement dans la conspiration royaliste, avait rejoint sa maison de Fougères. Mais certains bruits affirmaient que Marc Désilles lui aurait remis, dès avant les perquisitions, le reliquat des fonds de l'association, soit mille écus d'or. Des écus sur lesquels Lalligand-Morillon espérait bien se payer de ses peines. Aussi se réservait-il de visiter lui-même la jeune femme, mais un fonctionnaire trop zélé l'a gagné de vitesse et, le 25 mars, Thérèse de Moëlien, arrêtée, rejoignait ses amis à Rennes.

Le 12 avril on transfère les prisonniers à Paris : ils sont vingt-cinq à présent et il convient de faire bénéficier les Parisiens d'un si beau coup de filet. Leur voyage, un calvaire, durera jusqu'au 20. Ceux de La Guyomarais et de La Fosse-Ingant seront incarcérés à l'Abbaye. Naturellement, leur procès, mené par Fouquier-Tinville, se termine par une série de condamnations à mort.

Une fille des Désilles, Mme de La Fonchais, aurait pu sauver sa vie car elle ne figurait sur les papiers que comme intermédiaire. Mais, comme son avocat, Tronson du Coudray, l'engageait à révéler le nom de la personne qu'elle avait représentée en lui conseillant de songer à ses enfants, la courageuse femme répondit : « Celle-là aussi est mère... »

Quant à Thérèse de Moëlien, elle refusa de laisser couper, pour mourir, ses magnifiques cheveux, et les rassembla soigneusement au-dessus de sa tête. Chateaubriand a écrit à son sujet : « Je n'avais encore vu la beauté qu'au milieu de ma famille ; je restai confondu en l'apercevant sur le visage d'une femme étrangère… »

L'infâme Chévetel réussit à se faire oublier avec Thermidor et se fit dès lors le plat valet de tous les régimes. Il parvint même à devenir maire d'Orly mais, pourri de vices, n'en mourut pas moins dans une noire misère.

La Fosse-Ingant, après être passée dans la famille de La Villéon, appartient à présent à l'un des membres de la famille de Dieuleveult.

Le château est privé et n'est pas ouvert à la visite.

SAINT-FARGEAU

Au plaisir de la Grande Mademoiselle

Être belle et aimée, ce n'est être que femme. Être laide et savoir se faire aimer c'est être princesse.

BARBEY d'AUREVILLY

« Nous arrivâmes à Saint-Fargeau à 2 heures de nuit. Il fallut mettre pied à terre, le pont étant rompu. J'entrai dans une vieille maison où il n'y avait ni portes ni fenêtres et de l'herbe jusqu'aux genoux dans la cour ; j'en eus une grande horreur… »

La scène se passe en 1652. Celle qui écrit ces lignes désabusées est alors une grande fille de vingt-cinq ans, blonde, pas vraiment laide mais de style énergique. Épanouie au demeurant en attendant d'être grosse, la bouche charnue et l'œil bleu. Son désenchantement présent vient de ce qu'elle n'a pas l'habitude d'un logis de cette sorte car elle est sans doute la femme la plus riche de France.

Son nom ? Anne-Marie-Louise d'Orléans, duchesse de Montpensier, princesse de Dombes et dame d'une foule d'autres terres ; tout cela réuni en un titre très court qu'elle seule a le droit de porter en France : « Mademoiselle » ! Ajoutons pour faire bonne mesure qu'elle est cousine du roi Louis XIV et que c'est à lui qu'elle doit de faire connaissance présentement avec les vicissitudes de l'exil.

Pour quelle raison le roi a-t-il ainsi exilé sa cousine ? S'étant laissé emporter au vent fou de la Fronde pour faire plaisir à son cousin Condé, Mademoiselle n'a rien trouvé de mieux que faire donner les canons de la Bastille contre les armées du roi. D'où un léger mécontentement royal vite transformé en exil à Saint-Fargeau. À Saint-Fargeau où Mademoiselle n'a jamais mis les pieds, d'où la désagréable surprise :

« L'on me mena à une vilaine chambre où il y avait un poteau au milieu. La peur, l'horreur et le chagrin me saisirent au point que je me mis à pleurer. Je me trouvais bien malheureuse, étant hors de cour, de n'avoir pas une plus belle demeure que celle-là et de songer que c'était le plus beau de tous mes châteaux, n'ayant pas de maison bâtie… » Cette nuit pénible donne au moins à la petite-fille d'Henri IV l'occasion de jeter sur sa vie passée un coup d'œil aussi amer que rétrospectif.

Il faut dire que si de son grand ancêtre elle tient un cœur excellent, un caractère hardi et un superbe nez bourbonien, elle tient de ses autres ancêtres une grande naïveté touchant les réalités de la vie et un orgueil tellement prodigieux qu'il devait finir par en devenir assez comique. En outre, l'esprit farci de romans, Mademoiselle s'évertue à attendre le héros couronné qui saura mériter sa main par des exploits sans pareils. On lui a tellement répété depuis la mort de sa mère, survenue quand elle avait sept jours, qu'elle est l'une des plus grandes princesses du monde et que bien peu de mortels sont dignes de prétendre à sa main !

C'est un peu vrai et les candidats à cette main n'ont pas manqué. Le premier a été le comte de Soissons, grand maître de France et gouverneur du Dauphiné, amant de surcroît de la duchesse de Montbazon qui avait mis le mariage en train et qui jurait à la naïve princesse que Soissons était fou d'elle. En fait, il n'était fou que de sa fabuleuse fortune et pas fâché au fond de jouer un tour au père de Mademoiselle, Gaston d'Orléans, frère de Louis XIII avec lequel il avait jadis conspiré. Le combat de la Marfée mit fin à l'idylle pour l'excellente raison que le beau Soissons y resta les bras en croix.

Mademoiselle le pleura convenablement sans plus. La reine mère Anne d'Autriche ne venait-elle pas de lui dire, en lui montrant le futur Louis XIV de trois ans, que ce serait un jour son petit mari ? Reine de France ! Que pouvait-elle rêver de mieux ? Rien sans doute, encore qu'un fiancé de trois ans n'eût rien d'enchanteur. D'ailleurs Anne d'Autriche revenait sur son idée : « Après tout il est trop jeune. Tu épouseras mon frère ! »

La proposition avait sa valeur. L'infant Ferdinand, alors âgé de trente-deux ans, était de belle mine et régnait, pour le roi son frère, sur les Pays-Bas. Évidemment, il était aussi cardinal mais n'ayant pas reçu les ordres, celui que l'on appelait le cardinal-infant pouvait parfaitement se marier. Hélas, la pauvre Mademoiselle eut tout juste le temps de sourire à cette proposition : le 9 novembre de cette année 1641, le cardinal-infant mourait à Bruxelles d'une fièvre tierce.

« J'en fus très fâchée parce que c'était l'établissement du monde le plus agréable pour moi à cause de la beauté du pays, de sa proximité à celui-ci et par la manière d'y vivre qui n'est pas éloignée de celle de France. » Et sur cette oraison funèbre en forme de dépliant touristique, Mademoiselle oublia le prince espagnol.

Elle revient pourtant sur l'Espagne trois ans plus tard. Pourquoi n'épouserait-elle pas le roi Philippe IV en personne ? Pourquoi ? Mais parce que le cardinal Mazarin, qui savait compter comme personne, n'avait aucune envie de voir la fabuleuse dot passer aux mains de l'Espagnol détesté. Le Roi Très Catholique reçut une fin... de non-recevoir.

Mademoiselle, qui, elle, détestait ledit Mazarin, enragea et ne devait pas lui pardonner de sitôt. Mais le prince de Galles, futur Charles II, arriva juste à point pour lui changer les idées. Cet autre petit-fils d'Henri IV n'était pas laid bien qu'il ne sût pas un mot de français. La cour qu'il fit se révéla regrettablement muette et d'ailleurs on ne pouvait guère espérer à l'époque qu'il retrouverait jamais sa couronne. Et puis, « j'avais alors dans l'esprit d'épouser l'Empereur et la pensée de l'empire occupait si fort mon esprit que je ne regardais plus le prince de Galles que comme un objet de pitié... ». Dangereuse attitude : l'Empereur se maria ailleurs... et le prince de Galles devint roi d'Angleterre. Ne voyant rien de mieux, Mademoiselle pensa alors à Dieu... juste le temps d'apprendre que l'Empereur était à nouveau veuf, d'où regain d'espoir.

Vite éteint, l'Empereur se remarie peu après. Mademoiselle songe alors à son cousin Condé dont la femme est malade. La folie des canons de la Bastille sera une manière comme une autre de faire savoir au prince qu'on ne l'oublie pas. D'ailleurs, peu de temps avant, à Orléans où elle est allée jouer les Jeanne d'Arc,

Mademoiselle a pris goût à la guerre. Une guerre qui décidément ne lui réussit pas.

Sa longue nuit terminée, Mademoiselle décide d'aller coucher chez le bailli de Saint-Fargeau « nouvellement marié ». Puis, comme l'exil risque de se perpétuer, elle entreprend courageusement de remettre son château en état. Autrement dit de reconstruire.

Le château en a bien besoin. Fondé en 990 par l'évêque Héribert, frère naturel d'Hugues Capet, il a appartenu à Guillaume de Bar puis au marquis de Montferrat qui le vendra à Jacques Cœur dont la fortune est immense. Hélas, le Grand Argentier de France va vers sa perte. Ses ennemis sont multiples et premier d'entre eux apparaît Antoine de Chabannes, comte de Dammartin, ancien chef d'écorcheurs. Après le procès, Chabannes se fait donner Saint-Fargeau mais il a le tort de combattre Louis XI et celui-ci lui reprend le château pour le rendre au fils de Jacques Cœur… qui le repassera au fils de Chabannes contre un confortable dédommagement. On dit que Jacques Cœur eut le temps de construire la plus grosse des tours.

Des Chabannes, Saint-Fargeau glissera aux Bourbons par les femmes et c'est par sa mère que Mademoiselle en deviendra l'heureuse propriétaire.

Heureuse ? Sans doute, car elle va lui donner l'aspect qu'on lui voit aujourd'hui. Les travaux qui durèrent jusqu'en 1657 furent exécutés d'après des plans de Le Vau. Mademoiselle put recevoir son père, Turenne, Condé et Mme de Sévigné. Elle eut encore l'occasion de faire à Saint-Fargeau un séjour forcé quand en 1662, ayant refusé d'épouser le roi du Portugal, Louis XIV la renvoya en exil. En fait, le Portugais était impuissant et Mademoiselle avait raison.

Mais le temps venait de sa grande passion pour le

petit Lauzun à qui elle faisait de fastueux cadeaux. Saint-Fargeau fut sans doute le plus somptueux.

Lauzun conservera le château jusqu'en 1714, date à laquelle il le vendra au financier Antoine Crozat qui ne le gardera qu'un an. C'est à présent l'entrée en scène des Le Peletier des Forts, une grande famille parlementaire bientôt titrée du comté de Saint-Fargeau.

Le grand homme de la famille, c'est, à la veille de la Révolution, Louis-Michel Le Peletier de Saint-Fargeau, président à mortier au parlement de Paris, comte de Saint-Fargeau qui, néanmoins, n'hésite pas à embrasser la cause révolutionnaire et, conventionnel, à voter la mort de Louis XVI. Cela ne lui porte pas chance. Quelques jours plus tard, le 29 janvier, il est assassiné dans le sous-sol d'un café de la galerie de Valois au Palais-Royal par un ancien garde du corps du nom de Pâris. En consolation, il aura de somptueuses funérailles et s'en ira reposer, en toute simplicité, au Panthéon.

Après les Le Peletier, voici les Boisgelin, puis les Anisson du Perron, enfin les d'Ormesson. Pour Jean d'Ormesson, de l'Académie française, Saint-Fargeau c'est la maison des anciennes vacances. Il lui a conservé une vraie tendresse qui s'exprime pleinement dans son superbe roman *Au plaisir de Dieu*, tourné par la télévision et que l'on repassera certainement encore plusieurs fois… pour le plaisir de tous !

L'œuvre a été salvatrice pour le château qui tombait en ruine. Séduits par sa beauté, les frères Guyot l'ont acheté et se sont courageusement mis à l'ouvrage, ne fût-ce que pour refaire les kilomètres de toiture. Pour parachever leur ouvrage, ils ont monté un grand spectacle avec la collaboration de tous les habitants du village : 800 personnes…

Grâce à eux, et jusqu'à la fin de l'été – mais sûrement aussi chaque année –, les ombres de Saint-Fargeau reprendront vie et, pour quelques instants, la Grande Mademoiselle redevient une réalité contemporaine. C'est un spectacle qu'il faut voir… et Saint-Fargeau n'est pas si loin…

HORAIRES D'OUVERTURE

Du 20 mars au 11 novembre	10 h-12 h et 14 h-18 h
Juillet et août	10 h-12 h et 14 h-19 h

Un spectacle historique se déroule en juillet et août, les vendredis et samedis à 22 h (durée : 1 h 30).

http://www.chateau-de-st-fargeau.com/

SAINT-GERMAIN-EN-LAYE

Les rois aux champs

Que pouvez-vous bien trouver à faire à la campagne ?
Tout. Excepté le temps de le faire.

R. KIPLING

Le Château-Vieux

« Trouvant le lieu plaisant, le roi fit abattre le vieil bastiment de Charles V sans toucher néanmoins au fondement sur lequel il fait redresser le tout sans rien déranger dudit fondement ainsi qu'on peut le cognaistre par la cour, d'une assez sauvage quadrature… » Ainsi, en 1539, date à laquelle François Ier décide de faire reconstruire Saint-Germain-en-Laye, le bon Du Cerceau explique à sa manière imagée que le roi s'est décidé à se donner, près de Paris mais assez loin de ses miasmes pénibles, une sorte de château des champs pour y passer les premiers beaux jours. De la vieille demeure féodale, on ne gardera que le donjon et la Sainte-Chapelle, laquelle est d'ailleurs bien antérieure à Charles V puisque, comme toutes ses pareilles, elle a été construite par Saint Louis.

François Ier n'invente rien. Presque tous les rois sont venus admirer, depuis les hauteurs de Saint-Germain, l'admirable panorama de la vallée de la Seine. Cela commença avec les Capétiens sans exception puis avec les Valois. Seul Louis XI bouda le vieux château, se contentant de l'offrir à son médecin Coictier. Pas pour longtemps d'ailleurs : le roi ayant quitté ce monde, la Régente, Anne de Beaujeu, se hâta de récupérer un château qui n'avait rien à faire en dehors du domaine royal.

En fait, ni Charles VIII ni Louis XII ne s'en soucient beaucoup. Ni même François Ier dans les premières années du règne : tous n'ont d'yeux et de soins que pour les châteaux des bords de Loire. Pourtant, après sa captivité espagnole, le roi-chevalier se reprend d'amitié pour les environs de Paris. Fumées et gloire d'Italie se sont dissipées. C'est de Paris qu'il convient de régner. Saint-Germain en est bien proche et Saint-Germain va devenir digne de ses autres demeures. C'est là que, le 5 août 1530, il épouse la sœur de Charles Quint, Éléonore d'Autriche. C'est là qu'il vivra la plupart des années difficiles de son règne. En 1543, le château, œuvre de Pierre Chambiges et de Guillaume Guillain, est à peu près achevé.

Il brille dans sa nouveauté quand il se voit témoin du dernier duel judiciaire de l'histoire.

Vers la fin du règne de François Ier, la lutte est chaude entre sa favorite, Anne de Pisseleu, duchesse d'Étampes, et celle du Dauphin : Diane de Poitiers. Les deux femmes déplacent beaucoup d'air et s'exècrent. Or, Mme d'Étampes a marié sa sœur Louise à Guy Chabot, comte de Jarnac, dont l'élégance se remarque à la cour.

Un jour, le futur Henri II demande au jeune homme comment il peut faire de telles dépenses vestimentaires et Jarnac, le plus simplement du monde, lui répond que sa belle-mère est envers lui d'une grande générosité. Il n'en faut pas plus pour que le Dauphin claironne partout que Jarnac est l'amant de sa belle-mère… Outré, celui-ci clame à son tour que l'insulteur est un « méchant, un malheureux et un lâche ». C'est le duel obligatoire.

Seulement, le Dauphin ne peut pas se battre avec un simple particulier. On lui cherche donc un champion. Et quel champion : François de Vivonne, seigneur de la Châtaigneraie, un bretteur redoutable, une force de la nature alors que Jarnac n'a ni les mêmes dimensions ni la même science. Le malheureux va, à coup sûr, se faire couper la gorge. Le roi alors intervient en interdisant le duel. Jarnac est sauvé, si l'honneur du prince ne l'est guère.

Voire ! Le 31 mars 1547, François Ier meurt. On prend tout juste le temps de l'enterrer et le nouveau roi Henri II réclame réparation : le duel va avoir lieu pour faire plaisir à Madame Diane qui souhaite écraser définitivement son ancienne rivale. Jarnac est perdu… si personne ne s'en mêle. Mais voilà justement que quelqu'un s'en mêle fort discrètement : la reine Catherine de Médicis qui déteste naturellement la maîtresse de son mari. Avec elle de nombreux Florentins sont venus en France et, notamment, un fameux maître d'armes : Caize. C'est à lui qu'elle confie le malheureux Jarnac.

Le 10 juillet, le combat a lieu à l'issue d'une journée

où le roi, grand amateur de romans de chevalerie, s'est efforcé de restituer les fastes du Moyen Âge.

Le duel ne dure pas longtemps. Après quelques passes où il s'efforce d'éviter le corps-à-corps dont il ne sortirait pas vivant, Jarnac se baisse brusquement et, d'un coup de dague, tranche le jarret de son ennemi qui s'écroule. Un pied sur sa poitrine dans la meilleure tradition, Jarnac le somme de se rendre. L'autre refuse. Alors, Jarnac qui n'a plus qu'un geste à faire pour occire la Châtaigneraie, offre sa vie au roi et lui redemande son honneur. Blanc de rage, Henri II reste muet. Ce que voyant, le connétable de Montmorency l'adjure et le supplie de se conduire en roi. Enfin, après de trop longues minutes, Henri II parle : « Vous avez combattu en César et parlé en Aristote. » Joie dans le camp Jarnac ! Mais silence dans celui de la Châtaigneraie à qui Henri ne pardonne pas sa défaite. Inconsolable d'avoir à ce point déplu, le malheureux arrache ses pansements et laisse couler son sang jusqu'à la mort…

L'année suivante, Saint-Germain est en fête : la jeune Marie Stuart, qui n'est encore qu'une toute petite fille, arrive au château. C'est là qu'elle va vivre dix ans. Deux ans plus tard, Catherine de Médicis y accouche du futur Charles IX. En 1552, c'est la future reine Margot qui y vient au monde. Enfin, en 1555, c'est le mariage de la sœur du roi Marguerite avec Philippe-Emmanuel de Savoie. Ce mariage en l'honneur duquel aura lieu, aux Tournelles de Paris, le fatal combat où Henri II perdra la vie.

Un grand événement en 1563 : Charles IX, par l'édit de Saint-Germain, décide que, dorénavant, l'année commencera le 1er janvier.

Nouvel édit, en 1570, celui de pacification avec les protestants.

Il faut attendre Henri IV pour retrouver l'ère des bâtisseurs. Le Vert-Galant fait mettre de nouvelles vitres au Château-Vieux et construit le Château-Neuf dont nous parlerons plus loin. En attendant, père de famille dans l'âme, Henri IV fait élever à Saint-Germain tous ses enfants, légitimes ou non, ce qui a le don de rendre Marie de Médicis enragée. Après la mort du roi, elle se hâtera de faire le ménage et d'installer sa progéniture au Luxembourg.

Le 5 septembre 1638, les cloches sonnent à toute volée : le futur Louis XIV vient d'ouvrir l'œil pour la première fois. Deux ans plus tard, le 21 septembre 1640, c'est son frère, Philippe, qui fait son apparition. Tout ce monde sera baptisé dans la chapelle où, à la mort de Louis XIII, son héritier sera proclamé roi. Le siècle de Louis XIV commence et jusqu'à ce que Versailles sorte de terre et entraîne le roi et sa cour dans ses murs prestigieux, c'est à Saint-Germain que vont se dérouler tous les événements du règne.

Cela commence d'ailleurs par les heures noires. La Fronde fait rage. Une première fois, en septembre 1648, Anne d'Autriche viendra chercher refuge avec son fils mais devra en repartir à la prière des échevins de Paris. En revanche, dans la nuit du 5 ou 6 janvier 1649, c'est un nouvel asile que mère et fils viendront y chercher après avoir fui Paris. Hélas, quand on y arrive, le château est loin d'être prêt : « Sans lits, sans officiers, sans meubles, raconte Mme de Motteville, sans linge et sans rien de tout ce qui était nécessaire au service des personnes royales et de toutes les autres qui les avaient suivies. La reine étant arrivée coucha dans un petit lit que le cardinal Mazarin avait fait sortir de Paris quelques jours auparavant à cette intention. Il avait de même pourvu à la nécessité du roi et il se trouva aussi deux autres petits lits de camp dont l'un servit à Monsieur et dont l'autre demeura pour lui. Mme la duchesse d'Orléans coucha une nuit sur la paille et Mademoiselle aussi. Tous ceux qui avaient suivi la cour eurent la même destinée et la paille, en peu d'heures, devint si chère à Saint-Germain qu'on ne pouvait pas en trouver pour de l'argent… »

Se souvenant de cette période inconfortable, Louis XIV, majeur, donnera mission à Le Vau et à Le Nôtre de remettre en état château et jardins. La cour y fera de fréquents séjours.

Certains de ces séjours royaux verront le triomphe de Mme de Montespan et de sa fameuse robe « d'or rebrodé d'un certain or », les fureurs de son mari exaspéré qui promène entre cours et jardins son chapeau orné d'une immense paire de cornes empruntées à un cerf. D'autres regarderont venir au château quelques-uns des plus sinistres parmi les protagonistes de la fameuse affaire des Poisons, avec en tête la Voisin, devineresse, organisatrice de messes noires et tueuse d'enfants. Il est vrai qu'en contrepartie Molière viendra, à plusieurs reprises, faire applaudir son génie et sa troupe.

Mais les gloires du vieux château s'achèvent. Le 21 avril 1682, c'est le départ définitif de la cour. Versailles est prêt. Versailles attend son maître… Saint-Germain, rendu au silence, deviendra seulement l'asile du roi d'Angleterre Jacques II et de sa famille, chassés par les princes de Hanovre et par le peuple anglais qui ne veut plus de souverains catholiques. Alors, plus de fêtes à Saint-Germain : des messes ! Plus de jolies femmes : des moines ! Mais cela n'a qu'un temps : le 16 septembre 1701, Jacques II meurt d'un cancer.

C'est bien la fin à présent pour le Château-Vieux qui ne peut espérer lutter contre Versailles à l'éclat sans pareil. Saint-Germain est éteint. La Révolution en fera une prison pour suspects, Napoléon une école de cavalerie et l'invasion qui suit l'Empire une caserne pour les Anglais. Ce qui est bien le sort le plus triste qui puisse échoir à un château royal.

On devine dans quel état le vieux palais se retrouve après cette sorte d'avatar et il faudra attendre de longues années avant que quiconque s'avise enfin de lui donner quelques soins.

Chose étrange, ce sera à l'occasion de la visite d'une Anglaise. Quand la reine Victoria annonce sa venue en 1858, on se décide enfin à faire le ménage et à donner quelques coups de pinceau. En invitée qui connaît ses devoirs, la reine montre grand intérêt à cette excursion et c'est même à cette occasion que l'empereur Napoléon III, homme érudit épris d'archéologie, a une idée : il décide de vouer le château à un musée d'antiquités celtiques et gallo-romaines. Un musée que les années écoulées ont rendu proprement admirable et où l'on se doit d'aller se pencher sur les superbes collections qu'il renferme.

Mais on ne saurait quitter Saint-Germain-en-Laye sans jeter un regard sur l'histoire de ce second château qui complétait si bien le premier et que l'on appelait :

Le Château-Neuf

En fait c'est Henri II qui a eu l'idée de faire construire, sur le rebord même du plateau de Saint-

Germain, entre le Château-Vieux et la Seine, une demeure nouvelle, plus aérée, plus champêtre et donc plus agréable encore. Ce devait être une « maison de théâtre et de baigneries ». Entendez par là que l'on devait y installer des étuves et une sorte de piscine. Philibert Delorme en établit les plans et commença même la construction mais les guerres de Religion en se réveillant firent abandonner le projet. Il fallut attendre Henri IV pour qu'il fût repris.

Le roi est à peine entré à Paris, un mois plus tôt, qu'il décide des travaux mais seul le corps central est entrepris. On confie la réalisation à Louis Metezeau et à Guillaume Marchant. Par la suite, deux ailes terminées par des pavillons viendront encadrer le corps central. Le tout posé sur six étages de terrasses que l'on creusera de grottes à l'italienne avec jeux d'eau et personnages animés. En même temps, naturellement, les jardins sont tracés. Ils seront l'œuvre de Claude Mollet. Mais toutes ces italienneries ont surtout pour but de plaire à la reine Marie de Médicis qui ne cesse de pleurer ceux de son palais Pitti. Néanmoins, le ministre Sully décide le roi à leur trouver une utilité : dans le parterre nord, on plante des mûriers afin d'introduire en France l'élevage du ver à soie.

Achevé en 1603, le Château-Neuf plaît beaucoup à Marie de Médicis qui y séjourne plus volontiers qu'au Château-Vieux. Un jour, elle dit à Bassompierre :

« Je me plais ici et, quand j'y suis, j'ai un pied à Saint-Germain et l'autre à Paris.

– En ce cas, répond le maréchal, avec plus de galanterie que de délicatesse, j'aimerais être à Nanterre… »

C'est là que les enfants royaux seront élevés jusqu'à ce que, veuve d'Henri IV, Marie fasse construire le palais du Luxembourg. Elle leur rend souvent visite, s'y rendant à cheval l'été et en litière l'hiver. Pourtant, dès 1610, date de l'assassinat d'Henri IV, le Château-Neuf construit trop hâtivement commence à donner de la bande. Cela choque le jeune Louis XIII : « Quand le gel viendra il tombera tout », soupire-t-il. Une fois en possession du pouvoir, il se hâtera d'y faire exécuter des travaux car, en fait, il aime beaucoup Saint-Germain où la forêt est si proche, cette forêt dont, en chasseur enragé qu'il est, il tire des joies à nulle autre pareilles.

Gloire sans précédent : c'est au Château-Neuf que Louis XIV vient au monde : « Le cinquième jour de septembre mil six cent trente huict, naquit dans le chasteau neuf de Saint-Germain-en-Laye, Monseigneur le Dauphin, fils premier né de très Chrestien et puissant monarque Louis treiszième de ce nom, roy de France et de Navarre et de très religieuse et Illustre princesse Anne d'Autriche sa très chaste et chère Espouse... »

Cinq ans plus tard, Louis XIII est aux portes de la mort et ne quitte plus Saint-Germain. « Il prenait, écrit Barron, un plaisir étrange à regarder longuement, comme une aiguille piquée sur l'horizon, la haute flèche du clocher de Saint-Denis, lugubre mémento, doigt silencieux levé vers l'avenir. »

C'est cette même flèche qui, un jour, fera fuir son successeur vers les grâces de Versailles. En attendant, le 20 avril 1643, le roi est déjà très mal. Il sait qu'il va mourir et dicte la composition du Conseil de Régence puis ordonne que l'on baptise le Dauphin qui est seulement ondoyé. La cérémonie a lieu le lendemain. Écoutons, à présent, le grand historien Philippe Erlanger : « Le Dauphin, encore vêtu de sa robe d'argent, vint saluer Sa Majesté. Le roi pencha hors du lit son corps martyr : – Comment avez-vous nom ? demanda-t-il. L'enfant répondit : – Louis XIV, mon père… – Pas encore, dit le roi avec un sourire, mais ce sera bientôt. »

Le 14 mai suivant, le roi meurt au Château-Neuf dans les bras de saint Vincent de Paul. Sa famille va déserter le château, laissant la place à sa sœur Henriette, reine d'Angleterre et veuve du malheureux Charles Ier décapité par l'ordre de Cromwell.

Il faudra attendre 1660 pour que Louis XIV revienne à Saint-Germain qu'il veut présenter à sa jeune épouse. Mais il délaissera assez vite le Château-Neuf pour revenir au Château-Vieux qui est beaucoup plus vaste…

C'est tout de même le Château-Neuf qui sera le théâtre d'une des plus amusantes escapades amoureuses de Louis XIV. Durant l'été de 1662, l'attention royale avait été attirée par Mlle de La Mothe-Houdancourt, l'une des filles d'honneur de la reine Marie-Thérèse. Or, le gracieux bataillon avait un gardien fort sévère : Mme de Navailles qui n'entendait pas plaisanterie en ce qui touchait l'honneur des filles confiées à ses soins. D'où l'impossibilité pour Sa Majesté de rejoindre sa belle, faute de pouvoir franchir les portes. C'est ainsi qu'une belle nuit, le Roi-Soleil escalada tout bonnement les toits de son château pour s'en aller rejoindre par la fenêtre la dame de ses pensées.

Naturellement, Mme de Navailles apprit la chose et entreprit de renforcer sa garde : « L'été que l'on fut à Saint-Germain, raconte la Grande Mademoiselle, Mme de Navailles voulut faire mettre des grilles à la chambre des filles de la reine parce qu'elles logeaient en haut et que les gouttières sont larges. On disait que le roi allait tous les soirs parler à La Mothe-Houdancourt. Les grilles étaient donc prêtes à être posées ; on les avait portées dans un passage le soir, auprès de la chambre des filles pour les poser le lendemain. Il est vrai qu'on les trouva le lendemain au matin dans la cour. Il avait fallu quarante ou cinquante suisses pour les porter là-haut. Le roi en rit avec Mme de Navailles pendant le dîner et disait : – Ce sont les esprits car la porte était fermée et les gardes n'ont vu entrer personne… »

Le Château-Neuf fut délaissé en même temps que le Château-Vieux. Le roi Jacques II y logeait ses officiers et ses gens.

En 1777, le Château-Neuf faillit être sauvé mais n'en tomba que dans une plus grande misère. Louis XVI venait d'en faire cadeau à son jeune frère, le comte d'Artois, en y ajoutant une belle somme pour les travaux. Artois se lança avec enthousiasme dans la confection de plans et commença à faire démolir le château : il voulait une immense demeure afin d'avoir une sorte de Versailles à lui tout seul. En même temps, il fit boucher les grottes, remblayer les terrasses et bientôt n'eut plus d'argent. Louis XVI, toujours aussi bon, lui rendit quatre millions, avec lesquels on fit faire de nouveaux plans et dont une grande partie servit aux plaisirs onéreux d'un des princes les plus dissipés de l'histoire.

Les quatre millions fondirent comme le reste et, pour finir, Artois se désintéressa complètement d'une demeure qu'il n'avait fait que démolir en partie.

La Révolution acheva son œuvre néfaste. Les jardins avaient disparu ; on lotit ce qui en restait. Quant à ce qui subsistait du château et de ses dépendances, on les vendit aux enchères publiques. Aux environs de 1830, divers particuliers possédaient ces vestiges dont le plus intéressant, le Pavillon Henri IV, a continué de vivre l'histoire pour son compte personnel.

Au moment de la naissance de Louis XIV, le pavillon servait de chapelle et c'est là que fut ondoyé « le plus grand roi du monde ». Mais, sous la Restauration, un bâtiment fut accolé à l'ancien oratoire et, depuis 1846, l'ensemble est devenu un hôtel. Il était alors placé sous la houlette du maître queux Colinet dont les « côtelettes à la béarnaise » (Henri IV obligé) faisaient courir tout Paris. Singulièrement les écrivains et les artistes. Ainsi, Musset, Gérard de Nerval, George Sand, Rachel, Frédérik Lemaître, Émile Zola, Alphonse Daudet et Victor Hugo vinrent goûter à la fois l'excellente cuisine et quelques instants de détente dans le vestige d'un palais royal. Mieux encore, Alexandre Dumas, encouragé peut-être par le fantôme d'Anne d'Autriche, y écrivit *Les Trois Mousquetaires* et aussi *Monte-Cristo*. C'est de là qu'il partit pour une promenade au cours de laquelle il découvrit le site où il allait construire sa propre maison.

Plus tard, ce fut le tour d'Offenbach de faire séjour au Pavillon Henri IV. Il y composa *La Fille du Tambour Major*. On y vit aussi Gounod, Massenet et Sarah Bernhardt. Il est vrai que, pendant la guerre de 1870, on y avait vu un état-major allemand, celui du général von Moltke. Il fallait l'écho de la musique et des vers pour faire oublier le bruit des bottes.

Une note triste : M. Thiers y mourut d'apoplexie : hommage bien involontaire rendu à la cuisine maison.

D'autres hôtes illustres sont venus : Clemenceau, le sultan du Maroc Mohammed V... Repris par de nouveaux propriétaires, l'hôtel, qui s'est refait une jeunesse, continue sa glorieuse destinée...

HORAIRES D'OUVERTURE DU CHÂTEAU
ET DU MUSÉE D'ARCHÉOLOGIE NATIONALE

Tous les jours, sauf le mardi, de 10 h à 17 h 15.

http://www.musee-archeologienationale.fr/

SAINT-ULRICH

Des ombres désolées...

Ah ! des bas-fonds de la vallée
Qu'oppresse la froide brume,
Si je pouvais jamais sortir,
Quelle joie pour mon cœur !...

Friedrich von SCHILLER

Trois châteaux, trois forteresses médiévales en ruine, abandonnées depuis le XVIe siècle, dominent la charmante cité de Ribeauvillé doucement étendue entre des coteaux qui donnent les vins les plus dorés de la généreuse terre d'Alsace. Ils se nomment Saint-Ulrich, Haut-Ribeau-pierre et le Guirsberg, mais tous trois sont de même mouvance et les deux derniers sont vassaux du premier.

Chef de nom et d'armes, le Saint-Ulrich, qui jadis fut Ribeaupierre tout court, dresse sur un éperon granitique qu'il épouse sa masse imposante et belle qui témoigne, par-delà le temps, de la grandeur et du faste de la vie seigneuriale au Moyen Âge.

Il apparaît dans les textes dès 1038, date à laquelle un seigneur alsacien nommé Reinbaud possède là une demeure qu'il nomme Reinbeaupierre puis Ribeaupierre, qui sera le nom de ses descendants. Cette première maison s'éteint un siècle plus tard environ et le château qui grandit avec le temps passe aux évêques de Bâle puis aux empereurs allemands que séduit cette fière forteresse dominant le plus beau paysage boisé du monde. Mais les évêques le reprennent ; l'un d'eux en fait présent à un seigneur nommé Eguenolf d'Urslingen, de bonne maison souabe, qui prendra à son tour le nom de Ribeaupierre pour lui et ses descendants.

C'est le XIIIe siècle qui est le grand siècle de « Ribeaupierre ». C'est l'époque où l'on érige le Haut-Ribeau-pierre et le Guirsberg pour achever la défense des vallées. C'est l'époque aussi où Ribeaupierre change de nom. Seul des trois châteaux, il possède une chapelle dédiée à Saint-Ulrich. Il en portera désormais le vocable. Et il va connaître sa période la plus glorieuse, mais aussi la plus mouvementée. Anselme II de Ribeaupierre ayant refusé de partager ses biens avec son frère et ses neveux fils d'un autre frère décédé, le souverain allemand Rodolphe de Habsbourg qui, six ans plus tôt, avait été reçu fastueusement au château, voulut l'y contraindre et vint mettre le siège devant Saint-Ulrich. Mais le château était imprenable. Rodolphe dut renoncer. Six ans plus tard, son successeur, décidé à venir à bout d'Anselme, vint à son tour mettre le siège, mais devant Colmar que le baron défendait. Fait prisonnier, Anselme dut en passer par où le voulait son vainqueur, mais ses descendants réussirent à reconstituer la grande châtellenie ainsi partagée.

C'est aussi au XIIIe siècle que l'on rencontre le premier des fantômes qui hantent les châteaux de Ribeauvillé. La légende dit qu'à cette époque Saint-

Ulrich et Guirsberg étaient habités par deux frères, Georges et Conrad, que la plus tendre affection unissait et qui, chaque jour, se rejoignaient pour chasser, courir les bois et festoyer quand ils ne prenaient pas part ensemble à un tournoi ou ne s'en allaient pas guerroyer.

Par jeu, ils avaient décidé que, chaque matin, le premier levé d'entre eux tirerait l'autre de son sommeil au moyen d'une flèche lancée dans le volet de bois de sa chambre. Un matin, c'est le jeune Conrad qui s'éveille le premier. Heureux de précéder son aîné, il court à sa fenêtre, prend son arc et tire une flèche magistrale en direction du Saint-Ulrich… à l'instant même où Georges ouvre son volet. La flèche l'atteint en pleine poitrine et il s'écroule avec un cri…

Épouvanté, Conrad se rue hors du Guirsberg, dévale le profond ravin qui sépare les deux châteaux, remonte vers Saint-Ulrich et arrive pour constater que son frère bien-aimé a cessé de vivre et gît, dans son sang, devant la fenêtre ouverte sur la beauté d'un matin d'été… On dit qu'alors le jeune homme, désespéré, s'enfuit à travers bois et qu'on ne le revit plus dans le pays. Mais on dit aussi que parfois, par les nuits les plus sombres, le fantôme de Conrad apparaît sur le Guirsberg, descend dans le ravin, remonte vers le château aîné et, parvenu dans ce qui fut la chambre de Georges, s'évanouit en poussant un grand cri tandis que se déchaîne au loin la meute d'une chasse infernale…

Au XVe siècle, ce sera au tour de Saint-Ulrich de susciter une ombre désolée : celle d'une femme qui mourut là et à qui, pour ses péchés, le repos éternel a été refusé. Mais, cette fois, l'histoire est bien réelle…

En l'année 1487 vivent à Guebwiller le chevalier Guillaume de Hungerstein et sa femme, née Cunégonde de Gieslberg. Le moins que l'on puisse dire est que ce n'est pas un ménage assorti. Cunégonde est jeune, très belle, tandis que Guillaume est déjà vieux et sans grand charme. Par contre il est fort riche et ce sont de ces choses que l'on apprécie lorsque l'on aime à paraître dans de belles toilettes. Et Cunégonde ne s'est pas privée. Durant les premières années de son mariage elle a, comme l'on dit, mené la grande vie. Elle l'a fait mener aussi à son père et à son frère qui, assez impécunieux, ne voyaient aucun inconvénient à vivre sur le dos d'un gendre et beau-frère, selon eux, trop heureux d'avoir une femme aussi belle que Cunégonde.

Mais il y a un terme à l'aveuglement et même à l'amour. Dans les premiers mois de l'année 1487, Hungerstein a décidé de fermer les cordons de sa bourse et de couper les vivres à ces rapaces. Outrée, Cunégonde décide alors de se débarrasser d'un mari devenu par trop incommode. Pour ce faire, elle gagne à sa cause deux valets robustes auxquels elle promet une belle somme s'ils la servent bien.

Un soir, les deux hommes pénètrent dans la chambre de Guillaume, s'emparent de lui et, sous la menace, l'obligent à écrire à sa femme une lettre dans laquelle il déclare que, pour l'absolution de ses péchés, il s'est résolu à accomplir le pèlerinage de Terre sainte et qu'il confie sa douce Cunégonde à ses amis. À peine a-t-il signé que la douce Cunégonde en question fait son entrée, tenant en main une corde au moyen de laquelle les valets étranglent le malheureux Guillaume qu'ils vont enterrer ensuite dans la forêt voisine.

Là-dessus Cunégonde joue les épouses abandonnées, réclame son mari à tous les échos… mais distribue ses vêtements aux deux valets qui semblent avoir pris, dans la maison, un pied qui paraît à certains peu naturel.

Le suzerain d'Hungerstein, c'est Guillaume Ier de Ribeaupierre, landvogt de la Haute-Alsace. Des bruits viennent jusqu'à lui, et il décide de les vérifier. L'un des valets est arrêté, soumis à un interrogatoire tel qu'on les pratiquait à cette époque et raconte toute l'histoire. Lui et son complice seront exécutés.

Cunégonde, elle aussi, a été arrêtée, jugée et condamnée à la noyade. Mais sa beauté lui a conquis un riche seigneur suisse, dont l'histoire malheureusement n'a pas retenu le nom. Décidé à la sauver, cet homme compta douze florins d'or au bourreau. Et, avant de jeter la jeune femme à l'eau, celui-ci attache à sa barque la corde qui lie Cunégonde puis, quand elle a disparu dans le flot, il la ramène discrètement de l'autre côté du bateau, hors de la vue des assistants, la conduit à l'autre rive (cela se passe dans le Rhin) où son sauveur l'attend pour l'emmener en Suisse.

Elle n'y restera que trois années. Guillaume de Ribeaupierre a eu vent de l'histoire et a demandé son extradition. La belle Cunégonde sera ramenée, pieds et poings liés. On l'enferme dans la grande tour carrée qui domine le château de Saint-Ulrich.

Au bout de plusieurs années – on est à présent en 1507 – la meurtrière, toujours belle, réussit à gagner l'un de ses geôliers qui tente de la faire évader de nuit au moyen d'une échelle. Vaine tentative : Cunégonde ne quittera pas Saint-Ulrich où elle finira par mourir désespérée quelque vingt années plus tard.

Elle reparaîtrait, par les nuits d'orage, sous l'aspect d'une grande femme en longs voiles noirs qui erre dans les ruines et demeure de longues minutes sur la haute tour, regardant l'immense paysage dont elle demeure prisonnière…

Mais toutes les légendes qui tournent autour de

Saint-Ulrich ne sont pas dramatiques. Ainsi celle du fifre, qui a donné naissance à une tradition, est tout à fait charmante. Voici donc l'histoire telle que la raconte, d'après Variot, l'historien André Findeli :

« C'était le jour de la Saint-Jean d'été. Un pauvre homme entouré de sa femme et de ses enfants tout en pleurs se lamentait au bord de la route. Vint à passer le sire de Ribeaupierre :

– Pourquoi pleures-tu, mon brave homme ?

– Parce que j'ai cassé mon fifre qui était notre seul gagne-pain…

« Alors, le sire sortit une bourse pleine d'écus, la jeta à l'homme en lui disant :

– Je n'aime pas qu'on pleure sur mes terres. Achète un autre fifre et viens donc me voir là-haut un jour. Tu feras danser la jeunesse.

« Quelques mois plus tard, on vint lui dire qu'un immense et très étrange cortège s'acheminait vers le château : des joueurs de fifres qui sifflent une marche guerrière, des tapeurs de tambours dignes des plus belles troupes, des joueurs de trompettes, des chanteurs de romances et des montreurs de bêtes accompagnés d'ours qui montaient vers le château. Et des chiens qui marchaient sur les pattes de derrière, pour se faire remarquer, et des singes habillés en magistrats, et des chevaux pomponnés comme de jolies dames avec des rubans multicolores passés dans la crinière et des perroquets qui parlent comme père et mère et combien d'autres curiosités aimables encore.

« L'un des ménétriers s'avança porteur d'une couronne et d'un fifre :

– Seigneur de Ribeaupierre, tu m'as aidé quand j'avais perdu mon seul bien. Ce que tu as fait pour un seul, tous viennent t'en remercier. Désormais tu es notre roi…

« Et c'est de ce jour que les sires de Ribeaupierre ont été nommés roi des Fifres et des Ménétriers. Et tous les ans les ménétriers reviennent donner une aubade à celui dont ils sont officiellement les vassaux. La Fête des Ménétriers, ou Pfifferdaj, est aujourd'hui encore la fête officielle de la ville de Ribeauvillé… »

Ajoutons qu'après nombre d'alliances illustres, les Ribeaupierre sont, par les femmes, à l'origine des rois de Bavière.

Quant à Saint-Ulrich, une Association, créée en 1972 avec l'appui de la municipalité pour la défense des trois châteaux, consacre son temps et ses forces à leur donner les soins de conservation et de reconstruction que nécessitent leur grand âge et leur beauté réelle afin que, dans les temps à venir, les trois châteaux de Ribeauvillé continuent à porter témoignage de l'art des temps anciens.

SASSENAGE

Le grand amour du prince Djem

Lorsque les jours sont longs en mai
Doux m'est le chant d'oiseaux de loin
Puis, quand me suis parti de là
Me souvient d'un amour de loin.

Jaufre RUDEL

Un jour de l'automne 1482, le vieux château de Sassenage – il n'en reste que quelques vestiges – est le témoin d'un spectacle peu habituel en pays chrétien. Une brillante cavalcade vient d'en franchir l'enceinte, entourant un jeune homme de vingt-trois ans et de noble allure dont le souvenir va s'implanter en Dauphiné et y demeurer vivace durant des années. Un poète du pays tracera même, en vers libres, le portrait de cet hôte hors du commun :

Vêtu de lin, Djem se tient droit en selle
Souriant et pensif.
Ses longs yeux bleus où luit son étoile
Enfièvrent son visage au teint mauresque ;
Son turban empanaché de diamants amoncelle
Sur sa tête un jeu d'ombres et de blancheurs.

C'est en effet un prince et il se nomme Djem. En pays franc, on en fera Zizim, Dieu sait pourquoi ! Il est le second fils du sultan Mehmet II, le conquérant qui anéantit Byzance et fit de Constantinople la capitale de la puissance turque. Et l'on peut se demander, avec quelque raison, ce que vient faire, dans la France de Louis XI le Très Chrétien, le fils d'un sultan infidèle.

En fait, il y cherche refuge parce qu'il craint la colère de son frère : Bayezid II, l'actuel sultan dont il pense qu'il ne mettra jamais assez de distance entre sa colère et lui-même.

Tout a commencé à la mort du Conquérant. Djem a contesté l'accession de son frère au trône. Bien plus, excité par un parti contestataire comme il s'en trouve toujours lors des changements de règne, il a pris les armes contre Bayezid. Cela ne lui a pas réussi : il a été battu par trois fois. Pensant alors qu'aucun refuge, en Turquie, ne serait assez sûr pour le sauver d'une fraternelle vengeance, Djem s'est enfui à bord d'une galère et a fait voile vers l'île de Rhodes où il a demandé l'asile à Pierre d'Aubusson, grand maître des Chevaliers de Saint-Jean-de-Jérusalem. Cet asile-là lui semblait suffisamment sûr car Mehmet II lui-même n'avait pu venir à bout de l'île et de ses moines-soldats.

Généreusement, Pierre d'Aubusson, l'un des plus grands maîtres de l'Ordre qui a donné naissance par la suite à celui des chevaliers de Malte, a accordé l'asile en rappelant à Djem que sa mère avait été une princesse serbe, donc chrétienne. Une princesse d'une grande beauté jadis jetée au harem où elle avait pris le nom de Zoul-khadr. Et Djem put s'installer avec sa suite dans l'un des palais de l'île.

Pour y vivre d'ailleurs dans l'inquiétude. Rhodes n'est pas éloignée de la côte turque et le fugitif craignait non un coup de main difficile à réaliser dans une île-forteresse si bien gardée, mais l'infiltration d'un assassin à gages. De son côté, Bayezid n'était pas plus rassuré : que les chevaliers de Rhodes décidassent de mettre leur puissance au service du rebelle et la sienne propre, encore si peu stable, risquerait de se trouver en grand danger. Il entreprit donc des pourparlers avec Pierre d'Aubusson et lui fit la proposition suivante : lui, Bayezid, verserait chaque année à l'Ordre la somme fabuleuse de quarante mille ducats d'or pour l'entretien de Djem, mais à la condition unique et formelle que les chevaliers s'engageraient à « veiller » sur lui attentivement et à ne jamais le laisser regagner l'Empire ottoman.

Le marché était parfait pour tout le monde… sauf pour Djem qui n'y croyait pas. L'arrivée même des premiers quarante mille ducats ne réussit pas à le calmer. Il pensait en effet qu'il s'agissait là d'un leurre et que Bayezid ne serait pas assez fou pour dépenser chaque année pareille somme. Tôt ou tard, il trouverait moyen de supprimer un frère aussi onéreux. En foi de quoi Djem s'en alla trouver Pierre d'Aubusson pour le prier de l'envoyer en France, dans l'un des châteaux qu'y possédait l'Ordre. Là seulement il serait pleinement rassuré.

Un peu vexé car son hôte semblait faire peu de cas de sa protection, le grand maître en référa au roi Louis XI sans l'autorisation duquel il était impossible d'introduire un infidèle en terre de France. Trop fin politique pour refuser pareil otage, le roi de France accepta et le départ de Djem fut décidé.

Étant de famille limousine, Pierre d'Aubusson fit choix de la petite ville de Bourganeuf qui était solide, bien défendue mais ne comportait aucune installation digne d'un si grand prince. Il ordonna donc la construction d'un château et, en attendant, il fut décidé que Djem, après son débarquement, s'installerait en Dauphiné, dans un autre château de l'Ordre : Rochechinard.

C'était une demeure féodale plutôt rébarbative mais le prince l'emplit de son faste oriental, de ses faucons, de ses chevaux, de ses robes de soie et de ses fabuleux joyaux. Et bientôt il ne fut plus question, dans toute la région, que de l'hôte fabuleux des chevaliers de Saint-Jean. On disait qu'il chantait d'étranges romances composées par lui-même, qu'il était aussi doux poète que fin cavalier et la noblesse dauphinoise accourut comme au spectacle.

Le baron de Sassenage vint l'un des premiers. Appartenant à cette haute lignée des Bérenger qui disputaient aux Lusignan la fée Mélusine comme ancêtre et qui avaient donné au cours des âges des comtes de Forez et même de Lyon, le baron pouvait, à juste titre, se considérer comme un grand personnage. D'autant qu'une vingtaine d'années auparavant sa tante Marguerite de Sassenage avait réussi un exploit peu ordinaire en devenant la maîtresse de Louis XI quand il n'était encore que Dauphin et en lui donnant trois filles. Lesquelles trois filles étaient à présent mariées dans les meilleures maisons.

C'est dire que le baron était bien en cour. Aussi, séduit par la bonne grâce de Djem, se met-il tout de suite à son service pour tenter de lui obtenir ce qu'il souhaite par-dessus tout : une entrevue avec le roi Louis XI. En attendant, il l'invite à séjourner quelque temps chez lui, dans son beau domaine de Sassenage.

L'invitation enchante le prince mais son bonheur ne connaît plus de bornes quand, à son arrivée au château, il rencontre une jeune fille qu'il ne pourra plus oublier. Elle se nomme Hélène-Philippine et elle est la fille aînée du baron. Elle a quinze ans, « un visage demi-ovale, une petite bouche, des yeux bien fendus, noirs et remplis d'esprit, une physionomie heureuse et un caractère surprenant », telle est celle qui, pour toujours, va enchaîner le cœur du prince turc.

Djem se met à aimer Hélène comme on attrape une congestion : d'un seul coup. Et il n'en guérira pas. Durant tout le temps de son séjour à Sassenage, pendant chasses, fêtes et festins, les yeux bleus de Djem cherchent Hélène. Et celle-ci le trouve charmant. Et comme le prince ne songe même pas à cacher l'amour qu'il éprouve, elle en est flattée. Elle l'écoute, durant des heures, parler de son pays, de toutes ces merveilles qu'il aimerait tant partager avec elle. Elle le console aussi quand il apprend que le roi de France ne le recevra pas. Louis XI est aux portes de la mort, en effet, et ne se soucie pas de compromettre le salut de son âme en recevant un infidèle…

Mais les jours enchantés tiraient à leur fin. Le grand prieur d'Auvergne venait de faire savoir que les logis de Bourganeuf étaient prêts… Alors, au moment du départ, Djem osa avouer clairement son amour, supplier Hélène de le suivre, de se faire musulmane pour devenir princesse. Emporté par la passion, il lui offrit même d'abjurer l'islam, de devenir chrétien comme elle et de vivre comme tout un chacun au pays de France… mais avec elle ! C'est alors qu'elle lui fit connaître qu'elle ne l'aimait pas, qu'elle voyait seulement en lui un ami et que, d'ailleurs, elle était fiancée : le coup fut rude.

Djem quitta Sassenage et le Dauphiné pour un sévère château limousin où il allait tisser de longs jours d'ennui. Il n'était plus qu'un jouet sur l'échiquier politique de l'Europe, un jouet que réclama le pape Innocent VIII. Et Djem alla à Rome. Un jouet que réclama ensuite le roi Charles VIII. Et Djem voulut aller vers lui mais César Borgia se chargea alors de mettre fin à l'existence du plus romantique des princes turcs… qui périt tristement assassiné.

Du château qu'a connu Djem, il ne reste guère qu'un pan de mur. La famille de Bérenger de Sassenage qui, au cours des siècles, devait se maintenir dans ce site admirable, au pied des premiers contreforts du Vercors, s'ouvrit aux grâces de la Renaissance puis au style classique. Sous Louis XIV, entre 1661 et 1665, fut construit le château actuel, témoin de la fortune d'une famille qui, si elle entretenait magnifiquement ses biens, n'en passait pas moins le plus clair de son temps à Versailles, comme il se devait pour qui voulait s'attirer les grâces royales.

Il en fut de même sous Louis XV. Mais c'est à l'occasion du mariage de Raymond de Bérenger, chevalier d'honneur de la Dauphine, avec sa cousine Françoise de Sassenage que le roi fit don aux jeunes époux d'un admirable mobilier qui est demeuré l'ornement des salons.

Il fallut attendre jusqu'à nos jours pour que le château quitte enfin la famille de Bérenger de Sassenage. À sa mort, survenue voici quelques années, la dernière marquise de Bérenger en a fait don à la Fondation de France dont Sassenage est désormais la propriété.

Horaires d'ouverture des visites

Du 1er mai au 30 juin	14 h-17 h (le dimanche uniquement)
Du 1er juillet au 31 août	14 h-18 h (fermé le samedi)
Du 1er septembre au 31 octobre	14 h-17 h (le dimanche uniquement)

http://www.chateau-de-sassenage.com/

SÉVERAC

Le sang de Gloriande

Oh, gardez-vous mon seigneur de la jalousie
C'est le monstre aux yeux gris qui se moque
De la viande dont il se nourrit.

W. SHAKESPEARE

Aux dimensions des ruines que l'on peut encore contempler, on devine que ce château fut immense, à la fois puissant et fastueux, qu'il dut régner sur l'ensemble de cette région du Rouergue par tout le poids de sa grandeur et de sa richesse. Démantelé et réduit à être la proie des vents qui le parcourent en tous sens et en toute liberté, rapetissé à quelques pans de murs, il n'en demeure pas moins présent, toujours aussi altier, lourde couronne posée sur la colline où s'étage le bourg.

Il fut jadis, naturellement, une très médiévale forteresse et c'est Louis d'Arpajon, marquis de Séverac, qui au XVIIe siècle saura, en le rebâtissant, en faire une vaste et magnifique demeure. Une de ces demeures sur lesquelles toute femme peut souhaiter régner…

et régner sans partage. Or, de trop de splendeur peut naître parfois le drame le plus affreux.

Les belles-mères qui aiment leurs belles-filles ont, de tout temps, été d'une espèce rare. La marquise douairière de Séverac, née Jacqueline de Castelnau de Clermont-Lodève, ne faisait pas exception à la règle.

Depuis que son fils, treize ans plus tôt – le 1er février 1622 –, a épousé la belle Gloriande de Lauzières, fille de Pons de Lauzières, marquis de Thémines et maréchal de France, la douairière hait sa bru, d'une haine patiente, implacable, soigneusement cultivée sous une apparence bonasse et doucereuse. La patience d'une grosse chatte qui sait bien que la souris un peu folle viendra quelque jour dans ses griffes !

Pourtant, le mariage n'a pas été un coup de tête ni même un coup de passion. Depuis sa naissance, Gloriande a été promise à Louis d'Arpajon, marquis de Séverac. En noblesse, ancienneté et fortune, les deux familles se valent avec peut-être une petite prééminence aux Arpajon qui descendent des comtes de Rodez.

Tant que la fiancée n'a été qu'une enfant, la marquise n'a rien eu contre ce mariage. Mais en grandissant, Gloriande est devenue fort belle, fort coquette aussi, aimant la fierté, la jeunesse, les fêtes et la toilette encore plus que tout le reste. Toutes choses aussi choquantes qu'irritantes pour l'austère calviniste qu'est la douairière. Et le soir où, peu après le mariage, les premiers échos d'un bal retentissent sous les nobles voûtes, quand les accents joyeux des violons éveillent les grandes salles endormies, la vieille marquise se jure qu'elle verra un jour le cortège funèbre de celle dont l'attitude la bafoue et l'offense.

Mais elle n'est pas assez sotte ni assez folle pour

passer aussitôt à l'action. Louis est fort épris de sa jeune et charmante épouse – elle a dix-sept ans de moins que lui –, de tant de jeunesse et de grâce. Même des propos simplement perfides ne provoqueraient aucune réaction chez lui sinon peut-être l'une de ces colères froides, muettes et retenues que la mère n'aime pas voir se tourner contre elle et qu'elle a appris à redouter. Louis ne supporte pas que l'on critique Gloriande mais il en est très jaloux, et c'est cette corde-là que la douairière entend bien faire vibrer quand l'occasion s'en présentera.

Les premières années se sont passées sans que rien vînt entamer la position de la jeune marquise. Son époux vit beaucoup sur ses terres mais lorsqu'il lui arrive de se rendre à Paris où il a des amis – entre autres le fameux Cyrano de Bergerac –, quand le roi Louis XIII l'appelle à la cour, il emmène toujours Gloriande.

Mais la guerre de Trente Ans fait rage et, bientôt, le cardinal de Richelieu trouve maintes occupations pour le marquis dont le grand rêve est de devenir maréchal de France comme son beau-père. C'est ainsi qu'en 1630 Séverac se rend en Italie avec le maréchal de La Force, puis en Allemagne en 1631 et 1632, enfin en Lorraine en 1634.

Pendant ce temps, Gloriande demeure à Séverac où d'ailleurs la vie n'est pas triste pour autant. La jeune femme aime trop la vie pour se contenter d'un tête-à-tête avec sa belle-mère et elle attire chez elle toute la noblesse de la région, qui ne se fait pas prier. Parmi ceux qui fréquentent Séverac le plus assidûment, il y a un jeune seigneur des environs, Jean de Laissac…

Un mot sur la famille avant de poursuivre. Depuis son mariage, la jeune femme a donné quatre enfants, quatre fils à son époux. L'aîné n'a pas vécu et la jeune marquise a eu quelque peine à se remettre de couches difficiles. C'est dire qu'une assez longue période s'est écoulée quand naît le second fils, Jean-Louis, le 3 juillet 1632. Il y a alors une année que Jean de Laissac fréquente le château de Séverac.

Naturellement, l'assiduité du jeune homme n'a pas échappé à la douairière mais elle est trop fine pour en rien marquer. Elle attend patiemment d'en savoir plus long et de voir se confirmer ses soupçons. Il eût été suprêmement maladroit de donner l'alerte aux amoureux avec des reproches ou même de simples allusions. Et la vieille marquise se contente d'introduire auprès de sa belle-fille une femme, Catherine Evesque, l'épouse du viguier de Séverac, Barthélemy Evesque.

Cette femme, forte et laide mais d'aspect paisible et doux, a toute la confiance de la vieille dame comme son mari a toute celle du marquis. Quant à Gloriande, comme toutes les têtes un peu folles, elle est d'un abord facile. Elle accueille volontiers Catherine Evesque auprès d'elle et en fait même sa confidente. Sauf tout de même pour les choses du cœur dont, connaissant son mari et sa belle-mère, elle comprend très bien qu'il vaut mieux les garder secrètes.

Malgré tous ses efforts, la femme du viguier ne peut apprendre si ses soupçons sont fondés et s'il existe entre la jeune marquise et Jean de Laissac un peu plus que de la coquetterie. Jusqu'à une nuit fatale où, cachée dans une galerie, près de la porte de Gloriande, elle l'a entendue prononcer des mots d'amour, des mots d'amour passionnés où revenait sans cesse le nom de Jean…

Ce soir-là, on a reçu au château. On a fait collation, joué aux petits jeux. Jean de Laissac était des plus brillants. Est-il resté, en se cachant, tandis que les autres repartaient ? Ou bien Gloriande n'a-t-elle fait que rêver tout haut ? Prévenue aussitôt, la douairière s'est rendue chez sa belle-fille sous un prétexte mais, bien sûr, elle n'a trouvé personne. Néanmoins, pour elle, la cause est entendue et quand le marquis reviendra, elle le préviendra… D'autant qu'elle a réussi à se procurer quelques vers galants écrits par Laissac et volés par Catherine Evesque.

Si les colères du marquis sont redoutables, il s'entend comme personne à les dissimuler. Sans sourciller, il écoute le double rapport de sa mère et de Catherine Evesque mais ne change pas d'attitude envers sa femme. Quelques jours plus tard, Jean de Laissac est trouvé mort sur le chemin de son château, tué sans doute par un de ces malandrins qui se cachent dans les profondes gorges du Tarn. Il a d'ailleurs été détroussé.

Si elle a du chagrin, Gloriande s'applique à le cacher. Et c'est d'un front serein qu'elle accepte le pèlerinage à Notre-Dame-de-Ceignac que lui propose son époux pour remercier la Vierge de son bon retour au château.

On se dirige bien vers le fameux sanctuaire mais, à quelque distance, la litière qui porte Gloriande s'engage dans un petit sentier forestier et s'enfonce, s'enfonce sous le couvert des bois. La jeune femme commence à s'inquiéter. Qu'est-ce que cela veut dire ? Soudain on débouche dans une clairière où une douzaine de soldats attendent, l'arme au pied. Il y a là aussi Barthélemy Evesque et un homme vêtu de noir qui est un médecin.

Cette fois Gloriande a peur. D'autant que son époux tourne vers elle un visage glacé, un visage de juge et d'accusateur. Il déclare que, pour elle, c'est la fin du voyage car elle a trahi le mariage et cela depuis des années, bien avant la naissance de son second fils. Dans sa fureur, Séverac va jusqu'à proclamer que ses enfants ne sont que des bâtards.

Vainement, Gloriande tentera de se défendre. Elle est condamnée. Mais sa mort paraîtra naturelle… Saisie par des soldats, la jeune femme est maintenue immobile tandis que le chirurgien lui ouvre les veines. La terre va boire la plus grande partie de son sang. On lui en laissera tout juste assez pour revenir, couchée dans sa litière, mourir au château. Et la douairière, satisfaite, pourra suivre le cortège funèbre de celle qu'elle a tuée.

Plus tard, une guerre s'ensuivra entre Séverac et son fils. Jean-Louis a appris, par l'un des soldats au lit de mort, ce qu'a été le sort de sa mère. Dans la nuit du 19 février 1660, le jeune homme s'emparera de la ville et du château. Tous ceux qui ont participé à la mort de Gloriande seront passés au fil de l'épée. La maison de Barthélemy Evesque sera brûlée, le viguier et sa femme fouettés à mort.

Fou de rage, le marquis obtiendra du roi des troupes pour chasser son fils du château mais le jeune homme fuira avant d'être pris, gagnera Paris où il se mariera. La mort de Jean-Louis achèvera seule la vendetta entre le père et le fils renié. Renié d'ailleurs comme ses deux autres frères. C'est à la fille, née de son troisième mariage – il a épousé, après Gloriande, Marie-Élisabeth de Simiane de Moncha, puis Catherine-Henriette d'Harcourt de Beuvron –, que le terrible seigneur légua ses biens et surtout le château qu'il avait fait redécorer somptueusement par l'artiste florentin Sebastiano Gargiolo.

Un château où il mourut dans les affres d'une atroce

agonie. On dit qu'il ne cessait de repousser l'ombre d'une femme vêtue de blanc dont les poignets laissaient couler deux ruisseaux de sang… une ombre qui, à certaines époques, erre encore dans les ruines de Séverac.

TALCY

Des poètes et des belles

C'était pour m'enseigner qu'il faut dès la jeu-
[nesse
Comme d'un usufruit prendre son passe-
[temps
Que pas à pas nous suit l'importune vieillesse
Et qu'Amour et les fleurs ne durent qu'un
[printemps.

Pierre DE RONSARD

Quand, en 1545, Ronsard vient à Talcy pour la première fois, le château n'est vieux que de vingt-huit ans. C'est en effet vers 1516 que Bernard Salviati, un cousin de la reine Catherine de Médicis et Florentin comme elle, a acheté ce domaine où s'écroulait tranquillement un antique château féodal. Peu désireux de ressusciter des gloires anciennes, Salviati a construit alors, à la place de la ruine, un grand château à la nouvelle mode où la floraison de la Renaissance se mêlait agréablement au charme des pierres blanches et à l'élégante mesure de l'art tourangeau. Toujours selon la mode, il a ordonné un brin de sévérité pour la façade mais une grâce extrême pour la partie tournée vers le jardin.

Tel est donc Talcy en 1545 : une demeure exquise où il fait bon vivre et où les fleurs poussent toutes seules. Mais la plus belle d'entre elles est incontestablement la fille du maître, Cassandre, qui, cet été-là, atteint ses seize ans et vient de conquérir le cœur de Ronsard.

C'est à Blois, distant de quelques lieues, qu'ils se sont rencontrés au cours d'une fête donnée en l'honneur du roi François Ier qui a choisi d'y résider quelques jours en compagnie du Dauphin Henri et de son épouse Catherine de Médicis. C'est Catherine qui a mandé les Salviati afin de présenter Cassandre, sa jeune cousine, à la cour. C'est Catherine encore qui présente à la jeune fille un grand garçon de vingt ans, mince et blond avec un visage agréable pourvu d'un grand nez, de beaux yeux clairs et d'une bouche à la fois sensible et spirituelle. Un jeune visage sans gaieté, car Pierre de Ronsard est devenu sourd à la suite d'une longue maladie et n'entend guère que la musique.

Justement Cassandre chante comme un ange et Ronsard l'a écoutée avec ravissement. Il l'a regardée aussi avec plaisir car elle est charmante. Catherine s'en est rendu compte et, quand elle a présenté les jeunes gens l'un à l'autre, elle l'a fait avec beaucoup de gentillesse : « Soyez bonne pour lui, dit-elle à Cassandre, car il est poète et les dieux sont ses amis. Mais, jaloux, ils lui ont refusé d'entendre les voix hésitantes des pauvres humains. Seule la musique franchit aisément son oreille et vous l'avez charmé… »

Pendant les deux jours qui suivirent, Pierre et Cassandre ne se sont guère quittés. Ils ont fait au jardin de longues promenades et d'encore plus longues stations sous certain berceau de roses dont le souvenir ne s'effacera plus pour le poète.

Quand vient l'instant de la séparation, Cassandre, naturellement, invite son amoureux à Talcy et il y accourt aussitôt que la bienséance le permet. La maison l'enchante et plus encore la jeune fille dont il aimerait bien demander la main. Hélas, s'il est de bonne naissance – aussi bonne sans doute que les Salviati qui comptent deux ou trois cardinaux et un gonfalonier de l'Église –, il est loin d'être aussi riche. Et pour le financier qu'est Bernard Salviati, la fortune est une chose qui compte. Le Florentin ne verrait pas d'un bon œil sa belle Cassandre quitter Talcy pour le manoir – pas très éloigné d'ailleurs – de la Possonnière qui constitue le seul bien terrestre du jeune homme. Alors Ronsard viendra deux ou trois fois contempler Cassandre, puis Salviati s'arrange pour lui faire comprendre que sa présence n'est pas tellement souhaitée. D'ailleurs la famille part pour Paris.

Ronsard comprend et, le cœur navré, il quitte Cassandre dont les yeux sont mouillés de larmes pour regagner le château des Pins, près du Mans, où se trouve son ami Antoine de Baïf. Là, le grand humaniste Daurat l'attend pour planter les premières fondations de la Pléiade. Mais la pensée de Cassandre ne quitte pas Ronsard. Quand il n'étudie pas, il pense à elle. En souvenir du bosquet de Blois il écrit :

Mignonne, allons voir si la rose
Qui, ce matin, avait déclose
Sa robe de pourpre au soleil
À point perdu, cette vesprée,
Les plis de sa robe pourprée
Et son teint au vostre pareil.

Une année passe sans nouvelles. Et puis un soir, alors que le poète vient de terminer une difficile traduction de Tite-Live, il reçoit l'affreuse nouvelle : Cassandre vient d'épouser Jean de Peigné, l'un de ses cousins à lui, qui n'a guère d'intérêt mais qui est riche.

Quand Ronsard reverra Cassandre, sept ans plus tard, elle ne sera plus qu'une châtelaine sans importance. Lui sera devenu « Prince des Poètes »... et il aimera ailleurs.

Bernard Salviati ayant un fils, Jean, Cassandre eut une nièce qui s'appelait Diane mais qui était aussi blonde qu'elle-même était brune. Diane avait seize ans quand, se promenant à cheval aux environs de Talcy, elle rencontra un curieux garçon de dix-huit ans. Long et maigre, il errait au bord d'un étang, une canne à la main, ressemblant assez à un immense échassier. Mais un échassier en mauvais état...

La jeune fille sut tout de suite qui il était car on en parlait beaucoup dans les environs. On disait surtout qu'il était mourant et, un instant, Diane se demanda s'il s'agissait d'un vivant ou d'un fantôme. En fait, c'était une sorte de revenant car, depuis l'âge de onze ans, Agrippa d'Aubigné était plongé jusqu'au cou dans l'effroyable guerre de Religion qui déchirait alors la France.

Fils de Jean d'Aubigné, seigneur de Brie en Saintonge et bailli de Pons, Agrippa était protestant et, tout enfant, il avait dû jurer devant les cadavres des pendus d'Amboise qu'il resterait toujours fidèle à la religion réformée et lui consacrerait ses forces. En foi de quoi, à quinze ans, il rejoignait les troupes de Condé et de Coligny avec l'ardeur d'un garçon qui pense que la guerre est son élément naturel. Et il la fit avec ardeur, avec fureur, féroce au point que le récit de ses exploits pouvait faire pâlir même un vieux routier.

Pour son ami d'enfance Henri de Navarre, le futur Henri IV, il se battit à Jarnac, à Roche-Abeilles, à Pons et, finalement, contracta une si grave maladie qu'on le renvoya chez lui pour y expirer en paix. Il choisit le domaine des Landes-Guinemer, situé dans le Blésois et qu'il tenait de sa mère Catherine de l'Estang. Il aimait, en effet, cette maison solitaire, gardée par des étangs et par le silence.

Intriguée par la rencontre, Diane questionne Agrippa : on le dit mourant et pourtant le voilà debout ? Est-ce un miracle ? Nullement mais ce grand garçon, roux comme une carotte, est doué d'une constitution nettement au-dessus de la moyenne. Il déclare qu'il va mieux, que bientôt il sera complètement rétabli. Diane alors l'invite à Talcy.

Agrippa hésite. Il sait que Jean Salviati y mène grand train et que même, en 1562, il y a reçu la reine Catherine venue tenter de trouver un accommodement avec les chefs huguenots. Il sait aussi qu'à Talcy on est bons catholiques.

Pourtant il viendra et reviendra. Jean Salviati ne ressemble pas à son père. La fortune n'est pas pour lui primordiale et il s'entend à jauger un homme. Dans celui-là, il décèle une qualité humaine plus haute que celle du guerrier : la poésie. De fait, Agrippa compose bientôt pour Diane un recueil de poésie, *Le Printemps*... qu'il jettera plus tard au feu dans un mouvement de colère. Et, pour le moment, Diane accueille avec faveur l'hommage d'Agrippa et, quand celui-ci se trouve en état de rejoindre, à Paris, Henri de Navarre qui va épouser Marguerite de Valois, il peut se considérer comme le fiancé de Diane.

Hélas, toujours aussi turbulent, il blesse au cours d'un duel un officier du roi qui tentait de l'arrêter et il doit s'enfuir. On est le 21 août. Trois jours plus tard, c'est la Saint-Barthélemy. Agrippa y échappe mais la guerre se rallume, plus cruelle que jamais.

À Talcy – car il n'ose plus rentrer aux Landes-Guinemer –, Salviati le reçoit avec générosité et un certain courage. Le temps de soupirer quelques jours auprès de Diane et Agrippa repart… pour revenir peu après gravement blessé. Mais il a la vie chevillée au corps et la chance est avec lui. Ambroise Paré, le grand chirurgien, est au château lui aussi. Il trépane Agrippa sur une table de la cuisine. Les soins de Diane font le reste. Mais hélas, ces soins ne sont plus dictés que par la compassion car Diane aime ailleurs à présent : le jeune baron de Limeuil…

La situation est délicate. Salviati aimerait qu'Agrippa rende sa parole à Diane mais n'ose le lui demander. Le dénouement viendra de Bernard Salviati, son frère, chevalier de Malte. Pour rendre service à la famille, le chevalier joue les provocateurs, exige la rupture des fiançailles à moins que d'Aubigné n'abjure. Ce qu'il ne fera jamais…

C'en est fini. Agrippa d'Aubigné s'en va rejoindre Henri de Navarre. Quelques années plus tard, en Poitou, il épousera Suzanne de Lezay dont il s'est épris sincèrement et qui fera de lui l'aïeul de Mme de Maintenon. Mais il n'oubliera jamais Talcy où, un jour, est venue la fille de Cassandre mariée à Guillaume de Musset, ancêtre d'un autre poète, Alfred de Musset. Il y a, décidément, des lieux où l'esprit souffle plus qu'ailleurs…

Talcy, hélas, n'appartient pas à l'art poétique mais plus prosaïquement à l'État…

HORAIRES D'OUVERTURE

Du 2 mai au 4 septembre	9 h 30-12 h 30 et 14 h-18 h
Du 5 septembre au 30 avril	10 h-12 h 30 et 14 h-17 h

Fermé le 1er janvier, le 1er mai, le 25 décembre et les mardis du 1er octobre au 31 mars.

Le parc est labellisé « Jardin remarquable ».

http://talcy.monuments-nationaux.fr/

TARASCON

Le bon roi René ou l'art de vivre

Tant s'éjouissent en leur chanter
Que deux à deux vont les buissons hanter...

René D'ANJOU

Il est tellement mêlé aux légendes de Provence que l'on en vient parfois à douter de sa réalité. Il pourrait être sorti tout vivant d'un conte d'Alphonse Daudet comme la mule du pape ou le curé de Cucugnan... Pourtant il a été bien réel : un vrai roi couvert de couronnes, bien plus d'ailleurs que de royaumes. Et ces couronnes elles aussi évoquent des contes, des légendes. Oyez plutôt ! « René, par la grâce de Dieu, roi de Jérusalem, de Sicile, d'Aragon, de Valence et de Majorque, de Sardaigne et de Corse, duc d'Anjou, de Lorraine et de Bar, comte de Provence, de Barcelone, de Piémont, de Forcalquier et marquis de Pont-à-Mousson. » Qui peut rêver plus belle carte de visite ? En réalité, quand il sera sur la fin de sa vie, René d'Anjou ne gardera que son duché d'Anjou, la Provence et des droits bien réels sur le royaume de Naples.

En dépit de tous ces titres, ce n'est pas un grand roi. Encore qu'il ait toujours rêvé de gloire et de grandes actions, qu'il se soit toujours voulu la fleur de la chevalerie, il faut bien admettre que ce ne fut, en vérité, sur le plan politique, qu'agitation parfois puérile et échecs.

Par son mariage avec Isabelle de Lorraine, il reçoit le double duché de Lorraine et de Bar mais, à peine investi, alors que son intérêt est de se concilier son plus puissant voisin Philippe le Bon, duc de Bourgogne, il se brouille avec lui, se fait battre à la bataille de Bulgnéville et se retrouve en prison dijonnaise. Durant cinq mortelles années, René reste enfermé dans la tour carrée du palais des ducs de Bourgogne, à Dijon, qui, en mémoire de lui, porte toujours le nom de tour de Bar. Pour sortir de là, il lui faudra payer une énorme rançon : quatre cent mille écus d'or. Une somme difficile à trouver.

Sur ces entrefaites, son frère aîné, le duc d'Anjou, Louis III, est mort lui laissant toutes les possessions énumérées plus haut et qui vont l'aider à s'en acquitter plus ou moins. Redevenu libre, René prend possession de son duché d'Anjou puis descend en Provence où il s'occupe peu de bâtiments. On est en 1437 et René songe surtout à préparer son expédition pour reconquérir le royaume de Naples-Sicile, jadis légué par la fameuse reine Jeanne à sa maison.

Hélas, les Aragonais qui tiennent le pays sont gens peu faciles à manier. Bien que René, de par sa mère Yolande d'Aragon – la fameuse reine Yolande qui tiendra la France à bout de bras pendant les heures les plus noires de la guerre de Cent Ans –, porte le titre de roi d'Aragon, ceux de Naples considèrent la chose comme nulle et non avenue. Après de vagues succès,

René, battu à plates coutures, devra réembarquer sans trop de gloire et ne reviendra plus jamais. C'est son fils Jean de Calabre, un grand guerrier celui-là, qui tentera plus tard l'aventure.

Donc, ce n'est pas un conquérant. Mais quel brave homme de roi ! Il aime tout ce qui donne du prix, tout ce qui fait le charme de la vie : la musique, la poésie – c'est un poète qui ne manque pas de talent –, la peinture – c'est aussi un peintre sachant manier le pinceau –, les grands spectacles et il s'entendra comme personne à préparer fêtes et beaux tournois. Mais surtout, il aime les oiseaux, les plantes et les fleurs.

« Il prenait récréation et modeste plaisir comme planter et enter arbres, édifier tonnelle, pavillons, vergers, faire bêcher et parfondir fossés, viviers et piscines pour nourrir poissons et les voir ébattre en eau claire, avoir oiseaux de diverses manières, en buissons et arbrisseaux pour, en leurs chants se délecter… » Mieux encore : « D'estranges pays fit apporter en France paons blancs, perdrix rouges, connils blancs noirs et rouges, fleurs et œillets de Provence, roses de Provins et muscadets… »

Veut-on un exemple de sa main ? Voilà ce qu'il écrit, de son château d'Aix (qui n'existe plus) à l'un de ses serviteurs d'Angers : « Donnez ordre que notre jardin soit bien fait et aussi que notre petit jardin soit le mieux et le plus gentement fait que faire se pourra, en quoi vous nous ferez grand plaisir… »

Car ce gentil prince est le plus aimable et le plus courtois qui soit. Mais voyons-le à présent dans ce beau château provençal de Tarascon dont les tours blanches se baignent dans un bras du Rhône et qui garde de lui, à travers le temps, un si touchant souvenir.

C'est en l'an 1400 que son père, Louis II d'Anjou, a entrepris la reconstruction du château qui en vérité en avait grand besoin. L'édifice ainsi reconstruit remplaçait d'autres bâtiments qui avaient connu d'assez mauvaises fortunes : ruinés par les Sarrasins, reconstruits par les rois d'Arles, laissés un peu à l'abandon puis retapés en 1233, embellis et agrandis par Charles d'Anjou.

En 1368, le château tenait encore debout car il réussit à tenir tête à Bertrand Du Guesclin qui n'en vint à bout que parce qu'un amateur de paix à tout prix lui en ouvrit la porte. Mais les assauts n'arrangent rien et quand Louis II d'Anjou décide de s'occuper de lui, Tarascon est un peu à bout de souffle.

Les travaux ont été bien menés et l'ensemble a belle allure mais il y a encore à faire quand René s'installe pour deux ans en 1447. Le moins que l'on puisse dire est qu'il emploie bien son temps : reprend les travaux, embellit le château, y donne de grandes fêtes comme le fameux *Pas d'Armes de la Bergère* dont l'héroïne était une « gente pastourelle sous un arbre gardant ses brebiettes ».

Il y reçoit aussi son cousin Charles d'Orléans, le grand poète, de retour de ses quelque vingt-trois ans de geôle anglaise. Une grande amitié et surtout une grande affinité de goûts lient les deux hommes. Là encore ce sont fêtes et tournois… La vie est belle et douce… Et René s'attarderait volontiers en Provence mais, au nord, les choses vont mal : les hostilités ont repris entre la France et l'Angleterre, cette Angleterre dont la fille de René, Marguerite d'Anjou, est reine et où va bientôt éclater la guerre des Deux-Roses.

René, vassal de Charles VII pour diverses possessions, n'hésite pas et, laissant à Saumur sa femme Isabelle qui ne se sent pas bien, il rejoint le roi de France à Louviers...

Cette Isabelle, René l'aime tendrement. Elle a ce cœur viril et fort qu'il ne possède pas tout à fait. Pendant qu'il était retenu en geôle bourguignonne, c'est elle qui a maintenu de ses seules mains les fiefs dispersés si difficiles à diriger ; c'est elle encore qui a tout fait pour réunir la fabuleuse rançon.

Après avoir participé avec Charles VII aux campagnes qui libèrent la Normandie d'abord puis l'Aquitaine, René rentre à Angers pour soigner sa femme. Mais Isabelle est usée et, le 28 février 1453, elle expire, laissant son époux désespéré. Un désespoir qui ne va pas durer longtemps. Le roi est encore jeune et ses amis souhaitent qu'il se remarie. On lui cherche une épouse :

« Lors, en la maison de Laval, très noble et ancienne maison... y avait une très belle fille nommée Jeanne, vertueuse et sage et bien conditionnée et en bon âge d'être mise en mariage. Semble bien aux barons d'Anjou que Dieu la leur avait adressée pour leur prince afin qu'ils n'eussent pas la peine d'aller en chercher plus loin... »

René, qui revenait de Provence, voit Jeanne, s'en éprend et l'épouse. Elle a vingt et un ans, il en a plus du double et il n'est pas très beau, néanmoins le ménage sera le meilleur qui soit. Un ménage qui durant des années fait la navette entre Angers et Tarascon, et ce jusqu'en 1471...

L'année est cruelle pour René. Son fils Jean de Calabre est mort, sa fille Marguerite est prisonnière en Angleterre. Il est las et ne se sent plus le courage d'errer continuellement sur les grands chemins. Alors, il dit à sa ville d'Angers un adieu définitif et, avec Jeanne de Laval, sa chère épouse, il gagne enfin la Provence pour n'en plus bouger.

À Tarascon, on le reçoit avec enthousiasme. Il a donné à la ville tant de joie, ne fût-ce que ces fêtes instituées pour commémorer la légende de la Tarasque, ce monstre fabuleux que sainte Marthe aurait mené se noyer au Rhône, fêtes qu'il présidait en personne !

En 1474, il a d'ailleurs fondé l'ordre des chevaliers de la Tarasque, comme il avait fondé jadis l'ordre du Croissant car il aimait que la chevalerie et ses joutes fussent à l'honneur. Mais la mort n'est plus loin. Elle est là qui guette et, le 10 juillet 1480, malgré des prières de toute la Provence, le bon roi René rend son âme à Dieu et s'en va vers le paradis des poètes en murmurant peut-être les vers du *Cœur d'amour épris*, ce long poème qu'il avait jadis écrit et si joliment fait enluminer :

À vous tous, cœurs gentils et gracieux
Qui conquérir voulez pour valoir mieux
Du Dieu d'amour et de vos dames aussi
Douce grâce et heureuse mercy,
N'ayez en vous changement de pensées
Pour délaisser vos premières amours ;
Soyez loyaux, sans varier toujours
Pitié par vous ne sera pas lassée.

Horaires d'ouverture

Du 1er avril au 31 août	9 h-19 h
Du 1er septembre au 31 mars	10 h 30-17 h

Fermé le lundi, le 1er janvier, le 1er mai, le 11 novembre et le 25 décembre.

TRÉVAREZ

La trahison de Louise du Grego

Et plus ou moins la femme est toujours Dalila.

Alfred de VIGNY

Les murs sont de granit rose. Les toits et les poivrières sont d'ardoise bleue. Les rhododendrons, les azalées, les camélias et les hortensias poussent à qui mieux mieux dans les jardins ainsi que les arbres aux essences différentes qui sont la gloire de la ferme expérimentale voisine. Il n'a pas deux siècles, ce château, car il a été reconstruit vers le milieu du XIXe siècle et il reste assez peu de chose des anciens bâtiments. Pourtant, ces murs qui ne l'ont jamais vue gardent extraordinairement présente – on dit que son fantôme y revient parfois – l'ombre de la femme qui, par amour pour le général Hoche, trahit les siens d'abominable façon car elle fut l'une des causes d'un affreux massacre. Sinon la principale.

Est-ce pour tenter d'effacer la trace criminelle que James de Kerjégu a reconstruit presque entièrement Trévarez alors que ses parents s'étaient contentés de chasser les cendres de la coupable hors de la chapelle et de les envoyer reposer au cimetière de Saint-Goazec ? Peut-être mais peut-être aussi tout simplement parce que le château en avait besoin…

L'ancienne demeure pourtant ne manquait pas de charme. Les chroniqueurs assurent qu'elle possédait tout ce qui pouvait garantir un séjour agréable : de beaux jardins, une volière, un vivier pour les saumons, une boulangerie, un four à pain, un pressoir, une immense cuisine, un « pavillon pour les carrosses » et même une bibliothèque. C'était la demeure – l'une des demeures plutôt – du marquis du Grego et de sa famille, lequel marquis la tenait de sa mère, une La Bédoyère, descendante elle-même de la famille de Kernezre dont l'un des membres avait failli laisser sa tête, sous Louis XIV, dans la fameuse conspiration de Pontcallec.

Riche de terres et riche de biens, le marquis n'avait qu'une fille, Louise-Exupère-Charlotte, son unique héritière, mariée à seize ans au vicomte de Pontbellanger dont elle avait un fils. Mais eût-elle été moins riche que Louise eût sans doute trouvé à se marier sans trop de difficulté car sa beauté laissait peu d'hommes indifférents. On dit qu'elle avait les yeux les plus grands et les plus beaux qui se puissent voir, un teint de fleur, des lèvres faites pour le baiser et un corps fait pour l'amour.

A-t-elle aimé son mari ? Sans doute, dans les premiers temps car, seulement âgé de quelques années de plus qu'elle, Pontbellanger n'était ni laid ni disgracié. Mais une chose est certaine ! quand vient la Révolution, Louise refuse farouchement de suivre son seigneur et maître en émigration. D'ailleurs, il n'a pas besoin d'elle : il entend bien combattre et part en compagnie de son beau-père.

À Trévarez restent seulement Louise, sa mère et son fils, le petit Charles. La mère de la jeune femme pense qu'il est plus sage de demeurer sur place, ne fût-ce que pour éviter autant que possible la saisie des biens familiaux.

Louise, elle, ne voit pas si loin. Les débuts du soulèvement vendéen et de la Chouannerie la trouvent enthousiaste et elle n'a pas la moindre intention de rester au château à faire de la tapisserie. En 1793, au moment où éclate le plus fort de l'insurrection, elle est à Maulevrier avec le général Stofflet. C'est un ancien garde-chasse, peut-être, mais c'est un héros et Louise se découvre une passion pour les héros.

Le désastreux passage de la Loire lui ouvre les yeux. Les Blancs refluent, les Bleus avancent. Si elle est prise avec les premiers, elle risque gros. D'autant que la présence de sa mère n'a pas suffi à empêcher la saisie des biens familiaux. Alors, elle abandonne le camp blanc et se rend à Nantes pour y faire en quelque sorte sa soumission.

Elle a trop de charme et d'habileté pour ne pas savoir se faire entendre. D'autant qu'elle paie volontiers de sa personne. Pourtant peut-être ne serait-elle jamais allée jusqu'à la trahison formelle si le Destin n'avait mis sur sa route un jeune général républicain en qui elle allait trouver le protecteur puissant dont elle avait le plus grand besoin… et le seul amour de sa vie : Lazare Hoche.

Quand il vient en Bretagne, en septembre 1794, pour réorganiser l'armée, les affaires de Louise ne vont pas bien. Qu'elle se comporte comme elle veut, elle n'en est pas moins l'épouse d'un homme qui combat ouvertement parmi les troupes royalistes. Elle est menacée, aussi l'arrivée de Hoche lui semble-t-elle une sorte de don du Ciel.

D'abord c'est un homme fort séduisant : vingt-six ans, de l'allure, du charme, un charme qui fait bien des victimes. Au nombre desquelles Mme de Beauharnais qu'il a connue en prison. En outre, il a l'auréole de la gloire. Bientôt, Louise devient la maîtresse du beau général. Ce sont des amours mouvementées qu'abritent les toits de Trévarez. Hoche ayant installé son quartier général à Lesneven, il s'est organisé une écurie de chevaux toujours prêts à l'emporter chez sa belle et, chaque nuit ou presque, il court à Trévarez, y passe quelques heures et revient.

Aime-t-il Louise ? À sa façon, sans doute. Surtout, elle lui est de plus en plus utile et c'est avec quelque cynisme qu'il exploite la passion qu'elle lui voue. Il a écrit une lettre qui ne laisse guère planer le doute :

« Grâce à elle, les royalistes n'ont pas fait un mouvement ou noué une intrigue que je n'en aie été instruit sur-le-champ. »

Car, à présent, la malheureuse est prête à tout pour le garder. C'est alors qu'arrive l'événement qui va peser si lourdement sur la mémoire de la jeune femme : les émigrés d'Angleterre ont décidé un vaste débarquement sur les côtes bretonnes afin de reprendre l'avantage et de balayer la Convention expirante. Une escadre aux ordres du commodore Waren doit débarquer, outre les princes français, une armée forte de plusieurs milliers d'hommes auxquels doivent se joindre les chouans de Georges Cadoudal qui bat le golfe du Morbihan.

Le 27 juin 1795, le commodore Waren débarque à Quiberon la Ire division de l'armée royale. Prévenu,

Hoche est venu s'installer au hameau de Sainte-Barbe dont il a délogé Cadoudal et barre toute la presqu'île de Quiberon. Le chef chouan a alors une idée ; former un corps expéditionnaire que l'on embarquera et qui gagnera la presqu'île de Rhuys d'où l'on tournera le golfe pour venir prendre Hoche à revers.

Ce corps expéditionnaire est confié à un jeune chef plein d'audace ; le marquis de Tinténiac… dans l'état-major duquel se trouve Pontbellanger. Ses hommes portent des habits rouges pour faire croire à un débarquement anglais.

Louise connaît bien Tinténiac : c'est son cousin et il l'a toujours admirée. Bientôt, la jeune femme se trouve informée de ce qui se prépare. Hoche aussi et, quand Tinténiac débarque, toute une suite de fausses nouvelles, d'ordres falsifiés envoient le marquis au château de Coëtlogon… dans les Côtes-du-Nord. Là on trouve bel accueil de la part d'une réunion de jolies femmes parmi lesquelles se trouve Louise. Furieux, Cadoudal refuse d'entrer au château et campe dans la forêt, mais Tinténiac se laisse tenter. On organise un bal et, dans la nuit, les Bleus investissent le château… Dont Louise a disparu.

Pendant ce temps les émigrés de Quiberon sont tombés aux mains de Hoche qui a promis la vie sauve aux prisonniers. Mais ses ordres, dont on dira qu'ils ont été mal compris, ne sont pas suivis. Conduits à la chartreuse d'Auray, les malheureux sont fusillés – même les blessés – jusqu'au dernier. Leurs corps reposent toujours dans une chapelle de la chartreuse.

Cependant, Louise est retournée à Trévarez pour y retrouver Hoche. Mais le général se détache d'elle à présent. Peut-être lui fait-elle un peu horreur et, quand il part pour l'expédition d'Irlande, c'est avec quelque soulagement qu'il la quitte. Comme par hasard, il s'est rappelé à point nommé qu'il avait une jeune et charmante épouse.

Son départ laisse Louise désemparée. Elle en souffre mais aussi, elle a peur. La terre bretonne pourrait bien devenir brûlante pour elle qui n'a plus de protecteur. Il lui en faut un autre.

Un jour de 1797, plus ravissante que jamais, elle se rend à Quimper sous le prétexte d'obtenir des nouvelles de Hoche, alors à l'armée de Sambre-et-Meuse. C'est là qu'elle rencontre un ami de Hoche, le colonel Bonté qu'elle n'a aucune peine à séduire. En octobre 1797, peu de temps après la mort de Hoche qu'elle pleurera moins qu'elle ne l'aurait cru, Louise devient Mme Bonté, en attendant de devenir, par la grâce de Napoléon, la baronne Bonté – Pontbellanger a, en effet, eu la bonne idée de se faire tuer à Merdreac. Le couple vient cacher son bonheur à Trévarez.

Sans rancune, Louis XVIII nommera Bonté inspecteur d'infanterie puis commandant de la subdivision militaire de Chartres où l'on résidera trois ans. Mais c'est à Trévarez que, le 17 janvier 1726, s'éteindra l'inquiétante fille du marquis du Grego… Bonté se remariera, Trévarez passera du fils au petit-fils de Louise qui le vendra à la famille de Kerjégu, lequel y créera plus tard la ferme-école.

En 1940, le château qui appartient alors au marquis de la Ferronays abritera des œuvres d'art et des archives venant du nord de la France. Malheureusement pour lui, il servira de repos aux sous-mariniers allemands – et même japonais en 1943 –, ce qui lui vaudra d'être bombardé par la R.A.F. qui en détruira une partie.

Grâce au Conseil général du Finistère, Trévarez est aujourd'hui ouvert au public qui vient contempler ses fleurs et rêver peut-être à l'ombre de Louise du Grego.

HORAIRES D'OUVERTURE

Mars	14 h-17 h 30 (mercredi, samedi et dimanche)
Du 1er avril au 30 juin	13 h-18 h 30
Juillet et août	10 h-18 h 30
Du 1er septembre au 14 octobre	13 h-18 h 30
Du 15 octobre au 23 novembre	14 h-17 h 30 (mercredi, samedi et dimanche)

Le parc est labellisé « Jardin remarquable ».

http://www.cdp29.fr/trevarez-ledomaineenbref.html

USSÉ

Une victime de Chateaubriand : la duchesse de Duras

Les honnêtes femmes sont inconsolables des fautes qu'elles n'ont pas commises.

Sacha GUITRY

Dominant de ses pierres blanches la large vallée où se rejoignent l'Indre et la Loire, le château d'Ussé ressemble si fort à une demeure de conte de fées que Charles Perrault l'a pris jadis pour modèle du manoir enchanté de *La Belle au bois dormant*.

Avec ses lignes médiévales et ses poivrières bleues, il pourrait sortir du *Roman de la Rose* mais la Renaissance a ouvert ses murailles claires pour laisser pénétrer la lumière. Ce faisant, elle a touché de sa grâce les logis qui dominent la terrasse. Si bien qu'Ussé paraît sortir tout droit de quelque légende. Tout comme celui qui en commença la construction.

Compagnon de Jeanne d'Arc, Jean de Bueil est l'image même du paladin pour légende héroïque. Ses exploits marquent toute cette période finale de la guerre de Cent Ans qui vit la libération du territoire. Cela ne l'empêcha pas, étant d'esprit éclairé, d'écrire un énorme traité pour l'éducation des jeunes nobles, *Le Jouvencel*, qui fut un best-seller de l'époque et que l'on vénère dans les anciennes familles à l'égal d'une sorte de bible militaire.

Son fils, Antoine, qui épousa l'une des filles de Charles VII et d'Agnès Sorel, poursuivit la construction d'Ussé et, après lui, Jacques d'Espinay à qui Antoine de Bueil vendit le château en 1485. Ce chambellan de Louis XI apporta sa belle part à l'édification mais ce fut son fils Charles qui acheva ce château si propre à faire rêver un conteur.

Après tant d'hommes, Ussé passe en mains féminines : Suzanne de Bourbon, comtesse d'Harcourt et d'Aumale y règne, puis la marquise d'Elbeuf et la duchesse de Nemours, enfin la fille du grand Vauban qui avait eu pour éducatrice la champêtre Mme Deshoulières, auteur à succès de « bergeries » dans le ton de l'époque. Mme Deshoulières fit quelques séjours à Ussé où il semble qu'inspirée par le paysage elle y ait conçu quelques-uns de ses romans pastoraux.

Il est, incontestablement, de par le monde, des lieux où souffle l'esprit. Ussé semble être de ceux-là puisque, de Jean de Bueil à Mme Deshoulières en passant par Charles Perrault qui y vint, voilà déjà trois écrivains accrochés aux murs du château. Le XIXe siècle va en accrocher deux autres dont l'un d'ailleurs est un géant des lettres puisqu'il s'agit de Chateaubriand, mais l'autre, si son talent n'approche pas de celui du grand homme, connut tout de même un grand succès avec deux romans – *Ourika* et *Édouard* qui sont sans doute les premières œuvres antiracistes parues en France et même ailleurs. Le plus étonnant est qu'ils furent l'œuvre d'une très grande dame, la duchesse de Duras, femme de cœur et grande amie de Chateaubriand qui réussit d'ailleurs à faire de sa vie une sorte d'enfer. Et cela pour une raison bien simple : Mme de Duras aimait Chateaubriand qui ne l'aimait pas mais qui se servit d'elle sans la moindre vergogne et cela durant des années. Mais prenons les choses à leur début.

Rentré d'émigration en 1807, le duc de Duras, qui allait être Premier Gentilhomme de la Chambre des rois Louis XVIII et Charles X après l'avoir été de leur malheureux frère le roi Louis XVI, achète le château d'Ussé et s'y installe avec la ferme intention d'en sortir le moins possible. C'est un homme qui pense avoir eu son large content d'aventures et qui apprécie surtout la paix de la campagne tourangelle, sans parler de la riche bibliothèque de son nouveau château.

Sa femme, elle, vient volontiers à Ussé mais en hiver préfère Paris où elle tient salon littéraire. Elle est d'ailleurs rentrée d'émigration bien avant son mari puisque son retour se situe après le 18 Brumaire. Mais il en était de ce couple comme de beaucoup d'autres tels qu'il s'en créait, pour affinité de familles ou de fortunes, sous les lambris de Versailles, et tels qu'il s'en créait encore au temps de l'émigration.

Née Claire de Kersaint et fille de l'amiral du même nom qui, après avoir servi loyalement la République, en fut payé comme tant d'autres par une montée finale à l'échafaud, Mme de Duras n'était pas une beauté bien que l'on ne trouvât aucune irrégularité dans son visage. Elle était bonne, généreuse, intelligente et cultivée mais il lui manquait ce petit rien, ce charme qui pousse les hommes à dire et à faire des folies.

C'est en 1809, au château de Méréville, près d'Étampes, que Mme de Duras rencontre Chateaubriand et, tout de suite, elle s'enthousiasme :

« J'ai entendu parler de ce beau pays [c'est de l'Espagne qu'il s'agit] d'une manière à donner le regret de n'y avoir point été. C'était par M. de Chateaubriand. Je ne sais si nous avons parlé ensemble de cet homme extraordinaire qui unit à un si beau génie la simplicité d'un enfant… on voit qu'il n'apprécie que les qualités de l'âme. »

Grave erreur de jugement ! Justement, l'Enchanteur est pour l'heure du dernier bien avec la ravissante maîtresse de Méréville, Nathalie de Noailles, duchesse de Mouchy, mais Mme de Duras ne s'en aperçoit pas tout de suite. Éblouie par le grand homme, immédiatement amoureuse de lui, elle ne cache guère ses sentiments.

« Elle se jeta à la tête et au cœur de Chateaubriand, écrit Jean d'Ormesson, et essaya de l'éblouir. Comme la plupart des écrivains, même quand ils se refusent à l'avouer, il se méfiait des femmes un peu trop intelligentes, voyant peut-être en elles des rivales en puissance ou des créatures plus capables que les autres de résister à sa séduction. »

Autre erreur, mais cette fois du côté de l'écrivain ! Non seulement Mme de Duras ne résiste pas à sa séduction mais elle prend feu avec une ardeur qui, tout de suite, effraie Chateaubriand. Il va jouer, alors, avec elle, un jeu cruel.

Il sait bien qu'elle l'aime et qu'elle ne désire qu'une chose, c'est d'être payée de retour mais, comme elle ne lui plaît pas physiquement, il affecte de croire à un entraînement d'esprit, à l'une de ces affections éthérées comme seuls savent en éprouver les grands esprits. Les passions de chair ne sont pas le fait d'une femme aussi intelligente. Ce qui lui convient, c'est une tendre amitié, une douce communion du cœur. Et la pauvre Claire de se voir tout à coup affublée d'un titre de « sœur » qu'elle n'ose pas refuser mais qui ne la satisfait guère.

Une sœur avec laquelle le grand homme ira jusqu'aux confidences amoureuses : « Mme de Mouchy sait que je l'aime, que rien ne peut me détacher d'elle. Sûre ainsi de moi, Mme de Mouchy ne me défend ni de vous voir, ni de vous écrire, ni même d'aller à Ussé avec ou sans elle. Si elle me le commandait, sans doute elle serait aussitôt obéie comme je vous l'ai dit cent fois. Vous ne le trouvez pas mauvais. Vous m'en estimez davantage. »

Quelle femme amoureuse recevrait sans frémir de rage pareille prose ? Pourtant, Mme de Duras accepte. Elle aime tant qu'elle est prête à tout pour garder la petite place que l'homme aimé lui fait dans sa vie, l'homme dont elle ne désespère pas encore d'être un jour aimée comme elle le souhaite.

Passe le temps, passe l'Empire, reviennent les Bourbons ! Au temps de la Restauration, la position du duc de Duras devient superbe. Premier Gentilhomme de la Chambre, il a l'oreille du roi et peut obtenir n'importe quelle faveur. Chateaubriand, qui le sait bien, va, dès ce jour, harceler littéralement la malheureuse Claire pour parvenir à la grande carrière politico-diplomatique dont il rêve.

Bien sûr, Mme de Duras ne sait rien lui refuser et, en 1822, elle réussit à le faire envoyer au Congrès de Vérone… non sans s'être fait rappeler à l'ordre nombre de fois : « Vous avez mis huit jours, écrit aigrement le grand homme, à parler à Villèle sur une demande de la plus grande importance »… Plus tard ce sera l'ambassade de France à Londres, puis celle de Rome et même le ministère des Affaires étrangères où, il faut bien le dire, Chateaubriand ne fera pas d'étincelles. Mais avec quelle facilité n'oublie-t-il pas le rôle prépondérant de celle qu'il appelle toujours sa sœur mais qu'il traite comme il n'aurait osé le faire de Lucile, la vraie sœur : « Je ne suis pas sans quelque vanité d'avoir fait moi-même ma destinée, écrit-il sans rire, je ne l'ai due qu'à ce que je portais au-dedans de moi… Ce n'est, en vérité, valable que pour le génie littéraire, et cela devrait suffire. »

Mais l'ange tutélaire allait bientôt s'éloigner. Malade, souffrant cruellement, Mme de Duras s'est retirée à Nice. C'est là qu'elle meurt, le 1er janvier 1828, en soupirant : « Je ne le reverrai plus ici-bas… » Elle allait laisser un grand vide dans l'existence de l'homme qui l'avait tant fait souffrir, et cela pour une simple question d'apparence.

« Mme de Duras n'avait jamais été jolie, écrit la duchesse de Maillé, et elle en avait beaucoup souffert. Je n'oublierai jamais avec quelle amertume elle me dit un jour, en parlant d'âge : "On n'a jamais été jeune lorsqu'on n'a jamais été jolie". » Ce fut le triste ouvrage de Chateaubriand que de lui faire trop sentir cette insignifiante infériorité. À sa mort, c'est son petit-neveu le duc de Blacas qui hérite du château qui est toujours dans la famille.

Horaires d'ouverture

Du 12 février au 31 mars	10 h-18 h
Du 1er avril au 31 août	10 h-19 h
Du 1er septembre au 11 novembre	10 h-18 h

http://www.chateaudusse.fr/

VALENÇAY

L'étrange infant Ferdinand, prisonnier modèle

Recevoir chez vous trois illustres personnages pour les amuser est tout à fait dans le caractère de la nation et dans celui de votre rang.

NAPOLÉON à TALLEYRAND

Le 9 mai 1808, à Bayonne, l'empereur Napoléon Ier écrit la lettre suivante à son ministre des Affaires étrangères, M. de Talleyrand :

« Le prince des Asturies, l'infant Don Antonio son oncle, l'infant Don Carlos son frère, partent mercredi d'ici, restent vendredi et samedi à Bordeaux et seront mardi à Valençay. Soyez-y rendu lundi au soir... Je désire que ces princes soient traités sans éclat extérieur mais honnêtement et avec intérêt et que vous fassiez tout ce qui sera possible pour les amuser. Si vous avez un théâtre à Valençay et que vous fassiez venir quelques comédiens, il n'y aura pas de mal. Vous pourriez faire venir Mme de Talleyrand avec quatre ou cinq femmes. Si le prince des Asturies s'attachait à quelque jolie femme cela n'aurait aucun inconvénient puisqu'on aurait un moyen de plus de le surveiller. »

La désinvolture de la lettre pourrait laisser supposer que l'Empereur est lui-même le propriétaire de Valençay. En fait il n'en est rien. La superbe demeure appartient au seul Talleyrand, et l'on imagine sans peine quelle figure il fait en recevant l'insolent message qui le ravale au rang de geôlier sans même parler du rôle étrange que Napoléon se permet d'assigner si dédaigneusement à sa femme. Mais, en réalité, depuis que, cinq ans plus tôt, l'Empereur lui a fait acheter Valençay, poussant même la complaisance jusqu'à aider au financement de l'achat, le prince de Bénévent s'attend à quelque chose de ce genre. Ce qui veut dire qu'il connaît son maître beaucoup mieux que celui-ci ne se connaît lui-même car, à l'origine, l'intention de Napoléon était toute différente.

« Un jour que l'Empereur s'était informé avec soin de la vie que le duc de Choiseul avait menée à Chanteloup avant son exil, frappé du grand état de ce ministre et de la splendeur qui en rejaillissait au-dehors sur le roi et le pays, il voulut que son ministre des Affaires étrangères pût réunir dans un beau château tous les étrangers de distinction », écrit la duchesse de Dino qui fut la nièce et le grand amour tardif de Talleyrand. Comme on le voit, il y a une marge énorme entre rassembler pour des fêtes des hôtes divers et en enfermer quelques-uns sous bonne garde. Mais Napoléon avait payé en partie le château et, conclut la duchesse, « il estima dès lors qu'il pouvait disposer de Valençay sans l'agrément du propriétaire ».

Talleyrand est trop grand diplomate pour se vexer de l'offensante fantaisie du maître. Il trempe à son tour sa plume dans l'encre et répond :

« Je répondrai par tous mes soins à la confiance dont elle [Sa Majesté] m'honore. Les princes auront tous les plaisirs que peut permettre la saison qui est ingrate. Je leur donnerai la messe tous les jours, un parc pour se promener, une forêt très bien percée, des chevaux, des repas multipliés et de la musique. Il n'y a point de théâtre et d'ailleurs il serait plus que difficile de trouver des acteurs. Il y aura d'ailleurs assez de jeunesse pour que les princes puissent danser si cela les amuse. »

Nulle trace d'amertume dans ces quelques lignes. Pourtant Talleyrand est déjà attaché à cet admirable domaine qu'on l'a obligé à prendre. Peut-être parce qu'il correspond parfaitement à son goût profond du luxe et de la grandeur. On sent, en effet, que ce château a été bâti pour un très grand seigneur et même pour un prince de l'Église, ce qui ne peut déplaire à l'ancien évêque d'Autun. En effet, celui qui, en 1540, construit Valençay sur les restes d'un château ayant appartenu aux ducs de Bourgogne puis à la famille de Châlon-Tonnerre, c'est Jacques d'Étampes, gouverneur de Blois, puis son petit-fils, chevalier de Malte, évêque et enfin cardinal, qui y met la dernière main pour recevoir dignement le pape Urbain VIII. Les souvenirs qui s'attachent au château sont donc tout à fait dignes de retenir l'attention des fils d'un Roi Très Catholique.

Pendant que leur père, le roi déchu Charles IV, et leur mère Maria-Luisa que Napoléon vient de spolier allègrement au bénéfice de son frère Joseph se dirigent vers Compiègne qui leur a été assigné comme résidence, les infants prennent le chemin de Valençay où ils font leur entrée le 19 mai. Talleyrand et sa famille, bien sûr, les y accueillent : « Les princes étaient jeunes, écrit leur hôte forcé, et sur eux, autour d'eux, dans leurs vêtements, dans leurs voitures, dans leurs livrées, tout offrait l'image des siècles écoulés. Le carrosse d'où je les vis descendre pourrait être pris pour une voiture de Philippe V. Cet air d'ancienneté, en rappelant leur grandeur, ajoutait encore à l'intérêt de leur position. »

Talleyrand, en effet, est encore trop imprégné des grandeurs de l'Ancien Régime, du ton de Versailles et du sentiment de ce que l'on doit à la majesté déchue pour ne pas sentir s'éveiller son respect en face de ces jeunes vestiges d'une des plus vieilles monarchies du monde. Et il va les entourer de tous les égards, de toutes les attentions que Napoléon leur avait refusés. Surtout pour le prince des Asturies.

Une étiquette de cour règne à Valençay mais de cour française, ce qui est tout de même moins rude que l'Escurial. Ainsi personne ne peut se présenter devant le prince autrement qu'en habit. Mais, en dehors des heures réglées à la mode espagnole : messe, repos, promenades et prières en commun, le tout entrecoupé de repas plantureux, les princes connaissent une liberté comme jusqu'à présent ils n'en ont guère connu. Ainsi, le plaisir de se promener ensemble « sans une autorisation écrite du roi. Être seuls, sortir à volonté dans les jardins ou dans le parc… La chasse, l'équitation, la danse constituaient aussi pour eux des amusements nouveaux ». Chacun à Valençay s'ingéniait à plaire à ces jeunes hommes dont on plaignait le malheur, même si l'on ne débordait pas de sympathie pour eux.

Le prince des Asturies, Ferdinand, n'attirait guère. Ce prince « moitié moine moitié sauvage », suivant l'expression de la duchesse de Dino qui l'a connu à Valençay, était rien moins qu'attirant : fourbe, cruel et veule, il n'avait même pas la grâce ou la beauté pour se rattraper. Il suffit pour s'en convaincre de se référer aux portraits de Goya. Il ressemblait à la fois à sa mère et à son père qui n'étaient réussis ni l'un ni l'autre... Plus aimables étaient son oncle, Don Antonio, et surtout son jeune frère, Don Carlos, et ceux-ci apprécièrent à leur juste valeur les fêtes que Talleyrand donna en leur honneur. La suite des princes comprenait encore deux personnages importants : le chanoine Escoïquiz et le duc de San Carlos.

Surtout le duc de San Carlos dont la chronique du temps rapporte qu'une tendre aventure le lia à Mme de Talleyrand. La chronique et aussi les rapports quotidiens de police que Fouché déposait chaque jour sur le bureau de l'Empereur. En effet, détestant cordialement Talleyrand, le ministre avait littéralement truffé Valençay d'agents à sa solde.

Et c'est ainsi qu'un beau jour, dans le cabinet de Napoléon, Talleyrand eut la surprise d'entendre l'Empereur lui jeter brusquement : « Pourquoi ne m'avez-vous pas dit que le duc de San Carlos était l'amant de votre femme ? – Sire, répondit le prince, je ne pensais pas que cela pût intéresser la gloire de Votre Majesté. »

L'idylle n'en fut pas moins interrompue par le retour à Paris de la princesse. Apparemment, Napoléon ne tolérait que les intrigues amoureuses qu'il avait lui-même ordonnées... Cependant, la présence à Valençay des descendants de Philippe entretenait chez certains aristocrates français une effervescence, surtout chez les antibonapartistes. On rêvait d'arracher les infants à leur prison dorée pour les ramener triomphalement en Espagne. C'est ainsi qu'au château presque voisin de Selles-sur-Cher, un complot se monta dont les têtes étaient le marquis de Bartillat et les Saint-Aignan. Ce fut du dévouement dépensé en pure perte : les princes ne voulaient pas être sauvés et les conspirateurs se retrouvèrent à Vincennes sous bonne garde.

Non seulement Don Ferdinand refusait toutes les offres d'évasion qui lui étaient faites mais il allait jusqu'à les dénoncer lui-même au colonel Henri, gendarme d'élite à qui Napoléon avait confié la sécurité de ses prisonniers. Et l'on put assister à cette situation quasi burlesque : tandis que le peuple espagnol se battait farouchement contre les armées de Napoléon, le prince héritier d'un trône que l'on brûlait d'offrir se cramponnait imperturbablement à sa captivité.

Jamais on ne vit prisonnier se montrer plus tendre envers son geôlier. Ferdinand allumait des lampions dans le parc au jour de la Saint-Napoléon – il mit même le feu à une allée qui flamba d'un bout à l'autre – Ferdinand n'hésitait pas à écrire à l'Empereur pour le féliciter quand il remportait une victoire sur l'Espagne et lui donnait du « cher cousin » avec un enthousiasme qui finit par gêner Napoléon.

Mais enfin il n'est si bonne chose qui ne prenne fin. Le 11 décembre 1813, le traité de Valençay garantissait le retrait des troupes françaises. Les infants allaient rentrer chez eux et Ferdinand allait régner sous le nom de Ferdinand VII.

Ce fut sans doute le règne le plus abominable de l'histoire d'Espagne, tant le nouveau roi montra de cruauté et de caprices tyranniques. Mais, au fond de ses palais retrouvés, Ferdinand gardait une incroyable nostalgie de son séjour chez Talleyrand. Il institua l'ordre de Valençay pour ceux qui l'y avaient suivi, donna à un régiment de sa garde le nom de Valençay et même en baptisa une frégate. Finalement, en 1819, il fit parvenir à Talleyrand le grand portrait de lui que l'on peut encore contempler au château de ses regrets.

En 1817, le roi Louis XVIII érigea le domaine en duché, titre qui fut transmis au petit-neveu du prince mais celui-ci s'était réservé la jouissance du château jusqu'à sa mort. Il y fit de fréquents et longs séjours en compagnie de la duchesse de Dino qui a laissé du château et du village une charmante description.

Passé dans la descendance des ducs de Valençay, le château appartient aujourd'hui à l'État.

HORAIRES D'OUVERTURE

Du 17 mars au 30 avril	10 h 30-18 h
Mai	10 h-18 h
Juin	9 h 30-18 h 30
Juillet et août	9 h 30-19 h
Septembre	10 h-18 h
Du 1er octobre au 11 novembre	10 h 30-17 h 30

En juillet et août est donné un grand spectacle nocturne.

http://www.chateau-valencay.fr/

VAURENARD

L'étrange baron de Richemont était-il Louis XVII ?

La plus belle chose que nous puissions éprouver, c'est le côté mystérieux de la vie...

A. EINSTEIN

Simple rendez-vous de chasse agrandi au XVIIe siècle, remanié au XVIIIe, le château de Vaurenard appartenait, en 1833, à une grande dame aimable mais solitaire, la comtesse d'Apchier de Vaire, née de Corteille de Vaurenard. Veuve depuis quelques années et mal remise du décès d'un époux aimé, Mme d'Apchier vivait en recluse, ne recevant guère que des gens d'Église dans cette grande demeure claire, faite cependant pour abriter une nombreuse famille. Mais la châtelaine, qui s'occupait surtout d'œuvres de charité, n'avait plus beaucoup de goût à la vie.

C'est alors que tout change avec la visite d'un vieux missionnaire de ses amis qui vient lui porter une incroyable nouvelle : il sait, lui, ce qu'est devenu le fils de Louis XVI et de Marie-Antoinette. Il lui a parlé et il connaît son adresse...

Mme d'Apchier a toujours voué à la famille royale un véritable culte. Dans le grand salon de Vaurenard, il y a trois portraits voilés de noir : le roi, la reine et le Dauphin. Et si, un temps, elle a servi, aux Tuileries, la duchesse d'Angoulême, la comtesse a toujours éprouvé une certaine méfiance envers Louis XVIII, puis envers Charles X et leur entourage. Et cela pour une bonne raison : elle reste persuadée que Louis XVII s'est évadé du Temple, qu'il vit quelque part et que les derniers rois Bourbons n'ont été que des usurpateurs. Que dire de Louis-Philippe, le fils du régicide Philippe d'Orléans, qui s'est installé à leur place ! Aussi reçoit-elle les propos du vieux missionnaire comme une manne providentielle. Et puisque le « Roi » vit à Paris, eh bien, elle va partir pour Paris et donne des ordres en conséquence. À cinquante-trois ans, Mme d'Apchier va enfin revivre ! Et avec quelle joie !

C'est, en effet, essentiellement une femme d'action. Durant la Révolution et l'Empire elle a pris part à toutes, ou presque toutes les conspirations royalistes de la région lyonnaise. Elle a beaucoup donné car elle est fort riche, mais sans obtenir jamais le moindre résultat. Cette fois, elle est presque certaine de son fait, car elle y voit une réponse du Ciel à ses incessantes prières. Et c'est le cœur battant qu'elle pénètre dans la très modeste maison de la rue de Fleurus qu'on lui a indiquée…

Quand la porte s'ouvre, Mme d'Apchier se trouve en présence d'un homme d'environ quarante-cinq ans, mince et élancé, blond aux yeux bleus qui ressemble au roi Charles X et accentue cette ressemblance par une coiffure similaire. Mais déjà, la comtesse est persuadée d'avoir en face d'elle celui avec lequel, jadis, elle a joué dans les jardins de Trianon et, spontanément, elle s'agenouille devant lui. Il la relève avec gentillesse, la fait asseoir et commence à évoquer pour elle les souvenirs d'un passé commun. Bien des scènes d'autrefois revivent ainsi à la voix de cet inconnu qui dit avoir choisi de s'appeler le baron de Richemont pour éviter de nouvelles persécutions de la police. Et Mme d'Apchier se sent infiniment heureuse tout à coup. Elle a atteint son rêve.

Mais naturellement, elle brûle de savoir ce qui s'est passé depuis le temps affreux où le jeune prince vivait au Temple sous la férule du cordonnier Simon… Alors Richemont raconte… Une histoire, il faut le dire, proprement effarante, mais la comtesse est bien placée pour savoir que, des aventures incroyables, la Révolution en a suscité quelques-unes. Néanmoins, celle-ci est tout de même un peu forte…

En janvier 1794, au moment où le ménage Simon quitte ses fonctions d'éducateur du Dauphin, la femme Simon fait sortir l'enfant du Temple dans un panier de linge tandis que l'on introduit à sa place un enfant scrofuleux et muet nommé Jean-Marie Hervagault, lequel mourra le 8 juin 1795. Pendant ce temps, le petit roi – il l'est depuis la mort de Louis XVI – est conduit chez Joséphine de Beauharnais puis, de là, en Vendée, au camp de Charette, par MM. de Frotté et d'Ojardias. Il n'y reste pas longtemps car Charette le fait conduire au château d'Angry, chez la comtesse de Turpin-Crissé où il aura pour compagnon de jeux un jeune paysan nommé Mathurin Bruneau.

Assez long séjour à Angry puis embarquement pour la Hollande afin de rejoindre à Steinstadt le prince de Condé. Celui-ci, afin de mettre le jeune roi à l'abri des entreprises de son oncle qui se fait appeler Louis XVIII, l'envoie à Rome chez ses grand-tantes,

Mmes Adelaïde et Victoire, filles de Louis XV. Mais celles-ci ne savent trop qu'en faire. On confie l'enfant à un abbé, à Milan. De là il se rend chez la duchesse d'Orléans à Barcelone puis chez le régent de Portugal qui le fait réembarquer pour la France. Il semble que tous ceux qui ont reçu le « précieux dépôt » n'ont rien eu de plus pressé que de s'en débarrasser…

Une tempête jette le fugitif sur la côte normande et, dès lors, il va vivre, seul et sans ressources, une vie errante sous le nom d'Hervagault. Il tâte de plusieurs prisons, à Vire, à Châlons, à Reims et à Bicêtre. Libéré il rend visite, aux incurables, à la femme Simon qui le reconnaît formellement et pleure en l'appelant son petit prince.

Mêlé à la conspiration de Cadoudal, il s'enfuit, s'engage dans l'armée, déserte, refait un séjour en prison, s'évade, se retrouve à Civitavecchia puis au château Saint-Ange, à Rome, d'où il réussira à s'embarquer pour le Brésil ; là, il est l'hôte de l'empereur Jean VI et vit quelques années paisibles occupées de lecture et d'études. De retour en France en 1815, il se fait reconnaître par le duc de Berry, par la duchesse douairière d'Orléans et par le prince de Condé qui lui remettent des papiers attestant sa haute origine. Mais, afin qu'ils soient à l'abri, il confie ces papiers à un ancien magistrat de Rodez, Fualdès, qui est égorgé peu après et dévalisé…

C'est à cette époque que Richemont rencontre la duchesse d'Angoulême mais celle-ci le repousse avec horreur en disant : « Vous êtes la cause de bien des malheurs. Jamais mes bras ne s'ouvriront pour recevoir l'ennemi de notre famille… » D'aucuns ont voulu voir là une allusion à la déclaration contre la reine arrachée jadis par Simon à un enfant terrifié…

Et l'odyssée se poursuit. En Corse, puis en Italie où Louis XVIII obtient son arrestation et où il partage la geôle du grand poète Silvio Pellico. Retour en France, autre prison et, finalement, avec le départ des Bourbons, la fin des malheurs, le droit de vivre libre mais pauvre grâce à l'aide d'une poignée de fidèles. Une poignée à laquelle se joint immédiatement Mme d'Apchier car, en quittant le « Roi », elle emporte la promesse qu'il viendra la rejoindre à Vaurenard où elle retourne en hâte « pour en faire une résidence aussi royale que possible et où il commandera en maître… ».

Pendant vingt ans, Richemont va être l'hôte quasi perpétuel de Vaurenard. Il fera quelques escapades, à Rome ou à Lyon, mais toujours il revient vers cette maison qui est devenue « sa » maison. Il y a ses appartements, son service particulier, il prend ses repas dans sa propre salle à manger, sauf lorsqu'il y a dîner d'apparat pour recevoir les fidèles. Mme d'Apchier, qui a instauré à Vaurenard une étiquette très versaillaise, ne se permettrait pas d'approcher le prince sans avoir auparavant demandé audience. Et ses jardiniers, aussi bien dans les parterres que dans les serres, font pousser en toute saison les lys destinés à l'appartement du « Roi » que l'on n'appelle jamais autrement que Monseigneur…

Naturellement, la famille de la comtesse s'émeut de ces folies et envoie un émissaire, qui est fort mal reçu :

– Si vous avez peur de perdre mon héritage, dit Mme d'Apchier, c'est chose faite et je vous prie de ne plus vous présenter, pas plus que vos mandants, chez moi.

Elle n'a jamais été si heureuse. Sa vie est transformée. Finies les noires robes de deuil ! La comtesse porte du violet « scabieuse », du gris, du blanc, du mauve, des teintes douces qui conviennent à son âge et à son teint. Elle entoure son hôte de toutes sortes d'attentions et ne s'offusque même pas lorsqu'il se rend à Lyon en une escapade galante :

« La vie retirée que nous menons pèse à sa verte maturité, écrit-elle. Il est le petit-fils d'Henri IV et de Louis XV. Il a dans les veines le sang généreux des Bourbons… »

Elle ne cesse de lui recruter des partisans et lui ne cesse d'écrire à travers l'Europe et d'entreprendre des démarches destinées à le faire reconnaître comme l'authentique fils de Louis XVI. Ensemble, ils partiront pour Naples où le pape a promis de recevoir le baron de Richemont. Mais celui-ci fait trop de bruit autour de cette audience que finalement le Saint-Siège ne lui accordera pas.

Déçu, il lance alors une assignation contre « sa sœur » devant le tribunal de la Seine, ce qui ne lui fera aucun bien auprès de ses partisans. Mais la mort de la duchesse d'Angoulême vient mettre un point final à ses illusions. La seule femme qui aurait pu le reconnaître officiellement n'est plus. Dès lors la partie est définitivement perdue pour lui, et il le sait.

Les derniers mois sont pénibles. Richemont n'est plus qu'un homme brisé, en dépit des soins pieux dont l'entoure son hôtesse. Il souffre des jambes et sa langue s'embarrasse. Il meurt dans sa chambre embaumée par des brassées de lys, le 10 août 1853.

Mme d'Apchier fera graver sur sa tombe « Louis-Charles de France, fils de Louis XVI et de Marie-Antoinette, né à Versailles le 17 mars 1785, mort à Gleizé le 10 août 1853. » Malheureusement, le tribunal de Villefranche, en 1859, se prononcera contre les prétentions du pauvre Richemont et une autre épitaphe sera gravée sur le revers de la dalle que l'on retournera contre un mur du cimetière : « Nul ne dira sur ma tombe : pauvre Louis, que tu es à plaindre ! Priez pour lui ! » La tombe est toujours visible au cimetière de Gleizé, le village dont dépend le château de Vaurenard.

Demeurée seule et n'ayant pas d'enfants, Mme d'Apchier songea à léguer son château au cardinal de Bonald, archevêque de Lyon, pour qu'il en fît une résidence d'été et, dans ce but, elle fit élever une chapelle en 1848. Mais elle finit tout de même par faire de son neveu son héritier, M. Maurice de Longevialle, dont les descendants sont demeurés propriétaires de cette belle demeure hantée par une énigme.

HORAIRES D'OUVERTURE

Le château se visite du 1er mai au 30 novembre, uniquement sur rendez-vous au 04 74 66 01 78.

VERTEUIL

Les grands La Rochefoucauld

Il faut de plus grandes vertus pour supporter la bonne fortune que la mauvaise...

LA ROCHEFOUCAULD

D'aucuns me reprocheront peut-être d'avoir choisi Verteuil plutôt que le château de La Rochefoucauld, chef d'armes et de nom de cette grande famille française. Il est certain que Verteuil est un peu moins beau que son cousin qui, dans sa majeure partie, représente un pur chef-d'œuvre de la Renaissance. Il est plus militaire aussi avec son haut donjon et ses sept tours rondes, mais il n'en possède pas moins une beauté bien à lui qui frappait déjà Froissart lorsqu'il parlait de ce « moult fort château sur les marches du Dauphiné et de la Sainctonge ». Son histoire, en tout cas, m'est apparue plus passionnante. Peut-être parce que ces antiques murailles ont abrité l'exil, les méditations et les désenchantements du redoutable mémorialiste que fut François VI de La Rochefoucauld, un homme dont la vie ressemble à un roman d'aventures.

Et puis, il faut le dire, le célèbre François n'est pas le seul personnage digne d'intérêt qui ait hanté Verteuil. Et, de sa fondation au XIe siècle par ces La Rochefoucauld dont il est la seconde seigneurie jusqu'à nos jours où la remarquable société des Vieilles maisons françaises y fut fondée, l'histoire de Verteuil, étroitement mêlée à l'histoire de France, vaut d'être contée.

Dans ses parties les plus anciennes, le château est l'œuvre de Guy II de La Rochefoucauld et, dès l'an 1060, il est mentionné dans les biens de la famille. Il est possible qu'il ait succédé à un édifice antérieur et que Verteuil, sous son tout premier visage, ait eu à faire face aux invasions normandes. Quoi qu'il en soit, c'est en 1135 qu'il subit son premier siège connu par les soins du comte d'Angoulême, qui d'ailleurs ne parvint pas à en venir à bout.

Une légende – mais est-ce tellement une *légende* ? – veut que le roi Louis VII et la reine Aliénor (qui descendait d'un La Rochefoucauld) aient fait visite à Verteuil en 1187, inaugurant ainsi une longue suite de visites royales. Bien que celle de Philippe VI en 1332 ait été homologuée comme ayant ouvert la série.

Le roi, dit-on, trouve chez son grand vassal bon gîte et bonne table. Il en gardera le meilleur souvenir mais plus encore de l'exacte fidélité qu'on lui montrera dès les débuts de l'interminable guerre de Cent Ans. Une guerre qui ne va pas sans perturber gravement les seigneurs de Verteuil. En 1360, le désastreux traité de Brétigny cède le château au roi d'Angleterre. Le château qui ne veut rien en savoir.

Le connétable anglais Jean Chandos écrit alors à Aimery de La Rochefoucauld pour l'inciter à plus de coopération. Aimery, de son côté écrit au roi – c'est à présent Jean le Bon – pour lui représenter « les grandes dépenses qu'il avait faites pour conserver le pays en son obéissance », ajoutant qu'« il avait fait mention de ces choses parce qu'il voyait qu'en raison du traité de Brétigny le roi le met du tout en dehors de son obéissance ce qui lui fait plus mal que pertes et dommages qu'il n'ait encore soutenus »…

Mais les traités sont les traités, Verteuil est obligé de se rendre aux Anglais. Encore est-ce pour éviter au frère du capitaine qui en commande la garnison d'être décapité par l'ennemi qui le retient prisonnier.

Durant la guerre de Cent Ans, le château connaît bien des avatars, changeant de garnison plus souvent qu'il ne le voudrait jusqu'à ce que le roi Charles VII, enfin décidé à « bouter l'Anglais hors de France », vienne lui-même mettre le siège devant ses grandes murailles où sont réfugiés Guyot de La Rochefoucauld et quelque deux cents hommes. Grâce aux frères Bureau, le roi possède à présent la meilleure artillerie d'Europe et Verteuil va l'apprendre à ses dépens. Les défenses du château sont démolies. Comment les reconstruire alors sans déplaire au vainqueur ? Guyot, qui est né malin, s'en tire superbement : il obtient permission, sous couleur de restituer un abri aux gens du village, de reconstruire un grand mur et deux tours à distance des anciennes fortifications qu'à leur abri on va réparer. Résultat, Verteuil est plus puissant que jamais.

C'est le même Guyot qui, en mariant sa fille Marguerite à son cousin Jean, fera rentrer Verteuil dans la branche aînée. Ce Jean, qui sera chambellan de Charles VII et de Louis XI, professe une grande dévotion pour saint François d'Assise. C'est dans cet esprit qu'il lui voue sa maison et désormais, tous les aînés La Rochefoucauld se prénommeront François… Cela marque le début des grandes illustrations : le parrain du premier La Rochefoucauld à porter le nom sanctifié n'est autre que le roi François Ier qui, un an après son couronnement (en 1516), vint à Verteuil où l'on devine comment il fut accueilli. Douze ans plus tard, il fera de son filleul le comte de La Rochefoucauld…

Le comte avait épousé en 1518 une dame de grande valeur : Antoinette de Polignac, femme de haute vertu, résolument tournée vers les lettres et les arts. N'ayant guère quitté Verteuil, cette noble dame y réunit une vaste et précieuse bibliothèque. C'est elle encore qui fit édifier, dans l'église, une admirable *Mise au tombeau* en terre cuite, à huit personnages dans lesquels on peut reconnaître le comte François II sous l'aspect de Joseph d'Arimathie et sa belle-fille, Sylvie Pic de La Mirandole, morte à seize ans de ses couches, sous ceux de la Vierge Marie.

En 1539, la comtesse Antoinette reçoit à Verteuil l'empereur Charles Quint qui, pour perpétuer le souvenir de sa visite, plante dans le parc un arbre qui existe toujours, puis déclare « n'estre jamais entré en maison qui mieux sentist sa grande vertu, honnesteté et seigneurie ».

Après la mort de la charmante Sylvie qu'avait chantée du Bellay, François III se remarie. Il épouse Charlotte de Roye, la belle-sœur du prince de Condé, femme d'une grande beauté et de grand caractère qui le transforme bientôt en protestant bon teint… et la plus grande partie du village avec lui par la même occasion.

Cette appartenance à la nouvelle religion, jointe aux liens étroits que la famille garde avec le catholicisme – le roi Henri II est venu à Verteuil avec son fils Charles et sa fille Élisabeth qui va devenir reine d'Espagne –, vaut au château d'être le théâtre d'une importante entrevue entre le roi de Navarre et le prince de Condé d'une part, le légat du pape d'autre part, dans le but d'éviter une reprise des guerres de Religion. Six ans après, il est vrai, c'est le 6e synode de l'Église réformée qui s'y tient, puis une grosse concentration de troupes destinées à La Rochelle. Résultat, en 1569, c'est le futur Henri III qui vient à Verteuil… mais avec une troupe d'occupation.

Quand il se rend à Paris pour y épouser Marguerite de Valois, le jeune roi de Navarre, futur Henri IV, accompagné de sa mère Jeanne d'Albret, s'arrête quelques jours avec la suite catholico-protestante qui l'accompagne. C'est là que se place une curieuse anecdote.

Dans la cour du château, on joue à la paume. Deux dames : Anne de Courcelles et sa tante Jeanne de Benaye, suivent le jeu, accoudées à une fenêtre ouverte. Or, à l'étage au-dessous, invisibles parce que assis de part et d'autre de leur fenêtre sur des sièges de pierre, deux hommes discutent. Ce sont le maréchal de Biron et le cardinal d'Armagnac, légat du pape. Et que disent-ils ? Ils envisagent simplement les divers moyens de se débarrasser des protestants… Bien sûr, les deux dames se hâtent d'avertir La Rochefoucauld de ce qui se trame sous son propre toit mais, au nom des lois sacrées de l'hospitalité, celui-ci refuse de les entendre.

Au soir de la Saint-Barthélemy, il n'écoute pas davantage le roi Charles IX qui l'aime bien et voudrait le garder auprès de lui :

« Foucauld, ne t'en va pas, nous balivernerons le reste de la nuit.

– Cela ne se peut, répond le comte, car il faut dormir et se coucher.

– Adieu donc, mon petit maître », murmure tristement le roi.

Quelques heures plus tard, le comte qui est couché voit une bande armée entrer dans sa chambre. Croyant à une farce un peu lourde du roi, il dit en riant : « Ménagez-moi, messires ! »… et meurt percé de coups. Même chez les catholiques, on reprochera au roi de n'avoir pas agi plus énergiquement pour sauver son ami.

Son fils, François IV, échappera au massacre et sera ramené au château par un serviteur, Mergey, qui deviendra par la suite agent secret de Catherine de Médicis. Celle-ci, en 1578, s'arrête à Verteuil avec sa fille Marguerite. Ce Mergey sera d'un puissant secours pour le rapprochement des La Rochefoucauld et de la couronne, un rapprochement qui se fera quand Henri IV aura recueilli ladite couronne.

François IV sera le fidèle compagnon de ce roi qu'il connaît depuis l'enfance et se fera tuer pour lui au combat de Saint-Yrieix, le 15 mars 1591. Mais son fils, François V, ne se convertira au catholicisme qu'en 1610, lors du couronnement de Marie de Médicis qui aura lieu, comme par hasard, deux jours avant l'assassinat d'Henri IV. François sera nommé gouverneur du Poitou et duc en 1622. Il avait épousé Gabrielle du Plessis-Liancourt, dont le père eut le double et singulier honneur de se trouver dans la chambre d'Henri III au moment de son assassinat par Jacques Clément et dans le carrosse d'Henri IV lorsque le couteau de Ravaillac frappa. Il est le père de notre mémorialiste.

Ajoutons qu'il s'est beaucoup occupé des jardins de Verteuil et des arbres pour lesquels il s'était pris d'une vraie passion. Il devait, en effet, passer de nombreuses années dans son château pour avoir déplu à Louis XIII en lui amenant, lors du siège de La Rochelle, une troupe de mille cinq cents gentilshommes et en précisant qu'ils étaient tous ses parents. Le roi jugea alors qu'il préférait un gouverneur du Poitou moins puissant, et M. de La Rochefoucauld s'en alla planter ses arbres.

Par ses *Mémoires* et ses *Maximes*, François VI acquiert une renommée qui, elle, a franchi les âges. Mais, avant de lui rendre l'hommage qu'il mérite, il convient d'en offrir un à la femme étonnante que fut sa grand-mère : Antoinette de Pons, d'abord comtesse de La Roche-Guyon puis marquise de Liancourt.

Après la bataille d'Ivry, Mme de La Roche-Guyon accueille chez elle le roi Henri IV. Elle est peut-être alors la plus belle veuve de France et de Navarre, et le roi, fidèle à sa réputation de Vert-Galant, flambe comme un paquet d'étoupe. Il est même si fort épris qu'en échange de sa reddition il offre à la comtesse une promesse de mariage signée de son sang. Nous dirions qu'il s'agit là d'un « truc » dont Henri IV usa et abusa pour parvenir à ses fins et qui ne lui réussit pas, nous l'avons vu, quand il l'employa avec Henriette d'Entragues. Avec Antoinette de Pons, il n'obtient aucun succès mais il lui faudra une petite leçon pour s'en apercevoir.

Installé donc au château de la dame, il est mené par elle, en grande cérémonie, à son appartement. Et là, il s'enquiert ingénument de la distance qui existe entre sa chambre et celle de son hôtesse. Calmement, celle-ci lui répond : ce n'est pas très loin. Enchanté, notre galant commence à penser que cette nuit pourrait être des plus agréables. Il songe à quelques préparatifs quand il entend du bruit dans la cour. Et constate alors que c'est la belle Antoinette qui s'en va tranquillement passer la nuit chez une amie dans un château du voisinage.

Henri IV a trop d'esprit pour ne pas comprendre et quand, en 1600, il épouse Marie de Médicis, il déclare à la jeune femme que « puisqu'elle est véritablement dame d'honneur, elle le sera de sa femme… ». Ajoutons que ce n'est là, somme toute, qu'une récompense largement méritée car, au temps des guerres pour la reconquête du royaume, Antoinette de Pons avait vendu ses diamants pour équiper des troupes. Femme véritablement universelle, la grand-mère de François VI, qui viendra à Verteuil avec le roi Louis XIII et les reines en 1617, a protégé Bernard Palissy, armé des vaisseaux pour Champlain, ce qui lui valut de se retrouver dame d'une partie du Canada. Finalement, elle recommanda à Marie de Médicis certain jeune évêque de Luçon dont elle aimait les sermons et qui s'appelait Richelieu. Circonstance dont son petit-fils ne lui saura aucun gré.

Marié à quinze ans à Andrée de Vivonne, fille du grand fauconnier de France qui lui donnera huit enfants, La Rochefoucauld n'en mène pas moins une vie galante fort active, mais s'arrange tout de même pour que ses aventures ne portent point ombrage à une épouse qu'il estime faute de lui porter une grande passion. L'amour, dans ses jeunes années, c'est… à la reine Anne d'Autriche qu'il le voue. Et cela ne lui réussit pas. Croyant son idole malmenée par le cardinal de Richelieu, il se laisse entraîner par la duchesse de Chevreuse dans un complot destiné à enlever la reine pour la conduire à Bruxelles. Bien entendu, comme toutes les entreprises insensées de Mme de Chevreuse, celle-là échoue. François frise l'échafaud et doit s'estimer satisfait d'un confortable exil à Verteuil.

« Les marques d'estime que je recevais des personnes à qui j'étais le plus attaché et une certaine approbation que le monde donne assez facilement aux malheureux quand leur conduite n'est pas honteuse me firent supporter avec quelque douceur un exil de deux ou trois années. J'étais jeune, la santé du Roi et celle du Cardinal s'affaiblissaient et je devais tout attendre d'un changement. J'étais heureux dans ma famille ; j'avais à souhait tous les plaisirs de la campagne ; les provinces voisines étaient remplies d'exilés et le rapport de nos fortunes et de nos espérances rendait notre commerce agréable… »

Une visiteuse d'importance durant ces années paisibles : la turbulente duchesse de Chevreuse, alors en fuite vers l'Espagne et à qui notre La Rochefoucauld prête un carrosse.

Malheureusement pour lui, le changement de règne ne va pas dans le sens de ses espérances. Certes, le roi Louis XIII est mort et le cardinal de Richelieu aussi mais, à présent, il y a le cardinal Mazarin qui non seulement n'est pas grand seigneur comme l'autre, mais est étranger par-dessus le marché. Le bruit de ses relations intimes avec Anne d'Autriche fait le reste et, d'emblée, La Rochefoucauld se met à détester « il signor Mazarino ». Une femme va l'entraîner au cœur ardent de la Fronde.

Elle se nomme Anne-Geneviève de Bourbon-

Condé, duchesse de Longueville, et elle est la sœur du Grand Condé. Notre François, qui n'est que prince de Marcillac parce que Monsieur son père est encore vivant, la rencontre à Paris, à la fin de l'année 1647, rue Saint-Louis (actuelle rue de Turenne), chez la duchesse de Bouillon. Elle est éblouissante : grande, mince, avec de grands yeux d'un rare bleu-vert et une masse de cheveux soyeux d'un ravissant blond argenté. Par une étrange rencontre, la robe qu'elle porte, toute de velours noir brodée d'or, semble faite exprès pour s'accorder avec le costume de François qui porte rarement d'autres couleurs. Il voit là un signe du destin.

C'est le coup de foudre et, dès le lendemain, M. de Miossens, qui est le galant en titre de la belle duchesse, s'entend demander quel jour et à quelle heure il lui conviendrait de se couper discrètement et galamment la gorge avec le prince de Marcillac. La rencontre a lieu dans un jardin du Marais. Miossens est blessé et, tandis qu'on le panse, il entend son adversaire lui déclarer qu'il en recevra tout autant chaque fois qu'il s'approchera de Mme de Longueville à moins de trois pas. L'autre, bien sûr, déclare qu'il aimerait mieux mourir (c'est le futur maréchal d'Albret) mais une syncope l'empêche d'en dire davantage et, tandis qu'on l'emporte, le vainqueur s'en va tout droit chez la belle Anne-Geneviève. Qui le reçoit assez mal. De quoi se mêle-t-il ? Personne n'a jamais osé lui dicter le choix de ses amis. Mais là, François tombe à genoux et se lance dans une déclaration d'amour tellement passionnée qu'on lui pardonne bien vite et même qu'on se laisse singulièrement attendrir, surtout quand Marcillac se déclare l'homme lige de la duchesse, prêt à la seconder en toutes choses contre le Mazarin.

Ce furent, sur fond de Fronde, des amours ardentes, fiévreuses, pour lesquelles une guerre représentait le cadre idéal, permettant toutes les folies. Des amours qui portèrent leur fruit et, le 28 janvier 1649, Mme de Longueville accouche d'un petit garçon… en pleine salle du Conseil de l'Hôtel de Ville de Paris, en face d'une foule d'échevins effarés et de dames de la Halle enthousiastes. C'est l'instant du triomphe, il sera sans lendemain. Bientôt, il faudra fuir devant les troupes royales. François escortera sa maîtresse jusqu'aux portes de la Normandie où elle entend se réfugier[1] mais la quittera là pour s'en aller allumer la guerre en Poitou…

On se battra encore dans Paris et, le 19 février 1652, au combat de la porte Saint-Antoine, François reçoit une mousquetade qui le blesse gravement au visage et lui inspire le distique suivant qu'il envoie à sa duchesse :

Faisant la guerre au Roi j'ai perdu les deux yeux,
Mais, pour un tel objet, je l'aurais faite aux dieux…

Vers galants que La Rochefoucauld corrigera lorsqu'il aura perdu ses illusions sur la conduite de la volage :

Pour un cœur inconstant qu'enfin je connais mieux
J'ai fait la guerre au Roi, j'en ai perdu les yeux…

1. Voir Dieppe.

Cependant, la révolte de François VI a été dommageable pour le château, que le maréchal de La Meilleraye a assiégé et démoli en partie en 1650. Ce qui ne l'empêchera pas de recevoir encore d'illustres hôtes. La Rochefoucauld y vivra son second exil jusqu'en 1662, année où il publie les *Maximes*. C'est néanmoins à Paris qu'il meurt en 1680, et Mme de Sévigné d'écrire à sa fille : « Ce pauvre Monsieur de La Rochefoucauld est sur le chemin de Verteuil bien tristement. » Sa veuve, elle, aura passé toute sa vie au château avec ses enfants. Elle y meurt en 1670.

Son fils aîné, François VII, sera grand veneur et grand maître de la Garde-Robe et son petit-fils, François VIII, épousera à Verteuil la fille du ministre Louvois. Un beau mariage en vérité que commente Mme de Sévigné : « Que vous dire ? Magnificences, illuminations, toute la France ! » Toutefois, le jeune marié, ayant écrit quelques lettres fort insolentes sur Louis XIV, Mme de Maintenon… et Louvois, se retrouve bientôt en exil à Verteuil, pour deux ans.

Au XVIIIe siècle, le château fut presque abandonné de ses maîtres qui occupaient à la cour de grandes charges et, durant la Révolution, il subit de graves dommages. Une partie des bâtiments fut brûlée, avec quelques-uns des portraits de famille… C'est dans la première moitié du XIXe siècle que le bâtiment sera restauré.

Sous le règne de Napoléon III, Verteuil passe de nouveau à un cadet de la famille, Hyppolite, qui sera ambassadeur à Florence et en Allemagne et s'efforcera de rassembler les meubles et objets dispersés durant la tourmente. Son fils, le comte Aimery, continuera son œuvre et connaîtra lui aussi une sorte de célébrité littéraire : lui et son épouse, Henriette de Mailly-Nesle, seront immortalisés par Proust sous les noms de prince et princesse de Guermantes…

Depuis, Verteuil est devenu chef de file, nous pourrions dire chef d'ordre, comme pour un ordre de chevalerie, de l'Association des Vieilles maisons françaises, fondée par la marquise de Amodio, née Anne de La Rochefoucauld, qui a tant fait pour la préservation du patrimoine national, et qui a laissé derrière elle tant de regrets.

VILLARCEAUX

Un amour de Ninon de Lenclos

Les femmes s'attachent aux hommes par les faveurs qu'elles accordent. Les hommes en guérissent par les mêmes faveurs.

LA BRUYÈRE

À qui le considère aujourd'hui, le domaine de Villarceaux offre deux châteaux et non un seul. Celui qui attire d'abord le regard est une élégante demeure du XVIIIe siècle entourée de jardins à la française qui trône sur la colline. Mais celui-là n'a guère d'histoire. Peut-être parce que Charles du Tillet de La Bussière, qui le fit construire entre 1755 et 1759, était simplement un parfait gentilhomme, un excellent homme surtout, si aimable et généreux que sa famille, son château et lui-même n'eurent même pas à souffrir de la Révolution.

Le château qui nous intéresse, c'est l'autre, le vieux manoir qui ressemble un peu à une dépendance : une vigoureuse construction dont les tourelles d'angles, les grâces vaguement paysannes n'en prennent pas moins un charme infini en se mirant dans l'eau calme d'un étang à nénuphars.

Bien entendu, en 1652, lui seul existe. Son propriétaire Louis de Mornay, marquis de Villarceaux et capitaine de la meute de chiens courants du roi Louis XIV, est sans doute l'un des hommes les plus séduisants de Paris. Si séduisant même qu'il n'a pratiquement jamais rencontré de cruelles. Toutes les dames en raffolent et le lui montrent. Mais un soir, chez le poète Scarron, il rencontre la reine sans couronne de Paris : la belle, la spirituelle, l'éclatante, la divine Anne de Lenclos, plus connue sous le doux prénom de Ninon. C'est-à-dire la femme du monde qui s'entend le mieux à rendre les hommes à moitié fous, sinon tout à fait. C'est le coup de foudre pour le beau marquis.

Dès le lendemain de la rencontre, Villarceaux se précipite rue des Tournelles, chez Ninon, pour y entamer une cour aussi pressante que passionnée. Il ne doute pas un seul instant d'arriver rapidement à ses fins. Or, à sa grande surprise, car les amants de la belle sont presque aussi nombreux que les étoiles du ciel, cette cour si ardente se révèle totalement inopérante. Ninon accueille Villarceaux avec sa grâce inimitable, lui sourit mais se contente de rire quand il se lance dans une tirade enflammée.

Vexé puis inquiet, le marquis se pique au jeu. Pourquoi diable Mlle de Lenclos lui fait-elle attendre si longtemps des faveurs qu'elle accorde par ailleurs avec tant de simplicité ? En bon chasseur, l'amoureux décide de prendre l'affût et, pour ce faire, loue une maison située juste en face de celle de la bien-aimée. Avec l'arrière-pensée de mettre la main sur un éventuel rival et de l'entraîner ensuite dans un endroit discret pour y discuter, l'épée à la main, des préférences de Ninon. Mais les premiers jours de surveillance se révèlent sans intérêt…

Ce soir-là, après la visite quotidienne qu'il a rendue au fameux « Cabinet Jaune » de Ninon, Villarceaux est rentré chez lui de fort méchante humeur. Il y avait, comme d'habitude, un monde fou chez la jeune femme et, toujours comme d'habitude, elle a refusé de laisser son amoureux revenir après le départ des autres.

Revenu dans sa chambre d'où il a une vue parfaite sur les fenêtres de Ninon, le marquis a d'abord pensé se mettre au lit pour en finir plus vite avec une nuit aussi peu intéressante que les précédentes. Mais ne dort pas qui veut et, incapable de tenir plus de cinq minutes dans son lit, il se relève. Jamais il ne s'est senti aussi énervé.

Le front collé au carreau, il guette le départ du dernier carrosse, se promettant de retourner se coucher dès qu'il verra s'éteindre les lumières de sa voisine. Hélas, quatre heures plus tard, ces lumières brillent toujours. Une idée vient alors à Villarceaux : tout à l'heure, Ninon lui a confié qu'elle avait grand besoin de repos. Se pourrait-il qu'elle fût malade ? Et, tout de suite, l'imagination du marquis lui montre la jeune femme étendue dans son grand lit et recevant les soins aussi affolés qu'incompétents d'une soubrette stupide. L'image est intolérable. Alors Villarceaux sonne ses gens et envoie aux nouvelles. Il faut s'assurer sur-le-champ que Mlle de Lenclos n'a besoin d'aucun secours.

Un valet aux yeux gros de sommeil part comme un trait d'arbalète et revient aussi vite : Mlle de Lenclos se porte à merveille et remercie vivement M. le Marquis de sa sollicitude…

Resté seul, le pauvre amoureux reprend sa faction. Les maudites lumières brillent toujours. Si joyeuses même qu'il leur trouve bientôt un petit air d'insolence et de défi. Et, tout doucement, Villarceaux entreprend de se mettre en colère. Est-ce que, par hasard, Ninon se moquerait de lui ? Une nouvelle fois son imagination entre en jeu : Ninon est toujours couchée dans son grand lit mais elle n'y est plus seule. Et l'évocation est même si nette que le marquis croit bien l'entendre rire. De lui, bien entendu !

Décidé à en avoir le cœur net, emporté par la colère et sans même regarder ce qu'il fait, le bouillant garçon s'élance, étend la main vers la table sur laquelle il a laissé son chapeau, trouve quelque chose, s'en saisit… et enfonce vigoureusement sur sa tête une grande aiguière d'argent qui l'engloutit jusqu'aux sourcils.

Fou de colère, crachant comme un chat furieux, Villarceaux sonne derechef son valet pour qu'il vienne le débarrasser de ce couvre-chef inattendu ; tâche dont le malheureux s'acquitte en faisant d'héroïques efforts pour ne pas éclater de rire. Enfin libre, le marquis change de costume, prend son chapeau en faisant quelque attention et court se pendre à la cloche de Ninon jusqu'à ce qu'un portier tout effaré vienne lui ouvrir en demandant s'il y a le feu.

Quelques instants plus tard, il est introduit dans le cher Cabinet Jaune où Ninon, l'œil glacial, le reçoit assise dans un grand fauteuil. Le moins que l'on puisse dire est que l'entrevue manque de tendresse. Refusant d'expliquer pourquoi elle juge bon de laisser ses chandelles brûler toute la nuit, Ninon fait entendre à son amoureux un langage sévère : ni sa maison ni elle-même ne sont de celles que l'on prend d'assaut et Villarceaux a beau plaider l'ardeur de son amour, il n'en est pas moins fort sèchement prié de sortir avec défense de jamais revenir.

En quittant Ninon, le malheureux a cent ans. Le

lendemain il brûle de fièvre. On doit appeler les médecins et, quelques heures plus tard, le bruit court chez les Précieuses du Marais que le beau Villarceaux se meurt à cause de Ninon.

L'intéressée n'en croit d'abord pas un mot, puis s'inquiète un peu car, en fait, elle est loin d'être indifférente au charme de son soupirant mais elle craint beaucoup de tomber amoureuse elle aussi. Ce qui veut dire qu'elle l'est déjà…

Aussi, quand son amie Françoise Scarron vient lui dire que le marquis est bien réellement malade, a-t-elle une réaction aussi charmante que féminine : s'armant d'une paire de ciseaux, elle coupe ses magnifiques cheveux blonds, en fait un paquet et ordonne que l'on porte le tout au malade avec le mot suivant : « Guérissez ! Je vous aime ! »

Villarceaux se garde bien de désobéir et se dirige à grands pas vers la convalescence tandis que toutes les élégantes de Paris se hâtent de copier la nouvelle coiffure « à la Ninon » qui, instantanément, fait fureur.

Quelques semaines plus tard, les deux amoureux quittent Paris et s'en vont cacher leur bonheur derrière les vieux murs de Villarceaux. Et là, ils entament une existence toute d'amour et de simplicité. Heureuse, Ninon joue à la châtelaine, se passe de fards, vit au grand air, court les champs et les bois à cheval en compagnie de son amant et se déclare la femme la plus heureuse du monde : la fleur de serre se veut désormais fleur des champs.

Cela durera trois ans. Trois ans ! Une éternité pour une femme dont les plus longues amours n'ont jamais excédé trois semaines ! Paris qu'elle a tant aimé, Paris n'existe plus pour elle. Seulement Paris, lui, n'oublie pas Ninon. Un beau matin, la jeune femme reçoit un quatrain dû à la plume de l'un de ses anciens amis, Saint-Évremond :

Chère Philis qu'êtes-vous devenue ?
Cet enchanteur qui vous a retenue
Depuis trois ans par un charme nouveau
Vous retient-il encore en quelque vieux château ?

Ce n'est qu'un petit quatrain mais il rompt le charme. Ninon soudain a envie de retrouver sa jolie maison de la rue des Tournelles, son Cabinet Jaune, ses amis. Comment a-t-elle pu se passer de tout cela pendant si longtemps ?

De son côté, Villarceaux pense qu'il est peut-être temps pour lui de revenir s'occuper des chiens de Sa Majesté. C'est la fin du roman. Quelques jours plus tard, Ninon retrouve son cher Paris qui lui réserve un accueil enthousiaste et, un mois environ après son retour, elle oublie Villarceaux et ses amours campagnardes dans les bras de M. de Gourville, cependant que l'abandonné, point trop triste, s'en va confier ses états d'âme à la belle et brune Mme Scarron.

Devenue sa maîtresse, la future marquise de Maintenon viendra à son tour, durant quelques étés, dans le manoir au bord de l'étang, même quand Villarceaux se fut enfin marié. Ce qui fit scandale. Du coup, le couple émigra en Normandie, au château de Montchevreuil, chez un cousin de Villarceaux.

De son mariage, le marquis eut un fils unique. Soldat de valeur, d'ailleurs protégé par Mme de Maintenon devenue l'épouse morganatique de Louis XIV, le jeune Villarceaux devait se faire tuer à la bataille de Fleurus.

N'ayant plus d'héritier direct à qui léguer son

domaine, le marquis de Villarceaux le laissa à son neveu, Charles du Tillet, fils du marquis de La Bussière, lequel eut le bon esprit de ne point toucher au château qui avait abrité les amours de Ninon.

Horaires d'ouverture

Du 15 avril au 1er juin	14 h-17 h (mercredi, samedi, dimanche et jours fériés)
Juin, juillet, août	14 h-17 h (fermé le lundi)
Du 1er septembre au 15 octobre	14 h-17 h (mercredi, samedi, dimanche et jours fériés)

Le parc est labellisé « Jardin remarquable ».

http://www.iledefrance.fr/villarceaux

VILLENEUVE-SOUS-DAMMARTIN

« Margot la Rigoleuse »

Un après-midi du mois d'août 1864, alors qu'en compagnie de quelques personnes de leur suite l'empereur Napoléon III et l'impératrice Eugénie font une promenade dans le Parc thermal de Vichy avec toute la simplicité de véritables curistes, un joyeux épagneul surgit soudain de la petite foule discrète qui se forme toujours sur le passage des souverains. Il se jette sur l'Empereur en donnant tous les signes d'un plaisir sans mélange, d'une exubérante amitié, en ignorant superbement les appels et les efforts d'une jeune femme blonde, visiblement fort gênée et qui s'efforce de le rappeler à elle. Le chien ne veut rien entendre : il vient de retrouver une vieille connaissance et entend le faire savoir à tout le monde.

Malheureusement, dans ce monde, il y a l'Impératrice.

Elle a lâché le bras de son époux et considère tour à tour le chien, la femme blonde et Napoléon III qui est devenu tout rouge et ne sait comment se défendre des assauts de l'épagneul.

« Ah ! dit-elle seulement. Je vois... »

Puis, se tournant vers sa dame d'honneur, la princesse d'Essling, elle la prie de lui offrir son bras pour rentrer sur l'heure à la villa impériale, laissant l'Empereur se sortir de cette affaire comme il l'entendra. Ce qu'il fait le plus simplement du monde en rendant le trop affectueux animal à leur maîtresse commune et en reprenant sa promenade comme si de rien n'était.

Car la jolie femme blonde que tous regardent n'est autre que la toute dernière conquête de Sa Majesté, une charmante créature débordante de vitalité, un rien vulgaire, et qui abrite sous le nom élégant de Marguerite Bellanger le patronyme nettement moins chic de Julie Lebeuf. Surnommée naguère encore Julie La Vache par ses petites sœurs en galanterie, elle est devenue Margot la Rigoleuse par la grâce d'un de ses amants : le duc de Gramont-Caderousse.

Cette aimable Angevine née quelque vingt ans plus tôt au village de Villebernier, près de Saumur, a débuté dans la vie comme apprentie couturière à la ville voisine, jusqu'à ce qu'un riche négociant – ils sont toujours riches ! – la tire de la couture et l'emmène à Nantes où elle va faire la connaissance d'une certaine Adèle de Stainville, qui, au demeurant, n'est ni Adèle ni Stainville mais une sorte de sommité dans la galanterie nantaise. Cette aimable femme explique à la jeune Julie qu'avec sa tournure elle n'a rien à faire dans la couture sinon en porter les robes. Elle l'initie à son futur métier, la débarrasse de son nom impossible et, jugeant ses qualités exceptionnelles, l'envoie à Paris, la seule ville où il est possible de se faire un nom.

Comme toutes ses pareilles, « Marguerite » commence par chercher du côté des théâtres, trouve un engagement aux Délassements-Comiques, une petite salle de la rue de la Tour-d'Auvergne, mais n'y effectue qu'un passage météorique : elle n'a aucune mémoire et encore moins de talent. Dès le premier soir, elle reste en panne au milieu d'une réplique, cherche son texte, ne le retrouve pas et, comme le public commence à l'emboîter, elle remplace la phrase défaillante par un mot court, énergique et bien français. Tollé ! On baisse le rideau et la carrière théâtrale de Marguerite s'arrête là. Elle la remplace par une très fructueuse chasse à l'homme qui va la conduire au pinacle de la galanterie parisienne.

Elle vient tout juste d'y parvenir quand le destin met Napoléon III sur son chemin. On est au printemps de 1863 et l'Empereur est à Saint-Cloud où il aime faire chaque jour une promenade en solitaire, soit à cheval, soit en conduisant lui-même son attelage avec la seule assistance d'un groom aussi muet et immobile qu'une statue.

Cet après-midi-là, le temps menace et écourte la promenade. Il menace si bien qu'un gros nuage noir éclate bientôt dans un bruit d'Apocalypse en même temps que s'ouvrent, sur le parc, toutes les vannes du ciel. C'est à ce moment que l'Empereur aperçoit une jeune femme élégamment vêtue de taffetas écossais, coiffée d'un chapeau assorti sommé d'un absurde panache d'autruche qui, sous l'averse, donne d'évidents signes de fatigue.

N'écoutant que son bon cœur, le souverain fait décrire une courbe à sa voiture, l'amène auprès de la naufragée qui, en dépit de sa situation tragique, esquisse une révérence. Elle en est au plus profond quand un plaid, lancé d'une main sûre, lui arrive dessus et l'engloutit à la manière d'une toile de tente cependant qu'elle entend crier :

« Tenez, madame ! Attrapez cela et couvrez-vous ! »

Quand Marguerite réussit à s'en dépêtrer, la voiture impériale, qui n'est pas couverte, s'est éloignée à bonne allure… Le lendemain, la rescapée se présente au palais, la fameuse couverture bien pliée sur le bras, et demande à parler à l'Empereur qui ne fait aucune difficulté pour la recevoir.

« J'ai eu beaucoup de mal à la faire sécher, sire, dit Marguerite en souriant. Hier, il tombait des hallebardes ! »

Amusé par cette jolie femme délurée, Napoléon III bavarde un moment avec elle… puis décide de la revoir.

Leur première rencontre un peu intime sera une réussite. L'Empereur, qui vient d'en finir avec l'éblouissante mais peu récréative comtesse de Castiglione, éprouve un grand besoin de distractions, Margot la Rigoleuse tombe à pic. Elle va être installée dans une jolie maison de la rue des Vignes à Passy puis, quand vient le moment du départ pour Vichy où, depuis deux ans, Napoléon III a ses habitudes, celui-ci décide que son amie viendra, elle aussi, et il charge son confident, Mocquard, de lui trouver un logis. On sait à présent ce qu'il advint de ce séjour.

Quand il rentre à la villa impériale, le mari fautif trouve une épouse outragée en train de faire ses bagages. Naturellement, il s'efforce de l'amener à renoncer à un projet aussi définitif mais rien n'y fait : après avoir régalé son époux d'une scène de ménage dans le goût espagnol et telle que le malheureux n'en a jamais essuyé encore, même au temps houleux de la Castiglione, Eugénie quitte Vichy le soir même, laissant le coupable assez déconfit… mais nullement repentant. Il tient à sa Margot qui lui « fiche la paix » et sait si bien l'amuser après l'amour. Et quand, enfin, il regagne Paris, Marguerite va prendre peu à peu les allures d'une favorite. Sa maison de Passy se change en une belle propriété à Montretout et elle est comblée de tout ce qu'une jolie femme peut désirer.

Malheureusement, un soir d'été, en revenant de chez sa maîtresse, l'Empereur est pris d'une inquiétante syncope. Sa cure à Vichy – cette fois Marguerite n'est pas venue – lui a fait moins de bien et il se fatigue vite. Dès le lendemain, l'Impératrice convoque l'indispensable Mocquard et lui ordonne de l'emmener chez Marguerite.

« C'est vous, ajoute-t-elle, qui avez conduit l'Empereur au lit de cette fille, vous pouvez bien me conduire à sa maison. »

Bon gré mal gré il faut s'exécuter car Eugénie a sa figure des mauvais jours. Plus mort que vif, le secrétaire impérial prend place dans la voiture de sa souveraine et, quelques minutes plus tard, il lui offre la main pour descendre devant la maison de Montretout.

L'Impératrice y entre en coup de vent et sans se faire annoncer pénètre dans un petit salon où la jeune femme est en train de lire, étendue sur un canapé :

« Mademoiselle, dit-elle sans autre préambule, vous tuez l'Empereur. Si vous avez quelque attachement pour lui, vous renoncerez à le voir dès aujourd'hui. »

Ayant dit, Eugénie regagne son palais de Saint-Cloud, encore toute frémissante de la contrainte qu'elle s'est imposée en ne traitant pas cette gourgandine comme elle eût aimé le faire. Mais, évidemment, la bataille n'est pas terminée. Il s'ensuit, dans le couple impérial, une sorte d'escalade dans la scène de ménage qui perce les murs des palais et fait la joie des caricaturistes. Alors l'Impératrice décide d'aller faire, seule, une cure thermale dans le duché de Schwalbach. Inquiet, tout de même, son époux va l'y rechercher. On se réconcilie mais, chez Eugénie, c'est seulement du bout des lèvres.

« Depuis qu'il s'est abaissé à cette crapule je ne peux plus le supporter », confie-t-elle à la comtesse Walewska.

Peu de temps après, la crapule en question met au monde un petit garçon qui vaut à sa mère le château de Villeneuve-sous-Dammartin, belle demeure Louis XIII que l'on remanie pour la circonstance. Mais le grand amour s'arrête là et c'est un cadeau d'adieu. L'Empereur vient en effet d'apprendre que son épouse a eu un entretien avec le premier président de la cour d'appel, Devienne, qui est habilité à connaître des possibilités d'un divorce. Un luxe qu'un empereur ne peut se permettre.

Il convoque alors Devienne de son côté et le charge d'obtenir de Margot qu'elle déclare par écrit que son enfant n'est pas le fils de l'Empereur. Le premier président gagne Villebernier où, sur les conseils de son complice, Marguerite Bellanger s'est retirée chez ses parents. Elle l'y reçoit avec tous les honneurs dus à son rang, promet tout ce que l'on voudra et, d'abord, de rendre visite au haut magistrat dans un cadre plus convenable que la ferme paternelle, c'est-à-dire à Saumur. Un rien solennelle, même, elle reconduit son visiteur à sa voiture en déclarant haut et fort :

« Bonne route, monsieur le premier président, et à ce soir sans faute ! »

Puis, tandis que celui-ci remonte en voiture, un peu embarrassé de son personnage, elle ajoute tout bas :

« Tu sais, mon vieux, tu vas me payer à souper… »

Souper ou pas, Devienne obtient ce qu'il est venu chercher : deux lettres dont l'une lui est adressée et l'autre doit aller à l'Empereur, dans laquelle Margot demande à son amant pardon de l'avoir trompé. Ce qui est tout de même un comble.

Tout s'achève là. L'alerte a été trop chaude. Philosophe, la belle Angevine passe à d'autres amours. Elle s'est installée dans un bel hôtel de l'avenue de Wagram où l'on dit qu'après 1870 elle reçut intimement Gambetta.

Au tribun succède un militaire, le colonel Lenfumé de Lignières que Marguerite suit dans ses différentes garnisons, à Saint-Cyr et à Tours. Cela dure quelques années… jusqu'à la lassitude. La jeune femme pense alors qu'il est temps pour elle de faire une fin. Elle est riche. Elle voudrait être respectable et, pour cela, elle épouse sans trop réfléchir un hobereau prussien, le baron von Kulbach avec lequel il lui paraît bientôt impossible de s'entendre et qu'elle finit par quitter pour se retirer avec son fils dans son domaine de Villeneuve-sous-Dammartin.

Elle va y vivre paisiblement auprès de son enfant qui, d'ailleurs, y mourra, prenant plaisir à cultiver ses roses et s'intéressant aux moutons. Hélas, si elle est baronne, l'ex-Margot la Rigoleuse n'est pas grande dame et elle ne sait pas s'y prendre avec ses domestiques… Trop familière, elle leur laisse prendre de détestables habitudes et elle est aussi mal servie que possible. Une servante renvoyée fait le vide autour d'elle et, la nuit où la mort s'approche, alors qu'un orage secoue les arbres du parc, Marguerite est seule, sans personne à appeler à l'aide.

C'est ainsi que, dans la nuit du 23 décembre 1886,

l'ancienne maîtresse de Napoléon III mourut dans les souffrances d'une crise de péritonite aiguë… On la retrouva morte au matin… C'était la veille de Noël…

Le château est privé et n'est pas ouvert à la visite.

LES CHÂTEAUX
LEUR SITUATION GÉOGRAPHIQUE

Tome I

L'Élysée, Paris
Amboise, Indre-et-Loire
Angers, Maine-et-Loire
Bagatelle, bois de Boulogne
Balleroy, Calvados
Bellême, Orne
Blaye, Gironde
Bonneval, à Coussac-Bonneval, Haute-Vienne
Le Bouihl, commune de Saint-André-de-Cubzac, Gironde
Boursault, Marne
Brissac, Maine-et-Loire
Bussy-Rabutin, Côte-d'Or
Candé, Indre-et-Loire
Carrouges, Orne
Castries, Hérault
Chamarande, Essonne
Chambord, Loir-et-Cher
Le Champ de Bataille, Eure
Châteaubriant, Loire-Atlantique
Château-Gaillard, commune des Andelys, Eure
Châteaugay, Puy-de-Dôme
Chinon, Indre-et-Loire
Clisson, Loire-Atlantique
Le Clos-Lucé, à Amboise, Indre-et-Loire
Compiègne, Oise
La tour de Constance, à Aigues-Mortes, Gard
Cropières, près Raulhac, Cantal
Dampierre, Yvelines
Entrecasteaux, Var

Eu, Seine-Maritime
Falaise, Calvados
Ferney, Ain
Fervaques, Calvados
La Genevraye, Orne
Grosbois, Seine-et-Marne
Hautefort, Dordogne
Château d'If, Bouches-du-Rhône
Jean d'Heurs, commune de Lisle-en-Rigault, Meuse
Josselin, Morbihan
Limoëlan, commune de Sévignac, Côtes-d'Armor
Loches, Indre-et-Loire
Louveciennes, Yvelines
Lunéville, Meurthe-et-Moselle
Malesherbes, Essonne
Mareuil-en-Brie, Marne
Meung-sur-Loire, Loiret
Montargis, Loiret
Monte-Cristo, Yvelines
Montségur-sur-Lauzon, Drôme
Montsoreau, Maine-et-Loire
Nantes, Loire-Atlantique
Nérac, Lot-et-Garonne
Nohant, Indre
Les Nouettes, à Aube, Orne
Offémont, commune de Tracy-le-Mont, Oise
Oiron, Deux-Sèvres
Pau, Pyrénées-Atlantiques
Polignac, Haute-Loire
Pontchartrain, Yvelines
La Roche-Courbon, commune de Saint-Porchaire, Charente-Maritime
Les Rochers, Ille-et-Vilaine
Royaumont, Oise
Sauveterre-de-Béarn, Pyrénées-Atlantiques
Saverne, Bas-Rhin
Sceaux, Hauts-de-Seine

Tourlaville, Manche
Trécesson, commune de Campénéac, Morbihan
Uzès, Gard
Vaux-le-Vicomte, Seine-et-Marne
Véretz, Indre-et-Loire
La Verrerie, commune d'Oizon, Cher
Vésigneux, commune de Saint-Martin-du-Puy, Nièvre
Villette, commune de Condécourt, Val-d'Oise
Vincennes, Val-de-Marne
Vizille, Isère

Tome II

Le Luxembourg, Paris
Ancy-le-Franc, Yonne
Anet, Eure-et-Loir
Anjony, commune de Tournemire, Cantal
Ansouis, Vaucluse
Avauges, commune de Saint-Romain-de-Popey, Rhône
La Bastie d'Urfé, commune de Saint-Étienne-de-Molard, Loire
Les Baux-de-Provence, Bouches-du-Rhône
Beaugency, Loir-et-Cher
Belvoir, Doubs
Bidache, Pyrénées-Atlantiques
Biron, Dordogne
Blandy-les-Tours, Seine-et-Marne
Blois, Loir-et-Cher
Bourbon-l'Archambault, Allier
Bourigaille, commune de Fayence, Var
Brouage, Charente-Maritime
Chalais, Charente

Chambéry, Savoie
Chantilly, Oise
Châteauneuf-en-Auxois, Côte-d'Or
Châteauroux, Indre
Chaumont-sur-Loire, Loir-et-Cher
Chenonceau, Indre-et-Loire
Cirey, Haute-Marne
Le Clos de Vougeot, Côte-d'Or
Cœuvres, Aisne
Cognac, Charente
Combourg, Ille-et-Vilaine
Dieppe, Seine-Maritime
Écouen, Val-d'Oise
Étampes, Essonne
Étiolles, Essonne
Ferrières, Seine-et-Marne
Fontainebleau, Seine-et-Marne
Fontevraud, Maine-et-Loire
Frucourt, Somme
La Grange-Bléneau, 2 km au sud de Rozay-en-Brie, Seine-et-Marne
Hauterive, Tarn
Joux, commune de Cluse et Mijoux, Doubs
Kerjean, Finistère-Nord
Langeais, Indre-et-Loire
Lauzun, Lot-et-Garonne
Luynes, Indre-et-Loire
Maintenon, Eure-et-Loir
La Malmaison, à Rueil-Malmaison, Hauts-de-Seine
Le Marais, commune du Val-Saint-Germain, Essonne
Les Marches, Savoie
La Mignarde, à Aix-en-Provence, Bouches-du-Rhône
Mirabeau, Vaucluse
Le Mont-Saint-Michel, Manche
Montaigne, commune de Saint-Michel-de-Montaigne, Dordogne
Montgeoffroy, commune de Mazé, Maine-et-Loire

Montségur, Ariège
La Motte-Feuilly, Indre
Nangis, Seine-et-Marne
Rambouillet, Yvelines
Rochecotte, commune de Saint-Patrice, Indre-et-Loire
Rochefort-en-Novalaise, Savoie
La Rochepot, Côte-d'Or
La Rouërie, commune de Saint-Ouen-de-la-Rouërie, Ille-et-Vilaine
La Fosse-Ingant, commune de Saint-Coulomb, Ille-et-Vilaine
Saint-Fargeau, Yonne
Saint-Germain-en-Laye, Yvelines
Saint-Ulrich, commune de Ribeauvillé, Haut-Rhin
Sassenage, Isère
Séverac-le-Château, Aveyron
Talcy, Loir-et-Cher
Tarascon, Bouches-du-Rhône
Trévarez, commune de Saint-Goazec, Finistère
Ussé, à Rigny-Ussé, Indre-et-Loire
Valençay, Indre
Vaurenard, commune de Gleizé, Rhône
Verteuil, Charente
Villarceaux, à Chaussy, Val-d'Oise
Villeneuve-sous-Dammartin, Seine-et-Marne

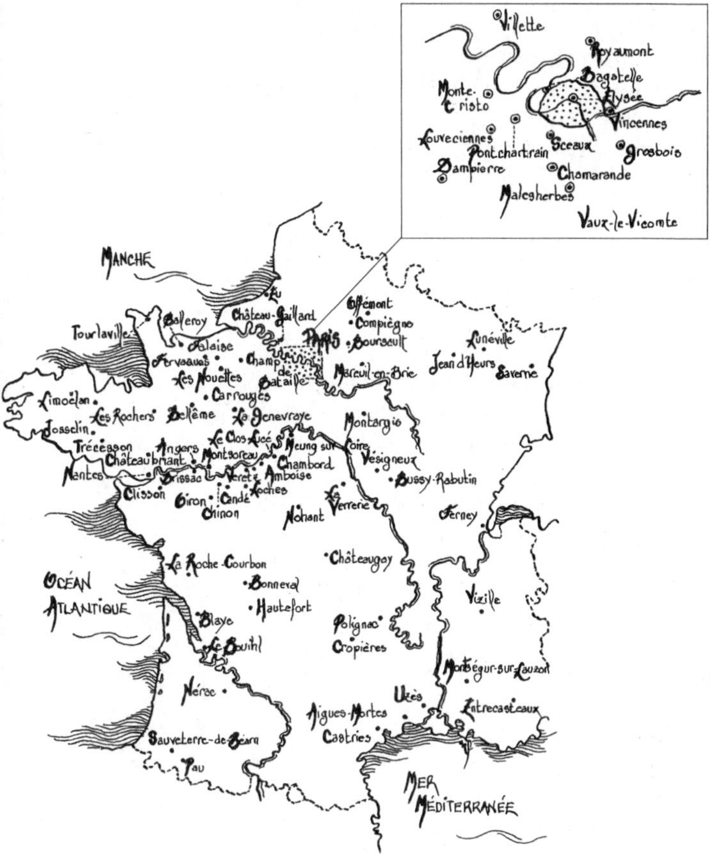
Villette
Royaumont
Bagatelle
Élysée
Monte-Cristo
Vincennes
Louveciennes
Pontchartrain
Sceaux
Grosbois
Dampierre
Chamarande
Malesherbes
Vaux-le-Vicomte
MANCHE
Eu
Offémont
Château-Gaillard
Compiègne
Tourlaville
Balleroy
PARIS
Bourneville
Lunéville
Falaise
Fervaques
Champ de Bataille
Jean d'Heurs
Saverne
Les Nouettes
Mareuil-en-Brie
Carrouges
Limoëlan
Les Rochers
Bellême
La Genevraye
Montargis
Josselin
Le Clos Lucé
Trécesson
Angers
Meung sur Loire
Vésigneux
Châteaubriant
Montsoreau
Chambord
Nantes
Brissac
Véretz
Amboise
Bussy-Rabutin
Clisson
Loches
La Verrerie
Giron
Candé
Chinon
Nohant
Ferney
La Roche-Courbon
Châteaugay
OCÉAN ATLANTIQUE
Bonneval
Hautefort
Vizille
Blaye
Polignac
Le Bouilh
Cropières
Montségur-sur-Lauzon
Nérac
Uzès
Aigues-Mortes
Entrecasteaux
Castries
Sauveterre-de-Béarn
Pau
MER MÉDITERRANÉE

Table des matières

TOME I

TOME II

Composition et mise en pages
Nord Compo à Villeneuve-d'Ascq

Imprimé en France par

CPI
BRODARD & TAUPIN

à La Flèche (Sarthe)
en juin 2014

POCKET – 12, avenue d'Italie – 75627 Paris Cedex 13

N° d'impression : 3005887
Dépôt légal : juin 2014
S23030/01